中国社会主义市场经济学

张绍焱◎著

ZHONGGUO SHEHUIZHUYI

SHICHANG JINGJIXUE

经济管理出版社

ECONOMY & MANAGEMENT PUBLISHING HOUSE

图书在版编目（CIP）数据

中国社会主义市场经济学/张绍焱著. —北京：经济管理出版社，2012.8
ISBN 978-7-5096-2074-8

Ⅰ.①中… Ⅱ.①张… Ⅲ.①中国经济—社会主义市场经济—研究 Ⅳ.①F123.9

中国版本图书馆 CIP 数据核字（2012）第 184746 号

组稿编辑：王光艳
责任编辑：王光艳　杨雅琳
责任印制：杨国强
责任校对：李玉敏

出版发行：经济管理出版社
　　　　　（北京市海淀区北蜂窝 8 号中雅大厦 A 座 11 层　　100038）
网　　址：www.E-mp.com.cn
电　　话：(010) 51915602
印　　刷：三河市海波印务有限公司
经　　销：新华书店
开　　本：720mm×1000mm/16
印　　张：29.75
字　　数：550 千字
版　　次：2012 年 9 月第 1 版　　2012 年 9 月第 1 次印刷
书　　号：ISBN 978-7-5096-2074-8
定　　价：58.00 元

前　言

　　中国社会主义市场经济学是研究中国社会主义市场经济体制下市场运行机制和运行规律的科学，也是随着实践发展不断丰富和完善而形成的一门新兴综合性经济科学，目前正处在深入探究之中。本书是为了适应 21 世纪经济社会发展，满足高等院校经济、管理及人文社科类学生及广大党政干部学习社会主义市场经济理论的需要，在总结多年本科、硕士生教学及科研基础上几易其稿完成的。

　　本书以马克思主义政治经济学基本理论为依据，借鉴和吸收西方经济学、发展经济学相关理论与方法，立足中国基本国情，紧密结合中国特色社会主义建设和改革开放实践，系统地阐述了市场经济基本功能与社会主义市场经济学的研究对象及方法；社会主义市场经济体制形成与发展、特征与基本框架；以公有制经济为主体、多种所有制经济共同发展，是社会主义市场经济的制度基础；市场经济运行的主体，即企业和农户及农村经济组织；市场体系、市场运行机制和市场规则；兼顾公平与效率的收入分配制度；劳动就业与社会保障制度；宏观经济调控体系；市场的开放性与国际化；市场经济运行的经济环境，以及科学发展观与社会主义经济发展等内容。

　　在本书编写过程中，作者既将多年的教学体会和研究成果融入书中，力求有所创新，也不回避一些教学与研究中的热点、难点问题，并从理论与实际的结合上予以阐释和分析，注重实用性和可读性。与目前国内大多数高校同类教科书相比，本书具有以下主要特点：一是时代特征鲜明。在本书编著过程中，将党的十七大和十七届四中、五中、六中全会，十一届全国人民代表大会《政府工作报告》的新思想、新观点贯穿其中，同时还博采众长，广泛吸收了国内外经济学界的新成果和实践经验。二是注重突出学术性。本书的写作是按照学术研究方法进行的，实证分析在某些章节中虽然占有一定的篇幅，但侧重突出规范研究。三是理论联系实际，论述深入浅出。四是内容和资料较新，以体现理论对现实的解释力和说服力。

本书的出版得到了经济管理出版社王光艳编辑的全力支持。在本书编著过程中，参考、引用和吸收了经济理论界和实际部门有关研究成果，获得了许多教益和启迪，限于篇幅，本书末尾只是择要列出了部分文献，没有全部列举。在本书的编写过程中，华中师范大学经济与管理学院刘圣欢教授、梅德平教授、董利民教授、潘胜文教授、赵峰副教授、汤学兵老师及其他老师提出了许多宝贵意见并给予了很多帮助。在此，一并表示诚挚的谢意。

本书只是作者的一次尝试和探索，难免有错误和不当之处，恳请各位专家、同仁和读者批评指正。

张绍焱

2012 年 5 月 16 日于武昌桂子山

目　录

第一章 市场经济基本功能与
社会主义市场经济学研究对象

市场经济是当代世界各国经济发展的普遍趋势，中国也历史性地选择了市场经济。究竟什么是市场经济，尤其是如何准确地把握社会主义市场经济的涵义及其运行规律等，是人们非常关心而急需弄清的问题。本章在未讨论社会主义市场经济体制的基本内容之前，作为全书的导论部分，首先，讨论了资源稀缺和资源配置的方式问题；其次，阐述了市场经济的一般规定性，并就市场经济与计划经济的关系作了比较分析；再次，分析了市场经济的功能及其发挥作用的必备条件；最后，就社会主义市场经济学作为一门正在兴起和完善的基础理论课程，对它的研究对象和任务、研究方法等问题提出了一些看法。

第一节 经济资源与配置方式

任何社会要从事生产经营活动，必须拥有资源尤其是经济资源，资源是基础要素和经济活动的前提。经济资源具有稀缺性。如何使有限的、稀缺的资源得到合理配置，必须恰当地选择资源配置方式。因而，经济资源的稀缺性和资源配置方式问题，成为社会经济运行首要回答的问题。

一、社会经济资源的稀缺性

所谓资源，是指人们可以利用与支配、用于生产能满足人们需要的物品与劳务的那些生产要素。经济学家把资源分为自由取用的资源和经济物品两大类。自由取用的资源，是指人类无需努力、不必付出任何代价就可以得到的资源。比如空气和阳光，是自然界本来就存在的，不需付出代价，不需劳动加工就可以自由取用，其数量具有无限性；经济物品是指需要利用自然资源，通过人的劳动生产出来的物品，也就是人类要取用这类资源必须付出代价，这类资源被称为经济资源，其数量是有限的，具有稀缺性。所谓稀缺性，就是稀少和缺乏。在经济学中所讲的稀缺性，是指经济物品和资源相对于人类社会欲望的无止境性表现出来的有限性和不足性。但需要说明的是，资源的稀缺性是相对的，也就是说，稀缺性不是指生产的经济物品绝对数量的多少，而是指相对于人类社会无限的欲望而言，再多的物品和资源也是有限的。

然而，资源的相对稀缺性又是普遍存在的，从这个意义上说，稀缺性又是绝对的。从时间上来看，资源的稀缺性存在于人类社会的一切时期。从地域上看，资源的稀缺性普遍存在于各个社会，无论是贫穷的发展中国家，还是富裕的发达国家，都存在资源的稀缺性。例如，有的发展中国家人口众多，看上去劳动量已经过剩，但相对于经济发展真正需要的受过正规教育和训练的熟练劳动力，特别是管理人才又是短缺的。有些原来看上去好像并不是稀缺资源，如果条件发生了变化，这类资源也会转化为稀缺资源。例如，氧气在高原地区就成了稀缺的资源，人们在高原缺氧的条件下呼吸空气必须付出较为高昂的代价（氧气袋的制作需要花费人们许多劳动）；此外，在工业化进程中，人们为了保持空气的纯净，就必须保护环境、治理污染，这也需要付出代价。由此可见，资源的稀缺性是人类社会普遍存在的问题。

资源的稀缺性是经济研究和分析问题的前提。正是由于任何一个社会的资源总是既定的、有限的、具有稀缺性，如何使有限的、稀缺的资源得到充分利用、合理配置，就成为经济学研究的核心问题。如果地球上的资源是无限的，丰富得让人们可以自由取用、自由利用、不付出任何代价和成本，那么就不必花费精力去研究资源的合理配置，经济学也就没有存在的必要了。但是，事实上，地球上绝大部分的资源是稀缺的，人们对这些资源的利用必须付出成本和代价，这就要求人类必须去研究怎样合理、高效地配置这些稀缺的经济资源。从这个角度看，经济学可以被定义为研究稀缺资源不同用途之间有效配置的科学。1932年，L.罗宾斯在《论经济科学的性质和意义》一书中指出："经济学是研究人类在处理可以有不同用途的稀缺资源同它们的实际用途之间关系时的行为的科学。"O.兰格也认为："经济学是关于人类社会中稀缺资源管理的科学。"因此，稀缺资源的合理配置问题，一直是经济学研究的中心问题，它不仅反映了社会经济资源的有限性，而且揭示了经济学研究的一些基本问题和实质。所以，稀缺资源就成为经济学中的基本概念之一。

二、经济资源的配置及其方式

面对资源的稀缺性，人类社会必须对如何利用既定资源生产经济物品作出选择，具体而言，有以下三个方面的基本问题：

第一，生产什么和生产多少？由于资源的有限性，要满足人类多样化的需要，就要求人们选择用什么资源来生产，每种生产多少。是食品、衣服，还是飞机、大炮？是多生产些食品、衣服，还是多生产些飞机、大炮？

第二，怎样生产？即如何对各种生产要素进行组合。从技术上讲，生产一种物品往往可以选择很多方式或多种方式组合。如，纺织品可以用手工织机生产，也可用现代机器来生产，人们需要决定的是，由哪些人、使用哪些资源、应用什么技术来生产。是多用资本、少用劳动，还是多用劳动、少用资本？一句话，怎样的资源组合才能生产更多、更好的产品。

第三，为谁生产？产品生产出来后，就出现了分配问题。在每一个社会，谁来消费和享受生产出来的产品？如何把产品配置给不同的个人和家庭？产品和劳务应该如何分配？分配多少？

以上这三个基本问题存在于一切经济制度中，是经济学首先遇到的。经济学就是适应于这些问题的解决需要而产生的。以上述三大问题为基本问题，研究如何对稀缺资源进行有效配置，是全部经济学的核心。

为了最大限度地满足人类多方面、多层次的需要，我们必须合理地配置有限的社会经济资源。所谓资源配置，就是社会如何把有限的资源配置到社会需要的众多领域，如何把各种生产要素投放和分配到不同的社会生产部门，并由此形成不同资源的最佳组合。它包括两层意思：一是资源的分配格局，即资源在部门、地区或企业之间的分配状况；二是资源组合形式，即资源在部门、地区和企业内的组合状态。所谓资源配置的合理，也就是指资源的配置可以取得最优、最好的效益，可以最大限度地满足多方面、多层次的社会需要。意大利经济学家帕累托曾对资源的最佳配置状态作了一个比较抽象的描述，西方经济学把它称为帕累托最优（Pareto Optimality）。帕累托最优对资源配置进行评价的基本标准是：在不减少其他任何人效用和福利的情况下，如果任何生产与分配的重新安排与组合都不能增加另外一些人的效用与福利，则这种资源配置就属帕累托最优；否则的话，如果某种经济变动还可以再增进另外一些人的效用与福利，则这种资源配置被称为帕累托改进。虽然在现实经济条件下，社会的资源配置很难达到帕累托最优状态，但是我们能使资源的配置状态不断地接近这个目标，从而达到资源的合理配置。同时，资源的合理配置是一个不断完善的过程，在不同的时间、地点和条件下，对资源配置的要求也不尽相同，从而要求我们根据具体的情况，不断改善资源的配置效率，逐渐形成对社会经济资源的合理配置。

人类社会再生产过程，就是一个对资源进行分配、组合的配置过程。在现代社会中对经济资源的配置，通常采用两种方式：一种是以市场机制为基础的市场配置，另一种是以计划机制的作用对经济资源进行配置。采用行政配置方式的经济称作"计划经济"，采用市场配置方式的经济称作"市场经济"。这两种方式在社会经济发展的不同历史阶段，因作用的主次不同，划分为两种不同的经济体制。为了更深刻地认识两种资源配置方式的特征及其利弊，还需要对市场经济与计划经济各自的内涵及其相互关系作进一步的分析和考察。

第二节　市场经济与相关经济范畴的关系

要加深对社会主义市场经济的理解，提高对建立社会主义市场经济体制必要性的认识，在未对社会主义市场经济问题讨论之前，首先有必要弄清市场经济的基本涵义。要全面把握市场经济的基本涵义，必须厘清市场经济与商品经济、计划经济等经济范畴的关系。

一、市场经济的基本涵义

什么是市场经济？粗略一看似乎不难理解，实际上歧义颇多。我国理论界和西方经济学者对此就下过数种定义。例如，美国学者认为，市场经济"是一种经济组织方式，在这种方式下，生产什么样的商品，采用什么方法生产，以及生产出来以后谁将得到它们等问题，都依靠供求力量来解决"。因此，美国基本上是一种市场经济。然而，美国仍有许多不受市场指导的活动，如许多农产品的产量就是由政府规定的种植面积和所支持的价格决定的。[①] 日本学者认为："从整体上来说，价值调节只有两种方式。一个是中央当局者从整体上实行的计划调节的方式；另一个是依据供求的自由汇合而形成的市场价格进行调节的市场调节方式。前者被叫做管理经济（或计划经济），后者被称为市场经济（或流通经济）。"显然，这一定义也是把市场经济作为一种资源方式来加以界定的。除上述定义之外，西方有的经济学者也把市场经济称为一种经济制度。例如，英国有些学者认为，市场经济是一种经济制度，在这种制度下，有关资源配置和生产的决策是以价格为基础的，而价格是由生产者、消费者、工人和生产要素所有者之间的自愿

---

① 格林沃尔德主编：《现代经济词典》，中文译本，商务印书馆1981年版，第275~276页。

交换产生的。[①]

　　我国多数学者主要是从市场运行机制和资源配置方式的角度来对市场经济进行界定的，但对市场经济定义的表述则有差异。有的学者认为"市场经济是商品经济的运行总体"；有人把市场经济解释为对资源"采取市场配置方式的经济"；有人解释为"一种包含企业市场两种协调方式的结合型体制"。与以上定义界定不同，笔者比较赞同宋养琰等学者的观点。如果撇开社会制度的差异，就一般意义而言，市场经济就是以企业独立为条件、以市场关系为基础，使市场在政府宏观调控下在资源配置中起基础性作用的经济。这个概括包括三层含义：一是市场经济要以企业的独立为条件，即要把企业构造成为自主经营、自负盈亏的企业法人和市场主体，只有这样，它们才会去接受市场、寻找市场、成为市场的载体。二是市场经济要发挥市场机制在资源配置中的基础性作用，必须要有比较完善的市场关系，即要有比较完备的市场体系。因为在市场经济条件下，企业所需要的各种资源主要通过市场来配置，因而它需要什么样的资源，就要有与之相适应的市场。如果市场关系不完善或市场体系不完备，市场机制的作用就难以有效地发挥，因而完善的市场关系是市场机制作用赖以发挥的客观条件。三是现代市场经济是在国家宏观调控下，使市场机制在资源配置中起基础性作用的一种经济。这可以从两层意义上来把握：首先，市场直接配置资源，侧重于微观经济的发展，并不包括宏观经济领域。相对于宏观经济来讲，微观经济是处于基础层次的经济，因而市场是在经济运行的基础层次上起资源配置的作用。其次，在社会主义市场经济中，市场配置资源是在国家宏观调控下实现的。这里依然存在国家—市场—企业间的关系。在这种关系中，市场调节是基础，它直接调节的对象主要是企业的经营活动，国家宏观调控是以此为基础发挥作用的。事实上，社会主义市场经济体制的具体运行机制，离不开"国家调节市场、市场引导企业"的模式。国家主要通过经济手段并辅之以其他导向，引导市场；而市场则为企业导向，引导企业。这是一种双重导向或双重调节的关系，而其中市场导向或市场调节起基础性作用。[②]

二、市场经济与商品经济的关系

　　由于市场经济的形成是商品生产与商品关系高度发展的产物，是与社会化程度较高的商品经济相适应的一种资源配置方式。因而，为了加深对市场经济涵义

---

① 戴维·皮尔斯主编：《现代经济学辞典》，伦敦麦克米伦出版公司 1984 年英文版，第 557 页。
② 卫兴华：《关于社会主义市场经济问题探索》，《新疆财经》1993 年第 5 期。

的理解，进一步从理论上阐明市场经济与商品经济的相互关系显得尤为必要。

对于市场经济和商品经济的相互关系，我国经济理论界均有不同理解。一种意见认为，市场经济同商品经济并没有本质的差别。"商品经济或市场经济，从其反映的一般本质特征及其所遵循运动规律来看，二者是一致的。"另一种意见认为，市场经济与商品经济是形式与内容的关系。商品经济是市场交换的内容，而市场经济是商品及经济的运行形式。此外，还有的学者认为，市场经济并不等于商品经济，它是商品经济的发达形式。上述意见虽都有其合理成分，但各有偏颇。笔者认为，市场经济与商品经济既有内在的一致性，又有差别性。

从二者内在的一致性方面看，主要表现在三个方面：首先，商品经济是市场经济存在和发展的前提和基础，市场经济是商品经济进一步发展的产物。这就是说市场经济必然是商品经济，离开商品经济的发展，就不可能有市场经济。同样的道理，离开了社会主义商品经济的发展，就不可能有社会主义市场经济。其次，在一定的历史条件下，二者是相互依存、相互促进的。商品经济总是市场化的经济，而市场经济也总是商品化的经济。商品经济和市场经济就其本质而言是一种自由和自愿交换的经济，因此，产品的商品化和经济运行的市场化就成为不可分割的两个组成部分。一方面，商品交换总是借助于市场和市场机制进行的；另一方面，市场交换也总是以商品为对象和内容，商品经济在市场的开拓中发展，市场经济则在产品和劳务商品化的基础上形成。所以，既不可能有没有市场化的商品经济，也不可能有没有商品化的市场经济，商品经济和市场经济指的完全是同一事物，它们的差别仅仅在于分析和考察的视角不同。最后，商品经济和市场经济的运行存在着许多共同的经济规律。无论是社会主义经济学所讲的商品经济，还是西方经济学所讲的市场经济，价值规律、供求规律、竞争规律、平均利润规律都毫无例外地存在并发挥作用。存在共同的经济规律这一事实本身，从另一个侧面反映出商品经济和市场经济的内在一致性。

商品经济与市场经济又有一定区别，其主要表现是：首先，商品经济与市场经济各有特定的涵义，二者阐述问题的角度不同。商品经济是相对于自然经济、产品经济而言的经济范畴，它主要是指劳动产品采取的形式，即劳动产品要按价值进行等价交换才称为商品经济。市场经济是相对于计划经济而言的经济范畴，它主要是指社会资源配置方式，其特征在于通过市场组织和分配生产要素。其次，从历史发展的进程看，市场经济是商品经济发展到一定阶段的产物；或者说，市场经济是商品经济的高级阶段和现代形态。以交换为目的的商品生产早在原始社会末期就已经产生。但在资本主义社会以前，由于自然经济在社会经济中居于统治地位，即没有形成全国统一的市场和完备的市场体系，因此，这种经济可以称作简单商品经济。随着社会生产力的高度发展，自然经济为商品经济所取代，社会经济联系日益趋于频繁，市场范围急剧扩大，从而使市场发育成内涵丰富的大系统，只有在这种情况下的商品经济，才能称得上市场经济。

通过以上分析，我们可以看出市场经济与商品经济的关系，简单地讲，就是一种既相互统一，又有区别的关系，强调它们的内在统一性，就是要注意它们二者是一种继承关系，即要求我们在构建社会主义市场经济体制时，必须首先发展商品经济，只有在商品经济获得充分发展的前提下，市场经济体制才有稳固的基础，市场机制才有作用的条件。而强调它们二者的区别，就是要看到事物的发展，即明确认识到市场经济比商品经济更高一层次，因此，中国共产党所提出的要建立的经济体制不是一般的商品经济体制，而是与发达的商品经济相适应的市场经济体制，这才是我国经济体制改革的目标模式。

三、市场经济与计划经济的关系

把我国经济体制改革的目标模式确定为建立社会主义市场经济体制，这是党对社会主义经济体制认识上的一次巨大飞跃。在我国由计划经济体制向市场经济体制转轨过程中，如何认识和处理市场经济与计划经济的相互关系，人们对这一问题的认识还不尽一致，有些观点甚至截然对立，因此弄清这一问题十分必要。

在讨论这一问题之前，首先需要指出的是，从经济体制的基本格局上看，计划经济与市场经济不能结合，也无法统一。这是因为：首先，从经济形式上讲，计划经济与市场经济根本不属于同一序列的经济形态，计划经济是与产品经济形态相对应的范畴，而市场经济则是与商品经济形态相对应的范畴，两种不同的经济形态和经济范畴不可能同时并存于同一社会经济体制之中，即使勉强存在，也只能是相当短暂的。因此，作为经济形态的计划经济与市场经济是谈不上任何结合的。其次，从经济体制上说，计划经济与市场经济也无法结合。迄今为止，人类配置资源的方式不外乎两种，即以计划方式为主配置资源和以市场方式为主配置资源。前者为计划经济，后者为市场经济。在现实生活中，这两种体制是根本对立和彼此不相容的，选择计划经济体制，自然也就放弃和排斥市场经济体制；选择市场经济体制，也就必然摒弃计划经济体制，二者必居其一。在经济体制上不存在所谓"第三条道路"的选择。进一步来说，计划经济以产品经济为基础，它要求集中统一，排斥市场和交换，二者是针锋相对的，无法统一和结合。即使在一个短时期内二者可以以"板块"形式同时存在，那也是暂时的一种过渡状态，其实际过程必然是此消彼长，终归一宗，而不可能长期和平共处。正因为如此，作为一种经济体制格局，提计划经济与市场经济相结合是不科学的。而准确的提法正如邓小平同志所指出的那样，"计划经济不姓社，社会主义有市场，市场经济不姓资，资本主义有计划"。因而在谈到计划经济与市场经济的关系，比较科学的表述应该是，市场经济与经济计划的关系，或者是计划经济与市场调节的关系。它们二者的关系也如同市场经济与商品经济的关系一样，是一种对立统一的关系。

第一，市场经济与经济计划具有内在的统一性。市场经济与经济计划之所以具有统一性，最主要的原因，是资本主义社会和社会主义社会都存在两种资源配置方式赖以发生作用的基础和条件。计划调节作为一种资源配置的方式，是由社会生产力水平决定的，计划水平的提高，是同生产社会化程度的提高相适应的。这种经济调节机制，可以与不同的社会制度结合在一起，但它的产生并不决定社会制度。在当今社会中，无论是社会主义还是资本主义，都在利用计划机制。市场机制作为一种资源配置的方式，是商品经济发展到一定阶段的产物，它的作用程度是与市场体系的完善程度相适应的。比如，商品经济产生于原始社会的末期，在奴隶社会、封建社会尽管得到了很大发展，有商品生产和商品交换，也有市场，但是在这一时期，由于自然经济处于主体地位，既没有形成国内统一的市场，也不存在完整的市场体系，因而市场作为调节手段发挥作用的范围，只能是局部的、个别的领域，甚至是一星半点的。这时还不能叫市场经济，只是市场经济的萌芽。而"市场经济"则不然，它表明市场机制已覆盖着全社会并调节着生产、交换、分配和消费等各个经济环节和各个经济领域（少数特殊部门，如军工部门的某些领域等除外）。只有当一个地区、一个国家统一市场已经形成，市场体系已经完善的情况下，才可以说是市场经济。我国目前正处在社会主义初级阶段，由于社会主义经济是建立在公有制为主体多种所有制经济共同发展基础上的市场经济，它既是社会化大生产，又要发展市场经济，这就要求也有客观可能运用计划和市场两种手段调节经济运行。

市场经济与经济计划内在统一性的主要表现是：首先，经济计划离不开市场机制的作用。在计划经济体制下，各类计划的制定必须考虑市场的需要，并以对市场发展趋势的估量为依据。例如在宏观领域，国家在制订计划时，宏观总量、结构平衡的计划要根据市场变化情况来制订，如果不考虑市场的作用，市场判断不准，制订出来的宏观计划不仅无益而且还有害于经济运行。计划在实施过程中，也要接受市场的检验，并根据需求的变化进行必要的修改和调整，只有这样，才能使计划更加完善和科学。计划的意图也需要通过市场和充分利用市场机制的作用来贯彻，计划目标也要通过市场调节过程来实施。其次，市场经济要做到规范、有序地运行，也离不开计划的作用。计划能为市场运行提供导向功能，即引导市场机制朝有利或急需发展的专业部门、行业等方向发展，克服市场在利益关系上的局限性和调节经济活动中的短期行为。计划能担当市场调节难以达到或者作用力微弱的经济活动的调节任务，弥补市场调节所不能涉及的部门、领域。因为市场经济是一种趋势性的经济，它的作用对那些社会利益大、个别利益小的社会公共设施部门，乃至基本不盈利的基础教育、基础科学研究、党政群机关等是无能为力的，而这些部门和行业又是整个社会经济发展不可缺少的部门，因而要保证其发展，就只有通过计划的作用才能实现。计划能为市场的发育创造条件。例如，当某些产品十分短缺，难以满足市场需求时，通过计划的作用扶持并促使其发展，当发展到十分丰富和繁荣的程度，这时计划对这些产品的调节力度会逐渐减弱，而市场机制作用的力度会随之增大。从这个意义上讲，计划与市场经济不仅不矛盾，而且还能为市场的培育和发展创造条件，这种情况对于竞争性的产品尤为明显。

第二，市场经济与计划经济具有明显的区别。其主要表现是：首先，二者赖以存在的条件不同，因而在其实施要求上存在着明显的差别。计划经济以产品经济为基础，它要求集中统一，具有相对的稳定性，排斥分散和自由。而市场经济以商品经济为基础，它要求分散和自由，具有较强的灵活性，即要求各个生产经营者要根据各个地区、部门、行业的实际，分别作出决策，自由组织生产和经营，而排斥集中和统一。其次，二者在利益的追求方面存在着根本对立性。在计划经济体制下，计划的作用侧重于社会利益和劳动者的整体利益，只要对整个社会和全体劳动者有好处的事情或项目都要纳入计划，因而计划所追求的是劳动者的全局利益、长远利益。而市场经济是一种趋利性的经济，以金钱的多少作为唯一的追求，利大大干，利小小干，无利不干，所以市场机制的作用侧重于劳动者的局部利益和眼前利益。再次，二者作用的侧重点不同。尽管市场和计划的作用都是覆盖全社会的，但其作用的侧重点具有明显的差别。市场机制作用侧重于微观领域和局部地区，只要生产经营者能从本部门和当地的市场情况出发，作出生产经营决策并不断调整自己的经营策略，一般可以达到微观或局部的平衡。经济计划的作用侧重于宏观领域乃至于整个社会，即对宏观经济总量带有全局性、战略性的经济社会活动实施统筹规划，提供计划指导，扶持其发展。因而只要计划编制积极可靠，符合客观实际，则可保持宏观经济的平衡，保证整个社会经济的协调发展。最后，二者运行过程和信息传递的方式不同。计划经济是从宏观资源配置出发，通过比例分解指标下达企业，并通过调拨分配方式实现微观资源配置，其信息传递采用自上而下即"纵向式"方式进行。市场调节是适应市场供求变化由企业决策实现微观资源配置，并通过市场交换活动实现社会资源配置。其信息传递侧重于"横向联系"的方式进行。

正确认识和处理市场经济与经济计划的相互关系，对我国建立社会主义市场经济体制具有十分重要的指导意义。一方面，由于市场经济与经济计划具有内在的统一性、联系性，这就要求我们在建立社会主义市场经济体制的过程中，在充分发挥市场机制作用的同时，也要重视计划的作用，绝不可忽视计划在某些领域部门和行业仍然扮演着重要的角色，充当调节者，尤其是在我国经济体制转轨时期更是如此。另一方面，由于市场经济与经济计划存在着差别，甚至还存在着某些对立性，这就要求我们在建立市场经济体制时，要把两种手段的优点结合起来，用其二者所长，兴利除弊。例如，适宜于集中统一，社会效益大，侧重于宏观经济领域的部门和行业应多采用计划；而适宜于分散自由发展，带有局部利益、眼前利益，侧重于局部性的经济活动等主要采用市场，充分发挥市场机制的作用。只有通过两种手段的结合，使它们达到互补，在发挥两种手段优点的同时，它们各自利用对方的功能来修正和制约自身的不足，才能使社会资源达到优化配置，使整个社会经济活动既保持高度的集中统一性，又具有适当的分散性和灵活性，充满生机和活力。因此，在现实社会中那种只讲市场不讲计划、只讲发展不讲宏观调控的言论和主张，在理论上是错误的，对实践也是有害的。

第三节　市场经济的功能及其实现条件

市场经济是与商品经济相适应的一种经济体制，在这种体制下，市场机制在资源配置中起基础性调节作用，并通过许多功能具体体现出来。市场机制要充分发挥其在资源配置中的功能性作用，必须具备一系列条件才能实现。

一、市场经济的基本功能

相对于计划经济而言，市场经济在社会经济运行中具有以下主要功能：

第一，具有利益刺激，促进经济的功能。市场经济本质上是一种竞争经济，市场机制的作用是通过竞争实现的。在市场经济中，商品的价值不是由个别生产者的劳动耗费决定的，而是取决于社会必要劳动时间。在竞争中，那些生产效率比较高、个别劳动时间少于社会必要劳动时间的企业，才能在竞争中取得主动地位，得到生存和发展。相反，那些经营管理差、生产效率比较低，从而个别劳动时间大于社会必要劳动时间的企业，在竞争中就处于不利地位，甚至被淘汰。正因为如此，优胜劣汰的市场竞争作为一种强制，迫使每个生产者必须采用先进技术、不断改进经营管理、降低产品成本、提高产品质量、改善服务态度，按照市场需求组织生产与需求相衔接，这就可以促使企业不断提高素质，推动经济发展。

第二，具有信息传导和扩散功能。市场作为商品交换的载体，融汇了各种商品经济信息。市场信息特别是市场价格和市场供求情况，已成为现代市场经济重要的组成部分，是主宰现代企业运行的一种无形的重要资源。在计划经济体制下，由于市场被严重忽视和市场运行的扭曲，人们对于市场信息的需求并不迫切和重要；而且信息主要是依靠国家与企业之间自上而下或自下而上地纵向传递的，信息常常因为传递层次多而失真，难以满足企业生产经营发展的需要。从纵向看，实现国家宏观调控由直接调控向间接调控的转换，必须以市场为中介，把国家经济发展的计划意向以及各种经济参数通过杠杆的作用影响到市场，形成价格、利率、汇率等市场信号，引导生产部门的扩张和收缩，使之符合国家计划的意图。从横向看，市场对来自各方面的信息传递是迅速、灵敏的，市场信息传递给企业具有及时性和直接性。企业作为市场的主体，迅速掌握和有效利用市场信息，有利于正确认识市场环境，把握市场变幻的风云，作出科学的生产经营扩张和收缩决策，从而能有效地开拓市场并提高企业的竞争能力。因此，充分发挥市场经济传递和扩散信息的功能，既有利于国家对企业的宏观调控，又有利于密切生产要素和企业之间的内在联系。

第三，具有调节供求、优化配置资源的功能。在市场经济条件下，企业是为市场而进行商品生产经营的。企业作为市场调节信号的接收者，主要通过市场价格的涨落，观察市场供求的行情状况，确定生产要素组合，安排和调整自己的商品经营方向、品种、数量和规模。当某种商品市场价格看涨，反映出市场供不应求，企业就会自动扩大生产经营规模，并吸引更多企业生产经营这种商品。反之，如果某种商品市场价格看跌，则反映市场供过于求，就会使企业重新调整生产要素配置，缩小生产经营规模，或改变经营方向，转而生产经营其他商品。市场机制不仅促使社会经济资源的配置趋向合理，而且还能促使各个企业或生产经营者节省资源。因为在商品经济条件下，由于价值规律为生产商品的劳动消耗规定了一个统一标准，即由社会必要劳动量来确定商品价值量，并使商品按其价值量等价交换，从而使同行的各个企业或生产者，其劳动消耗就必须按社会必要劳动量这个统一标准来衡量。实际的劳动消耗超过这个标准，因浪费了社会资源就会减少盈利或发生亏损；实际的劳动消耗低于这个标准，因节省了社会资源就会获得更大利益。这样，就会促使各个企业或生产者采用切实有力的措施，为了节省社会经济资源，节约各项费用开支和降低成本而争先恐后地改进技术和加强经营管理，提高技术水平和产品质量。

第四，具有推动生产社会化不断向深度和广度发展的功能。现代商品经济的主要标准是生产社会化，而生产社会化不断向深度和广度发展是以市场经济功能的日趋强化为依据的。市场经济功能的强化使社会生产与社会经济生活发生了如下的变化：一是空间外层的无限性。市场经济不断突破狭小封闭的地域性生产方式与市场藩篱，把一切生产活动都卷入全国乃至世界的大市场中来，使之成为开放的、社会化的生产，而使那些带有自然经济色彩的小生产被荡涤。二是结构的多维性。在简单商品经济中，市场仅仅表现为商品市场。而在现代市场经济中，单一的商品市场早已不适应生产社会化发展的需要，因而又衍生或发展出资金市场、劳动力市场、人才市场、技术市场、信息市场、房地产市场等。这种多维结构的市场体系不但适应了而且推动着生产社会化的发展。三是经济关系的复合性。在简单商品经济形态中，人们之间的经济联系比较贫乏，经济关系具有偶然和简单的特点。而在现代市场经济中，市场已经成为整个社会经济联系的纽带和媒介，成为多重社会经济复合关系的载体，各种经济关系（诸如要素之间的关系、市场主体之间的关系）都通过市场得到沟通和强化，从而把生产社会化推向更深更广的境界，以至于达到生产日益国际化的程度。

第五，具有公平检测和评判的功能。市场是检测商品价值高低和企业经营效果最客观的场所。市场评判与过去那种行政评估比较，是一种最公开、最公正、最准确的评判。在市场上，商品的质量优劣，是否适销对路，企业有无竞争力和适应供求变化的应变力，不能依据和借助于超经济的力量，只能由市场作出判断，并由市场来执行优胜劣汰的原则。因此，只有发挥市场经济的检测和评判功能，才能为企业创造一个公平竞争环境，激发企业的内在潜力和活力，解放和发展生产力。正是由于市场经济具有以上功能，所以它与社会主义相结合，就能形成一种优势，能促进我国社会生产力更快地向前发展。

二、市场配置资源的前提条件

要充分发挥市场机制在资源配置中的功能性作用，必须形成一系列经济条件，其中主要有：

第一，必须要有独立利益的市场主体。企业是市场经济的运行主体。市场经济作为一个经济体系，要达到有效配置社会资源的目的，必须要求它的基本元素是自主经营、自负盈亏的企业。作为市场主体的企业，应该是多元化的，即多种所有制经济、多种经营方式的共存。但不论是哪一种所有制性质的企业，都应该是独立的经济主体，能够按照自身的利益，依据市场信号作出生产和经营决策，并对经营结果负有完全责任。并且，在市场上，多元的经济主体之间平等竞争、优胜劣汰，使企业真正成为能适应市场经济要求的自主经营、自负盈亏的法人主体和市场竞争的主体。

第二，要有统一、竞争、开放、有序的市场体系。市场是市场机制赖以发挥作用的空间。局部的市场，只能使市场机制限于局部范围配置资源，要使资源在全社会范围内得到自由流动、合理配置，必须打破条块分割，地区封锁，形成全国统一的大市场，乃至于逐步与国际市场对接。不仅如此，市场体系应当健全完备，不能残缺不全；同时还应该是成熟、发达的。只有形成统一、开放、竞争、有序的市场和健全完备的市场体系，市场机制才有发挥作用的条件和舞台。

第三，要有公平竞争的外部环境。在市场上没有高低贵贱之分，各个商品生产者和竞争者或参与市场的各个主体，都是平等的，在这里不讲情面、不讲关系，没有保护伞。而要做到公平、公开的竞争，一是要有统一完备的市场运行规则，价格必须合理，税赋必须公平，市场交易竞争有序；二是要有完备的法规体系，以规范政府、企业和个人的经济行为，使市场经济健康地运行和发展。

第四，市场信号必须灵敏。市场信号是市场供求的指示器，它包括商品价格、利率、工资等。及时灵敏地反映市场供求变化，价格不断围绕着价值上下波动，正是市场机制调节功能实现的外在形式。

第五，要有政府的宏观调控体系。现代市场经济的有效运行，仅有独立自主的企业和完善发达的市场体系仍然是不够的，还必须建立健全政府的宏观调控体系。现代经济学认为市场经济能够很有效地配置社会经济资源，但同时也存在着"市场失灵"（Market Failure）的现象，即市场在某些时期、某些领域中不能发挥作用或不宜发挥作用。为了弥补市场失灵，保证经济平衡有效地运行，需要政府的宏观调控。但是，在现代市场经济条件下，政府对经济的宏观调控要与市场机制有机结合起来，不能像传统计划经济条件下那样通过下达行政指令来调控企业行为，而应建立健全以法制为基础采用间接调控方式为主的宏观调控体系。

综上所述，从整体上看，具有独立经济利益和自主权的多元经济主体、统一和完善的市场体系、公平竞争的外部环境、灵敏的市场信号以及健全的宏观调控体系，这几个主要方面构成了以市场经济为基础配置社会经济资源的基本条件。但这些条件的形成又是与商品经济的发展紧密联系的，并随商品经济发展程度的不断提高而逐步发展和完善。

第四节　社会主义市场经济学的研究对象与研究方法

每一门学科都有自己特定的研究对象，社会主义市场经济学作为经济学中一门分支学科，要确定它的性质、规律、体制与运行，首先必须明确其研究对象和任务，其次必须以科学的方法论为指导。

一、社会主义市场经济学的研究对象和任务

对于社会主义市场经济学的研究对象，近些年来国内学者分别从不同角度进行了比较深入的探讨，并提出了许多有益的见解。一是从已出版的市场经济学著作来确定社会主义市场经济学的研究对象。其研究的主要内容有市场经济的发展历程、市场经济体制的架构、市场经济的基本规律、市场经济的运行机制、市场经济的类型与模式、市场经济体制的管理等。二是把研究市场经济条件下的社会经济运行规律作为社会主义市场经济学的研究对象。它将经济学的主要内容，如市场经济条件下的所有制、生产、分配、交换、消费及市场经济条件下的社会保障、宏观调控、对外经济关系等，都置于市场经济这个前提条件下进行再考察。三是以市场运行过程中部分规律为中心内容来确定社会主义市场经济学的研究对象和研究内容。这类市场经济学著作，有的研究了市场机制、市场类型、市场体系，有的研究了市场主体、市场客体、市场构成，有的研究了市场功能、市场机制、市场组织、市场规律等。四是把社会经济运行过程中的交换环节作为其研究的范围或领域，并将市场经济学的研究对象确定为对市场（交换环节）运行本身内部各种联系的分析研究，揭示出市场发展变化（即市场运行）的一般规律性。其主要内容有：市场基础与市场关系、市场经典理论、市场类型、市场体系、市场组织、市场机制、市场功能、市场需求、市场供给等。

按照笔者的理解，社会主义市场经济学就是研究社会主义市场经济体制下市场运行机制和运行规律的科学。它主要包括以下三个层次的研究内容：

第一，社会主义市场经济学侧重点是研究社会主义市场经济体制，而不是侧重研究社会主义的经济制度。尽管社会主义市场经济是与社会主义基本制度结合在一起的，市场经济的运行和发展离不开社会主义基本制度，同时也要服务于社会主义基本制度，但由每一个学科特定的研究任务所决定，对于社会主义经济制

度，即社会主义生产关系（本质层次）及其发展规律的研究，是马克思主义政治经济学社会主义部分的侧重点；而社会主义市场经济学的主要任务，不是侧重分析社会主义经济制度层面，只是将其作为研究的既定基础和前提，重点是要研究市场经济体制中的市场运行机制和运行规律具有哪些特点，是怎样发挥作用的，如何才能更有效地防止和克服"市场不足"和"市场失灵"，缓解市场机制作用难以避免的消极影响，使社会主义制度下的市场经济能比资本主义制度下的市场经济带来更好的经济效益和社会效益。

第二，市场经济运行的一般机制和规律。这是任何社会制度的市场经济国家和地区都普遍适用的，并构成社会主义市场经济学的基本内容。在市场经济条件下，社会经济资源的配置是通过市场机制的作用进行的，而市场机制又是由多种要素构成的。在市场的运行过程中，市场机制的各个构成要素、市场的各个层面和各个方面都存在着客观的联系。如果市场机制各个构成要素能够较好地配合，市场能按照各个方面内在联系的客观规律去运行，市场的运行能够做到正常有序并有效，市场就能充分发挥在资源配置中的基础性作用，促进社会经济的健康发展。如果市场机制各个构成要素不能较好地配合，市场运行违背了市场各个方面内在联系的客观规律的要求，市场就不可能正常有序地运行，从而整个社会经济也就难以健康地发展。与此同时，社会主义市场经济学主要研究的不是古典式的自由竞争的市场经济，也不是一般的不完全竞争（或垄断）的市场经济，而是在国家宏观调控下不完全竞争（或垄断）的市场经济，即现代市场经济。

第三，从实际出发，既要研究不同社会制度和不同国家或地区市场经济体制的一般性或共同的特点，更要探索中国市场经济体制的特殊性或不同的特点。现代市场经济中有许多带有共同性的经济组织形式、经营方式、经济运行机制和经济调节手段，这些都是现代化的大生产和发达的商品经济、市场经济共有的，并非某一种社会制度的专利。对此，我们在构建社会主义市场经济体制时，可以广泛吸收和借鉴，为我所用。但由于各国的市场经济体制又都是从各国的实际出发，符合该国的情况，因此具有各自的特色。比如同样都是资本主义制度下的市场经济国家，像英、美和德、法、日等国家，因各国的国情不同，它们的市场经济体制就具有不同的模式。决定各国市场经济体制特殊的因素，归纳起来为一国的经济发展水平、商品经济的发展程度、国内和国际环境、自然条件、社会历史和文化特点等。中国作为一个发展中国家，又是一个由计划经济体制向市场经济体制转型的社会主义国家，如何从中国国情出发，形成有中国特色的社会主义市场经济体制的具体目标和模式，也是社会主义市场经济学所要研究的重要任务之一。

社会主义市场经济学的这一研究对象和任务，和其他经济学科虽有联系，但也有区别。

第一，社会主义市场经济学与马克思主义政治经济学社会主义部分不同。一是两者研究的侧重点不同。政治经济学社会主义部分着重研究社会主义生产关系的本质及其发展规律、社会主义生产关系内在或本质层次；社会主义市场经济学着重研究社会主义基本制度下经济运行机制和运行规律，即社会主义生产关系或基本制度的外在或表里层次。二是两者所研究的范围不同。政治经济学社会主义部分研究包括生产、分配、交换和消费四个环节在内的整个社会范围运行过程的规律，它对整个社会范围的社会再生产或整个社会的经济运行过程起指导作用；而社会主义市场经济学着重研究的是商品经济社会中市场机制和市场运行规律，研究稀缺的资源如何有效地配置，因此，凡是与资源有效配置有关的内容，都可以纳入社会主义市场经济学的研究范围。两者的联系主要体现在，政治经济学社会主义部分是市场经济学的理论基础和理论指导，而社会主义市场经济学则是政治经济学理论和方法在市场经济运行过程中的具体应用。

第二，社会主义市场经济学与市场营销学既有联系，也有区别。从它们两者的联系方面看，都涉及市场，也都研究市场问题。但从它们的性质和内容看，完全属于两种不同的学科。市场营销学研究的对象是以满足消费者需求为中心的企业营销活动过程及其规律性。它是从研究市场供求矛盾出发，探索供给如何适应需求，研究的目的是寻找市场营销的科学原理和策略，进而取得最大的经济效益。社会主义市场经济学是以资源配置作为出发点，探求市场经济运行的规律，研究的目的是如何利用市场机制实现社会资源的优化配置，进而保证社会经济的稳定、协调发展。

第三，社会主义市场经济学和区域经济学、劳动经济学、技术经济学、环境经济学、证券投资学、金融学、期货市场学等也不一样。前者研究市场运行的基本原理和运行机制的作用过程；后者所研究的对象更具体，更具有地域、专业或行业特点，它们分别研究某一方面市场或经济运作的技术性、操作性的内容。当然，两者也不是相互独立的。市场运作的技术性和操作性内容，一般要以对市场机理和机制的透彻理解为条件；反过来，对各类市场具体运行的技术性、操作性内容掌握越多，就越能丰富对市场机理和机制的理解。

二、社会主义市场经济学的研究方法

每门学科都有自己的研究方法，社会主义市场经济学也不例外。从本学科的性质和特点出发，主要采取了以下几种研究方法：

1. 唯物辩证法是社会主义市场经济学研究方法的基础和核心

马克思主义的唯物辩证法是我们认识客观世界和人类社会的科学的世界观和方法论，是一切科学研究方法的基本原则，也是市场经济学研究方向的基础和核心。恩格斯曾指出，辩证法不过是关于自然、人类社会和思维的运动和发展的普遍规律的科学。这就告诉我们，无论是自然科学还是社会科学，都应以唯物辩证法作指导，才能充分揭示出其运动的规律及发展的趋势。为此，本书在研究市场经济理论时，在总体上以唯物辩证法作为研究方法的基础和基本原则，但在对这一根本方法的具体运用时，更多的是采用了一般与特殊、共性和特性相结合的辩证法。一般和特殊、共性和特性是对立统一的辩证关系，一般寓于特殊之中，没有不存在一般的事物；特殊总是受一般规律的制约，没有不受一般规律制约的特殊，这是唯物辩证法的精髓。只有用共性和特殊性的辩证法才能理解和认识一系列社会经济问题。比如，对我国社会主义市场经济的理解，一方面，与现代资本主义国家的市场经济相比较，它是一般的市场经济，存在许多共性；另一方面，由于我国的市场经济是与社会主义基本制度结合在一起的，尽管市场经济本身并不具有社会制度的属性，但由于我国的社会制度和具体国情的不同，因而它与资本主义市场经济又存在许多差别，具有不同的特性。认识其共性或一般性，可以吸收和借鉴现代资本主义市场经济的经验为我所用。认识到两者存在的差别及特殊性，就是要求我们在构建社会主义市场经济体制时，不能全盘照搬别国的模式，一定要考虑中国的特殊性，在其构建方式及模式选择方面注意中国特色。又如，市场经济与计划经济的关系、市场经济与商品经济的关系、宏观调控与市场经济的关系等，既存在许多共性或一般性，也存在许多差别，即具有特殊性。只有把一般和特殊相结合的辩证法引入经济学的分析中，并使它成为最基本的方法，才能使我们对一系列社会经济问题保持清醒的认识，并能较好地把握市场经济运行的规律及特点。长期以来，经济学研究中总是把一般与特殊对立起来，割裂开来，要么强调一般，忽视特殊；要么强调特殊，忽视一般。前一种方法在西方经济学家那里，表现得十分充分。他们只研究生产的一般，而不研究生产的特殊，因而在他们的视野里，资本主义制度是一种自然的、永恒的制度，既没有起源，又没有发展、变化和灭亡的过程。后一种方法在苏联和中国过去的经济学研究中表现得十分突出。苏联科学院编写的《政治经济学》教科书，强调社会主义生产方式与资本主义生产方式的特殊性，完全忽视一般性，达到了极限。本书摒弃了上述两种片面性，而是把一般和特殊、共性和特性相结合的辩证法贯彻于社会主义市场经济相关问题的分析和探索之中，并成为研究社会主义市场经济理论的基本方法。

2. 实证分析法和规范分析法

从研究方法的角度上看，经济学可分为实证经济学和规范经济学两大类。实证经济学是指用实证方法来分析经济问题。它是研究经济本身的内在规律，并根据这些规律分析和预测人们经济行为的效果。它要回答"是什么"和"为什么"的问题。由于实证经济学是以客观的经济运行规律为内容，不涉及人们的价值观念和价值判断，没有好与不好的区别，标准在这里是一致的，因而使其具有客观性、科学性，它所得出的结论也是可以根据事实加以验证的。规范经济学是指用规范方法来分析经济问题。它是以一定的价值判断为基础，提出一定的分析处理经济问题的标准，作为判定经济政策的依据，并研究怎样才能符合这些标准。它是要解决什么是"好"的、什么是"坏"的价值判断问题，即要回答"应该是什么"的问题。正因为规范经济学是从一定的价值判断出发来研究经济问题的，而不同阶级或集团对其价值判断的标准不一样，因此，对同一事物好坏的评价会有较大的差别，它所得出的结论也无法进行验证。

在社会经济生活中，实证分析法与规范分析法在经济学研究中从未截然分开过，而且研究经济学无法真正摆脱价值判断。但由于社会主义市场经济学既是一门理论学科，更是一门实践性很强的"致用之学"，因而，在其研究过程中，这两种方法都不可缺少，但从总体来说，本书的研究更突出实证分析的方法。马克思说过，"要把政治经济学变成一种实证科学"，[①] 列宁在读这段话时作了明确诠释："政治经济学的基础是事实，而不是教条。"[②] 因此，社会主义市场经济学应以实证研究法为主，一定要改变那种先找理论概念再分析现实，用书本剪裁现实的习惯，而应在分析大量事实或大量材料的基础上抽象出理念，并提出相应的政策建议。在这方面应当学习和借鉴西方经济学的长处，善于进行案例分析，从历史和现实出发，系统地运用统计资料和大量的例证，分析和研究社会经济现象和问题。不过，实证研究必须全面而系统，不要以偏概全。

3. 其他研究方法

社会主义市场经济学研究还运用和引入了比较分析法，即将中国与发达国家市场经济进行比较；将中国与其他发展中国家进行比较；将中国与已演变的东欧和独联体国家（主要是俄罗斯）进行比较；将市场经济体制与计划经济体制进行比较。通过比较，才能区分其利弊和优劣，并从中较为深刻地理解市场机制对于资源配置所起到的基础性作用，并能更好地了解和掌握市场经济运行的一般规

---

① 《马克思恩格斯全集》第 32 卷，人民出版社 1974 年版，第 170 页。
② 《列宁全集》第 58 卷，人民出版社 1990 年版，第 86 页。

律。通过比较，也可以从中昭示出中国特色，进而揭示走中国特色社会主义道路以及实施改革开放的必然性与特殊性，弄清具有中国特色的市场经济运行的特殊规律。

定性分析和定量分析相结合的方法。社会主义市场经济学的内容极其丰富，是与社会经济联系十分密切而又错综复杂的新型学科。对市场经济学的研究，必须对这些错综复杂的关系做全面、深入的探索，揭示社会经济发展的趋势和规律。这就必须深入实际调查研究，在掌握大量实际材料的基础上，实行定性分析和定量分析相结合，但必须以定性分析为基础。①正如马克思在《资本论》中所讲到的，"分析经济形式，既不能用显微镜，也不能用化学试剂。两者都必须用抽象力来代替。"这样才能"揭示现代社会经济运动规律"。社会经济运动规律极其错综复杂，有些情况还经常变化，必须用"抽象力"进行定性分析才能抓住事物的本质。当然，强调定性分析的同时，对市场经济学的研究可以而且应该运用数量分析的方法，以便更好地阐明相关问题的规定性，掌握决定事物性质的数量界限，把握住重要的"度"，划清必要的是非界限。比如，在市场经济条件下收入分配中，需要划清拉开收入分配差距与两极分化的界限；在市场调节与宏观调控的关系中，需要划清正确发挥市场配置资源的基础性作用与"市场万能论"的界限；在对外开放、利用外资中，要注意把握"过度"与"适度"的界限等。只有这样，才有利于揭示出市场经济发展趋势和内在规律。在这方面，历史上许多著名经济学家都运用过定量分析的方法，分析资本主义经济的实质，使定性分析与定量分析紧密结合。英国古典经济学奠基人威廉·配第写的《政治算数》，就是用数学方法分析经济生活，分析经济现象的内在联系。法国著名经济学家魁奈的《经济表》，就是运用数学方法来分析社会再生产的内在联系。英国著名经济学家亚当·斯密、李嘉图也都运用了数量分析方法。这样的例子还很多。需要说明的是，经济学可以而且应该运用数量分析经济问题，但不能过分强调经济学数字化，因为在经济学中数学只是一种工具，而且运用数学模型并不等于数量分析。数学模型（公式）只是一种思维形式、一种分析工具、一种语言，并不是数据本身。数量分析的基础首先是占有大量的数据，然后运用科学的方法运算、分析，而不是仅仅列出一串串数学模型。从这个意义上讲，在定性分析与定量分析方法中，定性分析应是定量分析的基础，因而不能舍本求末。

除上述方法外，对社会主义市场经济研究，还可以采用静态分析和动态分析

---

① 刘开云：《马克思、恩格斯反对经济学"数学化"吗——与尹世杰同志商榷》，《统计与决策》2008年第3期。

相结合的方法、微观分析和宏观分析相结合的方法、制度分析方法、历史分析方法以及综合分析方法等。至于采用单一方法，还是采用多种方法的组合与配置，则由研究者根据研究的问题具体分析确定。

思考题：

1. 稀缺性的含义是什么？

2. 什么是市场经济学研究的基本问题？

3. 市场经济与商品经济有什么联系和区别？

4. 怎样认识市场经济与计划经济的相互关系？

5. 市场经济的基本功能有哪些？

6. 市场经济配置资源必须具备哪些前提条件？

7. 社会主义市场经济学研究的对象是什么？

第二章　社会主义市场经济体制的确立及其基本内容

社会主义市场经济理论的创立，是中国共产党对社会主义经济体制认识上的一次巨大飞跃，是对马克思主义经济理论的重大创新和发展。这一理论的确立不仅为我国的经济改革指明了方向，而且也将对我国经济的发展和现代化建设产生极其深远的影响。本章首先阐述了社会主义市场经济理论的形成与发展进程及其依据；其次明确界定了社会主义市场经济的涵义与特征；最后概述了社会主义市场经济的基本框架，并对中国市场经济发展程度及其判断标准进行探析，提出了构建社会主义市场经济体制的改革路径与措施。

第一节　社会主义市场经济理论的形成及其依据

把社会主义同市场经济结合起来，是前无古人的伟大创举，是中国化马克思主义经济学对马克思主义发展做出的历史性贡献，实践——认识——再实践——再认识体现了中国共产党坚持理论创新、与时俱进的巨大勇气。社会主义市场经济理论不仅经历了一个不断创新的历史形成过程，而且吸收了人类社会的文明成果，是马克思主义中国化的具体体现，在中国选择市场经济体制具有客观必然性。

一、社会主义市场经济理论的形成过程

社会主义市场经济理论的确立与完善，是中国共产党领导全国人民长期艰辛探索，总结社会主义经济建设与发展正反两方面经验教训而得出的必然结论。因此，学习社会主义市场经济学，应该了解社会主义市场经济理论产生和发展的历史过程，进而掌握社会主义经济理论创新的规律。

在社会主义社会，究竟应该实行计划经济还是应该实行市场经济？这不仅在理论上长期有争论，而且是一个实践中始终没有解决的重要问题。早在一百多年

以前，马克思、恩格斯通过对当时资本主义经济运行的分析，设想未来社会已不存在商品经济，而是产品经济，由于生产资料是由社会占有，实行单一公有制，整个社会的经济活动犹如一个工厂，全社会的资源都直接按计划分配，也就是恩格斯所讲的："一旦社会占有了生产资料，商品生产就将被消除，而产品对生产者的统治也将随之消除。社会生产内部的无政府状态就将为有计划的自觉的组织所代替。"①"社会的生产无政府状态就让位于按照全社会和每个成员的需要对生产进行的社会的有计划的调节。"② 马克思说，在未来社会里，联合起来的生产者将"按照总的计划组织全国生产，从而控制全国生产，制止资本主义生产下不可避免的经常的无政府状态和周期的痉挛现象"。③ 苏联社会主义革命成功后，对此进一步概括为就是要实行"计划经济"，并且把它升华为社会主义的基本理论原则和社会主义经济制度的基本特征之一，是社会主义国家都必须遵循的一个原理。因此，我国从新中国成立后，特别是 1956 年在经济上基本完成了社会主义改造以后，理所当然地同其他所有社会主义国家一样，逐步实行了计划经济和高度集中的经济管理体制。

从社会主义建设的实践看，原来经济比较落后的国家取得社会主义革命胜利并确立社会主义公有制的主体地位以后，在一定历史时期采取计划经济形式，有利于把国家有限的人力、物力、财力等资源，集中起来组织重大的生产和建设项目，合理安排重大经济结构和生产力布局，使国民经济在总体上实现协调发展，更好地满足人民的物质文化需要，为巩固和捍卫社会主义制度打下物质基础。例如，苏联在完成工业国有化和农业集体化的基础上，面对国际帝国主义的包围和封锁，按照国家的统一计划进行经济建设，使国民经济高速向前发展，一跃成为世界第二经济大国，从而经受住第二次世界大战的严峻考验，成为打败德、意、日法西斯的主力军，对人类做出了不可估量的贡献。第二次世界大战后，苏联又靠计划经济迅速恢复了工农业生产，使两亿人民过上了幸福生活。1957 年苏联人造卫星上天，更加显示了实行计划经济的巨大作用。在那时，高速发展的社会主义经济与危机四伏的资本主义经济形成鲜明的对照，使人们看到了计划经济的优越性。我国的社会主义社会脱胎于半殖民地半封建社会，在建立人民民主专政的政权和社会主义经济制度后，在 20 世纪 50 年代实行计划经济是正确的历史选择。国民经济和社会发展第一个五年计划（简称"一五"）时期兴建的 156 项重点工程，后来建立的石化、电子等新兴工业部门，以及"两弹一星"的研制成

---

① 《马克思恩格斯选集》第 3 卷，人民出版社 1995 年版，第 323 页。
② 《马克思恩格斯选集》第 3 卷，人民出版社 1995 年版，第 319 页。
③ 《马克思恩格斯选集》第 2 卷，人民出版社 1995 年版，第 379 页。

功，都表明当时实行计划经济是很有成效的，并为以后的现代化建设奠定了物质技术基础。所以，社会主义国家在一定时期实行计划经济体制，有其历史的客观必然性和进步性，这一点是必须充分肯定的。然而，这种高度集中的计划经济体制存在两个问题：一是用计划手段排斥或取代商品经济和市场作用；二是把经济计划等同于指令性计划，抑制了企业的活力和积极性。随着社会生产力的发展，一个国家的经济规模日益扩大，各方面的经济关系越来越错综复杂，需要达到的战略目标和人民生活需要也越来越趋于多样化以后，原来那种高度集中的计划经济体制模式就难以适应社会主义现代化建设的要求。因此，从 20 世纪五六十年代起，原来的许多社会主义国家都逐步认识到这种经济体制不改不行，并相继进行了不同程度的改革试验。但由于传统观念的束缚，长期以来，人们一直把商品经济和市场经济都看成资本主义所特有的东西，同社会主义制度是不相容的，只有实行计划经济才符合社会主义经济原则的传统观念和工作方法相当牢固。改革中要提出发挥市场的作用，不但很难做到，而且首先是思想上就难以取得共识。所以，苏联和一些东欧国家在政治上未发生剧变以前，所谓的改革都仅限于对原有集中计划管理体制的修修补补，始终没有对整个经济体制进行以市场为基础的根本性变革，从而严重制约了整个经济的应有发展。在我国 60 多年经济发展中，党和政府对计划经济存在的主要弊端和推行市场经济体制必要性的认识，经历了一个由浅入深，实践——认识——再实践——再认识，不断往返逐步深化的过程。以 1978 年 12 月为界大体分为以下两个时期：一是新中国成立后直到 1978年党的十一届三中全会召开前，为对社会主义商品经济和经济体制进行有益探索时期；二是党的十一届三中全会召开以来，为计划经济向社会主义市场经济体制转轨，社会主义市场经济体制初步建立并进入不断完善时期。从 1953 年实行第一个五年计划时起，特别是从 1956 年生产资料社会主义改造基本完成以后，以毛泽东为核心的第一代中国共产党人在实践中对社会主义商品经济和经济体制做过艰苦而有益的探索。

在新中国成立以后到 1956 年这一时期，中国共产党以及经济理论界一般都同意斯大林在《苏联社会主义经济问题》一书中的观点，但到了 1956 年以后，理论界逐渐提出了不同意见，党中央、毛泽东在对社会主义经济体制和商品经济理论的看法方面也发生了一些变化。1956 年四五月间，毛泽东在听取政府经济管理部门汇报的基础上，发表了《论十大关系》的演讲。他针对当时经济生活中出现的问题和模仿苏联的思想方法，要求我国的企业管理要突破苏联高度集权的管理模式，创造能够调动干部、工人积极性的中国式企业管理形式；要注意调动中央和地方的积极性；处理好国家利益、集体利益和个人利益三者的关系；强调中国对外国的经验，"必须有分析有批判地学，不能盲目地学，不能一切照抄，机械搬用。他们的短处、缺点，当然不要学"。① 其中就含有不能照搬苏联经济管理体制的意思。在这之后，毛泽东还提出了许多重要观点。比如，他曾提出社会主义条件下，允许资本主义在一定范围内存在和发展的观点。1956 年 12 月，毛泽东对民主党派人士说，只要社会有需要，可以允许资本家开私营工厂，华侨投资 100 年不没收，可以消灭资本主义，又搞点资本主义。

关于社会主义是否还需要保留和发展商品经济等问题，党和政府在这时期也做过许多有益的探索。20 世纪 50 年代后期，毛泽东针对一些人废除商品生产和商品交换，实行产品调拨的说法，根据中国社会主义脱胎于半殖民地半封建社会、商品经济不发达的实际，在研读苏联《政治经济学》教科书时指出："我国是商品生产很不发达的国家，比印度、巴西还落后。印度的铁路、纺织比中国发达"，"需要有一个发展商品生产的阶段……发展社会主义的商品生产和商品交换。必须肯定社会主义的商品生产和商品交换还有积极作用"。② 在 1958 年 10 月《在华北、华东九省农业协作会议后的指示》中，毛泽东严厉地批评了忽视商品生产和商品交换的"左"倾思想，指出："交换不能轻视，有些人过早地鄙视交换是不对的。交换是永远的，一万年之后还有交换。一个公社不可能万事不求人，目前不能鄙视商品交换。"后来又说："如果不实行商品变换，把陕西的核桃拿来吃，一个钱不给，陕西的农民干吗？把七里营的棉花无代价地调出来行吗？你如果这样做，马上就要打破脑袋。"③ 他还认为鄙视商品生产，对当前经济发展是不利的。1958 年 11 月，毛泽东在郑州会议上讲话时批评说："我们有些人大有消灭商品生产之势。他们向往共产主义，一提商品生产就发愁，觉得这是资本主义的东西，没有分清社会主义商品生产和资本主义商品生产的区别，不懂得在社会主义条件下利用商品生产的作用的重要性。"④ 他讲道："不要忌讳商品二字"，"要扩大商品生产，扩大商品交换"。1959 年，毛泽东在读斯大林《苏联社会主义经济问题》时，批评斯大林关于生产资料不是商品、农业机器不能卖给农民的观点，指出：商品不限于消费品，有些生产资料也是属于商品的；即使是完全社会主义全民所有制了，某些地方仍要通过商品来交换。1959 年 3 月，他又针对农村搞"一平二调"、刮"共产风"的错误，强调要按价值规律办事，明确指出：价值规律"是一个伟大的学校，只有利用它，才有可能教会我们的几千万干部和

① 《毛泽东著作选读》，人民出版社 1986 年版，第 740 页。
② 《毛泽东选集》第 1 卷，人民出版社 1986 年版，第 435 页。
③ 许毅等：《社会主义价格问题》，中国财政经济出版社 1982 年版，第 11 页。
④ 《毛泽东文集》第 7 卷，人民出版社 1999 年版，第 437 页。

几万万人民，才有可能建设我们的社会主义和共产主义，否则一切都不可能"。①
对于价值规律在社会主义条件下的作用，毛泽东认为它只起计算作用，不起调
节作用。他在第一次郑州会议上说，价值法则是一个工具，只起计算作用，但不
起调节生产的作用，我们现在的商品生产，不是为价值法则所指挥，而是为计划
所指挥。应该说，毛泽东对商品经济和价值规律的认识和探索，比斯大林的认识
更前进了一步，是对马克思主义政治经济学的一个重大贡献。可惜后来没有在实
践中付诸实施。尤其是毛泽东在晚年对商品生产和商品交换方面的认识发生了很
大的转变，认为商品生产和货币交换跟旧社会差不多，应该在无产阶级专政下加
以限制，甚至认为商品生产和商品交换是产生资产阶级的土壤。因此，他在晚年
更强调计划的调节，更强调计划的指令性和计划的高度集中性。

　　根据陈云的建议，刘少奇在中共八大政治报告中提出了"应当在统一的社会
主义市场的一定范围内，允许国家领导下的自由市场的存在和一定程度的发展，
作为国家市场的补充"的正确原则。并在中共八大政治报告的决议中，对我国社
会主义所有制结构、经济运行的调节机制、市场问题进行具体描述，形成了"三
个主体，三个补充"的著名观点，即：在工商业经营方面，国家经营和集体经营
是主体，个体经营是补充；在生产计划方面，国家计划生产是主体，自由生产是
补充；在我国的市场方面，国家市场是主体，国家领导的自由市场是补充。② 应
当说，这在社会主义政治经济学史上也称得上是一个突破。

　　我国经济理论界自 1956 年起也对此展开了积极的探讨，并提出了许多有益
的理论观点。比如，在这一时期，著名经济学家孙冶方率先批评了苏联的经济形
式和体制的弊端，指出它们是在自然经济论影响下的产物。他还尖锐地批评了斯
大林和苏联经济学界长期以来把价值规律看成是社会主义经济异物的错误观点，
鲜明地提出"把计划和统计放在价值规律的基础上"。③ 与此同时，另一位经济学
家、中国社会科学院经济研究所顾准则是一针见血地指出，社会主义经济的问题
是废除了市场制度。因此，对于社会主义经济来说，可供选择的体制，是由企业
根据市场价格的自发涨落来做出决策，即让市场的力量在资源配置中起决定性作
用。遗憾的是，这些真知灼见当时未能被大多数经济学家所理解和关注，当然也
不可能被政府所采纳。

　　从上述内容可以看出，以毛泽东为核心的第一代中央领导集体在理论上的认

---

① 《毛泽东文集》第 8 卷，人民出版社 1999 年版，第 34 页。
② 《陈云文选》(1956~1985)，人民出版社 1986 年版，第 13 页。
③ 孙冶方：《把计划和统计放在价值规律的基础上》，《经济研究》1956 年第 6 期。

识已接近社会主义市场经济。但是由于受"左"倾思想的严重影响，特别是在长达 10 年的"文化大革命"中"左"的理论与实践进一步发展，使上述有益的探索未能沿着正确的方向发展下去，更不可能在现实生活中得到贯彻和执行。不过，不能否定这些探索的理论价值和实践意义，完全可以说，它是中国社会主义市场经济理论形成的萌芽，也是邓小平社会主义市场经济理论的源头和起点。

从全局上对社会主义市场经济理论的真正探索，应该说是从党的十一届三中全会以后开始的。在邓小平理论指导下，我国人民开始了改革开放的伟大实践。通过三十多年经济体制改革，逐步完成了由计划经济体制向社会主义市场经济体制的转轨，初步建立了社会主义市场经济体制，并向完善的社会主义市场经济体制过渡。其建立与发展的过程大体经历了以下几个阶段。

第一阶段（1978 年 12 月至 1983 年）：突破了完全排斥市场调节的大一统的计划经济概念，实行了"计划经济为主、市场调节为辅"的经济管理原则。

在这一阶段，党和政府已经意识到社会主义经济不是完全的计划经济，之外还应有市场调节部分。1978 年 12 月，邓小平在中央工作会议闭幕讲话所准备的手写提纲上写着"自主权与国家计划矛盾，主要从价值法则、供求关系（产品质量）来调节"。[①] 这是"文化大革命"结束后，邓小平对经济体制的最初思考。1979 年 3 月，主持经济工作的副总理陈云指出：整个社会主义时期必须有两个组成部分：一是计划经济部分（有计划按比例部分）；二是市场调节部分（即不作计划，让它根据市场供求的变化进行生产，即带有"盲目"调节部分）。第一部分是基本的、主要的，第二部分是从属的、次要的，但又是必要的。[②] 1979 年 4 月，中央工作会议提出，国民经济要以"计划经济为主，同时充分重视市场调节辅助作用"，[③] 由此开始，计划经济和市场调节（市场经济）不再被视为两个截然对立的东西了。党和政府认识到两者必须结合，但是这种结合不是平等的结合，而是有主与次之分，有个"排座次"的问题。

1979 年 11 月 26 日，邓小平在会见美国不列颠百科全书出版公司编委会副主席吉布尼等时说："说市场经济只存在于资本主义社会，只有资本主义的市场经济，这肯定是不正确的。社会主义为什么不可以搞市场经济，这个不能说是资本主义。我们是计划经济为主，也结合市场经济，但这是社会主义的市场经济。""市场经济不能说只是资本主义的。市场经济，在封建社会就有了萌芽。社会主

---

① 《邓小平年谱（1975~1997）》（上），中央文献出版社 2004 年版，第 445~446 页。
② 中共中央文献研究室编：《三中全会以来重要文献选编》（上），人民出版社 1982 年版，第 69 页。
③ 中共中央文献研究室编：《三中全会以来重要文献选编》（上），人民出版社 1982 年版，第 14 页。

义也可以搞市场经济……这是社会主义利用这种方法来发展社会生产力。"① 这是邓小平首次提出"社会主义也可以搞市场经济"的论断。尽管此时他还是讲计划经济为主，但毕竟把市场经济同社会主义联系起来，肯定了市场经济在社会主义制度下的必要性和有益性，为改革措施的选择提供了重要的可遵循的框架，对我国理论探索和改革进程无疑起到了极为重要的推动作用。

1981 年 11 月，五届人大四次会议通过的政府工作报告吸收和采纳了上述思想，并上升到相当高度，认识到"正确认识和处理计划经济和市场调节关系，是改革中的一个关键问题"，指出"我国经济体制改革的基本方向应当是：在坚持社会主义计划经济的前提下，发挥市场调节的辅助作用，国家在制定计划时要充分考虑和运用价值规律"。1982 年 9 月，党的十二大报告中进一步明确"计划经济为主，市场调节为辅"的经济管理原则，指出"正确贯彻计划经济为主、市场调节为辅的原则，是经济体制改革中的一个根本性问题。我们要正确划分指令性计划、指导性计划和市场调节各自的范围和界限"。虽然这一阶段的认识仍然坚持计划经济的总体框架不变，强调市场调节还只是起辅助补充作用，但已为市场发挥作用提供了理论基础，为建立社会主义市场经济体制开辟了道路。

第二阶段（1984 年 10 月至 1988 年）：确认社会主义经济是建立在公有制基础上的有计划的商品经济，突破了长期以来把计划经济与商品经济对立起来的传统观念，重新诠释了计划经济的涵义。

1984 年 10 月 20 日，党的十二届三中全会通过了《中共中央关于经济体制改革的决定》（以下简称《决定》），第一次明确提出社会主义经济是公有制基础上的有计划的商品经济。商品经济的充分发展，是社会经济发展不可逾越的阶段，是实现我国现代化的必要条件。这种新的"有计划的商品经济"的内涵是："第一，就总体说，我国实行的是计划经济，即有计划的商品经济，而不是那种完全由市场调节的市场经济；第二，完全由市场调节的生产和交换，主要是部分农副产品、日用小商品和服务修理业的劳务活动；第三，实行计划经济不等于指令性计划为主，指令性计划和指导性计划都是计划经济的具体形式；第四，指导性计划主要依靠运用经济杠杆的作用来实现，指令性计划则是必须执行的，但也必须运用价值规律。"② 应该说，"有计划的商品经济"理论的确立，突破了把计划经济同商品经济相对立，进而否定商品经济的旧观念，昭示了市场化改革的必然。但是，有计划的商品经济的提法仍然有其局限性：首先，仍在"商品经济"前加

---

① 《邓小平文选》第 2 卷，人民出版社 1993 年版，第 236 页。
② 《十一届三中全会以来党和国家重要文献选编》（上），中共中央党校出版社 2008 年版，第 184~186 页。

上"有计划的"限制词，说明这种"商品经济"的前提仍是"计划"和"计划经济"，在这里，"计划"是为主的，"商品经济"是从属的；其次，有计划商品经济的"商品化"范围有限，土地、矿山和劳力等不是商品；最后，十二届三中全会《决定》中继续保留了"社会主义计划经济"这一提法，在观念上仍认为有计划商品经济与市场经济存在根本的区别。在这里，"市场经济"姓"资"姓"社"的问题并未根本解决，"有计划商品经济"实际上没有跳出"计划经济"的框架，没有从根本上承认企业和经营者作为经济主体的独立自主地位。

1987 年 10 月，党的十三大报告在有计划商品经济理论基础上对社会主义市场机制问题进行了新的理论概括，指出："社会主义有计划商品经济体制，应该是计划与市场内在统一的体制。"并把新的经济运行机制概括为"国家调节市场，市场引导企业"的模式。这一模式的提出，是对有计划商品经济理论的一次重大发展。其主要表现是：首先，报告中不仅不再提"计划经济为主"，而且没有再提计划经济，完全突破了改革初期计划与市场各分一块的老框架；其次，在"国家调节市场，市场引导企业"的模式中，市场的地位大大增加了，"市场调节"不再是一个狭小的辅助范围，而是覆盖全社会的；最后，十三大报告还将计划和市场都看作是经济运行的形式和手段，而不再是区别资本主义与社会主义的标志，明确提出社会主义商品经济与资本主义商品经济的区别不在于市场与计划的多少，而在于所有制的不同。

第三阶段（1988 年至 1992 年）：市场化取向改革目标的最终确立与社会主义市场经济理论的初步形成。在这一阶段，从根本上破除了长期以来把计划经济等同于社会主义、把市场经济等同于资本主义的传统观念的束缚，确认我国经济体制改革的目标是建立社会主义市场经济体制。

20 世纪 80 年代以后，我国经济体制改革取得了很大成就，但也出现了诸多矛盾和问题。1988 年 9 月，针对我国当时经济过热、通货膨胀等经济发展中出现的问题，党的十三届三中全会决定按照"治理经济环境、整顿经济秩序、全面深化改革"的方针进行治理整顿。在此期间改革有所停滞，政府加强对经济的行政控制，直接计划调节的作用有所突出。

治理整顿是必要的。在治理整顿期间，当然可以采取应急情况下的具体措施和方法。但《中共中央关于制定国民经济和社会发展十年规划和"八五"计划的建议》中强调"计划经济与市场调节相结合"，"计划调节重于市场调节"。实际上是重新强调和突出计划和计划经济，因此，市场作用下降，市场调节只能管"企业日常的生产经营、一般性技术改造和小型建设等经济活动"，不能不使人感到这相对于十二届三中全会和十三大在认识上是一种后退。

在此形势下，1992 年 1~2 月间邓小平到南方视察武昌、深圳、珠海、上海等地，在南方谈话中针对社会上否定社会主义市场经济的思潮以及"双轨制"格局下"计划经济体制"因素的重新抬头，邓小平做了大量的理论阐发。他明确指出："计划多一点还是市场多一点，不是社会主义与资本主义的本质区别。计划经济不等于社会主义，资本主义也有计划；市场经济不等于资本主义，社会主义也有市场。计划和市场都是手段。"[1]"计划和市场都是方法。""一谈计划就是社会主义，这也是不对的，日本就有一个企划厅嘛，美国也有计划嘛。"[2]邓小平这些论断，说理明快，以理服人，对巩固改革成果、坚持改革方向、加快和深化改革起到了巨大的推动作用。

根据改革开放实践发展的需要和邓小平的多次谈话，特别是南方谈话的精神，在总结我国以往改革实践经验和理论成果的基础上，1992 年 10 月召开的中共十四大把建立"社会主义市场经济体制"作为经济体制改革的目标，明确指出："我们要建立的社会主义市场经济体制，就是要使市场在社会主义国家宏观调控下对资源配置起基础性作用。"从此，中国开始建立和逐步发展完善社会主义市场经济体制，并围绕着这一目标，对国家的政治体系、经济体制进行了一系列卓有成效的改革，这些改革对我国经济和社会全面发展产生了深远的影响。

第四阶段（1992 年 10 月至 2003 年）：确立了社会主义市场经济体制的基本框架，初步建立了社会主义市场经济体制。继党的十四大确立了我国经济体制改革目标是建立社会主义市场经济体制之后，1993 年召开的党的十四届三中全会作出了《关于建立社会主义市场经济体制若干问题的决定》，这一决定阐述了社会主义市场经济体制的基本涵义，勾画了社会主义市场经济体制的基本框架，提出了建设的主要任务。经过数年的努力，2000 年召开的党的十五届五中全会郑重宣布，中国社会主义市场经济体制已初步建立，市场机制在资源配置中日益明显地发挥着基础性作用，经济发展的体制环境发生了重大变化。

第五阶段（2003 年 10 月至今）：完善社会主义市场经济体制阶段。在初步建立社会主义市场经济体制的基础上，2002 年 11 月召开的党的十六大指出，21 世纪前 20 年改革的主要任务是完善社会主义市场经济体制，即在 2020 年建成完善的社会主义市场经济体制和更具活力、更加开放的经济体系。2003 年召开的党的十六届三中全会作出了《关于完善社会主义市场经济体制若干问题的决定》，提出了进一步完善社会主义市场经济体制的目标、任务和具体部署。至此，中国

①《邓小平文选》第 3 卷，人民出版社 1993 年版，第 373 页。
②《邓小平文选》第 3 卷，人民出版社 1993 年版，第 203 页。

经济体制改革进入完善社会主义市场经济体制的新阶段。在党的十六届三中、四中、五中全会等重要会议上提出的树立科学发展观和构建社会主义和谐社会的重大战略思想，为完善社会主义市场经济体制提供了思想理论指导。2007年10月15日，中国共产党第十七次全国代表大会召开。胡锦涛在报告中认真总结了改革开放近三十年来的伟大历史进程和党的十六大以来的工作，系统阐述了科学发展观的深刻内涵和基本内容，明确提出了全面建设小康社会奋斗目标的新要求。十七大报告根据世情、国情、党情的新变化，鲜明地回答了关系党和国家事业的一系列重大理论与实践问题，对未来一段时期经济、政治、文化、社会等各项建设作出了全面部署。坚定不移地推进改革开放，加快完善社会主义市场经济体制，是十七大报告中突出强调的重要内容。报告针对影响国民经济又好又快发展存在的突出矛盾和问题，对完善社会主义市场经济体制作出了重点部署。2010年10月党的十七届五中全会通过《中共中央关于制定国民经济和社会发展第十二个五年规划的建议》，提出了国民经济和社会发展第十二个五年规划（以下简称"十二五"）时期我国经济社会发展的指导思想、奋斗目标和主要任务，要求"加快改革攻坚步伐，完善社会主义市场经济体制"，并对坚持和完善基本经济制度、推进经济体制改革、加快财税体制改革、深化金融体制改革、深化资源性产品价格和要素市场改革、加快社会事业体制改革作出了重要部署，提出了改革和完善的具体措施。

二、社会主义市场经济理论确立的依据

从根本上讲，社会主义之所以选择市场经济体制，不是少数理论家和政治家心血来潮的产物，而是我国社会主义经济发展的内在和必然的实现形式，具有客观必然性和重要的理论依据。

1. 是发展社会主义商品经济的内在要求

众所周知，商品经济的产生和存在必须具备两个条件：一是社会分工；二是生产资料和劳动产品分别属于不同的所有者。由于社会分工，使处在分工体系中的每个生产者各自生产具有不同使用价值的产品，每个生产者不只需要自己生产的产品（有时不需要自己生产的产品），而且更需要其他生产者所生产的产品，他们要想取得对方的产品，就必须在相互之间进行交换。因而，社会分工是产品交换的前提，也是商品交换关系存在的一般前提条件。同时，由于生产资料和劳动产品分别属于不同的所有者，交换双方各自都有不同的经济利益，谁也不能无偿让渡自己的产品，因此他们要互相取得彼此的产品，就必须按照等价交换原则进行商品交换，否则，将会出现一方侵占另一方利益的行为。可见，商品经济存

在的根本原因是生产资料和劳动产品属于各个不同的所有者。商品经济体现了各自独立的商品生产者之间互换劳动和平等互利的经济关系。

在社会主义社会是否还要保留和发展商品经济呢？答案是肯定的。社会主义国家不仅不能消灭商品经济，而且还要大力发展商品经济。这是由社会主义社会的客观经济条件决定的，具体来说有以下两个方面的原因：

第一，社会主义社会依然存在社会分工。社会主义社会的生产是社会化的大生产，国民经济各个部门、各个企业之间存在着密切的社会分工。随着科学技术的进步和社会主义生产的发展，这种社会分工将更加发达。社会分工越精细，企业之间的交换与协作关系就越密切、越频繁，因此，社会分工是商品经济存在的一个前提。在社会主义社会广泛地存在着社会分工，虽然它不是社会主义社会存在商品经济的根本原因，但是它也为社会主义存在和发展商品经济提供了前提条件。

第二，在社会主义社会中，企业都是独立的经济实体，各自具有独立的经济利益，它们在相互交换中不能白白让渡自己的产品，而是要求等价补偿。这是社会主义商品经济存在的另一个条件，也是根本原因。这是因为：首先，在我国社会主义初级阶段的所有制结构中，除了占主体地位的公有制经济之外，还存在一定数量的个体经济、私营经济等非公有制经济形式。由于所有制形式不同，决定了它们之间各自具有不同的经济利益。因此，它们彼此之间的交换，只能遵循等价交换的原则，实行商品交换，而不能无偿调拨。其次，就社会主义公有制本身而言，公有制经济不仅包括国有经济和集体经济，还包括混合所有制经济中的国有成分和集体成分。这些所有制形式，虽然都是社会主义公有制，但它们毕竟属于公有制内部不同的所有者，也有着各自独立的经济利益，它们之间的经济关系，自然也是建立在等价交换基础上的商品交换关系。最后，从社会主义国有经济或全民所有制经济内部看，由于社会生产力还没有得到充分的发展，当代社会主义全民所有制还不是马克思的那种直接的单一层次的社会所有制，而是一种不成熟的全民所有制。从生产资料的所有权来看，全民所有制经济是一个统一的整体，归全体劳动人民所共有。从生产资料的经营权来看，由于占有权、支配权、使用权在各个企业结合或分离的程度、经营的状况不同，因而会产生不同的经济利益。为了维护企业各自的经济利益，全民所有制的国有企业之间也必须采取商品经济的形式实行等价交换。

综上所述，在我国现阶段，商品经济赖以产生和存在的两个基本条件广泛存在，这说明商品经济不仅在我国存在，而且占据主导地位。因此，社会主义经济必然是商品经济。商品经济的充分发展是社会经济不可逾越的阶段，商品经济和社会主义社会共始终。在商品经济条件下，资源配置和经济运行只能采取市场经济的形式。正因为如此，我国要发展社会主义商品经济，就必须建立社会主义市场经济体制。

2. 是加速经济发展的必然选择

市场经济是效率较高的资源配置方式，加速经济的发展必须选择市场经济。实行市场经济，是世界各国发展经济的历史经验总结，也是我国改革开放以来发展经济和实践经验总结。马克思和恩格斯在《共产党宣言》中就曾经提出：资产阶级在它不到一百年的阶级统治中所创造的生产力，比过去一切世代创造的全部生产力还要多、还要大。他们没有进一步探究资本主义在它不到一百年的统治中，为什么能创造出如此巨大的生产力。现在我们回过头来看就不难看出：其中一个重要原因，就是它在商品经济基础上普遍实行了市场经济体制。第二次世界大战以后，当时的联邦德国和日本，在战争的废墟上，不仅很快地恢复了自己的经济，而且使经济得到高速发展。亚洲"四小龙"（韩国、新加坡和中国香港、中国台湾地区）经济发展也相当快。这些国家和地区经济发展的一个重要原因，就是实行了市场经济体制。

市场经济之所以效率较高，能较快促进社会生产力的发展，原因在于作为一种经济体制或资源配置方式，市场经济更适应生产社会化和商品经济的发展，比计划经济更优越。这主要体现在以下几个方面：

第一，在市场经济条件下，市场机制作用的层次少、决策快、效率高，具有灵活性；而在计划经济条件下，计划机制作用的层次多、决策慢、效率低，缺少灵活性。

第二，在市场经济条件下，决策与实施具有内在的统一性，因而利益直接、更富有活力和动力。决策是企业根据本身的利益作出的。因此，对决策的执行必然是内在的、主动的。而在计划经济条件下，决策者与执行者是分离的。作为决策者的国家计划机构，其主观偏好同基层企业的利益往往并不完全吻合。

第三，市场经济具有强大的激励功能。在这里基本的激励元素是来自市场主体对物质利益的追求。激励传导的基本方式是价值规律的作用。由于价值规律的作用，企业要想生存和发展，就必须不断采用最新技术和改进经营管理，否则就会在竞争中被淘汰。于是，趋利避害的动机与社会需要和劳动时间的节约有机地结合在一起，从而产生极大的激励作用。这里，激励作用的受激主体是企业以及企业内的经营管理者和直接劳动者。在这种激励的作用下，企业内的经营者和直接劳动者的积极性得到较大的增强，企业活力也势必随之增强。计划经济是以"整个社会是一个工厂"的理论为依据的，它抹杀了企业和劳动者自身的物质利益，排斥市场机制在经济运行中的地位，从而使国家的决策和协调都只能按照行政方式，以命令信号强制下达给企业，而企业和劳动者也只能被动地按照行政指令从事生产和经营，在这种传统的行政计划体制中，由于个人收入分配平均主义严重，劳动报酬与劳动贡献脱节，缺乏对个人的利益刺激，因此个人和企业只是追求"安全目标"和"服从模式"。也就是说在传统计划体制下，中央决策者要使劳动者提供一定的劳动和使企业完成一定的产出任务，必须从外部施加一定的压力，即"政治压力"和高指标，例如政治运动、精神鼓励、政治动员等。由于政治压力使人产生不安全感，所以个人追求安全目标，并导致企业以服从为特征的行为模式。显然在计划经济中，除经济决策机构之外，所有经济主体均无追求个人和局部经济利益的动力，因而缺乏必要的激励机制和动力机制。

当然，市场经济也不是完美无缺的，世界上也不可能存在十全十美的资源配置方式。所以，我们只能对诸种资源配置方式进行优劣比较。应当说，计划经济与市场经济在资源配置方面各有所长，但从总体效率比较来看，现代市场经济比传统体制效率更高，更有利于促进社会生产力的发展。第二次世界大战后，一些经济发展较快的国家和地区的历史充分证明了这一点。我国三十多年来的改革和经济建设的实践也是最好的佐证。正基于此，我们认为实行经济体制转换，建立社会主义市场经济，不是主观臆断的结果，而是历史的选择。

3. 是统筹国内发展和对外开放的客观要求

现在世界上几乎所有加入世界贸易组织的国家都实行的是市场经济体制，市场经济已打破了国别界限，逐步形成为世界性的市场体系，中国要进一步扩大对外开放，加速自身经济的发展，也必须选择市场经济。因为市场经济是一种开放型经济，它的发展和完善，必然也必须由国内向国际延伸。一国不可能以锁国主义的方式搞市场经济。走向市场，不仅包括要走向国内市场，而且要迈出国门走向国际市场，这是一个必然趋势，也是必须实行的战略。只有在国际经济大循环中，国内企业才能脱离国家保护的温室，在国际竞争的环境中经受风雨而茁壮成长起来。国内企业可以根据自身的比较优势，扬长避短，取长补短，使自己的经济行为合乎国际通用的准则，按照国际标准提高经济效益，从而可以更有效地配置资源。可见，我国要在国际经济大循环中获得多方面的经济利益，必须实行市场经济体制。只有在经济体制上与世界各国接轨，才能实现国内市场与国际市场的真正接轨，从而才能与世界市场经济建立密切的联系，更好地发展同世界各国和各地区的经贸关系，参与国际分工，参与国际竞争，提高我国产品的竞争力和扩大市场份额。尤其是在我国加入世界贸易组织之后，要按照市场经济和世界贸易组织规划的要求，加快内外贸一体化进程，这都需要建立和完善市场经济体制。

第二节　社会主义市场经济的涵义与基本框架

要加深对社会主义市场经济的理解，提高对建立社会主义市场经济必要性的认识，首先有必要对社会主义市场经济的涵义、社会主义市场经济的特征作一个基本的界定，同时，也必须对社会主义市场经济体制的基本框架及其主要内容从总体上予以概述。

一、社会主义市场经济的涵义

自党的十四大将我国经济体制改革的目标确定为建立社会主义市场经济体制以来，我国理论界在许多论著和教材中对社会主义市场经济的涵义作了多种阐释，提出了各种不同观点。其中比较有代表性的观点主要有以下几种：[①] 一是所谓条件论，即认为社会主义市场经济是指"社会主义条件下的市场经济"。二是所谓结合论，即认为社会主义市场经济是指"同社会主义基本制度结合在一起的市场经济"。三是所谓服务论，即认为社会主义市场经济是指"为社会主义服务的市场经济"。四是所谓定位论，即认为社会主义市场经济是指"存在于社会主义制度之中的市场经济"。五是所谓所属论，即认为社会主义市场经济是指"属于社会主义性质的市场经济"。六是所谓现代论，即认为社会主义市场经济实际就是"现代市场经济"。

以上六种理解各有道理，但也各有不同。其争论的焦点是究竟如何全面把握社会主义市场经济的涵义，即如何认识社会主义市场经济的性质，如何认识市场经济与社会主义制度的关系。

显然，按照"所属论"观点的理解，市场经济存在着姓"资"姓"社"的问题，因此可以分为社会主义的市场经济和资本主义的市场经济。而按照"现代论"观点的理解，市场经济只有传统和现代之分，不存在姓"资"姓"社"的问题，因此社会主义市场经济与资本主义市场经济没有社会本质的区别。从"服务论"和"定位论"来看，它们也只强调了市场经济的服务功能和所处的社会环境，而对社会主义市场经济的社会属性没有作太明确的回答。

笔者比较赞同从"条件论"和"结合论"角度理解社会主义市场经济的涵

---

① 李兴山主编：《社会主义市场经济理论与实践》，中共中央党校出版社 2004 年版，第 93~94 页。

义。所谓社会主义市场经济是同社会主义基本制度结合在一起的，使市场机制在国家宏观调控下对资源配置起基础性作用的一种经济。它包含以下两层涵义：

第一，社会主义市场经济不具有社会制度的性质，它是社会主义条件下的市场经济，就市场经济本身而言，只是一种资源配置方式。其主要理由是：首先，资本主义和社会主义是与原始社会、奴隶社会、封建社会以及未来的共产主义社会相对应的，它们讲的是一种社会制度范畴，属于社会制度序列。而市场经济是与计划经济相对应的，它是讲一定社会制度下资源配置的方式，在资本主义社会既可以采用市场来配置资源，也可以利用计划。在社会主义社会当然可以实行计划，但也可以采用市场调节，因而，它们属于经济运行方式、经济活动方式序列的范畴。正因为它们分别属于不同的序列，所以不能让它们在不同的层次上进行比较。尽管计划经济产生于社会主义社会，但不能把计划经济等同于社会主义；同样，市场经济产生于资本主义社会，也不能把它看作是资本主义的专利，与资本主义相等同。其次，市场经济和计划经济本身并不具有社会制度的属性。一个社会的性质是由该社会占主体地位的生产资料所有制的性质和这个社会中国家的阶级性质决定的。如果在这个社会中，生产资料社会主义公有制占主体地位，国家代表广大人民的根本利益，因而它属于社会主义性质的国家，是社会主义社会。如果在这个社会中，生产资料资本主义私有制占主体地位，国家所代表的只是少数资产阶级的利益，这种社会只能是资本主义社会，国家也只能是资本主义性质的国家。

第二，社会主义市场经济，又是同社会主义基本制度结合在一起的市场经济。虽然它不具有社会制度的性质，但要受一定社会制度的制约，因而也会具有一定的社会属性。这种社会属性既可以体现在市场经济发挥作用的方式、程度和范围方面，但更主要的表现在其经济发展的目的方向上。也就是要求我们在发展社会主义市场经济中既要遵循市场经济一般规律和特点，更要使市场经济服务或服从社会主义基本制度和社会主义本质的要求，不能违背社会主义经济发展的目的和方向。

对于社会主义市场经济涵义的理解，1994年12月江泽民同志在天津考察工作时的讲话讲得比较清楚，他说："我们搞市场经济，是同社会主义基本制度结合在一起的。如果离开了社会主义基本制度，就会走向资本主义。""有些人老提出这样的问题，你们搞市场经济好啊，可是为什么还要在前面加上'社会主义'几个字，认为是多余的，总是感到有点不顺眼、不舒服。国外一些人也提这种问题。有这种看法，并不奇怪，因为他们看惯了西方的市场经济，也希望中国完全照他们那个样子去搞。我对西方国家一些来访的人说，我们搞的是社会主义市场经济，'社会主义'这几个字是不能没有的，这并非多余，并非'画蛇添足'，而恰恰相反，这是'画龙点睛'。所谓点睛，就是点明我们市场经济的性质。西方市场经济符合社会化大生产、符合市场经济一般规律性的东西，毫无疑义，我们要积极学习和借鉴，这是共同点；但西方市场经济是在资本主义制度下搞的，我们的市场经济是在社会主义制度下搞的，这是不同点，而我们的创造性和特色也体现在这里。"① 由此可见，社会主义市场经济作为一个整体概念，具有双重属性，作为一种资源配置方式或手段，它具有一般属性，如果同社会主义基本制度结合在一起，受社会主义制度制约，它又具有特殊属性。也就是说，它是一般属性与特殊属性的统一，是经济运行机制与社会制度的统一。

二、社会主义市场经济的特征

在明确社会主义市场经济涵义的基础上，我们还需要进一步研究社会主义市场经济的特征，所谓社会主义市场经济的特征，一是相对过去的所谓计划经济而言。这已在前一章作了概述。二是相对资本主义条件下的市场经济而言的。从总体上看，社会主义市场经济与资本主义市场经济，既具有市场经济的一般或共性特征，又具有与不同的社会制度相结合而产生的不同特征或特殊性。

1. 两种社会制度下市场经济的一般性或共性特征

所谓社会主义市场经济与资本主义市场经济的一般性或共性，是抽象掉特定社会制度以后的市场经济内在的经济属性，它反映了市场经济的一般规律，反映了社会化大生产的内在要求，是人类的共同财富，本身不带有社会制度的性质。因而无论社会主义市场经济，还是资本主义市场经济都必须具有的或都可适用的，主要表现在以下几个方面：

（1）利益主体多元化。市场经济实质上是不同产权主体或不同经济利益主体之间所有权平等交换的经济。它是以产权主体分散化、利益主体多元化为必要前提的。所谓产权主体分散化、利益主体多元化，是指社会范围内或一个局部经济单位中，生产资料或生产要素归不同的经济单位或经济利益主体所有。只有这样，它们之间在由社会分工而发生经济联系时，才会采取相互计较、等价交换劳动产品的法则，借助于市场实现各自的经济利益。换句话说，如果没有产权主体的分散化、利益主体的多元化，就谈不上市场主体间的相互交换，也无需采用市场经济了。

（2）企业行为自主化。市场经济是一种自主经济。作为市场经济，企业或厂

①《江泽民论有中国特色社会主义（专题摘编）》，中央文献出版社 2002 年版，第 69 页。

商是特殊利益的主体。为了维护和实现自身特殊的经济利益，它们必须成为独立自主的经济实体。在生产经营过程中，必须自主决策、自主经营、自负盈亏、自我约束和自我发展。生产什么、生产多少、为谁生产，都由企业或厂商自己做主，别人无权干涉。企业在满足社会需求的过程中以获取最大利益为第一目标，在商品和货币的交换关系中实现自己独立的经济利益。在市场经济竞争中，通过优胜劣汰机制促进效益好的企业不断扩大生产规模。并随时根据市场供求变化和未来发展趋势、自主决定企业的投资规模、自主调整产品结构和企业组织结构、自主设置内部管理机构、自主决定内部分配办法，以提高经济效益，增强竞争实力。

　　（3）企业产权明晰化。产权是一个社会所强制实施的选择一种经济品的使用的权利，[①] 它是对资源或财产的一组权利的集合。其内容包括所有权、使用权、决策权、让渡权、收益权等。所有权通常指财产的最终所有权；使用权、决策权和让渡权加在一起又可称为经营权或管理权；收益权是所有权和经营权在经济成果上的实现。所以，产权关系最主要的是所有权和经营权。在这些权利范围内，所有者对其财产或资源自由行使法律权利。企业产权关系明晰化，是企业成为市场主体，自主经营的首要条件。就是说，作为市场主体的企业或厂商必须是产权主体，拥有自己独立的产权。因为商品经济关系和市场经济关系实质上是不同产权主体之间的所有权等价交换关系：只有明晰产权关系，使企业成为产权主体，它才能成为拥有经营主体和利益主体地位的法人实体，才能参加市场活动，形成规范的市场经济。在资本主义市场经济条件下，作为市场主体的企业是以资本主义所有制为基础的，因而企业的产权基本实现了明晰化、独立化，归企业所拥有，企业可以完全独立自主地从事市场经济活动。我国市场经济体制正在构建之中，作为市场主体的产权关系有多种情况：一是非公有制企业，产权关系比较明晰，都拥有独立的财产，并作为产权主体自主参与市场活动。二是集体企业，总的来说它们也拥有独立的产权，也可以作为产权主体参与市场经济活动。三是国有企业，其中又分为几种情况，一种是有些企业进行了股份制改造，实现了产权主体的多元化，完全可以进入市场；另一种是有些企业正在进行资产重组，寻找多种产权组织形式，理顺产权关系，逐步实现产权关系独立，为进入市场创造条件。

　　（4）经济关系市场化。竞争性市场是全部经济关系的凝结点，这就要求全社

---

　　① A–A.阿尔奇安：《产权：一个经典注释》，《财产权利和制度变迁》，上海三联书店 1991 年版，第166 页。

会的一切经济活动，包括社会再生产的全过程——生产、分配、交换、消费都要通过市场来实现，社会所有企业之间的经济往来都要通过市场来进行。全部生产要素都作为商品进入市场，而市场机制是推动生产要素流动和促进资源优化配置的基本运行机制。因此，这就要求我们必须努力培育市场体系，尽快形成国内乃至国际统一、开放、竞争、有序的大市场，只有这样，市场机制才有充分发挥作用的空间和条件，从而实现资源在全社会范围的优化配置。我国经济关系市场化有一个商品经济的发展过程，也有一个市场培育和完善的过程。

（5）市场运行规范化。从运行条件看，市场经济是一种规范化经济。不论是商品生产、商品交换，还是市场经济运行的主体和客体，乃至于市场调节机制，都要在规范的条件下运行和发挥作用。规范化的市场经济活动是市场经济有序运转不可或缺的条件。例如，不对市场经济运行的主体和客体进行必要的规范，各种假冒伪劣商品就会大量充斥市场，非法交易、欺行霸市、商业欺诈、囤积居奇、价格歧视等不正当的市场行为就会泛滥成灾，使经济运行陷入紊乱。没有规范化的市场调节机制，在市场主体中不会形成合乎理性的机制，在市场客体中不会形成合乎规律的运行机制，在市场经济运行中，也不会形成符合市场通则要求的约束机制、动力机制和协调机制。进一步看，市场经济规范化的要求是通过具体的市场规则来体现和贯彻的，主要包括两个方面的内容：一是规范性规则，二是操作性规则。前者从行为准则出发规范企业的行为方式。后者从操作程序和操作方法出发规范各类具体市场的操作过程。就规范性规则而言，有的表现为外在的约束。在内在的约束中，则有预算约束、传统习惯约束和道德约束等自律性约束。除此以外，还有集外在约束与内在约束为一身的竞争约束等。可见，市场经济运行的规范化，是维护市场秩序、保持市场经济正常运行的必要条件。

（6）市场管理法制化。市场经济不仅是一种规制经济，而且还是一种法制经济。为了维护市场秩序，既要制定必要的市场规则，更要有规范和约束企业与政府行为、规制市场经济活动和关系的法律制度和监督体系。法规体系是国家凭借政权力量，按照市场有序进行的客观要求，为市场行为人制定的法律规范和行为准则。法规约束适用于各种类型的市场和所有的市场行为人。它是规范市场主体行为，矫正市场运行偏差，维护市场秩序，保证市场正常运转的基本条件。

（7）宏观调控间接化。这是市场经济运行在宏观方面的特征。建立在社会化大生产基础上的市场经济的运行，客观上要求宏观调控约束，来制约单纯市场调节的盲目性。但是，这种宏观调控毕竟要依据市场，并在市场经济中实现。因此，适应市场经济要求的宏观调控不直接干预企业的生产、经营等具体事务，而是通过指令性计划、经济杠杆及货币政策、财政政策等手段，按既定的社会目标、引导、调节和规范企业的经营活动，并矫正市场缺陷，保证市场的健康运行。

（8）保障事业社会化。这是现代市场经济运行的"安全阀"和稳定机制。为保证社会秩序稳定，市场竞争的规则要求对那些市场竞争的失败者（如破产、失业）和需要照顾的老弱病残者给予社会保障，这种社会保障制度不应是完全由企业或单位负责，而应该是根据不同情况由社会负责，企业、个人分别出资并实行社会化管理。这就要求把养老保险、失业保险、医疗保险及社会福利和救济工作制度化、社会化。

2. 社会主义市场经济与资本主义市场经济的不同特征

如上所述，市场经济作为一种资源配置的方式，它本身没有姓"社"姓"资"问题，也不具有特定的社会性质，这是就剥离了市场经济制度的关系而言的，是一种理论抽象。但是，在现实社会经济活动中的市场经济又不可能脱离一定的社会制度而孤立存在，它总是要与某种社会制度结合在一起，为某种社会制度所服务并受社会制度的制约。也就是说，一旦把市场经济与特定的社会基本制度结合起来，它就获得了该种社会制度特征。西方国家实行的市场经济就是与资本主义基本制度相结合的市场经济，可简称资本主义市场经济。我们在市场经济前面冠上"社会主义"这个定语，就表示我们实行的市场经济是与社会主义基本制度结合在一起的。这种市场经济与资本主义市场经济又存在着重大区别或具有不同特征，其主要表现为以下几个方面：

（1）市场经济赖以存在的所有制结构或基础不同。资本主义市场经济以生产资料私有制为基础，尽管在资本主义社会中，也存在国有制经济和合作制经济，但就所有制结构而言，资本主义私有制在所有制结构中占主导地位。而作为资本主义国家上层建筑中的法律制度也极力维护财产的私人性，并规定私有财产神圣不可侵犯，而我国社会主义市场经济赖以存在的所有制结构是以公有制为主体，多种所有制经济共同发展。在这种所有制结构的基础上建立和发展市场经济，让各类不同的所有制主体平等地进入市场，相互之间公平竞争，可以使公有制经济和非公有制经济之间功能互补。既可以发挥公有制经济的优势，坚持社会主义市场经济的方向，体现社会主义本质要求，又能发挥非公有制经济在利益驱动等方面的优势，调动一切积极因素，促进效率的提高。

·（2）由分配制度上的差别而带来的后果不同。在资本主义市场经济中，占主导地位的分配制度是按资分配和按劳动力价值分配，特别是以占有资本多少决定收入分配，形成贫富悬殊，不可能消除分配不公和避免两极分化。而在我国社会主义市场经济中，实行以按劳分配为主体，多种分配方式并存的分配制度。把按劳分配和按生产要素分配结合起来，既考虑效率，也兼顾公平，运用包括市场在内的各种经济调节手段，既鼓励先进，促进效率，合理拉开收入差距，又调节社会收入分配的不公，防止贫富两极分化，逐步实现共同富裕。

（3）国家的主导作用与市场的基础作用结合的前提条件不同。我国社会主义市场经济体制由于存在居主体地位的公有制经济和人民民主专政的社会主义国家政权，国家对市场的宏观调控有较雄厚的物质基础、牢固的政治基础和广泛的群众基础。中国的经济体制是处在发展与转轨中的社会主义市场经济体制，在这一体制中，国家不仅是宏观调控的主体，也是公有制的主体、经济发展和市场化改革的主体，是推动经济改革与经济发展的主导力量。因而对市场的宏观调控能力比资本主义国家要强得多，有可能把人民的当前利益与长远利益、局部利益与整体利益结合起来，更好地发挥计划和市场两种手段的长处。在实现经济总量平衡和结构优化、搞好生态平衡和环境保护以及调节收入分配、集中必要的财力物力进行重点建设等方面，具有由社会主义基本制度所决定的优势。所以，从国家与市场的关系看，改革开放以来形成的中国特色的社会主义市场经济体制模式的基本特征就是以市场机制为基础，以国家调节为主导，以发展为导向的国家主导型的市场经济体制。

此外，我国的国情、政治制度、人文环境以及社会意识形态等方面的条件也同资本主义国家存在诸多的差别。

总之，如果从市场经济的特殊性方面看，笔者认为社会主义市场经济是"社会主义基本制度与市场经济的结合"，即"社会公平与市场效率的结合"，或者说是"社会公平＋市场效率"。正因为如此，我国经济体制改革摒弃计划经济，实行市场经济，是因为市场经济具有较高效率。但是市场经济也会有种种失败，其中之一就是会产生分配不公。因为市场经济是通过竞争来配置资源的，而在市场竞争的优胜劣汰中，必定会引起财富占有的分化，进而引起收入分配的不公。因此，在实行市场经济时必须在促进效率提高的同时注意解决收入分配不公的问题，也就是要使社会公平与市场效率得以妥善结合。而实行社会公平（也就是邓小平说的"共同富裕"）正是社会主义的根本要求。我们建立社会主义市场经济体制就是要使社会公平与市场效率结合起来。因此，社会主义市场经济是"社会公平＋市场效率"。这里，我们要建立的经济体制的目标与我们要实现的社会经济目标是统一的，不管是经济体制哪个方面的改革，都必须以此为目标，都必须服从于这个目标。

以上考察市场经济的特征是从社会制度层面进行的。如果从世界市场经济发展的历史来看，还可区分为古典市场经济和现代市场经济。古典市场经济，完全由市场调节经济运行，17世纪至20世纪30年代西方国家的市场经济阶段与其相对应；现代市场经济，主要由市场调节同时辅之以必要的政府调节的经济运行方式，始于 20 世纪 30 年代西方国家的市场经济和始于 20 世纪 80 年代中国的市场经济与其相对立。

古典市场经济的特征主要表现为：企业规模不大，市场交易主要以区域内交易为主，经济的开放度不高，企业的产权比较集中，自由竞争程度高。是一种"软政府，硬市场"模式，政府不干预经济，完全由市场来配置经济资源，即全部采用市场调节，没有政府调节。现代市场经济的特征集中体现在：企业以股份制形式的公司制为主体，市场交易范围广，开放程度高，企业规模大并且以自然垄断和规模效益作为其市场控制的模式。凯恩斯在《就业、利息和货币通论》中勾画了现代市场经济的蓝图与特征，即市场在资源配置中起基础性的作用，但同时辅之必要的政府调节，即市场调节与政府调节相结合。现代市场经济不排除政府的作用，同时对政府干预的范围进行了界定，只在市场失灵时进行政府干预，而且政府应采用市场化的手段进行干预。凯恩斯对现代市场经济理论与特征的描述，已成为许多国家经济政策的基础。我国建立社会主义市场经济本质上就是要建立现代市场经济，以市场在资源配置中起基础性作用的同时，政府要起辅助性的调节作用。

三、社会主义市场经济体制的基本框架

市场经济体制是一个大系统，它由许多要素构成，参照世界实行市场经济国家成功经验和市场经济的一般规律，结合我国社会主义市场经济的具体情况及发展要求，1993 年 11 月，中共十四届三中全会通过的《中共中央关于建立社会主义市场经济体制若干问题的决定》（以下简称《决定》），对社会主义市场经济体制基本框架作了科学、准确、详尽的阐述。党的十五大又进一步提出要建立比较完善的社会主义市场经济体制。

它主要由五个基本要素组成：规范的市场主体、完善的市场体系、有效的政府宏观调控体系、合理的收入分配制度、健全的社会保障体系。具体地讲，包括：一是坚持公有制为主体，多种所有制经济共同发展，进一步转换国有企业经营机制，建立产权清晰、权责明确、政企分开、管理科学的现代企业制度；二是建立全国统一、开放、竞争、有序的市场体系，实现城乡紧密结合，国内市场与国际市场相互衔接、促进资源的优化配置；三是转变政府管理经济的职能，建立以间接手段为主的、完善的宏观调控体系，保证国民经济的健康运行；四是建立以按劳分配为主体、多种分配方式并存的收入分配制度，实行按劳动分配和按生产要素分配相结合，在初次分配和再分配中都要处理好效率和公平的关系，再分

配更加注重公平；五是建立多层次的社会保障制度，为城乡居民提供同我国国情相适应的社会保障，促进经济发展和社会稳定。上述五个基本要素是相互联系和相互制约的有机整体，共同构成中国特色社会主义市场经济体制的基本框架。

在社会主义市场经济体制基本框架五个基本构成要素中，企业、市场和政府是现代市场经济运行的三个基本环节。

第一，企业是现代市场经济的微观基础和现代社会生产力的基本载体。现代市场经济的发展，首先必须要有真正符合市场经济发展要求的市场主体，其中最重要的是企业。无论是国有独资企业、国有控股企业、集体企业、集体控股或参股企业，还是个体、私营企业、私营参股和控股企业、外商在华投资企业等，都是社会主义市场经济的市场主体。造就规范的市场主体是建立和完善社会主义市场经济体制最根本的任务。如果没有合格的市场主体（企业），或者行为不规范，现代市场经济就无从谈起。

第二，完备的市场体系是现代市场经济的中心环节。离开了市场，企业就无法配置到生产与发展所必需的各种资源，政府的宏观调控也缺乏必要的实现途径。

第三，政府的宏观调控是现代市场经济正常运行不可或缺的条件。市场经济的内在要求和发达国家市场经济发展的历史证明，市场经济的运行，国民经济的协调发展必须建立和健全政府的宏观调控体系。有效规范的政府调控不仅是市场经济正常运行的有效保证，而且是现代市场经济体制的重要标志。

具有了企业、市场、政府这三个基本的环节，再辅之以相应的分配制度、社会保障制度、农村经济体制、对外经济体制、科技与教育体制以及规范和保证社会经济运行的法律体系等，并以科学发展观统领经济和社会全面协调可持续发展，中国特色社会主义市场经济就能顺畅有效地运转。

第三节　构建社会主义市场经济体制的思路与方式

中国社会主义市场经济是现代市场经济的一种类型，它与资本主义条件下的市场经济相比较而言，既有共性，也有特性。因此，在构建社会主义市场经济体制过程中，既要借鉴世界各国包括资本主义发达国家一切反映社会化生产和市场经济一般规律的经验，更要突出中国特色，从中国基本国情出发，选择构建社会主义市场经济体制的思路与方式。

一、构建中国特色社会主义市场经济体制的基本要求

具有中国特色社会主义市场经济体制，究竟"特"在哪里？经济理论和实际部门进行了多方面探讨，取得了许多卓有成效的成果。综观各方面意见，加上本人的理解，笔者认为主要"特"在以下三个方面：

1. 市场经济的形成过程与建立起点具有特殊性

第一，资本主义市场经济是在封建社会、自然经济的基础上自发形成的，尽管有阻力，但它是逐步被商品经济一点一点瓦解了的自然经济，封建经济的基础把社会生产卷入商品生产和商品流通领域，经过相当长的时间而逐渐形成的。西方发达国家搞市场经济已有几百年的历史，它们走的是一条"先市场化、后工业化"的发展道路。与西方发达国家不同，我国市场经济的形成走的是一条独特的道路，既不同于西方发达国家所走的路子，也与苏联和东欧国家的"先工业化、后市场化"的发展道路不同，我国市场经济不是在自由竞争市场经济和自然经济的基础上发展起来的，而是在改革计划经济体制的基础上形成的，走的是一条"工业化与市场化同时并举"的发展路径。由于市场经济形成的基础具有特殊性，这就决定了社会主义市场经济体制的形成是有组织、有秩序的自觉行为。资本主义市场经济体制的形成经历了一个漫长的发展过程，基本上是一种自发行为。这一特点就决定了我国社会主义市场经济的形成，在时间上要比资本主义市场经济体制形成的时间短，不需要再经历自由竞争的市场经济、近代市场经济乃至于到现代市场经济这样一个漫长的历史发展过程。因为我国过去实行的计划经济，已经为我国建立了比较完整的工业体系和国民经济体系，创造了相当规模的社会化大生产，这就为发展社会主义市场经济提供了客观条件。

第二，由于我国经济社会发展总水平较低，还是一个发展中国家，这就决定了我国现阶段的市场经济体制具有后发市场经济的特征。目前市场经济的成熟度不高，只有随着我国经济发展总水平的提高，我们才有可能逐步建立起完善的市场经济体制。与上述特点相适应，这就要求我们在建立和完善市场经济体制的过程中，一方面作为后发展的市场经济国家，我们可以学习和借鉴发达市场经济国家的经验，吸收其精华，加快市场化进程，缩短其差距。另一方面由于发展路径的不同，又决定了我们不能简单地照抄照搬别人的成功经验，必须把学习与创新结合起来，借鉴与改造结合起来，在学习借鉴的基础上创造一种适合中国国情的社会主义市场经济体制。

2. 市场经济在制度层面上具有特殊性

我国是社会主义国家。社会主义制度从根本上决定了我国实行的市场经济只

能立足于和服务于社会主义制度并与之有机结合，这是构建我国社会主义市场经济体制的基本前提。

基于以上基本前提，一方面，我国社会主义市场经济体制，必须适应现代市场经济的一般要求和规律。在新体制下，一切商品和生产要素包括劳动力、土地、资本、技术等都要作为商品进入市场，市场决定价格，这是市场机制运作的基本条件。市场主体追求盈利最大化和运作效益最大化是经济活动的主要原则和基本动力。政府着眼于培养良好的市场环境的同时，采取有效措施保护社会利益，实现公共目标。所有经济主体的行为受到相关法规的约束，整个经济运行有一个健全而科学的法制基础。另一方面，我国的市场经济要科学地体现社会主义经济制度的本质要求。社会主义经济制度的基础是社会主义公有制。社会主义公有制能够同市场经济相结合。这种结合是有条件的，就是要努力寻找能够极大促进生产力发展，并与市场经济要求相适应的公有制实现形式。因此，应当在实践中大胆探索多种多样的公有制的有效实现形式，以体现公有制为主体的原则。社会主义的本质就是解放和发展社会生产力，消灭剥削，消除两极分化，最终实现共同富裕。构建中国特色的市场经济体制，要体现社会公平与市场效率的统一。

3. 市场经济面临的国情具有特殊性

我国现在处于并将长期处于社会主义初级阶段。生产力发展总体水平还比较低，各地区、各部门经济发展极不平衡，市场发育不充分，工业现代化程度不高。与这一基本国情相联系，在我国市场经济发展过程中面临着巨大人口压力、漫长的封建制度的后遗症和长期的小农经济三个"具有中国特色"的问题。

（1）人口问题。中国是世界上人口最多的国家，从1280年总人口突破1亿之后，中国的人口几乎是按照马尔萨斯的几何级数增长。1280年1亿，1780年3亿，1911年3.7亿，1949年4.5亿，1979年8亿，2009年全国总人口为133474万人，截止到2011年年底，中国大陆总人口为134735万人，比上年末增加644万人。据国家人口与计生委的预测，未来几十年间，人口发展态势将呈现新老问题错综交织的格局：一是人口总量、劳动年龄人口和老龄人口三大增长高峰叠加，总人口预计在2033年达到14.7亿的峰值，未来十几年每年将新增人口800万~1000万；劳动年龄人口于2016年达到10.1亿的高峰，占总人口的七成；"未富先老"凸显，2011年末，全国60岁及以上人口达到1.85亿人，占总人口的13.7%，预计到2020年该比例将超过15%。二是人口素质存在深层结构性缺陷，出生人口素质、身体健康素质和文化道德素质等都亟待提高。2000年，我国15岁以上文盲、半文盲达8507万人，人均受教育年限仅相当于美国100年前的水平。三是出生性别比例严重失调，据2010年第六次全国人口普查统计分析，总人口的性别比：男性占全国总人口 51.27%，女性占 48.73%。预计到 2020 年男性将比女性多 3000 万人左右。总的来说，人口基数大、增长偏快、素质偏低、"未富先老"是未来二三十年我国人口发展的基本态势。

人口问题对我国改革路径及市场经济体制发展必然会带来许多负面影响，其主要表现在：首先是失业压力。随着人口总量的增加和国有企业改革的深入，失业问题已变成当今中国的最突出的问题，正是由于失业的风险难以克服，中国的很多改革不得不走渐进式和"曲线式"的道路。例如，国有企业改革曾面临两难境地，如果大规模地进行改制、创新、减员增效，必将导致过渡期巨大的失业问题，而要追求低失业率则企业的效率尤其是市场化的进程就大大减缓。其次是贫困和人口转移的社会成本加大。在我国人口总量中有 70% 居住在广大农村，由于地少人多，农业自身发展难以使农民实现真正的富裕，农村贫困地区的人口要进行转移也非常困难。虽然改革开放以来，大量的农民进城就业，实现劳动力向城市转移，但城市人口的庞大基数和国有企业改制"减员增效"，使得大量的农民工进城后只能从事艰苦而收入较低的工作，并且由此引发了一系列的社会问题。最后是社会保障的压力和困难。由于人口庞大，我国的社会保障不仅采取"歧视性政策"（即农民没有完全建立财政性的社会保障机制），而且保障的基数低，即使如此，社会保障已经给各级财政增加了巨大压力，导致政府的其他社会服务功能的减少。

（2）漫长的封建社会及其所产生的思想观念上的落后使得中国市场化改革只能走单边突破，即以经济改革为先锋，其他改革为配套，但其他改革的严重滞后又反过来制约了经济改革。一是中国的民主政治进程缓慢，社会等级差别过大，家长制、个人崇拜、决策独裁和闭关自守等，都使中国市场化改革难以带动全社会进入"商业文明"。二是法律制度疲软，有法不依、执法不公现象时有发生，甚至出现权力寻租的不良行为，这就助长了行政权力对企业和市场活动的随意干预。三是对外来先进制度吸收、引进和创新速度缓慢，"试验期过长"，模仿和等待的心理过重，从而在改革的制度创新上难以实现"洋为中用"。

（3）小农经济。几千年来，中国一直是一个以小农经济为主的农业社会，这种传统农业的主要特征是：在经营上以家庭为主体，经营目标仅仅是解决吃饭问题，农业生产的核心要素是采用手工劳动，依靠畜力和自然力，农业规模偏小，经营品种单一，农业的商品化和市场化程度比较低。以家庭经营为主的传统小农经济，由于难以形成规模效益，因而不能为工业发展提供大量的资本积累，同时，与之相适应的小农意识长期存在，导致我们在市场化改革进程中目光往往较多注重眼前，缺乏长期的理性预期，革新速度缓慢，在重大决策时左顾右盼，承担风险能力较弱，以至于大多数民众将高储蓄作为防范风险的机制，从而使得即使在收入水平提高的条件下，产品的消费需求赶不上收入增长，从而容易引发市场经济中周期性的经济波动。[①]

以上所阐述的三大特色问题，就是我国市场经济体制所面临的基本国情。因此，在构建社会主义市场经济体制时，要受到基本国情的约束。

从国情约束看，我国的市场经济体制应当选择强有力的政府调控与市场经济相结合的模式，或者说是一种政府主导型市场经济。这是因为：首先，我国的人均资源占有量大大低于世界平均水平，资源要素市场的供求十分紧张，加之人口众多、幅员辽阔、地区发展不平衡，以及人们的现代市场意识还不够强、文明素质还较低等各种主客观条件的制约，使得我国的市场经济在形成和运行的过程中会遇到更多的矛盾和问题。因此，与其他国家相比，我国在发展市场经济的过程中更需要政府强有力的宏观调控作保证。其次，我国现在还是一个商品经济不太发达的发展中国家，市场体系还不完善，全国统一的大市场格局尚未形成，因此需要政府在培育市场、建立市场规则、维护市场秩序、提高市场经济的文明程度等方面发挥更大的作用。最后，与欧、美等西方发达国家不同，我国的市场经济是受中国传统文化影响的经济体制。这种传统文化集中体现在儒家文化的影响上，其中又以崇高集体主义为突出特征。中华民族是一个崇尚国家干预、强调群体意识的民族，而且国家掌握了强大的经济命脉和几十年计划工作的经验，这些都是我们实行调控市场经济的长处。从国情出发构建中国特色的社会主义市场经济体制，就是要充分利用和发挥这些长处。只要我们充分学习和借鉴西方现代市场经济的成功经验和做法，并立足于我国的具体国情，充分发挥自身的优势，社会主义市场经济一定能创造出更高的经济效益和社会效益。

二、构建社会主义市场经济体制的方式

建立社会主义市场经济体制是一项复杂艰巨的系统工程，特别是我国社会主义市场经济不是在自由竞争市场经济和自然经济的基础上发展起来的，而是在对原有高度集中计划经济体制进行改革的基础上形成的，因而存在一个计划经济向市场经济的过渡问题。那么，计划经济如何向市场经济过渡？应当采取什么方式？这是一个涉及改革方略的问题，需要进行深入探讨。

从 20 世纪 80 年代末开始，在世界范围内原来实行计划经济体制的国家，在市场经济的过渡中采取了四种方式：东德与西德统一后，德国实行的是"全面吞

---

① 朱启才：《论中国完成与未完成的改革》，《云南财贸学院学报》2005 年第 4 期。

并"型；俄罗斯、波兰、保加利亚、罗马尼亚等实行的"休克疗法"即"激进式改革"；波黑等国家是"无秩序"型；中国从 20 世纪 80 年代末实行的"渐进式改革"。在以上四种形式中，德国的"全面吞并"型是一种特殊例外，主要是由其特殊的国情所致。而波黑等国的"无秩序"型，只是向市场经济过渡时社会状态的一种反映，严格来说还构不成一种过渡模式。从严格意义上说，迄今比较鲜明的是两种方式，即"激进式改革"和"渐进式改革"。

"激进式"，亦称"休克疗法"，是在俄罗斯、波兰等国实践的方式。所谓"激进式"就是急速地抛弃原有的计划经济体制，果断地把价格放开，并在所有制变革方面采取激进措施。"休克疗法"的倡导者、美国哈佛大学的萨克斯曾经说过，或者花上 20 年来尝试渐进的改革，或者在开始时就迈出果断的大步。他始终相信开始时迈出大步对于打破旧的体制是非常重要的。俄罗斯、波兰等国采取的是这种模式。从实践上看，虽然现在对于这种过渡方式最终效果作出评价为时尚早，但从俄罗斯、波兰等国前一段的实践来看，实行这种"激进式"过渡方式代价沉重，突出表现是：通货膨胀加剧，突然的价格放开往往导致明显的通货膨胀；经济迅速滑坡，由于采取"激进式"方式，使原有的经济联系突然中断，因而导致经济急剧下滑；随着经济下滑，就业人数减少，失业率也随之上升。[1]

我国在由计划经济体制向市场经济体制过渡中，选择的是"渐进式"的方式。用改革开放的总设计师邓小平的话说，叫做"摸着石头过河"。这一通俗的话语，包含了丰富的科学内容。所谓"渐进式"是指在向市场经济过渡时采取累积性的边际演进的转换模式，或者说中国市场化改革采取了先易后难、由浅入深的渐进式推进策略。对一些情况不够明确、关系比较复杂的改革事项，采取"摸着石头过河"的办法，边推进、边观察、边调整；对于一些影响全局的关键事项，先选择一些企业、行业和地方进行改革试点，探索路径、积累经验，待比较成熟后全面推行。即走的是一条"先沿海后内地"、"先农村后城市"、"先非国有后国有"、"先商品市场后要素市场"的"边际演进的渐进式"道路。这种渐进式市场化改革道路的发展从总体上看经历了起步、发展、形成和成熟四个阶段。一是以家庭联产承包责任制为主要内容的农村改革，是中国渐进式市场化改革道路的起点；二是改革的重心由农村转向城市，标志着中国渐进式市场化改革道路的进一步发展；三是社会主义市场经济目标的确立，标志着中国渐进式市场化改革道路基本形成；四是加入世界贸易组织和混合所有制结构的形成，标志着中国渐

---

[1] 常修泽：《由计划经济向市场经济转轨问题的探讨》，《经济纵横》1993 年第 11 期。

进式市场化改革道路逐步走向成熟。①

　　我国之所以要选择"渐进式"的改革方式，这是因为：首先，中国的改革是以工业化和社会主义制度为基础的，是双重约束下的市场化。比如，政府的自上而下的改革与基层单位自下而上的改革相结合；广泛采用行政协调与市场协调并存的双重机制；从局部到整体，既有统一的领导又有非均衡的推进的改革战略；体制内改革与体制外推进互相结合等。中国改革的这种特殊性质，决定了它特殊的转型方式只能在一定时期采取渐进式。其次，中国的改革是在没有完全实现工业化的条件下进行的。因而，中国的市场经济在相当长的时期内只能是一种欠发达的市场经济。在这种情况下，政府的宏观调控作用不仅不能削弱，而且应该加强。同时，中国经济的市场化又必须建立在社会主义制度基础上，因此，市场机制的深度、广度和运行效率都将受到制约，改革过程中必须面临国有制与市场经济的兼容性以及集权与分权、局部与整体等方面的矛盾。协调这些内在矛盾是决定中国前途和命运的重大问题。为此，必须选择"渐进式"改革道路。

　　从实践来看，改革开放三十多年来，我国在实行向市场经济体制的转轨中，既没有出现某些国家那样的经济和生产大幅度下降，断线风筝般的通货膨胀，社会动荡不安，人民生活水平急剧下降的局面；也没有出现另一些经济起飞国家的高通货膨胀率加高外债的痛苦过程。我们实现了改革、发展与稳定的统一。之所以能取得这样的成果，靠的是"渐进式"改革。中国"渐进式"改革的成功已经得到举世公认。

　　当然，任何方式并非完美无缺，"渐进式"的转型方式也有其不足，突出的问题是：首先，由于采取边际演进累积性的步骤，因而两种体制并存、僵持的时间比较长，这就有可能拖延转轨的过程；其次，在渐进中，新旧两种体制的矛盾尚未解决，还会产生出新的矛盾（如双轨制价格产生"寻租"问题），从而增加改革与转轨的难度；最后，由于缓慢推进，给维护旧体制的力量以足够的时间来与新体制抗衡，甚至在摩擦和较量中有旧体制复归的可能性。基于上述缺乏，应当对现有的"渐进式"改革方略作些必要的修正，并使之更加完善。为了避免"激进式"改革有可能带来的社会震荡，同时也不至于使改革旷日持久，笔者同意我国学者常修泽所提出的"总体渐进与局部突变相结合"的构思。即在"总体渐进"的基础上，吸收"激进式"的若干有益成分，适时地"引爆"一些改革措施，将"总体渐进"与"局部突变"有机结合起来，以加快市场经济过渡的步伐。

---

① 胡伯项、钟长明：《中国渐进式市场化改革道路的发展与反思》，《社会主义市场经济理论与实践》2009 年第 6 期。

如何进行"局部突变"？可采取各种不同的方略。从地域范围来看，在全国大部分地区实行"总体渐进"的同时，在局部地区可以实行"突进"。中国各地区经济社会发展是不平衡。可以借鉴我国对外开放采取的"点"、"线"、"面"逐步推进的经验，首先在一些市场经济发育较早的地区，或计划经济控制薄弱的地区、新兴地区取得突破，促其率先向市场经济过渡。待取得实质性进展后，以此作为中国改革开放的根据地，继续向周围地区和其他更为广阔的地区推进。通过这样不断的地域突破，推动全局体制的转换。从产业的分布方面看，在多数产业实行"总体渐进"的同时，在部分产业实行"突进"。不同产业部门向市场经济的过渡也是应有区别的。例如，20 世纪 80 年代中国实行农村联产承包责任制"引爆"了突破，这是一个成功的实践。近年来，在对国有企业进行深化改革中所提出的"抓大放小"的思路，也是这一转换方式的进一步演进。从改革的方略方面看，在配套改革的同时，适时推出一些带有"突破性"的单项改革措施。我国的经济体制改革，总的来说是总体配套、协调发展的。但是这不意味着"整体划一"。实际上有些改革措施可以比较快的步伐推进。例如，1991 年我国在外汇储备状况良好时，实际上一步就废除了出口补贴，这是一个"单项突进"的成功实践，在向市场经济转变的过程中，不断地"引爆"一些单项改革措施是可行的。在这方面需要增加改革的力度，通过单项改革的"突进"，带动整个体制改革不断向纵深发展。

三、实现市场经济体制的战略取向与推进方略

正如以上所述，三十多年的中国改革是以市场化为取向的，而且从总体上选择的是"渐进式"的方式。经过三十多年的改革尽管中国已初步建立了社会主义市场经济体制，但总的来说，深度是不足的，距离完善社会主义市场经济体制目标模式还有很大差距，而且，未来又面临经济全球化的挑战。在这种背景下，仅仅停留在"以市场取向"改革层面上尚存明显不足，应当明确提出以深度市场化、国际化和法制化作为下一步完善市场经济体制改革的战略取向。

按照上述战略取向，中国下一步经济改革应有新的追求：在深化改革的层次方面，要以深度市场化为宗旨，把改革的力度投向计划经济体制最坚固的地方，即由一般性商品市场向资本、土地、技术和管理等要素市场推进，由一般竞争性领域向传统的垄断性领域推进，由微观管理体制向政府管理体制改革推进；在改革的视野拓展方面，不仅要立足于国内的市场化，而且要立足于国际市场化，加快建立与国际经济规则相衔接的市场经济体制；在聚集改革的力量方面，不仅要依靠国内"内生"的改革力量，而且要学会利用外部由于加入世界贸易组织所引

发的开放的力量；在规范改革的方式方面，前一阶段虽然我们也按照市场化的要求运作，但采取了较长时间的"摸着石头过河"的做法，在改革方式上具有相当深厚的"本土化"色彩，世界贸易组织的规则实质是市场经济的基本运行规则，按照这套规则办事，改革将会更加具有理性；在强化改革的秩序方面，如果说在初创的市场经济阶段，政府的优惠政策和管理者的"人活"起了相当大作用的话，那么，随着深度市场化和自主国际化的逐步推进，则要求经济管理由过去比较注重政策优惠和"个人魅力"逐步提升为规范化和法制化管理。总之，以深度市场化、国际化和法制化作为改革的战略取向，中国的市场经济体制才能更加完善、更具有生命力，才有可能成为当代世界最具竞争力的体制之一。

为了推进我国市场经济体制的进一步发展与完善，我们不仅要明确经济体制改革的战略取向，而且应该选择好协调推进的改革方略。前三十年的市场化改革进程中，我们在"单项改革"方面做了大量工作，虽然在 20 世纪 80 年代以后也强调协调配套，但只是在经济领域进行，协调配套的程度也比较低，随着改革的深化，未来围绕社会主义市场经济体制的进一步完善，改革的系统性、复杂性会更加明显，因而，我国改革方略重点应在以下几个方面协调推进：

第一，以搭建社会保障制度为"平台"，推进经济体制改革自身的协调配套。就中国经济体制改革自身的内容来说，主要涉及五个方面，即所有制和企业制度改革、市场体系建设、分配制度改革、政府管理体制改革以及社会保障制度建立。前一段时期我们考核改革的效应主要看其向纵深发展的程度（改革的边际效益与单项纵向成正比），下一步既要考核"纵向深入程度"，也要考核"横向协同程度"（改革边际效益 = 单项纵向程度指数 + 横向协同程度指数）。[①]尤其是随着改革向深层推进（企业产权、职工身份、政府改革等），亟待搭建社会保障制度的安全"平台"，进一步建立和健全社会保障体系。

第二，推进经济体制改革与科技、教育等方面的体制改革协调配套。经济改革除做好企业、市场、分配、宏观管理体制等方面的改革配套外，还要开阔视野。特别是要看到，发展先进生产力要求科技进步和劳动者素质的提高，并要求可持续发展，因此经济体制改革也要与科技、教育等体制改革相协调、配套，尤其是要进一步推进和落实《国家中长期教育改革和发展规划纲要 （2010~2020）》和国家中长期人才建设发展规划。

第三，继续深化收入分配体制改革，既注重效率，也保证公平，以公平分配促进经济社会的和谐发展。通过三十多年的市场化改革，我国初步建立起社会主

---

① 付雨：《我国经济体制改革的路径分析及选择建议》，西北工业大学硕士学位论文，2004 年。

义市场经济体制，市场经济通过竞争机制的作用，优胜劣汰，优化资源配置，从而极大地提高了效率。但是，市场竞争的后果，可能引起财富的集中和收入差距的扩大，甚至导致两极分化，从而引起利益冲突和社会矛盾，影响经济社会的和谐发展。当前，我国地区之间、城乡之间和个人收入之间的差距有进一步扩大的趋势，这已经影响到市场化改革的顺利进行，影响到社会主义和谐社会的建设。因此，我们必须调整"效率优先、兼顾公平"的指导思想，实行"保证效率、注重公平"的新的指导原则。认真贯彻落实党的十七大报告所提出的"要坚持和完善按劳分配为主体、多种分配方式并存的分配制度，健全劳动、资本、技术、管理等生产要素按贡献参与分配的制度，初次分配和再分配都要处理好效率和公平的关系，再分配更加注重公平"。[①] 在保证经济发展的前提下，着力提高低收入者的收入水平，扩大中等收入者的比重，努力解决贫富差距过大的问题，实现社会共同富裕，从而为市场经济体制的进一步完善提供良好的社会环境。

第四，积极稳妥地推进与社会主义市场经济体制要求相适应的政治体制改革。市场经济的运行需要相应的政治体制基础。我国的市场化改革的深化要求进一步加快政治体制改革步伐。三十多年来，我国经济体制改革取得的巨大成就，是同政府进行的多次机构改革和职能转变分不开的。但是，随着市场经济的进一步发展与完善，传统的政治体制已越来越不适应市场经济发展的需要，甚至阻碍了市场化改革的进程。我国改革中的许多深层次的矛盾和问题，有许多是由于我国原有政治体制的缺陷造成的。因此，加快政治体制改革，已经成为市场化改革的当务之急。我们要按照党的十七大部署和胡锦涛同志在庆祝中国共产党成立90周年大会上重要讲话的精神，从我国国情出发，借鉴人类政治文明的有益成果，适应经济社会发展不断深化和人民政治参与积极性不断提高的要求，继续推进政治体制改革。进行政治体制改革，一是加快转变政府经济职能，提高政府调控社会主义市场经济的能力，解决好政府缺位、越位和错位的问题；二是加快行政管理体制改革，实现政府转型，由管理型政府向服务型政府转变，从而适应市场经济发展的需要；三是加强对政府权力的制约和监督，使政治体制进一步纳入民主法制的轨道，保证人民赋予的权力始终用来为人民谋利益。只有这样，政治体制才能最终为市场化改革提供有力保障，促进市场经济的发展和完善。

---

① 胡锦涛：《高举中国特色社会主义伟大旗帜　为夺取全面建设小康社会新胜利而奋斗》，《十七大报告辅导读本》，人民出版社 2007 年版。

第四节　社会主义市场经济体制的发展与完善

要从总体上把握我国社会主义市场经济在现阶段的发展程度，首先，必须明确界定衡量市场经济发展程度的标准；其次，用该标准衡量中国市场经济现阶段发展到了什么程度，进而提出完善的对策和措施。

一、市场经济发展程度及其判断标准

如上所述，自 1978 年以来，改革开放一直是中国社会的主流，特别是党的十四大明确提出建立社会主义市场经济体制的目标以后，市场化改革就成为中国社会的共识和价值取向。自 20 世纪 90 年代以来，不少学者对市场经济发展进程进行了深入的探讨，出现了各种不同的划分。例如，有的把它区分为"发达市场经济"和"不发达市场经济"；有的把它区分为"成熟的市场经济"和"不成熟的市场经济"；有的把它区分为"完全市场经济"和"半市场经济"等。对于中国市场化发展程度，党和政府则把社会主义市场经济体制划分为两个基本阶段，即社会主义市场经济体制的"初步建立"和"建立比较完善的市场经济体制"。这就提出了一个重大的理论和现实问题，即怎样衡量一个国家市场经济发展的程度，依据什么标准进行衡量？对此，国内外学者都非常关注，也从不同的角度进行了研究，提出了各种测算市场经济发展程度的标准和体系。

从国外来看，比较有代表性的是欧、美等国，根据反倾销中影响公平贸易的因素对市场经济标准做出了相应的法律规定。

美国对市场经济国家的判定有六条标准，这六条标准基本上是美国《1930 年贸易法》以及在 1988 年修正过的《综合贸易竞争法》中确定的基本标准。其具体内容是：货币的可自由兑换程度；劳资双方进行工资谈判的自由程度；设立合资企业或外资企业准入的自由程度；政府对生产方式的所有和控制程度；政府对资源分配、企业产出和价值决策的控制程度，要求该产业的产品数量和价值决策没有政府介入，所有重要的产品投入都是以市场价格支付的；商业部认为合适的其他判断因素。

欧盟在 1998 年颁布了 905·98 号法令，允许中国应诉企业在反倾销调查中申请市场经济地位，同时规定了五条判定市场经济地位的标准：市场供求决定价格、成本、投入等；企业有符合国际财会标准的基础会计账簿；企业生产成本与

金融状况，不受前非市场经济体制的歪曲，企业有向国外转移利润和资本的自由，有决定出口价格和出口数量的自由，有开展商业活动的自由；确保破产法及资产法适用于企业；汇率变化由市场供求决定。

从上述论述可以看出，欧、美等国对市场经济标准的法律规定，是根据反倾销中影响公平贸易因素而归纳的，具有很强的针对性。虽然美国直接提出国家的市场经济标准问题，而欧盟主要是讲企业和行业的市场经济标准问题，两个标准有一定的区别，但这种区别只是表面上的，就其内容而言，涉及的问题是相同的，实质上是一样的。这些标准构成了一个体系，不是单独使用的。欧、美等国不是根据某一条来下判断，而是将围绕所有这些标准的调查结果综合起来，判断企业或产业是否达到市场经济的临界水平，得出和认定该国或该行业、企业是否已经具有市场经济条件的结论。

从国内来看，对于市场经济发展程度的研究是从 20 世纪 90 年代初期开始的，不少学者从不同角度对此进行了广泛深入的探讨，提出了许多衡量市场经济发展程度的指标体系（可参见卢中原、胡鞍钢、顾海兵、江晓微、宋红旭、常修泽、高明华、国家发展和改革委员会市场与价格研究所、北京师范大学课题组的研究成果）。大多数学者认为，要对一个国家市场经济发展程度作出判断，至少需要明确三个方面的问题：一是如何理解市场经济发展程度；二是用什么标准判断市场经济发展程度；三是运用什么方法对其作出判断。

对于一个国家的市场经济发展程度，目前多数采用市场化程度来进行判断。所谓市场化程度，主要是指市场配置资源的程度，即主要表现是市场机制决定价格和供求关系的程度。也就是说，如果市场机制在一个国家的资源配置中发挥基础性的作用，或者说商品和各种生产要素的价格及供求关系基本上由市场机制所决定，那么就可以说这个国家是实行市场经济体制的国家，否则就不能称为是实行市场经济的国家。如果以市场化为依据，有的学者采用定性和定量相结合的做法，选择下述原则作为判断分析的标准：市场化程度在 15% 以下为非市场经济；在 15%~30% 为弱市场经济；在 30%~50% 为转轨中的市场经济或称为"半市场经济"；在 60%~80% 为相对成熟的市场经济；在 80% 以上为发达市场经济或成熟市场经济。

上述所指的市场化只是一个综合概念，要评估和测算市场经济发展程度，还需建立一个市场化程度的指标体系。

根据欧美市场经济标准和市场经济理论的基本内涵，可以用五个具体指标作为评估市场经济发展程度的标准。

第一，一般商品和生产要素的市场化。所谓一般商品的市场化程度是判断一个国家市场经济发展程度的首要标志。其判断的标准主要看商品价格由市场决定的程度。据有关资料表明，1979 年，我国国家定价的比重在社会商品零售总额中占 97%左右；在农副产品总额中占 92.6%；在工业生产资料销售总额中占 100%。这就表明当时是典型的计划经济体制，商品市场化程度很低。1992 年，党中央提出我国改革目标模式是建立社会主义市场经济体制以后，价格由市场决定的步伐迅速加快，上述三个指标由市场确定的比重分别达到 93.2%、81.8%和 73.8%。截止到 2006 年，我国社会商品零售总额中 95.3%由市场来调节，农副产品收购总额中市场调节所占比重为 97.1%，生产资料销售总额中市场调节比重为 92.1%，由此可以看出，一般商品价格已经基本上由市场来决定。[①] 所谓生产要素，主要是指除生产资料以外的生产要素。其中主要包括资本、劳动力、技术、信息以及房地产等。这些要素市场化程度是判断一个国家市场经济发展程度的关键标志。改革开放以来，在一般商品市场快速发展的同时，各类要素市场发展已初具规模。1998 年在全国范围停止住房实物分配以来，房地产市场发展迅速。2005 年城镇住宅市场化率达到 67%，居民个人购买新建商品住宅的比例超过 95%。土地交易制度和市场化建设发展较快，有偿出让用地面积比重从 2001 年的 50.6%增加到 2003 年的 67.6%，招标、拍卖、挂牌出让面积占出让土地总面积的比重由 2001 年的 7.3%增加到 2003 年的 28%。资本交易市场体系和规则日益完善，OFII（境外合格机构投资者）等二十余种新制度出台实施，合同利用外资金额大幅增长。证券市场长足进步，从 1990 年开始形成，我国境内上市公司当时只有 13 家，截至 2010 年 9 月底，我国上市公司已达 1976 家，沪深两市股票总市值 1990 年为 103 亿元，2010 年 9 月底已达到 23.46 万亿元。劳动力市场改革步伐进一步加快，城乡劳动力市场基本形成体系，市场导向就业的机制在就业和再就业市场对配置劳动力资源开始起主导作用。产权市场逐步发展，交易的规范化程度不断提高，并在促进各类企业产权流动和企业重组中发挥作用。

信息市场迅速发展，直追当代世界水平。例如，公用电话交换机总量 1978 年只有 405 万台，到 2007 年增加到了 5.1 亿台，增加了 125 倍。现在全国县级以上城市全部实现电话交换程控化。截至 2010 年底，全国固定及移动电话用户总数达到 115339 万户，居世界第一位。互联网上网人数 4.57 亿人，其中宽带上网人数 4.5 亿人，互联网普及率达 34.3%。

第二，经济主体的自主性和行为的市场化。由于企业是最基本的市场主体，因而我们称经济主体的市场化，主要是指企业面向市场或真正成为市场主体程

---

① 任兴洲主编：《建立市场体系（30 年市场化改革进程）》，中国发展出版社 2008 年版，第 6 页。

度。其中主要包括企业生产市场化程度；企业竞争的市场化程度；企业资源配置的市场化程度，即看企业是否真正从市场上按市场价格获取资源，包括各种人才资源和经理人员。企业市场化是衡量一个国家市场经济发展程度的重要标志之一，因为它涉及整个市场经济的微观基础是否建立、市场机制在资源配置中基础性作用能否有效发挥等根本问题。目前，我国非国有企业和一部分国有中小企业的市场化程度比较高，据《中国统计年鉴》公布的数据，国有单位在城镇就业人口中的比重从 1978 年的 78% 下降到 2006 年的 22.7%，而国内非公有经济的就业比重从 1978 年的 21.7% 上升到 2006 年的 72.3%。2006 年底，广义民营（含外资）经济在城镇就业人口中的比重已经达到 77.3%。[1] 全国个体私营经济创造的 GDP 已占国民经济活动总量的 40% 左右。[2] 截止到 2005 年底，国有企业的税收比重从 1993 年的 63.6% 下降到 24.8%，而非国有经济税收所占比重上升为 75.2%。[3] 由市场选聘经营者的比重达到 90% 以上，但其中有一个值得注意的现象是非国有固定资产投资占全社会固定资产投资的比重偏低，即 2008 年为 63%，与成熟市场经济国家这一比重通常在 80% 以上相比有一定差距。这主要是因为中国固定资产比重大的重工业长期由国有企业垄断。不过上述几项指标加总平均得出目前中国非国有经济主体和部分中小企业的市场化程度已超过 70% 以上，已经达到相对成熟市场经济的程度。

第三，政府对市场的干预程度。主要看政府对资源的占有、分配与控制的程度，对国民经济运行的干预程度。如上所述，现代市场经济很重要的一个特征，它不是自由放任的市场经济，而是由政府适度干预或调控的市场经济。既然如此，必须规范政府的职能，也就要按照建立市场经济体制和发展市场经济的要求，规范政府的职能和作用，既不能缺位，也不能越位。一般来说，在市场经济条件下，政府的主要职能是服务，即为企业、为整个社会和国民经济发展创造良好的条件和环境。政府的主要任务是宏观调控，即主要运用经济手段和法律手段，从总体上对社会经济从总量和结构方面进行调节、控制和引导，以保证经济社会的全面、协调和可持续发展。政府对市场的干预程度一般通过政府对经济手段资源的分配及控制程度、政府是否直接插手企业的经济活动等指标反映出来。按照国际通行的判断标准，2001 年中国政府在消费、投资、转移支付和人员规模的市场化程度方面分别达到了 65%、50%、45%、50%，将上述四项指标加总平

---

① 刘树成、吴太昌主编：《中国经济体制改革 30 年研究》，经济管理出版社 2008 年版，第 61 页。

② 刘迎秋、刘霞辉：《中国非国有经济改革与发展三十年：成就、经验与展望》，《社会主义经济理论与实践》2009 年第 1 期，第 72 页。

③ 刘树成、吴太昌主编：《中国经济体制改革 30 年研究》，经济管理出版社 2008 年版，第 61~63 页。

均，政府行为市场化程度在 50% 以上。成熟市场经济国家，政府较少对市场和企业实行直接干预，但这并不意味着政府放弃对提供公共产品和追求健康经济环境的责任。当然政府对经济干预少也不能简单视为市场化程度高，关键还要看政府干预经济的手段和方式是否符合市场经济要求。经过三十多年的改革，中国政府干预经济的手段和方式已日益倾向于市场经济原则。这主要表现在：一是政府对企业生产经营活动直接干预基本取消。二是政企行政性关系进一步脱钩。2003年3月国有资产监督管理委员会成立、《企业国有资产监督管理暂行条例》颁布等都大大促进了国有企业按市场原则运作。三是政府对经济活动管理中的行政审批项目大幅减少，自 2002 年以来，国务院部门分四批取消和调整了行政审批项目约两千项，减负超过 55%。综合各种因素，目前，中国政府行为市场化的程度估计已高于 50%。

第四，市场对外开放程度。经过三十多年的改革开放，在我国全方位、宽领域、多层次对外开放格局基本形成。我国外贸进出口总额由 1978 年的 206.6 亿美元增加到 2007 年的 2138 亿美元，是 1978 年的 104.3 倍，平均每年增长17.4%。1978 年对外贸易总额占全球贸易总额的比重为 0.8%，2007 年上升为7.77% 左右。在世界贸易中的排位由 1978 年的第 29 位上升为 2007 年的第 3 位。在 2009 年，我国面对历史罕见的国际金融危机的严重冲击，党中央、国务院审时度势，周密部署，及时出台了一系支持对外贸易发展的政策措施，有效地提高了我国产品的国际竞争力。截至 2009 年底，使我国进出口总额达到 22072 亿美元，其中出口总额为 12016.6 亿美元，进口总额为 10056 亿美元。我国出口总额首次超过德国（出口总额为 8032 亿欧元，相当于 11213 亿美元），居世界第一位。国民经济对外依存度按现行汇率计算已超过 40%，一部分商品的国内市场价格已经与国际市场接轨互动。我国吸收外商直接投资连续十多年居世界第二位、发展中国家首位。2005 年 7 月，中国人民银行发布公告，我国开始实行以市场供求为基础、参考一篮子货币进行调节、有管理的浮动汇率制度。从那时起，人民币开始逐步升值。以人民币对美元的汇率看，此前，1 美元兑换 8.27 元人民币，到 2008 年底，变为 1 美元兑换 6.83 元人民币，人民币升值 21%。到 2009年上半年，我国外汇储备达到 21316 亿美元，居世界第一位。2011 年我国外汇储备达到 31811 亿美元。

对外贸易经营进一步放开，对国有大中型生产企业、商业企业和科研院所进出口经营权已经实行登记备案制，对某些已经符合条件的私营企业也赋予了进口经营权。为适应加入世界贸易组织的要求，连续多次降低进口关税，2002 年 1月大幅下降了 5300 多个税目商品的进口关税，关税总水平由 15.3% 降低到 12%，降幅达 21.6%。2003 年关税算术平均税率降至 11%，降幅达 8.30%。非关税措施逐步减少，平均关税水平已降低到 12%。与此同时，我国开始实施"走出去"战略，不少企业开始到国外投资建厂，国内市场与国际市场逐步贯通。虽然中国尚未转向完全自由贸易体制（鉴于中国是一个发展中的国家，而且是一个转轨中的国家，转向完全的自由贸易体制需要持续很长一段时间），但是我国经济与世界经济的融合趋势是明显的，而且融合度也在不断提高。

第五，市场交易条件与法律制度环境，特别是贸易环境的公平程度。在市场交易和法律制度环境方面，市场化发展程度的许多内容确实难以量化。但有的学者择其三个方面的内容进行了探求。一是市场交易中介组织的发育状况，主要以全国会计师人数和律师人数的多少做间接判断。截至 2001 年，全国平均每万人中只有 0.48 个会计师、0.93 个律师，表明中国中介组织力量薄弱。此外，一些政府办的行业协会还带有相当程度的行政色彩，活力不足；民间协会组织发育滞后。二是法律制度环境方面，以每亿元 GDP 的经济案件发生率和消费者投诉率来近似衡量经济秩序的好坏。2000 年，这两项指标分别为 14.3 件/亿元和 8.3 件/亿元，高于发达市场经济的国家。三是中国公平贸易的法制环境已初步形成。从加入世界贸易组织到 2003 年底，废止、修订、制定涉及中央与地方两级政府的法律、法规和规章超过二十万件，我国经济贸易法律制度更加完善和透明。与发达市场经济国家相比，从总体上看市场交易和法律制度环境还相对落后，是中国市场化进程中的薄弱环节，其市场化程度在 40%左右。

综合上述指标分析，多数学者认为，经过三十多年的改革，我国经济体制总体的市场化程度在不断上升，从 1978 年只有 4.4%，上升到 2006 年的 77.7%，超过了市场经济 60%的临界水平。[①]这清楚表明，我国经济体制已经进入发展中市场经济国家的行列，其市场经济性质得到了越来越多国家的承认，比如，在 2007 年已有澳大利亚、巴西、韩国、俄罗斯、埃及、挪威、瑞士等 77 个国家承认了中国市场经济地位。

党的十六届三中全会通过的《中共中央关于完善社会主义市场经济体制若干问题的决定》认为，从十一届三中全会开始改革开放、十四大确定社会主义市场经济体制改革目标以及十四届三中全会作出相关决定以来，我国经济体制改革在理论和实践上取得重大进展。总体判断，社会主义市场经济体制已初步建立起来。"初步建立"体现在哪些方面？就是说，社会主义市场经济体制的基本框架

---

① 李晓西等：《2008 年中国市场经济发展报告》（专家评审稿），北京师范大学出版社 2008 年版，第 152 页。

搭起了，基础奠定了，整个国民经济正在开始按照新体制的轨道和规则运行。具体体现在四个方面：一是公有制为主体、多种所有制经济共同发展的基本经济制度已经确立；二是各种生产要素参与分配的格局形成；三是市场机制作用日趋普遍化，都超出了原先的预期；四是对外开放体制因为加入世界贸易组织的推动而取得了可喜进步，全方位、宽领域、多层次的对外开放格局基本形成。

二、中国市场经济发展面临的主要问题及其完善措施

我国社会主义市场经济体制建设虽然取得了很大的成就，但是，必须清醒地认识到，改革已经取得的进展与建成完善的社会主义市场经济体制目标还有很大差距。例如，在完善基本制度方面需要深入研究解决一些深层次的问题，国有经济结构调整和国有企业建立现代企业制度的任务还很繁重，个体、私营等非公有制经济还面临不少体制性障碍，现代产权制度还不健全。在市场体系方面，土地和资本等要素市场发育滞后，重要商品和要素价格形成机制还不合理，全国统一开放的市场还没有真正建立，市场秩序比较混乱。在宏观调控体系方面，计划、财政、金融、投资等宏观管理制度和方式还不健全，特别是政府职能转变还不到位，行政管理体制改革步履维艰。在收入分配方面，合理调节分配的制度不健全，社会保障体系不完善。在社会事业领域，科技、教育、文化、卫生、体育等体制改革和事业单位改革任务还相当艰苦等。总体来说，在全面建设小康社会，加快推进社会主义现代化建设的新的历史阶段，我国的改革进入攻坚阶段，发展处在关键时期。2010~2020 年建成完善的社会主义市场经济体制，只剩下 8 年时间，机不可失，时不我待。我们必须按照党的十六大、十六届三中全会、党的十七大和十七届三中全会精神，充分利用当前经济形势比较好的有利时机，切实加大改革力度，为如期建立完善的社会主义市场经济体制打下良好的基础。

如何完善社会主义市场经济体制呢？党的十六届三中全会通过的《中共中央关于完善社会主义市场经济体制若干问题的决定》，重点就当前和今后一个时期需要解决的重要体制问题提出改革目标和任务，作出决策和部署。主要是"按照统筹城乡发展、统筹区域发展、统筹经济社会发展、统筹人与自然和谐发展、统筹国内发展和对外开放的要求，更大程度地发挥市场在资源配置中的基础性作用，增强企业活力和竞争力，健全国家宏观调控，完善政府社会管理和公共服务职能，为全面建设小康社会提供强有力的体制保障。主要任务是：完善公有制为主体、多种所有制经济共同发展的基本经济制度；建立有利于逐步改变城乡二元经济结构的体制；形成促进区域经济协调发展的机制；建设统一开放竞争有序的现代市场体系；完善宏观调控体系、行政管理体制和经济法律制度；健全就业、

收入分配和社会保障制度；建立促进经济社会可持续发展的机制"。[①]

党的十七大又提出把深入贯彻、落实科学发展观与完善社会主义市场经济体制联系起来。坚定不移地推进改革开放，加快完善社会主义市场经济体制，是十七大报告突出强调的重要内容。十七大报告针对影响国民经济又好又快发展存在的突出矛盾和问题，对完善社会主义市场经济体制作出了重点部署。党的十七届五中全会通过的《中共中央关于制定国民经济和社会发展第十二个五年规划的建议》，提出了加快改革攻坚步伐，完善社会主义市场经济体制的要求和措施。具体包括以下几个主要方面：

第一，进一步完善社会主义基本经济制度。十七大报告在坚持"两个毫不动摇"的基础上，进一步提出要坚持平等保护物权，形成各种所有制经济平等竞争、相互促进新格局。这是我国对社会主义基本经济制度认识的进一步深化。平等保护物权，从根本上确认和保障了公平竞争这一社会主义市场经济的基本原则。坚持基本经济制度和各种所有制经济平等竞争、相互促进，是有机统一的。只有公有制经济始终居于主体地位，才能从根本上维护我国社会主义性质；只有各种所有制的市场主体平等竞争、相互促进，才能永远保持并不断增强我国基本经济制度的优势和活力。

完善基本经济制度，要继续深化国有企业改革。进一步优化国有经济布局和结构，运用资本转让、股权结构调整、企业整合和其他有效形式，推动国有资本进一步向重要行业和关键领域集中。深化国有企业股份制改革，重点推进国有独资企业和垄断行业国有企业改革，使投资主体和产权多元化，完善公司治理结构，健全激励约束机制，加快形成一批具有国际竞争力的大公司、大企业集团。完善各类国有资产管理体制和经营制度，加快建立国有资本运营责任机制。完善基本经济制度，要鼓励、支持、引导非公有制经济发展。公平市场准入，统一政策待遇，促进个体私营经济加快发展。平等保护私有产权，支持有条件的非公有制企业做大做强。鼓励非公有资本参股国有资本和集体资本，推动发展混合所有制经济。加强和改进对非公有制企业的服务和监管，引导和推进个体私营经济制度创新。

第二，要加快形成统一开放、竞争有序的现代市场体系。门类齐全、功能完善、统一开放、竞争有序的现代市场体系，是社会主义市场体制的重要组成部分，我国市场体系建设取得明显成效，但与建设现代市场体系的要求相比还有差

①《〈中共中央关于完善社会主义市场经济体制若干问题的决定〉辅导读本》，人民出版社2003年版，第2~3页。

距。党的十七大报告强调，要发展各类生产要素市场。主要包括加强资本市场的基本性制度建设，解决资本市场不适应经济发展的矛盾。改革和完善政府管理土地市场的方式，经营性土地使用权一律通过招标、拍卖、挂牌出让，提高土地使用效率。积极发展人力资源市场，建立健全市场化的用工机制和服务体系，引导劳动力合理流动。健全和完善技术市场，保护知识产权，促进技术成果转化。

加快完善现代市场体系，必须积极稳妥地推进资源性产品和生产要素价格改革，理顺资源价格体系，完善反映市场供求关系、资源稀缺程度、环境损害成本的生产要素和资源价格形成机制。当前重点是理顺水、电、油、气、土地等价格改革，稳妥地推进利率市场化，继续完善人民币汇率形成机制。

依法规范市场主体行为，规范发展行业协会和市场中介组织，健全市场竞争秩序。加快完善社会信用体系，建立健全失信惩戒制度。

第三，深化财税、金融等体制改革，完善宏观调控体系。要围绕推进基本公共服务均等化和主体功能区建设，完善公共财政体系。健全中央与地方事权与财力相匹配的体制，推进省以下财政体制改革，增强基层政府提供公共服务的能力，强化预算管理和监督。实行有利于科学发展的财税制度，建立健全资源有偿使用制度和生态环境补偿机制。

加快推进金融体制改革，着力建设多种所有制和多种经营形式、结构合理、功能完善、高效安全的现代金融体系。要提高金融监督水平，及时化解金融风险，切实维护金融安全。要深化投资体制改革，对不同性质的投资实施分类管理，严格规范政府投资行为，推行中央预算内投资项目代建制。要抓紧改革和完善规划体制、健全编制程序，完善国家中长期规划和年度计划的实施机制，形成以经济社会发展规划为统领，各类规划定位清晰、功能互补、有效衔接的规划体系。发挥国家发展规划、计划、产业政策在宏观调控中的导向作用，综合运用财政、货币政策，提高宏观调控水平。

第四，拓展对外开放广度和深度，提高开放型经济水平。十七大报告强调，坚持对外开放的基本国策，把"引进来"和"走出去"更好地结合起来。要加快转变外贸增长方式，立足以质取胜，调整进出口结构，促进加工贸易转型升级。大力发展服务贸易，扩大机电产品和高新技术产品出口，扩大服务外包，提高对外贸易的质量和效益；优化出口结构，重视发挥进口对国民经济的积极作用，合理进口国内短缺的技术、设备、资源等产品。要进一步提高吸收外资的质量和水平，更好地吸收国外先进技术、管理经验、高素质人才和资金。鼓励有条件的企业"走出去"，积极开展国际化经营，完善支持企业对外投资合作的财政、信贷、外汇、保险等政策。对外投资企业要遵守当地法律，参与公益事业，维护企业声誉和国家形象。

要加强双边和多边经贸合作，积极开展国际能源资源互利合作，推进区域和次区域经济合作；完善公平贸易政策，推进贸易和投资自由化、便利化，实施自由贸易区战略，努力形成与世界各国特别是发展中国家互利互补的关系。

对外开放越扩大，维护国家经济安全和经贸利益的问题就越突出。必须始终牢牢掌握对外开放的主动权，善于在国内、国际形势的相互联系中把握发展方向，在国内、国际条件的相互转化中用好发展机遇，在国内、国际资源的优势互补中创造发展条件。要适应开放型经济的要求，建立统筹内外经济的调控和应对机制，更好地处理国内发展与对外开放的关系，把握好关键领域和敏感行业对外资开放的程度，防范国际经济风险，维护国家经济安全。

思考题：

1. 社会主义市场经济理论确立的主要依据是什么？

2. 怎样理解社会主义市场经济的涵义？为什么说市场经济不具有社会制度的属性？

3. 社会主义市场经济的一般性特征和特殊性特征表现在哪些方面？

4. 社会主义市场经济体制基本框架主要包括哪些内容？它们之间的关系如何？

5. 我国社会主义市场经济体制发展进入到了什么阶段？

6. 中国特色的社会主义市场经济主要体现在哪些方面？

7. 在我国应该如何发展和完善社会主义市场经济体制？

第三章　社会主义市场经济运行的所有制基础

　　所有制与所有制结构问题是根本性、全局性的问题，它不仅决定社会主义经济制度的性质，而且也是社会主义市场经济赖以形成的前提和基础。从我国经济体制改革的历史轨迹可以看出，我国市场结构、产业结构的每一次调整与变化，无不与所有制及其结构的变革有着密切的关系。以公有制为主体、多种所有制经济共同发展的所有制结构，既是我国社会主义初级阶段的基本经济制度，也是社会主义市场经济体制的所有制基础。本章在明确界定所有制和所有制结构涵义的基础上，阐明了社会主义市场经济对所有制结构的要求。并对我国经济体制改革以来所有制结构的变迁、公有制的主体地位和实现形式、非公有制经济的形式和作用分别进行了概述，提出了调整与完善的思路与对策。

第一节　社会主义市场经济的所有制结构

　　以公有制经济为主体，多种所有制经济共同发展的所有制结构，不仅是社会主义市场经济的制度基础，也是其形成和发展的必要条件。因此，要建立和完善社会主义市场经济体制，必须从所有制分析开始，弄清生产资料所有制结构涵义、社会主义生产资料所有制结构的演进和发展、社会主义市场经济对所有制结构的要求。

一、生产资料所有制及其结构的涵义

　　生产资料所有制结构涵盖的内容比较广泛，要全面、准确地把握其涵义，首先必须弄清生产资料所有制的确切涵义及其与所有权、产权等经济范畴的联系和区别，在此基础上分别从不同的角度和层次上，分析和把握所有制结构的涵义及其研究的意义。

1. 生产资料所有制、所有权、产权的涵义及其相互关系

所有制，也就是生产要素和社会产品归谁所有的问题。从其涵盖的内容来看，所有制包括生产资料所有制、劳动力所有制以及产品和消费资料的所有制等。其中具有决定意义的是生产资料所有制。那么，生产资料所有制作为经济范畴，它的涵义是什么？这是在探讨我国社会主义市场经济体制下生产资料所有制结构时首先需要说明的问题。

按照传统观点的理解，生产资料所有制的含义就是"归属论"，即认为生产资料所有制就是生产资料归谁所有。从所有制的历史发展过程考察，它最初确实是一个比较简单的概念。马克思曾经指出："所有制最初的意义……不外是说：劳动（生产）主体（或再生产的主体）把从事生产或再生产的条件看成他所有的。"① 这就是说，人们最初只是把所有制看作生产资料的归属。但随着社会生产和社会分工的发展，人们与生产资料的关系和结合方式也发生了深刻的变化，因而人们在生产资料方面所形成的相互关系日趋复杂，这时生产资料所有制，并不只是一个简单的归属问题，而是包括生产资料由谁占有、由谁支配、由谁使用等方面的关系。如果这些经济关系用法律的形式规定下来，人们就称之为所有权、占有权、支配和使用权。不过政治经济学通常使用的"四权"，不是指法权关系，而是用以反映所有制内部的经济关系。作为一个经济范畴，生产资料所有制是指人们在生产过程中对生产资料的关系体系，其内部结构包括人们对生产资料的所有、占有、支配、使用等多方面的经济关系。在这些经济关系中，所有是一个归属问题，作为所有者，可以按照自己的意志处置归自己所有的生产资料。占有即对生产资料的直接控制。相对于归属（所有）而言，占有是一种有条件的归属关系，即它是指占有者不能像所有者那样任意处置占有的生产资料（比如不能出卖）。占有和所有在经典著作中有时是同义的、通用的，但在分析所有制内部关系时，又把占有同所有区别开来。例如，在资本主义土地关系中，土地所有者一旦把土地出租给农业资本家，土地所有者便只拥有土地所有权，土地占有权归农业资本家。农业资本家怎样利用租来的这块土地，土地所有者无权过问，在这种情况下，土地的所有与占有的分离是很明显的。支配是指对生产资料的安排和管理。列宁曾经认为"支配"与"主管"没有什么不同。在实际生活中，支配就是我们通常讲的管理的主要内容，由所有和占有决定。在现实经济中，所有者和占有者可以同时是支配者，也可以委托他人支配，如股份制公司中实际执行职能的是经理。使用是指人的劳动对生产资料的直接推动过程即生产活动本身，它是取

---

① 马克思：《政治经济学批判大纲》第 3 分册，人民出版社 1972 年版，第 113~114 页。

得经济效果的直接因素和基础。生产资料所有、占有、支配、使用等经济关系相互联系、相互作用，构成生产资料所有制关系体系，其中"所有"是所有制关系的主要内容，因而通常都是根据所有者主体的不同来区分各种所有制性质的。

以上"四者"关系体系，从历史和现实来看，呈现出两种基本情况：一种是生产资料所有者，又是生产资料的占有者、支配者和使用者，"四权"同属于一个主体（阶级、阶层、集团或个人），生产资料的所有者体现着完整的所有制关系，获得由"四权"带来的全部经济利益；另一种是生产资料的所有者，在保持对生产资料所有权的情况下，暂时地、有条件地把生产资料的占有权、支配权、使用权让渡出去，出现"四权"的不同方面或不同程度的分离，并表现为这种分离后的经济利益关系，生产资料所有者只凭其所有权获得经济利益，经营者则从经营中获得自己的利益。在资本主义条件下，资本借贷关系和土地租赁关系的情况就是这样。在实现社会主义生产资料公有制以后，也会存在这种情况。恩格斯曾经指出："把大地产转变（先是租给）在国家领导下独立经营的合作社，这样，国家仍然是土地所有者。"① 列宁在谈到土地国有化时指出："国家土地所有制不但丝毫不排斥，反而要求在全国性的法律范围内把土地转交地主和省市区自治机关支配。"② 党的十二届三中全会通过的《中共中央关于经济体制改革的决定》中提出所有权和经营权可以适当分开的论断，以及后来改革过程中所提出的出资者所有权与法人财产权的分离等，就是以所有制内部因素的分离组合关系为主要理论依据的。

所有权，是"所有制关系的法律用语"或是所有制关系的法律表现形式。狭义的所有权是归属权；广义的所有权除包括归属权外，还包括占有权、支配权、使用权、处置权和受益权。

所谓产权，现在理论界没有一个统一的权威性定义。简单地讲就是对财产所拥有的权利。从一般意义上看，财产所涵盖的内容包括两个部分：一是有形财产，比如房屋、机器设备、日用消费品、现金等，对这类财产所拥有的权利，称之为"物权"。二是无形财产，比如债券、股票、专利权、版权、商标等。对这些无形财产所拥有的权利，分别称之为"债权"、"股权"和"知识产权"。物权、债权、股权和知识产权都属于产权的范畴。从权能上看，产权是与财产有关的一系列权利的总称，或者说是对财产拥有的一系列权能的组合，即包括对财产的所有权、占有权、支配权、使用权和收益权等权能的不同组合，在这些权能中所有

---

① 《马克思恩格斯全集》第 36 卷，人民出版社 1995 年版，第 416 页。
② 《列宁全集》第 13 卷，人民出版社 1988 年版，第 313 页。

权是基础和核心的权能。所以，从本质上看，产权是界定各经济主体权、责、利的内容及边界的范畴，反映人们在经济活动中围绕财产所形成的一系列经济权利关系。

在经济学中，所有制与所有权、产权是既相联系，又有区别的范畴。首先，从它们之间的联系来看，所有制是所有权、产权关系的前提或基础，从历史发展轨迹看，先是有所有制关系，而后随着社会分工、生产力的发展，即在国家出现以后，特别是随着法律制度的逐步建立，人们渐渐转向依靠政权和法律的力量来确定产权的归属，财产的保护和财产转让情况下才出现了具体的所有权和产权关系，所以，所有权、产权只是所有制的法律形式，没有所有制关系不可能有所有权和产权关系。同时，所有制的性质也决定着所有权与产权的性质。其次，从它们之间的区别来看，一是涵盖的内容和研究的意义不同。所有制在马克思主义经济学中被称为"生产关系的总和"。而所有权和产权所涉及的只是"生产关系总和"中具体的归属关系及产权主体的财产权利问题。认识到这一点很重要，中国产权制度的改革，不是要革掉现存的生产关系即基本经济制度，而是要改革不适应现代市场经济发展的传统产权制度。马克思研究所有制关系，把它作为经济制度的基础，是要揭示人类社会形态变革更替的客观规律。而所有权和产权不同，它是以具体财产归属和财产关系作为研究对象，通过明晰产权归属，明确产权主体的责、权、利关系，来保障所有者经济权利的实现和运行的正常进行。二是体现的层次不同。所有制是居于社会经济制度的层次，反映社会经济制度的本质。产权侧重于经济运行层次，反映资源配置的效率和企业的经济活动。从财产归属意义来讲的所有权属于所有者，从财产运行意义上讲的产权属于出资者。三是运行的特点不同。所有制和所有权关系一旦确定，在较长的历史阶段内，不会发生大的变化，具有相对稳定性。而产权关系则不同，它会随着企业主体经营行为和市场环境的变化而不断地分化和重组。

2. 生产资料所有制结构及其研究的意义

在某些社会经济形态中，生产资料所有制往往不是单一的，除了占主体地位的生产资料所有制作为基本的经济形式外，还有其他的生产资料所有制形式与之并存、共同发展，这样在客观上就形成了一个生产资料所有制结构的问题。生产资料所有制结构，从一般意义上看，主要包括逻辑结构和数量结构两个方面。逻辑结构，是指各种不同的生产资料所有制形式在一定社会形态中所处的地位和它们之间内在的有机联系。在这种结构中，居于主体地位的所有制的性质，决定着该社会所有制的性质。例如，公有制为主体、多种所有制经济共同发展的表述，就是我国现阶段的逻辑结构。数量结构，是指各种所有制经济在国民经济中所占的比重。从现象上看，所有制结构都表现为各种所有制经济之间的数量关系，即数量结构。数量结构的变化是所有制结构变化最直观的表现。无论是所有制的逻辑结构还是数量结构都不是随意的，它不仅要受制于生产力状况，而且离不开一国社会经济制度的性质和发展方向。在上述两类结构中，所有制的逻辑结构是我国所有制形式合理配置的理论基础，是确定所有制数量结构的主要依据。在我国，所有制数量结构是否合理，最基本的一点就是看它能否体现公有制的主体地位，同时使非公有制经济能得到应有的发展。不过，所有制的逻辑结构具有相对稳定性，在今后相当长的时间内它不会有太大的变化。所有制的逻辑结构不变，但数量结构经常处在变动之中，没有固定不变的模式。这说明所有制结构的调整、完善是一个实践的、动态的过程。后面将要谈到的今后我国所有制整体结构的调整和完善，主要表现在数量结构的变化上，或者说主要通过调整数量结构来实现。

所有制结构除以上两种通常的分类外，如果从范围和层次上看，还可以分为整体结构和分体结构。整体结构是指涵盖整个社会范围内的所有制结构，如公有制为主体、多种所有制经济共同发展是我国现阶段的整体结构。分体结构表现为两个方面：一是指公有制内部的各种公有制形式的结构；二是指非公有制经济内部各种私有制形式的结构。在我国社会主义初级阶段，所有制整体结构已经明确，不会有太大的变化，但今后分体结构会有相当大的变化。因而，所有制结构的完善，将主要通过分体结构的调整而体现出来。

研究所有制结构主要有两个意义：一是确定一种社会经济形态的基本性质，一种社会经济形态的基本性质是由这个社会中占主体地位或占主导地位的所有制形式决定的；二是为合理配置所有制结构提供理论基础和分析工具，并通过调整所有制结构来提高一个社会的资源配置效率。

二、中国生产资料所有制结构的演变

早在社会主义革命取得胜利之前，马克思和恩格斯根据发达资本主义国家的情况，曾经对社会主义所有制问题提出过一些设想，其基本思想是：无产阶级革命取得胜利以后，经过短暂的过渡时期，即可实现单一的全社会占有生产资料的社会主义社会。马克思和恩格斯的这种设想，显然是以生产力的高度发展特别是国民经济各个部门的生产都已高度社会化为前提的。在这种设想中，既然全部生产资料都归整个社会所占有，也就无所谓社会主义社会所有制结构的问题了。

然而，历史的发展有了新的变化，社会主义革命不是在几个发达的资本主义国家同时取得胜利，而是首先在资本主义不发达、小农经济占优势的俄国取得了胜利。20 世纪 30~40 年代的苏联，曾一度脱离了本国国情，在生产力极其落后的情况下，试图建立起马克思和恩格斯所设想的单一的公有制结构。随着经济建设的发展，这种脱离苏联实际的单一所有制结构，其弊端不断暴露出来并表现得日益严重。尽管列宁已经认识到，像俄国这样的落后国家，从资本主义向社会主义的过渡时期，要比发达资本主义国家长得多，过渡时期的所有制结构是多种经济成分并存。但是，由于列宁过早逝世，未能进一步阐明过渡时期以后的社会主义社会的所有制结构问题。后来，斯大林根据列宁关于新经济政策的思想和苏联建设社会主义的状况明确提出，由于社会主义生产力的多层次与社会主义制度的不完善性，公有制还存在全民所有制（或国有制）与集体所有制两种形式。这在所有制结构的理论探索中，可以说是第一次突破对于相对落后的国家在进行社会主义建设的进程中选择什么样的所有制结构，具有重要的指导意义。但是，这一理论也存在严重缺陷，他认为两种公有制形式中集体所有制是低级形式，全民所有制所采取的国家所有制是高级形式，而其他的所有制形式则是和社会主义社会不相容的。这为在社会主义实践中搞"穷过渡"、集体所有制经济在经营管理方式上向全民所有制经济趋同提供了思想与理论依据。

受马克思、恩格斯和苏联模式的影响，后来建立的社会主义国家都把苏联社会主义公有制形式当做唯一的标准模式来照搬。但实践证明，简单地照搬别国所有制模式，是脱离本国实际的，不利于本国的经济建设。20 世纪 50 年代以后，东欧各国便开始寻找适合本国国情的所有制形式和所有制结构，对经济体制进行了不同程度的改革，传统的所有制理论和模式开始被突破。

新中国成立以来，我国的生产资料所有制的变革大致经历了这样一个发展变化过程：1949~1952 年的国民经济恢复时期，通过农村土地改革，没收官僚资本主义企业和接收帝国主义在华财产，形成了以国营经济为主导，公私合营、集体、个体和民族资本主义等五种所有制形式共存的新民主主义经济；1953~1956 年，主要是进行并完成了对农业、手工业和资本主义工商业的社会主义改造，建立了国营经济为主导、公有制经济占绝对优势的所有制结构；1958~1978 年，主要是"大跃进"和"文化大革命"时期，由于"左"的思想影响，不顾我国社会生产力的发展水平，在所有制问题上片面地追求"一大二公"，认为社会主义社会的所有制特征是单一的公有制。公有制虽然包括全民所有制和集体所有制两种形式，但是全民优于集体，大集体优于小集体，公有化程度越高越好，范围越大越好。在这种"左"的思想指导下，致使我国的所有制结构过分单一，严重影响了我国经济发展，破坏了生产力，使我国社会主义建设出现了几次徘徊。在这期间，中国共产党虽然就所有制关系作出了政策调整，进行过必要的"退却"，但直到改革前仍然是公有制占统治地位的单一所有制结构。据《中国统计年鉴》资料显示，1978年的国民生产总值中，公有制经济占99%，非公有制经济只占1%；在全国工业总产值中，国有制经济占80.8%，集体所有制经济占19.2%，非公有制经济占比为零；在社会商品零售额中，国有制经济占90.5%，集体所有制经济占9.4%，非公有制经济仅占0.1%。

党的十一届三中全会以后，随着对商品经济认识的深化和经济体制改革的推进，中国共产党认真总结了以往在所有制问题上的经验教训，对原来不适应生产力发展的单一的所有制结构进行了连续的调整，认识不断深化，理论不断创新。20世纪80年代初相继提出了计划经济为主、市场调节为辅和有计划的商品经济理论；1992年党的十四大第一次将建立社会主义市场经济体制作为我国经济体制改革的目标模式，并相应提出"以公有制为主体，个体经济、私营经济、外资经济为补充，多种经济成分长期共同发展"的方式；1993年党的十四届三中全会通过的《中共中央关于建立社会主义市场经济体制若干问题的决定》进一步提出，必须坚持以公有制为主体、多种经济成分共同发展的方针。1997年党的十五大全面阐述了社会主义初级阶段的基本路线和基本纲领，第一次明确提出："公有制为主体、多种所有制经济共同发展，是我国社会主义初级阶段的一项基本经济制度。"党的十六大报告针对深化经济体制改革的深层次矛盾和问题，明确提出："根据解放和发展生产力的要求，坚持和完善公有制为主体、多种所有制经济共同发展的基本经济制度，毫不动摇地巩固和发展公有制经济，毫不动摇地鼓励、支持、引导非公有制经济发展。"并明确指出："坚持公有制为主体，促进非公有制经济发展，统一于社会主义现代化建设的进程中，不能把这两者对立起来。"各种所有制经济完全可以在市场竞争中发挥各自优势，相互促进，共同发展。2007年胡锦涛同志在党的十七大报告中，又在坚持"两个毫不动摇"的基础上，进一步提出要"坚持平等保护物权，形成各种所有制经济平等竞争、相互促进新格局"。2010年党的十七届五中全会通过的《中共中央关于制定国民经济和社会发展第十二个五年规划的建议》明确提出，要"坚持公有制为主体、多种所有制经济共同发展的基本经济制度，营造各种所有制经济依法平等使用生产要素、公平参与市场竞争、同等受到法律保护的体制环境"。这一系列理论创新、方针和政策，为我国所有制结构的调整和变革奠定了坚实的理论基础，提供了有效的政策保障。目前，我国所有制结构已发生了深刻变化，以公有制为主体、多种所有制经济共同发展的格局已基本形成。从全国来看，所有制结构中存在着国家所有制、集体所有制（大体上包括社区集体所有、企业劳动者集体所有和农村集体所有等几种形式）、股份所有制、股份合作制、合作制、社会基金所有制、社团经济、经济联合体、个体所有制、私营经济、国外或境外资本所有等。其中国有制经济、集体所有制经济属于公有制经济，股份制、股份合作制、社会基金所有制、社团经济、经济联合体，乃至国外或境外资本所有制中的中外合资、中外合作企业属于混合所有制，其中的国有成分和集体成分也属于公有制经济，此外则属于非公有制经济或私有制经济。

我国现阶段所有制结构如图3-1所示：

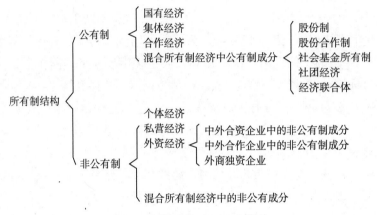

图3-1　我国现阶段所有制结构

三、社会主义市场经济对所有制结构的要求

社会主义市场经济对所有制结构的要求是必须以公有制为主体、多种所有制经济共同发展，这是社会主义市场经济的所有制基础。

在我国发展社会主义市场经济，之所以要实行以公有制为主体、多种所有制经济共同发展的所有制结构，是由下列原因决定的。

第一，是由我国社会主义正处在初级阶段这一基本国情决定的。社会主义初级阶段包括两层含义：一是就社会性质而言，我国社会已经是社会主义社会，因此我们必须坚持社会主义本质特征，绝不能走资本主义道路；二是就发展程度而言，我国社会主义社会还处在初级阶段，即不发达阶段。一方面，由于我国是在非常落后的半封建、半殖民地社会基础上建设社会主义的，底子薄、人口多。新中国成立以来，特别是改革开放以来，我国经济增长很快，总体实力和综合国力有很大提高，但人均水平低，经济发展的质量还比较差。根据世界银行2010年《世界发展报告》提供的数据，中国2008年国内生产总值总量为38993亿美元，居世界第三位；但人均国民总收入仅2940美元，居世界第130位，被世界银行列入"下中等收入群体",离上中等群体平均线还有相当大的差距。而 2009 年国际货币基金组织将我国人均国民总收入排名第 104 位,同样处于下中等水平。[①]《中华人民共和国 2010 年国民经济和社会发展统计公报》显示,我国 2010 年国内生产总值达到 397983 亿人民币,按平均汇率折算达到 58791 亿美元,已经超过日本成为世界第二大经济体,步入了全面建设小康社会的新时期,在向中等发达国家水平挺进的道路上迈出了重要一步。但根据世界银行数据,从人均生产水平看,2009 年中国人均 GDP 只有 3744 美元,不到世界平均水平 8594 美元的一半,不到美国、日本等发达国家的 1/10。尤其是广大农村还存在大量的贫困人口。据《中华人民共和国 2010 年国民经济和社会发展统计公报》显示,如果按 2010 年农村贫困标准 1274 元测算,2010 年底我国农村贫困人口为 2688 万人。[②]另一方面,我国工业化和生产社会化、市场化、现代化程度还比较低。我国 13 亿多人口,到 2009 年为止仍有 71288 万人口在乡村,约占总人口的 53.41%,[③]农村基本上以手工劳动为主;一部分经济发达地区同广大的不发达地区和贫困地区同时存在;少量具有世界先进水平的科学技术,同普通的科学技术水平不高、文盲半文盲占总人口 1/5 的状况同时存在。2010 年,按国内生产总值计算,我国第一产业占 10.2%,第二产业占 46.8%,第三产业占 43.0%,产业结构仍属落后型。正因为我国是在生产力不发达的落后国家里建设社会主义的,因而在社会主义条件下搞市场经济,从而实现中国的工业化和现代化,必然不可逾越社会主义初级阶段这一基本国情。

从社会主义初级阶段这一基本国情出发,我国在所有制结构问题上,也必须同时注意两个方面:一是必须坚持公有制的主体地位,这是构建社会主义市场经济体制的基本前提。因为生产资料所有制的性质,从本质上决定着社会生产的目的和方向。公有制是我国社会主义制度的经济基础,是国家引导、推动经济和社会发展的基本力量。坚持公有制的主体地位,使国有经济控制国民经济命脉,并在经济发展中起主导作用,对于发挥社会主义制度的优势性,增强经济实力和民族凝聚力,提高我国国际地位,保证人民民主权利和最终实现共同富裕的社会主义目标,都具有关键作用。因此,邓小平同志多次强调:"社会主义有两个非常重要的方面,一是以公有制为主体,二是不搞两极分化。""这是我们所必须坚持

---

① 中国国际问题研究所:《中国在相当长时期内仍是发展中国家》,《求是》2010 年第 18 期。

② 《中华人民共和国 2010 年国民经济和社会发展统计公报》,中华人民共和国国家统计局,《人民日报》2011 年 3 月 1 日。

③ 中华人民共和国国家统计局编:《中国统计年鉴 2010》,中国统计出版社 2010 年版,第 95 页。

的社会主义的根本原则。"① 二是必须允许非公有制经济的存在和发展。在社会主义社会为什么还要允许和保留非公有制经济的存在和发展？按照传统理论的解释，把原因归结为是由社会主义初级阶段生产力的发展水平具有多层次和不平衡性的特点所决定的。按照这种理论的逻辑推理，现代化的机器大生产是与公有制相适应的，而以手工操作的小生产、落后的生产力是与个体所有制和私有制相适应的。显然这种论证无法解释今天我国面临的现实，经过三十多年的改革开放，我国的生产力水平有了很大的提高，信息经济、知识经济、网络经济都得到了快速发展，在这样一种生产力水平下，为什么非公有制经济不仅在传统产业中占有一席之地，而且在一些高新技术产业中有广阔的发展空间？为什么非公有制经济在经济发达的地区比经济落后地区发展得更多和更快？这些问题要求我们对现阶段非公有制存在和发展的原因进行重新思考。但依笔者看来，在社会主义初级阶段，之所以还要保留和发展非公有制经济，其根本原因是存在着利益驱动的内在动力。马克思曾经指出，权利永远不能超出社会的经济结构以及由经济结构所制约的社会的文化发展。在共产主义社会第一阶段，即社会主义阶段，迫使人们服从社会分工的情形依然存在，脑力劳动和体力劳动的对立依然存在，资产阶级法权的狭隘眼界依然存在，集体财富尚未达到充分涌流的程度，劳动仍然是人们谋生的手段，而没有成为生活的第一需要。在这种情况下，人们必然有着各自的利益要求，社会还不得不利用人们个体利益和要求，来充分调动人们的积极性、能动性、创造性去推动社会生产力更快发展，以创造更多的社会财富去满足人们的利益需求。尽管我国的公有制建立在以机器生产为标志的近代生产力基础之上，但这种所有制只有当它作用于宏观价值运行时才能显示出它的宏观经济效益和社会效益，也正因如此，它才获得了存在和发展的合理性。而在微观经济运行中，由于公有制经济组织中人们从事工作和劳动，首先关注的是个体经济利益的得失，这就极易导致其组织生产和效率的低下。与之相反，非公有制经济则有着不可替代的微观效率优势。这是因为，非公有制经济与个人利益结合紧密，它具有一种内在的、持续发展的动力，这种内在的动力能大大地提高企业的生产和经营效率。因此，在我国社会主义市场经济运行中，保留和发展非公有制经济具有历史必然性。

　　第二，是社会主义市场经济的必要条件和体制保障。市场经济作为一种资源配置的方式，有其自身的特点和运行规律。社会主义国家要建立市场经济体制，在所有制结构上也应适应市场经济运行的一般规律和客观要求。所有制结构是构

①《邓小平文选》第 3 卷，人民出版社 1993 年版，第 138 页。

成一定经济体制运行的基础，单一的所有制结构或单一的产权主体是传统计划经济体制运行的基础。而市场经济实质上是不同产权主体之间所有权平等交换的经济，它是以产权主体分散化、多元化为必要前提的。所谓产权主体分散化、多元化，是指在社会范围内，生产资料或生产资本归不同的经济单位或利益主体所有。在社会主义社会，产权主体分散化、多元化应表现为生产资料或生产资本分别归国家、集体、私人所有。为什么产权主体分散化、多元化会成为市场经济存在的必要条件呢？因为，只有生产资料归不同的生产单位所有，它们之间在由社会分工而发生经济联系时，才会采取相互计较、等价交换劳动产品的法则，借助于市场实现各自的经济利益。换句话说，没有产权主体的分散化、多元化，就谈不上市场主体间的相互交换。正是产权主体的分散化、多元化，决定了不同生产单位或不同所有者之间形成彼此当作外人看待的关系。这完全符合市场经济产生和发展的历史。所以，在社会主义初级阶段，坚持公有制为主体，是消灭剥削，消除两极分化，最终达到共同富裕的必要条件和前提，它体现了社会主义本质的要求。只有发展多种所有制经济，实行产权主体的多元化，才能发展市场经济。我国过去所实行的传统计划经济体制，产权高度集中统一，国家是全民资产的唯一所有权主体。这种高度集中的产权和单一的产权主体与市场经济要求的产权分散化、产权主体多元化是相矛盾的。因此，我们要实现由传统的计划经济体制向市场经济体制的转变，在所有制结构选择上必须适应产权主体分散化、多元化的要求，在坚持公有制为主体的前提下，实行多种所有制经济并存，同时使企业成为独立或相对独立的经济实体。

第三，在坚持公有制为主体的前提下，促进公有制经济发展，也可以使公有制经济和非公有制经济之间优势互扬，功能互补。在社会主义社会，公有制经济与非公有制经济不是截然对立的，而是一种相互促进、共同发展的关系。实行二者结合：一方面，可以起到优势互扬的作用。公有制经济的优势在于，能较好地接受和体现国家的政策意图，按照社会主义经济规律和主要原则（如按劳分配、物质利益原则等）从事生产经营活动，充分发挥社会主义制度的优越性，保证政治安定、社会稳定和国民经济稳定持续协调地发展。非公有制经济的优势在于，不要国家投资，不要国家原材料，不要国家包产品销售，自找市场，自立自强，对于发展社会生产、满足人民生活、扩大劳动就业和壮大地方经济，具有重要作用，是国民经济整体协调发展中不可缺少的部分。在实践中我们必须充分发挥它们各自的优势，并从整体上把两者的优势结合起来，使公有制经济与非公有制经济并行不悖，相得益彰地发展。另一方面，能使公有制与非公有制功能互补。解放和发展生产力，实现社会主义本质的出路在于实现公有制经济和非公有制经济的功能互补。随着生产力的发展，市场经济需要一种公有制经济与非公有制经济功能互补的所有制结构与之相适应。实践已经证明，市场经济的发展既有赖于一种个人利益的驱动机制，也有赖于一种社会公平和公共利益的实现机制。没有前者，市场经济难以繁荣和活跃，没有后者，市场经济便会陷入剧烈震荡的恶性循环之中。只有构建一种新的所有制结构，将两种机制有机地结合起来，才能推动市场经济在有序发展和基本稳定中走向活跃和繁荣。这种所有制结构就是以公有制经济为主体、多种所有制经济共同发展。只有实行这种新型的所有制结构，才能较好地实现公有制与非公有制经济的功能互补，有效地实现个人利益驱动机制和公共利益实现机制的内在结合。在社会主义市场经济条件下，生产资料公有制主体地位的性质决定了公有制经济具有五大功能：产业发展与结构优化中的主导、联动功能；国家经济实力与调控中的支撑、支配功能；企业技术设备武装与经济管理水平提高中的示范、先导功能；整个国民经济发展中的定向、主力功能；政治社会稳定的主要物质保证功能。而非公有制经济，有与国有骨干企业成龙配套的功能；在创造物质产品中有拾遗补漏、穿缝插针的功能；对满足人民日常生活需要、繁荣城乡市场有灵活补充、弹性调节的功能；对支持经济增长有日益重要的生产力功能。要把不同所有制经济的功能都充分协调和发挥起来，使其形成整体效应，促进社会生产力的发展，必须在坚持公有制经济主体地位的同时，适当地发展其他所有制经济。

由此可见，在坚持公有制经济为主体的前提下，发展其他所有制经济，实现公有制与非公有制的功能互补，既可以充分发挥公有制经济的优势，又可以发挥非公有制经济在利益驱动等方面的优势，同时限制其负面效应。这是解放和发展生产力，实现社会主义本质的必然选择。正如党的十六大报告所指出，"坚持公有制为主体，促进非公有制经济的发展，统一于社会主义现代化建设的进程中，不能把两者对立起来。各种所有制经济完全可以在市场竞争中发挥各自的优势，相互促进，共同发展"。① 所以，在社会主义市场经济条件下，我国所有制结构的变革与完善，既不能否定公有制的主体地位，搞离开社会主义道路的私有化，也不能回到过去那样单一公有制上去，只有坚持公有制为主体、多种所有制经济共同发展，才能实现社会公平与市场效率的统一。

---

① 江泽民：《全面建设小康社会　开创中国特色社会主义事业新局面》，《十六大报告辅导读本》，人民出版社 2001 年版。

第二节　公有制经济的主体地位与实现形式

公有制是社会主义的本质特征和根本标志，它不仅是社会主义市场经济的制度基础，而且还决定着社会主义市场经济的发展方向，也是社会主义市场经济下实现公平正义、共同富裕的必要条件。要坚持公有制经济的主体地位，必须全面认识公有制经济的涵义，弄清公有制与公有制实现形式的相互关系。

一、全面认识公有制经济的涵义

如何认识和把握公有制经济的涵义及地位，近年来我国经济理论界提出了许多具有挑战性的观点。有的学者提出公有制不是社会主义所特有的，在社会主义以前的各个社会形态里都有。有的学者认为股份制应属于社会所有制，完全是公有制的一种形式。公有制不是社会主义经济制度的基本经济特征，适应社会主义所有制基本性质的是社会所有制。有的学者甚至认为公有制在西方国家不仅越来越多，而且公有制还救了资本主义。最近几年，有的学者还提出了"新公有制"、"社会主义公有制新形式"等观点。这些观点应该说都是从我国改革开放的实践中提出来的，一方面对于活跃学术氛围、启迪人们的思想具有重要意义；另一方面也确实给人们提出了一个对公有制经济的涵义及其地位的正确把握和全面认识的问题。

按照马克思主义的基本观点，所有制的性质是由财产所有者主体的身份特征决定的，主体身份的差别是区别所有制性质的基本依据。如果财产主体是个人或以个人为基础的联合（不管这种联合采取什么形式，只要是财产主体没有改变），则是私有制。如果财产主体不是个人，而是集体、集群、国家或其他合法社会组织、团体等，则可视为公有制。社会主义公有制是由劳动者共同占有财产的一种所有制形式。公有制按其本义是与劳动者或大或小的共同体（联合体）相联系的，因占份额的不同而区别公有制的不同程度。社会主义公有制作为社会主义所有制结构中的一种主体存在形式，其本质特征是：它的主体是劳动者集体，或是代表劳动者利益的合法的组织机构、社会团体或是国家；它是社会主义经济制度的主体，或者说是社会主义经济制度的基础；在它的关系体系中排除了特权和剥削；其运营的目的是满足人们的物质和文化生活的需要；它的营运方式具有市场与计划相结合的特征。

在社会主义初级阶段多种所有制经济并存的所有制结构中，必须坚持公有制的主体地位。邓小平同志多次强调这一点，把它作为必须坚持的根本原则。在调整和完善所有制结构中必须毫不动摇地坚持公有制的主体地位，要坚持这一根本原则，必须全面认识公有制经济的涵义。长期以来，对公有制的理解仅局限于全民所有制或国家所有制和集体所有制两种形式上，这种理解是同改革开放以前我国过于单一的所有制结构相联系的。对于公有制经济的涵义，党的十五大报告和十六大报告以及十六届三中全会通过的《中共中央关于完善社会主义市场经济体制若干问题的决定》已作了全面明确的阐述。具体地讲主要包括以下几个方面：首先，公有制经济不仅包括国有经济和集体经济，还包括混合所有制经济中的国有成分和集体成分。其次，公有制的主体地位是就全国总体而言的，并不排斥某些地区、某些行业的差别，因为中国幅员辽阔，不同区域情况大不相同，因此所有制构成在不同地域应有差别，对待不同行业也是如此。再次，公有制的主体地位，在量的方面，主要体现公有资产在全社会总资产中占优势。公有资产占优势，首先要有量的优势。没有公有资产的优势地位就不可能有公有资产的主体地位。但是，强调量的优势，并不是在每个地区、每个行业都要占绝对多数。与此同时，公有资产在量的方面占优势，还要体现在有效率的公有资产数量上。公有资产在社会总资产中具体占多大比例为宜呢？主要看三个方面：一是要看是否有利于社会生产力的发展、综合国力的增强和人民生活水平的不断提高；二是取决于公有资产本身活力的大小；三是公有资产在社会总资产中的比例应随生产力的发展而逐渐地增加。在质的方面，主要体现在国有经济的控制力和主导作用方面。具体地讲，从整个社会角度看，公有经济只要掌握国民经济命脉，对国民经济具有控制力，就等于控制了整个国民经济。从企业或公司的角度看，公有制的主体地位主要体现在国家和集体是否掌握了控股权，只要公有股在其股权结构中占多数，也就等于掌握了公司的支配权。最后，我国处于社会主义初级阶段，讲公有制是主体，包括两方面的含义：一是在整个国民经济中所处的地位和作用必须是主体；二是从整个社会所涵盖的范围来看，只能是主体，不能且不应是国民经济的全部，还要允许和鼓励非公有制经济健康发展。不能把公有制与非公有制截然对立起来，公有制经济与非公有制经济可以统一于社会主义国民经济之中。总之，对公有制和公有制为主体的含义，需要从更为广泛的意义上、切合社会主义市场经济发展的实际情况加以全面认识和理解。

二、公有制实现形式的多样化

江泽民同志在党的十五大报告中指出："公有制实现形式可以而且应当多样

化，一切反映社会化生产规律的经营方式和组织形式都可以大胆使用。要努力寻找能够极大促进生产力发展的公有制实现形式。"①党的十六届三中全会通过的《中共中央关于完善社会主义市场经济体制若干问题的决定》提出，要"坚持公有制的主体地位，发挥国有经济的主导作用。积极推行公有制的多种有效实现形式"，并且强调，要使"股份制成为公有制的主要实现形式"。这些论述既明确阐述了社会主义公有制经济所涵盖的内容，也把公有制和公有制的实现形式区别开来。这不仅有利于人们进一步加深对公有制的全面理解，纠正以往把国有和集体以外的所有制经济一概看作非公有制的片面认识，推动人们对新的公有制实现形式的探索。在坚持公有制性质不变的前提下，公有制的实现形式之所以能够而且应当多样化，是因为：

第一，从所有制与所有制实现的关系看，一种所有制可以有多种实现形式。所有制与所有制的实现形式是两个既相联系又有区别的概念。所有制是对生产资料所有、占有、使用、处置并获得收益等一系列经济权利和经济利益关系的总和。其核心是财产的归属问题。所有制的实现形式是指在一定的所有制前提下财产的组织形式和经营方式，其核心是财产的营运效率及对剩余产品的索取问题。公有制的实现形式，可以采取国家所有，国家直接占有、支配、使用、收益的国有国营形式；也可以采取国家参股、控股的股份制形式；还可以采取国家所有，托管经营、承包经营、租赁经营等其他的实现形式。但无论采取哪一种形式，其公有制经济的性质均未发生变化。也就是说，变革公有制的实现形式，不是要改变生产资料公有制的性质，不是要对生产资料归谁所有进行重新划分，而是为了更好地解决生产资料如何经营使用、如何组合配置、如何划分收益的问题，目的是要取得最好的效益，进一步促进生产力的发展。

一般地说，所有制性质具有相对的稳定性，所有制实现形式则具有更大的可变性和灵活性。同一性质的所有制，在生产力发展的不同阶段、不同国家、不同地区以及不同的行业和企业，可以有不同的实现形式。所以，在不改变公有制性质的前提下，公有制可以采取多种有效实现形式，以促进自身发展和壮大。

第二，推行公有制实现形式的多样化，能消除传统经济体制下公有制的弊端，促进生产力发展。历史经验告诉我们，在我国社会主义初级阶段，社会生产力总水平低而且发展不平衡，同时由于社会生产力水平的多层次和所有制结构的多样性，公有制实现形式的单一化、简单化的路子行不通，可以而且应当多样

---

① 江泽民：《高举邓小平理论伟大旗帜，把建设有中国特色社会主义事业全面推向二十一世纪》（单行本），人民出版社2002年版，第23~24页。

化，一切反映社会化大生产规律的组织形式和经营方式都可以大胆利用。只有通过推行公有制的多种实现形式，才能实现责、权、利相结合，形成有效的激励机制，调动企业经营管理者和职工的积极性、创造性，使公有资本发挥更大的作用，引导和促进社会生产力发展。

第三，实行社会主义市场经济，要求推行公有制多种有效实现形式。企业作为独立的市场主体参与竞争，是社会主义市场经济运行的必要前提。我国是社会主义国家，不能通过搞私有化培育市场主体。发展市场经济广泛推行公有制的多种有效实现形式，大力发展混合所有制经济，实现投资主体多元化和利益多元化，使国有企业成为自主经营、自负盈亏的市场主体，才能顺应市场经济规律，形成企业优胜劣汰、管理者能上能下、人员能进能出、收入能增能减、技术不断创新、国有资产保值增值等机制，使公有制企业充满活力，在竞争中不断发展壮大。党的十五大提出通过推行公有制的多种有效实现形式，实现公有制经济与市场经济的有效结合，是中国共产党在理论上和实践上的一个伟大创举。这不仅对公有制经济的改革和发展具有重要的指导意义，也是对社会主义市场经济理论的重大贡献。

三、社会主义公有制的主要实现形式

在我国社会主义市场经济条件下，公有制的实现形式具有多样性，主要有以下几种：

1. 国家所有制

社会主义国家所有制，也称全民所有制、国有制经济，是生产资料归社会全体人民共同所有的财产公有制形式。它由国家代理全体公民行使这一部分资产和自然资源的支配权和收益权。全民所有制的财产或国有资产有四种形态：一是企业形态。企业形态的国有资产就是国有企业，包括全资的国有企业和国有控股、参股企业中的国有股份。这一部分资产因其营利性也被称作经营性国有资产。截至 2010 年底，我国 122 家央企资产总额达到 24.3 万亿元，净资产 9.5 万亿元。由此可以看到，国有企业只是国有资产的一部分，不过是其中比较重要的一部分。二是公共产品形态。公共产品形态的国有资产是指国家和社会拥有的基础设施、公用事业、环境卫生、文化教育等资产。我国统计中的非经营性国有资产指的主要就是这一部分。截至 2002 年底，我国非经营性国有资产总量为 4.14 万亿元，占全部国有资产总量的 35%。从目前来看，公共产品形态的国有资产发展势头较快，而且存在很大的发展空间和发展潜力，是国有资产拓展的一个重要方向。三是货币形态。货币形态的国有资产是指以现金或投资基金的形式存在的国

有资产，包括社会保障基金、教育基金等。以往对于这种形态的国有资产缺乏关注，因此也没有具体的统计数字。但很显然，这种形态的国有资产对于维护社会稳定和持续发展具有极其重要的意义。四是资源形态。资源形态的国有资产是指国家拥有的土地、森林、矿藏、河流、草原等资源。在我国，自然资源都归国家所有，自然也就是国有资产。但对其具体数量缺乏相应统计。这一形态的国有资产具有双重特性，一方面它是一种国家可以处置的资产，另一方面这种处置对于生态、环境等又存在较大的影响，因此需要科学规划和统筹安排。

在公有制和其他所有制经济中，国有经济处于主导地位，发挥主导作用。这种主导作用主要体现在国有制经济的控制力方面。国有经济发挥控制力具体体现在三个方面：一是在企业形式方面，国有独资和股份制企业两种形式并用，但以股份制为主。二是在控制力的内容方面，包括控制国民经济命脉，发挥支撑、引导、带动、调制作用。三是在体现控制力的重点方面，要有必要的数量和比重，但更重要的是要有更高的质量（资产质量和布局合理）。需要由国家控制的主要是四大行业和领域：一是涉及国家安全的行业；二是自然垄断的行业；三是提供重要公共产品和服务的行业；四是支柱产业和高新技术中的重要骨干企业。需要指出的是，国有经济发挥控制力，不是控制其他经济成分越多越好，不能将其简单地归结为"四两拨千斤"，所谓控制力，从经济方面讲主要是控制重要的稀缺资源的能力、控制宏观经济运行的能力、控制经济制度发展方向的能力；国有经济发挥控制的领域，必须同时是能够发挥比较优势的领域，一定要与国有经济在市场经济中的职能定位相统一，不能把市场经济中的控制力和计划经济中的控制力等同起来。

2. 集体所有制

社会主义集体所有制是生产资料归一部分劳动者共同所有的公有制形式。作为公有制的一种形式，集体所有制具有与国有制相同的特点，如生产资料或资产属于其成员共同所有，同一共同体内部成员权利平等作为一个整体而不是作为个人而成为所有者。但也有不同的特点：一是公有制范围较小；二是人们对生产资料的平等权利体现在同一集体内部，不同集体之间人们的权利存在重大差异。

我国的集体所有制经济是社会主义公有制经济的一个重要组成部分，在整体国民经济中处于重要地位。它与社会主义全民所有制经济一起构成了我国社会主义经济制度的基础，并在促进工农业生产的发展、扩大商品流通、活跃城乡市场、发展对外贸易、满足人民生活需要、扩大劳动就业以及为社会主义建设积累资金等方面起着重要的作用。

我国的集体所有制经济包括农村的集体所有制经济和城镇的集体所有制经

济。农村的集体所有制经济是我国现阶段农村中的主要经济形式。农业是国民经济的基础，工农联盟是我国人民民主专政的基础，因此，发展农村集体经济有着十分重大的意义。目前我国农村集体所有制经济的形式，主要是乡、村集体所有制经济。乡集体所有制经济主要从事工业、交通运输业、建筑业、商业、服务业等经济活动。村集体所有制经济主要从事种植业、养殖业和其他各种副业生产。乡镇企业是农村集体所有制经济的一支重要力量。它将农村剩余劳动力从土地上转移出来，为农村致富和逐步实现现代化，为促进工业和整个经济的改革和发展，开辟了一条新路。

我国城镇的集体所有制经济遍布于城镇的各个角落，它包括手工业、工业、建筑业、运输业、商业和服务业等许多行业。它具有小型多样、点多面广、经营方式灵活、适应性强、方便群众、投资少、收效快、容纳劳动力较多等优点，在整个国民经济中占有相当重要的地位，具有广阔的发展前途，对国民经济的发展起着重要的作用。它投资少、见效快，可为国家积累建设资金，还能通过外贸出口为国家换取外汇；它能合理利用人、财、物和技术力量，为大厂协作配套，还能修旧利废，大搞综合利用，增加社会财富，加快现代化建设；它生产各种日用工业品，满足人民群众多方面的需要；它能广开就业门路，是解决城镇就业问题的重要途径；它同时也是发展城镇，缩小城乡差别的重要力量。

在集体所有制经济中，同样存在着所有权和经营权统一或者分离的问题。在集体所有制经济中，生产资料的所有权属于一个集体经济内部的全体劳动者，至于生产资料的经营权，则可以根据生产力状况与生产发展的需要，在集体经济的整体、局部和个人之间实行不同程度的分离。这种所有权和经营权之间不同程度的分离，体现为各种不同的经营方式。如农村集体经济中的家庭承包经营责任制、股份合作制，城镇集体经济中的承包经营责任制、租赁经营责任制等多种形式的经营责任制等。

3. 混合所有制中的国有成分和集体成分

混合所有制经济，是指企业资本由不同所有制的资本组成的经济形式，或是由各种所有制经济按照一定的方式实行联合生产或经营而形成的所有制形式。董辅礽教授形象地把它称为"八宝饭"式的经济，他说："社会主义经济好像一盆八宝饭，八宝饭是以糯米饭为主要成分的，但糯米饭本身不是八宝饭。同样，豆沙、红枣、莲子等食品，一样一样地单独地说，各自也都不是八宝饭。……只有把糯米饭、豆沙、红枣、莲子等等组合起来，并以糯米饭为主要成分才是八宝饭。"① 混合所有制的主要形式有：股份制，股份合作制，跨所有制组成的经济联合体和企业集团、中外合资企业和中外合营企业等。这些混合所有制企业中的国有成分和集体成分，其资本的所有权和收益权都归国家和集体所有，因而属于公有制经济。

在混合所有制的形式中，十六届三中全会通过的《中共中央关于完善社会主义市场经济体制若干问题的决定》中提出，要"大力发展国有资本、集体资本和非公有资本等参股的混合所有制经济，实现投资主体多元化，使股份制成为公有制的主要形式"。改革的实践证明，股份制是一种最有效的资本组织形式，最适合社会化大生产和市场经济的需要。以股份制作为公有制的主要实现形式，能促进经济体制改革、盘活国有资产、进行产业和产品结构调整、提高经济效率，有利于国民经济的发展。

4. 合作制

合作制是劳动者在自愿基础上按照劳动合作原则组织起来的一种经济形式。合作制经济内部职工享有平等权利，实行民主管理，有公共积累，并实行或多或少的按劳分配。纯粹的劳动合作经济形式较少见，合作经济通常都带有资金合作的因素，并存在按股分红的分配形式。只要企业存在按劳动者人头而不只是按资本量大小来实行民主管理就可以被视为合作经济。

合作制经济与集体所有制经济的区别在于：合作制经济是市场经济的产物，而集体所有制经济是计划经济的产物；合作制经济是按自愿原则组织起来的，而集体所有制经济的产生通常带有某种强制因素；合作制经济的资产可以由协议量化到个人，而集体所有制经济不允许把资产量化到个人。

合作制经济的规模通常比较小，其合作领域非常广泛，如生产领域的生产合作社、消费领域的消费合作社、金融领域的信用合作社等。

5. 社会基金所有制

社会基金所有制是在我国社会保障制度改革和建设中形成的一种新型的公有制经济形式。随着我国社会化的养老保险、医疗保险、失业保险制度和住房公积金制度的形成，社会保障基金的种类将越来越多，数量也将越来越大，为这种新的经济形式产生和发展创造了条件。虽然这些基金有各自的最终用途，但因为这些基金采取先存后支、全社会调节使用的办法，在其运行过程中会形成很大一笔可用于经营投资的资金；同时，为了保证基金的增值保值，也需要将沉淀下来的资金用于投资经营活动。这些基金虽然来自个人、企业和国家，但当它形成专门

---

① 董辅礽：《经济体制改革研究》（上卷），经济科学出版社 1994 年版，第 343~344、415~416 页。

用途的基金后，它们就不再属于国家，也不属于集体，更不属于个人，而属于全社会，因而是一种全新的社会所有制经济形式。

第三节　社会主义社会中的非公有制经济

非公有制经济不仅是社会主义初级阶段基本经济制度的基本内容之一，而且也是社会主义市场经济的重要组成部分。因此，在对社会主义市场经济下的公有制经济作了分析之后，还必须对社会主义社会中的非公有制经济进行分析。

一、中国现阶段非公有制经济的主要形式

什么叫非公有制经济？应该说，目前在我国对它的经济范围的界定在学术界的理解和表述很不一致，归纳起来主要有以下几种观点：一是认为除了国有经济和集体经济以外的经济成分都称为非公有制经济。持这种观点的学者认为，非公有制经济严格说来是指私营经济、个体工商业经济、港澳台同胞投资独资经济和外商投资独资经济等经济的总称。[①] 二是认为个体经济和私营经济是非公有经济，这种观点在我国改革开放初期比较盛行。随着我国社会经济的发展，这种理解过于狭隘，与我国现实不相吻合。三是认为非公有制经济是相对公有制经济而言的，即"非公即私"，主张用私有经济概念来替代非公有制经济概念。[②] 四是提倡用民营经济概念来代替非公有制经济概念。他们主张用民营经济代替非公有制经济，可以淡化所有制形式，回避"公有"还是"私有"这类问题的争议。这种观点试图跳出传统的所有制框架，克服以所有制作为划分标准的弊端。但是，社会和经济发展的实践证明，民营经济与非公有制经济是两个完全不同的概念。民营经济是中国独有的一种经济形态和经济概念，对于"民营"一词最早可以追溯到1931 年王春圃的《经济救国论》。他把由民间经营的企业称为"民营"，所以仅从字面上看，"民营经济"是与国有经济相对应的一个概念，实质是非国有经济。民营经济意义的界定是以经营形式，而不是以所有制类型为其标准的。也就是说，"民营"只是讲的经营形式，即由哪类主体经营、是采取直接经营还是间接经营等方式，并非讲所有制形式。就是国有经济、集体经济也可以采取国有民

① 王克忠：《中国非公有制经济的现状及其发展战略》，《社会科学》1999 年第 4 期。
② 晓亮：《非公有制经济与市场经济》，《财经科学》1999 年第 2 期。

营、集体民营的经营形式，而非公有制经济是相对于公有制经济而言的。因此，绝不能把非公有制经济和民营经济混为一谈。依据党的一系列文献精神和我国宪法的规定，结合我国社会经济生活的实际，笔者比较赞同一些学者的观点，主张从经济活动单位的财产所有权意义上来定义非公有制经济的概念。

非公有制经济是相对于公有制经济而言的，即所有制主体是国家和集体以外的个人或组织。也就是说，它的产权在法律上归属个人，其产权运行的决策权属于一人或多人推出的代表，其资产收益的分配则由产权主体按照资产份额进行分配，其员工与产权主体之间的关系是契约基础上的交易关系。在我国现阶段，个体经济、私营经济、港澳台投资经济、外商投资经济以及以股份制为基础的混合所有制经济中的非国有和集体成分等都属于非公有制经济，它是社会主义市场经济的重要组成部分。

1. 个体经济

个体经济是生产资料归劳动者个人所有的小私有经济，是生产资料由所有者及其家庭成员支配和使用的经济形式。个体经营者既是生产资料所有者又是劳动者。我国现阶段的个体经济不仅包括传统的个体手工业、个体工业、个体运输业、个体商业、个体修理业，而且随着科学技术进步和市场化进程，还出现了大量新型的个体经济，如为生产、科研、技术提供设计、咨询、中介服务的个体经营者。

个体经济具有产权关系简单、明晰，经营机制灵活等特点。它在扩大就业、填补社会化大生产形成的产业空隙、满足社会需求多样性、活跃市场、方便人民生活和提高人民质量等方面，具有不可替代的重要作用。

2. 私营经济

私营经济是以生产资料私有制为基础并存在雇佣劳动关系的一种经济形式。私营经济与个体经济既有联系又有区别，生产资料私有制是二者的共同之处，是否存在雇佣剥削关系则是二者的区别。按照我国目前的规定，凡雇工8人（含家庭成员）以下的小私有经济为个体经济，雇工8人以上的私有经济为私营经济。

私营经济资本量和生产经营规模比个体经济大，对国民经济除了有扩大就业、满足社会需求多样性等与个体经济类似的作用外，还具有促进资本积累、推动技术进步、增强经济竞争力等方面的积极作用。

3. 外资经济

外资经济是指在我国开办的中外合资、合作经营所形成的混合所有制企业和外商独资企业，简称"三资企业"。在这类企业中，国有和集体所有的部分属于公有制经济成分。即使是外商独资企业，也要受到我国法律和经济政策的制约和影响。发展"三资企业"，适应现阶段生产力发展状况和社会主义现代化建设的客观需要，对于弥补我国建设资金不足，引进国外先进技术和设备，学习国外科学的管理经验、培训技术和管理人才、扩大出口、增加外汇收入以及安排劳动就业和改善人民生活等方面，都有着积极的作用。

此外，混合所有制经济中的个人、私有、外资成分也都属于非公有制经济的范畴。

如同公有制经济一样，非公有制经济的实现形式也不是一成不变的，其产权组织形式和经营方式也会随着生产力的发展、社会化程度的不断提高呈现多元化和多样性。

二、鼓励、支持和引导非公有制经济发展

毫不动摇地巩固和发展公有制经济，毫不动摇地鼓励、支持和引导非公有制经济发展，使两者在社会主义现代化建设中发挥各自优势，相互促进，共同发展，是社会主义初级阶段需要长期坚持的基本方针，是完善社会主义市场经济体制，建设中国特色社会主义的必然要求。

改革开放以来，特别是进入21世纪以来，党和政府推出了一系列促进非公有制经济发展的法律法规和政策措施。党的十七大提出："平等保护物权，形成各种所有制经济平等竞争、相互促进新格局。"《中华人民共和国物权法》、《中华人民共和国企业所得税法》、《中华人民共和国反垄断法》、《中华人民共和国劳动合同法》等相继颁布实施。国务院先后发布关于鼓励、支持和引导个体私营等非公有制经济发展的意见及其实施细则和关于促进中小企业发展的若干意见、关于鼓励和引导民间投资健康发展的若干意见。

我国非公有制经济发展迅速。2005年底至2010年6月，全国登记注册的私营企业从430万家发展到789.4万家，占全国实有企业数的72.4%；注册资本由6.1万亿元增长到16.5万亿元。个体工商户由2463.9万户发展到3328.4万户，注册资金由5809.5亿元增长到1.2万亿元。规模以上民营企业前500家户均营业收入总额从2005年的41.6亿元发展到2009年的94.7亿元。民营上市公司由2005年的402家增加到2009年的972家，占上市公司比重由30%提高到近40%。目前，个体、私营企业提供的就业人员占全部新增就业的90%。我国现有民营科技企业15万家，国内发明专利的65%和新产品开发的80%均来自中小企业。2005~2009年，私营企业进出口总额以高于全国增长率19%以上的速度增长，民营企业在"走出去"方面也显示了较强的国际竞争力。实践证明，个体私营等非公有制经济是最富有活力和朝气的市场主体，民间投资是经济增长内生动

力的重要来源。大力发展非公有制经济，有利于繁荣城乡经济、增加财政收入，有利于扩大社会就业、改善人民生活，有利于优化经济结构、促进经济协调发展，对于完善社会主义市场经济体制、全面建设小康社会和加快社会主义现代化进程具有重大战略意义。

当前，我国个体、私营等非公有制经济发展，仍然存在一些体制性障碍，面临一些困难和问题，主要是部分地方、部门观念转变滞后，相关法律法规不完善；市场准入方面还存在一些不适当的限制，企业融资渠道窄；社会服务体系不健全，政府监管和服务不到位；部分企业行为不规范，自身素质有待提高。为了切实解决非公有制经济发展面临的以上困难和问题，我们必须认真贯彻落实党的十七大和十七届五中全会精神，继续坚持和完善基本经济制度，毫不动摇地鼓励、支持、引导非公有制经济发展。要全面落实促进非公有制经济、中小企业和民间投资发展的各项政策措施，大力消除制约非公有制经济发展的制度性障碍；鼓励和引导民间资本进入法律法规未明确禁止准入的行业和领域，特别是在一般竞争性领域和适合市场化运作的公共服务领域，要为民间资本进入创造更大的空间；建立公平市场准入制度，切实做到市场准入标准和优惠扶持政策公开透明，不得对民间资本单独设置附加条件；鼓励和引导非公有制企业通过参股、控股、资产收购等多种方式，参与国有企业重组；健全促进非公有制经济发展的政策法规体系，完善金融服务和财税支持政策，着力解决好小微型企业融资难问题，为非公有制经济发展创造良好环境。

思考题：

1. 发展社会主义市场经济，为什么必须实行公有制为主体、多种所有制经济共同发展的所有制结构？

2. 如何理解公有制的主体地位？

3. 如何认识国有经济的主导作用？

4. 公有制实现形式多样化的客观必然性是什么？

5. 为什么说非公有制经济是我国社会主义市场经济的重要组成部分？

第四章 社会主义市场经济下的企业

市场经济的运行离不开市场主体，企业是国民经济的细胞，是重要的市场主体，以公有制为基础的现代企业制度，是社会主义市场经济的微观基础。党的十六大报告指出："国有企业是我国国民经济的支柱。要深化国有企业改革，进一步探索公有制特别是国有制的多种有效实现形式，大力推进企业的体制、技术和管理创新。"党的十六届三中全会通过的《中共中央关于完善社会主义市场经济体制若干问题的决定》进一步明确提出：要"进一步增强公有制经济活力，大力发展国有资本、集体资本和非公有资本等参股的混合所有制经济，实现投资主体多元化，使股份制成为公有制的主要实现形式"[1]。胡锦涛总书记在党的十七大报告中提出：要"深化国有企业公司制股份制改革，健全现代企业制度"[2]。本章主要阐述社会主义市场经济条件下企业的特点、类型和作用，分析了企业经营目标和经营机制，现代企业制度的内容及主要形式；探讨了国有企业改革的历史进程与建立现代企业制度的必要性及其实现的途径和主要措施。

第一节 企业是重要的市场经济主体

市场主体及其经济行为，决定着市场经济的有效运行。社会主义市场经济运行的主体包括企业、农户、居民、政府等，但企业是最重要的市场主体，它既是参与市场经济活动的生产者，又是经营者和消费者。因此，本节侧重分析企业的性质、特征、类型和作用，并对企业经营目标和经营机制进行了阐述。

---

[1] 《中共中央关于完善社会主义市场经济体制若干问题的决定》，人民出版社 2003 年版，第 14 页。

[2] 胡锦涛：《高举中国特色社会主义伟大旗帜 为夺取全面建设小康社会新胜利而奋斗——在中国共产党第十七次全国代表大会上的报告》，人民出版社 2007 年版。

一、企业的涵义及其性质

人类社会的经济活动，总是在一定的组织下进行的。这种经济组织形式是由一定的生产力发展水平决定的，并体现着特定的社会生产关系。在人类社会历史上，曾经出现过原始部落群体、家庭、手工业作坊等基本的经济组织形式。企业则是与近代以来市场经济发展阶段相适应的经济组织形式。要了解市场配置资源的机理和市场经济运行的过程，我们的分析必须从企业开始。

1. 企业形成的原因

什么是企业？从现代企业一般特征看，企业是由生产要素、权利要素和文化要素集结而成的，从事生产、流通和经营性服务，为满足社会需要并获取盈利，进行自主经营、自负盈亏的最基本的经济单位。

企业不是从来就有的，它是社会生产力和商品经济发展到一定阶段的产物。关于企业产生的原因，马克思主义经济理论和西方经济理论都进行过论证。

早在19世纪60年代，马克思在《资本论》中已经对企业的产生进行了开拓性研究。按照马克思的观点，企业的形成与产生和社会生产方式及其发展存在着密切的联系，它的出现，是社会生产力和分工发展的必然结果。

马克思认为，企业的起源和发展本质上是与资本主义的起源和发展相一致的。"资本主义生产实际上是在同一个资本家同时雇用较多的工人，因而劳动过程扩大了自己的规模并提供了较大量的产品的时候才开始的。较多的工人在同一时间、同一空间（或者说同一劳动场所），为了生产同种商品，在同一资本家的指挥下工作，这在历史上和逻辑上都是资本主义生产的起点。"[①] 由于商品生产产生的条件之一是社会分工，因此，马克思从生产力的角度对分工进行了剖析，以分工的发展得出企业的产生。

马克思认为，分工存在两种类型，即社会分工和工场手工业内部的分工，当社会分工达到一定的发展程度，商品生产和商品流通达到一定的规模时，工场内部的分工也就随之产生，因为它"与独立的手工业比较，在较短时间内能生产出较多的东西，或者说，劳动生产力提高了"[②]。由于工场内部的分工能够提高生产力，而在提高生产力归资本所有的前提下，资本家就趋向于组织企业、办企业，导致企业的产生。

当然，企业的形成不是一下子完成的，它经历了一个漫长的发展过程。在马

---

① 马克思：《资本论》第一卷，人民出版社1972年版，第376页。
② 马克思：《资本论》第一卷，人民出版社1972年版，第358页。

克思看来，企业是社会生产力发展的产物，是分工发展到一定阶段的结果。企业的形成经历了简单协作、工场手工业和机器大工业三个阶段。当工厂制度普遍确立，企业也就最终形成了。

在西方经济理论中，研究企业起源影响最大的要数1991年诺贝尔经济学奖获得者科斯。科斯1937年《企业的性质》一文的发表，回答了企业为什么产生的原因。传统企业理论把市场价格调节机制当作唯一的资源配置方式，把企业排斥在市场运作过程之外。既然如此，为什么生产要素所有者不是唯一地通过市场机制直接进行交换，而要以企业的形式组织起来呢？科斯对此提出了疑问。科斯用交易费用的概念解释了这个问题，他发现"利用价格机制是有成本的"[1]，市场交易中的价格并不是完全竞争理论所假定的那样，是既定的并为所有当事人所掌握，相反，价格是不确定的、未知的，将未知转化为已知是要付出代价的。同时，市场交易经常发生纠纷、冲突，需要谈判、履约，甚至诉诸法律，所有这一切都要花费一定的交易成本。从这个意义上讲，"企业的显著特征就是作为价格机制的替代物"[2]。为了证实企业的这种性质，科斯还推测了由单个交易发展到企业组织的过渡形式，这一过渡形式就是市场契约。起初是短期契约，后来交易双方倾向于签订长期契约来代替一系列短期契约，以便节省交易费用。因此，"通过形成一个组织，并允许某个权威来支配资源，就能节约某些市场运行成本"，[3]倘若没有企业这一制度，要素所有者独立生产产品并直接参与市场交易，那么交易者数目将非常之大，交易摩擦剧烈，交易成本奇高。企业的出现，正是在于把若干要素所有者组织成了一个单位参加市场交换，从而减少了交易数量，减轻了交易摩擦，降低了交易成本。科斯正是从交易费用这一角度来解释企业的产生，这是新制度经济学的企业起源解说。

2. 企业的本质特征

从本质上说，企业是一个具有两重属性的经济组织：既是一定生产力的组织者，又是一定生产关系的直接体现者。从生产力角度看，马克思在《资本论》中，一方面认为企业是独立的商品生产者，另一方面认为企业是提高劳动生产力的劳动组织。从生产关系的角度看，企业是生产关系的直接体现者。企业在组织生产力从事商品生产的过程中，也体现着人们的不同利益关系，比如，生产资料的所有者、企业经营者、劳动者在生产过程中处于何种地位，产品按什么原则进行分配等。

---

① ［美］科斯：《企业、市场与法律》，盛洪、陈郁译，格致出版社、上海三联书店、上海人民出版社2009年版，第5页。

②③［美］科斯：《企业、市场与法律》，盛洪、陈郁译，格致出版社、上海三联书店、上海人民出版社2009年版，第4页。

作为生产力的组织形式是企业的共性，作为社会经济关系的表现形式则反映企业的特性。从企业的共性来看，所有的企业都是生产的具体组织者，通过生产经营活动而为社会提供产品和劳务，以满足社会存在和发展的需要。我国社会各类企业都具有这种共同性。从企业的特性来看，由于生产资料所有制的性质不同，企业的社会经济性质也就不同，不同的企业体现不同的经济关系。我国公有制企业是公有财产关系的表现形式，反映了社会主义生产关系。其他非公有制企业反映了各自的社会经济关系。社会关系和生产力在企业中得到具体结合，企业是社会生产关系和生产力结合的载体。

企业作为重要的市场经济主体，在市场经济的活动中表现出以下特点：一是企业是自主的商品生产者和经营者。企业在市场经济活动中自主决策，在商品生产中创造价值，在交换中实现价值。二是企业经济活动的目的是盈利。在为社会提供需要的同时，自身投入的价值得到增值，企业的经济活动不是为了自给自足。三是企业是独立核算的经济单位。在生产和经营活动中，企业进行独立的会计核算，以收抵支，自负盈亏。四是企业是一个多层次的生产组织，具有复杂的内部分工体系和管理制度。

二、企业的类型

企业的种类很多，根据不同分类标准，可以把它们划分为不同的种类。

1. 从社会分工的角度，根据企业所属的经济部门分类

企业可以分为农业企业、工业企业、商业企业、建筑企业、交通运输企业、金融企业、物资企业、邮电企业等。在各部门内部又可细分，如工业企业可细分为采矿企业、冶炼企业、机器制造企业、化工企业、纺织企业等。这些企业形成国民经济的重要部门，它们为国民经济计划与管理提供了基本依据。

2. 按规模分类

按规模大小划分，一般把企业分为三种类型：大型企业、中型企业和小型企业。企业规模一般指企业的生产能力、机器设备的数量或装机容量、固定资产原值和职工人数四个方面。划分企业规模的具体数值和内容，因科学技术水平和生产社会化程度的不断提高以及行业的不同而有所变化。一般是以生产要素和产品、产量集中程度为依据。我国按不同行业和部门，采取不同的标准来划分企业规模。对产品较单一的企业，以产品的生产能力作为划分的标准；对于产品品种繁多，难以按生产能力划分的，则以固定资产原值作为划分标准。

3. 按生产要素所占比重分类

企业可以划分为三种类型：一是劳动密集型企业。是指技术装备程度较低，

用人较多，产品成本中活劳动消耗所占比重较大的企业。二是资金密集型企业，也叫技术密集型企业。是指所需投资较多，技术装备程度较高，用人较少的企业。资金密集型企业同劳动密集型企业相比，一般劳动生产率较高，单位产品成本较低，竞争力较强。但这类企业需要大量的资金、先进的技术装备、大量的技术人才以及相应的配套服务设施，才能发挥其优势。三是知识密集型企业。是指综合运用先进科学技术成就的企业。这类企业拥有大量的科技人才，需要花费较多的科研时间和产品开发费用，能生产高、精、尖产品。如大型宇航企业、大规模集成电路企业等。

4. 按组织结构分类

依据组织结构划分，可以将企业分为四种类型：

（1）单厂企业。是指一个工厂就是一个企业，它一般由在生产技术上有密切联系的若干生产车间、工段、班组、服务单位和管理部门组成。这类企业实行统一经营、统一核算、统一对外联系事务。

（2）总厂。是指一个企业由若干个为其生产某种产品或提供某种服务的分厂组成，下属分厂接受总厂的统一指挥和协调。由若干分厂组成总厂，不仅便于专业化协作，而且便于授权和管理。这种形式比较适宜于规模较大的加工装备行业，例如，机械行业和电子行业。如规模较大的汽车厂，一般由发动机分厂、底盘分厂、冲压分厂、总装分厂等组成汽车总厂。总厂一般都实行统一经营、分级核算，并授予分厂某些处理和对外经营事务的权利。

（3）公司。是指按照一定的法律程序组建的，并以盈利为目的，具有法人资格的企业。公司一般具有三个特征：一是公司是法人，必须依法成立。二是公司是由两人（自然人或法人）以上，以一定形式出资联合而成的企业。资本来源的多渠道、投资主体的多元化、经营盈亏的分享性以及所有权与经营权的分离性是现代公司制度的明显特征。三是公司具有独立法人资格，它可以享有法律所赋予的所有权利、承担义务和责任。

公司如果再作进一步的细分，还可派生出许多类别。例如，按公司所属企业的生产、技术、经济联系分类，可把公司分为：专业公司，如电子工业公司、汽车工业公司等；联合公司，例如，包括炼铁、炼钢、轧钢等工厂组成的钢铁联合公司，以石油为原料生产各种油类和化工产品的石油化工联合公司；综合公司，是指依照经营多元化和一体化，以有利于提高经济效益而组成的公司，如农、工、商，技、工、贸，供、产、销一体化，或由同一个投资主体所经营的不同企业的集合。按公司所属企业地理分布的情况分类，还可以把公司分为地区性公司、跨地区性公司、全国性公司、跨国公司。

　　（4）企业集团。是指为了竞争的需要，在发展横向经济联合的基础上，以大型骨干企业或名牌产品生产企业为主体，自主组建的高级形式的联合体。集团公司是企业集团的核心，是整个集团的"神经中枢"。企业集团具有以下特点：一是企业集团是法人单位。其类型有二：一类是"一体型法人"，即对外实行统一经济核算、统负盈亏，集团内部各企业类似于总厂的车间，对外不是法人；另一类是"混合法人"，即在一个企业集团内部，有实行集中经营、统一核算的企业（一体型法人），有实行分类管理、分级核算的企业（二级法人）。二是在联合的紧密程度上，企业集团比一般企业群体更紧密、更集中，内部凝聚力较强。三是以资本联结纽带为主。企业集团成员企业间往往是以资本、资产、契约等为纽带把它们联结在一起的，其中资本纽带最重要，它是实现集团公司内部与集团成员企业联结的有效方式。四是企业集团的核心层应是实力雄厚、具备法人地位、具有投资中心功能的经济实体，而不是行政性的公司。它在资金、资产、管理、技术、产品及产量等方面具有较强的实力，能统一规划集团的投资活动。只有这样，核心企业才能在集团中真正发挥其主导作用。五是企业集团具有开放性，不受地区、部门、所有制的限制，它的发展有利于取得规模效益。

　　5. 按企业的所有制性质分类

　　从企业的所有制性质来划分，可以把企业分为公有制企业、私有制企业、混合所有制企业。在公有制企业中，又有全民所有制的国有企业和城乡集体所有制企业；私有制企业中，主要包括现阶段我国城乡普遍存在的各类个体企业、私营企业和外商独资企业等。混合所有制企业主要是指兼有公私投资主体而组建的企业，如股份制企业、股份合作制企业、中外合资企业、中外合营企业等。

　　在我国属于社会主义性质的企业，主要是全民所有制的国有企业和集体所有制企业，以及混合所有制企业中的国有成分和集体成分；它们都是社会主义市场经济的主体。而其他类型的企业都属于非公有制企业，但它们都是社会主义市场经济的重要组成部分。

三、企业是重要的市场主体

　　市场主体，是指在市场上从事商品生产和交易活动以及提供各种劳务活动的组织或个人。市场主体有广义和狭义之分。广义的市场主体，主要包括企业、消费者、政府、其他事业单位和社会组织等，即包括市场交易活动中的全部卖者和买者。狭义的市场主体，主要有三类，即企业，包括专门从事购销活动的流通企业，也包括向市场提供商品或服务、并从市场上获得各种要素投入的生产企业；个人（主要是城镇居民）和农户。其中企业是市场经济中最重要的微观经济主体，因此，本书的分析以企业作为重点。

在社会主义市场经济条件下，企业之所以是最重要的市场主体，这是因为：

第一，企业既是物质产品的生产经营者和劳务的提供者，又是各种生产要素的组织者和消费者。一方面，它能向市场提供出可供消费的商品或服务，并在投入与产出的转换中实现自身经济利益；另一方面，企业通过优化资源配置，消费各种生产要素，成为市场主要的需求者。而市场经济的运行就是在市场供求矛盾的运动中不断拓展的，因此，企业作为市场主体，它的发展如何，决定着市场的发展规模、发展速度和发展方向。

第二，企业是生产力的组织者和推动经济技术进步的主导力量。生产力的基本要素——生产资料和劳动力在生产中的结合，是通过企业来实现的。企业作为生产力诸要素的组织者，有效地将生产资料和劳动力结合起来，通过企业的生产经营活动，为社会提供大量的生产资料和先进设备，用于装备国民经济的各个部门，促进技术的进步和社会经济的发展。社会生产力的发展主要靠科学技术的进步，企业是科技的直接应用者，新的科学技术成果必须在企业的生产中具体运用，才能转化为现实的生产力，同时企业也是生产技术的革新者和创造者，这又促进了生产力的发展。正因如此，企业是推动生产力发展和技术进步的主导力量。

第三，企业是国民经济的细胞。它是劳动者和生产资料相结合从事生产的场所；是各种交换关系得以实现的转换器；是组织分配和集体消费的主体。在市场体系中，企业是市场的基本经济单元；在财政体系中，企业是财政收入的主要提供者和投资的主要承担者；在金融体系中，企业是资本和负债的主体。总之，企业作为一个经济细胞，在国民经济各个方面都体现出来。因此，企业的状况对于社会经济的发展有着极为重要的意义。企业这个细胞的生命力越旺盛，由它组成的有机体的生命力也就越旺盛、越强大。可见，国民经济发展速度和效益的提高，很大程度上取决于企业活力的发挥。

第四，企业是社会财富的主要创造者。社会需要的物质产品的数量、种类和质量，是由成千上万个企业的生产经营状况总和决定的。企业的生产规模和经营状况，不仅决定着现有社会产品能在多大程度上满足社会需要，而且决定着扩大再生产的规模和其他各项事业的发展。

企业要成为市场主体，必须适应市场经济要求，具备以下基本条件：

第一，企业要明晰产权关系。所谓产权关系明晰，就是指财产的所有、占有、支配、使用、收益权利必须明晰。因为在市场交易中，形式上看是物品的转让，而实质上是一种物权或产权的相互让渡，要使市场交易规范，参与市场交易的双方必须确定产权界限，明确产权归属关系，否则交易就无从进行，市场经济也不可能规范。

第二，企业必须自主经营、自负盈亏，是独立承担财产责任和民事责任的经济实体。在遵守国家法律的前提下，独立自主地进行生产经营活动；独立地进行核算，以收抵支，自负盈亏；具有独立的法人资格，企业的法人代表，受到法律的承认和保护，并依法行使法定的权利和义务等。

第三，企业之间、企业与其他交易者之间地位平等。企业一旦进入市场，不论规模大小，也不论"出身"（国有、集体、个体、私营等）如何，大家在法律面前一律平等，不承认一方对另一方拥有任何特权，都要遵循"公开、公正、公平"的原则，开展竞争。如果某种特权发展成为命令—服从关系，那么，市场经济体制也就不复存在。

第四，企业作为市场经济的主体，必须是市场上最经常、最大量的市场客体的需求者和供给者，也是资源配置者。否则，就不可能称其为市场的主体。企业要担当起市场主体的责任，必须要有自己的经营目标，并通过经营机制去实现其目标。

四、企业经营目标和经营机制

企业作为市场主体和经济利益单位，它要从事生产和经营必须追求经营目标，并通过一定经营机制去实现其目标。

1. 企业经营目标

企业经营目标，简单地讲，就是指企业内部各种利益主体，从事企业经营活动的基本价值取向。

在社会主义市场经济条件下，企业作为使用生产要素从事商品生产和劳务的基本经济单位，它的基本目标就是实现利润的最大化。所谓利润的最大化，是指在一定的技术和生产组织条件下，企业努力降低各种成本，力争各种要素投入量最低，而产出量最大化的行为过程。因此，要实现利润最大化，就要求企业在从事生产经营活动时以最少的投入尽可能得到更多的产出，能以高出生产产品所费成本的价格销售产品，从中获取收益与成本之间的差额，并力图使它最大化。在市场经济条件下，企业把利润最大化作为基本的经营目标有其客观必然性。这是因为：

第一，是由社会主义市场经济条件决定的。众所周知，竞争是商品经济的客观规律，优胜劣汰是其必然结果。社会主义市场经济仍然是商品经济，因此，竞争规律在社会主义企业中必然要发生作用。在这种竞争中，社会主义企业如果能获得平均利润或超额利润，就能在竞争中扩大自我积累以发展壮大自己；反之，如果在竞争中不能实现其最大化利润，而是长期处于微利甚至长期亏损，企业就会面临被无情的市场竞争规律所淘汰以至破产的困难境地。因此，社会主义企业为了在竞争中取胜，必须不断地改进生产技术，提高劳动生产率，以获取最大化利润来最终增强社会主义企业在激烈市场竞争中的实力，并使自己立于不败之地。

第二，是满足企业内部各种经济利益主体的需要。现代企业的利益主体涉及投资者、生产要素的提供者、经营管理者、各类从业员工等。投资者给企业注入资金，承担投资风险，要求获得尽可能丰厚的投资回报；经营管理者为企业发展作出贡献，要求获得与贡献相应的报酬；从业员工为企业运行贡献出劳动力，要求获得理想的工资；其他生产要素的提供者，要求获得相应的理想报酬。上述各种利益主体要求的实现，都要依赖企业的盈利状况。获利丰厚，不仅能够满足他们的当前利益，而且随着企业积累的不断增加，生产规模的扩大，他们的长远利益也能得到保障。反之，当前利益和长远利益都没有保障。

第三，追求利润也是企业在市场上竞争生存、发展壮大的需要。利润代表了企业各主体的长远利益。无论从国有企业，还是其他公有制企业来讲，没有盈利，企业不仅失去了扩大再生产的源泉，而且也失去了提高职工集体福利的物质保证。从私营企业来讲，如果没有盈利，私营企业主就失去了经营企业的动力，企业就不复存在，更谈不上扩大再生产，结果企业职工也因此失去了工作和就业的机会。

企业以利润最大化作为直接经营目标与社会主义生产目的，即整个社会的宏观目标具有一致性。社会主义生产目的，是最大限度地满足人们不断增长的物质与文化生活的需要。企业作为社会主义市场经济的主体，社会主义财富的创造者和实现者，必须把满足社会需要和追求企业自身利润最大化的经营目标结合起来。

一方面，企业只有面向市场，生产更多的满足社会需要的适销对路的产品，形成社会的有效供给，才能实现其利润的最大化经营目标；另一方面，企业通过追求利润最大化的经营目标而取得良好的经济效益，又为扩大再生产、进一步满足社会需要提供了条件。同时，一部分企业盈利通过工资与企业劳动者的劳动成果相挂钩而增加了企业职工的福利，另一部分以税金的形式上缴国家财政，直接用于社会公共需要的满足，从而更好地实现了社会主义生产目的。因此，企业直接经营目标不断实现的过程就是社会需要不断满足的过程。所以，企业追求的利润最大化经营目标同社会主义的生产目的在根本上是一致的。

但是，也要看到，企业作为一个微观经济单位，不可能从国民经济整个发展角度进行生产经营决策。同时，作为企业决策依据的局部和短期市场信号变动，也不一定能反映出各种社会需要在结构和数量方面的长期变动趋势。因此，企业对利润的追求有可能与社会主义生产目的相背离，导致损害社会整体利益的后果。[①] 国家的宏观经济调控及有关法规的约束，是促使企业实现利润最大化的经营目标与社会主义生产目的相一致的必要条件。

2. 企业的经营机制

企业要实现自己的经营目标，必须具有合理的经营机制。

企业的经营机制，是指企业在生存和发展中所具有的一种内在机能和固有的运转方式。它是决定企业经营行为的各种内在因素及其相互关系的总称。企业经营机制是企业得以运行、发挥各种功能、生产行为的客观基础和力量源泉。具体地讲，企业经营机制主要包括动力机制、决策机制、约束机制、自我改造和自我发展的机制和循环或运转机制。

（1）动力机制。动力机制是通过激发企业内部利益动机而形成企业运行所需要的动力。动力机制包括利益动力、激励动力和压力动力三个方面。马克思指出，人们奋斗所争取的一切，都同他们的利益有关。企业经济活动的动力，归根结底来自企业内部行为主体对自身经济利益的追求。从根本上说，经济发展的动力源于各级主体对物质利益的追求。任何一个国家，无论它实行什么性质的经济制度，对物质利益的追求都是生产者和消费者从事经济活动本质的原因，也是这个国家经济发展的最根本驱动力。企业动力机制的基本功能，在于激发企业内部不同利益主体的利益动机，并将此动机转化为实现企业经营目标的推动力。激励动力主要是指人们对事业的追求或地位、成就感。压力动力包括市场竞争的压力和争取社会信誉等方面的压力。[②]

（2）决策机制。决策机制是企业对自己的行为方案进行设计或选择的机制。决策机制包括投资决策、生产经营决策、产出方面的决策和资金运用方面的决策等内容。人们通常把投资决策比作"买鸡"，把生产经营决策比作"养鸡下蛋"。可见，这两种决策在企业生产经营活动中是至关重要的。一旦企业的投资决策和生产经营决策失误，企业会受损，其至血本无归。因此，在决策机制中，一定要注重组织的合理性、决策程序的科学性、决策手段的先进性。自主经营、科学决策。只有这样，才能使企业充满生机和活力。

---

① 于金富：《构建与完善中国市场化经济运行综合体系》，复旦大学博士后学位论文，2003 年。
② 杨海东：《陕西省有色金属公司经营机制改革研究》，西北大学博士后学位论文，2006 年。

（3）约束机制。约束机制是指企业主动调整和控制自身的行为，使之适合各种约束条件和环境变化的机制。约束机制包括内部约束和外部约束两个方面。企业的内部约束主要是预算约束，其基本要求是企业必须把支出控制在预算收入之内，也就是根据其收入来规划、安排支出。企业的外部约束主要是市场约束，包括供给约束和需求约束。供给约束是指企业生产产品要对所需要的机器设备供给，特别是对原材料供给及运输状况进行周密的考察，保证其有稳定的来源。需求约束是指产品有好的销路，如市场供大于求，出现了生产过剩，就要减产或转产，进行产品更新和技术创新，寻找新的市场。此外，企业外部约束机制还有法律约束、行政约束和社会舆论约束等。

（4）自我改造和自我发展机制。自我改造和自我发展机制是指企业在生存的基础上，通过自身积累和积累效益最大化，最大限度地使企业得到发展的倾向和功能。

（5）循环或运转机制。循环或运转机制是指要保持企业从投入到产出的循环过程经常处于良性状态，使得企业的供、产、销顺利进行和运转。一些企业家曾形象地把企业的经营机制比作一辆汽车，把"动力机制"比作发动机，把"决策机制"比作方向盘，把"约束机制"比作闸门，把"自我改造和发展机制"比作汽车的检修和局部更新，把"循环运转机制"比作汽车的正常行驶，这很形象而且也很有道理。

在传统计划经济体制下，我国国有企业经营机制的特征是：从动力机制上看，企业运行靠行政力量推动，缺乏利益动力和风险动力，也缺少市场竞争形成的外在压力；从决策机制上看，企业是政府机构的附属物，没有良好的决策机制，如一些企业在未搞清市场需求状况下盲目投资，在资本严重不足条件下扩张投资，在不符合规模经济要求条件下强行扩张投资；从约束机制上看，企业的行为只受到国家计划的"硬约束"，没有形成自负盈亏的自我约束；从自我改造和自我发展机制上看，企业不能主动地面向市场，寻找发展出路，而是安于政府的"保护"，对企业的改造和发展不关心；从循环运转机制上看，企业运行限于生产循环，原材料供给和产品销售由国家计划包揽，形成"生产型"企业。

为了适应市场经济发展的需要，必须转换企业的经营机制。转换企业经营机制，就是要建立追求利益扩张的动力机制，建立自主经营的决策机制，建立自负盈亏、保证企业行为合理、合法的自我约束机制，建立不断自我改造和自我发展的调节机制，建立生产经营型的循环运转机制。

第二节　现代企业制度的内容与特征

现代企业制度是现代市场经济条件下占有主导地位、最具有发展前途的一种企业制度，也是我国国有企业改革的方向。在尚未对国有企业改革分析之前，本节着重分析了企业制度的历史演变过程，阐释了现代企业制度的特征、主要内容及其主要形式，从而为国有企业建立现代企业制度奠定理论基础。

一、企业制度及其演变

现代企业制度只是企业制度中的一种特例。从类型上讲，它是一种特殊类型的企业制度；从形态上讲，它是企业制度发展阶段中的某一特定形态。因此，考察现代企业制度涵义首先有必要阐述企业制度的一般规定。

所谓企业制度，是指以产权制度为核心的企业组织形式和制度。它反映财产关系以及由财产关系所决定的企业组织关系和权益关系。一般来说，企业制度包括以下内容：一是企业的产权结构和财产关系。主要是指企业原始所有权结构和出资方式、财产的占有状况、权益实现状况、企业资产的支配权如何行使、出资者参与经营的程度以及出资者所有权与企业资产支配权的关系。二是与企业产权结构相适应的企业组织。主要指出资者、经营者以及生产者之间制约、制衡的组织关系。三是财产责任及决策权限的相关规则。主要指不同的产权主体在企业整体发展和日常经营中的决策权限和相应责任的划分。

企业制度是随着社会化生产和市场经济的发展而不断演变的，在其数百年的孕育和发展过程中，逐步形成了三种基本的企业组织形式，即业主型企业、合伙制企业和公司制企业。

1. 业主型企业

业主型企业是指由业主个人出资兴办，归业主直接经营和控制的企业。企业的财产，与业主自己家庭和私有财产一样，在法律上无任何差别，业主享有企业的全部经营所得，但如果经营失败，企业破产，业主对企业负债承担无限责任。业主型企业是最早的企业组织形式。这种形式的企业一般规模较小，内部管理机构简单。它的优点是：所有权与经营权合为一体，成立和解散的程序简单，经营灵活，决策迅速，业主为自己的利益精打细算，效率较高。其不足之处是：企业本身财力有限，而且由于受到偿债能力的限制，取得贷款的能力较差，业务拓展比较困难；企业的生命力弱，如果业主放弃经营或发生意外伤亡，企业的业务就要中断；企业规模小，财力不大，经营不稳定，难以吸引和留住优秀人才。

2. 合伙制企业

合伙制企业是指两个人以上根据契约条款约定出资，共同经营和共同所有的企业。合伙制企业的优点是：它由一人出资变为多个合伙人共同出资，筹资能力有所提高，从而有能力从事一些规模较大的生产经营活动；合伙人对企业债务负有无限连带责任，这意味着他以自己的全部家产为企业担保，这有助于增强经营者的责任心，提高企业信誉。其不足之处是：合伙人因对企业债务负无限连带责任，风险较大，加上股权不易转让，因而筹资能力和资产规模仍受到一定限制；合伙人中一旦有人撤出，原来的合伙协议就要修改，甚至影响企业的存在，因此，合伙制企业的稳定性较差；合伙人与经营者没有分离，没有建立起财产委托关系，几乎所有决策都要经过所有合伙人一致同意，这就很容易造成决策的延误，降低管理效率。可见，合伙制企业仍然是一种较低级的企业组织形式。

3. 公司制企业

公司制企业，一般也称股份制企业，是指由两个或两个以上出资者共同出资，依据法律程序设立和运作，自主经营、自负盈亏，从事生产经营或服务活动的营利性的法人企业。公司制企业的优点是：一是投资者即股东风险小。实行有限责任制度的公司制企业中，投资者承担的资产风险仅限于所投入企业的资本额，不像单个业主和合伙人那样要涉及家庭和个人财产，因此，投资风险小。二是筹资能力强，有利于创建规模相当的大企业。公司制企业，可以通过发行股票或债券来筹集资金。由于股票和债券可以转让，比较适合投资者转移风险的要求，加上股权高度分散，可以广泛吸收闲置资本，迅速筹集到巨额资金，从事大规模的生产经营活动。三是管理效率高。公司制企业实行所有权与经营权的分离，投资者不必直接经营企业，公司的经营管理职能交给了各方面专职人员或专家担任，他们能够有效地管理好企业，从而使企业能获得更多的盈利。四是企业的成长周期长。公司的法人地位一经确立，就具有完全的独立性，公司的创办人和投资者的变动均不会影响公司的存续。美国的多数大公司已经存在几十年，有的甚至存在上百年，如1889年成立的美孚石油公司就是如此。公司制企业也有一些缺陷：一是组建程序多，成本比较高。创建公司有许多法律问题，尤其是创办股份制的上市公司，条件苛刻，程序复杂，费用较高。二是政府的限制很多。这是因为公司的资本来自许多投资者，政府必须以严格的管制来保障投资者的利益，因此公司的增资配股、公司与其他公司的合并必须遵守有关法律。此外公司还要做好各项记录与报告以备接受政府的检查。三是税负较重。公司除要缴纳与一般企业同等税负外，还要付给投资者或股东股息和红利，领到股息和红利的股东还要为这些收入缴纳个人所得税。因此，公司的收入实际上是双重征税。

由以上分析可见，企业制度的形态并非一成不变，而是随着经济、社会发展不断演进与创新的。企业制度的演变经历了三个阶段。第一阶段，是以独立的自然人为经营唯一主体的阶段。这是一种与小商品经济相适应的企业制度，这一阶段的企业基本是业主制企业。第二阶段，是各个自然人投资者联合体阶段。这是与发达商品经济初期生产力水平相适应的企业制度。在这一阶段，企业投资主体开始多元化，合伙制企业大量出现。第三阶段，是公司制阶段。这是与发达商品经济即现代市场经济相适应的公司制企业制度的阶段。19世纪末20世纪初，公司制企业作为加速资本集中和垄断形成的有力杠杆，本身得到了很大的发展，企业制度的演进随之进入了现代企业制度阶段。这一时期企业制度的特点是：在法律上，对公司的立法日趋完备；在企业制度的形式上，虽然是业主制企业、合伙制企业、公司制企业并存，但公司制企业已在国民经济中占主导地位；在公司的资本结构上，股份公司的股权多元化、分散化，法人相互持股增加；公司内部由资本所有权与经营权的分离进一步发展到所有权与企业控制权的分离，出现了"经理革命"；在企业内部管理上，以"泰罗制"为标志拉开了企业科学管理的序幕，逐步形成了一系列科学管理制度。从企业制度演变的过程来看，现代企业制度的产生是一系列要素共同作用的结果，或者说是迄今为止企业制度历史演变过程中的一种高级形态。

二、现代企业制度及其特征

什么叫现代企业制度？人们对它的涵义还有不同的理解。我们认为，现代企业制度不应是一个固定的概念，而应是一个相对的、动态的概念，在不同的历史时期应有不同的内容。一般而言，现代企业制度，是与生产社会化和市场经济要求相适应的，在现代市场经济中占有主导地位的、最具发展前途的企业制度。如上所述，在现代市场经济国家中，企业制度的形式多样，但只有公司制企业在现代市场经济中占有主导的、支配的地位，才是最先进、最具发展前途的现代企业制度。例如，美国现有注册企业2100万家，其中股份公司的数量只占企业总数的15%，但股份公司的资产却占了全国企业总资产的85%，销售额占销售总额的88%，职工工资占全国职工工资总额的70%。[①] 1991年6月，日本资本金10亿日元以上的4195家大企业中，股份公司和有限公司分别为4129家和53家，分别

---

① 美国商务部普查局：《国情摘要》，1994年版，第41页。

占 98.4%和 1.3%，二者合计占 99.7%。[1] 德国的股份有限公司虽仅 2500 家，但其拥有的资本却占社会总资本的 70%。[2] 从全世界看，2009 年，公司为全球 81%的人口提供了工作机会，构成了全球经济力量的 90%，创造了全球生产总值的94%。世界上有 161 个国家的财政收入比不上沃尔玛公司的收入。全球最大的 10个公司的销售总额，超过了世界上最小的 100 个国家国内生产总值的总和。[3] 可见，现代企业制度的典型形式是公司制。但这种公司制不同于一般意义上的公司，严格地讲，它是指经理式的股份公司制度，其基本特征是股权高度分散，有限责任、所有权与控制权明显分离、经理管理型控制等。它和那些独资公司、合伙公司、国有公司甚至各类非营利性的行政性公司是截然不同的。

现代企业制度具有哪些特征？这可以从两个方面进行考察：一是与古典企业制度即业主型企业、合伙制企业相比较；二是与我国过去计划经济体制条件下的工厂制企业相比较，它具有哪些特征。

现代企业制度与以往古典企业制度即业主型企业、合伙制企业相比，具有以下特征：

第一，现代企业制度是法人企业，即企业具有法人地位，而不是自然人企业。业主型企业和合伙制企业，是自然人企业，它们只有法律地位，没有法人地位。自然人企业未被赋予法人资格，不能独立承担民事义务和责任，只能由创立企业的企业主或合伙人为企业活动承担民事义务和责任。作为现代企业制度典型形式的现代公司是法人企业，既有法律地位，又有法人地位。法人企业被赋予法人地位，能够承担民事义务和责任。

第二，产权主体多元化。公司实行产权主体多元化，意味着公司财产不再由单一出资者投资形成，而是由众多出资者的投资组合形成。这种多元的产权主体可以通过外部完善的市场体系和内部健全的组织结构来监督经营者的日常经营活动，使经营者不至于过大地偏离所有者的目标。这种机制是现代企业的生命之所在，也是企业制度的一项重大创新。

第三，所有者或投资者具有外在性。所有者或投资者外在性，是指公司的大多数所有者或投资者都远离企业，他们虽然是投资者、股份所有者，但都不直接从事企业的生产活动或经营管理活动。这种所有者外在性，有利于保证企业法人财产的独立和正常营运，它可以避免和防范其他任何主体对企业法人财产的支配

---

① ［日］松井武男：《战后日本经济的成长》，岩波书店 1993 年版，第 41 页。

② 赫尔穆特·马林：《德国的社会市场经济》，德国南德出版社 1993 年版，第 51 页。

③ 《公司的力量》节目组：《公司的力量》，山西出版集团、山西教育出版社，2010 年 8 月第 3 次印刷，第 4 页。

和侵害。同时也使企业具有了不同于自然人的永续存在的"生命",并能够产生持久的效率。

第四,实行有限责任制度。现代企业制度的有限责任主要是指:出资者以出资额为限对企业经营承担有限责任;企业以法人财产为限对企业经营承担有限责任。而业主型企业和合伙制企业是一种以人合为特征的企业,因而它们对企业的经营承担无限的、连带的责任。

现代企业制度与以往传统计划经济体制下的工厂制企业相比,也有许多差别,具有以下特征:

第一,产权清晰。所谓产权,简而言之就是对财产所拥有的权利。从一般意义上看,财产权既包括对有形的财产所拥有的权利即"物权",也包括无形的财产所形成的"债权"、"股权"和"知识产权"。在经济学上,产权所指的权利不仅包括对财产的所有权,还包括对财产的占有权、支配权和使用权。所以,产权是与财产有关的一系列权利。产权清晰主要是要严格区分出资者的权利和企业法人的财产权利。出资者是企业财产的最终所有者,拥有财产的所有权。企业拥有出资者投资所形成的全部法人财产权。企业法人财产权表现为占有、使用、支配、处置全部财产的权利,并不受出资者的直接干预。可见,在现代企业中,企业财产的所有权与经营权是分离的,可以通过契约规定双方的责任、权利和义务,从而形成"股东权——法人财产权"的产权结构模式。

第二,权责明确。权责明确是指企业中各主体包括所有者、经营者、劳动者的权利和责任要明确。对出资者来说,可按出资额参与企业的收益分配,同时有权约束企业的董事会,并有责任以投入的资本额为限对企业的债务承担有限责任;对经营管理者来讲,除负责资产营运外,有责任在国家宏观调控下提高经济效益、提高劳动生产率,实现资产的保值和增值,依法自主经营、自负盈亏,并照章纳税;对劳动者来讲,有权利使用国有资产,获取劳动报酬,并有责任做好本职工作,遵守国家法律和公司章程。

第三,政企分开。政企分开是指政府与企业的职责分开。企业作为市场主体,不存在与政府行政机构的隶属关系。企业按照市场需求组织生产和经营,根据价格、供求、利率等市场信息配置资源,并在市场竞争中优胜劣汰。政府不直接干预企业的生产经营活动,只对宏观经济进行间接或直接的调控,弥补市场的缺陷,为企业创造公平竞争的环境。

第四,管理科学。管理科学是指企业要有一整套有效规范的管理制度和管理方法,实现资源的最优配置。企业按照市场经济的要求进行组织和管理,建立科学的企业经济领导体制和组织制度,调节所有者、经营者、职工之间的关系,形成激励和约束相结合的机制。

三、现代企业制度的主要内容

现代企业制度是由一系列具体制度构成的，其中最主要的有以下几个基本方面：

第一，企业产权制度。企业产权制度又称企业法人制度或法人产权制度，它是现代企业制度的核心。由于企业产权制度实现了企业出资所有权与法人财产权的分离，因而可以说，企业法人财产是企业具有行为能力，享受民事权利、承担民事责任的物质基础，也是企业成为法人实体的内在要求。企业产权制度具有四个基本功能：一是界区功能，即明确界定投资者与企业之间的责权利关系，使企业拥有独立的可支配的法人财产，依法自主经营、自负盈亏。二是激励功能，即企业拥有法人财产就可以利用它去谋求自身的利益。企业利用法人财产获利越多，企业拥有的法人财产就越多，进一步获利的能力就越大。三是约束功能。即在产权清晰、权责明确的基础上必然产生内在的约束和外在的约束。进而更好地促使企业不断规范自己的行为，对出资者负责，承担好资产保值增值的责任。四是交易功能，即企业为了实现资产价值的最大化，可以通过市场交易转移资产的使用价值，使企业产权的价值形态与使用价值形态相分离。产权交易的功能能促进资产的合理流动，提高资产运营效果，实现社会资源的有效配置。可见，建立和完善企业的法人制度，关键是要建立企业法人财产权。

第二，有限责任制度。有限责任制度是相对无限责任制度而言的，它包括两个方面的基本内容：一是投资者以出资额为限，对企业债务承担有限责任；二是企业以全部法人财产为限，对企业债务承担有限责任。有限责任制度不仅是现代企业制度的一个基本特征，而且也是现代公司制企业区别于单一业主制企业和合伙制企业的重要标志。实行有限责任制度，是出资者自我保护、减少投资风险的一种有效办法。同时，它有利于减轻企业破产而造成的社会震荡，保护社会生产力的发展。

第三，法人治理结构。法人治理结构是企业正常运转的基本条件。因此，任何企业都有治理结构，否则企业就无法生存，如传统的计划经济体制下的工厂制企业的治理结构是党委领导下的厂长负责制。但业主型企业和合伙制企业不存在法人治理结构。法人治理结构是公司制企业特有的。法人治理结构，也叫公司治理结构，狭义的法人治理结构或公司治理结构，是指有关公司股东与经营者之间的权利安排，是根据权力机构、决策机构、执行机构和监督机构相互独立、权责明确、相互协调又相互制衡的原则实现对公司的治理。具体来说，在这种制度下，公司的股东会、董事会、经理层和监事会之间，各自独立，权责分明，同时又相互制约，从而形成一种激励、约束和制衡机制，使出资者、经营者和生产者的利益都得到保障，行为都受到约束，积极性都得到发挥。

第四，科学的管理制度。管理是指通过一定的手段，规划、组织和利用企业的人、财、物、信息等经济资源，实现企业最佳的经济效益。

管理一般包括程序化管理和非程序化管理两方面的内容。前者是按部就班式的日常管理，并且占据了整个管理过程的绝大部分。后者则是指对某些突如其来的事件或全新问题的管理，这种管理更考验管理者的水平和能力。实践证明，管理者管理水平的提高，对一个人的专业知识的要求越来越少，对管理层的宏观方面的知识，对战略性全局性局势的判断、把握、驾驭能力的要求越来越高。

管理对于我国企业尤其是大中型企业至关重要。人们通常说，产权是前提，组织是保障，管理是基础。大型企业靠文化、中型企业靠管理、小型企业靠精明。这些都是人们对经验的总结，具有一定的道理。

从历史发展来看，管理先后经历了伦理管理、经验管理和科学管理三个发展阶段。所谓伦理管理，就是指师父带徒弟，"一日为师，终身为父"的管理思想和理念。在传统企业里，人与人的关系不是雇主与雇员的雇佣关系，而是师傅与徒弟的关系、老板与伙计的关系。经验管理主要是提倡熟能生巧、日积月累和代际经验传授的管理思想和理念。如果说中国传统企业管理的核心是伦理管理和经验管理的话，现代企业制度管理的核心就是科学管理。科学管理分为硬性管理和软性管理。硬性管理是指泰罗制和福特制等管理方法，软性管理是以激励手段和以人为本思想进行的管理。泰罗制强调在工序分解的基础上，制定所谓"合理的工作量"，并为不同的工序配备不同的操作工人。福特流水线则以可转换零部件和装配线上的分工实现了大规模生产。泰罗制的管理思想加上福特制的生产方式，释放出巨大的生产力，并且几乎已成为资本主义大生产的代名词。但这种分工方式到了20世纪60年代左右暴露出其僵化弊端。原因在于，泰罗制压制了技术创新，且无法灵活适应市场变化。

科学管理是指规范化、制度化和机制化管理。主要表现是从组织、领导、控制到部门职能、岗位职责、行为准则、奖惩办法、运行程序等各个方面都有相应的制度、规范和机制。这种科学管理制度在业主型企业和合伙制企业中是难以做到的，只有在现代企业制度的现代公司制中才具备这种条件和基础。因而，科学的管理制度是现代企业制度的重要内容之一。

四、现代企业制度的主要组织形式

现代企业制度的主要组织形式是公司制企业。由于世界各国所奉行的法律体系不同，所以各国对公司类型的划分也不同。按照股东的责任范围对公司进行分类，是法国、德国、瑞士、日本等大陆法系国家的通行做法。按照此项标准，公司可划分为无限责任公司、有限责任公司、股份有限公司、两合公司、股份两合公司五种类型。英国、美国、新加坡、中国香港，按照海洋法系，把公司划分为有限责任公司和股份有限公司两种类型。我国现阶段主要实行有限责任公司和股份有限公司两种形式。

1. 有限责任公司

有限责任公司，是由两个以上股东共同出资，每个股东以其出资额为限对公司承担责任，公司以其全部资产对公司的债务承担责任的企业法人。其主要特点表现为：一是股东人数通常有最低和最高限额的规定。《中华人民共和国公司法》（以下简称《公司法》）规定，由2个以上50个以下股东共同设立。二是不发行股票，股东的出资额由股东协商确定，相互之间并不要求等额。各股东交付股本后，公司出具股权证书，作为股东在公司中所拥有的权益凭证。这种凭证不同于股票，不能对外公开发行，也不能自由流通。三是公司股份转让有严格限制。四是注册资本额不大，比较容易组建。五是公司账目对外保密，尤其是公司的资产负债表一般不公开，便于公司在市场上开展竞争。六是设立程序比较简单，公司内部组织机构精干灵活。

有限责任公司是一种常见的企业组织形式，其优点是：股东人数有严格限制，股东比较集中，分摊在每个股东身上的股本较多，股东的责任心较强；股份转让有严格限制，有利于稳定企业经营；公司的经营活动对外具有保密性，便于企业在市场上开展竞争；设立程序比较简单，可以降低成本。其缺点是：由于不能公开发行股票，加上有人数的限制，筹资的范围和规模受到一定限制，难以把企业规模做大；由于公司财务对外不能公开，资信度相对不高；因此，有限责任公司是一种比较适合中小企业发展的企业制度。

2. 股份有限公司

股份有限公司，是指由一定人数以上的股东所设立的，注册资本由等额股份构成，股东以其所持股份为限对公司承担责任，公司以其全部资产承担责任的企业法人。其特点主要有：股东人数有最低限额的规定，但没有上限；公司可以向社会发行股票，任何愿意出资的人都可以成为股东，不受资格限制。股票可以交易或转让，但不能退股；注册资本数额要求较高，我国《公司法》规定，股份有限公司注册资本最低限额为 500 万元；公司的透明度高，向社会公开募股的股份有限公司，要定期向社会公布公司的财务报告，以便让社会公众及时了解公司的生产经营状况，接受全体股东的监督，保护他们的权益；组建程序比较严格，手续比较复杂，条件要求较高，只有少数有条件的企业才能组建成为这类公司。

股份有限公司并非都是上市公司，上市公司是指经批准，其所发行的股票可以在证券交易所上市交易的公司。由于上市公司较其他公司有一定的优越性，各国都对上市提出了较高的标准。因此，在股份有限公司中，上市公司只有极少数。股份有限公司的主要优点为：一是广泛吸收社会资金。由于该类公司的资本分解成若干等额的股份，由此可以向社会广泛吸收各种大小资本，并将其汇集成巨额资本，迅速扩大企业规模效益。二是由于股份有限公司股东人数众多，这既可以分散企业的经营风险，也可以对企业形成强大的督促力量，促使企业加强管理。三是由于公司的财务活动具有公开性，使股东有很大选择余地，当股东得知公司经营不善、面临破产危险时，会立即抛售股票，把资金转投向别的公司，这便于生产要素的自由流动和优化组合。股份有限公司的缺陷是：股东流动性大，不易控制掌握，也容易使股东对公司缺乏责任感；由于股票具有自由流通性，会使一些人从中买空卖空、牟取暴利，影响资本真正发挥作用；由于股权的分散性，也易为少数股东通过少数资本控制操纵公司提供方便条件。

第三节　国有企业改革与现代企业制度

建立现代企业制度是实现公有制经济与市场经济结合的有效途径，是增强国有经济活力，将国有企业构造成为市场主体的必然选择。本节主要探讨了国有企业改革的历史进程、改革的主要内容、建立现代企业制度的必要性，并对国有企业改革所取得的成效与存在的主要问题进行回顾和总结，提出了完善的建议与措施。

一、国有企业改革的历史进程

国有企业是指由国家拥有企业所有权的经济组织。新中国成立后，我国国有企业在曲折中发展，建立了比较齐全的工业门类，工业布局有了很大改善，改善了我国产业结构，使我国从一个典型的农业国成为逐步实现工业化的社会主义国家；造就了一支规模庞大、有一定技术水平的产业大军；形成了雄厚的现代生产力；增强了综合国力。新中国成立后到 1978 年的三十年间，我国建立了比较完整的独立的工业体系和国民经济体系，国营企业为此作出了不可磨灭的贡献。但随着社会经济条件的变化，传统计划经济体制下所形成的国有国营的企业经营模式，越来越不适应社会生产力发展的要求和人民群众日益丰富的物质文化生活的需要。其主要弊端是：产权不清、企业产权主体的代表不到位，难以形成有效的动力机制和约束机制；政企不分，职能错位，企业的所有权与经营权混为一体，国营企业不能成为独立的法人实体，既不能自主经营，更难以做到自负盈亏；权责不清，在计划经济体制中，由于政企不分，国营企业只是政府部门的附属物，因此国营企业在各个方面的主体之间不仅责、权、利的界区不明确，而且不统一、不对称。普遍存在有权无责、有责无权或有资有权而无利等情况。同时，在分配中存在严重的平均主义，各个利益主体既无动力，也无压力；管理不科学。计划经济中的国营企业由于产权不清、政企不分和权责不明，必然采用行政管理模式替代企业管理模式，行政部门机构林立，层次繁多，人浮于事，企业不论大小，"肝胆俱全"，与上级行政部门成龙配套，因而，不可能形成科学的管理制度。

传统国营企业制度的以上弊端，成为企业走向市场的严重障碍，使企业失去了应有的生机和活力。为了克服上述弊端，必须对国营企业实行改革，寻找适应社会主义经济发展要求的新的企业制度。

1978 年党的十一届三中全会以后，中国的国有企业进入市场取向的改革，改革的历史进程大体可分为四个阶段：

第一阶段（1979~1983 年）：扩权让利阶段。针对传统计划经济体制下政企不分，政府对企业统得过多，管得过死，致使企业缺乏应有活力的弊端，国有企业的改革首先是从扩权让利开始的。所谓"扩权让利"，就是政府主管部门向所管企业下放部分权力，扩大企业自主权，提高企业利润留成比例，以扩大企业自主支配的财力，增强企业的动力。

第二阶段（1983~1985 年）：利改税和进一步扩大企业自主权阶段。改革的主要内容是调整和规范国有企业与政府间的利益关系，重点是"利改税"和"拨改贷"，目的是硬化企业预算约束，增强企业动力。所谓"利改税"，就是国有企业将原来上缴利润的形式改为上缴税赋的形式；所谓"拨改贷"，就是企业资金来源由原来的财政无偿拨付改为向银行借贷。

在第一阶段扩大企业自主权试点的基础上，1985 年 5 月，国务院颁发了《关于进一步扩大国营工业企业自主权的暂行规定》，规定扩大企业 10 项自主权：生产经营计划权、产品销售权、产品价格权、物资选购权、资金使用权、生产处置权、机构设置权、人事劳动权、工资资金使用权和联合经营权。1985 年 9 月，国务院又批转了原国家经济贸易委员会、原国家经济体制改革委员会制定的《关于增强大中型国营工业企业活力若干问题的暂行规定》，继续扩大企业自主权。[①]

第三阶段（1985~1992 年）：实行承包经营责任制阶段。1984 年 10 月召开的党的十二届三中全会通过的《中共中央关于经济体制改革的决定》，提出要建立自觉运用价值规律的计划经济体制，发展社会主义有计划的商品经济。确立了国有企业改革的目标是：要使企业真正成为相对独立的经济实体，成为自主经营、自负盈亏的社会主义商品生产者和经营者，具有自我改造和自我发展能力，成为具有一定权利和义务的法人。围绕这一改革目标，按照当时理论界提出的国有企业所有权与经营权分离的理论，在国有企业普遍实行承包经营责任制。企业经营承包责任制的特征有两点：一是按照责权利相结合的原则，切实落实企业的经营管理自主权，保护企业的合法权益；二是按照包死基数、确保上缴、超收多留、欠收自补原则，确定国家与企业的分配关系。

企业经营承包责任制的形式多种多样，但其主要形式有五种：上缴利润基数包干，超收分成；上缴利润递增包干；微利企业实行上缴利润定额包干；亏损企业实行减亏或补贴包干；双保一挂即保上缴税利、保批准的技术改造项目，工资总额和实现税利挂钩。

企业经营承包责任制的实行，在一定时期内的确起到了调动企业超额完成利润计划，从而稳定财政收入的作用。但是，由于这种改革实质上是在保持原有国有产权不变的情况下，给企业松绑，赋予一定的经营权，不是企业产权结构的根本变革和重组，因而，上述改革都未能取得预期的成效。为了使国有企业具有效率，促进国民经济迅速发展，不能只对原有体制修修补补，而必须进行根本的制度创新。

第四阶段（1993 年至今）：进入建立现代企业制度阶段。1992 年 10 月，党的十四大明确提出，我国经济体制改革的目标是建立社会主义市场经济体制。1993 年 11 月，党的十四届三中全会通过的《中共中央关于建立社会主义市场经济体制若干问题的决定》明确提出："建立现代企业制度，是发展社会化大生产和市场经济的必然要求，是我国国有企业改革的方向。"1997 年 9 月，党的十五大进一步重申："要按照产权清晰、权责明确、政企分开、管理科学的要求，对国有大中型企业实行规范的公司制改革，使企业成为适应市场的法人实体和竞争主体。"党的十五届四中全会在全面总结我国国有企业改革经验的基础上，在《中

---

① 章兴华：《"超饱和就业"与国有企业资本结构优化》，厦门大学硕士学位论文，2008 年。

共中央关于国有企业改革和发展若干重大问题的决定》中又更加明确指出："建立现代企业制度，是发展社会大生产和市场经济的必然要求，是公有制与市场经济相结合的有效途径，是国有企业改革的方向。"2003 年 10 月，党的十六届三中全会通过了《中共中央关于完善社会主义市场经济体制若干问题的决定》，对创建有中国特色的现代企业制度进行了探索。可见，在我国国有企业内部建立现代企业制度是我国经济体制改革不断深化的产物。

二、国有企业改革的方向

如上所述，国有企业改革的方向就是要建立现代企业制度。但我们认为，这不是指所有的国有企业都要建立现代企业制度，都可以改制为现代公司制企业，而是就大多数一般性国有企业而言的。对于那些极少数特殊的国有企业不仅不能建立现代公司制度，而且还应把它们办成真正的国有企业。这些具有特殊性质的国有企业主要包括：一是关系国家安全的行业，如造币工业、重要的军事工业和涉及国家安全的领域以及国家战略资源储备系统等。这类行业需要由国有经济独家垄断经营，亏损也必须由国家补贴。二是具有较强社会效益、非国有资本目前尚无力或不愿进入的大型基础设施建设项目，包括大江大河治理、重点公益工程以及城市基础设施建设等。这类领域不必由国家垄断，而是要允许和鼓励民间资本进入。但在民间资本进入不足或经营效果不好的情况下，国家应给予优先保障。这些领域的企业，既可以采取国家独资，也可以与其他经济成分合资。三是特大型不可再生资源的开发项目。如油田、金矿、银矿等开发项目，这些项目投资规模大、回收周期长，目前民间资本没有力量投资，又不宜让外资控股，国有资本可能需要在这些行业居主导地位。四是对国家长期发展具有战略意义的高新技术的开发。如超大规模集成电路的研制等，国家应当给予这类研究开发以财政支持，并通过投资引导和行业政策等推动这些行业的发展。[1] 在技术上国际竞争非常强的产业，如航天、航空和核工业等，往往需要国有企业进入，对这些产业来说，主要问题不是企业间的竞争，而是国家间的产业竞争和科技实力的较量。对此由国家采取特殊的产业组织方式，集中力量进行研制开发，往往有助于产业技术的进步。当然，上述特殊企业的划分只是相对的，并且也不能搞得太多。从世界各国企业形态及其变化来看，很少有哪个产业绝对只能由国家经营，特别是随着技术进步和管理水平的提高，被认为只适合国有企业经营而非国有企业根本不适合进入的产业领域会越来越少。

---

[1] 田亚东：《论国有经济布局的战略性调整中国有企业的退出机制》，《经济体制改革》2001 年第 1 期。

在我国，之所以把建立现代企业制度确定为国有企业（大多数）改革的方向，这是因为：

第一，建立现代企业制度，是深化国有企业改革，转换企业经营机制，把国有企业改造成为市场竞争主体的必然选择。建立社会主义市场经济体制，首先必须把企业尤其是国有企业改造成为自主经营、自负盈亏的法人实体和市场主体，只有这样它们才会去接受市场，按照市场经济的要求去从事生产和经营活动。企业的主体地位不确立，社会主义市场经济就无法确定。然而长期以来，国有企业效率不高，亏损严重、缺乏活力又直接影响到国有企业主导作用的发挥。改革的实践表明，要使国有企业摆脱困境、充满活力的关键应当是转换企业经营机制，在国有企业建立现代企业制度，并对企业实行股份制改造。股份制企业最大的特征是能够实现投资者所有权与企业法人财产权的分离。在企业中，投资者所有权表现为拥有股权，并以股东身份依法享有资产收益、选择管理者、参与重大决策以及转让股权等权利。但他们不能对法人财产进行直接支配，只能运用股东权利影响企业行为而不能直接干预企业的经营活动。企业法人财产权表现为企业依法享有法人财产的占有和使用，并对自己的经营活动负责。企业正因为拥有了法人财产权，才能真正成为市场的主体，独立从事生产经营活动。与此同时，与现代企业制度相适应的公司法人治理结构的建立，也为企业转换经营机制创造了条件，从而在企业内部形成与市场经济相适应的新的经营机制，为企业真正成为市场主体奠定了制度基础。

第二，现代企业制度是实现公有制与市场经济相结合的有效途径。传统的国有企业产权主体单一，企业经营形式简单，国有、国营，不能适应现代市场经济发展的需要。国有企业改革的关键，是在保护国有资产性质不变的前提下，重建国有企业的产权结构，即建立现代企业制度，把国有企业改组成为股份制企业，实现企业内部产权结构的多元化。这种企业制度的建立，一方面有利于产权明晰、权责明确、政企分开、管理科学；另一方面在股份制企业中国有资本掌握控股权，吸收和组织更多的社会资本，这样既可以保持国有资本的性质不变，放大国有资本的功能，使国有企业更具实力，更能发挥它在国民经济中的应有作用，又可以使企业真正做到自主经营和自负盈亏，从而实现公有制与市场经济的有效结合。

第三，建立现代企业制度，有利于促进国有资产在市场经济条件下合理流动，优化配置和组合。建立现代企业制度，无论国有企业改制为国有控股还是采取国有参股的股份有限公司形式，都要把公司的财产从价值上划成等额股份，并通过发行股票让股东认购，股票也可以上市流通。有限责任公司虽不发行股票，但投资者的出资份额可以按一定规则进行转让。股票的流通性和股权可转让性，为国有资产建立了有效的流动机制，不仅有利于国有资本打破地区、行业和所有制的界限，自由流通、优化组合，而且也使国有企业产权结构更能适应市场经济发展的要求，不断地调整和完善。

第四，建立现代企业制度是转变政府职能，规范政企关系，完善国有资产管理体制的需要。政企不分，政资不分，企业成为各级行政机构的附属物，一直是困扰国有企业的一大难题。由于这些问题的存在，导致国有企业主要是按各级政府行政命令而不是按市场规律完成企业决策，政府的社会经济管理职能和国有资产管理职能没能分离，同时企业还承担着办社会的各种沉重的社会负担。因此，从某种意义上说，转变政府职能，割断政府与企业的脐带关系，让国有企业摆脱作为政府行政机构附属物的地位已成为建立现代企业制度的题中应有之义。通过在国有企业建立现代企业制度，实行股份制改造，可以从根本上突破高度集中计划经济体制下"工厂制"的框架，实行生产的社会化和所有权与经营权的完全分离，使国家失去了直接经营管理企业和干预企业经营活动的经济基础。政府作为社会经济活动的管理者，只能通过经济、法律等手段，从外部对企业进行间接宏观调控；作为国有企业财产的所有者，通过国有资产投资或经营公司，只能拥有股东的权利和义务。再也不能像单一产权的国有企业那样直接干预企业内部经营管理事务，从而真正实现政企分开，使企业摆脱政府主管部门的束缚，避免国家独断专行，使企业成为独立的商品生产经营者。

三、国有企业改革的内容与成效

国有企业改革是中国经济改革的中心环节，国有企业改革的内容是随着我国社会主义市场经济的发展而不断延伸和推进的，具有鲜明的特点，改革的成效比较明显。

1. 国有企业改革的特点

我国国有企业改革是从计划经济到社会主义市场经济体制最重要的改革之一，实质上是社会主义市场经济微观主体的构造。与其他国家的国有企业改革相比，我国国有企业改革具有两个明显的特点：

（1）国有企业改革的风险大。主要面临两大风险：一是社会风险。改革初期我国国有企业有几十万家，有近八千万职工，这是除农民之外中国最大的社会群体。既然要对其进行改革，就必然涉及利益调整，只要有利益调整，稍有不慎或处理不当，就容易引发不稳定事件。二是舆论风险。国有企业改革自始至终伴随着巨大的争论，既有理论上的，也有实际方面的，有各种不同的说法，以前搞承包经营责任制、租赁制、股份制，主要是批评搞私有化、损害职工权益等。2008年面临国际金融危机的影响，有人又主张"国进民退"。

（2）国有企业改革挑战性强。国有企业改革对中国来讲，是一项没有成功经验可以借鉴的探索。在没有推行这项改革之前，讲国有企业改革，国外主要有两种模式：一是苏联、东欧社会主义国家的国有企业改革，其改革的性质是在政权更迭基础上全面推行私有化，这种改革在经济上并不成功，而且社会成本非常高。二是欧洲资本主义国家的国有企业改革，典型的是英国撒切尔所推行的改革。应该说，这些国家的国有企业改革在经济上是成功的，但是它们的社会背景与我国根本不同。这些国家有很发达的市场体系，整个经济背景是市场化的，而且国有企业数量很少，实行股份制以后很容易融入到市场体系中去。显然，这两种改革模式都不适合中国。

中国的国有企业改革必须走出一条自己的改革道路。自党的十一届三中全会以来，继我国农村经济体制改革之后，从1979年开辟了国有企业改革的历史进程。经过三十多年的改革，在坚持社会主义公有制为主体、国有经济为主导的前提下，中国国有企业改革无论从思路、方针，还是从措施到方法，都是从中国基本国情出发，没有照搬别国的模式，而是走中国特色社会主义道路。尽管改革过程比较艰难和曲折，但整体上比较稳定，取得了重大进展，经营状况发生了重大变化。

2. 国有企业改革的内容

就国有企业改革的内容而言，可分两个大的时期来梳理和概述：

第一个时期是1979~1998年。这个时期国有企业改革基本处于起步和探索阶段。国有企业改革的主要内容如上文所述，如扩大企业经营自主权、利改税、实行承包经营责任制、推行股份制、建立现代企业制度等。这个时期国有企业改革尽管做了很多工作，涉及了很多内容，但只是一种由浅入深、由表及里、逐步探索的过程，最重要的成就是找到了国有企业改革的方向即建立现代企业制度。

第二个时期是从1998年至今。这个时期国有企业改革进一步深入，进入了克难攻坚阶段。从1998年国有企业改革三年脱困开始，到目前为止，具体进行了以下几个方面的改革：

第一，国有中小企业改革。抓大放小，放开搞活中小企业，是这项改革的基本方针。实际操作过程中就是国有经济从中小企业层面全面退出。为什么国有经济要从中小企业层面退出去，是因为国有经济在这个层面没有比较优势，不具备竞争力。从企业治理的角度上看，世界上所有企业主要采取两种模式：一是股东直接经营管理的企业；二是股东不直接经营管理的企业，通过委托代理关系进行管理。从治理的效率上讲，肯定是前者要高，因为它的利益很直接、关切度非常高；而委托代理是有成本的，多一层代理就多一层成本，效率也会降低。所以，企业治理首选的应该是股东直接经营管理的模式。只有当企业规模大到一定程度，单一股东难以筹资，而股东个人能力也不足以把企业管好的时候，才开始出现依靠委托代理关系进行管理的企业，就是股权比较分散的公众公司。从公司发展史的一般逻辑是：能直接管的都是直接管，所以世界各国中小企业都是股东进行直接管理，个体企业、家族企业、合伙企业等，只有极少数的大公司才采取股权分散的、委托代理的模式进行管理。

我国的国有企业可以理解为一种特殊形态的公众公司，股东不可能直接经营管理，客观上存在着多层次的委托代理关系。所以国有企业即使改革得好，它也只适合大企业，而不适合中小企业。因此，中央采取多种形式放开搞活、抓大放小的方针，是符合企业发展规律的。国有中小企业改革的过程，实际上就是一个国有经济从中小企业层面主动退出的过程。前些年这项改革的力度很大，主要由各地政府推动，具体形式是产权制度改革加上身份置换。产权制度改革多数采取企业改制，有的也采取了出售的形式。所谓身份置换是一种补偿，以减少改革的阻力。到目前为止，从全国来看这项改革已基本结束，国有经济基本上从中小企业的层面实现了退出，我国国有经济的战线大大收缩。

第二，国有困难企业政策性关闭破产。这是国有企业改革最艰难的一项工作。在我国改革过程中为什么会有那么多的国有企业破产而出现大量下岗职工？对此各个方面有不同的认识。有人说是国有企业机制陈旧没法与民营企业竞争，也有人说主要是由于国有企业管理不善造成的。显然以上原因都存在，但最根本的原因是结构性问题，这是转轨国家所面对的一个非常特殊的问题。因为所有转轨国家，经济建设都是分成两个阶段。中国是一个典型的转轨国家。新中国成立后到改革开放前，我们开展了大规模的经济建设，建成了一个比较完整、门类齐全的工业体系，但这个工业体系是按照计划经济的模式建立起来的。改革开放之后，我们要转向市场经济。在这个体制转换的过程中，既要求宏观管理体制的转变，也要求经济主体要从计划的轨道转向市场轨道。但是在转的过程中发现，由于种种的先天不足，有一些企业转不过来，或者转过来以后无法生存，于是就形成一批由于转轨造成的困难企业。

究竟有哪些企业转不过来？具有普遍性的有三种情况。第一种情况，是布局定位不合理的企业，既包括单个企业定位不合理，也包括行业布局不合理，还包括一些区域性的布局不合理。单个企业布局不合理最典型的是"三线"企业，建在偏远的山沟里，运输成本高、周围没有社会依托，所有的负担都由企业承担，信息闭塞、离市场远,是最留不住人才的地方。建厂之初的隐蔽性条件都成了它进入市场参与竞争的障碍,这种企业要搞市场经济,无法和其他企业竞争。区域性布局不合理,就是工业布局与当地的资源、市场等没有任何关系。这些企业用于生产的原材料当地没有,外面买了以后运进去加工;加工完以后当地又没有市场,再运出去销售,一进一出就比别的企业成本高很多。所以,这些企业在充分竞争以后是没有办法生存的,成为困难企业。第二种情况,经济发展格局的变化造成了比较优势的变化,这种类型造成破产企业和下岗职工最多。在计划经济时期,中国经济发展格局是城乡分割的,城市搞工业,农村搞农业。改革开放以后,农村开始工业化。农村的工业化是从劳动密集型产业起步的,因为创办这类企业资金门槛不高,技术要求也比较低。开始时一般是乡镇企业,后期是发展民营企业。当农村的劳动密集型企业形成规模之后,它就与城市的同类企业形成了竞争关系。在这种竞争中,比较优势不在城市工业,而是在农村企业。因为劳动密集型企业资金技术门槛很低,基本的竞争基础是人工成本,而这一优势显然不在城市。一旦农村的劳动密集型企业形成气候,最后的结果就把城市的同类企业通通逼垮,这就迫使城市企业不得不退出市场。比如,上海的纺织行业原先是最好的,职工曾有55万人,现在只剩下一万多人了;上海的轻工行业也曾是全国最好的,原先有40万人,现在剩下的也是一万多人,95%以上的职工都下岗了。能说上海企业的管理不好吗? 它们是管理得最好的,但存在转轨过程中的结构问题。这种类型造成的企业破产和职工下岗规模是最大的。第三种情况,是历史欠账太多。这个欠账包括几种类型,即资源枯竭的矿山、改造不足的老企业、先天不足又没有资本金、大项目等。正是由于国有企业布局定位不合理、经济发展格局的变化、历史欠账太多,就形成了一批转轨不过去的企业。这些企业之所以困难,主要是由于经济转轨造成的,在计划经济的体制下,这些企业由于有国家不断支持就不会出问题,城市的劳动密集型企业只要农村不搞工业也不会出问题。

对于这批困难国有企业,改革的突破口就是对其实行政策性关闭破产,这项工作是1994年开始试点,1998年全面铺开的。实施这项改革有两个特点:一是完全由政府操作。每破产一户企业都是由政府组织清算组进入企业,做职工的工作,保持企业的稳定。二是保证安置职工。也就是在政策上要保证每一个破产企业职工下岗以后可以拿到一笔安置费。当时由于财政困难,一时拿不出很多钱,所以规定破产企业的剩余资产和土地使用权的转让收入优先安置职工,剩下的钱不够由财政兜底。这实际上是用债权人的钱安置职工,是一种无奈的政策选择。此外,还有一套再就业系统,即可以帮助下岗职工再就业。这项改革非常艰难,但是它的意义非常重大。通过这种方式,大量困难国有企业退出了市场。这项工作 2008 年已经基本结束，到 2009 年止一共破产 4980 户国有大中型企业，涉及职工 967 万人。这是一次空前规模的结构调整。

第三，再就业和社会保障体系建设。经济体制的转型要求社会保障模式转变，社会保障体系建设虽然不是国有企业改革的范畴，但它是一项重要的配套改革。没有社会保障体系的改革，国有企业的改革就无法推进。因为在计划经济时期，国有企业职工的工伤、医疗、退休、住房分配等都有一套完善的社会保障制度，并且是以单位为基础的，只要人不离开单位，基本上可以一保终生。在计划经济体制下，企业和政府是一本账，在保障方面开支多一点，就给政府财政上交少一点，如果这方面开支还不够，政府就给补贴。转到市场经济后，这套保障制度就没法运转了，因为在市场经济条件下，企业进入市场后，本身要参与市场竞争，成了一个没有保障的主体。在这种情况下，保障不能是单位来建立，必须是社会保障。新的社会化的保障体系不建立，国有企业的改革无法推进，一是人员不能流动；二是职工下岗后社会没有安全网。

在 1998 年前后，由于社会保障制度建设滞后，给国有企业三年改革脱困、关停破产、转岗下岗分流造成了极大障碍，曾经面对过一个非常危险的时期。尤其是在 1998 年上半年，有些地方因企业改制或破产，职工下岗后未能得到妥善安置，不稳定因素增多。建设一个完善的社会保障体制需要一个过程，它不是一个短期性的任务。针对当时的情况，党中央国务院作出一个重大决策，建立了一个再就业中心，作为社会保障制度的替代物或过渡形式。

再就业中心有四项功能：一是给下岗职工发基本生活费；二是给下岗职工缴纳基本保险；三是对下岗职工进行就业培训；四是给下岗职工介绍工作。在 1998 年之后的几年中，再就业中心对改革发挥了非常大的支持作用。再就业中心发挥社会安全网作用的同时，我国的社会保障体系也在加快建设。到 2003 年，我国社会保障体系框架基本建立，在此又出现了一个新的概念——"并轨"。原先再就业中心是一条轨，社会保障是一条轨，现在大家都能进入社会保障体系，再就业中心也就完成了历史使命。但再就业中心在这五六年的时间中起到了非常关键的作用，保证了这一段改革时期的社会稳定。

第四，国有资产管理体制改革。党的十六大决定启动国有资产管理体制改革，是一个意义非常重大的决定。国有资产管理体制改革虽不属于国有企业改革的范围，是政府层面的改革，但它是国有企业改革一项重要的配套改革。国有企业搞不好，其中很重要的一个原因是国有资产主体的代表不明确，责任不清楚。国有资产管理体制改革就是为了改变这一状态，使国有资产能够找到人格化的代表，有人切实承担责任。

在国有资产管理体制没有改革之前，国有企业实行多头管理体制。从政府方面看，管人管事管资产垂直多条线，许多部门都可以指挥国有企业，都可以直接介入企业的经营和决策。实际情况是，当企业好的时候多头插手，当企业遇到困难时，都避而远之。企业出现重大问题，在政府层面找不到责任机构，没有明确的责任主体。从企业方面看，受到的指挥、干预很多，但真正应该做的事无人去做，没有经营指标、没有业绩考核、没有激励和约束。对这种情况下国有企业的一个基本判断是，委托代理关系完全没有建立，国有资产的确处于无人负责的状态。这种状况不改变，国有企业是不可能搞好的。国有资产管理体制改革初步改变了这种状况。国务院国有资产监督管理委员会（以下简称"国资委"）的成立，初步实现了出资人职能的一体化和集中化，隔开了其他政府部门对企业的直接干预。其中最重要的一点，是在政府的层面责任清晰了，如果现在国有企业发展不好，国资委已经没有办法再把责任推卸到任何一个方面去了。责任到位，责任主体明确，对政府运作来讲是最重要的。①

国资委成立之后，就着手改革国有企业内部的体制和机制并加强制度建设。比如清产核资、摸清家底，这是建立责任制度的基础；建立企业年度和任期经营目标制度，企业要和国资委签责任书；依据经营目标对企业进行考核和评价，包括年度考核、任期考核等；依据考核结果确定经营者的薪酬，建立规范的薪酬制度；国有产权的管理强调阳光、透明、进场交易；强化审计和外部监督，保证透明度，改革经营者选任制度，向社会公开招聘等。这一系列制度的建立，实际就是要建立委托代理关系，建立对企业经营者的激励机制和约束机制。

第五，针对国有大型企业的一些特定问题进行专项改革。一是针对富余人员问题，专门制定了一套减员增效的政策。以前的方式主要是有偿解除劳动关系，逐渐转成主辅分离、辅业改制。二是针对国有企业办社会负担重的问题，专门有一套分离国有企业办社会职能的政策，现在已完全解决了企业办中小学和公检法机构的分离问题。三是针对国有企业内部僵化的用人体制和"大锅饭"的分配制度，专门有一套企业内部的三项制度改革，即干部人事制度改革、用工制度改革、分配制度改革，方向是能上能下、能进能出、能高能低，引入市场机制。四是针对国有企业资源配置不合理的问题，专门有一套推动企业重组的工作。

3. 国有企业改革取得的主要成效

改革开放以来，党和政府始终把国有企业改革作为整个经济体制改革的中心环节，从根本上说改革国有企业，就是要解决在坚持社会主义公有制为主体的前

---

① 邵宁：《国有企业与国有资产管理体制改革》，《中国发展观察》2010年第1期。

提下，解决市场经济的微观主体问题。经过三十多年，国有企业改革取得了较大成就，主要表现在以下几个方面：

（1）经过改革，政企基本分开，企业拥有了经营自主权。企业已由过去面向计划，转为现在已面向市场。政府管理职能开始转换，由过去直接管理企业，到现在逐步放开采取间接管理方式，引导或服务于企业的发展。

（2）找到了一条符合中国国情，同时又坚持社会主义性质的国有企业改革方向。这就是党的十四届三中全会提出的把建立现代企业制度作为国有企业改革的方向。党的十五大明确提出"把股份制当作公有制的一种实现形式"。党的十六届三中全会提出"使股份制成为公有制的主要实现形式"。党的十七大提出"深化国有企业公司制股份制改革，健全现代企业制度，优化国有经济布局和结构，增强国有经济活力、控制力、影响力"。

（3）明确了国有企业改革的思路。随着国有企业改革的逐步推进，理论不断创新，对国有企业改革的思路也更加明确和系统。一是在宏观方面，调整国有经济布局，收缩国有企业战线。二是在微观方面，对国有企业实行战略性重组，遵循"有所为，有所不为"的原则，采取抓大、放开搞活中小企业的方针。明确确定中小企业向"专、特、精、新"方向发展。三是搞好企业内部工作，要把国有企业改革同改组、改造与加强管理结合起来。四是在改革的方略上，对国有企业改革要分类推进，同时要进行配套改革，不能单项突进，孤军作战。

（4）国有企业改革的实际效果明显。一是经过多年努力，我国国有企业公司制股份制改革已取得重大进展。到2005年，国家统计局统计的国家重点企业中的2524家国有及国有控股企业，已有1331家改制为多元股东的股份制企业，改制面为52.7%。国有中小企业改制面已达80%以上，其中县属企业改制面最大，一些已达到90%以上。二是国有经济布局的调整已取得实质性进展。1997年，党的十五大提出要从战略上调整国有经济布局的任务以后，经过十多年的努力，中小型国有企业已基本退出国有经济战线，尤其是地市和县一级比较彻底，使国有经济和国有资本进一步向关系国民经济命脉的重要行业和关键领域集中，向大企业集中。1998年，全国国有工商企业共有23.8万家，而到2006年，国有工商企业户数减少至11.9万家，正好减少一半。1997年，全国国有工商企业实现利润800亿元，而2006年，全国国有工商企业实现利润达12000亿元，增长了14倍。2006年，中央企业从169家整合到2010年的122家，但资产总额却实现了翻番，核心竞争力明显增强。到2010年底，全部122家央企资产总额达到24.3万亿元，净资产9.5万亿元，净利润8489.8亿元，累计实现营业收入166968.9亿元，同比增长32.1%；上缴税金1.4万亿元，超过全国税收的1/6。目前，中央企业超过 80%的资产集中在石油石化、电力、国防通信等关系国计民生的关键领域以及运输、矿业、冶金和机械等支柱行业。现在央企资产总额的 52.88%、净资产的 68.65%、营业收入的 59.65%都在上市公司。事实说明，经过国有经济布局调整，虽然国有经济的比重在降低，但综合力、影响力、控制力大大增强。三是规范国有企业改革和发展的法规体系更加完善。从 2003 年开始，又新组建了国资委，颁布和实施了一系列规范国有企业改革的新法律法规，为国有企业改革顺利进行提供了有效的组织保障和法律保障。

四、深化国有企业改革，健全现代企业制度

国有企业的改革虽然取得了显著成效，在建立现代企业制度方面取得了一定的进展，但必须清醒地看到，国有经济布局调整和国有企业改革中也还存在一些突出问题。一是缺乏真正具有国际竞争力的大公司、大企业集团。中央企业核心竞争力和国际竞争力还不强，缺乏具有较强影响力的国际知名品牌，国际化人才严重不足，组织框架和经营模式不能适应国际化经营的需要。二是国有经济布局结构调整任务仍然十分艰巨。国有资本分布面仍然过宽、过散，组织结构不合理，大而不强的问题比较突出。许多行业还处在国际产业链低端，一些企业仍然延续高投入、高消耗的发展模式。三是技术创新能力不强。中央企业研发投入、研发能力和水平与跨国公司相比差距很大。重要产业对外技术依赖度比较高，不少核心关键技术还受制于人，创新型人才比较缺乏。四是管理水平和资源配置效率不高。有的企业管理链条过长，集团管控能力弱，缺乏对重要子企业和境外资产的有效监控和管理。一些企业盲目铺摊子，主业不够突出，财务风险和经营风险大。五是现代企业制度仍要进一步完善。中央企业母公司公司制、股份制改革相对滞后，公司治理结构还不完善。六是企业历史包袱仍很沉重。中央企业办社会等各种负担仍然比较重，厂办大集体改革试点进展缓慢，有的企业主业优质资产上市后存续企业十分困难，一些历史遗留债务、人员安置等问题尚未完全化解。这些问题都必须通过深化改革加以解决。

针对如何继续深化国有企业改革，推进现代企业制度的建立和完善，2003年 10 月，党的十六届三中全会通过的《中共中央关于完善社会主义市场经济体制若干问题的决定》，从完善社会主义市场经济体制的角度，对国有企业改革作出了部署。2007 年 10 月，胡锦涛总书记在十七大报告中，从坚持和完善基本经济制度的高度，对今后一个时期国有企业改革及现代企业制度的建设与完善提出了明确要求，报告指出，要"深化国有企业公司制股份制改革，健全现代企业制度，优化国有经济布局和结构，增强国有经济活力、控制力、影响力。深化垄断

行业改革，引入竞争机制，加强政府监管和社会监督。加快建设国有资本经营预算制度。完善各类国有资产管理体制和制度"。2010 年 10 月，十七届五中全会通过的《中共中央关于制定国民经济和社会发展第十二个五年规划的建议》，进一步强调指出，要"推进国有经济战略性调整，健全国有资本有进有退、合理流动机制。加快国有大型企业改革。深化垄断行业改革。完善各类国有资产管理体制。健全国有资本经营预算和收益分享制度"。今后一个时期，我们要以胡锦涛总书记《在庆祝中国共产党成立 90 周年大会上的讲话》精神为指导，按照党的十六届三中全会、十七大报告和十七届五中全会通过的《中共中央关于制定国民经济和社会发展第十二个五年规划的建议》确定的任务和要求，在深化国有企业改革，健全现代企业制度方面，着重做好以下工作：

第一，继续推进国有经济布局和结构的战略性调整，完善国有资本有进有退、合理流动的机制。这项工作的关键是把着力点始终放在做强做优、提升综合素质和业务核心竞争力上，通过实施转型升级、科技创新、国际化经营、人才强企和和谐发展战略，全面提升中央企业整体素质和发展质量。要继续推动国有资本向关系国家安全和国民经济命脉的重要行业和关键领域集中。合理收缩中央企业分布范围，使国有资本集中投向特定产业链中市场机制难以发挥作用或需要重要控制的基础产业、基础服务、基础设施、基础原料、关键技术、关键工序等。要推动国有资本向具有竞争优势的行业和未来可能形成主导产业的领域集中。通过增量投入和存量调整相结合的办法，加大对产业进入门槛高、国有经济控制力较强、市场发展前景广阔的基础性和支柱产业等领域的投入力度，重点发展高新技术产业，培育未来主导产业，形成能在国民经济发展中起先导和带头作用的高新技术产业群和骨干力量。要推动国有资本向具有较强国际竞争力的大公司、大企业集团集中。围绕加快培育和发展一批技术先进、结构合理、机制灵活、具有自主知识产权、有较强国际竞争力的大公司、大企业集团，加快中央企业的重组和调整。要推动国有资本向国有企业主业集中。积极推进中央企业之间、中央企业和其他企业、上下游企业之间存量资产的调整重组，优化国有经济在企业间的分布。通过内部整合和外部重组等措施减少企业管理层次，优化国有经济在企业内部的分布。

第二，按照现代企业制度的要求，加快国有企业公司制股份制改革步伐。鼓励中央企业进行不留存续资产的整体上市，主业资产已经整体上市的，通过多种途径实施集团层面整体上市；涉及国家安全和国民经济命脉、必须采取国有独资形式的企业，也要进行公司制改革；其他行业和领域的中央企业，要积极引进各类投资者，实现产权多元化。①

对已经改制的国有企业，要按照建立现代企业制度的要求，完善法人治理结构。目前，在改革实践中，有两个问题亟须解决：一是法人治理结构不规范，"内部人控制"问题仍比较严重。目前许多公司的治理结构与现代企业制度的要求相差较远。比较普遍的问题有股东大会形同虚设，董事会不到位、不能代表出资人利益，存在内部人控制现象。二是经营管理者激励与约束机制不健全，缺乏管理创新的内在动力。因此，要规范和完善公司法人治理结构，一是强化董事会的建设，规范委托代理关系。根据现代股份公司"三会一层"的权力安排，公司的重大决策权应在董事会，董事会实行集体决策，个人负责。公司经营策略的拟订和执行权在经理层特别是总经理，经理层要执行董事会的重要决策，对董事会诚实守信，勤勉负责，接受指导、检查和监督。经理层不能超越董事会的授权，采取不正当手段，架空董事会。董事会与经理层的关系，是所有权或老板的代表与打工者的关系，是公司法人治理结构中权力制衡的重心。只有董事会真正代表所有者利益，经理层对董事会尽心尽力、自觉接受董事会的指导和监督，加上监事会能忠诚履行对董事会和经理层的监督，公司的法人治理结构才能逐步健全起来。在规范和理顺董事会与经理层委托代理关系的同时，还要进一步完善企业领导人员的聘任制度，要使董事会对高层管理人员的任免有完全独立的选择权和决策权。二是在企业内部对经营管理人员建立内在化、动态化的激励机制和约束机制。公司治理结构中的一个核心问题，就是要保证所有者对公司能有效地行使控制权的同时，对经营者形成足够的激励。激励与约束实质上是相辅相成的，一个是正向作用，一个是反向作用。其目的是要达到一种"攀岩效应"，也就是说，应当使经营者有足够和持续的动力去追求公司发展的更高目标，从而获得更多的报酬；相反，如果经营者不努力工作甚至玩忽职守，则会丧失一切，这就像一个攀登悬崖的人，不断向上才能获胜，而一失足，就将前功尽弃。

对企业经营管理者和技术人员的激励不是局限于年薪报酬方面，而是形成了一整套有效的激励体系。从国际经验看，激励机制主要包括三个方面的内容：一是实行经济利益的激励。就是对经营管理者和相关技术人员，实行薪酬制度，具体包括岗位工资、职务消费、福利补贴、期权激励、年终奖励等。二是实行权力、地位的激励。主要是提高经营管理者和技术人员在企业经营活动中的地位，增大他们在经营活动中的权力。三是对经营管理者和员工实行企业文化的激励，即在企业中树立一种价值理念，弘扬一种企业精神，增强凝聚力和向心力。如何

---

① 王勇：《做强做优中央企业培育具有国际竞争力的世界一流企业》，《国有资产管理》2011 年第 1 期。

建立对经营管理者和相关人员的约束机制，不是靠制定多少惩罚措施，而是要形成一系列约束机制。约束机制大体包括内部约束和外部约束两个方面的内容。内部约束具体包括公司章程的约束、合同约束、偏好约束、激励中体现约束、机构约束等。外部约束包括法律约束、道德约束、市场约束、社会团体约束、媒体约束等。

第三，加快推进垄断行业国有企业改革，积极引入竞争机制。从目前情况看，我国垄断行业主要是中央企业。主要有两种：一是真正的垄断企业，如国家电网、中国盐业总公司、南方电网等；二是寡头竞争的企业，如中石油、中石化、中国电信、中国移动、中国联通等。垄断行业是我国国有经济最集中、控制力最强的领域，绝大多数是我国国民经济的基础产业和关键领域，掌握着国民经济命脉。推进垄断行业改革，是国有企业改革的一项攻坚战。

垄断行业改革必须具备四个要件：一是要严格实行政企分开，这是垄断企业改革的基础。二是放宽准入标准，这是"切入点"。准入主体主要有两个：不属于该行业的国有资本可以进入；非公有资本可以在一定程度上进入。三是引入竞争，包括行业外竞争，比如铁路可以与公路、航空、水运等竞争。四是依法监管，这是垄断行业改革的保障。

垄断行业改革将成为"十二五"时期改革的重点。具体改革思路是：首先，对已经实行政企分开、政资分开和进行了初步分拆的垄断企业，如电力、电信、民航、石油等行业，主要是开放市场准入，引进新的厂商参与市场竞争。其次，对尚未进行实质性改革的垄断企业，如铁路，某些城市的公用事业等，则积极推进政企分开、政资分开、政事分开的改革。最后，加强社会监管。监管价格水平、服务标准、成本控制、节能减排等，建立一套社会监管体系，防止企业利用垄断地位损害社会利益和公众利益。

第四，进一步健全国有资产监管体制。首先，继续完善国有资产监管体制和制度。加快企业国有资产基础管理条例等重点立法。深化经济增加值考核，强化全员业绩考核，调整不适应科学发展要求的分类指标，增强考核的针对性、有效性。合理调控中央企业职工收入分配水平，完善中央企业负责人薪酬管理和福利保障制度，规范职务消费，严肃分配纪律，增强执行收入分配政策的自觉性和严肃性。完善国有资本经营预算管理制度，加强国有资本收益管理，强化预算执行监督，发挥国有资本经营预算对企业重组、科技创新等的引导作用。其次，进一步完善出资人财务监督和产权管理。进一步完善财务预决算、绩效评价、审计监督、监事会监督成果运用等工作，健全财务信息管理体系，增强财务信息的及时性、准确性。继续完善产权管理制度，强化国有产权交易监管，进一步规范上市公司国有股东行为。最后，整合监管资源，切实提高监管的有效性。建立有效的协调机制，加强监管协同性，形成监管信息互通、检查成果共享的工作机制。建立快速反应机制，充分利用信息化手段，加强对重要子企业、境外企业重大事项的监管。进一步加强监事会当期监督，完善外部监督机制。定期向社会发布国有企业改革发展信息和国有资产的经营情况，稳步推进央企财务信息公开。同时，加快建立健全国有金融资产、非经营性资产、自然资源资产监管体制和境外国有资产监管体制。

第五，深化企业内部改革，强化科学管理。一是加强对企业发展战略、技术创新战略和市场营销战略研究，提高决策水平。二是健全和完善各项规章制度。强化基础工作，彻底改变无章可循、有章不循、违章不究的现象。三是狠抓管理薄弱环节，重点搞好成本管理、现金管理、质量管理。四是广泛采用现代管理技术、方法和手段。总结过去好的管理经验，推广先进企业的管理经验，引进国外智力、借鉴国外企业现代管理方法。

第六，推进配套改革，切实减轻国有企业的各种负担，为国有企业发展创造公平竞争的外部环境。国有企业冗员多、社会负担重、不良资产比重高，仍然是制约国有企业改革和国有经济结构调整的重要障碍。近几年中央和地方政策尽管也采取了一些改革措施，取得了一定的成效。但是，企业办社会的现象仍然比较严重。要从根本上解决上述问题，政府一定要根据社会经济的发展和财力的增长，像近年来对待农村和农民的政策那样，努力分担国有企业改革成本。继续推进分离企业办社会职能和厂办大集体改革，做好政策性关闭破产收尾和债转股后续工作。抓紧清理解决一批历史欠账，加快处理低效、无效资产和微利亏损企业。

思考题：

1. 企业是怎样产生的，它的本质是什么？

2. 为什么说企业是重要的市场主体？它要成为市场主体必须具备哪些条件？

3. 为什么要把利润最大化作为社会主义企业的经营目标？

4. 什么是企业经营机制，它包括哪些主要内容？

5. 什么是现代企业制度，它具体有哪些特征？

6. 现代企业制度的主要组织形式有哪些？它们各有什么特点？

7. 为什么要把建立现代企业制度作为国有企业改革的方向？

8. 我国国有企业改革取得了哪些成效，面临哪些问题？

9. 怎样健全和完善现代企业制度？

第五章 社会主义市场经济下的
农村经济

农民占中国人口的大多数，农民居住在农村，主要从事农业，这是中国的基本国情。农业、农村和农民即"三农"问题，始终是我国革命和现代化建设的根本问题。农业是国民经济的基础，农户和农村经济组织是市场经济重要的微观经济活动主体，农业和农村的改革与发展，不仅关系到整个国民经济的发展和稳定，而且对社会主义市场经济的建立与发展具有深远的影响。本章首先阐述了农业在国民经济中的基础作用，"三农"问题在我国的重要地位；其次研究了我国农户的特征及其经济行为；接着分析了我国农村经济组织与经营方式的特征与作用；最后探讨了我国农村和农业经济发展的体制、机制和相关问题的解决思路。

第一节 高度重视农业、农村和农民问题

"三农"问题关系中国社会的稳定和发展大局，始终是党和政府全部工作的重中之重。我国要实现全面建设小康社会的宏伟目标，只有加快农业优化升级、农村协调发展、农民共同富裕的步伐，才能有效推进我国社会主义市场经济的健康发展和全面小康社会的建设进程。

一、农业及其在国民经济中的基础地位

农业是国民经济中最重要的物质生产部门，它提供人类赖以生存的基本生活资料。农业是人们利用动植物的生活机能，通过人工培养方法以取得产品的物质生产部门。

1. 农业及其产业特点

农业由植物栽培业和动物饲养业两大部门组成。植物栽培业通过绿色植物利用太阳的光、热和自然界的水、空气，以及各种矿物质养分，形成种植业产品，

它是农业的基础部门。动物饲养业则以种植业产品为饲料，通过动物的消化合成作用，转化成为动物性产品，它是农业的再加工部门。农业生产过程实质上是一种通过生物群体进行的物质能量转化过程，将太阳能转化为化学能，将无机物转化为有机物。农业是一个包括多样产品，具有综合功能的产业部门。人们通常将农业区分为狭义的农业和广义的农业。前者指种植业，后者包括农（种植业）、林、牧、副、渔五业。

农业作为一个产业，与其他产业（主要是工业）相比，具有自己鲜明的特点。

（1）农业生产对外界环境和自然条件具有特殊的依赖性。农业生产活动是自然再生产与经济再生产相互交织的过程。因为农业生产的对象是有生命的动植物，所以在农业生产中，作为人类劳动过程的农畜产品生产过程，必然同时又是动植物有机体生长发育繁衍的自然再生产过程。在农业中，经济再生产是以自然再生产为基础和前提的，农业生产过程对自然过程、自然环境和自然因素具有强烈的依赖性。农业生产是在广大的空间进行的，各个地区的自然条件千差万别，而不同的农作物对外界环境条件又有不同的要求，农业的社会分工一般表现为地域上的分工。因此必须因地制宜地配置农业生产，建立合理的农业生产结构，把专业化与综合发展结合起来，充分合理地利用各地的自然资源，以取得最好的经济效果。

（2）农业生产周期较长，而且生产过程中劳动时间与生产时间不一致。在工业生产中。通过生产工具的改进和生产工序的有效配置，可以在不影响产品使用价值的前提下缩短生产周期，提高劳动生产率。在农业生产中，生物生长和发育有其特定的自然规律，人类劳动必须服从这一规律。如，作物生产主要包括播种、育苗、耕耘、移栽、施肥、除草、收获、分选、销售等环节，每一个环节都有自然的顺序和固定的期限，并且与特定的季节有关。即使采用先进的技术和工具能够缩短劳动时间，提高劳动的效率，但一般不能缩短生物自身的生长发育时间。因此，农作物的生长周期较为固定并且时间较长，短则一年半载，长则数年甚至数十年（如林业）。在生物的生长和发育期间，在不同的环节，劳动投入的数量、密度和强度有所不同。在动植物的自然生长发育过程中，不需要劳动力的连续投入，很大一部分时间可以让其自行发育成长，这就产生劳动的季节性问题。农业生产的这个特点，要求农业生产必须专业化和多种经营相结合，农、林、牧、副、渔业全面发展，以解决农业劳动力和农业生产工具季节性使用所造成的效率损失。

（3）农业生产具有对土地的高度依赖性。工业生产受自然条件的约束相对较松，生产过程可以集中在一个有限的地理空间进行。土地是农业生产不可替代的最基本的生产资料。农业中，土地不但是人们劳动的场所而且是农作物生长的基地。农作物的生长发育，需要从土壤中汲取养分与水分，农作物生长、发育的优劣，直接依赖于土壤肥力的高低。因此土地的自然条件直接制约农产品结构的选择。同时。在工业中，土地只是一种一般生产要素，因而是一种在一定技术条件下可以替代的投入。但是，在农业中，土地是生产过程得以展开的物质基础。而且，可供人们种植的土地又是有限的，这使农业生产规模的扩大面临严峻的约束。土地在农业生产中的特殊作用，要求人们合理地使用土地资源，实行集约经营，用地和养地相结合，不断提高土壤肥力。

（4）在农业生产中，技术的引入面临局限性和非效率性。在工业生产中，生产周期和劳动时间可以朝着无限的短期化方向推进。生产过程所需的时间仅仅受限于技术水平、资本规模和生产方法，而较少受到自然的制约。然而在农业生产中，即使大规模使用机械，也只能缩短劳动时间，并不能缩短作物的生长期，如一季稻地区水稻 6~7 个月的生长周期不会因播种和收割技术的进步而缩短。此外，由于农业生产过程的综合性特点，农业机械的利用效率一般较低，如一年中使用耕作机械的时间不过一周，插秧机不过 5 天，脱粒机也只有 10 天左右。虽然投入机械可以节省劳动时间，但使用效率低下，这往往成为阻碍机械使用和普及的因素。

（5）在流通领域，农产品需求和供给弹性较小，生产波动幅度较大。与工业品相比，农产品的需求弹性（价格弹性和收入弹性）和供给弹性都较小。一般而言，随着人们收入的增加或产品价格的降低，对工业品的需求会明显增加。也就是说，工业品一般具有明显的收入弹性或价格弹性。农产品却不是这样。由于农产品的消费量基本上是稳定的，因此即使收入增加或价格降低，或者收入减少而价格上涨，需求量也基本上保持不变。另外，由于农产品的生产需要较长的周期，想在短期内对生产进行增减调节是困难的，这就造成农产品较低的供给弹性。农产品是关系人类生存水平的商品，而工业品是与生活水平有关的商品。因此，农产品的稍许减产就会立刻引起价格的上涨，反过来，需求量的稳定又容易使稍许的增产马上引起价格的下跌。于是，农产品会经常出现价格的大起大落。而且，由于农产品生产一般有着较稳定的生长周期，当期产量由上期价格决定，而当期价格由当期产量决定。农业生产对价格的反应显得滞后。当上期价格提高，农业产出规模可能扩大，而当期产量的增加可能导致的是当期价格的下降，以及下一期生产规模的缩小。产量调整的滞后性使农业生产具有频繁波动的特点，这会对农民收益的实现产生严重影响。

（6）农业经营组织大多以家庭经营为基础。工业生产经营活动受自然因素影响较小，大规模生产可以有效实现规模经济效应。农业生产经营过程的特殊性决定了大规模集体劳作的不适应性。现代企业组织理论认为，在团队生产条件下，出于经济人固有的机会主义行为倾向，人们在生产活动中会出现"搭便车"行为，这要求对生产过程进行有效的监督。在工业生产中，劳动者有明确而稳定的技术分工，可以制定工作定额甚至实行标准化管理，这种收入激励本身可以在一定程度上约束工人的机会主义行为。而且，相对来讲，工业生产比较集中，也为降低监督成本和提高监管效率提供了条件。农业生产中的自然分工具有不稳定性和不明确性的特点，尤其是在劳动者劳动投入程度对产量具有决定性影响的种植业中，很难对劳动过程进行有效分工并制定与收入相联系的定额标准。而且，农业生产在地域上比较分散，外在的监督很难实施。这样，在集体劳作条件下，监督的失效必然导致机会主义的盛行，这是人民公社体制下农业生产效率低的关键原因。农业生产中家庭经营的优势在于，家庭作为一个利益共同体，其中并不存在工业企业中由于委托人与代理人的利益不一致而导致的激励不相融，每一个劳动者都具有内在的激励。况且，由于生产领域较小从而较为集中，即使监督也是具有较低成本和较高效率的。另外，农业生产经营活动由于受自然条件影响较大，劳动投入具有明显的不均匀性。一些重要的生产环节，如播种和收割，需要根据时令及气候的变化灵活调度劳动力，同集体经营相比，家庭在调度劳动力方面显然具有更强的灵活性。所以，在农业生产经营中，家庭是一种有效率的组织形式。实际上，即使在美国这样的发达资本主义国家，农业经营依然是以家庭农场为主。

农业的上述产业特点，不仅要求政府从宏观方面采取与之相适应的管理制度和政策措施，而且，从微观角度看，农业企业和农村基层经济组织也必须承受因之产生的严格约束。诸如农业发展组织形式和管理制度的选择、企业规模和经营方针的确定、农业生产部门结构的调整、农业劳动组织和劳动成果分配方法的拟定和实施等。十一届三中全会以来党的农村政策之所以获得巨大成就，家庭联产承包责任制得以在全国农村普遍实行，归根结底，正是坚持实事求是方针、实行符合农业产业特点的指导原则的结果。深刻认识、全面把握农业生产的自然特点和经济特点，是建立和发展我国农业经济新体制的重要保证。

2. 农业是国民经济的基础

在人类社会发展史上，农业是最早出现的物质生产部门，是人类社会再生产的起点。虽然在不同国家和不同时期，农业所包含的具体内容和范围并非完全相同，但就其实质而言，农业都是人们有选择地利用自然力和生物机能及其有机组合，通过对自然力、生物机能以及生命过程与环境关系的强化和控制，以获取符合社会需要的产品及改良生活环境的产业。

作为人类社会再生产的起点，农业无疑具有重要地位，随着农业的发展和农业剩余产品的增加，国民经济的其他产业与部门才得以存在，并逐渐形成部门繁多与门类齐全的国民经济体系，农业是整个国民经济存在和发展的基础。

（1）农业是人类自身赖以生存和发展的基础。农业是人类的衣食之源、生存之本，是生产维持劳动力再生产的基本生活资料的最主要的物质生产部门。众所周知，人类要生存和发展，首先必须解决衣食住行等最基本的生存与生活问题，而这些问题的解决都必须全部或部分地仰赖于农业部门。尽管随着科学技术的进步，人们可以通过加工与合成等方式获取一定的生活资料，但人类自身的生存与发展对农业部门产品增长的依赖性并没有改变。正如马克思所言："食物的生产是直接生产者的生存和一切生产的首要的条件"；而"超过劳动者个人需要的农业劳动生产率，是一切社会的基础"。①

（2）农业是其他物质生产部门独立存在和发展的基础。从社会分工与产业形成和发展的角度看，随着农业生产力的提高，农业部门生产的农产品除了满足本部门劳动者自身的需要之外，出现了剩余，由此导致手工业逐渐从农业中分离出来，成为独立的生产部门。随着农业和手工业的进一步发展，商品交换得以产生，并在商品交换的种类与规模逐渐扩大的前提下，出现了独立的商人，由此形成了独立的商业部门。以后，在农业、手工业与商业等发展的基础上，又逐渐出现了工业、交通运输业等越来越多的产业部门。

与此同时，农业不仅是非农产业部门形成的基础，而且也是这些部门进一步发展的前提。这是因为，农业部门劳动生产率的提高，不仅为其他部门提供了更多剩余的农产品和释放了大量的剩余劳动力，从而为国民经济其他部门的发展提供了源源不断的追加劳动力以及相应的生活资料，同时，农业部门也通过本部门的发展为工业等部门提供了原材料、市场和资金积累。

（3）农业是非物质生产部门存在和发展的基础。科学、文化、教育、卫生等部门的存在和发展，是人类社会进步和发展的基本需要，也是提高人类科学文化素养、增进社会福利的重要基础。与社会的物质生产部门一样，这些部门的存在和发展同样离不开农业部门的发展。只有农业的剩余产品不断增加，才能使越来越多的人脱离农业部门和非农业部门，从而促进科学、文化、教育、卫生等社会公共服务部门的发展。马克思曾指出："最文明的民族也同最不发达的未开化民族一样，必须先保证自己的食物，然后才能去照顾其他事情；财富的增长和文明

---

① 《马克思恩格斯全集》第 25 卷，人民出版社 1974 年版，第 715、885 页。

的进步，通常都与生产食品所需要的劳动和费用的减少成相等的比例。"① 在这里，马克思已清楚地表明，农业部门生产的发展与物质和非物质生产部门之间的生产有着相互制约的关系，而只有农业生产部门的发展及其剩余产品的增加才能为国民经济其他部门的发展提供条件和基础。

（4）农业的健康发展，可以为人民创造一个优美的生活环境。人口、粮食、资源、能源和环境是当今世界社会经济发展中最棘手的五大问题。人民物质生活水平提高要求有一个良好的生活环境，所以环境保护已经被提上国家的重大议程。在环境保护方面，农业，特别是其中的林业起着巨大的作用。农作物、树木等吸收空气中的二氧化碳和许多有害气体和物质，同时释放出大量氧气，使大气得到净化；植树种草可以防风固沙，涵养水源，防止水土流失，调节小气候，既保护了农业资源，又改善了人民的生活环境。

实践证明，农业是国民经济和社会发展的基础，从根本上说，我国工业和整个国民经济发展的规模和速度，取决于农业的发展规模和速度。农业发展了，整个国民经济都主动，发展速度就会快；农业歉收了，整个国民经济都会受到不利影响，发展速度就会缓慢。这是被我国社会主义建设成功的经验和受挫折的教训所反复证明了的一条客观规律。

二、农村经济与农村发展的重要性

农村是指主要从事农业生产的人群生产和聚居的空间。农村是农业生产和农民生活的自然的、政治的、历史的、文化的和经济的区域。农村是相对城市而言的地区，它是社会大分工的产物。农村和城市的分离，是社会生产力发展的结果，是人类历史发展的进步。

1. 农村及农村经济

我国农村地域辽阔，由于历史、社会、经济及自然条件等原因，农村的发展进程很不平衡。因此，目前并存着三种不同类型的农村：一是古代型，即主要从事农业生产，缺乏资金、技术和人才的刀耕火种，生产落后，生活贫困，如边疆少数民族地区；二是近代型，即在农业经济发展的基础上，乡镇企业、商业、运输业、服务业已经开始起步，商品经济发展加快，如大多数的平原、丘陵地区；三是现代型，即现代工业、第三产业发展迅速，在农村社会总产值中，农业所占比重不大，工副业收入成为农民的主要收入来源，如沿海、沿江等经济发达地区。

---

① 《马克思恩格斯全集》第9卷，人民出版社1961年版，第347页。

农村经济是农村中的经济关系和社会关系的总称。它包括农村的农业、工业、商业、交通运输业、服务业、金融业等经济部门的经济关系和经济活动。农村经济的概念，比农业经济的概念在内涵和外延上都要丰富得多。它是一种区域经济，具有很强的综合性。农村经济的发展，是指在农村这一广阔的区域内各产业的综合发展。党的十一届三中全会以来，我国农村的发展出现了历史性转折，农业生产责任制的普遍推行，带来了生产力的解放和商品经济的发展，促进了农业劳动生产率的大幅度提高，单一的农业经济开始向多部门的农村经济转变，原来处于农业附属地位的手工业、运输业、建筑业等产业都成了独立的生产部门，包括第一产业、第二产业、第三产业的农村产业体得到迅速发育和壮大，乡镇企业成为农村经济的重要支柱，城乡分割的农村经济开始向城乡经济一体化转变。传统的自给半自给经济向社会主义市场经济转化，我国农村进入了一个新的发展时期。我国农村经济的突破性进展，客观上需要理论研究的相应发展，尤其是需要加强农村经济管理的研究。推动农村经济的发展，对于实现我国社会主义初级阶段的历史任务（逐步摆脱贫穷，摆脱落后；由农业人口占多数、以手工劳动为基础的自然经济、半自然经济占很大比重的农业国，逐步改变为非农业人口占多数、商业经济高度发达的现代化的工业国）具有极其重要的意义。

2. 农村稳定和发展是整个社会稳定的基础

从传统社会向现代社会的转型，必须首先处理好社会发展与社会稳定的相互关系。从发展与稳定的相互关系看，发展是目的，稳定是发展的基本前提，没有一个相对稳定的政治环境与社会环境，任何发展都只能是一句空话。从中国的实际看，作为世界上最大的发展中国家，历史和现实的国情决定了中国在走向现代化的伟大进程中，处理好社会发展与社会稳定的关系尤为重要。一个稳定的政治与社会环境，不仅关系到中国的改革开放与现代化建设事业的成败，同时也关系到中国的国家安全与主权。正是从中国的这一客观现实出发，邓小平提出了"中国的问题压倒一切的是需要稳定"的论断，从而深刻地阐明了社会稳定对中国的改革开放与现代化建设事业的重要意义。邓小平曾指出，为了实现20世纪末达到小康水平以及21世纪中叶达到中等发达国家水平的战略目标，中国"需要两个条件，一个是国际上的和平环境，另一个是国内安定团结的政治局面，使我们有领导有秩序地进行社会主义建设"，"中国不能乱哄哄的，只有在安定团结的局面下搞建设才有出路"。① 改革开放以来的中国经济建设之所以取得巨大成就，一个重要经验就是要有稳定的国际环境与国内环境。

---

① 《邓小平文选》第3卷，人民出版社1993年版，第210、212页。

中国是一个农业国家，最基本的国情是农村人口多，人均耕地少，农业技术不发达，对于这样一个农村人口占总人口多数的国家来说，农村的稳定对整个局势的稳定具有根本性作用。作为改革开放总设计师的邓小平，十分关心中国农村的发展和农民生活的改善，并对农村稳定的重要性有过明确的阐述。早在1980年1月，邓小平在一次讲话中就指出："占全国人口百分之八十的农民连温饱都没有保障，怎么能体现社会主义的优越性？"[①] 1984年6月，邓小平在会见日本民间友人时进一步指出："从中国的实际出发，我们首先解决农村问题。中国有百分之八十的人口住在农村，中国稳定不稳定首先要看这百分之八十稳定不稳定。城市搞得再漂亮，没有农村这一稳定的基础是不行的。"[②]

众所周知，农村作为农民的集聚地、农业生产和经营的社会载体，要稳定农村，其关键就是要稳定农民、发展好他们所从事的产业。只有农民稳定了，农业的基础地位牢固了，农村的政治、经济、文化、社会才能够得到更好的协调发展。从当前中国农村发展实际看，影响农村稳定的因素很多，但主要有以下几个方面的因素对农村稳定与否起着关键性作用。

（1）农民收入增长缓慢和与此相关的城乡收入差距的进一步扩大，对广大农民的生产积极性造成了直接的负面影响，成为影响农村与农民稳定的最重要因素。"三农"问题的核心是农民问题，农民问题的核心是收入问题。改革开放以来，农民收入增长缓慢已成为不争的事实。1978~1984年是农民收入在改革开放初期超常规增长阶段。统计显示，这一阶段我国农村居民人均纯收入增长1.66倍，平均每年递增17.7%，扣除物价影响之后其增长率仍高达15.6%。1985~1991年，农民收入进入在波动中缓慢增长阶段。1990年农民人均纯收入比1984年增长77.3%，扣除物价影响因素，农民实际纯收入年均递增为4.2%。其中，1985年和1988年农民收入年增长率达到这一阶段最高值，分别为7.9%和9.3%，1986年和1987年增长较平衡，分别为2.9%和2.8%，而1989年则出现了农民实际纯收入的负增长为-1.6%，到1990年虽有所回升，但增长率也仅为1.8%。1991~1996年为农民收入反弹回升阶段。1997~2003年，全国农民人均纯收入的增幅连续7年没有一年超过5%，农民的收入增长幅度明显下降。1997年为3.8%，2000年为2.1%。农民收入增长幅度持续4年下滑。2001年，农民收入增长幅度有所回升，为4.2%，2002年为4.8%。最高年份增长4.8%，最低的年份只增长2.1%，年均增长4%，仅相当于同期城镇居民收入年均增长幅度的一半，

① 《邓小平文选》第2卷，人民出版社1994年版，第256页。
② 《邓小平文选》第3卷，人民出版社1993年版，第65页。

与《中华人民共和国国民经济和社会发展第十一个五年规划》确定的 5% 的目标相距较大。2004 年，农民人均纯收入为 2936 元，增幅为 6.8%。2010 年，农村居民人均纯收入 5919 元，比 2005 年增长了 81.8%，扣除价格因素，年均实际增长 8.9%。但这是 2003 年以来，国家实行取消农业税、对粮食生产进行直接补贴等鼓励政策取得一定成效的结果。这种背景下的快速增长，实际上是属于一种低水平增长，其基础仍然比较薄弱。农民收入增长的低速度，对农民生产积极性造成严重影响，农村抛荒、"休田"等现象大量存在。

与农民收入增速缓慢相伴随，农村居民收入与城镇居民收入之间的差距也在持续扩大。1978 年农村居民人均纯收入为 133.6 元，城镇居民的人均可支配收入为 343.4 元，二者之比为 1∶2.57；1997 年农村人均纯收入为 2090 元，城镇居民的人均可支配收入为 5160 元，二者之比为 1∶2.47；2002 年以来，城乡居民收入差距一直保持在 3∶1 以上。从 2005 年的 3.22∶1 扩大到了 2009 年的 3.33∶1。城乡居民收入差距已远远超过了改革初期的水平。

农民收入增长的上述状况表明，近年来农民收入增长缓慢与城乡居民之间收入差距的扩大，已成为当前中国经济发展中的重要问题，促进农民收入增长和逐步降低城乡收入差距，对实现中国的现代化和全面小康社会具有重要意义。不仅如此，对当前中国的经济发展与政治稳定而言，如果不能很好地解决农民收入增长问题，就会严重挫伤广大农民的生产积极性，由此引起的农民与农村问题就可能成为社会不稳定的主导因素。

（2）农村基层组织不完善，农村干群关系紧张，对农村稳定产生不利影响。农村基层组织包括农村党团组织、村民委员会和群众性组织，如妇联等。改革之前，这些基层组织一般都能借助行政手段和政府力量维持农村的秩序与稳定。改革之后，随着农村家庭联产承包责任制的推行和农民与集体经济联系的减弱，农村基层组织对农村的行政控制与整合能力大大降低。在这一背景下，某些宗教势力与家族势力开始在农村得以蔓延和扩散。随着宗教势力的盛行，在一些较为偏远的农村，宗教活动频繁，农民对宗教的依赖程度日渐增强，农村的主流意识形态也开始发生某种转变。而随着家族势力兴起后所产生的强化家族观念、信任族长权威的现象，则使一些农民对农村基层组织和村干部的权威产生不信任和动摇，有些地方甚至形成以宗教和家族势力为主导，在乡里横行滋事，与地方基层组织与基层政权直接对抗，成为农村产生混乱和社会不稳定的直接诱因。农村干群关系紧张也是一些农村滋生社会不稳定的重要因素。从原因上讲，产生农村干群关系紧张的主要因素是农民负担过重和干部工作作风不民主甚至粗暴等。农民负担过重主要表现在农村普遍存在乱收费、乱摊派、乱集资和乱罚款等现象。由于农民收入水平不高，现金收入缺乏，各种负担严重影响到农民的正常生产与生活秩序。某些基层干部工作作风的不民主与粗暴则是导致农村干群关系紧张甚至恶化的又一重要因素。一些干部在日常工作中，独断专行，简单粗暴，决策不民主，不依法办事，有的干部利用手中所掌握的权力贪污腐败，所有这些都使农民对基层干部产生了对立情绪，造成干群关系紧张。

（3）农村剩余劳动力流动所产生的相应社会问题，对农村社会稳定形成了潜在的威胁。在传统计划经济体制下，农业中的集体经营制度限制了农村劳动力的自由流动。农村改革后，人民公社的集体劳动与经营制度被打破，农民由传统的集聚地农村向城镇的流动开始活跃。实践证明，农村劳动力的自由流动在直接增加农民收入、提高农民的经济地位和文化素养的同时，也为城镇提供了大量急需的劳动力，为城镇的现代化建设作出了重要贡献。同时也要看到，由农村劳动力的自由流动所产生的一些社会问题也变得突出起来。对于城镇而言，由于城镇户籍制度的限制，外来的"农民工"在城镇的就业、子女上学、就医等与日常生活往往受到不同程度的歧视，"农民工"的权益难以得到合理保障，加上城镇就业所受到的压力加大，一些人可能会由此走上歧途，扰乱城镇社会秩序。对于农村来说，大量年轻力壮的成年劳动力外流不仅影响了正常的农业生产，同时，外出打工也增加了这些农民与外界的交往和联系，从而增加了农村管理的难度；而少数人在外流动所养成的一些生活恶习，如赌博等，则对农村稳定产生了很大的负面影响。

（4）农村整体上落后于城市，二元结构矛盾突出。改革开放后，虽然农村经济得到了长足的发展，但和城市相比，农村经济发展水平总体上仍然是落后的，农村经济的社会化、市场化、现代化程度都大大低于城市。除了以上讲到的农村居民收入增长缓慢、城乡收入差距扩大、农村消费水平低以外，还表现在农村教育和文化生活水平落后。广大农村办学条件差、教学水平低，导致农民子女上学难、受教育机会少，加之教育质量低，使不少农民子女不愿上学，造成农民受教育水平整体偏低。农村文盲、半文盲人口比重大，并且非文盲人口中，占有人口相当部分以上只有小学受教育水平和初中受教育水平。农村基础设施严重不足。长期以来，农村基础设施等公共产品供给短缺，已成为制约农业和农村经济社会发展的"瓶颈"。广大农村普遍缺乏道路、水电、通信、邮电等基础设施建设资金，造成水利长年失修，基础设施老化，抗灾能力下降；生态环境恶化，森林过伐，草原过牧，沙化面积不断增加，水土流失严重，耕地锐减；农业科技人员大量流失，农业技术进步缓慢。使农村的落后面貌未能从根本上得到改变。①

由上述分析可以看出，当前影响我国农村稳定的因素仍然存在，要真正地使农村得到稳定和发展，必须高度重视农民收入问题，重视提高农民政治与经济地位，注重提高农民的科学文化素养。从我国整个国民经济发展的全局来看，改革开放以来，中国经济之所以能够持续、快速发展，其中一个十分重要的原因就在于我们有一个安定团结的政治局面，而这种局面的形成，正是根植于我国广大农村的不断发展和稳定。没有农村的稳定和全面进步，就不可能有整个社会的稳定和全面进步；没有农民的小康，就不可能有全国人民的小康；没有农业的现代化，就不可能有整个国民经济的现代化。

三、农民与农户在经济社会发展中的地位

农户即农民家庭，是农村中以血缘关系为基础组成的农村最基层的社会单位。它既是一个独立的生活单位，又是一个独立的生产经营单位。作为一个生产经营单位的农户，一般是以自有或租入（或兼而有之）的土地和其他生产资料，依靠家庭成员的劳动或雇佣劳动（或兼而有之）进行农业生产和经营活动。

1. 农户的经济性质与特征

以农户为单位的小农经济是农业社会的一种基本生产组织形式，它已经有数千年历史。在奴隶社会、封建社会和资本主义社会初期，农户一般是个体农户，是个体经济单位。个体农户经济的特点，是在小块土地上进行经营；家长（即户主）居主宰地位，家庭成员内部形成自然分工；经营规模小，生产技术落后；生产目的主要是满足家庭自身消费的需要，基本上是自给自足的经济。资本主义社会的发展，造成个体农户的两极分化，一部分农户因无力抵御自然灾害和承担债务而亏损破产；另一部分农户进一步发展成为资本主义性质的农场。在高度发达的资本主义商品经济条件下，以家庭为经营单位的农户经济的特点也在发生变化，个体农户不再是自给自足的生产单位，一般都分别从事某一项专业化的商品——农产品生产，甚至连他们自己的消费品也大部分从市场上购买。这时的农户按其经营范围和非农业收入的比重，划分为专业农户和兼业农户；前者以务农为主，后者既务农又兼营其他行业，并且往往以非农业收入为主。

在新中国成立以前，中国农村中主要以个体农户经济为主，另有少数富农。新中国成立以后，经过农业合作化，消灭了富农，个体农户加入农业生产合作社而成为合作社的成员。这时，虽然还存在以血缘和婚姻关系为基础组成的农户，

---

① 程传兴等：《农村经济发展中存在的突出问题与改革思路》，《学习论坛》2005 年第 2 期。

这些农户也有自留地和家庭副业，但已不再是一个独立的生产经营单位。1978年党的十一届三中全会以后，在农村开始实行家庭联产承包责任制，逐步建立起双层经营的农村经济体制。在这种体制下，实行统一经营和分散经营相结合，农户成为集体经济中一个独立的经营层次。这样，农户又成为从事生产经营活动的基本经济单位。

在社会主义市场经济条件下，双层经营体制中的农户经济具有如下几个特点：

第一，作为农业中最主要、最基本、最不可替代的生产资料的土地是公有的，大中型的水利排灌设施是公有的，劳动者的联合体拥有的公共积累是公有的，因此，家庭联产承包责任制下的生产资料所有制仍是以公有制为基础，属于社会主义性质的所有制。只有次要的农业生产资料和投入生产的资金属于承包户私人所有。

第二，在家庭联产承包责任制下的农业生产中，劳动者与物质生产条件的结合方式具有"联合劳动"的性质。这是因为各承包户所使用的主要生产资料，即土地是联合体公有的；各个农业生产者的劳动仍然要在一定程度上受联合体的支配与制约。这种调配和制约表现在：承包户在哪些地块上进行劳动是由联合体决定的；承包户承包土地的使用方向、完成的承包量、向国家交多少农产品和交什么农产品，也是由联合体决定的。

第三，农户对经营目标的追求，是在各种内外经济因素的约束下进行的。在社会主义市场经济条件下，农户作为自主经营、自负盈亏的商品生产者和经营者，其经营目标是追求纯收入最大化。

第四，农户的全部收入中不仅有承包收入，而且有非承包收入。

我国现阶段的农户之所以能成为微观经济活动的主体，是因为我国实行家庭联产承包责任制以后，农户已有了充分的经营自主权，成为进行独立商品生产和经营的农业经济实体，具有独立经营者的地位。在家庭联产承包责任制下，农户作为微观经济活动的主体，其生产经营活动不仅不同于"政社合一"经营管理形式下的行为，而且不同于其他企业的行为，具有自己的特征。

第一，农户具有较强的动力机制和自我约束机制。在人民公社体制下，农民丧失生产自主权和产品支配权，在收入分配上的平均主义，使农户缺乏激励机制和约束机制。家庭联产承包责任制实行"保证国家的（上交任务）、留够集体的（公共积累和管理费用）、剩下自己的"原则，农户收入与其所获得的最终成果直接挂钩，这必然极大地调动农户的积极性，进行高效益的生产经营活动，追求收入最大化，并强化自我约束机制，实现较长期的稳定的收益。

第二，农户能够依据市场信号进行资源的合理配置。人民公社实行过分集中、单一的体制，生产经营由自上而下的指令性计划来调节。联产承包责任制确认农户具备应有的责、权、利，其经营活动也会受到集体经营层次的制约，但是基本上还是实行自主经营、自负盈亏的，这必然迫使农户更好地按照市场经济原则办事，遵循市场经济规律，以市场来调节生产经营活动。

第三，农户内部的关系主要是家庭成员之间的关系。在企业内部，众多的企业成员依据社会化生产要求在分工协作的技术关系基础上形成了平等、互助、互利的关系，又主要依靠按劳分配等经济利益平衡机制来调节这种经济关系。在农户内部，则是由婚姻关系和血缘关系派生出来的家庭成员之间的关系，不是具有自身特殊利益的不同经济主体之间的利益关系；主要基于血缘和亲缘的权利义务关系，不需要像企业那样经过特别的经济利益平衡机制来调节。

第四，农户生产经营活动体现劳动者与经营者合一，生产经营与家计合一。在企业，劳动者与经营者是分开的，生产经营与家计也不是合为一体的，用于生产经营的生产性支出和用于维持职工家庭生活的消费性支出严格区分。而农户既是劳动者，又是经营者。农户家庭既是一个生产单位，进行农业生产经营，又是一个生活单位，从事家庭生活消费，生产性支出与消费性支出可以相互替代。当外部条件不利、生产经营状况困难时，农户会尽量减少生活支出以维持再生产。而当市场需求旺盛、盈利前景明晰时，农户又会适当控制生活消费水平的增长以增大生产支出，扩大再生产规模。

2. 农民问题是中国革命和建设的根本问题

中国是一个人口众多、而农村居民又占总人口 50% 的农业大国，这是我国基本的国情。农民问题从来就是中国革命和建设的基本问题，在中国共产党领导的推翻半封建半殖民地统治的革命斗争中，就是因为解决了农民的土地问题，走了一条农村包围城市的革命道路，从而最终取得了革命的胜利。

新中国成立以后，我国逐步建立了一套城乡分割的二元体制，这一体制的运行，在诸多方面是两套政策：对城市、居民是一套政策，对农村、农民是另一套政策。"城乡分治，一国两策"是在计划经济体制下逐步形成的，当时要集中力量进行国家工业化建设，是不得已而为之，适应当时的短缺经济，为了克服困难，不得已牺牲了农民的利益，把农民限制在农村，后果是压抑了农民的积极性，使农业生产长期徘徊，造成了粮食等农副产品的长期短缺。

改革开放以后，农村率先改革，实行家庭联产承包责任制，把土地的使用权和经营权还给农民，使农民得到了自主和实惠，调动了农民生产的积极性，农业连年丰收，粮食等主要农产品已经由长期徘徊、短缺转变为丰年有余，解决了农产品的供给问题。

由以上分析可见，在中国，只有解决了农民问题，社会主义革命和建设才能取得根本性胜利。

第二节　农户的经营机制与经济行为

在广阔农村，农户及其他经济组织是市场经济的重要市场主体，他们的经营状况和经济行为，对社会主义市场经济的运行同样具有十分重要的影响。本节侧重分析了农户的经营机制与特点，从理论和实际的角度分析农户的经营行为，并对农户的兼业行为及其原因和后果作了考察。

一、农户的经营机制及其特点

农户的经营机制是指激励和制约农户经济活动的若干基本经济因素的有机组合。它主要包括经营目标和经营约束两个方面的内容。

1. 农户的经营目标

在我国现阶段，农户的经营主要是指家庭联产承包责任制下农民的经济活动的基本取向。它是由当前农村集体经济内部的利益关系和农户对自身利益的追求决定的。主要表现为农户对经营纯收入的追求。

（1）农村集体经济内部的利益关系与农户的承包收入。实行家庭联产承包责任制后的集体经济内部的利益关系，是以"联产计酬"为特征的。联产计酬即联系产量或承包产值来确定农户所得的报酬。承包产量是集体根据不同的承包地块在过去正常年景下的产量和未来增产的可能性规定的标准产量，用承包产量乘以农产品的价格，即可得出承包产值。承包产量是实物形式的，如几千斤稻谷、几百斤皮棉等。按实物形式的承包产量计酬是联产承包的初级形式。这与联产承包最初是在农村分工分业不分家、生产活动基本是囿于种植业的经济落后地区兴起有关。随着农村多种经营特别是商品经济的迅速发展，在我国许多地区，实物形式的承包已为价值形式的承包所取代。

在承包产量和承包产值确定以后，用承包产量或者承包产值乘以国家课征的农业税的百分比和集体提留的百分比，即可以得出农户分担的农业税上缴任务和农村集体提留的数量。提留由集体统一掌握，形成公积金和公益金，用于集体统一经营层次的生产性积累和公益事业。集体提留和农业税统称为"承包扣除"。从承包产量或承包产值中减去承包扣除所得余额，全部归农户所有。在农业税取消后，农户从承包产量或承包产值中扣除集体提留后的余额，全部归农户自己所有。

可见，联产计酬是按承包产量或产值的一定比例从农户的实际产量或产值中扣除集体提留之后的剩余，全部归农户所得，这部分剩余成为农户的承包收入。

（2）农户的非承包收入。在通过土地承包而作为集体经济的一个经营层次存在的同时，许多农户还自主地支配家庭拥有的生产要素，独立地从事承包经营范围之外的经济活动（包括农业和非农业的活动，即兼业化）。通过这些经济活动取得的收入成为农户的非承包收入。目前，它已经成为农户收入中相当重要的组成部分。

农户非承包收入的主要来源有：从事经济作物栽培、禽畜、水产养殖等方面的生产活动的收入；从事工副业生产的收入；从事商业、服务业和运输业等方面的经济活动的收入；家庭成员受雇于工商企业（主要是乡镇企业）的工资收入。

由于不同地区经济发展水平的差异，承包收入和非承包收入在不同地区农户的全部收入中所占的比例是不一样的。目前在我国多数地区，承包收入仍然是农户全部收入的主体。但是随着农村分工分业和商品经济的发展，尤其是农村乡镇企业的迅速崛起，非承包收入在农户全部收入中的比重正逐渐上升。

（3）农户的经营目标是纯收入最大化。无论是取得承包收入还是非承包收入，农户都需要垫支生产费用（非承包收入中工资除外）。从农户收入中扣除垫支生产费用即生产成本，就得到农户的净产值或纯收入。追求纯收入最大化是农户的经营目标。在农户既从事农业生产活动又从事非农业生产活动的条件下，可以将其生产成本分为农业生产成本和非农业生产成本。在商品经济条件下，农户产品的价值构成应该是 $c+v+m$，其中，c 包括农业生产成本和非农业生产成本；v 包括农户家庭成员劳动力使用的代价（虽然农户一般不需要为家庭成员支付工资，但是农户也必须核算家庭劳动力使用的代价），有时也包括因劳动力不足而雇用的少数工人的工资。在农户的全部收入中，如果 c、v 越少，特别是 c 越少，农户的纯收入 m 就越大。

农户以追求纯收入最大化为经营目标，是由市场经济和农户追求自身经济利益决定的。深化农村经济改革，实行家庭联产承包责任制，发展农村社会主义市场经济，确认农户是具有自身独立利益的经济实体，成为自主经营、自负盈亏的商品生产者、经营者，必然促使农户千方百计地降低生产费用，增加更多收入，实现纯收入最大化，追求自身经济利益。

2. 农户的经营约束

农户对纯收入最大化经营目标的追求，是在各种内外经济的约束下进行的。

这些约束，既有农户内部的，也有农户外部的；既有与企业相同的，也有与企业不同的，它们共同构成农户经营约束机制，制约着农户纯收入最大化目标的实现。

（1）硬预算约束。预算约束即预算收入对预算支出的约束，可以分为具有弹性的软预算约束和具有刚性的硬预算约束。硬预算约束建立的前提是经营者独立产权的形成。在农户生产经营活动中。硬预算约束主要表现为农户生产经营的后果（即盈亏），由各个农户自己负责。在硬预算约束的条件下，农户能够充分利用各项固定资产设备，提高利用率和利用效率，减少维修费与折旧费，加强各个生产环节的费用核算，努力降低各个环节的费用支出，精打细算，厉行节约，降低产品成本，并注意节约活劳动消耗，防止无效劳动的发生，从而减少各项支出，增加纯收入。

（2）市场约束。市场约束指农户经营活动受各种市场信号的制约。随着农村商品经济的深入发展和农户温饱问题的基本解决，农产品的商品率大大提高，农户对工业企业生产的农用生产资料的需求也有很大增长，农户的经营活动越来越依赖于市场。农户只有依靠价格信号来及时调整生产经营活动的方向和规模，才能尽量减少支出，降低成本，增加收入，实现纯收入最大化经营目标。

（3）国家计划约束。国家计划约束指农户经营活动受国家计划的制约。在市场经济中，国家主要通过农村集体经营层次，采取指导性计划形式来约束农户经营。农户必须自觉遵循国家有关农产品价格政策等农业政策，完成国家下达的大宗农产品的合同订购任务。

（4）由集体所有制经济决定的特殊约束。这种约束是指乡村集体经营层次对农户经济活动的约束。这体现在，在农户与集体签订的承包协议中，除了规定集体提留外，还要规定农户对集体承担的其他义务，如为农田水利、交通、通信等基础设施的建设提供劳动力和资金等。

（5）农业生产的特殊约束。农业不同于工业，农业的对象是有生命的动植物，其生产过程就是这些动植物的生产繁殖过程；农业的生产条件分布在广阔的空间，受自然环境影响很大；农业劳动的成果，大多数只能表现为最终产品。农业生产的特殊性所决定的特殊约束，除了气候等自然条件的制约外，主要是土地约束。土地是农业尤其是种植业的基本生产要素，而我国人多地少，平均每个农户拥有的承包土地面积相当有限，这就必然制约着农户的生产经营活动。

二、对农户经济行为的理论分析

农户经济行为是指农户为实现纯收入最大化而对经营约束所作的规律性反映。从农户是一个生产单位看，农户经济行为主要是生产行为和经营行为，其中最主要的是投入产出行为；从农户既是一个生产单位又是一个生活单位看，农户经济行为还应该包括消费行为和储蓄行为；若从农户所从事的生产领域看，农户经济行为还包括专业化行为和兼业化行为。

由于人们可以从不同的角度去理解和把握农户行为的特征，反映到理论上，就出现了以下不同的农户行为理论：

1. 马克思的"小块土地自耕农"理论

马克思对农户经济行为的研究在其地租理论中有所表述。马克思研究了封建地租和资本主义地租之后，论述了两种既非封建地租又非资本主义地租的过渡形式（即分成制和小块土地所有制），他认为在农业生产力还不是很发达、农业资本主义还没有普遍发展的情况下，存在着一种"小块土地所有制"，这时的农民既是土地所有者又是劳动者，其经营目标是工资而不是利润最大化，只要产品的价格能够收回生产资料的费用，能够"补偿他的这个工资，他就会耕种他的土地；并且直到工资下降到身体的最低限度，他往往也这样做"。马克思揭示了"小块土地所有制"下传统小农的行为特征：追求生存保障，不计代价地以劳动替代资本投入。由于马克思的论述是以农业资本主义还没有普遍发展、农业劳动者的劳动还"不是社会劳动，而是孤立劳动"为前提的，换句话说是以农业生产的非市场化为前提的，因此，它只是农业本身发展的一个"过渡阶段"，随着农业生产市场化的发展，这种意义上的小农行为会随之改变。

2. "自给小农"理论

"自给小农"理论以苏联恰亚诺夫为代表。该理论认为小农是一个以满足自家消费为目的的血缘统一体，家庭经济活动量与家庭规模、家庭结构有密切关系。由于农民家庭是农民经济活动的基础，而家庭经济又以劳动的供给与消费的满足为决定因素，当劳动投入增加到主观感受的"劳动辛苦程度"与所增加的产品的满足感相均衡时，农户的经济活动量便得以规定。因此，农户的经济活动是家庭或者农场的生产，主要目的是为了满足其家庭的消费需要，不是为了追求最大利润。该理论在农户既是一个生产单位又是一个生活单位的认识上，更侧重于农户的家计生存功能，对市场经济条件下农户作为一个生产单位，其经济行为的特征未作研究。

3. "理性小农"理论

"理性小农"理论的代表人物之一是美国经济学家舒尔茨。舒尔茨针对流行经济观点中认为传统农民受文化和习惯势力的束缚，对先进科学技术有抗拒心理，对经济刺激不会有反应，农业和现代化不相容等思想提出了反对意见。认为传统农户不愿意改革和创新，主要是因为农业收益的不稳定性所带来的障碍，而且这种障碍又为落后国家农业附属服务的缺乏、价格税收的不公平，以及偏重城市发展而导致农村贫困等因素所加重。其实，小农的经济行为，绝非西方社会一般人心目中认为的那样懒惰、愚昧或者没有理性。事实上，他是一个在"传统农业"（在投入现代的机械动力和化肥以前）的范畴内，有进取精神并对资源能作最适度运用的人。传统农业可能是贫乏的，但是效率很高。它渐趋接近一个均衡的水平。在这个均衡之内，"生产因素的使用，较少有不合理的低效率现象"。而后波普金又进一步阐明了舒尔茨的分析，认为小农是在权衡了长短期利益以及风险因素之后，为追求最大生产利益而作出合理生产抉择的人，是"理性的小农"。20 世纪 70 年代后，"理性小农"理论又被进一步发展为农户模型分析等。由于"理性小农"理论是以市场经济的存在为前提的，它对于分析我国当前的农户经济行为有一定的借鉴意义。

三、农户的投入产出行为

农户作为一个基本经济单位，他们要从事生产经营活动，既要投入一定的生产要素，更要关心投入后的收益或回报。而要取得更多的产出，不仅要实现不同要素的最佳组合，而且还要从事兼业经营。

1. 农业生产要素

农业生产要素又称农业生产资源，它是人们在从事农业生产活动时所需要的各种物质资源和能源。农业生产要素按其效用可以划分为土地、劳动力、资本和农业技术等。

土地是农业中最重要而又无法替代的基本生产资料，经济学上的土地包括陆地和水面，是由土壤、岩石、地貌、气候、水文、植被等组成的一个自然综合体。土地对农业生产具有特别重要的意义，是"财富之母"。

劳动力是指人的劳动能力，人们常常从两重意义上去讨论它。狭义的农业劳动力是指人的劳动能力，广义的农业劳动力是指有劳动能力的人口或劳动资源。在农业生产中，农业劳动力是最活跃并起着决定性作用的因素，没有劳动力，其他生产要素只不过是一堆僵死的东西，故称劳动是"财富之父"。

资本在农业生产要素中占有重要的地位。农业资本是指农业再生产过程中处于不断循环和周转状态的、能为其所有者带来价值增殖的价值。与其他资本一样，农业资本也可以从不同的角度被划分为固定资本、流动资本和货币资本、实物资本以及土地资本、非土地资本等。同工业相比，农业资本使用的特点是周期长、需求的季节性强、投资报酬率低、分散性大。就我国目前而言，资本短缺且利用效果不好是广大农民面临的最大困难，如何有效地使用好有限的农用资本是亟须解决的问题。技术是制造一种产品、采用一种工艺或提供一项服务的系统知识，其中可用于农业的成为农业技术。农业技术是促进农业生产力发展，提高农业劳动生产率的关键。农业技术的特点是：领域宽、范围广、种类可涉及所有应用开发研究中的内容；具有经济性、适用性和水平的多层次性；农业技术装备具有专用性。目前，我国农业技术再生产中的运用状况是成果不足与转化率不高同时并存，因此，我们一方面要大力发展我国农业科技事业，特别是要建立我国现代集约持续农业的科技体系；另一方面要做好农业科学技术的推广工作。完善农业推广体制，通过农业科学技术的推广，加速农业科技成果向农业生产力的转化。

　　2. 农业资源的投入和产出

　　在农业生产过程中，农产品产量随资源投入量的不同而变化。为简化分析，假设农户只生产一种产品，仍以小麦生产为例，并且除了土地以外，只使用化肥一种生产要素。同时假定农产品和生产要素的价格都固定不变，在此情况下，小麦的产量是由给定的承包土地面积和可以增减的化肥要素的投入量决定的。用小麦的产量乘以其市场价格就得到农户的销售收入即收益，用化肥的数量乘以其市场价格就是农户的生产成本。随着生产要素投入量的增大，根据边际收益递减规律的作用，农户的产量和销售收入的变化会经历三个阶段的变化，即递增、不变、递减。而农户的生产成本却随着生产要素投入量的增加而增加，于是就出现了如何决策的问题：农户应该将生产要素的投入量确定在什么样的水平上才"最合适"。对于这个问题的回答首先是要明确生产者的生产目标。生产目标有两种：产量最高；利润最大。在自然经济条件下，或者在某些特殊的时期，如战争、灾害等，农户往往追求产量最高；但是在市场经济条件下，生产者的生产目标是利润最大。在目前情况下，我国还处于市场经济初期，商品经济还不发达。农户的生产目标通常是混合性的，即首先考虑满足自身需要追求产量最高，然后在剩余范围内追求利润最大，这种特殊的生产目标是我国目前大部分农户所具有的，于是就有下面的情况出现：

　　（1）当追求产量最高时，农户就不考虑成本、价格等因素，只要将生产要素的投入规模确定在边际产量为零的位置即可。这时的总产量最高。如果边际产量为正时，表明继续增加投资，产量还会增加；如果边际产量为负时，表明减少投资，产量才会增加，只有当边际产量等于零时，总产量才会最高。

　　（2）当追求利润最大时，决定农户纯收入最大化的生产规模条件是：边际成本等于边际收益，即农户新增加一单位的生产要素的投入引起的收益增量正好等于追加一单位的生产要素投入引起的成本增量。当边际收益大于边际成本时，表明继续增加投资，纯收入的总额会增大；当边际收益小于边际成本时，表明追加生产要素的投资会使纯收入减少，这时应该减少投资，减少成本；只有当边际收益等于边际成本时，生产要素的利用率才会最高，纯收入总额才会最大。

以上是简化的分析，假定农户只使用一种生产要素，但是在实际的生产过程中，农户使用的生产要素远不止一种，而是多种。如上例中生产小麦，除了土地和化肥外，还需要投入种子、农药、劳动力以及各种农具等。这时，农户应当将各种生产要素的投入量控制在边际收益等于边际成本的水平上，只有这样，总收益才能最大。

3. 不同要素的最佳组合

如前所述，生产一种产品需要投入多种生产要素，现在假定农户在给定的承包土地面积上，只投入两种生产要素，例如种子和化肥，那么这两种生产要素应该以什么样的比例组合才能使总成本最低？种子和化肥这两种生产要素在一定限度内是可以互相替代的，为达到一定产量水平，农户可以使用较少种子和较多化肥，也可以使用较多种子和较少化肥。如果这个农户的种子和化肥的使用量，都是按边际收益等于边际成本即要素价格的原则确定的，那么，种子和化肥的边际收益之比，就必然等于这二者的价格比例。换句话说，当增加投入一单位种子多花费的成本恰好等于替换出来的化肥支付的成本（或者相反）时，两种资源投入量的比就是为一定量的产出而花费最低的总成本时的资源配合率，这就是农户不同生产要素组合的最佳条件。

根据要素的边际成本等于边际收益的效率条件，当物质生产要素的价格发生变动时，农户应当对物质生产要素的使用量和组合进行相应的调整，才能实现生产要素利用的高效率，从而使纯收入最大化这一经营目标得以实现。但是，当农户面对数量配额时，这一效率条件将会失效。如果农户受到生产要素短缺的约束，按现行价格能够买到的生产要素数量低于使要素的边际收益等于边际成本的水平，就只能在要素的边际收益大于边际成本的条件下从事生产活动。如果农户受到农产品需求不足的约束，会减少农产品产量从而减少生产要素的使用量，这也有可能使其生产要素利用处于边际收益大于边际成本的水平。在这两种情况下，农户均无法将其要素投入扩大到使纯收入最大化这一经营目标所要求的水平。而在农户受到合同定购形式的国家计划数量配额约束，必须投入较多生产要素以取得相应产量时，则有可能是在生产要素边际收益小于边际成本的条件下进行生产。

4. 不同产品的相互替代

在农业中，不仅一种产出需要多种资源，而且一种资源可以生产出多种产品。在一定量资源的前提下，在一种产品生产中多投入一单位该资源，就会少生产另一种产品，即产品与产品之间存在替代关系。当一种产品增加的收益正好等于另一种产品因此减少的收益时，这时该特定资源在两种产品间的分配比率所生产出的两种产品的量，就是投入一定前提下总收益最大的产品配合。例如，耕地既可用来种粮，也可用来植棉，不能将所有耕地只用作收益高的一种产品生产。当多种一亩棉花增加的收益正好等于少种一亩粮食减少的收益时，这时的播种面积构成，就是总收入最大的粮棉配比，也就是粮棉两种产品生产的最佳组合。

讨论不同产品的相互替代，需要依据农产品的市场价格。然而在实际生产中，农产品的市场价格是不断变动的，农户的生产决策相对于农产品市场价格的变动又是滞后的。具有周期性的农产品的产量决定总是滞后于价格形成，其结果是产量和价格的周期性波动。因此农户在确定自己产品的配合比例时，要根据市场价格的周期变动，进行前瞻性决策，尽量减少或避免因为价格变动给自己的生产带来损失。

5. 农产品价格波动与生产波动

多数农产品的生产都有一定的周期。因此农户的现期生产计划，往往是根据这个周期前的产品的市场价格确定的。而当农户将产品在市场上出售时，市场价格通常都已经发生了变化。也就是说，农户的生产在时间上是滞后于价格变动的。前期市场价格与现期市场价格的差异，往往会使农户的生产发生周期性的波动。这是农户生产行为的一个重要特点。

在开始生产前，如果前期的农产品的市场价格较高，农户决定现期投入的生产要素的数量就会比较多，结果农产品的供应量也会增加。市场上会出现供大于求的现象，最终导致农产品的价格下跌。反之，如果现期农产品价格下跌，农户通常会在下一个生产周期中减少生产要素的投入，缩小生产规模，从而可能使农产品供不应求，引起价格上涨。较高的农产品价格，又会成为农户考虑再下一个生产周期要素投入量的依据，结果又可能是产品供过于求，价格下跌……

我国1984年把粮食和棉花等大宗产品由统购统销改为全国订购和议价销售之后，农业生产已经出现过几次较大的波动，表现为"买难"和"卖难"的周期交替。由于单个农户经营规模小，经济实力弱，承担风险的能力十分有限，对农产品的价格变动往往会做出十分灵敏甚至是过分的反应，这又会扩大生产周期波动的振幅。振幅扩大无论是对整个国民经济的持续稳定发展，还是对广大农民的利益，都是有害的。"买难"和"卖难"引发的"棉花大战"、"小麦大战"等就是证明。要想缩小周期波动的振幅，就必须使农产品价格保持相对稳定。国家建立粮食储备基金制度，发展大宗农产品的批发市场和期货市场，就是为了平抑大宗农产品的市场价格，稳定广大农户的经济预期，从而缩小农业生产周期波动的振幅。而动员广大农户参加各种集体的或合作制的农产品销售服务机构，则是国家上述措施有效发挥作用的保证。在粮食储备基金制度、批发市场和期货市场以及集体的销售服务机构还不健全的情况下，国家则往往需要通过集体经营层次向农户下达计划数量配额，以抑制周期波动。

四、农户的兼业行为

上面对农户行为的分析，是以农户单纯从事农业生产取得收入为前提的。但是在实际生活中，农户除了农业生产之外，还可以通过非农业经济活动，如工副业、商业、服务业取得收入。所谓农业的兼业行为指农户在专门（或以较多精力）从事某种生产活动的同时，还以部分精力从事其他生产活动的一种行为。

1. 农户的兼业化经营

农户的兼业化经营，与其从事农业生产活动的机会成本有关。虽然农户对自己拥有的劳动力的使用不支付财务意义上的费用，但是，农户在追求纯收入最大化这一经营目标的支配下，必然要从机会成本的角度考虑劳动力的使用代价。农户因从事农业生产而放弃的从事非农业经济活动可能取得的收入，就是他们将劳动力用于农业生产的机会成本。当非农业经济活动的收入高于农业生产的收入时，农户从事农业生产活动的机会成本较高，就会引起农户劳动力向非农业部门的转移。

假设一个农户除了务农以外，还有到乡镇企业务工取得工资收入的可能，务农的人均收入是随着农户在一定土地面积上劳动力的使用量的增加而递减的。农户为了取得尽可能多的纯收入，要将其务农人均收入与作为机会成本的务工收入相比较。如果农户将其所拥有的全部劳动力投入务农，务农人均收入仍高于其机会成本，农户是不会发生兼业化倾向的。而当务农人均收入与机会成本相等时，农户处在发生兼业化倾向的临界点上。如果农户将全部劳动力投入务农，其务农人均收入低于机会成本时，就会将部分劳动力转移到务工上，以便使自己的纯收入增加，这时兼业化就会发生。

2. 农户兼业化经营的原因

农户兼业化经营是世界所有国家存在的一种普遍现象。人多地少的国家更是如此。在我国现阶段，农户兼业行为是我国农村工业化和现代化进程中的过渡性现象，它的出现有其必然性：

（1）农户兼业化经营是我国广大农户在温饱问题解决后，追求货币收入以改善生存状态、开辟发展空间的自主选择。自改革开放以来，随着家庭联产承包责任制和双层经营体制的推行，农户的小农经济行为特征得以恢复，他们以解决温饱问题为目的，不惜代价地以劳动去替代资本投入。因此，生产积极性得到了空前的释放，农业生产率大幅度提高，农作物连年增产，大多数地区的农民基本上解决了温饱问题。农民在解决温饱问题以后，便开始以货币收入最大化为追求目标。由于农业是弱质、风险产业，受自然因素影响大，生产具有不稳定性，故务农收入远远低于其他产业收入。农户在经济利益的驱使下，必然要将一部分剩余劳动力和其他生产要素投向其他产业，实现兼业化经营，以实现自己对货币收入最大化的追求。

（2）农户兼业化经营是我国人多地少、土地资源高度稀缺状况下农户行为的一种适应性反应。我国是农业大国，人多地少，土地资源十分稀缺。到20世纪90年代中期，我国的人均耕地已经不足1.2亩，是世界平均人均耕地的1/3。但是，我国人口仍在膨胀，耕地却在急剧减少，据估算，50年后我国人均耕地将降到现在的1/2，面对严重的土地资源稀缺，农户家庭只有将剩余劳动力转向其他产业，通过兼业化经营，才能弥补由于报酬递减而带来的农业收入的不足。因此，可以说它是我国广大农户对土地资源瓶颈的一种适应性反应。

（3）农户兼业化经营是我国社会主义市场经济发展的必然要求。一方面，社会主义市场经济的发展带来了农村产业结构的调整，传统的以农业为主的小农村社经济逐渐演变为"农林牧副渔、工商建运服"十业并举；另一方面，市场经济的发展带来整个国民经济的繁荣，在农业和农村经济之外树立起一个产业门类齐全、专业分工社会化的庞大的城市工业。根据收入最大化原则，将家庭剩余的生产要素有选择地配置到其他非农产业或部门中去，因而兼业化经营就发生了。

此外，导致我国农业兼业化经营的还有土地经营规模、农产品和生产资料价格等因素。

3. 农户兼业化经营的后果

在我国现阶段，农户土地经营规模小，农业生产技术较为落后，工农业产品价格存在"剪刀差"，这些都造成务农的机会成本较高。因而农户一般具有很强的兼业化倾向。而农户的兼业化能否实现，将其部分劳动力转移到比较利益较大的非农产业部门，取决于非农产业部门吸收劳动力的能力。由于我国城市人口就业压力也很大，城市工商业及服务业吸收农村富余劳动力的能力有限，因此农户的兼业化，主要是通过农民兴办的集体为主、私营为辅的乡镇企业的发展实现的。

农户兼业化经营的出现对我国农村经济发展的影响既有积极的一面，也有消极的一面。其积极影响表现在：首先，有利于农户根据市场需求和收益最大化原则合理配置家庭资源；其次，有利于农户利用内部整合机制，规避经营风险；最后，有利于农户在土地资源高度稀缺的情况下，将部分剩余劳动力转移到其他非农产业，在直接增加自己收入的同时，也间接地起到了对社会投入的保证作用。其消极影响主要体现在以下几个方面：农户兼业化经营，使小农家庭生产的形式得以强化，这又阻碍了社会分工的发展；经营兼业化不可避免地会使部分农户出现"农业生产副业化"，农户有可能减少农业投入，把过多的生产要素投入到非农产业中，放弃对提高农业产量的追求，甚至会出现弃耕撂荒的现象；农户的普遍兼业化经营会导致土地流转的停滞和小规模经营格局的凝固化，从而不利于农村生产要素的流动，最终会影响土地的适度规模经营，这与农业生产社会化的发展趋势相悖。

第三节　农村经济组织和农业经营形式

农业是一个高风险的产业。个体或农户显然缺乏应对风险的能力，这就需要某种形式的农民组织。建立农村经济组织，对农业实行产业化、规模化、集约化经营，是农民自身发展的需要，也是农业和农村经济健康运行的必要条件。

一、家庭联产承包责任制的意义及其局限性

我国的农业发展经历了曲折的过程，其经营方式也发生了很大的变化。1958年以前，农业是以农户家庭经营为主，在农户自愿的基础上组成互助组和合作社。1958年后，全国农村迅速开始了大规模的人民公社运动，全国原有的74万多个高级农业合作社一举被改组为2.6万个人民公社，平均28.5个农业合作社合并成一个人民公社，每个公社平均有4500多家农户。各农业合作社合并成人民公社之后，原农业合作社的一切公有财产交给公社，多者不退，少者不补。社员全部交出自留地，并将私有房基地、牲畜、林木等生产资料悉数收归公社所有，只允许留下少量家畜、家禽。公社下设生产大队（后称管理区）。作为管理生产、进行经济核算的单位，盈亏由公社统一负责；并规定在分配上一律实行工分制，同时实行粮食供给制，即不管每户劳动力多少，都按照人口定量免费供应粮食，并以生产队为单位组织公共食堂。

但是，人民公社这种农村经济组织由于实行政社不分的管理体制，统一经营、统一分配、统负盈亏的经营方式，严重脱离了我国农村发展的实际和农业生产经营的特点，使广大农民缺乏自主性，挫伤他们的劳动积极性，导致农业生产

下滑，农业歉收，农民收入下降，即便偶然有所提高，但其增长幅度也极其缓慢。人民公社制度虽然经过多次调整，但仍然未能改变阻碍生产力发展和不受农民欢迎的基本局面。

党的十一届三中全会以后，党和政府对农村问题给予了高度重视，在充分尊重农民实行"生产到组"和"包产到组"责任制的基础上，废除了过去"政社合一"的人民公社管理体制，在我国农村普遍实现了家庭联产承包责任制。

家庭联产承包责任制是我国农村社区合作组织内部的一种责任制形式。在农业生产中，农户作为一个相对独立的经济实体承包经营集体的土地和其他大型生产资料，按照合同规定自主地进行生产和经营。其经营收入除按合同规定上缴一小部分给集体之外，全部归于农户。集体作为发包方，除了进行必要的协调管理和经营某些工副业外，主要是为农户提供生产服务。

家庭联产承包责任制是我国农业集体所有制的具体实现形式，相对于改革开放前的"人民公社"体制来说，它更适应我国农业生产力发展的现状。因此，在党中央的积极支持和大力倡导下，从1979年以后逐步在全国推开，到1983年初，全国农村已有90%的生产队实行了这种责任制。

家庭联产承包责任制之所以能够在我国农村得到迅速的发展，并能促进农村劳动生产率的提高，主要是因为：

第一，家庭联产承包责任制与我国现阶段农业生产力水平相适应。从整体上看，我国现阶段农业生产力水平仍停留在手工操作和人畜力为主的阶段。如果从生产力角度来考察经营组织的规模，在一般情况下，不同的生产力水平会要求不同的生产规模。由于社会分工不发达，生产的社会化水平不高，加上市场经济发育尚不健全，在这种情况下，硬要扩大生产规模，所带来的仅仅是简单协作的好处，导致的可能是巨大的资源浪费和效率的损失。20世纪50年代后期建立起来的"一大二公"的人民公社，虽然生产规模较以前扩大了，但这种与社会分工、生产的社会化、市场化割裂开来的做法，带来的只能是普遍的规模不经济。因此，现阶段我国农业中实行家庭联产承包责任制，归根结底，是由现阶段我国农业生产力水平不高所决定的。

第二，家庭联产承包责任制与农业生产特征相适应。如上所述，农业生产的特征有：在农业中，土地是不可替代的生产资料，它决定了农业生产有极强的分散性；农业生产的对象是有生命的植物和动物，它们都有其自身的生长、发育和繁殖规律，农业生产有极强的连续性；农业生产周期长，生产时间和劳动时间不一致，农产品的生产和流通有强烈的季节性；农业生产自始至终都有自然力在发生作用，自然因素对农业生产效率影响大，具有较强的地域性和不稳定性等。这些特征决定了农业劳动成果大多只表现在最后收成——最终产品上，对生产周期的每道"工序"难以定额考核，为此，它要求农业劳动者有悉心照料农作物生产全过程的积极性，有随时根据市场、环境、气候和农作物生长情况作出决策的灵活性和机动性，只有这样，在农业生产过程中，劳动者的要求才能得到满足，家庭经营正是较好地适应了这一要求，与农业生产特征相适应。

第三，家庭联产承包责任制与血缘传统及世界农业经济发展趋势相适应。一方面，家庭是一个以血缘、婚姻关系为基础的非经济因素起着超强作用的组织，家庭内部凝聚力强，成员之间有共同的价值取向和目标，家庭协作几乎没有交易成本，决策、分配和管理成本也较低，因此，家庭经营能较好地实行内部劳动力的优化和组合；另一方面，当今世界的所有国家，不论其自然、经济条件存在什么样的差异，社会化生产发展到何种程度，农业中占主流的经营形式仍是家庭经营。目前，美国家庭农业占美国农场总数的90%，法国为80%，而在日本达到了97%。相反，那些跨家庭农业为主的国家，如苏联的集体农庄、中国改革前的人民公社集体经营，农业生产效率都极其低下，农业发展速度也十分缓慢。可见，家庭农业绝不只是与自然经济相适应的传统经营方式，家庭农业能够兼容不同层次的生产力水平，只要创造与之相适应的外部环境，它完全可以同农业的商品化、社会化和现代化的推进形成一个协调一致的过程，与世界农业经济发展趋势相适应。

由于家庭联产承包责任制符合亿万农民的意愿，它的推行，极大地解放了农村生产力，在短时间内，我国农村社会经济面貌就发生了很大变化：首先，有力地促进了农业的高速增长。1978~1984年，我国粮食年产从3亿吨上升到4亿多吨；棉花从217万吨上升到626万吨；油料从522万吨上升到1191万吨。整个农业总产值以不变价格计算，增加了42.23%，其中46.89%来自家庭联产承包责任制所带来的生产效率的提高。其次，有力地促进了农民收入水平的提高。1980年，我国农村人民公社私人从集体经济基本核算单位（生产队）中获得的人均收入只有85.9元，加上来自副业的收入总计为191.3元，而到1985年农民的平均收入增加到397元，5年增长一倍。农村贫困线以下人口占总人口的比重也由1978年的33.3%下降到1984年的11%，6年下降了22%。再次，家庭联产承包责任制在促进农产品供给和农民收入增加的同时，还从供需两个方面有力地推动了整个国民经济的增长。据统计，1952~1978年，中国国民收入年均递增6.0%，其中农村经济增长的贡献率为37.3%。而改革以来的1978~1988年，国民收入年均递增9.2%，其中农村经济增长的贡献率高达63.7%。最后，在城市改革全面展开以前，农村超前改革，率先在农村产生了农户和乡镇企业等具有良好机制的经济主体，为发展市场经济奠定了基础，为加快整个经济体制改革起到了超前突破和示范作用。

家庭联产承包责任制的推行，确实给中国农业带来了深刻的变化，但是，它毕竟是在农村生产力低下、经济上以自给为主的历史背景下，为解决农民温饱和激励劳动者积极性而实施的一种变革措施。随着农村经济体制改革的深化和社会主义市场经济体制的确定与完善，家庭联产承包责任制的局限性或不完善之处也逐渐显现出来。具体表现在以下三个方面：

第一，家庭联产承包责任制，不能从根本上解决农民的土地产权问题。在农村，完整的产权包括排他的所有权、自主的使用权、独享的受益权和自由的处置权。而在现行农村产权制度的安排下，作为经营主体的农户并不享有土地的所有权，其他三项权利也受到了严重的限制和制约。农村土地使用权在性质、内容、获得等方面还不够明确。土地承包是靠行政手段分配完成的，农户人口增减与土地关系的变化也是通过行政手段调整的，农民使用权是非市场机制的产物，这就限制了农民生产的长期规划。就土地的处置权而言，无法形成有效、健全、合理的土地使用权流转机制，农地流转不能体现配置效率。农户产权不完善，一方面，使农户无法成为市场经济的主体，产权制度的激励作用和资源流向的引导作用难以发挥，农业资源的充分转换难以实现；另一方面，农民的合法权益也不能从制度上得到保证。同时，由于产权关系不明晰，也导致农户与农户、农户与集体之间的矛盾和纠纷时有发生。

第二，家庭联产承包责任制，使生产要素的使用趋于平均化、土地的条块分割和高度的分散化，经营的小型化，限制了土地等要素的规模经济，也给农业产业化发展带来一定障碍。农业现代化的根本出路在于农业规模经营和农业产业化。由于我国实施家庭联产承包责任制对土地的配置基本上遵循的是平均分配的原则，以户为单位，采取的是一种"均田制"的办法，地块面积狭小，小规模生产，现代化的设备无法正常使用，限制了土地的规模经营，不利于土地资源的统筹安排和综合利用，集约经营困难。由于农业规模经营受到了限制，无法发展优质高质农业，在生产经营中，农田机耕、灌溉、生产资源供应、农产品销售、生产投资贷款、先进技术和农业机械化的推广等都受到严重限制。农业生产效率低下，生产成本相对提高，收益仍然很低，这也加剧了城乡收入差距的进一步扩大。

第三，在家庭联产承包责任制制度下，土地难以流转，不仅束缚了农村劳动力的解放，而且还造成了土地资源"抛荒"和浪费。我国现有的家庭联产承包责任制，在赋予农民土地、满足农民土地需求的同时，却又保留了进入城市门槛的户籍制度，把众多的剩余劳动力束缚在农村，造成了劳动力的闲置和浪费。特别是随着兼业农户增多，农户收入来源多样化，承包地不再是农民赖以生存的基础，而日益成为从事非农业的退守地，加上经营土地的成本增加，农民对土地的粗放经营，土地"抛荒"现象严重，影响了农业劳动生产率的提高和农村土地的有效利用，造成了土地的极大浪费。

可见，随着农民温饱问题的解决和农村产业结构的演变，需要在农民自愿的基础上，从实际出发，使家庭联产承包责任制得到相应的完善和发展，探索和发展多种农村经济组织和多种农业经营方式。

二、农村新型经济组织与经营方式

从全国来看，在继续完善家庭联产承包责任制的基础上，目前我国农村涌现出了许多新的经济组织形式和经营方式，其中主要有以下几种：

1. 社区合作经济组织

社区合作经济组织是以社区为单位组成的农户经济联合体。它以土地和当地自然资源为中心，主要从事种植业、养殖业、工副业等农业或农村产业。合作组织以土地的集体所有制为基础，以土地作为联系农户的"黏合剂"，只要农民耕种社区范围内的土地，就是社区合作经济组织的当然成员，农民不能选择加入或退出。我国现阶段的社区合作经济组织既是一个经济组织，又是一个农民村社自治体，领导者由农户选举产生，实行民主管理，规模相对稳定。截止到1997年底，我国共有社区合作经济组织233万个（不包括西藏自治区，下同），其中，乡（镇）级组织3.6万个，村级组织63万个，组级组织（村民小组）167万个。

社区合作经济组织的特点有两个：一是"合作"性，即它是劳动者按照平等、互利、自愿、民主的原则建立起来的，这里的"合作"与"集体"不是同一概念，与合伙、股份也有着原则区别；二是建立在双层经营体制和传统的社区血缘和地缘关系基础之上的组织，其产权特征是以村社为边界，对外具有排他性。由以上两个特点可以看出，社区合作经济组织既不是传统意义上的集体经济，也不是一般意义上的合作经济组织，而是一个介于两者之间的市场主体，对政府有一定的依赖性。社区合作经济组织的出现对农村经济的发展有着积极的促进作用：首先，社区合作经济组织可以将外部市场关系内部化，使社区内不同产业之间的资源和收益得到有效的整合和配置；其次，作为村社自治体，社区合作经济组织有权对区域内的各种资源进行综合经营，并利用取得的社区综合收益对成员进行再分配；最后，在社区范围内，社区合作经济组织可以在一定的条件下实行村、社、企合一。这样可以综合利用社区内既有的生产资料、福利设施和组织资源，节省监督与管理费用，在不增加组织成本的同时创造组织效益。

社区合作经济组织目前所存在的问题包括以下几个方面：一是组织的性质不明确。社区合作经济组织本来是经济组织，但是却在很大程度上与政治组织和社会组织相互混同。既为农户提供一定的服务，还肩负着一定的政治任务（如催收税款等）和社会任务（如调解村民纠纷等），这带来组织目标的混乱。社区合作经济组织既追求经济目标，也追求实现一定的政治目标和社会目标。许多资源被配置到一些非经济的用途，组织的经济效率比较低。二是组织运行的成本比较高。在目前的情况下，领导者存在着强烈的机会主义动机，追求一些合作经济组织以外的目标和利益。但是，却缺乏一定的制度安排予以制止。农民虽然是社区合作经济组织的主人，但是在很多情况下，他们却不能真正选举合作经济组织的领导班子并对其进行监督，而且因为受到户籍制度管理、城市用工制度、社会保障制度等方面的制约，离开社区的成本太大，所以也不能行使"退出"机制，因此，加强民主管理，推行村民自治就具有更大的意义。

针对社区合作经济组织存在的问题，应该进行适当的改革，建立新型的社区合作经济组织：首先，应坚持以市场为导向，按照公司制运作。对外实行公司制，实行代表大会、董事会和监事会制度，经营管理层由董事会聘任；对内承担合作经济组织义务，收购成员的产品进行加工和销售，但要坚持市场定价，不为成员承担风险。同时，新型社区合作经济组织要把合作社与公司融为一体，实行产、加、销一条龙的经营体制。这种新型的社区合作经济组织可以在肯定土地使用权入股的同时，采用村民自愿、一股一票的方式建立。其次，建立村、县两个层次的社区合作经济组织体系。村级社区合作经济组织作为合作经济组织实体，县级设立社区合作经济组织联合会，对外代表农民利益，对内向组织成员提供咨询服务、重要信息，并依法对社区合作经济组织进行审计。

2. 专业合作经济组织

专业合作经济组织是农民在自愿、平等、互利的基础上，由从事同类农产品生产或同类农业服务的农户（专业户）联合起来，在生产、加工、储运、购销等环节，在资金、技术、信息等方面进行有效合作，实行自我管理、自我服务、自我发展，以提高农产品的市场竞争力、增加成员收入为目的的合作组织。专业合作经济组织是在农民自愿互利的基础上联合兴办的，具有内容广泛、灵活多样的特点。而且作为农民劳动力和资本联合的新形式，作为组织生产经营的新主体，在建设现代农业中具有极为重要的地位和作用。

专业合作经济组织的类型有三种：一是实体型，它是一种集产、供、销为一体的紧密型合作，实行农商一体、统一经营、独立核算、共负盈亏、盈利按劳分配与按股分红相结合。这种类型的专业合作经济组织基本上具备了自主经营、自我服务、自我发展、自我积累的功能。二是联营型，它是一种不完全紧密型合作，具有经济联合体的特点，实行农商合股联办、经营统分结合、盈利按股分红或按产品比例返还的生产经营分配方式。三是挂钩型，它是一种松散型合作，主要形式是各类专业协会、合作基金会等，实行多方配合、联合服务、产销挂钩、盈利按产品销售量返还的方式。

我国农村专业合作经济组织产生于1982年的"大包干"之后，它是在农村专业户或重点户发展的基础上，以专业协会和研究会的名义，在技术协作或行业联合的过程中逐渐形成的。目前情况下，专业合作经济组织一般都集中在劳动密集型的领域，集中在一些对资本要求不高的行业和环节。根据调查资料来看，专业合作经济组织牵涉到农村经济的一百四十多个门类。在所有行业中，以放开经营的、利润高的、市场风险大的行业居多。具体而言，专业合作经济组织主要分布在蔬菜、水果、养蜂、家禽、生猪、养蚕等商品化程度比较高的行业，而在粮、棉等大宗产业分布较少，其生产环节的服务以社区合作经济组织为主。而养殖业和果蔬等行业的商品化率已经提高，每个农户承担的风险相对较高，对合作经济组织的需求较为强烈。

当前中国专业合作经济组织的发展尚处于起步阶段，它的发展还有许多不成熟的方面。这既有内部因素，如机构设置不够合理、管理制度不够完善等，还有许多问题和困难需要解决。

第一，法律地位不明确，外部环境不宽松。在我国《中华人民共和国农业法》中，尽管对农业合作经济组织有了基本的认定，但是没有专门的法律法规加以规定，专业合作经济组织在我国的法律地位和性质仍不明确。由于法律地位不明确，专业合作经济组织在获取信贷支持上比较困难，很多专业合作经济组织的资金主要依靠农民自筹，来源非常单一。另外，由于在法人登记、征缴赋税等方面缺乏必要的法律依据，这不仅给专业合作经济组织的经营活动带来种种不便，而且使得专业合作经济组织的合理权益难以得到法律保护。

第二，组织化程度不高，内部制度不完善。目前，我国多数专业合作经济组织的经济实力较弱，组织规模较小，能力较差；部分是有组织、无活动；有些组织的经营状况与农户利益关系不大，农户很少关心组织的运营情况，对组织缺乏热情；许多专业合作经济组织的功能和作用并没有很好地发挥，带动作用不明显。这样的专业合作经济组织很难达到提高农户组织化程度、实现农户进入市场的规模效应、提高农户的市场竞争力的目的。

第三，服务水平较低，缺乏市场竞争力。我国的专业合作经济组织正处于发展初期，资金、技术、人才相当缺乏，从而导致其普遍存在服务水平较低、不能满足农户需求的问题。从技术服务来看，多数专业合作经济组织都是依靠当地政府和农业部门建立的，其本身缺乏先进的生产技术传播途径和优秀的专业人才，它们所提供的技术服务的质量和数量都远远不能满足农户生产的需求。

根据我国的国情以及专业合作经济组织的发展尚处在起步阶段的现实，发展专业合作经济组织应该以市场需求为导向，以家庭联产承包责任经营为基础，以增加农民收入为目标，发挥资源优势，培养支柱产业。在总结各地经验的基础上，应稳步地办好一批示范性的专业合作经济组织，充分发挥其在农村社会化服务体系及农业产业化经营中的示范作用，自上而下、循序渐进、实事求是地引导专业合作经济组织健康发展。要结合各地具体情况，引导专业合作经济组织按照合作制和股份制的要求，逐步向规模化、网络化、区域化的方向发展。

3. 农村社会化服务体系

随着农村改革和农村经济的发展，尤其是农业产业化、市场化、社会化程度的提高，农村社会化服务体系也逐步形成。农村社会化服务体系，是指为农户从事生产经营活动提供产前、产中、产后服务的组织系统。从广义上讲，它还包括农村公共服务体系，如教育、医疗卫生、公共基础设施等。农村社会化服务体系是把分散独立的农户与市场以及社会化大生产联系起来的一种纽带。它的建立和发展，是我国实现农业规模经营和农业现代化的必要前提，也是促进农村经济社会发展，缩小以至消除城乡差距的必要条件。目前，我国农村社会化服务体系的雏形在经济发达地区才刚刚开始形成，而要在全国广大农村普遍建立还需要一个相当长的过程。

农村社会化服务体系包含的内容比较广泛，可以从不同角度考察。从服务所包含的业务范围看，有技术、金融、信息、经营管理、农产品加工销售、农业生产资料供应及农业生产的单项作业如植保、耕作、收割等。从提供服务的机构和组织来看，它主要有国家或政策经济技术部门提供的服务、集体经济组织和社区合作经济组织提供的服务、农村金融机构如信用合作社提供的服务、城镇工商企业提供的服务、合作经济组织和农户之间提供的服务等。

三、农业产业化经营

农业产业化经营是指以农业为基础，以市场为导向，在注重经济效益的基础上优化各种生产资源，以延长农业产业链条，在最终形成的区域主导产业中实行专业化生产、社会化服务、企业化管理和农工商一体化经营的一种经营体系。农业产业化经营的实质是将农业生产和服务、加工、销售等环节结合起来，通过市场牵"龙头"、"龙头"带基地、基地连农户的形式，实现农业生产的专业化、农产品的商品化和服务的社会化。

农业产业化经营的内容十分丰富，组织形式也多种多样，其中最典型也最普遍的组织形式是"公司加农户"。

"公司加农户"是指公司和农户相结合，实行贸工农经营一体化的一种产业组织形式，它又分为五种具体类型：一是流通企业加农户。这种形式以流通型企业为"龙头"，由"龙头"企业负责购销，农户负责生产，"龙头"企业与农户之间有比较稳定的买卖合同关系。二是加工企业加农户。这是一种以农副产品加工企业为"龙头"，由"龙头"企业与农户相结合形成的经济共同体。该形式中，加工企业按合同收购农民生产的初级产品，经过加工后直接销往市场。三是专业协会加农户。专业协会是指以农村经济、技术服务实体为依托，以农村专业技术人员、能工巧匠等为骨干，与从事某一专业生产的农户自愿联合起来组成的经济技术协作团体。作为一种经营类型，专业协会加农户就是通过在会员之间开展技术交流、信息传递、资金融通、统一销售等协作活动，引导农民形成区域性的专业生产。四是专业合作社加农户。专业合作社有多种形式，它有时表现为社区合作经济组织，或以供销社为依托形成的合作经济组织，有时表现为农户自愿联合形成的股份合作制经济。在该形式中，合作社的任务是统一组织产品的加工、销售或提供部分服务项目，农户则既是原料或产品的生产者，又是合作社的成员。五是专业大户加农户。在该形式中，专业大户（包括一些经纪人）为了扩大自身的经营规模，往往以自身产销为基础，同时结合当地农户共同从事某种农副产品的生产、加工和经营活动。具体说，在这里，专业大户的主要任务是广结各方客商，并根据市场需求情况，向农户提供信息，指导生产，然后以合理的价格将农户生产的产品收购上来，贩运出去，从中获得报酬。这是目前农村中极为活跃的一支力量，也是"公司加农户"中生命力很强的一种形式。

"公司加农户"尽管组织形式各不相同，但都显示了与市场经济相适应的共同特征：首先，经营一体化。"公司加农户"的产业组织形式实质上是一种经济利益集团，加盟各方以利润最大化为目标，打破了行政、行业和所有制的界限，在自愿结合的基础上实行产供销、贸工农一体化经营，与过去那种条块分割、再生产过程中各个环节被互相割裂开来的旧体制有着根本的区别。其次，产销契约化。在"公司加农户"形式中，"龙头"企业主要根据市场信息制定自己的生产经营计划，然后通过与农户订立长期合作契约或短期购销合同，将计划分解到农户，农户再按照合同安排生产和销售。在这里，"龙头"企业按合同收购农户的产品并提供有关服务，产销双方是一种以利益为纽带的契约关系。再次，生产基地化。生产基地化即通过"龙头"企业的中心辐射作用，引导周围农户发展专业生产，由此促进专业户、专业村、专业区的迅速发展，形成专业性生产基地和区域性支柱产业。最后，服务系列化。出于对自身经济利益的追求，"龙头"企业通过与经济技术部门和乡村经济组织相结合的方式，向农户提供诸如资金、技术、加工、销售等服务，促进农业的市场化和社会化，由于利益驱动，其服务是自觉的、主动的、系列的。

可见，"公司加农户"这一产业组织的创新，不仅有利于提高农户的组织程度，沟通农户与市场之间的联系，而且有利于尽快培育支柱产业，促进农村产业结构调整和农村社会化服务体系的建设，加快科技进入农业的步伐。同时还有利于提高农业比较利益，增强农业自我积累、自我发展能力。因此，"公司加农户"是农业中较为先进的现代农业产业组织形式。

四、农业规模经济

规模经济是指因生产或经营规模的变动而引起的效益变动。如果规模扩大使平均成本下降，则称为规模收益递增；如果规模扩大，平均成本不变，则称为规模收益不变；如果规模扩大使平均成本上升，则称为规模收益递减；但通常人们所讲的规模经济，是特指规模收益递增。本书所说的农业规模经济是特指农业生产或经营规模的扩大而引起的成本下降和产出的增加。

农业规模经济可以通过两种途径获得：一是内部规模经济，二是外部规模经济。

农业内部规模经济是指随着农业产出量的增加而发生的单位成本下降。如在种植业中通过土地规模的扩大、物质技术的适量投入以及劳动力的节省，从而提高土地产出率等而取得的规模效益。导致农业内部规模经济产生的原因有两个：一是农产品成本中可变费用虽然随着产量的增加而增加，但固定成本在一定规模范围内并不随产品量的增加而增加，因此分摊到单位产品上的固定成本会随产品量的增加而减少，单位产品成本下降。二是随着产量达到较高水平，农业生产者之间的分工有可能进一步深化，可以实行集约化经营，因而带来劳动生产率的提高，减少单位产品中分摊的劳动力费用，从而降低成本，获得规模经济。

农业外部规模经济是指不承担农业成本支出而获得的利益，如与农业规模无关的市场条件、物质技术服务的改善而带来的经济效益。农业外部规模经济产生的原因大致有三个：一是由于经济发展，农产品市场兴旺，各农业生产单位因产品销路畅达而持续增加生产，普遍获得内部规模经济，降低了成本。二是整个农村经济的发展促进了农业内部的分工和农业服务化体系的完善，使整个农业部门都能得到效率更高的服务，从而降低了各生产单位的成本，分享社会分工产生的规模经济。三是农业生产单位不付任何费用而从其他方面得到的利益，如无偿使用农业科学技术成果和无偿利用整个社会科学技术水平提高所带动的劳动力素质提高所产生的社会经济效益等。

我国现阶段，土地资源高度稀缺，平均每个农户经营的土地不足 0.5 公顷，与此同时，农业资金又十分匮乏，农户的投入能力、投入规模严重不足，从农业现代化发展要求看，进一步发展农业规模经济就显得尤为必要。

第一，发展规模经济是适应市场激烈竞争、保证农产品有效供给的需要。适应市场竞争，保证农产品有效供给，客观上需要以农业劳动生产率的提高为前提，规模经济正是影响农业劳动生产率提高的一个变量。我国现阶段，一方面，农业土地经营规模小，农业生产中规模不经济的现象十分严重，这种规模不经济会使农业生产率的提高失去直接的依托。另一方面，大量、分散的农户经营使农户在产前、产中、产后和技术服务等方面同时面临着极大的外部不经济，从而降低了农产品在市场上的竞争力。因此，采取各种措施发展农业规模经济，就显得尤为重要。

第二，发展规模经济是推动传统农业向现代农业转化的需要。传统农业的特征之一是生产要素只有数量上的变化，少有质量上的改进。传统农业向现代农业转化的关键，一是农业科学技术的进步及其在生产中的运用，二是农业社会分工的发展和协作范围的扩大。目前，我国过小规模的农户经营不但不足以产生对现代农业科学技术的需求，而且也不利于推动社会分工的发展、促进协作范围的扩大，从而在一定程度上阻碍了传统农业向现代农业的转化，因此，发展规模经济是实现由传统农业向现代农业转化的需要。

第三，发展规模经济是提高农业经营者素质、深化农村改革和转移农业剩余劳动力的需要。首先，经营者素质如何，是农业发展的关键之一。实践证明，发展规模经济，可以培养出一大批懂经营、善管理的农民企业家，可以大大提高农业经营者的素质，农业经营者的素质提高了，农业经济效益也随之而提高。其次，发展规模经济与家庭联产承包责任制之间存在着必然的联系。家庭联产承包责任制是规模经济发展的基础，是规模经济发展的前提，是规模经济发展的制度条件。反过来，规模经济又是家庭联产承包责任制的延续，是家庭联产承包责任制的发展，是家庭联产承包责任制在容量上的扩大，因此，发展规模经济也是深化我国农村改革的需要。最后，发展规模经济，可以提高土地的产出率、劳动生产率和产品的商品率，可以大大促进第二、第三产业，特别是第三产业的发展，可以大大加快城市化特别是小城镇建设的步伐，这一切都为农业剩余劳动力的转移提供了条件，加快了农业剩余劳动力向非农产业的转移。

农业规模经济的发展可以提高农业规模收益，但农业规模经济的发展又是有条件的：首先，一定的土地面积投入是实现农业规模经济的基础。在一定的科学技术条件下，不仅单位土地面积对固定资产及流动资金的容量是有限度的，而且单位土地面积上的产出也是一个固定量，如果土地数量不变，其他农业生产要素的投入量即使再多，也不可能由此扩大生产规模，也不可能与土地进行有效配合而形成规模经济，因此在农业中，一定的土地面积投入是实现农业规模经济的基础。其次，农业技术水平的提高是农业规模经济实现的重要条件。从生产角度看，技术不外是特定的生产过程所需生产要素的组成及其投入组合比例的反映。因此，农业中技术进步的本质就是通过促进生产过程中生产要素间的相互替代，不断改变稀缺资源对生产规模扩张的约束，从而获得最佳投入产出效率的过程。由此可见，农业中技术水平的进步是决定农业生产规模的关键，没有农业技术水平的不断提高，农业中的规模经济将会失去存在的依托。最后，市场的发展是获得农业规模经济的前提。就某种产品而言，其生产规模的扩大，必须以拥有一定的市场容量为前提。否则，即使生产规模扩大了，生产成本下降了，由规模扩大、成本下降所带来的收益，也不能在市场上实现其价值，可能获得的技术上的规模经济，就不能转化为价值上的规模经济，这时，规模扩大不仅不能带来规模经济，相反还带来了规模不经济。因此，离开了一定的市场，农业中的规模经济就失去了获得的前提。

就我国目前而言，农业规模经济的发展可以有多种途径：一是建立土地使用权的流转机制，推进土地规模的适度集中；二是在不增加土地数量的情况下，增加对同一块土地的资金、技术投入；三是通过"龙头"企业的引导，使生产、再生产诸环节有机结合起来；四是通过其他各种形式，以利益为纽带，将半分散的农户组织起来，扩大生产经营规模等。

第四节　加快农村改革与发展

中国的经济体制改革肇始于农村，农村改革与发展，不仅为城市和其他方面的改革提供了有益经验和启示，而且对国民经济发展和社会大局的稳定起到了支撑作用。回顾农村改革与发展历程，总结所取得的经验和成效，找准当前制约农村发展的主要问题，对于进一步深化农村改革，促进农村经济社会协调发展具有十分重要的意义。

一、农村市场化改革所取得的成就

中国农村改革三十多年的成就举世瞩目。在农村初步形成了维护农民经济利益、有利于资源优化配置的社会主义市场经济体制，即建立了以家庭联产承包责任经营为基础统分结合的双层经营体制，开始了农村工业化、城市化的进程，努力构建多元化、竞争性的农村金融体系，逐步提高农民进入市场的组织化程度，逐步放开了农产品市场。农村改革取得了很大成效，主要表现在以下几个方面：

1. 建立了以家庭联产承包责任经营为基础统分结合的双层经营体制

20世纪80年代，我国农村确立了以家庭联产承包责任经营为基础、统分结合的双层经营体制，农民获得了生产经营自主权，成为独立的财产主体和市场主体，极大地解放了农村生产力。

（1）农村土地制度不断创新。改革开放以来中国农村土地制度的变迁实质上是在保留多元的土地集体所有制的前提下，赋予并不断强化和保障农村集体成员。土地承包经营权的产权制度改革过程，也是对农村土地集体所有制实现形式不断进行探索的过程。

《中华人民共和国宪法》规定："农村和城市郊区的土地，除由法律规定属于国家所有的以外，属于集体所有；宅基地和自留地、自留山，也属于集体所有。"1986年颁布的《中华人民共和国土地管理法》规定："集体所有的土地依照法律属于村农民集体所有，由村农业生产合作社等农业集体经济组织或者村民委员会经营、管理。"同时规定："村农民集体所有的土地已经分别属于村内两个以上农业集体经济组织所有的，可以属于各该农业集体经济组织的农民集体所有。"1998年修改后的《中华人民共和国土地管理法》还规定："已经属于乡（镇）农民集体所有的，由乡（镇）农村集体经济组织经营、管理。"根据历史上形成的农村土地占有现实，这些法律规定了包括组所有、村所有、乡（镇）所有的多元的农村集体土地所有制，农村改革后多元的集体土地所有制在法律上得到规范。

（2）确立了健全土地承包经营权流转市场、发展适度规模经营的机制。党中央、国务院十分重视农村土地适度规模经营问题。党的十七大报告明确提出，坚持农村基本经营制度，稳定和完善土地承包关系，按照依法、自愿、有偿原则，健全土地承包经营权流转市场，有条件的地方可以发展多种形式的适度规模经营。党的十七届三中全会通过的《中共中央关于推进农村改革发展若干重大问题的决定》强调："加强土地承包经营权流转管理和服务，建立健全土地承包经营权流转市场；按照依法自愿有偿原则，允许农民以转包、出租、互换、转让、股份合作等形式流转土地承包经营权、发展多种形式的适度规模经营。"在党中央一系列方针政策的引领下，我国广大农村基层组织在坚持农村基本经营制度、稳定土地承包关系的基础上，从各地实际情况出发，积极发展多种形式和不同层次的土地适度规模经营，促进了农民增产增收。

2. 农业生产快速发展，主要农产品供求呈现新格局

我国农村改革突破人民公社制度、实行家庭联产承包责任制后，生产力得到极大发展。进入 21 世纪以来，党中央、国务院坚持"多予、少取、放活"的方针，不断加强支农惠农政策，在全国彻底取消农业税和农业特产税，终结了延续两千六百多年农民种田交税的历史，对种粮农民进行"四补贴"（直接补贴、良种补贴、农机具购置补贴和农业生产资料综合补贴），对主要粮食品种实行保护价收购政策，农业生产持续稳步增长。

（1）粮食等主要农产品产量持续增长。新中国成立后至今，我国粮食总产量先后登上 3 亿吨、4 亿吨和 5 亿吨的大台阶，2010 年达到 54641 万吨，2011 年达到 57121 万吨，连续 8 年增产，连续 5 年产量超过 5 亿吨。用占世界不到 9%的耕地养活世界近 21%的人口，为我国经济社会发展提供了基础支撑，对世界粮食安全作出了巨大贡献。2009 年棉花产量达到 637.6776 万吨，是 1978 年产量的近 3 倍；油料产量达到 3154.2893 万吨，是 1978 年产量的 6 倍。2011 年棉花产量 660 万吨，比 2010 年增产 10.7%；油料产量 3279 万吨，比 2010 年增产 1.5%；肉类总产量 7957 万吨，比 2010 年增长 0.4%；禽蛋产量 2811 万吨，比 2010 年增长 1.8%；牛奶产量 3656 万吨，比 2010 年增长 2.2%；水产品产量 5600 万吨，比 2010 年增长 4.2%。

（2）农产品品种不断优化。改革开放以来，中国农业进入一个新的发展阶段，结构调整更加注重发展高产、优质、高效、生态、安全的现代农业，更加注重发挥各地农业的比较优势，更加注重农业的可持续发展。目前，我国主要农产品良种覆盖率和优质化水平明显提高，见表 5-1。

表 5-1　我国主要农产品产量

单位：万吨

年份	粮食产量	棉花产量	油料产量	麻类产量	烟叶产量	蚕茧产量	茶叶产量	水果产量
2000	46217.52	441.73	2954.83	52.95	255.23	54.76	68.33	6225.15
2001	45263.67	532.35	2864.9	68.14	234.96	65.47	70.17	6658
2002	45705.75	491.62	2897.2	96.37	244.65	69.76	74.54	6951.98
2003	43069.53	485.97	2811	85.3	225.74	66.74	76.81	14517.41
2004	46946.95	632.35	3065.91	107.36	240.6	73.1	83.52	15340.88
2005	48402.19	571.42	3077.14	110.49	268.3	78.02	93.49	16120.09
2006	49747.89	674.58	3059.39	89.12	274.44	88.21	102.81	17239.91

续表

年份	粮食产量	棉花产量	油料产量	麻类产量	烟叶产量	蚕茧产量	茶叶产量	水果产量
2007	50160.2772	762.3597	2568.7412	72.8322	217.8394	87.9454	18136.2874	2785.9935
2008	52870.9157	749.1881	2952.82	62.493	283.8222	90.93	125.76	19220.1888
2009	53082.0776	637.6776	3154.2893	38.7975	306.5777	83.2156	135.8642	20395.5054
2010	54641	597	3239		271		145	
2011	57121	660	3279		287		162	

（3）主要农产品供求总体基本平衡。20 世纪 90 年代后期以后，我国粮食等主要农产品供求由长期短缺转变为"总量基本平衡、丰年有余"的基本格局。粮食等农产品供应丰富，为市场稳定和城乡居民生活水平提高奠定了基础，支持了国民经济的持续快速健康发展。进入 21 世纪以来，随着农业结构调整的不断深入，市场化、工业化、城市化快速发展和加入世界贸易组织等影响，农产品供求关系正在发生重要的阶段性变化。粮食的需求结构发生重要变化，商品流通增加，商品粮需求上升。目前在主要农产品中，小麦和大米等口粮供求基本平衡，玉米正在从供求平衡向供不应求转化，棉花产销均大幅增长。蔬菜和水果产销两旺，大市场大流通格局基本形成。

3. 社会主义新农村建设取得巨大成就

改革开放前，农村基础设施薄弱，农业生产条件落后，市场体系建设滞后，农业和农村基础建设百废待兴。经过三十多年的发展，农村的基础建设有了很大的改观。特别是进入 21 世纪以来，党中央提出了建设社会主义新农村的重大历史任务，农村基础设施建设的规模和力度明显加大。

（1）农村交通、电力和文化卫生等基础设施建设快速发展。改革开放以来，国家一直高度重视乡村道路、农村电网、文化教育等关系农业和农村长远发展的基础设施建设，农村基础设施建设取得了显著成就。第二次全国农业普查结果显示，目前，全国通公路、通电话、通电和能接收电视信号的行政村的比重均已达到 95% 以上，80% 以上的乡镇有邮电所。文化教育、环境卫生和医疗机构也得到大幅改善，目前 85% 以上的村在 3 公里范围内有小学，98% 以上的乡镇有医院、卫生院，72% 的镇实施集中供水，37% 的镇有垃圾处理站。

（2）农村市场体系建设取得初步成效。三十多年农村改革始终坚持了市场化的取向。农村市场化改革突破统购统销的计划经济模式后，经过多次农产品流通体制改革，目前我国已初步形成了开放、统一、竞争、有序的农产品市场体系，适应社会主义市场经济发展要求的粮食流通体制初步建立；农产品市场主体已经从单一经营发展为农民、各种中介组织、国有流通企业等构成的多元化经营；流通渠道逐渐形成了零售、批发、期货等多层次并进；信息服务也正朝着不断满足生产者、经营者和消费者多方需要的方向发展。市场基础设施也取得显著成效，第二次全国农业普查结果显示，68.4%的乡镇有综合市场，34.4%的村地域内有50平方米以上的综合商店或超市，88.4%的乡镇有储蓄所。

农村第二产业、第三产业快速发展，至2010年，农产品加工业产值与农业总产值之比提高到1.7∶1；乡镇企业增加值超过11万亿元，年均增长12.9%；休闲农业年接待游客超过4亿人次，营业收入超过1200亿元；农林牧渔服务业总产值超过2300亿元，比2005年增长110%以上。

（3）农村社会事业迈出新步伐。党的十七大以来，党中央、国务院坚持统筹经济社会发展，加快教育、卫生、保障等社会事业发展和改革，农村社会事业快速发展，为农村全面建设小康社会提供了有力的保障。在教育方面，农村义务教育阶段中小学生全部免除学杂费和免费提供教科书，使1.5亿学生受益。在卫生方面，改造和新建1.9万所乡镇卫生院，为1.2万所乡镇卫生院配备了医疗设备。在社会保障方面，截至2011年9月底，全国已有2646个县（市、区）开展了新型农村合作医疗工作，新型农村合作医疗参合率达到97.5%，新型农村合作医疗基金支出总额为1114亿元，受益8.4亿人次；全国列入国家新型农村社会养老保险试点地区参保人数32643万人；在全国农村建立了最低生活保障制度，2011年已有5313.5万农村居民得到政府最低生活保障。

4. 农村居民收入快速增长，生活水平持续提高

改革开放初期，农民生产经营活动单一、收入来源单一，农民收入以农业收入、粮食收入为主体，实物收入占很大比重。随着市场经济发展，农村就业结构的变化和体制改革深化，农民收入来源市场化、多元化和非农化的趋势明显，农民收入格局发生了根本变化。

农民人均纯收入由1978年的134元提高到2010年的5919元，2011年已达到6977元。农村贫困人口由1978年的2.5亿人减少到2010年的2688万人。农村实现总体小康，为全面建设小康社会奠定了坚实基础。2009年农村居民的工资性收入人均2061元，在农民人均纯收入中所占的比重为40.2%，比20世纪80年代初期提高了近二十个百分点。农民工资性收入增长主要是由农民外出务工收入增长推动的。1997年以来，农村家庭经营性收入一直呈两位数增长，在家庭总收入中占有突出地位。2001年，农村家庭人均经营性收入占家庭人均总收入的比重为36.5%，到2009年，农村家庭人均经营性收入占家庭人均总收入的比重已经达到49.2%。

5. 农村劳动力供求关系和就业呈现新格局

改革开放后，农民获得了自主择业和进城务工的权利，非农产业就业人数和比重迅速增长，进城务工农民稳步增加，农村劳动力供求关系和就业呈现新格局。

（1）农村劳动力结构趋于优化。从三大产业来看，全社会在第一产业就业人员占全部就业人员的比重从 1978 年的 70.5%下降到 40.8%。根据第二次全国农业普查结果，农村劳动力资源总量中男劳动力占 50.8%，女劳动力占 49.2%。农村从业人员中在第一产业从业的占 70.8%，在第二产业从业的占 15.6%，在第三产业从业的占 13.6%。从文化程度来看，农村居民中具有初中以上文化程度的劳动力从 1985 年的 35%提高到 90%以上。

（2）农村劳动力流动呈现新格局。改革开放以来，农村劳动力大规模向城市流动和转移成为中国经济发展中的一道亮丽的风景线。农民工广泛分布在国民经济各个行业，在加工制造业、建筑业、采掘业及环卫、家政、餐饮等服务业中已占从业人员半数以上，成为推动我国经济社会发展的重要力量。

（3）农民工利益得到越来越多的重视。2003 年开始一些发达地区企业出现"民工荒"，近两年这个问题越来越突出，中国城市化、工业化现阶段农村劳动力出现短缺形势。农村劳动力供求关系的新格局使得农民工自改革开放以来，第一次具有一定的谈判地位，他们有可能通过"以脚投票"等各种手段来捍卫自己的合法权益，促使劳动力的价格向其真实价值调整。

二、当前我国农村经济发展所面临的主要问题

改革开放以来，在党中央国务院一系列惠农强农方针政策的指引下，我国农业获得了快速发展，农民收入和生活水平有了很大提高，农村的面貌发生了深刻变化，各项事业取得了长足进步。但是，就总体而言，我国农村落后面貌仍然没有多大改变，农业稳定发展、农民持续增收难度加大，目前还面临很多困难和问题，其主要表现在以下方面：

1. 农村基础设施薄弱

改革开放三十多年来，特别是进入国民经济和社会发展第十个五年规划（以下简称"十五"）时期以来，国家对农村基础设施建设资金投入逐年增多，并把其作为工作的重中之重来抓，但是，还远远不能满足农村经济发展的需求。目前，农村水利建设薄弱，水利设施不配套、水资源分布不平衡的问题比较突出。农村公路设施较薄弱，交通不便、运输不畅的问题在一些偏远地区、少数民族地区及山区较为普遍。农业科技投入和推广不足，农产品科技含量低、附加值不

高，不仅影响农产品增加、质量提高，而且进一步加大了农民增收的难度。正因为我国农业基础仍然薄弱，在人增、地减和城乡居民消费水平不断提高的背景下，农产品供求压力不断增大。受农业资源条件和生产力水平的制约，我国有些农产品出现了供求缺口逐步扩大的迹象，进口数量不断增加。如大豆和植物油，2009 年的进口量分别达到 4255 万吨和 816 万吨，致使我国大豆和植物油的自给率分别下降到了 30% 和 40% 左右。① 某些重要农产品自给水平大幅度下降，必然导致国家对农产品市场调控难度加大，甚至导致国家粮食安全和经济安全风险加大。

2. 农业结构不合理，经济效益不高

近年来，随着经济的发展，农产品供求关系也发生了变化，市场需求向多样化、高品质方向转变，现存农业结构越来越显得不合理。从农村整体经济结构看，农业产业比较单一。结构调整与区域经济布局的结合点把握不够，规模经营没有形成气候。市场对农业资源的配置作用不明显。从农业内部结构看，部分镇、村由于市场对农业资源配置作用没有明显发挥，资源利用不合理问题相当突出，土地、资金、劳动力等农村经济资源没有得到合理利用，影响农业和农村经济整体素质的提高，不利于农村市场经济建设。

3. 农村教育体制不完善，农民素质有待进一步提高

随着九年制义务教育的普及，农村基本上扫除了青壮年文盲，青少年基本上都得到了"初级中学毕业证书"，农村教育得到了发展，国民素质也得到了提高。但由于教育体制本身存在着一些缺陷，加之对农村教育的重要性认识不足，九年制义务教育效果不明显。无论在思想观念方面，还是在科技意识方面，那些所谓的"农村知识分子"都不是完全令人满意，他们并没有深刻意识到知识的力量，始终认为读书是一种责任、是一种义务，甚至是一种负担。因此，这些"农村知识分子"在长大成人后投入生产时，并不能充分利用自己所学的知识去指导生产，并没有发挥出"知识分子"应起的作用，严重影响了农村对受教育意义的认识。大部分学生初中毕业就不再继续接受教育，他们所受的教育仅仅停留在"认字"、"识字"的基础上。这种状况严重影响了农民素质的提高，阻碍了科技进步，不利于农村经济发展。

4. 农村金融体系不完善，资金约束给农村经济发展带来了严重阻碍

第一，支农金融产品种类和农村金融服务功能单一。一是政策性金融发育不全，对县域经济的支持力度极为有限。农业发展银行业务范围仍然较窄，在支持

---

① 陈锡文：《加快社会主义新农村建设》，《〈中共中央关于制定国民经济和社会发展第十二个五年规划的建议〉辅导读本》，人民出版社 2010 年版，第 64 页。

农村基础设施建设、科技发展等诸多事关新农村建设的重要环节方面受到政策性制约。二是农村信用社作为支持"三农"和县域经济的主力军，由于先天不足，经营规模小，资金实力弱，服务功能少，支付结算方式和手段滞后，支持力度受限。三是农村信用社信贷供给结构与农村需求结构不对称。按照农村信用社现行信贷管理制度，对农户贷款需求在 5 万元以内的可在授信额度内发放农户小额信用贷款和农户联保贷款。而随着农业产业化和特色农业发展的需要，农业生产基本资料价格逐年上涨，农户贷款需求额度将越来越大，对贷款需求额度在 5 万元以上的，担保抵押门槛较高，而构成农户主要资产的宅基地、承包地、林木、房屋等，《中华人民共和国担保法》中明确规定不能作为贷款抵押物，许多有需求的农户难以获得有效贷款支持。四是其他金融业务在农村发展滞缓。近年来，保险业虽然得到了快速拓展，但保险公司的商业化经营同农业作为弱势产业保险的政策性、非营利性之间的矛盾仍未得到相关政策的支持，信用社、保险以及民间金融尚未形成合力。

第二，现代化金融支付结算方式还不能满足农村金融主体的多层次需求。由于四大国有商业银行均撤销了农村营业网点，而直接面向农村服务的信用社及邮政储蓄机构业务系统功能尚不完善，支付工具品种单一，电子银行业务尚处于起步阶段，无法为农村客户提供功能完善、形式多样的现代化支付手段，以及农民对现代化金融支付工具了解不够，对网上银行、电话银行、手机支付等新型支付工具不会使用，制约了新型支付工具的推广，造成当前农村支付结算仍以传统方式为主，现代化金融支付结算方式尚处于逐步推广阶段。

除上述主要问题外，当前农业产业体系不完善、农村要素市场发育程度不高、农村公共服务的低水平等，都是制约农村发展的薄弱环节，也是逐步实现城乡公共服务均等化目标所必须攻克的重点问题和难点问题。

三、推进农业现代化，促进农村经济稳定发展

党的十七届五中全会通过的《中共中央关于制定国民经济和社会发展第十二个五年规划的建议》指出，在工业化、城镇化深入发展中同步推进农业现代化，是"十二五"时期的一项重大任务，必须坚持把解决好农业、农村、农民问题作为全党工作的重中之重，统筹城乡发展，坚持工业反哺农业、城市支持农村和多予少取放活方针，加大强农惠农力度，夯实农业农村发展基础，提高农业现代化水平和农民生活水平，建设农民幸福生活的美好家园。这就明确了加快我国农村经济发展的基本方向和战略任务。要认真贯彻落实好《中共中央关于制定国民经济和社会发展第十二个五年规划的建议》精神，推进农业现代化，促进我国农业

稳定发展和农民持续增收，应着重做好以下工作：

1. 把加快发展现代农业作为首要任务，确保农业增产

农业的首要任务是满足经济社会发展和人民生活水平提高而日益增长的农产品需求。国民经济和社会发展第十一个五年规划（以下简称"十一五"）时期，党和政府采取了一系列强农惠农富农的政策措施，我国农业战胜了频发的严重自然灾害，保持了稳定发展的良好态势，农产品供给持续稳定增长，不仅满足了人民群众不断提高的生活质量的要求，而且为我国应对国际金融危机冲击提供了重要的物质支撑。但是，正如以上所述，由于我国农业基础仍然十分薄弱，农业自然资源很难再有明显增加，在此背景下，我们只有坚持走中国特色农业现代化道路，加快传统农业向现代农业的转变过程，发展现代农业，才能从整体上提高我国农业综合生产能力和抗风险的能力。首先，必须把保障国家粮食安全作为首要目标，确保我国粮食安全，不断提高我国自身的粮食生产能力。为此，《中共中央关于制定国民经济和社会发展第十二个五年规划的建议》明确提出：一要实施全国新增千亿斤粮食生产能力规划，以确保到2020年我国粮食生产能力稳定达到11000亿斤以上；二要加大粮食生产区投入和利益补偿。其次，严格保护耕地，加快农村土地整理复垦，大规模建设旱涝保收高标准农田。再次，大力推进农业科技创新。健全公益性农业技术推广体系，发展现代种植业，加快农业机械化。最后，加强现代农业体系建设。这是提高农业发展质量和效益、增强竞争力的重要举措。《中共中央关于制定国民经济和社会发展第十二个五年规划的建议》提出，要发展高产、优质、高效、生态、安全农业，促进园艺产品、畜产品、水产品规模种养，加快发展设施农业和农产品加工业、流通业，促进农业生产经营专业化、标准化、规模化、集约化，推进现代农业示范区建设。

2. 加强农村基础设施建设和公共服务

在我国，城乡差距不仅表现在城乡居民收入上，更反映在城乡基础设施和公共服务水平上。因此，加强农村基础设施建设，提升农村公共服务水平，不仅可以缩小城乡收入差距，而且是推进新农村建设的重要措施。《中共中央关于制定国民经济和社会发展第十二个五年规划的建议》要求，按照推进城乡经济社会发展一体化的要求，搞好社会主义新农村建设规划，加快改善农村生产生活条件。农村基础设施建设，首先，要以水利为重点，加快中小河流治理、小型水库除险加固和山洪地质灾害综合防治。其次，要加强农村水、电、路、气以及文化、体育等基础设施建设，推进农村环境治理，加快农村危房改造，继续改善农村生产生活条件。最后，要进一步完善制度建设，提高保障水平，逐步实现城乡基本公共服务均等化。在教育方面，《中共中央关于制定国民经济和社会发展第十二个五年

规划的建议》要求进一步提高农村义务教育质量和均衡发展水平，推进农村中等职业教育免费进程，并要求合理配置公共教育资源，重点向农村、边远贫困、少数民族地区倾斜，加快缩小教育差距。在文化方面，要以农村基层和中西部地区为重点，继续实施文化惠民工程，基本建成公共文化服务体系。在医疗卫生方面，要进一步加强农村三级医疗卫生服务网络建设，并要求新增医疗卫生资源重点向农村和城市社区倾斜。在社会保障方面，要完善农村社会保障体系，逐步提高保障标准，实现农村低保制度与扶贫开发政策有效衔接，实现新型农村社会养老保险制度全面覆盖。

3. 稳定发展农业生产、多渠道增加农民收入

《中共中央关于制定国民经济和社会发展第十二个五年规划的建议》提出了拓宽农民增收渠道的重大任务，明确要求提高农民职业技能和创收能力，多渠道增加农民收入。我国农民的收入结构中，来自家庭的经营性收入平均约占其年纯收入的50%。因此，增加农民收入，首先，应把增加农民生产经营收入作为农民增收的主攻目标。一方面要继续鼓励支持农民开展粮食稳定增产行动，稳定粮食种植面积，着力提高单产。另一方面要努力培养有文化、懂技术、会经营的新型农民，引导他们按照市场需求不断调整生产结构，扩大紧缺、优质农产品生产，积极支持他们增加蔬菜、肉蛋奶、水产品等生产。其次，进一步完善农产品市场体系和价格形成机制，继续提高粮食最低收购价，尤其是小麦、稻谷等主要粮食品种，这一政策可能还要维持较长时间，不要轻易变动。复次，要健全农业补贴等支持保护制度。农业补贴要继续增加总量，提高标准，扩大范围，完善机制，新增补贴重点向种养大户、农民专业合作社及各种生产服务组织倾斜。再次，健全主产区利益补偿机制，增加粮油、生猪等重要农产品生产大县奖励补助资金。最后，发展农村非农产业，壮大县域经济，促进农民转移就业，增加工资性收入。一方面，可以按照大中小城市和小城镇协调发展的要求，合理调整经济布局，增加县域内小城市、小城镇的非农业就业机会，促进农民就近转移就业。另一方面，也要引导农村富余劳动力向城市有序流动，拓展农民转移就业空间和增收渠道。

4. 深化农村改革，创新农村发展的体制和机制

深化农村改革，完善体制是促进农村发展的强大动力。《中共中央关于制定国民经济和社会发展第十二个五年规划的建议》明确提出以下方面的任务和要求：一是坚持农村基本经营制度不动摇。要认真做好土地的确权、登记、颁证工作。土地经营权、宅基地使用权、集体收益分配权是法律赋予农民的财产权利，任何人都不能侵犯。二是在依法、自愿、有偿和加强服务的基础上完善土地承包权流转市场，做好管理和服务，发展适度规模经营。严格保护耕地。三是继续扶持发

展农民专业合作社、产业化龙头企业，开展多种形式的农业社会化服务，发展农业龙头企业，发展农业保险，提高农业产业化、组织化程度。四是制定出台农村集体土地征收补偿条例，切实维护广大农民的利益。五是深化农村信用社改革，鼓励有条件的地区以县为单位建立社区银行，发展农村小型金融组织和小额信贷，健全农业保险制度，改善农村金融服务。六是积极推进农村综合改革。推进国有农场、林场体制改革，继续深化集体林权制度改革。在草原经营制度方面，要进一步完善草原承包经营制度，并辅之以其他有力措施，在保护并逐步恢复草原生态系统的同时，促进牧业发展、牧区繁荣、牧民富裕。

思考题：

1. 农业的产业特点是什么？

2. 如何理解农业在国民经济中的基础地位？

3. 当前我国农村经济发展中存在的问题有哪些？

4. 如何理解农户的经济性质？

5. 如何理解农户的经营目标和经营约束？

6. 农户兼业化经营的原因和后果是什么？

7. 在我国实行家庭联产承包责任制有什么意义以及有哪些局限性？

8. 在我国农村现阶段有哪些经济组织形式？

9. 如何理解农业产业化对农业和农村经济的作用和意义？

10. 我国农村市场化改革取得了哪些成效？目前存在哪些主要问题？如何推进农村改革与发展？

第六章 社会主义市场经济运行的载体与机制

　　市场对于资源的配置是通过市场机制实现的，而市场机制作用的充分发挥必须以完备的市场体系为载体，市场体系是社会主义市场经济运行的基础。本章首先对市场体系的涵义、特征及其类型作了一般概述，并阐明了在我国建立和完善市场体系的必要性；其次分析了我国市场体系的发展现状，既肯定了所取得的成效，也指出了存在的主要问题，并提出进一步完善的措施；最后对与社会主义市场体系建立与完善密切相关的市场规则和社会信用体系建设问题进行了分析和阐述。

第一节 社会主义市场体系的基本构成及其特征

　　社会主义市场经济要实现资源的合理配置，就必须建立统一、开放、竞争、有序的市场体系。市场体系内部各类市场不仅是市场经济运行的载体，而且是社会主义市场经济得以充分发展的客观条件，是建立和完善社会主义市场经济体制的重要环节。

一、市场体系的涵义及其基本构成

　　所谓市场体系，是指各个领域、各个方面和各个层次相互联系的市场所形成的有机统一体。按照构成市场的基本要素标准的不同进行划分，市场体系的构成可分为以下几种：

　　1. 市场的时间结构

　　市场的时间结构，是指由于市场主体间的权利让渡与客体位置移动的时间不同，从而形成不同交换形式的市场分类，在市场体系构成中表现为由于时间差而形成的不同结构状态。从市场体系的时间构成来看，市场体系主要包括现货市场和期货市场。

现货市场，也称即期交易市场，以现货进行交易的市场，它是由拥有商品并准备马上交割的卖者和希望立即获得商品的买者组成。最早的现货交易即"以物易物"（即物物交换），后来发展为以货币为媒介的交换。现货市场虽然交易方式比较简单，但它是市场的主要形式。其主要特点是：这种交易市场"当面成交，银货两清，没有更多的条件约束"；买卖双方直接依据当时的商品供求状况和市场价格随时完成交易活动，灵活性很强；市场主体权利的让渡和客体的转移在时间上同步进行，没有延期执行造成的虚假性。因此，现货市场能较真实反映供求关系的现实状况，有利于竞争的选择。自改革开放以来，现货市场在我国得到了较快发展，成为我国市场的主要形式，对整个经济生活起到了重要的推动作用。

期货市场，是指买卖双方对商品标准化合约进行交易的场所。在标准化合约中，明确规定了商品的质量、数量、交易地点及方式、包装规格等。交易双方成交后需预付一定的保证金。这样，这份标准化合约（期票）就有一定的价值，可以在期货市场上自由转让给另一个出价更高的买主。可以进行期货交易的商品必须具备以下条件：供求量大而且布局分散；不易腐烂、可储存，能标准化和分级；有自由竞争价格。因此，期货交易一般适用于大宗商品，如玉米、大米、小麦、棉花、食糖以及外汇、证券等的交易。期货市场是在现货市场的基础上发展起来的。它的主要特点是：成交在先，交割在后，即市场主体权利的让渡与交换客体的实际位移在时间上是分离的；在期货交易过程中，交易者不需付出与合约金额相等的全额资金，而只需付一定比例的履约保证金，所以，这种交易方式具有以小博大的杠杆作用；当期货交易进入到交割阶段时，商品的买入方和卖出方并不需要直接接触，而是由交易所或清算所充当中介角色，由交易所或清算所来保证交割的实施；交割清算的程序十分严密，违约的风险一般较小；期货交易的主要目的是规避价格变动的风险，即为了套期保值，但同时也产生了为获利而利用价格变动进行投机的可能性。期货市场是一种比较高级的市场组织形式，对于加速商品流通、节省交易成本、回避风险、稳定市场起着重要作用。但这种市场交易方式，要求市场化组织程度高、法规比较完备、市场运作人员的素质比较好，所以，在我国目前期货交易市场尚处于起步和试办阶段，今后也只能根据我国市场经济发展程度，积极稳妥地推进。

2. 市场的空间结构

市场的空间结构，是指要素在不同交换范围即不同空间的分布和关联状况。一般由农村市场、城市市场、区域市场、国内市场和国际市场构成。

农村市场，就是指在农村范围内的区域市场。这是从地域角度对市场类型所进行的细分。农村市场的发展状况是与一个国家或地区经济社会发展相适应，并随经济的发展而变化。我国现阶段的农村市场有两个比较突出的特点：一是现实消费的能力相对较弱，但潜在需求很大。我国现阶段农村的人均收入水平较低，可用于消费的资金较少，其消费能力低于城市。但我国农村地域辽阔，人口众多，虽然现在的经济发展水平不高，但发展的空间和潜力很大，是我国扩大内需最具有发展前景、最大的潜在市场。二是农村市场需求面广，比较分散；需求层次不同，很不平衡。由于我国农村经济发展的不平衡，造成各地的消费在需求上也有很大的差异性。城市市场，是相对农村而言的，是城市范围内的区域市场。从现阶段我国的情况看，城市市场的主要特点是需求量大、层次较高、需求更趋多样化、差异化。除了对物质商品的需求外，对各类服务的需求也日益增加，并且对精神产品也有一定的需求。这类市场是我国市场的主导。区域市场，是以社会劳动区域分工为基础，同经济区划有密切联系的区域性的商品交换场所和商品交换关系的总和。它是按照商品经济规律和区域经济专业化原则，根据各地区的自然资源、地理环境、交通条件等不同情况，以及生产力合理分布的原则，逐步形成和发展起来的带有一定区域性特点的一种特殊地方市场。区域市场具有相对性。相对于全球而言，亚洲、欧洲、非洲等区域就是区域市场；相对于全国而言，各地方也形成区域市场。此外，农村和城市也各是一种区域市场。区域市场是企业市场营销中的一种"市场细分"的概念，而不是指那种地方"割据"的市场。在我国，区域市场是社会主义市场体系的有机组成部分。其主要作用是：按照商品自然流向组织流通，可以使商品流通最经济、最合理；有利于区域市场周围地区的物资集散和交流；有利于发展不同地区之间的商品交换，使社会主义市场体系日趋完善。国内市场，是一个国家范围内的市场，是一个国家内部各类商品和服务交换关系的总和。在一国范围内，为了有效地进行资源配置，就要求建立有统一的管理和规则、没有地区分割和部门分割、商品和服务可以有序自由流动的全国统一市场，这是市场经济发展的内在要求。国际市场，又称世界市场，是指世界范围内经济资源交换、流动的场所或领域。国际市场是在国际分工基础上形成的，并随着国际分工的发展而发展。国际市场通行的是国际价值规律，国际价值是商品在国际交换中体现出来的国际生产关系的范畴，商品的国际价值是在国别价值的基础上形成的。它形成的最重要的条件就是以国际分工为联系的世界市场的发展。在国际市场上商品、货币、资本、劳动力和技术知识等可以流动。由于世界经济发展不平衡，所以国际市场的地理分布具有相当的集中性。目前，国际市场的3/5集中在北美和欧洲发达国家，2/5集中在亚非拉发展中国家。

3. 市场的竞争结构

市场竞争结构，是指按照市场竞争程度不同而划分的一种市场体系结构。一般包括完全竞争市场、完全垄断市场、垄断竞争市场和寡头垄断市场。

完全竞争市场，是指没有任何垄断因素的竞争市场。其主要特征是：在市场上，一个行业的产品有众多的卖者和买者，每个卖者的销售量和每个买者的购买量在整个市场的交易量中所占比例很小，所以，任何单个的卖者或买者都不可能影响商品的市场价格；各个厂商生产的同类产品彼此之间是同质的，没有差异性；市场不存在进出障碍，买卖双方可以自由进入和退出；具有完全信息，即买者和卖者对商品的价格、质量等拥有全部相关的信息。完全竞争市场只是一种理论抽象，在现实生活中几乎是不存在的，只是农产品集市贸易有点类似于这种市场。

完全垄断市场，是指完全排斥竞争的市场。市场上，一个行业中如果只有唯一的一个卖者，但有许多买者，称为"卖方垄断"；如果只有唯一的一个买者，但有许多卖者，称为"买方垄断"。一般情况下，垄断市场单指卖方垄断。垄断市场的主要特点是：整个市场的某种商品只有一家厂商提供，而且产品独特，很难找到替代品；厂商具有控制产品价格和产量的能力，一般具有较低的产量和较高的价格，厂商产品的定价高于边际成本，会产生垄断利润；存在着新企业进入的障碍。完全垄断市场也是一种极端的理论抽象分析。在现实生活中比较接近完全垄断的行业主要是公用事业，如城市供电、供水等。

垄断竞争市场，是介于完全竞争市场和完全垄断市场之间的一种市场。这种市场既存在垄断，又存在竞争，是一种比较普遍的市场形式。其主要特征是：在市场上，同一行业中存在许多厂商；各个厂商的产品具有差异性，即它们虽然是同一类产品，但在产品的商标、包装、设计、质量、性能、声誉、服务、销售渠道等方面具有差别，一方面，由于产品具有不同的特点，因此不具有完全替代性，另一方面，又因为它们具有相似之处，从而具有高度的可替代性；厂商所具有的市场势力的大小，取决于其产品与其他厂商产品的差别程度，产品差别越大，垄断程度就越高，产品差别越小，替代性越强，竞争程度就越高，每个厂商既是垄断者，又是竞争者；各个厂商可以随时进出，没有市场障碍。垄断竞争市场，是一种现实的市场，一般的日用工业品都属于这类市场。

寡头垄断市场，指少数几家厂商所垄断或控制的市场。其主要特征是：市场上，一个行业中只有少数几个企业相互竞争；各个企业的产品既可以是同质产品，也可以是差别产品；各个企业之间存在着特殊关系，任何一家企业的销量和价格的变动，都会影响到该商品价格的变动及其他几家企业的销量。因此，它们常常通过自发的协调或公开的协议来调整其相互关系。这类市场多存在于汽车、钢铁、石油、有色金属等基础工业及航空、计算机等新兴工业部门。

4. 市场的客体结构

市场的客体结构，是根据市场交易对象的不同而划分的一种市场体系结构。市场客体结构可分为商品市场（消费品市场和生产资料市场）和生产要素市场（主要包括劳动力市场、金融市场、房地产市场、技术市场和信息市场）两大类。

消费品市场，也称生活资料市场或消费资料市场，是用来满足人民物质文化生活需要的那部分社会产品的市场。其主要特征是：市场极为广大，品种繁杂；大型化和小型化共存，专业化和多样化并在；消费品购买多属于非专家购买，在多数情况下，需要采取各种促销手段。

生产资料市场，是指用于满足工农业生产和基本建设需要的原材料、燃料和机电产品等集中交易活动的场所或领域。生产资料市场的主要特点是：市场较集中，交易主要在企业之间进行，交易次数少，批量大；产品的专用性强，技术服务要求高，一般对商品的品种、规格、型号、质量都有严格要求，不能互相替代；该市场需求者主要是生产企业和建筑单位，购买量大，以批发贸易为主；生产资料的需求弹性小，价格变化、广告宣传对用户的影响较小；产销关系比较固定，买卖双方都要具备专门的商品知识和市场知识。生产资料市场是社会再生产的中介，它的发展程度制约着物质资料再生产的规模。因此，它是市场体系中的一个重要组成部分。

劳动力市场，国外一般称为"劳动市场"，是指劳动力流动和交换的场所及劳动交换关系的总和。我国的劳动力市场有三类：服务型劳动力市场，即劳务市场；职业型劳动力市场，即职业市场；知识型劳动力市场，即人才市场。与其他市场相比，劳动力市场的主要特点是：首先，劳动力交换让渡只是劳动力使用权。劳动力是存在于人体之中的一种能力，在任何情况下，劳动力都不可能与人体分离。并且劳动力使用权的让渡，也只能依次地让渡，不能一次性全部让渡。其次，劳动力交换因劳动者价值取向的不同而存在较大的差异。最后，劳动力市场运行的速度比较缓慢。劳动力供求能否实现，一方面要受到因掌握和深化某种专业技术所需工作的时间，以及职业习惯、人际关系、居住条件和习惯等约束；另一方面还要受到生产部门需求量、专业技术要求、语言障碍等限制。劳动者在选择目标时，往往经过较长时间的信息搜集、分析比较、反复考虑、慎重抉择的过程。建立劳动力市场，运用市场机制调节劳动力供求关系，有利于推动人才的合理流动，实现劳动力资源的合理配置。

金融市场，是指市场经济主体间相互融通资金的场所和相互关系的总和。金融市场主要包括：短期资金市场，也称货币市场，是进行一年以内的各种资金借贷融通的市场，主要有银行同业拆借、企业的商业票据、银行承兑票据和政府发行的短期国库券等。长期资金市场，也称为资本市场，是提供一年以上的中长期资金的市场，主要包括政府的长期公债、公司债券、股票等。还有保险市场、外汇市场、黄金市场等都属于金融市场的内容。目前，我国的金融市场主要由同业拆借的短期市场和证券形式的长期市场以及外汇交易市场构成。金融市场在市场经济中有着非常重要的地位和作用，它的产生既解决了企业急需资金的困难，也为社会大量闲置资金的投资提供了出路。随着市场经济和经济全球化的发展，金融市场的地位和作用日趋突出，更显重要。

房地产市场，是进行房地产交易的场所，是房地产交换关系的总和。它由房产市场和土地市场两个部分组成。目前我国房产交易的形式有四种：一是房产买卖，即房产所有权的转移。二是房屋租赁，即房产所有者把一定时期的房产使用权有偿转让给承租人。三是房屋互换，即房屋使用者在自愿互利的基础上，互相交换房产的使用权。四是房产抵押，即把住房作为抵押，换取银行或其他融资机构的信贷资金。房地产市场从结构上划分，可分为一级市场、二级市场和三级市场。一级市场为土地使用权出让市场，即国家以土地所有者的身份，将土地使用权以一定年限出让给土地使用者，并向土地使用者收取出让金的行为。二级市场是房地产转让市场。二级市场中交易客体有两种：一种是房地产交易，一种是地产交易。房地产二级市场中，土地使用权在使用者之间横向流动，体现了土地使用者之间的经济利益关系。三级市场是存量房地产再次进入流通领域进行交易活动的市场。我国的房地产市场，是在改革开放以后建立和发展起来的。建立房地产市场的实质，就是要变土地的无偿划拨为有偿使用与转让。这有利于节约使用土地、合理保护、开发和利用有限的土地资源，提高土地使用的综合效益。

技术市场，是指把技术成果作为商品进行交换的场所，是技术流通、传递的中间环节，是反映商品化的技术交换关系的总和。技术市场的交易活动包括技术转让或专利买卖、技术引进、有偿技术服务、技术承包、技术咨询、技术培训等。技术市场按其内容可分为软件市场和硬件市场。技术市场是市场经济发展的客观要求，是科学技术社会化的必然产物。建立和发展技术市场，对于促进我国经济发展和社会进步具有重要意义。

信息市场，是指信息商品交换的场所及其交换关系的总和。信息市场的主要形式有信息咨询、信息服务、信息资料有偿转让、信息软件开发、计算机语言程序设计、信息周转等。信息市场按信息商品种类划分，可分为经济信息市场、科技信息市场和综合信息市场。信息市场是信息商品化的产物，它的出现标志着商品经济发展进入一个更高的阶段。信息商品化的程度、信息市场的发展对经济的发展和社会的进步起着越来越明显的作用。以信息为劳动对象的信息业已经逐渐成为一些发达国家的主导产业，并被称为"第四产业"。

市场的客体结构，除按市场交易对象划分外，还可以按市场客体存在的形式将其划分为有形商品市场和无形商品市场。有形商品市场主要是指实务形态的消费品市场和生产资料市场。无形商品市场主要是指产权市场、技术市场、文化市场、会展市场等。

市场体系的构成，除了上述几种构成以外，还包括市场的主体结构、市场的供求结构、市场的流通结构等。但以上四种构成是最常见和最重要的市场体系存在形式。

二、市场体系的主要特征

市场体系的特征集中反映在以下五个方面：

第一，完整性。所谓市场体系的完整性，是指各种市场应当健全完备，不能残缺不全。这是因为各种经济资源不是彼此隔绝的，而是相互联系和制约的，把任何一个环节、任何一种资源人为地从市场整体中抽出去，再生产的整体就会受到破坏。尽管上述各种市场的特点各不相同，但都要按照商品、货币关系进行交换。因此，只有保持市场体系的完整性，才能为企业提供全方位的市场信息及多样化、多品种的经济资源，以满足企业的需要，保持企业生产和再生产的顺利运行。一个功能和内容残缺不全的市场体系，社会经济各方面的主体是难以通过市场去获取它们所需要的各种资源的。

第二，统一性。包括两层含义：一是指各种类、各层次的市场在本国范围内应当成为一个有机的整体，形成全国统一的大市场。在全国范围内，不存在行政壁垒与地区封锁，任何商品和生产要素都按照市场经济规律的要求，自由流动，优化合理地配置。如果市场分割、地区封锁，不仅使各种资源难以做到有效合理的配置，而且还会严重影响社会主义市场经济发展的进程。二是表现为在一定的范围内要实行相对统一的政策法规和运行规则，不能各行其是。

第三，开放性。市场经济是开放型经济。开放，是商品本性的表现，也是现代市场经济的基本要求。在现代市场经济条件下，任何一个国家和地区，要使其经济获得全面、快速的发展，单靠本国或自身的力量和资源是不够的，经济全球化和生产的国际化已成为一种趋势。因此，凡是实行市场经济的国家或地区，都实行了对外开放，建立了开放型的市场体系，不仅对国内开放，而且也对国外开放。充分利用国内和国外"两个市场"、"两种资源"，实现资源合理配置，从而促进本国和本地区经济的迅速发展，不断提高其在国际经济中的地位。

第四，竞争性。市场经济是竞争性经济。竞争是市场经济的灵魂。没有竞争，就没有真正的市场。企业之间只有实行公平竞争、优胜劣汰，才能起到鼓励先进、鞭策后进，使社会生产力迅速发展。各个主体之间只有开展竞争，才能使其经常保持最佳的生产和经营的积极性，引导消费者的消费趋向，使各方面的利益在竞争中达到均衡。要保持市场体系的竞争性，一要坚持以市场竞争作为判断企业好坏的标志，在竞争中实现优胜劣汰；二要限制和防止垄断的产生，特别是行政垄断，维护竞争秩序，防止不正当竞争，形成有序竞争的市场环境。

第五，有序性。市场体系庞大复杂，其运行必须遵守一定的规范和秩序。所谓规范有序，就是指各类市场的运行要符合市场经济的规律，各个经济主体的行为有严格的规定，各种市场交易活动有严格的约束，市场要有秩序地运行。市场有序性主要体现在价格的透明程度、交易程序的规范性、不同市场主体的权利平等和机会均等、交易过程的公平和安全等方面。有序是经济秩序的保证。市场无秩序，就等于市场运行没有章法，那就不可避免地引起市场运行的紊乱。

根据上述市场体系的五个主要特征，党的十四届三中全会通过的《中共中央关于建立社会主义市场经济体制若干问题的决定》正式将我国社会主义市场体系的基本特征确定为建立"统一、开放、竞争、有序"的大市场。这不仅是对社会主义市场体系基本特征的高度理论概括，而且也是建立和完善社会主义市场体系的需要。因为这四个方面的内容是不可分割的，是一个有机统一的整体，体现了市场经济的本质要求。统一是经济环境的基础，开放是经济活力的前提，竞争是经济效率的源泉，规则是经济秩序的保证。市场真正达到统一、开放、竞争、有序的目标，才能使市场机制的作用得到充分发挥，使资源得到最有效的优化配置，使经济的总体发展保持活力和效率。

三、建立和健全市场体系的必要性

市场体系作为联系社会经济生活各方面关系的桥梁和纽带，是社会主义市场经济体制的一块基石，也是社会主义市场经济体制基本框架中的一根主要支柱。因此，建立和健全市场体系，有其客观必然性，主要表现在以下几个方面：

第一，建立和健全市场体系，是充分发展商品经济和完善社会主义市场经济体制的客观要求。首先，从现代市场经济的特点来看，现代市场经济是一种比较发达的市场经济，在这种经济条件下，它呈现出许多新的特点：一是现代市场经济是用商品生产商品，不仅要有消费品市场，而且要求有生产资料市场。二是现代市场经济是货币经济、信用经济，资金运动具有相对独立性，因此不仅要求有商品市场，而且要求大力发展融通资金的金融市场。三是现代市场经济是一种竞争十分激烈的经济，要求企业规模根据市场经济发展和产业结构的变化时而扩大，时而缩小，有时兼并或联合，有时分立或解散。与此相适应，要求劳动力和其他生产要素合理流动。因此，为适应这一要求，必须要有劳动力市场、技术市场、信息市场以及其他要素市场。其次，从整个社会生产总过程来看，在市场经济条件下，主要是以市场为中心来组织安排运转的。如生产，只有按照市场所提供的需求信息组织生产，才能形成有效的供给；分配，只有通过市场机制的作用，才能使之趋向合理化；流通，只有以市场为载体、做纽带，才能建立市场交换主体制度，实现它们间的经济利益；消费，必须在市场上买到商品和服务，消费需求才能得到满足。

总之，社会经济活动绝对不是单个市场所能胜任的，必须建立一个完整的、高效的市场体系，才能使市场经济的功能得到充分发挥，实现资源的有效配置。

第二，建立和健全市场体系，是转换企业特别是国有企业经营机制，使之成为市场主体的必备条件。转换企业经营机制是我国国有企业改革的主要目标，而要转换企业经营机制，除了把企业构造成为自主经营、自负盈亏的市场主体、激发其内在活力外，还必须为企业创造一个良好的外部环境，其中就包括建立和完善市场体系。因为企业的一切生产经营活动都与市场存在千丝万缕的联系，企业开展正常经营活动所需要的信息来自市场，各种生产要素取之于市场，一切产品实现于市场，甚至作为企业内在动力的利润指标的评价也离不开市场。因此，只有建立完善的市场体系，才能使企业获取各种市场信息，为制定正确的经营目标和经营决策提供可靠的依据；才能获得自身发展所需要的资金、劳动力以及其他生产要素，促进生产和经营活动的顺利进行。如果市场体系不健全、不完善，或者是企业的经济活动没有市场作中介，或者是只有商品市场，而生产要素市场缺位，资金融通困难，原材料、设备、技术的来源得不到保证。如果没有产权市场，企业便没有承担负亏责任的压力，企业间的兼并重组也难以实现。没有合理的价格体系，企业之间便无法开展公平竞争。所以，健全市场体系，是企业转换经营机制、促进自身生存和发展的必备条件。

第三，建立和健全市场体系，是国家实施宏观间接调控的必要前提。这是因为，首先，市场是国家宏观调控功能的传导体。在现代市场经济中，国家的宏观经济调控是不可缺少的。但是，这种宏观经济调控不是以直接的行政命令来进行的，而是以间接调控为特征的。它是以市场为中介，通过左右市场环境的各种经济参数来影响企业的行为，使企业沿着市场发出的信号所指示的方向前进。在这里，市场体系成为国家宏观经济调控的传导机制，一方面，市场体系把大量的微观经济活动信息，通过价格等参数传递给国家宏观经济调控部门，并由宏观经济调控部门进行分析评估，为制定行之有效的宏观经济政策提供依据；另一方面，又把国家的宏观调控意图通过价格、利率、税收等参数来影响市场体系的运行机制，传递给千千万万个企业，使国家的宏观意图和企业的微观利益在市场体系的运行中得到有机的结合。由此可见，完善的市场体系是国家实施宏观经济调控的基础环节。其次，国家宏观调控的某些政策只有借助于市场才能得到有效的实施。例如，政府在实施货币政策工具存款准备金率、再贴现率和公开市场业务调节货币供应量时，必须要有相应的市场做支撑，否则货币政策无法发挥作用。也只有在完善的市场体系中，才能使价格、利率等成为间接宏观调控的手段。最后，宏观调控目标的实现也离不开市场体系的作用。在宏观经济领域，我们的根本目标和要求，就是保持社会总供给与社会总需求的基本平衡，促进经济结构的优化，实现社会经济协调、健康的发展。要实现这个目标，也有赖于市场体系的建立和完善。这是因为，实现总供给和总需求的动态平衡、供给结构和需求结构的相互适应，只有借助于完善的市场体系。充分的市场活动，可以对社会资源和社会需要进行准确的估量，并据此对社会资源进行合理的分配和使用。而市场体系的完善和健全，有利于提高市场的透明度和信息的真实性，有利于保证宏观决策的科学化，加强国家的宏观经济调控。加上在完善的市场体系条件下，发展横向经济联合，推进社会分工，促进公平竞争，通过价格和供求的矛盾运动，使各种资源形成统一的最大边际产出率，达到资源配置的最优化。资源优化配置的过程，也就是对现有产业结构和产品结构进行调整，使之趋向合理化的过程。

第四，建立和健全市场体系，是形成功能齐全市场机制的基础和资源合理配置的载体。市场机制是在商品交换活动中，通过市场各要素之间互为因果、相互制约的联系和作用，发挥其自动调节的作用。从本质上看，就是价值规律借助市场机制自动调节社会的生产、分配、交换和消费等各个环节，自动调节整个社会再生产，而市场机制主要是竞争机制、供求机制和价格机制，其作用的发挥依赖于各类市场的发育，以及由各类市场所组成的统一开放的市场体系。只有在完善的市场体系的土壤中，才能充分发挥市场机制的作用。市场体系又是市场机制实现其功能的基础。市场机制在社会经济运行中具有实现功能、信息功能、导向功能、核算功能和组织功能等。这些功能实现的前提条件，就是要有健全的商品市场、资金市场、劳动力市场、技术市场、信息市场、房地产市场，以及与之相应的价格、利率、工资、汇率、房租、地租率等的存在。① 如果没有完善的市场体

① 陈洁：《浅析市场体系在市场经济中的地位和作用》，《江苏市场经济》2002年第4期。

系，市场机制及其各种功能就不能有效地发挥作用；如果市场体系残缺不全，仅仅只是开放商品市场，而没有建立起资本、劳动力等要素市场，社会生产就不能在统一的市场机制作用下运行，必然产生各种矛盾和摩擦。完全的市场体系，不仅是市场机制作用的基础，而且也是实现资源合理配置的载体。

第二节 社会主义市场体系的发展与完善

培育市场体系是一项多维的系统工程，是一个不断改革、逐步推进和完善的过程。改革开放以来，随着我国各项改革的不断深入、市场化程度的不断提高，我国市场体系也在不断发展和完善。回顾和总结我国市场体系建设取得的成就，找准目前存在的主要问题，提出对策建议，有利于进一步推进市场体系的发展与完善。

一、中国市场体系发展的现状和存在的主要问题

改革开放三十多年来，我国经济的市场化进程已经取得了举世瞩目的成就。随着社会主义市场经济体制的逐步建立，作为社会主义市场经济体制的重要组成部分，中国市场体系也已经基本建立起来，并在不断完善。市场体系初步建立的主要标志是：

第一，以市场作为企业导向和以市场为基础的价值形成机制已经确立，为市场机制发挥配置资源的作用奠定了基础。以市场供求关系决定价格的价格形成机制，是现代市场体系的核心，也是衡量一个国家或地区市场化发育程度的主要标志。改革开放以来，特别是党的十四大提出我国经济体制改革的目标是"建立和完善社会主义市场经济体制"以后，我国的价格形成机制和价格管理体制改革的步伐不断加快，目前，以市场为主的价格形成机制初步形成，市场在资源配置中的基础性作用得以确立。首先，工农业生产主要由市场决定。农产品生产的指令性计划已全部取消，工业品生产的指令性计划只局限于黄金、卷烟、食盐等几种产品的某些环节中。其次，在商品市场上，绝大多数商品和服务价格已由市场决定。截止到 2006 年底，社会商品零售总额中，市场调节价已占 95.3%，政府指导价占 1.9%，政府定价只占 2.8%；农产品收购总额中，市场调节价已占 97.1%，政府指导价占 1.7%，政府定价只占 1.2%；生产资料销售总额中，市场调节价已占 92.1%，政府指导价占 2.3%，政府定价只占 5.6%。我国商品价格形成机制的市场化程度已接近甚至赶上了一些发达的市场经济国家的程度。最后，在要素市

场上，市场决定价格的机制基本形成。目前，劳动力价格已基本由市场机制决定。土地市场实行招、拍、挂以后，其出让价格由市场决定，市场形成土地使用权价格的机制已经确立。在房地产、产权、信息、技术等市场上，价格也已基本由市场供求调节。在金融市场上，利率市场化和人民币汇率形成机制改革继续推进。目前已完全放开货币、债券市场利率和外币存贷利率，实现人民币"贷款利率管下限，存款利率管上限"的阶段性改革目标。上海银行间同业拆借利率（Shibor）的基准性稳步提高，金融机制风险定价机制逐步建立，市场利率调节作用增强。人民币汇率形成机制继续完善，人民币汇率呈双向浮动态势，弹性增强。2011 年，人民币兑美元汇率中间价最高为 6.6349 元，最低为 6.309 元，244 个交易日中 143 个交易日升值，101 个交易日贬值。据国际清算银行计算，2011 年人民币名义有效汇率升值 4.95%，实际有效汇率升值 6.12%。

　　第二，多形式、多层次的市场体系框架基本形成。首先，商品市场体系基本建成。商品市场是现代市场体系的重要基础。经过三十多年的改革开放，我国商品市场成长迅速，市场覆盖的范围和领域相当广泛，商品市场体系已基本形成，其中包括消费品市场和生产资料市场、批发市场和零售市场、城市市场和农村市场、国内市场和国际市场。现货市场发展迅速，期货市场正在部分城市试点并在规范中得到发展。据国家统计局统计，改革开放之初的 1979 年全国商品交易市场只有 36767 家，成交额约 71 亿元。2009 年，全国商品交易市场已超过 8 万家，其中亿元以上的商品交易市场有 4687 家，交易额达到 57963.8 亿元，摊位数达到 299.48 万个。[①] 其次，各类要素市场加快发展，其框架初步确立。劳动力市场改革步伐进一步加快，劳动者自主就业、市场调节就业、政府促进就业的市场导向机制已经形成，并彰显成效。就业和再就业渠道日趋多元化。公共就业服务体系已基本形成。城乡劳动力市场进一步融合，普遍推行了用工合同制度，劳动关系协调机制开始发挥作用。作为金融市场体系重要组成部分的资本市场取得了长足发展，包括主板市场、中小板块、股份代办转让系统在内的多层次的资本市场体系正在逐渐形成。股票发行上市的市场化约束机制得到强化，市场产品结构、上市公司结构和投资者结构不断改善，中小投资者合法权益的保护机制不断加强，期货交易品种稳步增加，我国在国际市场上的话语权大为提高，资本市场正在发生积极而深刻的变化。截至 2010 年 9 月底，我国上市公司为 1976 家，比 2005 年增加 595 家，沪深两市股票总市值 23.46 万亿元，是 2005 年底的 7.2 倍。2011 年，又有 282 家企业在 A 股市场首发上市，220 家企业实施股权再融资，全

---

　　① 国家统计局网站。

年股票融资总额 5073 亿元。上市公司债券融资 1707.4 亿元，创历史最高纪录。按照彭博新闻社的统计数据，目前我国股票市值在全球排名第三位，仅次于美国和日本，是全球最大的新兴市场。与此同时，货币市场、保险市场都有了长足的发展。1998 年在全国范围内停止住房实物分配以来，我国房地产市场发展迅速。目前，城镇居民家庭户均财产中，住房价值所占比重已超过 50%，住房消费成为新的消费热点。土地市场形成了包括土地出让、转让、抵押和出租市场等。技术市场在促进科技创新和科技成果转化过程中的作用日趋明显，技术服务体系的功能有所增强，技术市场发展的外部环境不断改进。产权市场逐步发展，交易的规范化程度不断提高，并开始在促进各类企业的产权流动和企业重组中发挥作用。此外，我国信息市场发展较快，目前，固定电话和移动电话户数跃居世界第一位，互联网上网人数居世界第二位。多层次的要素市场的形成，在资源配置中发挥了重要作用。

第三，市场运行环境不断改善。市场法规逐步健全，市场监督机构和认证机构逐步完善，初步形成了市场体系运行的规则和相关法律制度。在市场规则方面，建立了期货市场、证券市场、房地产市场等方面的交易规则、交易制度以及市场准入、退出制度。在法律法规方面，与市场体系发育相关的立法进程不断加快，如初步建立起了以《中华人民共和国公司法》、《中华人民共和国证券法》为核心，包括证券行政法规、部门规章等证券市场法律法规体系，涵盖了证券、期货、证券投资基金等领域。在商品市场方面，相继出台了《中华人民共和国反垄断法》、《中华人民共和国反不正当竞争法》、《关于制止低价倾销行为的规定》、《商品市场登记管理办法》、《连锁店经营管理规范》、《零售业态分类规范意见》、《关于禁止传销经营活动的通知》等法规和部门规章。在劳动力市场方面，根据《中华人民共和国劳动法》和有关法律法规，原劳动部出台了《劳动力市场管理规定》，在第十届全国人大第五次会议上又颁布了《中华人民共和国劳动合同法》，旨在保护劳动者和用人单位的合法权益，发展和规范劳动力市场，促进和扩大就业。此外，还相继出台了与其他要素市场相关的一系列法律和法规，旨在依法治市、鼓励竞争，促进市场的规范化发展。

与市场运行环境相关的社会信用体系建设开始受到重视，中共十六届三中全会通过的《中共中央关于完善社会主义市场经济体制若干问题的决定》提出把建立健全社会信用体系作为整顿和规范市场秩序的治本之策。2006 年 1 月，全国统一的个人信用信息基础数据库已正式开通，收录信用信息的自然人人数达 3.4 亿人，其中有信贷记录的人数约 3500 万人。个人信用信息基础数据库已在全国商业银行各分支机构开启了 5.2 万个查询用户终端，目前，每天个人信用报告查询量已达到 11 万笔左右，这是我国企业和个人征信体系建设中的一项重要的基础性工作。

市场信息服务体系开始形成。全国城乡市场信息服务体系于 2005 年建成并开始运行，这个体系由 4 个直接系统、3 个间接监测系统和全国商品流通数据库组成，被监测的有 21 大类 600 种消费品和 11 大类 300 种生产资料。检测区域有258 个地级城市、147 个县和 5000 多个市场。还可以即时传输世界 11 个国家和地区的市场价格信息和供求信息。

第四，市场体系的竞争性和开放性不断增强。经过三十多年的市场化改革，我国市场的统一性、开放性和竞争性日益增强。地区封锁和行业垄断受到越来越多的限制，公开、公正、公平的市场竞争秩序正在形成。在商品市场中，多元所有制市场主体共同竞争的格局业已形成，非公有制经济成分增长较快，为市场竞争注入了活力。鼓励、引导、保护竞争的法律法规体系初步建立。市场的对内和对外开放程度大大提高，国内市场与国际市场已经形成你中有我、我中有你的内外贸一体化格局。商品市场的开放程度较高，对外开放成效显著，不仅引进了大量资金，还带来了先进的经营理念、经营管理技术和现代营销方式，促进了我国商品市场的进步和发展。要素市场对外开放不断推进。进入"十一五"后，资本市场对外开放步伐明显加快。2006 年 2 月，外国投资者对上市公司战略投资管理办法正式实施，允许外国投资者对完成股权分置改革的上市公司进行了中长期战略投资，新修订的合格境外机构投资者境内证券投资管理办法发布实施，放宽了合格境外机构投资者（QFII）[①] 的资格条件和资金进出的锁定期，增加了 QFII开户、投资方面的便利，并完善了 QFII 投资监督体系，特别是信息披露制度，这些措施标志着我国资本市场的对外开放进入了一个新阶段。截至 2007 年，我国已经设立了 8 家中外合资证券公司、24 家中外合资基金管理公司，其中 9 家合资基金管理公司中外资股权已经达到了 40%，上海、深圳证券交易所各有 4 家特别会员，并批准了境外证券经营机构直接进行 B 股交易。到目前为止，我国证券市场已经全部实现了加入世界贸易组织时的承诺。

第五，市场宏观调控体系，逐步建立和完善。建立健全了重要商品（如粮食、棉花）的中央和地方两级储备制度，发挥吞吐调节作用；建立和完善了重要商品价格调节基金和农产品市场风险基金制度，以控制市场价格的过度波动，稳定重要商品供求；建立了重要生产资料的国家订货和投放制度；建立和完善了重

---

① 合格境外机构投资者（QFII），全称 Qualified Foreign Institutional Investor。在人民币资本项下未实现完全自由兑换的情况下，2002 年 12 月实施允许批准的境外机构投资者投资于中国证券市场的 QFII 制度。截至 2010 年底，已有 106 家境外机构获得 QFII 资格。

要商品的市场监测预报预警制度，对重要商品供求和市场运行进行监测；加强了对重要商品的管理，规范了交易行为。同时，政府对要素市场的宏观调控也在不断加强和完善。

改革开放以来，我国的市场体系虽然取得了较大进展，社会主义市场体系已初步形成，但从总体方面看，我国市场体系建设中还存在不少深层次矛盾和问题，主要表现在以下几个方面：

第一，全国统一市场尚未真正形成。不同地区、不同部门的市场分割、封锁仍然比较严重，地区和行业垄断市场的行为依然存在。其主要表现是：一些地方政府和部门不惜利用行政的、经济的乃至技术手段，限制甚至阻挠其他企业进入本地或本部门市场，保护地方和部门利益，并力图使既得利益固化。比如，前些年，电信资费明降暗升、保险单据强制买卖、对外地烟酒增收调节基金、限定司机到指定的验车厂验车、指定的保险公司投保、指定的修车厂修车，商业银行不择手段，巧立名目提取各种手续费等，其表现形式五花八门、无孔不入。对于这类不合理的现象，老百姓反应强烈，媒体也一再予以批评，但收效甚微，有些部门和行业基本上还是我行我素。这种地区、部门和行业的垄断给经济和社会带来了严重的危害。一是妨害市场竞争机制的形成和发展，扰乱市场秩序。特别是行业垄断，直接导致以行政权力或者行业优势地位配置资源，排除市场机制的基础作用，降低整个经济的运行效率。二是阻碍统一、开放、竞争、有序的现代市场体系的形成，导致市场壁垒重重，商品及生产要素流通受阻，各地、各企业的比较优势难以得到发挥。尤其是在我国加入世贸组织后，不改变这种垄断行为，不仅妨碍我国进入国际市场，而且也不利于提高我国经济的国际竞争力。

第二，市场体系建设中的结构性矛盾比较突出，商品市场发展速度较快，要素市场的发展还处在较低水平。其主要表现是：首先，商品市场上的价格已基本放开，某些稀缺性要素和公共服务品的价格市场形成机制还未确立，这不仅有碍于要素资源的合理流动和优化配置，也不利于某些资源性要素产品的节约和充分的利用。其次，在要素市场中，金融市场发展明显滞后。一是金融市场开放程度低，竞争不充分。从世界范围看，金融业的发展水平与金融市场的开放程度呈正相关。依靠垄断和保护，培养不出世界一流的银行和银行家。我国一方面大量银行存款贷不出去，另一方面许多中小企业却贷不到款。其主要原因之一就是我国现阶段的金融体系不完善，不适应多种所有制经济和中小企业迅速发展的需要，因而也就没有形成市场配置金融资源的机制。在我国金融体系中，国有控股金融企业，尤其是国有控股银行处于垄断地位，而出于成本、风险以及政策导向方面的考虑，它们主要向国有大中型企业提供服务，并且逐步将服务范围向城市收缩，分散在各地的广大中小企业融资十分困难，只好依靠地下或半地下的民间金融机构来满足资金需求，这不仅大大增加了企业的融资成本，而且也容易影响正常的金融市场秩序。二是金融市场中的资本市场发育缓慢，总体规模偏小，市场结构和产品结构比较单一。单一层次和少品种的资本市场的功能非常有限，不能满足不同类型投资者、融资者投资和平衡风险的需求，容易导致资本市场金融资源的错位配置，从而降低资本市场的运作效率，也不利于资本市场中介机构的发展。各类资金、中介机构和投资者集中于单一市场和少数资本产品，这既加大了市场的投机性，也给资本市场监管工作增加了难度。此外，还有土地市场、技术和信息市场、产权市场等发育程度也较低，从而严重地影响了市场体系整体效率的提高。最后，在市场体系建设上，东部、中部、西部区域之间，城乡之间还存在明显差距。

第三，规范化的市场竞争机构尚未有效形成，不正当竞争和限制竞争的行为同时并存。目前，市场竞争存在的突出问题有：一是协议限制竞争的行为；二是企业滥用市场优势地位限制竞争；三是恶性竞争问题比较突出，如恶性诋毁竞争对手，损坏竞争对手商业信誉，进行商业贿赂、倾销或恶意降价等；四是利用市场优势地位和独有知识产权限制竞争，主要是某些跨国公司利用市场优势地位变相强制捆绑销售或搭售其商品等反竞争行为。

第四，市场秩序有待改善，失信现象比较普遍。一是尚未形成诚实守信的社会环境，各市场主体信用管理水平普遍较低，消费者的维权意识不强，企业的信用管理制度不健全；二是尚未形成有效的社会信用信息共享机制，市场主体很难掌握交易对象的信用信息，信息不对称现象依然严重；三是社会信用管理中介服务业不发达，一些服务机构不仅规模很小，而且经营分散，市场竞争处于无序状态，缺乏公正性和独立性，难以起到应有的作用；四是尚未形成有效的信用监管体系。

二、进一步促进市场体系的发展和完善

党的十七大报告指出："加快形成统一开放竞争有序的现代市场体系，发展各类生产要素市场，完善反映市场供求关系、资源稀缺程度、环境损害成本的生产要素和资源价格形成机制，规范发展行业协会和市场中介组织，健全社会信用体系。"党的十七届五中全会通过的《中共中央关于制定国民经济和社会发展第十二个五年规划的建议》提出要"理顺煤、电、油、气、水、矿产等资源类产品价格关系，完善重要商品、服务、要素价格形成机制。加快多层次资本市场体系建设，显著提高直接融资比重。积极发展债券市场，稳步发展场外交易市场和期

货市场。健全土地、资本、劳动力、技术、信息等要素市场，加快社会信用体系建设，完善市场法规和监管体制，规范市场秩序"。根据党的十七大报告和十七届五中全会《中共中央关于制定国民经济和社会发展第十二个五年规划的建议》精神，推进现代市场体系建设，下一步应着手做好以下工作：

1. 继续完善全国统一的市场

市场的统一是商品和生产要素自由流动的重要条件，统一市场的覆盖范围有多大，先进的生产力就可以在多大的范围内取代落后的生产力。欧盟二十几个国家分散的市场最终形成一个统一的大市场，正是各成员国看到了统一大市场所带来的好处。在统一的大市场内，先进的技术和资本流向经济相对落后的地区，落后地区的劳动力、资源等要素流向发达地区，这是不断缩小地区之间发展差距的根本途径。在我国，要促进资源在地区之间自由流动，实行各地优势互补，缩小地区差距，也必须撤除各个地区之间的市场藩篱，进一步健全和完善全国统一的市场。首先，必须以规范政府行为为核心，进一步打破行政性垄断和地区封锁。行政性垄断和地区封锁是造成市场分割，影响社会经济资源配置效率的主要障碍。为此，一是要明确界定政府在市场准入方面权限的基础上，推进市场准入监管体系改革，提高市场准入程序的公开化和准入透明度；二是要加大反垄断法等保护和促进公平竞争法律的执法检查力度，并进一步制定和完善相关法律制度，清除盲目妨碍公平竞争、设置行政壁垒、排斥外地产品和服务的各种分割市场的规定；三是要进一步放宽对行政性垄断行业的准入限制，保障各类经济主体获得平等的市场准入机会。其次，促进商品和服务的高效流动。进一步加快我国商品市场的现代化进程，大力发展现代商品流通组织形式，加大对市场基础设施建设的投资，促进统一市场的发展和完善。

2. 健全和完善生产要素市场

（1）进一步健全和完善金融市场。健全金融市场，特别是资本市场，是实现市场配置资源制度的关键。在劳动力、土地、技术、矿产资源等生产要素市场中，资本市场居于龙头地位，资本流向哪里，其他生产要素就会随之向哪里集聚。因此，所谓市场配置资源，在很大程度上是由掌握资本或资金配置权力的各类行为主体来进行的。在发达国家，已经形成了以资本市场为主体，包括货币市场和保险市场在内的金融市场为依托的庞大的金融产业，成为独立于实体经济的虚拟经济。它们正是凭借这种强大的虚拟经济，逼迫发展中国家开放金融市场，以其金融资本吸吮发展中国家实体经济的利润，甚至通过制造金融风波、控制经济命脉，达到巧取豪夺的目的。所以，要从制度上发挥市场配置资源的基础性作用，必须高度重视金融市场建设，壮大金融产业，形成完善、高效、安全的金融体系。

改革开放以来，我国金融业发展取得不少成绩，市场化程度显著提高，成功应对了国际金融危机的冲击。但要看到，我国金融业整体仍处于初级发展阶段，与发达国家相比，其发展明显滞后。主要表现是：首先，金融产业相对于实体经济明显滞后。我国已有两百多种工农业产品产量，自2007年以来就一直居于世界首位，但金融产业的规模总体上仍然较小，而且内部结构不合理，国际竞争力不强，直接影响和制约了金融市场在资源配置中的作用。其次，直接融资相对于间接融资明显滞后。在2006年，资本市场融资与银行贷款之比为18：82，而发达国家为70：30，这种情况不改变，必然会导致金融风险过度集中在银行。复次，在直接融资中债券市场的发展相对于股票市场明显滞后。2006年股票市场融资与债券市场融资为85：15，而发达国家一般为30：70，债券市场发展还处在起步阶段。再次，在银行结构中，中小银行的发展与大银行相比明显滞后。由于中小银行发展不足，所占比例过低，这是导致中小企业、微型企业和农民贷款难的重要原因。最后，保险市场发展相对于货币市场和资本市场明显滞后。在2006年，我国保费收入只占国内生产总值的3%，而全球平均水平为8%，美国为13%。保险投资不畅，保值增值困难。

针对金融产业发展存在的问题，党的十七大报告提出，要"推进金融体制改革，发展各类金融市场，形成多种所有制和多种经营形式、结构合理、功能完善、高效安全的现代金融体系"。党的十七届五中全会通过的《中共中央关于制定国民经济和社会发展第十二个五年规划的建议》对"十二五"时期金融体制改革，促进金融市场发展作出了重大部署。

第一，深化金融机构改革。继续深化国家控股的大型金融机构改革，完善现代金融企业制度，强化内部治理和风险管理，提高创新发展能力和国际竞争力。深化国家开发银行改革，继续推进中国进出口银行和中国出口信用保险公司改革。重点做好农业银行"三农"金融事业部改革，推动邮政储蓄银行尽快完成股份制改造，加快研究农业发展银行改革。建立存款保险制度。促进证券期货经营机构规范发展。强化保险业偿付能力监管，深化保险资金运用管理体制改革，稳步提高资金运作水平。

第二，加快多层次金融市场体系建设。要大力发展金融市场，进一步完善市场结构，通过多渠道显著提高直接融资比重，分散金融体系风险。拓宽货币市场广度和深度，增强流动性管理功能。规范发展主板市场和中小板市场，推进创业板市场建设，扩大代办股份转让系统试点，加快发展场外交易市场，探索建立国际板市场。深化股票发行制度市场化改革，进一步完善适应企业特点的创业板发行上市制度。改革上市公司退市制度，建立市场优胜劣汰机制。积极发展债券市场，健全债券市场发展部际联席会议机制，完善管理体制，落实监管责任。进一步促进场内、场外市场互联互通，建设规范统一的债券市场。稳步推进资产证券化。积极研究开发股票、债券、基金相关产品的新品种，稳妥推出国债、白银、原油等期货品种以及期权等金融工具。

第三，积极培育保险市场，推进产品和服务创新。一是推进农业保险、巨灾保险和个人延税型养老保险的发展。积极发展人身、健康、住房、汽车等保险业务，加快发展环境污染、公众安全等责任保险。二是继续深化国有保险公司改革，支持中国人民保险集团上市，推进中国人寿保险（集团）公司股份制改革。加强保险集团监控，深化治理改革。三是稳步推进保险营销体制改革，促进电话销售、网络销售等新型销售模式发展。建立健全保险市场准入退出机制。按照审慎放开原则和市场化的方向，稳步推进车险条款费率管理制度改革，完善寿险产品定价机制。

（2）促进房地产市场平稳、健康发展。进一步完善房地产市场、促进其平稳健康发展，是加快转变经济发展方式、满足人民群众住房需求的客观要求，是各级政府的重要责任。自1998年我国实行城镇住房制度改革以来，房地产市场已获得很大的发展，但总体看来，房地产市场发展的长效机制尚未建立，影响房地产市场平稳健康发展的矛盾和问题仍然存在。首先，城镇新增人口的自住性住房需求、收入增长引致的改善性住房需求量很大，但能提供的住房总量相对不足，满足不了需求。其次，在当前流动性充裕的背景下，投机投资性住房需求没有从根本上被抑制，而且有向二、三线城市转移的趋势。再次，商品住房价格处于黏滞状态，房价过高的局面没有改变，居民家庭对商品住房价格的预期不稳定，延缓现期购房消费，这将积蓄下一期的住房需求能量，并推动住房租赁价格上涨。最后，市场秩序不规范。一些开发企业控制住房供应数量、进度，借机随意提高价格；一些中介机构缺乏诚信，人为炒作，抬高住房购置价格和租金水平。土地闲置问题也比较突出，影响了住房的及时、有效供应。

针对上述问题，党的十七届五中全会通过的《中共中央关于制定国民经济和社会发展第十二个五年规划的建议》和十一届全国人大第四次、第五次会议《政府工作报告》都明确提出，要继续加强和改善房地产市场调控，着力构建长效机制，解决制约房地产市场平稳健康发展的主要矛盾。各级政府及有关部门都要充分认识这项工作对于改善民生、推动发展、增进和谐的重要意义。按照中央的部署，切实抓紧落实，促进房地产市场长期平衡、健康发展。

第一，按照"三个确保"要求，推进保障性安居工程。实施保障性安居工程，是党中央、国务院作出的重大决策，事关民生改善、事关经济社会发展大局，意义重大。一是有利于保障和改善民生，促进社会和谐稳定。实现胡锦涛同志在党的十七大报告中提出的"住有所居"的目标，难点在城镇中低收入住房困难家庭以及新就业职工和农民工。通过实施保障性安居工程，提供与这些群体支付能力相适应的基本住房，可以有效改善他们的住房条件，让他们共享改革发展成果，有利于改善收入分配结构，促进社会公平与和谐。二是有利于扩大国内需求，促进经济平衡较快发展。做好保障性安居工程工作，核心是实现"三个确保"：落实好资金土地，确保如期完成建设任务；加强监督管理，确保保障房质量安全；完善分配管理机制，确保分配公平公正。

第二，切实增加普通商品住房供给。搞好房地产市场调控，促进房地产市场平稳健康发展，要求既抑制投机投资需求，又要着力增加普通商品住房供给，支持群众自住性和改善性需求。增加普通商品住房的有效供给，重点要做好以下几个方面工作：首先，增加土地有效供应，认真落实保障性住房、棚户区改造、中小套型普通商品住房用地不低于住房用地供应总量70%的要求。加强土地供应后续监管，加大对闲置土地的处理力度。其次，支持居民合理住房需求。继续实行差别化的住房信贷和税收政策，支持居民家庭首次购买普通商品住房和保障性住房，优先保证首次购房家庭的贷款需求。同时，对普通商品住房建设项目，在信贷方面要给予适当的支持。再次，规范发展二手房市场，建立公平、有序的交易环境，加大对二手房的金融服务力度。最后，积极发展住房租赁市场，盘活住房资源，增加可租赁住房供应。

第三，继续严格执行并逐步完善抑制投机投资性需求的政策措施。满足群众合理性住房需求，是住房建设和发展的根本目的，是房地产市场稳定健康发展的动力和基础。投机投资性购房需求会吞噬住房有效供给，扭曲供需关系，是导致房价过高、过快上涨的重要因素。这类需求得不到有效抑制，必然会增加群众满足自住需求的难度，还可能产生泡沫，引起房地产市场大起大落，影响金融安全和实体经济发展。因此，必须采取政策措施，抑制房地产市场投机投资性需求。一是严格执行住房限购措施；二是实施差别化信贷政策；三是完善并执行税收政策，加强对房地产市场的调控。

第四，加快建立健全保持房地产市场长期平稳健康发展的机制。首先，加快推进个人信息系统建设。建设全国个人住房信息系统，可以全面掌握居民住房状况，及时采集住房供求等市场信息，为房地产市场调控决策和保障房公平分配提供基础数据。根据国务院部署，有关部门和部分城市率先推进个人住房信息系统建设，已经取得了积极进展。今后要继续加大推进力度，尽快形成覆盖全国的个人住房信息系统。其次，进一步完善税收政策，更好地发挥住房税收制度在调控住房供给和住房消费方面的作用，促进房地产市场稳定、健康发展。最后，编制住房发展规划。住房发展规划是指导住房建设和发展的基本依据。编制和实施中长期的住房建设规划，明确住房建设目标、思路、实现途径和措施等，对稳定市场预期、促进住有所居目标的实现具有重要作用。

（3）着力推进其他要素市场建设。首先，逐步建立城乡统一的劳动力市场。要逐步消除各种阻碍劳动力合理流动的不合理制度，建立健全失业、养老、工伤、医疗等社会保障体系，建立多样化的劳动就业和专业技能培训等社会服务体系，建立健全劳动保护法规和争议调解机制等。其次，积极发展技术市场。要加强技术市场基础设施建设，规范技术交易行为，加快我国技术市场的统一、开放和国际化进程。此外，还要进一步培育和发展信息市场、电子商务市场、会展市场、产权市场、文化市场。

3. 完善重要商品、服务、要素价格形成机制

"十二五"时期价格改革主要集中在重要商品、服务、资源性产品价格改革上。改革的一个重要目标就是通过调整上述产品服务所包含的经济利益关系，建立和完善反映市场供求关系、资源稀缺程度、环境损害成本的重要商品、服务、要素价格形成机制，充分发挥价格引导经济行为、调节利益关系，促进资源自由流动，优化资源配置的积极作用。

（1）完善商品和要素价格形成机制，重点是要加强和改进宏观调控，逐步缩小政府定价商品的范围，优化政府定价商品的价格形成机制，进一步提高要素价格的市场化程度，解决当前要素价格扭曲的问题。

（2）积极稳妥地推进资源性产品价格改革，完善水、电力、煤炭、石油、天然气、土地等资源性产品价格形成机制，充分发挥市场配置资源的基础性作用，建立反映市场供求关系和资源稀缺程度的价格形成机制。近几年改革的重点主要有以下几个方面：首先，稳妥推进电价改革，完善各类电价定价机制。对居民用电实行"阶梯式累进电价"，即把户均用电量设置为若干个阶梯，第一阶梯为基数电量，此阶梯内电量较少，每千瓦时电价也较低；第二阶梯电量较多，电价也较高一些；第三阶梯电量更多，电价也更高。目前，阶梯式电价在四川、福建、浙江等省已经开始试点。同时，要形成保证电网企业合理利润、有利于促进电网持续健康发展的输配电价格机制。实施峰谷分时电价、丰枯季节上网电价和可再生能源发电优惠电价政策，推进煤电价格联动机制，扩大大用户直供电试点，建立水电全成本上网电价机制。优化销售电价结构，全面实行峰谷分时电价，逐步建立反映市场需求和能源短缺的销售电价机制。其次，完善成品油、天然气价格形成机制。在2009年，我国实行新的成品油定价机制以来，初步实现了与国际

油价有控制地间接接轨，对保障市场供应、促进炼油工业健康发展、强化大众节能意识起到了积极作用。但现行价格机制运行过程中也暴露出调价周期过长、机制透明度不够等问题。下一步国家将在现行体制机制框架内，围绕缩短调价周期、加快调价频率、改进成品油调价操作方式以及调整挂靠油种等方面，进一步完善成品油价格机制，有利于保障国内石油供应的稳定性。近年来，国家加快了能源价格改革步伐，但天然气价格改革明显滞后。随着国民经济发展对天然气需求的增加，现行天然气价格形成机制已不能适应天然气工业发展的需要，改革势在必行。改革的任务是进一步规范价格管理，逐步提高天然气价格，完善价格形成机制，建立天然气价格随生产运行成本动态调整的机制。再次，推进水价改革。在 2011 年，我国已有 17 个大中城市实行阶梯水价制度。水价改革的主要内容：一是要实行严格的水资源管理制度。严格实施用水总量控制制度、用水效率控制制度、水功能区限制纳污制度、水资源管理责任和考核制度，确保居民生产生活用水，维护国家水资源安全。二是合理制定和调整各地水资源费征收标准，规范水资源费的征收、使用和监督管理。三是推进农业用水价格改革，实行农业用水计量收费，推行面向农民的终端水价制度。四是提高水利工程和城市供水价格，推行居民用水阶梯价格制度。完善取水许可证制度。探索建立水权市场，在有条件的地区实行水权有偿转让。最终目标是建立合理的水价形成机制，合理确定各供水环节的水价；实现供水服务计量到户，建立能够杜绝乱加价、乱收费的水费计价新体制。最后，开展碳排放和排污权交易试点。碳排放指的是人们在消耗化石燃料（煤炭、石油、天然气）时产生的二氧化碳排放量。理论计算显示，1 公斤纯碳充分燃烧后，会产生出 3.7 公斤二氧化碳，即碳排放量。中国政府高度重视气候变化问题，并确定了积极应对气候变化行动目标。到 2015 年，中国非化石能源占一次能源比例，将从 2010 年的 8.3%提高到 11.4%；能耗强度比2010 年降低 16%，二氧化碳排放强度下降 17%。实现这些目标，面临的困难很多、任务艰巨。2011 年底，国务院通过的《"十二五"控制温室气体排放工作方案》，要求"十二五"期间探索建立碳排放交易市场；2012 年 1 月 13 日，国家发展和改革委员会（以下简称发改委）发布了《关于开展碳排放权交易试点工作的通知》，明确将在北京、天津、上海、重庆、广东、湖北、深圳等七省市开展碳排放权交易试点工作，逐步建立国内碳排放交易市场，以较低成本实现 2020年中国控制温室气体排放行动目标。排污权交易，指的是通过建立专门市场，使各方能够通过市场平台交易排污权，从而满足减排目标的要求；通过市场作用，将污染物减排的责任转移给了减排成本较低的企业，从而实现以较低的社会成本完成减排目标任务的目的。我国完整意义上的排污权交易是 1999 年由美国环保协会引入的。这项改革截至 2011 年已经在 7 个省区市进行试点，虽然试点时间不长，但其优点已经得到了广泛的认可。今后还要进一步扩大排污权交易试点范围。全面开征污水处理、垃圾处理，提高收费标准，坚决制止恶意排污行为，加快排进污水、垃圾处理产业化发展。

4. 整顿和规范市场秩序

当前市场秩序混乱的情况在不少领域还比较突出，已经成为影响我国经济发展和提升产业竞争力的重要制约因素。整顿和规范市场秩序，一是要严格执法，坚决打击一些危害性大、群众反应强烈的制假售假行为，根本上扭转假冒伪劣商品泛滥的局面，切实维护消费者和正规生产厂家的利益。二是进一步完善市场法律法规和有效的监管体系。当前要重点完善打击商业欺诈的法律法规体系和执法体系，强化协同监管，逐步形成政府监管、行业自律、舆论监督、群众参与的反商业欺诈长效机制。同时要加强税收立法，规范税收执法，健全税收征管体系和税务监督机制，切实堵塞税收漏洞，严惩偷税、逃税、骗税行为。三是加大知识产权保护力度，坚持打击各种侵权行为。保护知识产权是政府的重要职责，也是鼓励全社会开展自主创新活动、推动技术进步的重要举措。当前，我国在知识产权保护方面存在着保护意识不强、法律制度不完善等问题。解决这些问题，一方面要进一步强化保护知识产权的执法力度，加大对侵犯知识产权不正当竞争行为的打击力度，有效遏制侵犯知识产权的犯罪行为；另一方面要积极参与知识产权国际规则的调整，修订和完善反不正当竞争法等知识产权保护相关法律制度，加大知识产权的自主开发和保护力度。此外，由于侵犯知识产权是一个涉及世界性的问题。我国也必须加强同世界各国以及国际组织在知识产权保护领域的沟通与协作，共同打击侵犯知识产权违法犯罪行为。同时，也要防止某些国家滥用知识产权而形成垄断和限制竞争的势力，切实维护我国的经济利益和公平竞争的市场环境。

第三节　社会主义市场经济的运行机制

市场机制反映了经济活动各个组成部分的内在有机联系，是市场经济的内在调节器。市场机制的作用，实质上是价值规律作用的表现形式。市场的运行是靠市场机制作用实现的。市场机制能否有效运行，对市场经济的发展和完善有着重要的作用和意义。

一、市场机制的涵义及其内容

市场配置资源是通过市场机制实现的，而市场机制只有以完备的市场体系为载体才能充分发挥作用。"机制"一词，最早源于希腊文，其原意是指机械、机械装置、机制构件及其运行原理。实际上是指机器在运行过程中各个构成部件之间的相互联系和互为因果的关系。后来"机制"这个词被广泛移植到生物学、医学等自然科学及人文社会科学领域，当它被引入经济学领域用于说明经济机体的运行时，就称它为经济运行机制。市场机制作为一种经济运行机制，就是指市场上的供求、价格、竞争、利率、工资等构成因素，在市场运行过程中对经济活动的制约功能或调节作用。市场机制反映了经济活动中各个组成部分的内在有机联系，是市场经济的内在调节器。市场机制的作用，本质上是价值规律作用的表现形式，离开了市场和市场机制，价值规律就失去了发挥作用的经济条件和基础。在现实社会经济活动中，人们通常把市场机制分为一般市场机制和具体市场机制两个层次。一般市场机制，主要是指供求、价格和竞争机制，这些机制在所有市场都存在并发生作用；具体市场机制，是指各种市场中特有的而独立作用的参数机制，如金融市场上的利率机制、外汇市场上的汇率机制、劳动力市场上的工资机制、房地产市场上的租金等。市场机制的两个运行层次，是相互联系、相互结合的。一般市场机制是具体市场机制的基础，在整个市场运行过程中起主要的决定作用。所以考察市场机制及其运行，应着重考察一般市场机制中的供求机制、价格机制、竞争机制。

1. 市场供求机制

市场作为物品和生产要素交换关系的总和，是由供给和需求两方面力量组成的，没有供给与需求，即等于没有卖方和买方，因而也就不成其为市场，所以，市场供求机制是市场机制最基本的构成要素。

市场供给，是指生产者在某一时期在各种可能的价格水平上，对某种商品（或劳务）愿意并且能够出售的数量。因此，供给这一概念包含两层意思：一是生产者要有出售商品的愿望；二是要有供应商品的能力。二者缺一不可，否则，供给就无法产生。商品的供给不是固定不变的，它会受多种因素的影响而变化。一般来说，影响市场商品供给量的因素主要有：

第一，企业规模和劳动生产率。企业规模越大，劳动生产率越高，从而向市场提供的商品数量越多；反之，所生产的商品数量越少，能提供给市场的商品数也就越小。

第二，商品本身的价格。商品本身价格的高低，直接影响着商品的供给量。

商品的售价越高，企业获利越多，因而愿意提供给市场上的商品就越多；反之，售价低，企业愿意提供给市场上的商品就越少。

第三，生产要素的价格。生产要素主要包括劳动力、资本、土地和技术等，这些都是构成产品成本的因素，它们的价格上涨和下降，都会造成商品生产规模的缩小或扩大，直接或间接地影响市场供给量的减少或增加。

第四，政府所奉行的相关政策。如果政府采取鼓励投资、扶植发展的政策，可以增加商品供给；反之，政府采取限制投资、抑制发展的政策，则会减少商品供给。

第五，企业对未来的预期。预期是指企业对未来前景的判断。如果企业对产品的未来价格看好，就会积极扩大生产规模，增加产品数量；反之，就会适当缩小生产规模，从而减少对市场的供给量。

此外，相关商品价格的变动以及企业所要达到的目的等因素，也会影响市场商品供给量的变化。

市场需求，是指消费者在某一时间、某一市场、一定价格水平上愿意并且能够购买的某种商品（或劳务）的数量。因此，需求同样要具备两个条件：一是消费者要有购买某种商品（或劳务）的愿望；二是消费者要有购买的能力。只有同时具备了这两个条件，才称得上需求。需求涵盖的内容较广泛，具体可划分为对生产要素的需求和对物品的需求、对实物产品的需求和对精神产品的需求、对消费品的需求和对投资品的需求、对生产资料的需求和对消费资料的需求等。市场需求和市场供给一样，也是一个经济变量。不过，它具有很大的伸缩性和变动性。影响市场需求变动的因素很多，但主要的因素有：

第一，消费者的收入水平。一般来说，人们的收入同商品的需求呈正方向的变动，即收入越高，有支付需求的能力越强，对商品的需求量就越大；反之，则越小。

第二，商品本身的价格。市场需求和商品的市场价格呈相反的方向变化，这也是商品运动的一个规律。在通常情况下，商品本身价格越高，人们对其需求量越小；反之，则越大。

第三，社会生产规模。其中基本建设投资对市场需求影响最大。因为基本建设企业建设周期一般较长，很长时间内不向社会提供产品，却要占用和消耗大量生产资料与生活资料，这样必然会扩大对市场的需求。

第四，相关性商品价格的高低。相关商品，主要是指替代商品和互补商品。替代商品价格的变动将会引起某一种商品需求量呈同方向的变动，如石油价格上升，则会引起人们对天然气需求量的上升。互补商品价格变动将会引起某一商品需求量呈反方面的变动，如汽油价格的提高，会引起人们对汽车需求量的减少。

第五，消费者偏好。偏好是指心理倾向。消费者偏好是西方经济学中经常使用的一个概念，它是影响市场需求量的一个重要因素。一般说来，如果消费者对某种商品的偏好增加，意味着该商品在同一价格下比过去具有更多的需求量；反之，则表明该商品在同一价格下比过去减少了需求量。

此外，消费者对商品价格变动的预期、政府的消费政策、人口数量与结构的变化，乃至风俗习惯、地域和气候等因素，都会对市场需求产生影响。

在市场经济的运行中，供给与需求是密不可分的关系。市场供给总是通过市场需求实现的，而市场需求的满足又必须以市场供给为前提。它们之间相互依存、相互制约，共同构成市场并推动市场的运行。

如上所述，由于市场供给和需求分别受到包括价格在内的诸多因素的影响，经常发生变动，所以，由这两者构成的供求关系也是经常变动的，从而呈现出三种基本状态：一是供给大于需求。这是指市场上供给有余，超出了实际的消费需求，产品出现积压。这种市场状态对买者、消费者有利，故也称买方市场，或剩余型市场。二是供给小于需求。这是指市场供给短缺，不能满足消费需求。这种市场状态对卖方、生产者有利，也称卖方市场，或短缺型市场。三是供给等于需求。这是指市场上供给与需求大致相等或处于均衡状态。属于这一形态的市场称为相对均衡的市场。在这一市场上，商品的价格相对稳定。不过，这类市场状态只是一种偶然现象，它是前两种供求状况不断变化的一种趋势，而非一种常态。供求机制的运作机理可以作以下描述，见图6-1。

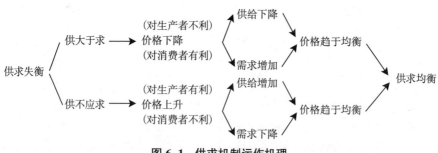

图6-1 供求机制运作机理

市场供给与需求之间相互依存、相互制约的关系，在社会主义市场经济运行中具有重要的意义。首先，市场供求关系是基本的市场关系，它反映并决定市场上各种商品之间的关系，整个商品世界的内在联系都是通过供给与需求的形式而结成的。没有供给与需求，也就等于没有卖方和买方。因而，也就根本形不成市场。其次，市场供求关系是市场中全部交换关系的基础，它决定着市场交换关系的总体格局，决定着市场交换的过程。如在商品市场上，供求关系在发挥作用或运作过程中，表现为商品供求机制；在金融市场上，供求关系在发生作用或运作过程中，表现为资金的供求机制；在劳动力市场上，供求关系表现为劳动力的供求机制。因此，在市场经济中无论是生产者、消费者，还是经济调节者都要以供求关系作为自己行为的依据。

2. 市场价格机制

市场价格机制，是指市场经济中价格的决定、形成和波动的矛盾运动及其有机联系。从广义上看，商品价格，不仅包括一般商品的价格，而且还包括生产要素的价格。生产要素的价格具体表现为：一是利率即资金的价格，指在一定时期内存贷款的利息额与存贷款本金额的比率；二是汇率，即它是资金价格的一种特殊形式，指一定时期内本国货币与外国货币的兑换比率，亦称外汇价格；三是工资，即劳动力的价格，即劳动者向企业提供劳动力所获取的报酬；四是地租，即土地的价格，指土地使用者或租赁者向土地所有者支付的酬金等。此外，由于证券市场的发展，股票价格和债券价格也成为商品价格形成中的重要组成部分。可见，随着现代市场经济的发展，商品外延的扩大，商品价格的形成也将趋于多样化。

根据商品价格形成的途径，现代市场经济中的商品价格有政府定价、垄断价格和自由价格三种类型。政府定价，主要是对某些重要的、关系国计民生的商品和服务，由政府有关部门规定其价格上下涨落的幅度。垄断价格，是指垄断组织为获取超额垄断利润而对其生产的商品所制定的价格。一旦某种商品实行了垄断价格，就意味着该商品的生产和市场绝大部分份额被少数企业或单个企业所控制。自由价格，是指由供给和需求所决定、而非由政府所指定的价格，这使得价格能够成为市场上的信号，协调生产者和消费者之间的互动，并指引资源的生产和分配。经由自由价格机制，供给是合理而有效的，利润的分配也是合理的，而资源也能够被正确地分配。在市场经济较发达的国家和地区，上述三种价格形式中，占主导地位的是由市场供求关系决定的自由价格。从理论上讲，商品价格无论是通过哪种途径形成的，它们都必须以商品价值为基础。

价格机制是市场机制系统最核心的机制，市场机制的调节作用主要是通过价格机制实现的。因为价格是市场经济运行的信号灯和指示器，市场价格的升降和波动，调节商品和生产要素的供给量和需求量，引导生产、经营和消费的经济运行。

价格机制在市场上表现为商品的供给和需求同价格的有机联系与连续运动。首先，供求变动，引起价格波动；如果市场上某种商品供过于求，这种商品的价格必然下跌；如果市场上某种商品供不应求，这种商品的价格必然会上涨。其次，价格波动，又引起供求变化。一种商品的价格上涨，就会引起对该种商品需求量的减少，供给就会增强；反之，若价格下跌，需求就会增加，供给则会相应减少。可见，供求与价格变动，如此循环往返、连续不断地运动。在运动中，供求趋向平衡，价格与价值趋向一致，价值规律的作用与要求得到贯彻和实现。在市场经济中，没有价格的变动，供求就不会趋向一致，价格也不会与价值趋向一致，价值规律的作用和要求也不会得到实现。价格机制作用的机理可以用图 6-2 描述。

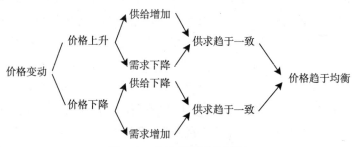

图 6-2 价格机制运作机理

在市场经济条件下，价格机制作为供求的调节器和价值规律的作用形式，对社会主义市场经济运行和发展的调节作用主要体现在以下四个方面：

（1）传递市场信息，调节市场供求。价格是市场经济运行中最重要的信息。在市场经济中，商品和要素的价格水平及其升降，是各种经济变量作用的结果。如果商品的价格水平偏高，意味着商品的供给相对于需求较少；如果价格水平下降，则意味着需求相对于供给增加。如果价格水平的变化不单纯是由市场供求量的相对变动引起的，则可能是商品生产条件变化的结果。例如，某项技术突破性进展，可能在需求量大幅度增加时迅速降低成本，致使商品价格下降等。因此，商品和要素价格水平的变化，向生产者、经营者和消费者传递着各种复杂的经济信息，这些经济信息是企业经营决策和居民消费决策的依据。企业和消费者通过市场价格涨落的信息，进行比较选择，然后作出比较正确的经济决策，调整自己的生产、经营和消费行为。

（2）调整企业经营规模和方向，促进社会资源合理配置。价格机制对市场经济的调节，集中体现在对资源进行有效的合理配置上。所谓资源配置是对经济资源（物质资源和人力资源）在各种可能的生产用途之间作出选择，以获得最佳效率的过程。合理配置资源有两个基本的要求：一是使资源流向生产社会需要产品的领域和部门；二是使资源流向生产效率最高的企业。在市场经济条件下，这两个基本的要求都可以通过价格机制的作用来实现。在第一种情况下，如果一个生产部门生产的产品供不应求，那么该产品价格必然上涨，意味着该部门可以获取较高利润，此时，其他生产部门的资源就可能遵循价格信号转移进该部门，当该部门由于资源转移量增加导致供过于求时，价格就会下跌，促使资源流出该部门。在第二种情况下，如果价格机制正常，资源总是向效率高的企业转移，因为效率高的企业使用这种资源比效率低的企业使用它的成本低、利润高，其产品价格就必然较低，这就迫使低效率企业无利可图，从而实现社会资源的最佳配置。

（3）协调各经济主体之间经济利益关系，调节国民收入的再分配。在市场经济条件下，商品生产经营者的经济利益关系外化为他们之间的商品交换关系，并最终通过市场相互交换商品价格的高低来实现。如果某种商品以高于生产价格的市场价格出售，生产者可以获得更多的经济收入，而消费者则需要增加相应的支出。因此，价格的上下波动，能够在各经济主体之间起到重新进行收入分配、调整经济利益关系的作用。从宏观经济的角度看，政府可以通过对价格关系的引导和调整，达到调节国民收入再分配的目的。

（4）促进企业改进技术，改善经营管理，提高劳动生产率。在市场经济条件下，企业的经营目标就是追求利润的最大化，而要实现这一目标，很重要的一个方面就是要求企业生产的商品价格不得高于生产价格，也就是在价格上要以廉取胜。这样，必然会促使企业改进技术，改善经营管理，节约劳动消耗和生产成本，提高劳动生产率。如果从整个社会来看，各个企业都争相改进技术，改善经营管理，降低劳动耗费，社会效益将会得到明显的改善。

3. 市场竞争机制

竞争机制，是指在市场经济中各个市场主体，为了争夺自身的经济利益，在资金、技术、人才等资源占有上，在商品销售市场分割上，彼此之间相互争夺、较量而最终达到一种优胜劣汰的市场行为。

竞争是商品经济形态中固有的现象，它作为一个历史范畴，随着商品经济的发展，内容越来越丰富，竞争的类型多种多样。根据不同标准，可以把竞争分为以下几种类型：一是依据经济主体的性质，可以把竞争区分为供给者、需求者及二者之间的竞争。二是依据竞争范围的大小，可以把竞争区分为部门内部竞争和部门之间的竞争，国内竞争和国际竞争。三是依据竞争手段的不同，可以把竞争区分为价格竞争和非价格竞争。价格竞争是指商品生产者或经营者之间通过降低价格，巩固、占领市场等所展开的竞争。非价格竞争主要是指企业采取提高产品质量、开发新技术提供良好的服务、发布广告提供市场信息等方式所展开的竞争。四是根据竞争客体的不同，可以把竞争区分为对市场占领的竞争、对劳动力资源等生产要素的竞争、对物资资源的竞争等类型。

竞争机制是贯穿市场机制全过程的基础性机制，它反映的是竞争同供求变化、价格涨落等市场活动的有机联系。没有竞争机制，市场机制就会变得毫无内容和生气。竞争机制在市场机制中的作用就像机器运行中的润滑剂，离开了竞争，市场就像生锈的机械，不可能发挥资源配置的作用。正因为竞争机制是市场机制的重要构成要素，它对市场经济的运行具有多方面的功能并起重要的调节作用。仅从市场运行的角度看，其主要功能体现在两个方面：第一方面是调节供给和需求，形成规模经济。竞争机制对经济运行能起到扩展、拓宽、提高和增加的作用。首先，竞争能扩大供给。供给方展开竞争，可以争相降低成本，增加花色品种，使适销对路的优质产品的数量不断增加；需求方展开竞争，可以扩大需求，从而也能反过来牵引供给的增加。其次，市场竞争能形成规模经济。一般来说，经济规模越大，经济实力越强，企业更容易运用种种手段进行竞争，并在竞争中获胜。因此，有发展潜力的企业往往会不断增加投入，采用先进技术和设备，提高劳动生产率，使其经济规模逐渐扩大，并不断取得规模效益。第二方面是竞争能促使价格机制的形成并使其发挥调节作用。首先，竞争为市场价格的形成提供了条件。价格是商品价值的货币表现，一个商品的价值究竟有多大，价格表现价值的程度如何，不是由某个生产者或消费者或社会机构计算出来的，而是在市场上，通过竞争形成的社会必要劳动时间及供求关系决定的。其次，竞争刺激着市场价格的波动、调节着资源的配置。在不同时期的不同市场或同一市场的不同时期，市场价格都在或大或小地波动，之所以发生波动，其原因之一就是竞争在起作用。只有通过竞争的波动，从而通过商品价格的波动，商品生产的价值规律才能得到贯彻，社会必要劳动时间决定商品价值这一点才能成为现实。

总之，市场竞争机制使社会资源不断地由劣势企业、部门和地区向优势企业、部门和地区转移，从而极大地促进国民经济效益的提高，推进社会生产力的发展。

从上述分析可以看出，供求机制、价格机制、竞争机制是市场机制的基本内容，三者之间相互联系、互为条件，组成一个有机制约的体系。供求反映生产、消费的状况和价格的变动，供求和变化又影响价格的高低，价格的涨落又刺激生产和消费的增减，供求价格的相互作用又是通过竞争来实现的。供求机制、价格机制和竞争机制体现了市场经济运行的基本规律，它们相互联系、相互作用，共同调节资源的合理流动，优化配置。

二、市场中介组织及其作用

市场经济的运行除了有市场机制自身的运行机理以外，还必须发展市场中介组织，发挥它在市场经济中的服务、沟通、公证、监督作用。

1. 市场中介组织的涵义

所谓市场中介组织，是指在市场经济中，介于国家和市场之间、市场主体之间的非行政性社会经济组织和机构，它只以服务获得合法收益，不以营利为目的。市场中介组织的产生和发展，是现代市场经济发展的必然结果。它不仅能够协助政府对市场实行非行政监管，而且还能够为市场主体及其交易活动提供服务，节省交易成本，维护交易秩序。市场中介组织是市场经济体系的重要组成部分，是连接企业与市场、企业与国家之间的纽带。在社会主义市场经济条件下，要充分发挥市场机制在资源配置中的基础性作用，维护良好的市场秩序，必须发挥市场中介组织的作用。

伴随着我国经济体制改革的逐步深化，社会主义市场经济体制的不断发展和完善，市场中介组织在社会经济生活中扮演着日益重要的角色，出现了很多形式，但从总体方面来看，主要有三种类型：为维护市场规则和市场秩序服务的中介组织，主要有会计师事务所、审计师事务所、律师事务所、公证和仲裁机构、复杂商品的价格或质量评估机构、各类资产评估和资信评估机构以及验资机构等；为扩大市场交易服务的中介组织，主要有提供市场信息的咨询机构、科技情报信息机构及各种商品、金融、科技、房产等经纪人或交易经纪机构等；介于上述两者之间，既有服务于市场规划，又有服务于市场交易的双重功能的中介组织，主要有各种行业协会、商会等。

2. 市场中介组织的作用

党的十四届三中全会通过的《中共中央关于建立社会主义市场经济体制若干问题的决定》，对市场中介组织的作用作了明确的规定，即要发挥其服务、沟通、公证、监督作用，并成为政府对市场实行有效宏观调控的保证。首先，是服务作用。市场中介组织，能以不同的方式，从不同的角度为市场经济运行和政府的宏观调控提供多样化的服务。其次，是沟通作用。市场中介组织通过自身的活动，能为公众和政府提供市场行情、企业经营与财务状况、产品质量、企业信用等方面的信息，总结交流各方面的有益经验，促进企业之间、企业与市场之间、企业与政府之间的沟通，大大方便了市场经济活动的开展，提高了政府宏观调控的准确性和时效性。再次，是公证作用。市场中介组织对市场主体的经济行为和市场活动状况发挥"裁判"作用。市场中介组织所进行的认证、评估、计量、仲裁等活动，实质上是在制定市场主体行为和市场运行的规则，并按照规则裁定市场主体行为是否合理，市场活动状态是否正常，调解市场主体间的经济纠纷，为政府对市场的管理提供依据。最后，是监督作用。市场中介组织对市场主体的经济行为进行的资格认证、资产和资信评估、质量检验、公证、仲裁等，既可起到公正作用，也可起到对市场活动的监督管理作用，实质上是为政府部门的监督提供了一种必要补充。

改革开放以来，市场中介组织在我国有了很大发展。会计师事务所、审计师事务所、律师事务所、资产评估所、资信评级机构、质量检验和认证机构等，在全国各地都建立起来。这些市场中介组织负有较大的社会责任，对市场经济运行发挥了重要作用。但由于我国中介市场发育不成熟和社会信用体系不健全，市场中介组织特别是资产评估类、注册会计师类等经济鉴证类市场中介组织执业混乱的问题相当突出。我国市场中介组织的信誉正面临前所未有的严峻挑战。目前，我国市场中介组织存在的困难和问题主要体现在以下几个方面：一是对有些市场中介组织监管存在不到位现象，社会生活领域中介服务欺诈现象突出。例如，据不完全统计，目前遍布北京市大大小小的房屋中介公司数以百家，相当一部分存在着欺诈消费者的现象，使中介服务投诉成为社会热点。二是一些中介组织经营行为很不规范。有的中介机构内部管理混乱，层层承包经营，出具虚假验资报告和内部审计报告，提供虚假证明材料。有的中介组织还勾结不法分子，出具和伪造虚假的验资报告来非法牟利。三是在中介行业中普遍存在人才少、规模小、实力弱、执业质量不高等问题。四是少数中介从业人员缺乏诚信，素质有待继续提高。在社会主义市场经济条件下，必须对市场中介组织进行严格规范和监督管理。

第四节　市场运行规则与社会信用体系建设

市场经济要规范有序运行，市场机制要充分发挥作用，必须建立市场运行规则，加强对市场的管理和监督，建立健全社会信用体系，在全社会形成良好的市场秩序和诚实守信的人文社会环境。

一、市场经济的运行规则

现代市场体系，其运行过程需要市场规则的导向和规范。没有市场规则的约

束，市场必然出现无序状态。因此，市场规则也是构建现代市场体系的应有之
义，是其不可缺少的重要内容。

1. 市场规则的涵义及其主要内容

所谓市场规则，是指各个市场主体在市场活动中共同遵守的规范或准则的总
称。市场规则按制定的层次可划分为三种类型：一是由国家制定的法律法规和政
府及其下属管理机构制定的行政性法规、条例等；二是由许多市场主体通过公
约、协议、契约等形式确立的市场准则；三是由各个市场主体在长期交易活动中
逐步形成并被大家普遍认可的自律性规范和市场道德准则。市场规则有显形和隐
形两种表现形式，如法律、法规、协议、合同属于显形形式；市场习俗、习惯、
传统和道德伦理则属于隐形形式。

市场规则的具体内容涉及市场运行的主要方面和主要环节，但大体说来，主
要包括市场进出规则、市场交易规则、市场竞争规则和市场仲裁规则四个方面。

（1）市场进出规则。市场进出规则是指市场主体和市场客体（即商品）进入
或退出市场的法律规范和行为准则。哪些市场主体可以进入或退出市场，哪些商
品可以进入或退出市场，都必须由市场规则给予明确规定。市场进出规则的作用
主要体现在以下两个方面：首先，对进出市场主体具有规范作用。一是规范市场
主体进入市场的资格。即依据有关规定，审查市场主体的资格与条件，确认其合
法身份，把一切非正规的市场主体拒于市场之外。二是规范市场主体的经营规模
与范围，这主要包括明确其注册资本金数量、经营项目及经营范围等，以防止超
越范围的经营发生。三是规范市场主体的退出市场行为。市场主体要退出市场，
不仅要符合退出市场规则，还要依照一定的程序，履行必要的手续。例如，要到
工商管理部门办理注销营业执照的手续，缴纳退出市场的有关费用，结清债务
等。其次，对进出市场的商品具有净化作用。市场进出规则对进入市场的商品都
有明确而全面的规定：进入市场的商品必须名副其实，任何假冒商品都不能进入
市场；进入市场的商品质量要符合要求，劣质商品不能进入市场；商品的效用必
须符合消费者的利益，损害消费者身心健康的商品（例如毒品）不能进入市场。
商品的价格、计量和包装等，都要符合要求，短斤少两、包装破损、价格未标明
或标错的商品不能进入市场。总之，对进入市场的商品从质量到价格等都做出明
确规定，通过净化进入市场的商品来保障消费者的正当权益。

（2）市场交易规则。市场交易规则是各市场主体进行交易活动所必须遵守的
行为准则与规范。它是保证市场交易活动有秩序进行的一个重要规则。市场交易
规则回答的是市场主体之间是怎样进行交易的问题。

市场交易规则的基本职能是规范市场交易方式和市场行为。这主要包括：保

证公平交易的规范，如禁止强买强卖、哄抬物价，要求等价交换等方面的规范；保证交易诚信规范，如诚信无欺、公开交易、明码实价、禁止黑市交易等；保证交易顺利进行的物质条件规范，如对交易场所的规定、计量器具的规范等。

市场交易规则是维持市场正常秩序的基本工具。有了这个规则，市场主体从事各项交易便有章可循，买卖双方不致引起不必要的纠纷，促进交易顺利实现。如果没有这个规则，市场交易就必然无序，从而陷入混乱状态。由于交易活动是市场上最基本的活动，所以，这一规则也是市场规则中最主要的规则。

(3) 市场竞争规则。市场竞争规则是指国家依法确立的维护各市场主体之间平等交易、公平竞争的规则。市场竞争规则所要回答的是市场主体之间怎样展开竞争的问题。

市场竞争规则反映各竞争主体地位平等、机会均等的要求。这主要包括：各市场主体能够机会均等地按照统一市场价格取得生产要素；各市场主体都能够机会均等地进入市场，并按照市场状况自主地出售自己的商品；各市场主体都能够平等赋税；各市场主体都能够平等地享有就业机会和经营机会等。

市场竞争规则是规范市场竞争行为与市场竞争活动的根本准则，它的根本任务和目标在于，消除各种特权与市场垄断，把各种经济特权及非经济特权从市场上排挤出去，为所有的市场主体进行公平竞争提供一个平等的环境，保证市场竞争机制充分发挥作用。

(4) 市场仲裁规则。市场仲裁规则是指市场仲裁机构在对市场主体之间的经济纠纷进行仲裁时必须遵守的准则和规范。它大体可以分为法律性规则、行政性规则和民间性规则几种类型。

各市场主体在进出市场、开展竞争与进行交易过程中，彼此之间难免发生各种经济纠纷。为了协调与解决这些矛盾和纠纷，必须建立凌驾于所有市场主体之上的、有法律权威的仲裁机构，并确立和遵守相应仲裁规则。仲裁规则最重要的是遵循公平原则，对发生纠纷的双方必须一视同仁，不能偏袒任何一方。

此外，市场规则还包括一些特殊规则，如商品市场规则、劳动力市场规则、房地产市场规则、金融市场规则、技术市场规则、信息市场规则等。

2. 市场规则作用有效发挥的必备条件

制定市场规则的根本目的是为了维护市场经济运行的秩序。所谓市场秩序，是指市场交易活动和运行过程中所存在的一种状态，它可以分为有序或无序两种情况。有序是指市场交易或市场运行处于一种合理、正常的状况，它是市场优化配置资源的前提条件；无序则是指市场交易或市场运行处于一种不合理、非正常的状况，它会妨碍、降低市场配置资源的功能。

市场运行的有序或无序取决于市场规则是否健全。在社会主义条件下，实现和保持市场符合规则的有序运行，需要具备许多条件。这些条件主要是：首先，市场主体及其行为必须规范，这是实现和保持市场有序运行的根本条件。市场运行是由市场主体来进行和推动的。市场的主体是具有独立法人资格的企业。企业之间的商品与劳务的交换行为，便构成市场运行。长期以来，我国市场运行无序的一个重要原因就在于，市场主体及其行为缺乏法制规范，破坏了市场秩序。具体来说，就是非市场主体进入市场，如政府机构和官员经商，并且进行非法的交易，干扰和破坏了市场秩序。因此，要实现和保持市场的有序运行，必须整顿市场秩序，清理"翻牌"公司，建立和健全市场交易法规，使市场主体及其行为规范化。其次，保持供给和需求的有序性以及二者的平衡性。这也是实现市场有序运行的重要条件。供给和需求是重要的市场机制。供给无序和需求无序，都会引起市场机制发生障碍，造成市场运行紊乱，导致供给与需求严重失衡。无论二者是总量失衡还是结构失衡，都会导致市场价格剧烈波动，破坏市场运行的有序性。因此，增加供给、调节需求、保持总供给与总需求的总量与结构上基本平衡，是社会主义国家保持市场稳定、实现市场有序运行的一个重要目标。再次，要有良好的经济体制。一般来说，市场规则有效发挥作用的体制基础主要包括：一是市场主体自主化。企业是独立的商品生产者和经营者，应做到自主经营、自负盈亏。二是企业产权明晰化。市场规则的核心内容是等价交换和平等竞争，而这两者又都是以交换双方有明晰的产权为前提的。三是资源流动市场化。如果资源流动不是通过市场而是通过行政调拨，市场规则也就无法起作用。四是市场关系契约化。只有做到市场关系契约化，才能使市场主体行为受到法律保护和约束，才能保证市场规则的贯彻执行。最后，健全合理的市场管理体系。这是市场有序运行的根本保证。市场管理体系是国家对市场进行统一管理的各种机构与手段。它主要包括国家计划部门、各级经济行业主管部门、各经济杠杆调节部门、各监督管理部门等。它们代表国家行使权力，运用经济的、行政的和法律的手段，对整个市场活动进行干预、调节、指导、管理和控制，以维护正常的市场秩序，保证市场有序地运行。

二、建立健全社会信用体系

在现代市场经济中，要形成有序的市场秩序，除了需要具备完善的市场规则外，还需要建立和健全社会信用体系。

党的十六届三中全会通过的《中共中央关于完善社会主义市场经济体制若干问题的决定》对建立健全社会信用体系提出了改革要求，强调要形成以道德为支撑、产权为基础、法律为保障的社会信用制度。并指出，这是建设现代市场体系的必要条件，也是规范市场秩序的治本之策。十六届五中全会通过的《中共中央关于制定国民经济和社会发展第十一个五年规划的建设》明确指出："进一步整顿和规范市场秩序，坚决打击制假售假，商业欺诈，偷逃骗税和侵犯知识产权行为。以完善信贷、纳税、合同履约、产品质量的信用记录为重点，加快建设社会信用体系，健全失信惩戒制度。"①

1. 社会信用体系及其特征

信用一词《辞海》解释为"诚实，不欺，遵守诺言"。社会意义上的信用是指人们在为人处世及从事各种社会交往中必须遵守的道德规范和行为准则。在经济学中，信用主要是指以偿还本息为条件暂时让渡商品的支付关系或资本的借贷关系。它表示的是债权人（即贷者）与债务人（即借者）之间发生的债权债务关系。从某种意义上讲，这个"信用"也包含了相信、信任，表示的是债权人对债务人的偿还能力的信任。信用的经济内涵是随着商品货币经济的发展，而不断丰富和延伸的。而作为一种信用制度和体系的形成则是现代市场经济发展的产物。在现代市场经济条件下，多种信用形式、各种信用工具逐步渗透到经济、社会生活的各个领域，社会信用关系成为市场体系正常运行的基础条件和润滑剂。在这种情况下，社会信用制度和社会信用体系才得以真正形成。

所谓社会信用制度，是指国家和社会对社会信用进行管理的一系列法律法规、政策措施、管理方式和组织形式等。社会信用体系，是指一国各个方面、各个层次相互联系的社会信用制度的整体构成。从信用主体的角度划分，主要包括国家（政府）信用、企业信用（含银行信用）、中介组织信用、个人信用四个方面的内容。从信用运行机制的角度划分，社会信用体系主要包括社会信用制度、社会信用服务体系、社会信用活动三个部分。

我国社会信用体系建设是从 20 世纪 80 年代末期开始的，经过二十多年的建设，已经形成和发展了一批从事信用评价、信用担保等业务的信用中介机构，在有些地区和部门启动，建设了信用联合征信系统。但从总体上看，目前我国社会信用体系建设尚处于起步阶段，与社会主义市场经济体制建设的要求相差甚远，必须加快建设步伐。核心是要根据我国国情，按照信用体系发展的一般规律，尽快建立具有中国特色的社会信用制度。而这种社会信用制度的基本特征是什么？党的十六届三中全会通过的《中共中央关于完善社会主义市场经济体制若干问题

---

①《〈中共中央关于制定国民经济和社会发展第十一个五年规划的建议〉辅导读本》，人民出版社 2005 年版，第 23 页。

的决定》已作了精辟的概括，主要体现在以下三个方面：

第一，以道德为支撑。道德是人们共同生活及行为的准则和规范，是社会公认的价值理念和传统文化习惯，通过人们的自律，对经济、社会行为产生一定的约束力。道德约束的核心是正确处理义与利的关系。如何处理义与利的关系，是区别不同经济道德观的一个根本界限。把国家利益放在首位，又充分尊重和保障公民个人合法利益，是社会主义市场经济处理义与利关系的基本原则，是人们从事经济活动必须遵守的基本道德观。在全社会大力倡导社会主义义利观，弘扬中华民族崇尚诚实守信的传统美德，可以为建立健全社会信用体系提供有力的支撑。

第二，以产权为基础。信用关系是产权关系的延伸，明晰的产权是社会信用制度的基础。产权制度的基本功能是给经济活动主体提供稳定的行为预期，当产权界定不清或得不到有效保障时，经济活动的主体无法也无须对自己的行为负责，很容易把短期利益作为追求的目标，导致失信行为的发生。明晰并有保障的产权，是人们追求长远利益的动力，在这个基础上人们才会有自发讲求信用的要求。目前，我国不少企业信用意识不强，其主要的原因就在于企业产权不清并缺乏有效的保障，企业、员工，特别是管理人员，对企业的预期经营状况关切度较低，缺少守信经营的足够动力。因此，进一步推进产权制度改革，明晰经济主体的产权关系并实施有效的保护，将成为建立健全社会信用体系的基础条件。

第三，以法律为保障。市场经济是法治经济，完备的法律是建立社会信用制度的有效补充和保障。有了道德约束，并不意味着所有的行为主体都自觉地诚实守信，因为再完备的道德标准由于缺乏必要的强制力，也不能保证人人守信；有了明晰的产权，并不意味着企业就一定不售假货或者不欺骗，因为再明晰的产权在没有外部强制力下，也不能保证所有企业始终守信、处处守法。[①] 因而，建立完善的信用法律体系，用法律上的严格他律促进道德上的自律，用完备的法律防范和惩治产权主体的不正当行为，将是建立健全社会信用体系的有力保障。

2. 进一步完善社会信用体系

社会信用体系是现代市场体系的基础。在市场经济条件下，市场交易以信用为前提，更多地表现为信用关系。现代市场经济就是建立在错综复杂的信用关系基础上的信用经济。整个社会经济活动被信用关系所联络，以信为本，无信不立。市场化程度越高，对社会信用体系的健全程度要求也就越高。可以说，信用是市场经济的生命和灵魂。

---

① 张智侠：《论中国政府信用建设及其对政治文明发展的影响》，首都师范大学硕士学位论文，2006 年。

改革开放以来，我国所有制结构日益多元化，特别是随着市场化程度的不断提高，市场在资源配置中的基础性作用的不断加强，信用关系已成为维系各个市场主体间经济关系的纽带，整个社会对信用系统的需求急剧增长。我们虽然在构建社会信用体系方面做了一些努力，取得了一定的成效，但是，目前我国社会信用体系的发育程度仍然较低，远不能适应社会主义市场经济发展的需要。社会信用体系不健全、不完善，是市场交易活动中失信行为屡禁不止的主要原因。社会信用缺失，严重破坏了市场秩序，增加了市场交易成本，降低了市场交易效率，成为市场经济发展和完善的重大障碍。改革与发展的实践表明，建立健全社会信用体系是我国 21 世纪一项十分繁重而紧迫的任务，也是规范我国市场经济秩序的治本之策。

社会信用体系建设是涉及全社会各行各业的一项长期任务。我们一定要立足我国国情，借鉴国际经验，充分调动各方面的积极性，分阶段逐步推进。就目前来看，主要应做好以下几个方面的工作。

（1）要在全社会进行诚信教育，加强全民的信用意识。树立良好的信用意识，构建现代市场经济所要求的社会信用道德和文化环境，是社会信用体系建设的社会伦理基础，也是扩大社会信用需求的关键。中华民族素有"言必信，行必果"的传统美德。人无信不立，企业无信则衰，国家无信则败。政府、企业和个人作为社会信用体系的基本要素，都应树立信用是金的理念，从自身做起，把诚实守信作为基本行为准则，努力营造"守信为荣、失信为耻、无信为忧"的社会氛围。

第一，政府要在社会信用体系建设中起示范、带头作用。加强政府信用建设是构建社会信用体系的关键。要积极主动加强政府信用建设，坚持执政为民，加快职能转变，严格依法行政，增强行政行为的公开性和透明度，保持政策的稳定性和连续性，说实话，办实事，求实效，切实做到服务于民、取信于民，不断提升公信度，真正成为社会信用体系建设的示范者。同时，要加强社会信用体系建设的统筹规划和管理，依法披露信用信息，努力营造信用环境，切实担当起社会信用体系建设的倡导者和组织者。

第二，企业要主动加强自身信用建设。信用是企业的无形资产，也是进入市场的通行证。企业只有坚持以信用为本，诚实守信，才能赢得市场，争取更多的客户，在日益激烈的竞争中立于不败之地。企业如果不讲信用，可能得益于一时，但不可能得益于长久；可能得益于一事，但不可能得益于全部。因此，企业要牢固树立品牌意识、形象意识，增强维护自身信用的自觉性，积极创建以信用为核心的企业文化，使诚实守信成为企业员工共同遵守的核心价值观。

　　第三，要把信用意识教育作为全民教育的重要组成部分，切实加强诚信教育，深入开展以诚实守信为内容的群众性公民道德实践活动，不断增强全民信用意识。因为个人信用是社会信用的基础。只有全民信用意识得到普遍增强，信用体系建设才能得到广泛的认同和支持。

　　（2）加快建设企业和个人信用信息的征集，健全和完善社会信用信息的透明度和开放度。信用信息的征集和信用服务体系建设是构建社会信用体系的基础和关键环节。一些发达国家经过数十年的建设发展，已经建立了比较完整的各类信息档案和比较健全的信用服务体系。我国在这方面的建设起步较晚，一是在少数大城市开通了企业和个人联合征信服务系统，而相当一部分企业，尤其是个人没有建立完整的信息档案。二是已征集到的信息，目前大约60%掌握在政府各部门手中，而且这种信息一般都不向社会公开。这种情况的存在，一方面造成信用信息资源的浪费；另一方面企事业单位和各类中介信用组织，得不到所需要的信用资料，很难开展信用管理和相关服务。要尽快解决信息征集、信用信息公开和共享问题，首先，要抓紧制定社会信用信息法，为商业化的社会征信机构开展企业和个人信用信息的搜集、保存、评估等业务提供基本的法律依据，改变目前社会信用体系建设缺乏法律基础的状况。其次，综合运用行政的、法律的和商业化的手段，依靠先进的信息技术，逐步收集、处理分散在工商、税务、银行等不同部门的企业和个人信用信息及其他经营行为的记录，建立覆盖全国的征信体系和网络化的征信数据库。然后，逐步扩大和不断完善征信数据库的内容，并依法通过信用服务机构提供给社会使用。最后，严格执行相关法规，规范政府部门、银行、工商企业和个人提供的信用信息，对故意造成信息失真的行为要做出相应的处罚；规范资信公司，防止其提供不实的信息；在建立社会信用体系的同时，也要保护企业机构的商业秘密和公民的个人隐私。

　　（3）加强信用方面的立法，完善信用监管制度和失信惩戒制度。没有完善的信用法律体系，就不可能建立完善的社会信用体系。美国在信用管理上的相关立法有16部，涉及信用信息采集、加工、使用等各个环节。西欧发达国家不但制定了与信用相关的国内法律，还共同制定了在欧盟所有成员国内都有效的信用法规。我国至今还没有专门的信用立法，与社会主义市场经济发展的要求不相适应。要加快立法进程，尽快形成比较完备的信用法律体系。当前重点是要在划清信息公开与保护国家经济安全、商业秘密、个人隐私信用信息与公开三个界限的基础上，抓紧修订与社会信用体系建设不适应的法律法规，加快公共信息开放、征信制度、信用监管等方面的立法，使信用服务有法可依，有章可循。

　　健全信用监管制度和失信惩戒制度，是建设社会信用体系的重要组成部分。

现在社会上有不少失信行为，特别是一些恶意失信行为，一个重要原因是信用监管制度和失信惩戒制度不健全，监督管理不到位，失信违规成本低，能够获取的回报高。要切实扭转这一状况，建立信用监管制度和失信惩戒制度迫在眉睫。为此，首先，抓紧健全政府的信用监管制度。一是对于各类征信服务中介组织，政府要制定严格的行业监管办法，建立市场准入和退出机制，对其执业行为进行有效的监督。二是抓紧建立行业信用管理制度，推动形成企业信用信息自主申报机制，拓展全社会参与信用监督的渠道，切实加强行业自律和社会监督。其次，加快建立失信惩戒制度。要综合运用行政、法律和市场化手段，动员全社会力量共同监管，有效地处罚违规失信行为。要尽快形成行政性惩戒机构，采取记录、警告、处罚、取消市场准入，直至依法追究法律责任等多种手段，加大对失信违规违法行为的查处力度。要切实形成市场性惩戒机构，根据个人和企业信用记录的好坏，在金融服务、社会服务等方面给予不同的待遇。信用记录好的，给予优惠，并提供便利。信用记录不好的，给予严格限制。使失信严重并有不良行为记录者名誉扫地，代价惨重，直到绳之以法。① 只有这样，才能使我国的社会信用体系进一步健全和完善，从而为我国现代市场体系的有序运行提供有力的制度保障。

思考题：

1. 怎样理解市场体系结构？
2. 如何理解商品市场和要素市场及它们之间的相互关系？
3. 为什么要建立和健全市场体系？
4. 社会主义市场体系具有哪些基本特征？
5. 我国市场体系发展的现状如何？存在哪些主要问题？
6. 什么叫市场机制？它包括哪些基本内容？
7. 什么叫市场规则？它包括哪些主要内容？
8. 什么叫社会信用体系？建立社会信用体系有何重要意义？
9. 我国现阶段信用体系建设中存在哪些主要问题？应该如何建立和健全社会信用体系？

---

① 周德怀：《建立健全社会信用体系若干问题探索》，《湖北财经高等专科学校学报》2004 年第 3 期。

第七章 社会主义市场经济中的收入分配制度

在市场经济条件下，人们从事劳动或工作，在生产经营中投入了生产要素，总要寻求一定的收益和报酬，而这种收益的获取必须通过分配环节来进行。分配不仅能够使生产要素所有权从物质利益上得到实现，而且还能全面、合理地配置社会经济资源。因此，在社会主义市场经济中，认真执行社会主义初级阶段的收入分配制度，正确处理收入分配关系，对于调动一切积极因素、提高资源配置效率、保持社会公平和稳定具有重要的现实意义。

本章首先考察社会主义国民收入的分配关系，着重阐述社会主义国民收入的构成及其分配过程和主要实现途径。其次考察社会主义社会个人收入分配关系，分析社会主义初级阶段个人收入的构成，按劳分配在个人收入分配中的主体地位，以及实行按劳分配与按生产要素分配相结合的客观必然性。最后就我国当前个人收入分配中存在的主要问题进行剖析，并提出进一步完善的思路和措施。

第一节 社会主义市场经济中的国民收入分配

国民收入要通过分配这一环节，最终转换为积累基金和消费基金，才能由国家、企业和个人用于积累和消费。收入分配是社会再生产过程中一个十分重要的环节。本节主要阐述社会主义国民收入的构成、初次分配和再分配过程与主要实现途径，并对其最终形成的积累基金和消费基金的构成及其比例关系进行了分析。

一、社会主义社会总产品、国民收入

社会主义社会总产品，是指社会主义国家在一定时期内（通常为一年），物质生产部门劳动者所生产的物质资料的总和。在社会主义条件下，由于商品生产

和商品交换的存在，社会总产品从实物形式上看，表现为当年所生产出来的生产资料和消费资料的总和；从价值形式上看，由三部分构成：一是在生产过程中消耗掉的生产资料的价值；二是劳动者自己劳动所创造的价值；三是劳动者为社会劳动所创造的价值。前一部分为生产资料旧价值的转移，后两部分是劳动者在一年内创造的新价值，三者的总和叫做社会总产值。

国民收入，是社会总产品和社会总产值的一部分。它可以分为实物形式和价值形式。从实物形式看，它是从社会总产品中扣除用来补偿已消耗的生产资料之后所剩下来的一部分社会产品；从价值形式看，它是从社会总产值中扣除掉生产中已消耗的生产资料价值以后的那一部分价值，也就是物质生产部门的劳动者当年新创造的价值，也称为净产值。在国民经济中，国民收入是以价值来计量，并通过货币形式进行集中分配的。

国民收入是由物质生产部门的劳动者创造的。这些部门包括：农业、工业、建筑业、为生产服务的运输业和邮电业、作为生产过程在流通领域内继续服务的商业（如商品必要的分类、包装、保管、加工和运输等），以及服务业中的饮食业、修理业等。这些领域的劳动是创造物质产品的劳动，是生产性劳动，因而创造国民收入。其他非物质资料生产部门，如文化、教育、卫生、国家机关等部门的劳动也是社会所必需的，但它们不创造物质产品，是非生产性劳动，不创造国民收入。

国民收入是真实地反映一个国家经济发展水平和经济实力的一项综合性指标。它的增长速度反映着国民经济的增长速度。一个国家按照人口平均计算的国民收入量，基本上反映了这个国家的生产力发展水平和人民生活富裕程度。国民收入的增长，是增加社会积累和提高人民消费的决定性因素。因此，加速国民收入的增长具有重要的意义。国民收入的增长取决于多种因素，但其主要因素有三个方面：一是投入物质生产部门劳动量的增加；二是劳动生产率的提高，这是国民收入增长最主要的因素；三是生产资料的节约，在生产过程中，节约生产资料，用同样的生产资料，可以生产出更多的产品。

不断扩大国民收入规模，保持国民收入增长速度，是任何社会发展的前提和内在要求。

二、国民收入初次分配和再分配

社会主义国民收入创造出来以后，还要经过初次分配和再分配两个过程，即分解为不同主体（国家、企业、劳动者个人）的收入，才能最后进入消费，以保证社会再生产的实现。

1. 国民收入的初次分配

由于社会主义国民收入是由物质生产部门创造出来的，因此，社会主义国民收入的初次分配是指产品生产出来以后，首先在创造国民收入的物质生产部门内所进行的分配。所有制形式决定分配方式。由于我国社会主义初级阶段的所有制结构是以公有制为主体，多种所有制经济共同发展，因此，国民收入的初次分配是分别在国有、集体、个体、私营和"三资"部门或单位中进行的。

国有企业所创造的国民收入，在初次分配中分解为四个部分：一是上交税收，这是国家以社会管理者身份取得的收入，主要用于各种经济、政治及文化等方面的建设；二是国家以财产所有者的身份取得的利润，主要集中用于生产性或非生产性建设方面的投资；三是以工资形式，分配给企业职工，作为职工的劳动报酬，用以满足职工及其家庭的生活需要；四是以企业营业盈余或企业盈利的形式，留归企业自主分配，主要用于企业扩大生产规模、改善生产条件、举办集体福利或发放各种超额劳动奖金。

集体企业有两大类，一类是城镇集体企业，另一类是农村集体企业。它们在国民收入初次分配中的基本方面是一致的，但也存在某些差别。

城镇集体所有制企业劳动者所创造的国民收入，在初次分配中分为四个部分：一是以税金形式上缴国家，作为国家集中的纯收入；二是以企业基金的形式留归企业用以改善企业生产条件，扩大企业生产规模，兴办职工的福利事业，以及发放奖金等；三是以合作基金形式上缴集资单位，形成统一支配的集体收入；四是以工资形式分配给本单位职工，用以满足职工及其家庭的生活需要。

农村集体经济所属的乡办和村办企业所创造的国民收入，在初次分配中分为三个部分：一是以税金的形式上缴国家，形成国家集中的纯收入，由国家统一支配；二是以公积金和公益金的形式留归集体，形成集体生产单位的基金，作为扩大再生产，兴办集体福利事业和行政管理费用；三是以现金和实物形式留给农民，作为劳动报酬，由农民个人支配使用。农村实行家庭联产承包责任制后，这些分配项目事先就体现在承包合同中，承包者按合同规定上交集体提留后，余下的全部归承包者所得。

股份制、股份合作制等混合所有制经济中，国民收入经过初次分配后基本上分解为三个部分：一是以税金的形式上缴国家，作为国家集中的纯收入；二是企业留下的基金作为企业自主支配的收入；三是剩余的为个人收入。但在个人收入中，除了按劳分配的部分外，还包括股息、红利等形式的投资收入、经营收入和风险收入。

至于非公有制企业，目前主要有三类。

第一类是个体经济中生产劳动者创造的国民收入，在初次分配中分为两个部分：一是以税金形式上缴国家，形成国家纯收入；二是剩余部分形成个体劳动者的个人收入，其中包括部分劳动收入和部分经营收入。

第二类是私营企业创造的国民收入，在初次分配中分为三个部分：一是以税金的形式上缴国家财政，形成国家纯收入，由国家统一支配；二是企业主收入，其中包括部分劳动收入、部分经营性收入和部分资本收入；三是以体现劳动力价值的工资形式分配给企业职工，形成职工个人收入。

第三类是"三资"企业创造的国民收入，在初次分配中分为四个部分：第一部分按照注册比例分配给国外投资者，作为他们的资本收入和经营收入；其他三部分同民办企业相似，分别为以税金、企业基金和工资形式，形成国家收入、企业留利和职工个人收入。职工收入中当然也包括非劳动分配收入。

社会主义国民收入经过初次分配，形成国家的集中性收入、企业收入、生产劳动者个人收入和投资者财产收入这四种基本的原始收入。这是社会再分配的前提和保证。

2. 国民收入的再分配

社会主义国民收入经过初次分配之后，还需要在全社会范围内进行再分配。这是因为：

第一，国民收入的再分配是维持非物质生产部门，保证整个社会健康发展的需要。在社会主义社会，除了物质生产部门外，还存在许多非物质生产部门，如文化、教育、卫生事业部门和国家行政管理部门、国防等。这些非物质生产部门在全面发展社会经济，提高人民群众的物质文化生活水平，维持社会秩序，防止外敌入侵，保卫和平建设等方面起着十分重要的作用。因此，为了满足这些部门各项业务开支的需要，支付这些部门职工的工资，需要进行国民收入的再分配。

第二，国民收入的再分配是保证国家重点建设和加强薄弱环节，实现国民经济平衡发展的需要。在社会主义国家，国民经济各个部门和各个地区的经济发展速度和积累水平是不同的。为了使整个国民经济协调发展，实现生产力的合理布局，特别是为了保证一些重点项目的建设，加强薄弱环节，国家就不能让各部门、各地区只依靠自己的积累去发展，而必须着眼于整个国民经济的需要，统筹兼顾，适当安排，通过国民收入再分配的形式，将国民收入分配到各个方面去使用。

第三，国民收入的再分配是建立社会保障基金的需要。在社会主义社会，为了保障劳动者及其家属的健康，解决他们暂时遇到的生活困难，为了保障丧失劳动能力的劳动者以及生活上没有亲属依靠的老弱孤寡和残疾者的生活需要，国家需要举办各种社会福利事业和社会救济工作。这些方面需要的经费，除集体和单位自筹一部分、劳动者个人通过社会保险基金积聚一部分以外，绝大部分需要通过国民收入的再分配来建立。

第四，国民收入的再分配是应付突然发生的意外事故的需要。在社会主义社会，为了保证社会主义经济和人民生活的正常进行，国家必须要有适当的社会后备基金以应付突然发生的重大自然灾害和各种事故。这种后备基金，也需要通过国民收入的再分配来解决。此外，外援基金也需要通过国民收入的再分配来筹集。

第五，国民收入的再分配是调节个人收入分配，实现共同富裕目标的需要。在各种分配形式并存的市场经济条件下，个人收入的分配会因多种因素而出现较大的差距，这就需要国家对在市场经济中收入过高者征收调节税，以减少个人收入差距的悬殊；同时对于因历史、地理等原因而形成的地区之间的收入差别，特别是对比较贫困落后的地区，国家需要采取财政转移支付的办法，提供财政支持，以改变这些落后地区的面貌，缩小地区间的收入差距，实现共同富裕的目标。

社会主义国民收入的再分配，是通过以下途径进行的：一是国家预算。这是实现国民收入再分配的主要渠道。在国民收入初次分配的基础上，国家财政部门把各企业、各纳税单位上缴的税金集中起来，形成国民预算收入。然后通过国家预算支出，有计划地把资金分配到各个部门和各个地区。国家预算支出主要用于发展经济、科学、文化和卫生等事业。一部分用于国防建设、国家行政管理、国家储备和对外援助等。所以，社会主义国家的财政预算真正体现了取之于民、用之于民的社会主义性质。二是社会保障。这是国家或社会为保证社会成员的基本生活，为更有效合理地实现社会共同的必要消费而提供和实行的救助、补贴、社会公共福利和保险。在我国现阶段，社会保障基金一般由国家、企业、个人三者共同负担。社会保障具有向低收入者倾斜、缩小收入分配差距的功能，是现代市场经济体制的调节器和安全阀。三是价格体系。它作为社会主义国民收入再分配的途径，是通过价格的调整和波动来实现的。商品价格的变化，并不能增加或减少国民收入总量，但可以影响交换双方实际收入或支出的变化，从而引起一部分国民收入在各部门、各企业以及居民之间的再分配。比如，提高农副产品收购价格和降低农业生产资料销售价格，就会影响到国家财政收支和城乡居民的收入，从而在国家、企业、职工和农民之间实现国民收入的再分配。四是银行信用。银行通过存贷活动对社会暂时闲置的资金进行再分配。凡是向银行贷款的企业，要向银行支付利息；银行吸收企业和个人的存款，也要向企业和个人支付利息。银行得到的收付利息的差额，可以用来充实银行信贷资金和提留企业基金。可见，利息也是银行、企业、居民之间再分配国民收入的一种形式。

三、社会主义积累基金和消费基金

国民收入经过初次分配与再分配，按其最终用途可分为积累基金和消费基金两大部分，分别用于投资和消费。我国这两大类基金的构成如图 7-1 所示。

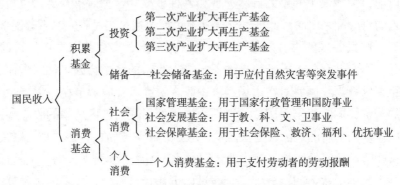

图 7-1　我国积累基金和消费基金的构成

图 7-1 表明，积累基金主要用于投资和储备两个方面。从投资方面看，主要包括第一次、第二次、第三次产业扩大再生产基金，如用于固定资产、流动资产和科技等项费用。从社会储备基金方面看，主要用于应付意外事故、自然灾害等方面物质储备的费用。消费基金分为社会消费基金和个人消费基金两大部分。社会消费基金主要包括：国家管理基金，主要用于国家行政管理和国防方面的费用；社会发展基金，主要用于教育、科技、文化、卫生等事业方面的费用；社会保障基金，主要用于社会保险、社会救济、社会福利、社会优抚等方面的费用。个人消费基金，主要用于支付劳动者的劳动报酬，满足劳动者个人及其家庭的消费需要。

社会主义国民收入中积累基金和消费基金之间的关系，即积累和消费的比例关系，是一种既相互统一又相互矛盾的对立统一关系。积累基金是扩大再生产的主要源泉。积累的增加，意味着生产规模的扩大、社会财富的增加，这是在更高程度上满足社会消费需要的物质基础。而消费基金的增长，劳动者消费水平的提高，又会进一步调动全体劳动者的积极性，促进生产的发展，增加社会积累。但是，二者之间也存在一定的矛盾，这主要表现为：在国民收入一定的情况下，积累和消费此消彼长。积累基金增多，消费基金就会相应减少，从而影响人民目前生活水平的提高；而消费基金增多，积累基金就会相应减少，从而影响社会生产的发展速度和人们长远生活的改善。这种矛盾是在根本利益一致基础上的非对抗性的矛盾，它实质上反映了发展生产与改善人民生活之间的矛盾，反映了劳动者的长远利益和当前利益、整体利益和个人利益的矛盾。因此，必须正确处理好这二者之间的关系。

第二节　社会主义市场经济中的个人收入分配

个人收入分配制度，是社会主义市场经济条件下人们利益机制得以实现的根本制度。我国社会主义初级阶段的基本经济制度，决定了与此相联系的个人收入分配必须实行以按劳分配为主体、多种分配方式并存的分配制度。

一、现阶段中国个人收入及其构成

在社会主义社会，不管劳动者是在物质生产部门中工作还是在非物质生产部门中工作，都要从社会中获取一定的收入，用来满足个人及其家庭的生活需要，以保证劳动力的再生产。个人收入是指社会成员在一定时期内（通常为一年），通过不同的途径或来源所获得的，并能够自由支配的货币或可用货币来表现的物质财富的总和。从国内来源的角度看，个人收入最终都来自国民收入，它是通过国民收入的初次分配和再分配到达个人手中的。

在社会主义市场经济条件下，个人收入可分为以下两大类：

第一，劳动收入。劳动收入是个人向社会提供劳动的报酬，包括工资、奖金、津贴、承包收入、经营管理收入、出售个人发明专利和技术转让收入等，其中工资是劳动者劳动收入的主要部分。

第二，非劳动收入。非劳动收入与个人向社会提供的劳动无关，可分为两种。一种是剥削收入，即私有制企业主剥削雇工而获取的收入。另一种是非剥削收入，主要包括：一是资产收入，包括个人储蓄所取得的利息收入，投资股市所获取的股息、红利、股票价格涨跌的差价收入，依靠自有财产（如房屋、汽车等）出租而获得的租金收入等；二是福利收入，包括由政府或企事业单位提供的生活补助金、救济金和其他福利性收入；三是其他收入，如保险公司赔款、废旧物资出售、馈赠、遗产继承等收入。

上述各种来源的收入总称为名义收入。从个人收入中减去个人所缴纳的所得税，以及参加社会团体、合作组织等所缴纳的会费，余下的部分就是供个人实际支配的用于消费或储蓄的收入。在社会主义制度下，劳动者的个人物质利益也主要表现为个人实际支配收入水平的提高及其生活质量的不断改善。劳动者个人收入主要又是通过个人消费品的分配实现的。在我国社会主义市场经济条件下，个人消费品分配，坚持按劳分配为主体、多种分配方式并存的制度，实行按劳分配和按生产要素分配相结合。

二、按劳分配及其在市场经济条件下的特征

按劳分配是社会主义公有制经济中个人收入分配制度的一项基本原则。在社会主义公有制经济中，劳动者是生产资料的共同拥有者，他们共同进行劳动，因此全部劳动产品归他们共同所有，用于满足他们的物质和文化生活需要。但这并不意味着把全部产品都分配给劳动者个人消费。为了维持社会扩大再生产和发展各项社会公共事业，对社会总产品进行了以上所列出的各项必要的社会扣除后，余下的部分才能分配给劳动者个人消费。因此，按劳分配的主要内容和要求是：在公有制经济中，社会总产品在作了各项必要扣除之后，在劳动者个人之间的收入分配是以劳动为尺度，按照劳动者向社会提供的劳动数量和质量分配个人消费品，多劳多得，少劳少得，不劳动者不得食。具有劳动能力的人，如不参加社会劳动，就没有权利向社会领取劳动报酬。

1. 实行按劳分配的条件及其客观必然性

在社会主义公有制经济中，个人消费品之所以要实行按劳分配这一基本原则，是因为：

（1）生产资料公有制是实行按劳分配的必要前提。在如何认识消费资料的分配上，马克思曾指出："消费资料的任何一种分配，都不过是生产条件本身分配的结果。"① 这里所讲的生产条件的分配，主要是指生产资料归谁所有的问题。因为生产资料归谁所有表现着一个社会生产方式本身的性质，决定消费资料按照什么原则进行分配。在社会主义社会，由于实现了生产资料公有制，劳动者成为生产资料和生产过程的主人，他们既是生产者，又是生产资料的共同占有者。因此，劳动的产品也就自然归劳动者共同占有，按照有利于劳动者利益的原则进行分配。在生产资料公有制的社会主义企业中，就劳动者同社会的关系来看，每个劳动者都是以劳动的份额参与生产为社会做贡献的，因此，这就决定了个人消费的分配只能以劳动为尺度，在对劳动成果做了统一的社会扣除后，按照劳动者劳动的数量和质量进行分配。公有制虽然是实施按劳分配的前提条件，但却不是实行按劳分配的唯一条件。也就是说，公有制经济为按劳分配的实行提供了可能性，但公有制经济不一定必然实行以统一分配为特征的按劳分配。例如，我国农

---

① 马克思：《哥达纲领批判》，《马克思恩格斯选集》第 3 卷，人民出版社 1972 年版，第 13 页。

村目前实行的家庭联产承包责任制中，土地等基本生产资料属于集体，却没有实行统一分配，更谈不上按劳分配，实际上通行的是按资金投入和经营状况等形式在内的按劳动成果分配。

（2）相对于未来共产主义的按需分配而言，社会主义实行按劳分配具有客观必然性的主要原因体现在两个方面：一方面，由于社会主义社会生产力水平还不够高，社会产品还没有达到极大丰富，消费品还不能充分满足劳动者的各种需要，还不具备按需分配的条件，社会还只能把个人收入同个人劳动贡献联系起来，采用物质利益激励的方式，调动劳动者的积极性，促进社会生产力的发展。另一方面，在社会主义社会由于旧的社会分工还依然存在，城乡之间、工农之间、体力劳动和脑力劳动之间、简单劳动和复杂劳动之间、熟练劳动与非熟练劳动之间还存在重大差别，在分配上不承认这种差别，就会严重挫伤劳动者的积极性。同时，在旧的分工存在的条件下，劳动对大多数人来讲还没有成为生活的第一需要，还只是把它当作自己及家庭谋生的手段，人们还不可能做到不计报酬地为社会进行劳动。因此，这就必然要求确立劳动力资源的个人产权，承认劳动能力是个人的"天然特权"，使劳动者把劳动报酬与所提供的劳动数量、质量联系起来，实行多劳多得，少劳少得，不劳动者不得食的原则，充分调动他们的积极性和创造性。

由此可见，在社会主义公有制经济中实行按劳分配具有客观必然性，按劳分配是社会主义特有的经济规律。人们必须按这个规律办事，否则，就会挫伤劳动者的生产积极性，阻碍社会生产力的发展。

按劳分配是社会主义经济制度的基本特征。当然，在这里不能把按劳分配仅仅理解为分配制度方面的一个量的概念。按劳分配首先是一个质的概念，是社会主义制度的本质特征所在，表明了"'不劳动者不得食'这个社会主义的原则"，[①]肯定社会成员都享有通过劳动获得经济利益这种至高无上的权利，即"劳动至上"原则，这是区分经济行为合理与否的根本标准，社会主义国家经济制度和政治制度都是以此为核心建立起来的，并以此为出发点和归宿。社会主义国家除了肯定劳动的垄断即劳动存在差别之外，对其他垄断条件的存在绝不是一概肯定，尤其是对包括以权谋私在内的利用垄断条件，以非劳动手段谋取经济利益的行为坚决予以否定，都是以此为依据的。按劳分配肯定了劳动行为方式的合理性和劳动至上的权利，就为劳动人民当家作主、通过劳动发家致富并最终实现共同富裕，提供了有力的制度保障；同时，按劳分配又在量上肯定了多劳多得、少劳少得的合理性，为劳动者充分发挥聪明才智创造了良好的制度基础，是现阶段最适

---

① 列宁：《列宁选集》第3卷，人民出版社1972年版，第252页。

合生产力发展的一种社会制度。

社会主义国家代表劳动人民的意志，劳动人民的利益至高无上，按劳分配，共同富裕，体现了社会主义国家的特殊本质。资本主义国家代表剥削阶级的意志，剥削阶级的利益至高无上，承认和保护资本家凭借资本所有权实现利益最大化，体现了资本主义国家的特殊性质。这是社会主义与资本主义的本质区别所在。总之，按劳分配作为社会主义的基本分配制度，肯定了劳动这种谋求个人经济利益的行为方式的主导地位，确立了"劳动至上"的社会权利准则，使劳动者成为真正的社会主体，使作为最基本的社会生产力的劳动者得到了解放，这无疑是人类社会的巨大进步。

但是按劳分配与未来共产主义按需分配相比，又不可避免地存在一定的历史局限性。这种局限性主要表现在，按劳分配所体现的平等关系只是一种形式上的平等、前提的平等，而不是实际的平等、结果的平等。

按劳分配通行的是等量劳动获取等量报酬的原则。从形式上看，人人都是平等的，任何人都是以劳动量作为领取个人消费品的标准。但会产生事实上的不平等。这是因为：首先，每个劳动者的个人天赋和劳动能力存在自然差别，使他们在同一劳动时间内向社会提供的劳动量是不等的。因而每个劳动者领取的报酬多少也不同。其次，劳动者的婚姻和家庭的情况不一样，赡养人口多少不同，也会造成劳动者之间富裕程度上的差别，形成个人消费品分配事实上的不平等。因为，社会以劳动这个共同的尺度应用于条件不同的劳动者身上时，必然会出现劳动者在消费水平上的事实上的不平等。需要明确的是，实行按劳分配所出现的这种事实上的不平等，与在私有制条件下，人们在生产资料占有上存在的不平等权利有着本质的区别。这不属于阶级对立，只属于人们劳动上的差别引起的富裕程度上的差别。在社会主义相当长的历史时期内，这种差别和不平等是不可避免的，只有到了共产主义社会，实行"按需分配"后才能被消除。

2. 市场经济条件下按劳分配的特点

科学的按劳分配理论是马克思首先创立的，19世纪后期在他的伟大著作《资本论》中提出了按劳分配思想，随后又在《哥达纲领批判》中作出详细论述，其基本前提条件是：①在所有制方面，其形式具有单一性。在他看来，单一公有制或社会所有是实行按劳分配的前提。在这种社会里，劳动者"除了自己的劳动，谁都不能提供其他的任何东西；另一方面，除了个人的消费资料，没有任何东西可以成为个人的财产"。① 劳动成为劳动者获得个人消费品的唯一手段。②从社会经

①《马克思恩格斯选集》第3卷，人民出版社1972年版，第11页。

济形式上看，商品货币关系已经消亡。在产品经济中，劳动不需要通过价值来衡量，生产者的个别劳动可以直接表现为社会劳动。③从按劳分配的主体和采取的形式上看，国家作为社会中心统一计划和组织社会生产活动，统一安排劳动和进行必要的社会扣除，按照统一标准分配个人消费品，分配过程不存在中间的环节。分配形式采取劳动的证券，即"劳动券"。显然现阶段的社会主义，特别是我国的社会主义还处在社会主义初级阶段，还没有达到全社会共同占有生产资料的程度，不仅存在商品经济，而且还要建立社会主义市场经济体制，这就决定了我国社会主义市场经济条件下的按劳分配，与马克思所设想的按劳分配相比存在较大的差别，具有一些新的特点：

（1）按劳分配与其他多种分配形式并存。马克思设想的按劳分配，是以单一的社会所有制为前提的。按劳分配是全社会唯一的分配形式和原则。而在我国社会主义市场经济条件下，所有制结构的特征是以公有制为主体，多种所有制长期共存，共同发展。与此相适应，个人消费品也实行以按劳分配为主体、多种分配方式并存的分配制度。按劳分配主要存在于公有制经济内部。即使在公有制内部，按劳分配也不是唯一的形式，还存在与市场经济相适应的非按劳分配的因素，如利息、股息、红利收入以及风险收入等，都成为公有制经济内部与按劳分配并存的分配形式。

（2）按劳分配的实现仍然要借助于商品货币关系。马克思设想的按劳分配，是采取不能流通的"劳动券"形式，通过劳动—劳动券—个人消费品的过程来实现。在市场经济条件下，按劳分配的实现形式不是通过劳动券由劳动者直接向社会领取消费品，而是通过工资、奖金等形式由企业向劳动者发放工资，然后由劳动者到市场上购买自己所需要的消费品。所以，按劳分配的实现仍然要采取商品货币形式。

（3）按劳分配的主体是企业，而不是社会。马克思所设想的按劳分配是在全社会范围内进行的，分配的主体是社会。而在社会主义市场经济中，按劳分配是在公有制内部进行的。按劳分配的主体是企业，而不是在全社会范围内按统一标准来实现。

（4）按劳分配的实现程度受市场机制和货币工资形式的制约，不可能在全社会范围内实行统一的标准。一方面，市场机制制约着按劳分配的水平。在市场经济条件下，各个企业的生产经营效果不同，经济收入也不同，按劳分配的水平具有明显的差别。另一方面，货币工资也制约着按劳分配的实现程度。劳动者用自己的货币工资在市场上购买消费品的数量，不仅取决于领取货币工资的多少，还要取决于市场供求关系和价格水平。

3. 我国现阶段按劳分配的实现形式与劳动计量方式

按劳分配的实现形式是指在分配的过程中，对于劳动给予报酬的方式。我国现阶段由于生产力发展水平与生产资料公有化程度不同，劳动报酬形式也不同。目前，我国在公有制范围内，按劳分配的劳动报酬基本实现形式是工资。社会主义工资是指公有制企业职工在一定的时期内向企业提供一定量的劳动，企业根据职工的劳动数量和质量，付给劳动者一定数量货币形式的劳动报酬。

由于劳动的数量和质量本身难以直接观测，存在度量上的困难。对劳动者劳动的支付标准主要是计量劳动时间和劳动绩效的间接的指标。工资主要表现为计时工资和计件工资两种基本形式。同时为了修正这种间接度量存在的问题，还存在奖金、津贴，以及在农村集体所有制中的承包计酬等辅助形式。

计时工资是直接以劳动时间来计量劳动报酬的工资形式。它具有应用范围广、劳动者收入稳定等优点。但缺乏对于劳动者在产品数量和质量上的激励而可能产生"出工不出力"、"大锅饭"等现象。

计件工资是指以劳动者实际完成的合格产品数量或工作量来计量劳动报酬。它提供了劳动者在产品生产数量上的激励，且能够比较准确地反映劳动者实际提供的劳动量。但适用范围较小，同时可能存在追求数量而不顾质量的问题。奖金是指对劳动者提供的超额劳动的报酬。津贴是指对从事劳动强度大、工作条件差、工作任务重和有损身体健康的劳动者提供的报酬。它所体现的不是劳动本身，而是劳动所处的条件和环境的差别。

在我国农村集体所有制经济中，劳动的报酬形式目前主要表现为家庭联产承包责任制，实行包田到户。在经营方式上，实行分散经营、自负盈亏。在分配方式上，采取的是在农业税取消后"留够集体的，剩下的都是自己的"原则。

总的来说，工资、奖金、津贴、家庭联产承包责任计酬都是贯彻按劳分配的劳动报酬形式，本质上是相同的，都能体现国家、企业和个人三者的利益关系。

通过上述分析，我们知道，按劳分配的依据是按照劳动者向社会提供的劳动数量和质量来分配个人消费品，但是，在我国行业甚多、工种门类纷繁复杂的情况下，采用什么方式计量出劳动者在一定时期内向社会提供了多少劳动数量和质量，这的确是一道很难破解的难题，整个社会也不可能定出一个统一的计量标准。这就需要各个公有制经济单位，只能从本单位实际出发，探讨和寻求适合本单位的间接的计量方式。在我国改革与发展中，已有不少企业和单位通过实践，创造出了许多独具特色的劳动计量方式，较好地体现了按劳分配原则。其通常采用的方式有以下四种：

第一，按能力计量。在一般情况下，能力强的劳动者在同样时间内劳动所形成的价值要高于能力弱的劳动者，因而能力强的劳动者按劳分配的收入也高于能力弱的劳动者，所以，可以在确定每个劳动者能力的基础上，实施按劳分配。但对劳动者的能力如何计量，一般根据劳动者的学历、学位、职称、级别等因素，来确定劳动者的能力，博士高于硕士、硕士高于学士、本科高于专科、会计师高于助理会计师等。这种计量方式虽然有其合理性，但是，学历、学位、职称、级别等，只是反映劳动者一种潜在能力，只能作为一种可能性指标，重要的是要将劳动者潜在能力转化为现实的能力。因此，采用这类分配计量方式，必须同时兼顾两个方面，即一方面要考虑到学历、职称，另一方面要考核现实表现即转化能力。

第二，按岗位计量。不同的劳动岗位，要求提供不同质甚至不同量的劳动。因此，劳动岗位可以在相当大的程度上反映出个人投入社会劳动量的多少。采用这种方式计量劳动，一般来说，有些较特殊的岗位，要求劳动者要有特殊的才能，如有较丰富的工作经验或良好的工作态度等。有的岗位无法直接计算成果，如铁路上的巡查工，从事检查钢轨隐形裂纹、暗伤的工作，要求检查人员有丰富的经验，但不可能要求他们每天查出有多少暗伤。在确定这类岗位的劳动量时，一方面要进行岗位之间的比较，另一方面也要考虑符合岗位要求的劳动者的稀缺度，因为这种稀缺性人才往往同这类岗位劳动的复杂程度和难度有关，对于较稀缺的劳动者，应当提高其岗位收入。

第三，按劳动成果计量。有些工作按劳动成果计量比较简便易行，对劳动者的劳动进行考核，主要用一定时期内所形成的最终劳动成果来衡量。比如，对销售人员的考核，现在有不少企业对他们的收入分配就是以销售考核劳动量，采用基本工资加提成的方式，如每人每月销售600件产品，作为基本定额，可得基本工资1000元；每增加销售额一件产品提成2元，即每月销售200件产品，两项加起来可得工资1400元。采用这种方法实施按劳分配，能较好地激发劳动者的劳动热情，充分调动劳动者的积极性和主动性。

第四，按最终贡献计量。有某些特殊的工作岗位，劳动者的劳动具有多样性、综合性，以劳动者最终贡献计量他们所付出的劳动量比较符合实际。比如，企业中的经营管理者，他们所从事的管理劳动就是一种综合性的复杂劳动，不仅变化大，而且具有很大的风险性，对他们的劳动进行考核，就不宜采用一般的方式，较好的方式是考核经营者管理的企业在一定时期（例如一年）资本增值程度，因为反映增值程度的利润率是企业经营效益的综合性指标，基本上能够反映经营者每年的有效劳动贡献。还有些劳动者，比如科研人员，也可以依据科研成果对企业、对社会的贡献程度确定劳动报酬。

总之，在社会主义市场经济条件下，各个公有制企业都应结合企业或单位的实际积极探索，选择适合企业或单位实际的方式，对劳动者提供的劳动量进行合理的计量和考核，才能更好地贯彻按劳分配原则，充分调动广大劳动者的积极性、创造性和主动性。

三、个人收入的其他分配形式

在我国现阶段个人收入分配方式中，除了按劳分配外，还存在多种收入分配形式。这些分配形式主要包括按劳动成果分配、按经营能力分配、按生产要素分配和其他分配形式等。

1. 按劳动成果分配

按劳动成果分配，通常是指个人经济中劳动者的收入。它虽然是劳动收入，但不属于按劳分配的范畴。因为按劳分配是以公有制和联合劳动为前提，它是对联合劳动所形成共同的劳动成果实行统一的分配，如果离开了公有制和联合劳动，就不存在共同所有的产品，也谈不上按劳分配。个人经济中的劳动者的收入虽然是劳动所得，但他们是自产自得，自己的产品除自留一部分之外，其余的部分售往市场，直接从市场取得收入，不需要经过收入的分配过程。在我国现阶段按劳动成果分配的具体形式主要有两种。

（1）个体劳动者所得。城乡个体劳动者的收入，是依靠劳动者及其家庭成员的劳动和经营取得的，是劳动收入。但它不同于按劳分配，因为个体劳动者既是生产资料的所有者，又是小商品生产者，他们独立从事生产并通过销售商品取得收入。商品的价值不是取决于个别劳动时间，而是取决于社会必要劳动时间。因此，个体劳动者销售商品所得到收入的多少，不仅取决于劳动者所提供的数量和质量，而且还要取决于他们所占有生产资料的好坏。所以，个体劳动者所得到的收入是商品价值关系中的劳动收入。

（2）农户劳动所得。现阶段，我国农村普遍实行了家庭联产承包责任制，在这种经营方式下，根据承包合同集体组织将土地等生产资料固定承包给农户使用，土地以外的生产资料基本上归家庭联产承包责任户所有。农户负责农业生产的劳动、资金等投入；承包户收获的农产品收入，在农业税取消后，除上交集体之外剩下的就是农户的劳动收入。这种分配形式，与个体经济中的按劳动成果分配十分接近，但由于这种分配形式是以土地等基本生产资料集体所有制为前提，因而，它又不同于个体经济中的按劳动成果分配，是介于个体经济与集体经济之间的分配形式。

2. 按经营能力分配

在市场经济条件下，企业作为独立的市场主体，它的盈利不仅取决于劳动耗费，而且还取决于市场的变动和需求。市场竞争迫使企业经营管理者不断根据市场变化进行决策、组织和管理，力求获得更高的效益。

按经营能力分配，也称为按经营效果分配，它是指按照企业管理者在一定时期内生产和经营的最终收益量及经营成果来分配，其分配结果通常被称为经营性收入。这种收入分配的特点是：生产经营者的个人所得收入既取决于生产，也取决于市场的需求与变动，而且后者有时往往还起决定性作用。经营性收入具体形式主要有经营性劳动收入、其他经营性收入等。

（1）经营性劳动收入。经营性劳动收入是指根据经营者付出的经营性劳动量，参与其经营收益量的分配而形成的收入。经营作为生产管理过程中的一种综合性决策活动，它需要多方面知识和能力的综合，其实质也是一种较高级的复杂劳动。虽然复杂劳动收入高于一般劳动收入，但仍被视为经营管理者的一种正常劳动收入。

（2）其他经营性收入。包括风险收入、创新收入、机会收入等。

风险收入，是指经营者因承担风险而获得的收入。在市场经济条件下，企业或个人经济行为的成功与否，既取决于自身的努力，也会受到大量不确定因素的干扰，如政治、经济、技术、自然和其他因素等。从利害关系的角度看，这种不确定性就是风险，风险收入实质上是对企业及经营者因承担可能发生的风险损失而给予的价值补偿。

创新收入，是指经营者由于提供了开发新产品、发明新技术、开拓新市场等创新劳动而得到的收入，它是社会对创新劳动的激励。由于创新性成果在一段时间不存在市场竞争对手，其创新收益不受社会价值制约，创新利润也不参与利润的市场化，因此，创新产品的价格和利润往往高于社会正常的价格和利润，从而使创新者可以获得高于正常劳动收入的创新收入。

机会收入，是指由于生产经营外部因素及变化所形成的额外收入。如由于价格上涨和政府政策倾斜等因素变化而获得的额外利润。

按经营能力分配，一方面能迫使经营者增强市场观念和注重经营效益，激发创新意识，有利于促进社会经济发展；另一方面由于它在客观上承认了某些非劳动因素和偶然因素决定收入分配的合法性，因此，这种分配形式的实行在一定程度上又容易形成经营者之间收入差距的扩大，给社会经济的发展带来一定的负面影响。

3. 按生产要素分配

按生产要素分配，是指在市场经济中社会根据各种生产要素在商品和劳务生产服务过程的投入比例贡献大小，给要素所有者支付报酬的一种分配形式。生产要素主要包括资本、土地、劳动力、技术、信息等，其中劳动力为主观要素，也是最具有活力的要素，其他则为客观要素，因此，按生产要素分配的收入主要体现在按资分配和按劳动力价值分配的两种收入形式上。

（1）按资分配。按资分配是指资本所有者凭借资产（或资本、资金）所有权，通过集资、入股和增加投资等行为，获取利息、股息、红利、租金等收益的一种分配形式。按资分配的具体形式有以下几种：

1）购买股票、债券而分得的股息、红利和债息。股息是股票持有人凭股票定期从股份公司取得的收益。股份公司盈利较多时还要分配红利。红利是股票持有人所得超过股息部分的收益。此外，股民通过低价进、高价出的股票交易而获得的价差收益，也属于按资分配的形式。购买债券者可凭债券领取固定债息，并到期收回本金。

2）个人存款利息。利息是资金所有者把现金存入银行并从银行所获得的一种收入。

租金。租金是指财产所有者把自己的资产租赁给他人使用而取得的收入。在我国现阶段，有房屋、车辆、机器及其他生产工具的租赁。随着市场经济的发展，租赁的范围正在逐步扩大，租赁形式也日益多样化。

3）私营企业和外商独资企业雇主的收入。这些企业雇主的收入是按照"等量资本获取等量利润"的原则进行分配的。在我国现阶段，这两类企业具有资本主义私有制性质，它们的分配关系也属于资本主义经济关系的范畴。它们的收入分配属于按资分配。

（2）按劳动力价值分配。在社会主义市场经济条件下，劳动力是最活跃的生产要素，也是影响生产经营成果的决定性因素。劳动又属于劳动者私人所有，所以，必然存在按劳动力价值（价格）分配的形式，也是雇佣工人获取工资收入的形式，体现雇主和雇工之间剥削与被剥削的关系。这种分配方式主要存在于我国私营企业和外资企业中。在社会主义初级阶段，私营企业和外资企业的存在和发展，对促进我国经济发展具有积极意义，因此，这种分配形式也具有合法性和合理性。

4. 其他分配形式

在我国现阶段，除了上述各种主要的分配形式外，还存在其他的个人收入分配形式，如资产级差收入、馈赠收入、社会保障收入、遗产收入等。这些收入的共同点是付出与收益具有不对等性，它们不是依据生产要素的所有权和使用权而获得的收入，也不是通过市场机制调节个人收入，而只是表现为为了实现某种特殊的目的而进行的单方向的财产转移。比如，财政转移支付，就是为了解决"公平"问题。

四、中国现阶段的个人收入分配制度

我国个人收入分配制度，随着我国社会主义市场经济的发展和完善，经历了一个逐步认识和深化的过程，最终形成了以按劳分配为主体、多种分配方式并存，实行按劳分配与按生产要素分配相结合的制度。

1. 中国个人收入分配制度的形成

社会主义国家在夺取政权、取得革命胜利之后所运用的收入分配理论，一般都是遵循马克思的设想。我国也不例外，新中国成立初期实行的是战时供给制，很快就过渡到苏联曾经实行过的供给制模式。

在改革开放前，在分配制度上，中国把按劳分配视为社会主义唯一的分配方式，并实行高度集中统一的分配管理体制。当时，国有企业和国家机关、事业单位实行等级工资制，工资等级和标准由国家统一制定；职工定级、升级以及调整工资，都按国家统一规定进行。在地区之间，除考虑地理环境条件、经济发展状况、物价水平、消费水平等因素的不同，其工资略有差别（当时，全国共划分为11个工资区类别，各类地区之间的工资系数仅相差3%）之外，行业间的差别很小，只是对某些常年在野外、高空、高温、污染等环境中工作的人员给予一定的补贴。在农村，劳动者在生产队范围内按工分取得劳动报酬，地区间农民收入只是由于自然条件和农业产业结构的不同而有所差别。由于当时我国农村生产力水平普遍较低，而且农产品价格也不高，所以地区间农民收入的差距不大。

实事求是地讲，在马克思的社会主义收入分配理论指导下所建立的收入分配制度，在当时我国特定的历史条件下，对于奠定劳动人民的社会主人地位，消除不劳而获的社会寄生现象是有革命性意义的，特别是在消费品极度短缺的情况下，这种高度集权的统分统配制度的确有它的合理性和现实性。但是，在我国社会主义还没有建成像马克思所设计的那种"未来"社会，社会主义才刚刚进入初级阶段的条件下，简单照搬马克思的收入分配理论，严重地脱离了中国的经济社会发展实际，结果在形式上十分重视按劳分配，实际上却普遍推行的是"平均主义分配"，形成了"干多干少一个样，干好干坏一个样，干与不干一个样"的局面，极端缺乏激励机制，严重地挫伤了劳动者的积极性和创造性，导致经济效率低下。

改革开放以来，随着改革的不断深化，社会主义初级阶段基本经济制度的确立，以及社会主义市场经济的发展，我国的分配理论和实践都取得了重大的突破，个人收入分配制度逐步形成。从历史进程来看，大体可以分为三个大的阶段：

第一阶段，1978~1987年，针对十年"文化大革命"中否定按劳分配和利益激励的问题，在"拨乱反正"的基础上，重新确立了按劳分配原则，在个人劳动收入分配方面引入和体现利益机制。

在这个时期，一是从1978年开始，以安徽省凤阳县小岗村实行包产到户为先导，在广大农村逐步推行家庭联产承包责任制的改革，这项改革的核心就是一个"包"字。它把劳动者的劳动同生产成果紧密地联系起来，有效地克服了传统农村集体体制下平均主义和干活大呼隆、瞎指挥的弊病，较好地体现了"各尽所能，按劳分配"的原则。二是从1984年党的十二届三中全会通过的《中共中央关于经济体制改革的决定》开始，明确了经济体制改革的重点由农村转向城市，其中一项重要的任务就是改革传统体制中平均主义严重、企业吃国家"大锅饭"、职工吃企业"大锅饭"的状况，在国有企业普遍推行以承包为主要形式的经济责任制，其基本原则是"包死基数，确保上交，超收多留，欠收自补"，然后是"工效挂钩"。使权、责、利相结合，国家、集体、个人利益相统一，并在工资改革方面采取一系列重大措施。与此同时，在20世纪70年代末和80年代初，邓小平多次强调要消灭贫穷的社会主义，必须发展生产，而发展生产必须调动人的积极性，调动人的积极性必须打破分配领域的平均主义。1978年初，他强调一定要坚持按劳分配的社会主义原则。同年底，他在《解放思想，实事求是，团结一致向前看》中提出了让一部人先富起来，最终实现共同富裕的大政策。无论是农村还是城市，这一阶段的改革主要是贯彻物质利益原则，实行按劳分配，以调动劳动者的积极性。

第二阶段，1987~1992年，在改革实践中出现了按劳分配以外的分配形式，在政策上强调要以按劳分配为主体、其他分配方式为补充的收入分配原则。随着改革的不断推进，这一时期我国所有制结构也发生了重要的变化，在公有制为主体的前提下，非公有制经济中个体经济得到了较快发展，还出现了私营经济、外资经济。同时，股份制、股份合作制、承包经营、租赁经营等所有制实现形式也在全国许多地区、企业逐步试点和展开。商品经济也获得了较快的发展。当时对所有制结构的概括是以公有制为主体，以其他经济成分为补充，相应的收入分配制度概括为"以按劳分配为主体，其他分配方式为补充"。如何认识这种分配制度，党的十三大报告做了具体分析："社会主义初级阶段的分配方式不可能是单一的。我们必须坚持的原则是，以按劳分配为主体，其他分配方式为补充。除了按劳分配这种主要方式和个体劳动所得以外，企业发行债券筹集资金，就会出现凭借债权取得利息；随着股份经济的产生，就会出现股份分红；企业经营者的收入中，包含部分风险补偿；私营企业雇用一定数量劳动力，会给企业主带来部分非劳动收入。以上这些收入，只要是合法的，就应当允许。"①

第三阶段，从1992年至今，允许和鼓励生产要素参与收入分配，正式确立了以按劳分配为主体、多种分配方式并存的收入分配制度，提出把按劳分配与按生产要素分配结合起来。

党的十四大确立了我国经济体制改革的目标是建立社会主义市场经济体制，并把收入分配作为建立社会主义市场经济体制的重要环节；党的十四届三中全会通过的《中共中央关于建立社会主义市场经济体制若干问题的决定》，在个人收入分配制度方面有两个突破：一是明确提出个人收入分配要坚持以按劳分配为主体、多种分配方式并存的制度，从而把按劳分配以外的多种分配方式以补充地位上升到制度层面。二是提供并允许和鼓励资本、技术等生产要素参与收入分配。长期以来，按生产要素分配因被认为是和社会主义制度相对立的而遭到排斥，肯定它在社会主义市场经济中的存在是一个进步。党的十五大进一步把坚持和完善按劳分配为主体的多种分配方式，纳入党在社会主义初级阶段的基本纲领，并第一次明确提出了"把按劳分配和按生产要素分配结合起来"。党的十六大对改革开放以来我国在收入分配方面形成的方针政策进行了科学的总结，并对我国社会主义收入分配原则做了新的界定，而且将其表述为两个相互联系的原则体系。这就是"坚持效率优先，兼顾公平"和"初次分配注重效率……再分配注重公平"的原则；"确立劳动、资本、技术和管理等生产要素按贡献参与分配的原则"。这两个原则相辅相成，既为进一步调整和规范我国收入分配关系提供了基本准则，也为构造和完善中国特色社会主义分配制度奠定了理论基础。党的十六届三中全会通过的《中共中央关于完善社会主义市场经济体制若干问题的决定》进一步指出："完善按劳分配为主体、多种分配方式并存的分配制度，坚持效率优先、兼顾公平，各种生产要素按贡献参与分配。"把完善收入分配制度作为完善社会主义市场经济体制的重要任务之一。党的十六届五中全会、六中全会，又分别从不同的角度，对如何完善我国收入分配制度，提出了更加明确的任务和具体要求。党的十七大报告从科学发展观的战略高度，进一步强调要坚持和完善按劳动分配为主体、多种分配方式并存的分配制度，健全劳动、资本、技术、管理等生产要

① 《十三大以来重要文献选编》（上），中央文献出版社1991年版，第32~33页。

素按贡献参与分配的制度，初次分配和再分配都要处理好效率和公平的关系，再分配更加注重公平。这是对我国收入分配制度内涵的丰富和完善，具有很强的现实针对性。党的十七届五中全会通过的《中共中央关于制定国民经济和社会发展第十二个五年规划的建议》，对合理调整收入分配关系作了全面部署。

由此可见，随着改革和发展的不断深入，我国个人收入分配制度也在理论上与实践上不断发展和具体化，使之更加符合中国社会主义初级阶段的基本国情。经过对几十年社会主义建设实践的总结和理论探索，在我国社会主义市场经济条件下，个人收入分配既不能实行单一的按劳分配，也不能实行完全的按生产要素分配，而只能实行以按劳分配为主体、多种分配方式并存的制度。

2. 按劳分配为主体、多种分配方式并存的客观必然性

在社会主义市场经济条件下，之所以要实行以按劳分配为主体、多种分配方式并存的分配制度，主要原因是：

（1）以公有制为主体、多种所有制经济共同发展的所有制结构，决定了在分配上必须坚持以按劳分配为主体、多种分配方式并存的制度。马克思主义认为，分配方式是由生产方式决定的，消费资料的分配是生产条件本身分配的结果。社会主义初级阶段实行以公有制为主体、多种所有制经济共同发展的所有制结构。按劳分配只是公有制范围内的收入分配方式，以公有制为主体，要求实行以按劳分配为主体的分配形式；多种所有制经济同时并存，要求实行多种分配方式并存的分配方式。由此决定了在社会主义初级阶段，在社会主义市场经济条件下的分配制度必须是以按劳分配为主体、多种分配方式并存。

（2）所有制实现形式和经营方式的多样化，决定了必须实行按劳分配为主体、多种分配方式并存的制度。随着市场经济的发展，社会主义所有制的实现形式和经营方式越来越多样化。不同的所有制经济会有不同的经营方式，即使是在同一种经济内部，也可以采取多种实现形式和经营方式，如合作制、股份制、承包制、租赁制等。在这些所有制实现形式或经营方式中，参与经济活动的各个利益主体，如所有者、生产者和经营者，由于他们的职能和利益方面都存在着差别，要实现其各自不同利益的要求，必须实行以按劳分配为主体、多种分配方式并存的收入分配制度。

（3）社会主义市场经济的存在和发展，要求实行以按劳分配为主体、多种分配方式并存的制度。我国社会主义初级阶段的经济是市场经济，在社会主义市场经济条件下，要发挥市场在资源配置中的基础性作用，必须发展劳动、资本、技术、信息等要素市场。由于在商品生产过程中，劳动者的劳动是最活跃的能动的因素，只有他们的活劳动才能创造价值。而且随着科学技术和"知识经济"的发

展，拥有知识的劳动在价值创造中的作用会越来越大，创造的价值量也会越来越多，为了实现劳动者这一利益要求，这就需要实行以按劳分配为主体的制度；同时，由于资本、技术、信息等要素是商品生产和价值形成不可缺少的重要条件，因而，无论是企业还是个人，只要投入了资本、技术、信息等生产要素，就应获取一定的收益，要求各种要素按贡献参与收入分配。因生产要素的种类和在价值形成过程中的作用不同，所以，也需要采取多种收入分配方式。总之，在我国社会主义市场经济条件下，实行按劳分配为主体、多种分配方式并存的收入分配制度，是由我国的基本国情和客观经济条件决定的，有其客观必然性。同时也是中国共产党把马克思主义的分配理论与中国改革和发展的具体实践相结合，对马克思收入分配理论的创新和发展。因此，我们只有认真贯彻执行这一制度，才能从分配关系上调动各方面的积极性，使社会经济资源得到充分利用，促进经济更好更快地发展。

应当指出的是，在我国收入分配制度中尽管要实行按劳分配，也要按生产要素分配，但是按劳分配必须是主体形式。按劳分配作为主体形式，主要体现在三个方面：一是在整个社会收入分配中，虽然还存在多种分配方式，但由于在国民经济中公有资产占优势，在公有制经济和公有成分控股或参股的混合所有制经济中就业的劳动者占多数，因此，按劳分配在所有分配形式中居主体地位，起主导作用。二是在公有制企业中，个人收入分配除按劳分配外还存在其他分配方式，如股息和公司债券利息分配、经营分配，以及按资本、技术、信息等生产要素进行的分配等。但在企业劳动者收入中，按劳分配收入是最主要的收入来源，从其他分配方式中获得的收入只是补充。三是公有制企业劳动者按劳分配的收入量，是其他所有制经济中劳动者以及非生产部门劳动者收入水平的参照标准。也就是说，必须以按劳分配收入量的平均水平为基础，来确定其他劳动者的收入标准，并制定相应的个人收入调节制度。

在多种分配方式并存的条件下，之所以要以按劳分配为主体，是因为：首先，它是巩固社会主义公有制经济主体地位、坚持中国特色社会主义的重要保障。按劳分配的主体地位是社会主义公有制经济主体地位的客观要求和必然实现，也是社会主义公有制经济主体地位的确立标志。坚持社会主义公有制经济的主体地位在分配领域就必然要坚持以按劳分配作为主体形式。如果削弱或者否定了按劳分配的主体地位，就必然会削弱和损害社会主义公有制经济的主体地位。其次，它体现了社会主义本质的要求，是实现共同富裕目标的基础。邓小平同志把社会主义本质概括为：解放和发展生产力，消灭剥削，消除两极分化，最终实现共同富裕。要实现这一目标，必须以公有制经济和按劳分配的主体地位为前提。如果在社会收入分配中改变了按劳分配的主体地位，就会出现两极分化。因此，要坚持按劳分配的主体地位，必须随着公有制经济和社会生产的发展，逐步提高按劳分配收入的水平；同时要控制非劳动收入的增长，防止它冲击甚至取代按劳分配的主体地位。

3. 按劳分配与按生产要素分配相结合

在我国以按劳分配为主体、多种分配方式并存的收入分配制度正式确立之后，为什么还要提按劳分配与按生产要素分配相结合？两者的关系如何理解？生产要素按贡献参与分配的依据是什么？这些都是我们理解现阶段的收入分配制度需要进一步探讨和澄清的问题。

在社会主义市场经济条件下，尤其是在我国社会主义初级阶段，由于生产力发展水平还不够高，还不具备单一的按劳分配的条件，在这种情况下，要调动各类生产要素所有者的积极性、有效配置社会资源，就必须在坚持按劳分配为主体、多种分配方式并存的同时，把按劳分配与按生产要素分配结合起来。这是因为：

第一，从两者的关系看，把按劳分配与按生产要素分配结合起来，是坚持按劳分配为主体、多种分配方式并存的收入分配制度的具体体现。也就是说，在社会主义市场经济条件下，以按劳分配为主体、多种分配方式并存的收入分配制度，是通过按劳分配与按生产要素分配结合起来具体实施的，因此，在分配结构和分配方式上，只有把二者结合起来，才能使收入分配制度得到更好的贯彻。

第二，从两者存在的条件看，都是以所有制形式的多元化和经营方式的多样性为前提。产品的分配形式是所有制形式和经营方式的产物，是生产资料所有制在经济上的实现。在社会主义公有制经济中实行的是按劳分配，因为在公有制范围内否定了任何个人和集团凭借生产资料所有权占有社会产品的形式，人们只能通过劳动获取个人消费品。在非公有制经济中，由于生产资料或生产要素私有制，要实行按生产要素分配，承认生产要素私有制的存在，必然导致承认按生产要素分配的合理性。因为，按生产要素分配是生产要素的私有权在经济上的实现形式。可见，按劳分配为主体、多种分配方式并存的分配制度，是通过按劳分配与按生产要素分配相结合的方式具体贯彻和实现的，二者本质上是一致的。需要说明的是，以公有制为主体、多种所有制经济共同发展的所有制结构决定了按劳分配为主体、多种分配方式并存的收入分配制度，并不是说一种分配方式只是对应一种所有制经济，即公有制经济中只能实行按劳分配，非公有制经济中只能实行按生产要素分配，事实上，从企业层面看，由于现实中公有制实现形式的多样化以及很多企业要素来源的多元化，使得分配关系具有相当的复杂性，在一些企业中，往往同时存在按劳分配和按生产要素分配。就个人而言，收入来源具有多样性，有的只凭按劳分配获得收入，有的只凭按生产要素分配获得收入，有的两者兼而有之。

第三，以按劳分配为主体、多种分配方式并存的制度，通过按劳分配与按生产要素分配相结合的方式来实现，也是充分发挥不同分配方式的功能和作用的内在要求。不同的分配方式具有不同的功能和作用。在社会主义市场经济条件下，实行按劳分配为主体，可以充分调动或激励一切生产劳动，包括普通劳动者、经营管理者、科学技术人员的积极性和创造性、创业精神和创新精神；确立劳动、资本、技术和管理等生产要素按贡献参与分配，可以广泛地动员这些生产要素投入经济建设，建立与社会主义初级阶段所有制结构相适应的分配机制，让它们的"活力竞相迸发，让一切创造财富的源泉充分涌流，以造福于人民、造福于社会"。

自从我国提出"按劳分配和按生产要素分配相结合"的分配方式以来，人们对此问题进行了不断的探讨，但至今仍然存在某些疑虑和模糊认识。

第一个问题是对生产要素参与收入分配的依据应当如何理解？

生产要素所有者将其各种要素投入到生产经营活动中，其基本动因就是要获取经济利益。要获取经济利益，必须有所凭借，即利益分配要有依据，我国社会主义市场经济中的生产要素参与分配的基本要求和主要依据是：

第一，必须遵循商品经济所有权规律。我国现阶段的经济形态仍是商品经济，市场在资源配置中起基础性作用。只要存在商品生产和商品交换，不论商品生产者的性质如何，商品所有权规律依然存在。商品所有权规律的实质在于，商品生产者之间是相互平等的，他们各自以自己劳动的所有权为基础，进而彼此对立。这就决定了任何一个商品生产的所有权，每个人只能支配自己所有的东西。市场机制要配置资源，也必须遵循商品所有权规律，通过对生产要素的付费，才能跨越所有权障碍。

第二，必须依据生产要素所有权参与收入分配。因为任何一种分配都不过是生产条件本身分配的结果，一定的收益分配关系或利益关系是由一定的所有制关系（其核心是所有权或占有权）决定的。生产要素所有权决定着收入分配的依据、原则以及方式，而分配关系与分配方式只是生产要素所有权在经济上的最终实现。人们使用什么样的生产要素投入生产，就将以什么样的分配方式参与生产成果的分配，因为他们拥有生产要素的所有权（也可能是经营权，但他们都拥有剩余劳动索取权）。可见，以生产要素所有权为依据参与收入分配，实质上是要素索取权在法律上的表现。

第三，必须依据各种生产要素在财富创造中所做的贡献。生产要素的贡献，是指各种生产要素在财富创造中的贡献。社会财富是在生产过程中由劳动和其他生产要素共同作用的结果。从这个意义上讲，一切生产要素都为财富的创造做出了贡献。关于这一点，马克思早年非常欣赏和赞同威廉·配第的思想：劳动并不是它所生产的使用价值即物质财富的唯一源泉。劳动是财富之父，土地是财富之母。1875 年，当马克思看到拉萨尔著的《哥达纲领》中提出"劳动是一切财富和一切文化的源泉"，劳动者对生产出来的财富要"不折不扣地分配"等观点后，立即写了《哥达纲领批判》一书，指出"劳动不是一切财富的源泉，自然界同劳动一样也是使用价值的源泉"。这表明马克思在坚持商品价值是由劳动者的活劳动创造的，即坚持决定要素"一元论"的同时，也承认劳动不是财富（使用价值是社会财富的代表）的唯一源泉，决定财富的不仅有劳动还有其他要素。因此劳动者对生产出来的财富不能不折不扣地按劳动量来进行分配，还要做各项社会扣除之后，才能进行分配。[1] 由此可以看出，马克思从不认为只有价值的创造者才有参与分配的权利。由于财富是由各种生产要素共同创造的，这就为生产要素所有者共同参与财富分配提供了经济基础和理论依据。

既然财富是各种生产要素共同参与创造的，非劳动要素所有权又被社会所承认，具有合法性，那么就应有一个按某种标准获得要素收益的制度安排。在当前我国多种所有制并存的条件下，社会财富的最终分配，也就不能仅仅以劳动作为唯一的衡量尺度。参与价值形成的生产要素是多元的，生产要素结构又具有多层次性，这就决定了分配关系的多样性和多重性。事实证明，先进的物质生产要素能够更好地吸收高质量的"人的因素"，并与其他非劳动性生产要素进行优化配置，减少劳动耗费，提高生产效率，因此在分配中也理应得到更多的补偿。

总之，按生产要素分配就是在遵循商品所有权规律的前提下，根据不同生产要素的所有权关系，以及这些不同生产要素在财富生产中所作的贡献产生的一种分配形式。也就是说，要素参与分配的主要依据：一是生产要素所有权，它是生产方式的前提和起点，是"按要素分配"的经济依据；二是"要素贡献"，它是按要素分配原则的最终决定因素，[2] 也是财富分配的重要依据。这二者是相互补充、相互关联的，缺一不可。

如何确定生产要素的贡献，要通过市场来解决。市场是有效配置生产要素的手段，也是评价生产要素贡献的手段。检验按要素分配现实合理性的衡量标准是

---

[1] 邹东涛：《劳动价值论：把创新写在自己的旗帜上》，《经济评论》2003 年第 4 期。

[2] 孙咏梅：《"要素所有权"与"要素贡献"——论"按要素分配"问题的实质与衡量标准》，《经济学家》2003 年第 3 期。

"要素贡献"，即从质和量两个方面衡量生产要素在生产过程中发挥作用的程度。从劳动力这个生产要素上看，按要素分配首要的是按劳动者（包括科技工作者和经营管理者）的才能、贡献、管理水平和技能进行分配；而物质生产要素因生产过程中资源结合体系的变化，其配置效率会不同，其贡献也有差别。因此，劳动力要素应依据其复杂与熟练程度及对价值创造的贡献参与分配；而物质性生产要素应依据其稀缺程度及其在财富形成与价值形成中的贡献参与分配。生产要素在生产过程中发挥作用的数量和质量，可以通过边际收益量或边际产品量来衡量。要素的边际收益量，是指在其他要素投入数量和投入结构不变的情况下，某一要素的投入量增加或减少一单位所导致的产品产出的最大改变量。对于劳动收入来说，其量的大小取决于劳动性生产要素边际收益量的大小，同时受劳动熟练程度和劳动强度的影响。对于非劳动收入来说，同样也取决于这些生产要素贡献的大小，其量的计算最终也取决于非劳动性生产要素边际收益量的大小。[1]

　　第二个问题是按生产要素分配中已包含了"劳动"这个要素，为什么还要提"按劳分配和按生产要素分配相结合"，从而把按劳分配单独提出来？这也是在探讨收入分配制度时经常提出的一个问题。这有两方面原因：一是尽管按劳分配与按生产要素分配中都提到了"劳动"，即按劳分配，但按劳分配是与公有制经济相适应的一种基本分配制度；而按生产要素中的按劳分配，实质上是按劳动力价值分配，而这种分配方式是与非公有制经济相适应的，因而，按劳分配与按劳动力价值分配不属于同一种分配制度，所以，把按劳分配单独提出来，有其合理性。二是按劳分配与按生产要素分配，在社会主义个人消费品分配制度中的地位和作用是完全不同的，把按劳分配单独提出来，有利于突出按劳分配的主体地位和主导作用。

第三节　合理调整收入分配关系

　　收入分配制度改革是我国经济体制改革的重要组成部分，也是社会主义市场经济体制的重要内容。收入分配是否合理，直接关系到全体社会成员的经济利益，也关系到社会和谐和经济的可持续发展。因此合理调整收入分配关系，对社会主义市场经济的发展和完善具有十分重要的意义。

---

　　[1] 孙咏梅：《"要素所有权"与"要素贡献"——论"按要素分配"问题的实质与衡量标准》，《经济学家》2003年第3期。

一、中国现阶段个人收入分配的状况

改革开放三十多年来，我国社会分配方式和分配关系发生了重大变化，初步建成了以按劳分配为主体、多种分配方式并存的分配制度，各种生产要素按贡献参与分配。我国打破"大锅饭"和平均主义，积极推进政府机构改革和国有企事业单位改革，不断完善工资制度和税收制度，推动就业多元化和福利货币化，努力提高社会保障水平。这些措施明显提高了经济运行的质量和效率，有力促进了经济社会发展和人民生活水平的提高。尤其是"十一五"期间，我国国内生产总值年均实际增长 11.2%，人均国内生产总值从 2006 年的 1700 美元增加到 2010 年的 4000 美元；城镇居民人均可支配收入在 1978 年为 343 元，2006 年增加到 11759 元，2011 年提高到 21810 元。农村居民人均可支配收入在 1978 年只有 134 元，2006 年增加到 3587 元，2011 年提高到 6977 元；在农村"十一五"期间，全面取消农业税，对种粮农民实行直补，积极引导农村富余劳动力外出务工增加收入；不断提高最低工资标准，引导企业职工工资合理增长；建立城乡居民最低生活保障制度，改善低收入群体和困难群众生活，连续 8 年提高企业退休人员基本养老金；随着我国财政收入的不断增加，政府再分配调节能力不断增强，有效弥补了市场的缺陷。

改革开放以来，我国收入分配制度虽然发生了深刻变化，人们收入水平得到了普遍提高，但也要看到，我国现阶段收入分配中仍然存在一些矛盾和问题，突出表现在以下几个方面：

第一，收入分配不公平现象比较突出，群众对此反映比较强烈。2010 年全国人民代表大会和中国人民政治协商会议（简称"两会"）召开前夕，新华网开展了"你最关心的话题"网络民意调查。调查结果显示，分配不公问题在 18 个选题中位居第一。收入分配不公主要表现为：一是居民收入在国民收入分配中的比重偏低，劳动者报酬在初次分配中所占比重下降，而资本所得明显上升。近年来，我国居民收入在国民收入分配中的比重呈逐年下降趋势。数据显示，2007年，居民收入占国民可支配收入比重为 57.5%，比 1992 年下降 10.8 个百分点，而政府收入和企业收入却呈快速上升趋势。以收入法核算的国内生产总值看，在初次分配中劳动报酬占比从 1995 年的 51.4% 持续下降到 2007 年的 39.74%。而同期资本所得（固定资产折旧＋营业盈余）则从 36.3% 持续上升到 46.1%。有学者认为，当前初次分配中"强资本、弱劳动"趋势不断强化，劳动在各种生产要素中的地位不断下降。二是垄断行业收入畸高。一些行业凭借国家赋予的垄断地位轻而易举获取高额利润，并将其转化为员工收入和福利。而这些过高收入与员工的劳动贡献和企业的真实业绩并不相符。三是一些不合理收入没有得到有效管理和规范。如一些单位私设"小金库"，巧立名目滥发津贴、补贴、非货币性福利等；一些行业乱收费、乱罚款、乱摊派、乱涨价；一些行业人员收受红包、回扣、出场费等。这些被称为"灰色收入"、"隐性收入"的部分，往往难以统计，也难以纳入收入调节范围。

第二，我国群体之间的收入差距不断扩大。具体表现在四个方面：一是城乡居民之间收入差距扩大。据统计，1978 年我国城镇居民人均可支配收入是农村居民人均可支配收入的 2.36 倍，2009 年扩大到 3.33 倍，2010 年虽有所缩小，但仍然达到 3.23 倍。从绝对差距来看，1978 年农民人均纯收入与城镇居民人均可支配收入相差 209.8 元，1992 年差距突破千元大关，达到 1242.6 元，2009 年达到 12022 元。二是地区之间收入差距明显。三十多年来，我国各地居民收入都有了大幅度增长，但不同地区收入差距在拉大。2009 年我国东部地区人均国内生产总值为 38587 元，西部地区为 18090 元，差距达 2 万多元。从省际差别来看，最高的上海市人均国内生产总值为 76976 元，最低的贵州省为 9187 元，两地相差 67789 元。2009 年浙江、贵州城镇居民人均可支配收入分别是 24611 元、12862.53 元，农村居民人均纯收入分别为 10007 元、3000 余元。目前全国 4007 万贫困人口中，中西部地区所占比重高达 94.1%。三是行业之间收入差距扩大，这是收入分配领域中一个突出的问题。1978 年，收入最高的行业是电力煤气业，平均工资为 850 元，最低的是服务业，平均工资为 392 元，前者是后者的 2.17 倍。2002 年，收入最高的金融保险业平均工资为 19135 元，最低的农林业平均工资为 6398 元，前者是后者的 2.99 倍，绝对差距为 12737 元。2009 年，职工平均工资最高的金融业是最低的农业渔业工资的 4.7 倍。高收入行业基本上集中在具有垄断性的行业。据有关资料显示，电力、电信、烟草、金融、保险、民航等行业职工平均货币收入加实物分配等，比其他行业高出 5~8 倍。而国际上通常以两倍行业收入差距为正常值。四是社会居民之间收入差距扩大。据有关专家采用高收入层和低收入层对比法分析得出，我国 10% 的最高收入户和最低收入户的收入差距，2000 年，城镇为 5.02 倍，农村为 6.5 倍。2004 年，城市居民最富有的 10% 家庭与最贫穷的 10% 家庭可支配收入差距超过 8 倍。收入差距的扩大不仅表现在收入上，同时也反映在财富的占有上。据统计收入最高的 10% 家庭财产总额占城镇居民全部财产的比重将近 50%，收入最低的 10% 家庭财产总额占城镇居民全部财产的比重仅在 1% 左右，80% 中等收入家庭仅占财产总额的一半。据估算在金融资产的比重仅在 1% 左右，80% 中等收入家庭仅占财产总额的一半。在金融资产和储蓄存款中，60%~80% 为 20% 的高收入者所占有。美林集团发布的

《2004年度全球财富报告》中指出：中国拥有超过100万美元金融资产的富人为23.6万，他们拥有的总资产达9690亿美元。而这一数字接近中国2002年的GDP总量，相当于中国2003年外汇储蓄的2倍。有的专家按照欧希玛指数，即五等法[①]测算，我国前几年最贫穷的1/5的人收入占全国总收入的4.27%，最富有的1/5的人收入占全国总收入的50%左右。与此同时，截至2006年底，按农村绝对贫困人口标准低于693元测算，我国农村贫困人口为2148万，按低于收入人口标准694~958元测算，农村低收入人口为3550万。[②]贫富差距的扩大必然形成高收入者和低收入者两个差别很大的阶层，最后使富者越来越富，贫者越来越贫，出现马太效应。

对于收入的相对平等或相对不平等，经济学中通常用基尼系数和洛伦茨曲线作为衡量其程度的一个重要指标。美国统计学者洛伦茨提出的鉴定社会收入平均程度的一种曲线，称为洛伦茨曲线。意大利著名统计学家科拉多·基尼在20世纪初，根据洛伦茨曲线，找到了判断一个国家或地区收入均等程度（或差距程度）的指标，这个指标被称为基尼系数或洛伦茨系数。它是指在全部居民收入中，用于进行不平均分配的那部分收入占总收入的百分比（A/A+B）。收入分配越是趋向平等，洛伦茨曲线的弧度越小，基尼系数就越小；反之，收入分配越是趋向不平等，洛伦茨曲线的弧度越大，基尼系数就越大。见图7-2。

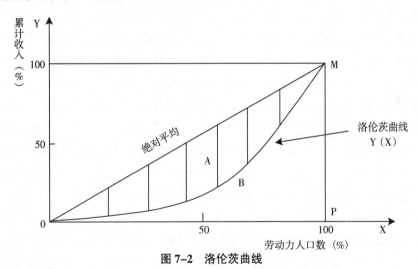

图7-2 洛伦茨曲线

① 欧希玛指数：五等法，把一个国家的居民分成五个部分，1/5的人最穷，1/5的人次贫，1/5的人中等，1/5的人次富，1/5的人最富。

② 中华人民共和国国家统计局:《中华人民共和国2006年国民经济和社会发展统计公报》,《人民日报》,2007年3月1日。

一般情况下，收入分配介于 0~1 之间。基尼系数接近于零，表明收入差距越小；基尼系数接近于 1，表明收入差距越大。按照国际通行标准，一般认为，基尼系数低于 0.3 属于均等分配的区间，0.3~0.4 属于合理区间，0.4~0.5 表明收入差距过大，超过 0.5 说明出现了两极分化。当然，基尼系数也不是完全绝对的，它要受到测算的区域面积大小、统计的真实程度等因素的影响。从我国基尼系数看，据国家统计局的资料测算，近几年全国居民的基尼系数是：1995 年为 0.38，1996 年为 0.375，1997 年为 0.379，1998 年为 0.386，1999 年为 0.397。[①] 2000 年已超出国际公认的 0.4 的警戒线，2004 年达到 0.465，2005 年已逼近 0.47。这个数字高于印度、伊朗、波兰等发展中国家，也高于美国、日本、法国等发达国家。[②] 对我国这样一个典型的城乡二元经济结构的国家，虽然基尼系数并不能全面反映我国居民收入差距，但我国目前收入差距过大已是不争的事实。

第三，分配秩序还不规范。分配秩序不规范是指收入分配中分配规则不规范、不合理的无序状态，主要表现在以下方面：首先，国家公务员和事业单位工作人员收入分配机制不规范，缺乏公平性。改革开放以来，从 1985 年到 2003 年，国家曾对机关和事业单位工作人员工资制度进行过 8 次调整，不同职级公务员之间的工资差距，由 1985 年的 10.2 倍缩小到 2003 年的 6.6 倍，尽管从工资收入上看，我国公务员工资水平差距并不大，但在实际运行中，仍然存在一些突出问题：一是地区差距较大，同资历、同职务、同级别的干部，在不同地区收入相差几倍，没有体现同工同酬，特别是老少边穷地区，公务人员不仅工作条件艰苦，而且收入水平低，不利于调动公务人员的积极性和稳定基层政府工作。二是部门差别大，权力大小不同的部门，差别两三倍，甚至高达五六倍，刺激了部门的乱收费和私设"小金库"等违法乱纪行为。三是收入与个人贡献相背离，许多部门仍然存在"吃大锅饭"的平均主义现象，不利于改进政府工作和提高政府效率。四是基本工资之外存在名目繁多的各种补贴、津贴，导致名义收入与实际收入差距甚大，不仅扰乱了正常的收入分配秩序，而且容易滋生腐败，有损国家公务人员的形象。其次，国有企业管理者工资激励机制不健全，工资水平与经营业绩关联性不强，收入水平和结构不透明。虽然他们的制度内收入水平普遍较低，但享有的补贴、津贴、奖金、实物分配等制度外收入名目繁多，难以搞清真实情

① 倪宪军：《基尼系数和收入分析》，《工商时报》，http://www.cbt.com.cn/cbtnews/frontend/default.asp，2003 年 11 月 15 日。

② 汝信：《2005 年中国社会形势分析与预测》，社会科学文献出版社 2004 年版，第 223 页。

况，更谈不上有效约束。尤其是职务消费很不规范，大多采取实报实销的形式，不受约束，弹性很大。再次，一些非公有制经济单位分配问题较多，特别是农民工权益得不到有效保障，肆意克扣工资，随意延长劳动时间、不签订劳动合同，尤其是一些外资企业和私营企业，多本账、设立"小金库"等现象较多，随意摊派成本、逃税漏税等现象时有发生。最后，违反分配政策的现象大量存在。一些地方最低工资标准调整不及时，与经济发展和物价水平不相符。一些企业不执行国家最低工资标准，不按规定给工人缴纳各种社会保险，随意压低工人工资，特别是农民工工资拖欠问题久治不绝。此外，如上所述，部分垄断行业凭借其垄断地位，收入大大高于可比行业的平均水平。不仅有碍行业间的公平竞争，而且也有失社会公正。

以上三大问题，是当前我国收入分配中存在的主要问题。但居民收入差距扩大与收入分配秩序的不完善不是彼此隔绝的，而是相互联系的。居民收入差距扩大，在某种程度上会诱发分配秩序的紊乱，而分配秩序不规范，也是造成不合理、不合法收入差距的重要原因。因此，从某种意义上讲，两者之间是相互影响的，本质上是一致的。

应当指出，收入差距的适度拉开是合理的，有其积极作用。它有利于形成与社会主义市场经济相适应的思想观念和价值理念，充分激励劳动者的积极性和创造性，从而促进社会生产力的发展。但是，如果收入差距过大，必然会造成负面影响。首先，收入差距扩大，就会超越人们的心理承受能力，导致社会各阶层之间越来越不宽容，削弱社会的凝聚力和普遍的认同感，增加社会不稳定因素。其次，收入差距扩大，也会在一定程度上削弱需求有效增长及消费结构的优化。近年来，我国始终是固定资产投资在拉动经济增长中扮演重要角色，使消费需求拉动经济增长的重要引擎作用难以发挥，也给经济发展方式的转变带来了一定的障碍。

二、现阶段居民收入分配存在问题的主要原因

对于当前我国收入分配中存在的分配不公、差距扩大、分配秩序不规范等问题，社会十分关注，要求改革分配的呼声也很高。对此，很多人都有这样的疑问：改革开放以来经济发展了，人民生活水平都提高了，为什么不公平感似乎比过去强烈了？回答这个问题，首先有必要认真分析导致我国收入分配中存在问题的原因。导致收入分配存在问题的原因是多方面的，主要有以下几个方面：

第一，社会历史方面的原因。分配不公、差距扩大看起来是近些年的事情，但实际上，有些是长期发展过程中积累下来的问题。首先，长期形成的城乡二元

结构是形成城乡之间分配不公或差距扩大的重要原因。我国是一个发展中的大国，处于社会主义初级阶段，生产力水平比较低，城乡二元结构特征比较明显：一是以手工劳动和体力劳动相应的农村劳动生产率，与以机器和现代工业为主的城市劳动生产率同时并存。劳动生产率的高低是决定收入高低的最根本因素，城市劳动生产率高于农村劳动生产率，必然使城市居民的收入高于农村居民的收入。在市场经济条件下，由于劳动力能够自由流动，低收入的农村劳动力必须流向城市，分享城市的高收入。但长期以来，我国实行的是城乡二元政策，对农民工的歧视及许多不公正的政策仍未根本改变，这是导致城乡收入差距扩大的一个重要原因。二是与二元经济结构相对应的某些政策的不公平、不完善，也会在一定程度上导致收入差距的扩大。如在劳动就业政策上，国家政策保护了城市劳动力的就业，城市劳动力能在更大程度上充分地被利用，而农村大量剩余劳动力处于自由放任状态，未被充分利用。实际就业状况的不同，必然会形成收入分配上的差距。又如城乡户籍制度的差异，以及由此带来的子女入学、用电、用水等问题阻碍劳动力的流动，使收入差距处于相对刚性状态。城市居民比农村居民能享受更多的公共福利和社会保障等，这都是城乡收入差距扩大的基本原因。从目前我国农业所占整个国家 GDP 的比重来看，要支撑 70%农业人口的收入稳定增长，政府适当地转移支付、消除城乡人口体制性歧视，可以在一定程度上缓解城乡差距扩大的趋势，但没有城市化进程的展开和大规模的农村人口转移到城镇，仍不能根本解决城乡差距问题。由于城市化进程需要较长时间的经济稳定发展才能完成，因此城乡收入差距的缩小也只能随着城市化进程发展逐步实现。其次，由于自然、历史等客观条件形成的区域之间发展不平衡，也是造成分配不公、收入差距扩大的客观原因。我国地域辽阔，各地区的地理环境、人才、科技、经济和文化等方面不同，经济发展的差距很大。东部地区拥有良好的地理环境，信息灵通，交通便利，经济发展的基础和起点高于中西部地区。改革开放以来，国家又实行优先发展东部沿海地区的战略，在财税、外贸、投资、利用外资等方面给东部沿海地区以优惠的经济政策，使东部地区的经济发展远远高于中西部地区，这是导致东部居民与中西部居民收入差距扩大的重要原因。

第二，改革中的某些政策效应是导致收入分配不合理和差距扩大的直接原因。一是党的十一届三中全会以前，我国实行的是平均主义分配方式，极大地抑制了人们的积极性，导致了共同贫穷。党的十一届三中全会之后，实行了包括分配体制在内的经济体制改革，提出了让一部分人、一部分地区先富起来，然后实现共同富裕政策，目的是要逐步打破传统体制下的平均主义分配方式，要打破平均主义，必然会导致收入差距在某种程度上的扩大。二是随着市场化改革的不断深化，特别是在党的十四大把我国经济体制改革目标模式确立为建立社会主义市场经济体制之后，市场经济规律在经济生活中起着越来越重要的作用，以价值规律为基本规律的市场经济规律本身就是以效率作为唯一的目的，为了追求效益的最大化，必然会展开优胜劣汰的市场竞争，排斥其他社会目标。如果没有政府对收入分配实施有效的调控，收入差距的扩大，甚至产生两极分化不可避免。三是与市场化改革相适应，各种生产要素参与收入分配，也会导致收入差距的扩大。即使在一些市场经济比较发达的国家，一般工薪阶层和其他劳动群众单凭劳动所获取的收入差距也是比较小的，而通过其他方式获得的生产要素收入产生的差距是收入分配不合理和差距扩大的主要因素。

第三，政府对收入分配的调控存在某些体制缺陷和政策漏洞，也是造成收入分配不合理和差距扩大的重要原因。一是政府对居民收入的真实状况缺乏全面掌握，尚未形成对社会收入状况的基本监控体系和能力。各地区、各部门对居民收入缺乏信息共享和协作机制，因此，政府对收入分配的宏观调控难以形成工作合力。二是税收制度对收入差距的调控存在制度缺陷。健全的税收制度本身就是调节收入的有效手段，但在我国长期以来由于税收制度不健全以及财富持有者信息不透明，税收对居民收入差距的调节作用并不理想。一方面，个人所得税对工薪阶层等中低收入者造成了事实上的逆向调节，而一个时期利息税的开征也降低和影响了居民正常的财产收入；另一方面，高收入者既可以利用收入申报和征管中的漏洞大肆偷税和漏税，也可以通过财产的代际转移等手段逃脱税收监管。加之我国调节个人收入的税种单一，赠与税、遗产税等缺位，既造成了税源的大量流失，也使得贫富差距逐步失调。三是国家财政支出结构中属于收入再分配支出的费用极为有限，而生产性开支和行政管理费用则一直攀升。2005年仅行政管理费用就占国家财政支出比重的20.576%，远高于1978年的4.71%，[①] 而西方发达国家普遍在10%以下。正是因为用于收入再分配支出的费用在财政支出结构中的比重偏小，所以，国家对居民收入差距的调节显得无能为力，其作用必定有限。四是国家对垄断行业的工资外收入缺乏有效的监控手段，使这些行业的收入分配存在某种失控状态，这也是导致行业收入差距扩大、分配不公的一个重要原因。

第四，少数人利用非法手段谋取暴利，这在一定程度上败坏了社会风气，也诱发了收入差距的扩大和分配秩序的混乱。非法收入，是指依靠和借助诸如违法

---

① 林金忠、王莹：《转轨背景下收入差距扩大的政治经济学分析》，《江苏社会科学》2007年第2期，《新华文摘》2007年第13期。

违规经营、偷漏税款、官商勾结、权钱交易和不公平竞争等非法手段而获取的收入。改革开放之后，我国广大群众在党的富民政策的引导下，依靠诚实劳动和合法经营走上了富裕的道路。但也有少数人依靠走私贩私、偷税漏税、制假贩假、制黄贩黄、贩卖毒品、贪污受贿、搞钱权交易乃至拐卖人口获得了大量非法收入。非法收入的存在，不仅扩大了居民之间的收入差距，而且严重扰乱了分配秩序，给社会经济带来了许多负面影响。

第五，收入分配制度改革滞后，某些体制的不完善也会造成收入分配的不合理或差距的扩大。首先，在一次分配中，没有明确国家、企业、居民三者合理的分配比例关系，没有建立劳动报酬正常增长机制，劳动者工资增长赶不上国民经济增长和企业利润增长。其次，在二次分配中，没有以制度形式明确各级财政用于社会保障以及转移支付的支出比例，难以确保二次分配的公平性、合理性。最后，三次分配①规模小、慈善捐赠款激励机制、管理机制、监督机制等还不健全，对收入分配的调节功能十分有限。此外，从企业层面看，用人单位和劳动者之间没有形成一个正常的谈判机制，这在非公有企事业单位尤其突出。从我国现行工资方面的政策看，主要采取的是"最低工资制度"。全国各地标准不一。然而，在现实中"最低工资"常常就被当成"合法"工资，用工单位只要达到了这个标准，职工和政府便对它无可奈何。以政府颁行最低工资标准的方式来管理劳动工资，显然存在制度上的缺陷。目前国际通行方式应该是"三方机制"，即实行在政府监督下的集体协商或劳动谈判。从某种意义上讲，劳资双方都能接受的工资标准，才是最好的标准。但是，这需要以"劳工三权"作为前提，即保证职工有组织权、集体谈判权和罢工权。除以上主要原因之外，劳动者受教育的程度、个人能力的大小、努力程度不同、贡献的高低、劳动就业是否充分等因素，都会造成收入的差距。甚至，人们的心理因素都会对收入分配不合理、差距扩大产生较大的反应，对公平的诉求日益强烈。

正是由于以上诸方面的原因，致使我国居民收入分配存在很多矛盾和问题。但是也必须看到，导致收入分配不合理和差距扩大的因素十分复杂，既有合法的因素，也有不合法的因素，既有合理的因素，也有不合理的因素。对于凭借诚实劳动、合法经营所造成的收入差距，是合法的，也是合理的，国家应该予以鼓励；对于体制转轨过程中因制度缺陷和某些政策因素所形成的收入差距，是合法的，但需要政府深化改革和完善分配体制来解决。虽然目前我国收入差距比较明

---

① 社会分配机制主要有初次分配或一次分配、再分配或二次分配、第三次分配。第三次分配是指动员社会力量，建立社会救助、民间捐赠、慈善事业、志愿者行动等多种形式的制度和机制，是社会互助对于政府调控的补充。

显，但社会总体上仍是稳定的。从各方面调查的情况看，近几年人们对收入差距的不满主要反映在收入分配不公、分配秩序混乱和腐败的问题上。当然，不少国有企业和集体企业的下岗、失业职工，以及一些经营效益不好的老企业的离退休人员收入较低，甚至工资无法正常发放，也需要社会给予更多的关注和帮助。

三、完善中国个人收入分配的思路和政策

收入分配制度是社会主义市场经济体制的重要组成部分，关系到人民群众的切身利益，关系到改革发展稳定的全局。合理的收入分配制度有利于提高经济效率，维护社会公平，是推动科学发展、促进社会和谐的重要保障。现阶段收入分配中存在的分配不公和收入差距过大的问题，已严重制约我国经济和社会发展，并引起党和国家的高度重视。2006年，党的十六届六中全会提出，要"加强收入分配宏观调节，在经济发展基础上，更加注重社会公平"。党的十七大进一步明确指出："初次分配和再分配都要处理好效率和公平的关系，再分配更加注重公平。"党的十七届五中全会通过的《中共中央关于制定国民经济和社会发展第十二个五年规划的建议》中提出，要加快形成有序的收入分配格局。

1. 完善收入分配制度的目标与思路

（1）明确收入分配目标，建立正常工资增长机制。解决分配不公、收入差距过大问题，首先必须切实提高普通劳动者特别是一线劳动者的劳动报酬。胡锦涛在2010年全国劳动模范和先进工作者表彰大会上强调，"不断增加劳动者特别是一线劳动者劳动报酬"，"让广大劳动群众实现体面劳动"。《中华人民共和国国民经济和社会发展第十二个五年规划纲要》（以下简称"十二五"规划纲要）按照党的十七大确定的方向，进一步深化收入分配制度改革，努力提高居民收入在国民收入分配中的比重，提高劳动报酬在初次分配中的比重。提出了"两个同步"的目标：一是实现居民收入增长和经济发展同步；二是实现劳动报酬增长和劳动生产率提高同步。"十二五"期间，国内生产总值年均增长7%，相应的城乡居民收入实际增长也要达到7%以上。这个目标的确定，体现出坚持按劳分配原则，提高普通劳动者收入的鲜明导向和政策思路。

要实现这个目标，必须着手做好四个方面的工作：一是促工资增长。工资是劳动报酬的主要形式，提高工资收入是增加普通劳动者收入的主要途径。要按照市场机制调节、企业自主分配、平等协商确定、政府监督指导的原则，形成反映劳动力市场供求关系和企业经济效益的工资决定机制和增长机制。健全企业薪酬调查和信息发布制度，发挥工资指导线的作用，指导企业依据薪酬信息及时调整

企业内部各种（岗位）间工资分配关系。同时要加强工资立法和劳动标准体系建设。二是提最低工资标准。尽管这不是最好的办法，但最低工资毕竟还是满足劳动者基本生活需求的底线。今后应根据经济发展和物价水平等因素的变化，各地区、各部门要适时调整最低工资标准，并督促企业严格执行最低工资制度，确保工资按时足额发放。三是推集体协商。就一般情况而言，在劳资关系中，劳动者个人往往处于"弱势"。集体协商对于增加职工发言权，改变工资由企业单方决定的现状有重要作用。要建章立法，采取经济、法律和必要的行政手段，推行工资集体协商制度，逐步扩大覆盖范围，使职工敢谈、会谈，企业愿谈，最终谈得拢，促进职工工资合理增长，劳资互利互赢。四是抓农民增收。农民数量大、收入低，提高农民收入是促进分配公平、缩小城乡收入差距的重点。"十二五"规划纲要提出了今后5年农民人均纯收入年均增长7%以上的目标。为此，必须继续完善各项强农惠农政策，多渠道增加农民家庭经营收入。目前，农民工工资性收入已经成为农村居民收入的主要来源，占比超过50%。下一步要引导农村富余劳动力平稳有序外出务工，努力实现农民工与城镇就业人员同工同酬，提高农民工工资水平。加强对农民创业的金融和财税支持，培育农民收入新的增长点。继续抓好农村扶贫工作，从根本上提高贫困地区和贫困人口自我发展能力。

（2）大力发展社会生产力，促进国民经济又好又快地发展。发展是硬道理，是党执政兴国的第一要务，解放和发展社会生产力始终是社会主义的根本任务。要贯彻和落实以人为本，全面协调可持续发展的科学发展观。牢牢扭住经济建设这个中心，不断解放和发展生产力，是缩小居民收入差距的关键。只有社会生产力发展了，经济建设搞上去了，才能为最终解决好收入差距问题，实现共同富裕，为发展中国特色社会主义打下坚实的物质基础。

（3）完善收入分配制度，更加注重社会公平。完善按劳分配为主体、多种分配方式并存的分配制度，坚持各种生产要素按贡献参与分配，这是社会主义初级阶段的基本制度和市场经济的基本要求在分配制度上的体现。社会主义市场经济条件下的分配制度应当体现一般劳动的价值，以调动劳动者的积极性和创造性，也应体现科学技术、经营管理等复杂劳动的价值，以激发科技人员和管理工作者的创新活力与创业精神，还应体现包括土地、资本、知识产权等必不可少的生产要素的价值，以刺激各种生产要素按效益最大化配置到经济各部门。也就是说，要形成与我国基本经济制度相适应的分配机制，让各种劳动、知识、技术和资本竞相汇聚，让一切创造社会财富的源泉充分涌流，造福人民，造福社会。①

正确处理效率与公平的关系。在社会主义市场经济条件下，首先，公平与效率是一个有机整体，有统一性。效率是增进公平、缩小差距的基础和前提，只有提高效率创造越来越多的物质财富，才可能实现社会公平。增进公平是提高效率的归宿和目的，只有给劳动者充分的利益和权利分配的公平，才能激发他们的积极性和创造性，保持长远的效率。只讲公平不讲效率，只能实现低水准的平均主义分配；只讲效率，不讲公平，会产生两极分化，影响社会的稳定，最终也会失去效率。其次，效率与公平也存在着矛盾和对立的一面。比如在某些外资和私营企业中，效率与公平的关系虽然有统一的一面，但存在对立性的一面体现得非常明显，企业主所追求的效率就是高利润率，为了达到这一目的，他们往往采取一些损害工人权益的措施，如任意延长劳动时间、压低和拖欠工资，所以，他们只是片面追求效率，而忽视社会公平。

要正确处理效率和公平的关系，笔者认为，在经济发展的不同阶段、不同的领域、不同的分配环节、不同的分配机制下应有不同的侧重点。一般来说，在微观领域应更强调效率，而在宏观领域则应更多地注重公平；在个人收入的初次分配过程中，应更强调效率，而在再分配过程中则更应兼顾公平；在市场机制起作用的地方应更强调效率，而在政府分配机制方面则应更关注公平。在我国经济不发达、工业化、商品化、市场化程度很低的情况下，应该更多地强调效率优先的原则。因为，在这个时候，只有提高社会生产率，尽快促进经济的发展、社会财富的增加，才有可能兼顾社会公平，真正摆脱贫困。在当前我国经济快速发展、社会矛盾日益突出的新形势下，2006年党的十六届六中全会提出在经济发展的基础上，"更加注重社会公平"的方针。这一方针符合我国社会经济发展的实际，是提倡以人为本的科学发展观和构建社会主义和谐社会的一项重要举措。因此，我们必须在追求效率的前提下，更加注重社会公平，处理好二者的关系。

（4）扩大中等收入者比重。国内外的实践都证明，在一个社会中，中等收入者群体的发展壮大有助于社会稳定。合理的收入分配格局，应该是一个高收入者和低收入者占少数、中等收入者占多数的"两头小、中间大"的橄榄型格局。这一观点越来越得到人们的普遍认可。在我国逐步扩大中等收入者比重是全面建设小康社会的重要内容，也是实现共同富裕目标的基本途径。目前，我国中等收入者数量偏少，在全社会所占比重较小，应采取多种措施，不断扩大中等收入者规模，逐步形成合理的收入分配格局。首先，加快推进城镇化建设。制约我国中等

---

① 谢旭之：《关于现阶段我国分配方式的思考》，《科技情报开发与经济》2007年第22期。

收入者阶层扩大的一个重要因素，就在于城乡二元结构导致的占人口大多数的农村人口收入长期偏低。扩大中等收入群体规模，十分重要的就是推动农业劳动力向非农行业转移，并采取多种政策措施、多种途径提高他们的收入水平。推进户籍制度改革，解决好进城务工人员的社会保障、子女上学等问题，稳步推进农民逐步融入城镇，让更多从农村转移出来的人口进入中等收入者行列。其次，积极引导人们自主创业，大力促进中小企业发展，是培育中等收入者群体的重要渠道。应进一步建立和完善鼓励和支持劳动者创业的政策，降低创业门槛，减少创业成本和风险，为更多社会成员提供创业的机会和平台。认真贯彻落实党和政府促进中小企业发展的各项政策措施，为中小企业发展创造更加有利的环境。再次，努力提高劳动者素质。加强各种类型的职业教育和技能培训，把低知识水平、低技能的劳动者提升到高技能的劳动岗位上，从而提高他们的收入。最后，创造条件让更多群众拥有财产性收入，特别是通过土地制度改革和规范流转增加农民财产性收入。财产性收入是衡量国民富裕程度的重要指标，2008 年我国城镇居民人均财产性收入比重只有 2.3%，且来源渠道比较单一。而在美国人的收入里，40%多是财产性收入，相比之下，差距甚远。有效增加居民财产性收入，在农村，关键是推进和深化土地制度改革；在城镇，关键是深化金融体系改革。在稳定农民对承包地拥有长期物权的前提下，在农民自愿的基础上，促进土地依法、有偿流转，使农民获得稳定的收入；清晰界定农户宅基地产权属性，推进宅基地流转、置换方式创新，让农户分享土地升值的收益。深化以银行为主的金融体系改革，加快利率市场化步伐，加快建立健全多层次的金融市场；积极开展财富管理服务，为居民提供多样化的投资理财渠道，提高居民的股息、利息、红利等财产性收入。完善法律制度，加强对公民财产权的保护力度，为增加居民财产性收入提供公开、公正、公平的法制环境。

（5）加大对困难群众的扶持力度，提高他们的收入水平。在这方面，党和政府已采取了一系列的政策措施，并收到了很好的成效。"十二五"期间，将进一步加大扶贫力度，健全社会保障体系，健全就业帮扶、生活救助、医疗互助等帮扶制度，更好地解决困难群众的生产生活问题。

（6）加强政府的调控和监督职能，规范收入分配秩序。合理调节收入分配，整顿和规范分配秩序，是政府实施宏观调控的一项重要职能。目前国有企业尤其是垄断行业的分配问题比较突出，部分行业凭借国家赋予的垄断权力轻而易举地获取巨额利润，并将其转入员工的收入和福利。对必须由国家垄断的行业和领域，要完善工资总额和工资水平的"双重调控"，加强监管，使其行业收入透明化。同时应扩大国有资本收益征缴范围，逐步提高上缴比例，更好地实现国有资本收益全民共享。对那些不必由国家垄断的行业和领域，则应打破垄断，引入竞争。通过这些措施，调控国有企业工资总额和实际收入水平，严格限制过高工资，缩小不同行业之间以及行业内部的收入差距。

完善公务员工资制度，深化事业单位收入分配制度改革。随着改革的不断深化，我国党政机关公务员的工资制度和工资管理体制不能完全适应新形势的要求，更不能稳定和调动公务员队伍的积极性和创新激情。因此，在新的历史条件下，我们一定要根据社会主义市场经济体制的要求，改革长期以来公务员所实行的单一的职级工资制，建立国家统一的职务与级别相结合的公务员工资制度。强化对公务员的激励和约束机制，提高行政效能。与此同时，现行事业单位工作人员的工资制度已不能适应形势发展的要求，也必须进行改革和规范。改革的目标是：建立符合事业单位特点、体现岗位绩效和分级分类管理的收入分配制度，完善工资正常调整机制，健全宏观调控机制，在制度形式和运行机制上与公务员工资制度脱钩。规范事业单位收入分配秩序，一方面，要体现尊重知识、尊重人才，鼓励创新，采取多种分配形式和分配办法，进一步加大向高层次人才的倾斜力度。另一方面，政府也要将事业单位职工收入纳入调控范围，通过调控手段正确引导事业单位服务方向，避免片面追求经济效益，忽视社会效益，促进事业单位不断提高公益服务的能力和水平。此外，应进一步严格规范国有企业、金融机构等经营管理人员的薪酬管理，建立根据经营管理绩效、风险和责任确定薪酬的制度。同时，严格控制和监管职务消费，使其合理化、规范化、公开化。

2. 完善收入分配制度的基本政策

缩小收入差别，规范分配秩序有两条基本途径：一是让富人接济穷人，从已经产生的贫富收入差别的结果方面做文章，通过国家行为调整分配关系，使富裕地区和富裕群体的一部分财富转移到贫困地区和贫困群体手中。二是让穷人发展成为富人，即从产生贫富差别的原因方面做文章，通过股份制等办法使普通劳动者掌握一定量的（股份）资产，参与利润的分配，增加合法的非劳动收入，实现收入渠道的多元化。这两条途径，尽管在一定程度上有其合理性，但都有失偏颇。根据党的十六届三中全会通过的《中共中央关于完善社会主义市场经济体制若干问题的决定》和党的十七大报告、十七届五中全会通过的《中共中央关于制定国民经济和社会发展第十二个五年规划的建议》的精神，缩小收入差距，规范收入分配秩序，完善收入分配的基本政策是：

（1）保护合法收入。允许和鼓励一部分人通过诚实劳动和合法经营先富起来，允许和鼓励资本、技术、管理等生产要素参与收入分配。这是社会主义初级阶段市场经济条件下处理分配问题的基本政策。劳动者通过诚实劳动取得更多的收入，经营者通过合法经营得到更多的利润，都是正常的、合理的，都应保护，这是整个分配制度的基础和核心。只有通过这种激励，才能促使劳动者提供更多的劳动，积极提升自身的劳动生产率，从而推动整个社会生产力的发展，逐步实现共同富裕。

（2）调节过高收入。居民收入来源即使是合理又合法的，但如果某些阶层的收入水平过高，超过了大多数居民的收入水平，也必须通过一定的手段进行调节。政府对收入分配的调控主要通过税收和转移支付这两条途径来实现。税收的主要对象是高收入群体，转移支付的主要对象是低收入群体。政府通过这两个手段进行调控，发挥的是缩小收入差距的功能，通俗地说，起的是"抽肥补瘦"的作用。对高收入者的调节，发达国家一般是通过征收个人所得税、利息税、遗产税等方式，控制高收入者收入的过快增长。我国目前已经开征了个人所得税和利息税，但还存在个人收入登记、检测办法不透明、不完善，征管过程中还存在某些漏洞或不尽合理的地方，需要进一步完善。如要强化个人所得税，在健全个人收入检验办法的前提下，把纳税重点集中到真正的高收入者身上。同时，还要尽快开征遗产税、赠与税和高消费税等新税种。从税率来看，一般通过累进税率代替平均税率，即收入越高，税率也越高，从而也就加大了税率对不同收入群体的调节力度。通过个人所得税、利息税、遗产税等税种和适当的税率，基本上可以把过高收入降低下来，加上政府采取适当财政转移支付的方式对低收入贫困群体予以补助，一方面使一部分调节前的高收入者经过调节之后，进入中等收入者的行列；另一方面也缩小了绝对差距。

当前对收入分配的调节，"十二五"规划纲要明确提出，要加快完善再分配调节机制。一是加大个人所得税的调节力度。个人所得税是收入差距的重要调节器。从 1980 年我国开征个人所得税以来，减除费用标准经过了 800 元、1200 元、1600 元、2000 元多次调整。2011 年《中华人民共和国个人所得税法》的修改，减除费用标准确定为 3500 元，合理调整了税率结构，切实减轻了中低收入者税收负担。今后，还要进一步加大个人所得税对收入分配的调节力度，并应根据居民工薪收入水平变化，物价因素、家庭赡养、子女教育、基本生活费用开支等因素，适时进行合理调整，推进个税制度的改革和完善。二是加大财政转移支付力度。财政转移支付是国家弥补市场经济缺陷、促进公平分配的重要手段。应加大政府转移支付力度，用于帮扶困难地区、困难群众，让公共财政的阳光惠及更多的群体。2010 年，中央财政对地方的一般性转移支付占总支出的 21.4%，2011 年达到 22.2%。"十二五"期间，将进一步优化转移支付结构，增加对县级财政的一般性转移支付，逐步提高县级财政在省以下财力分配中的比重。三是加大税收征管力度。税收征缴监管力度，直接关系到税收调节作用的实现。应加强税源监控和税收征管，加强个人收入信息体系和个人信用体系建设，扩大涉税信息来源，严厉打击偷税、逃税、漏税、避税等行为。特别是做好高收入者应税收入的管理和监控，减少税收流失。2011年4月，国家税务总局下发《关于切实加强高收入者个人所得税征管的通知》，要求严堵高收入者个税漏洞。四是逐步建立健全财产税制度，使税制更加健全，调节作用得到更好的发挥。今后条件成熟要适时开征遗产税、赠与税，将部分高档奢侈品纳入消费税征收范围，加大对个人财富和收入分配的调节力度。

（3）整顿不合理的收入。不合理收入主要是指某些行业凭借其垄断地位和特殊条件获得的工资外收入。从实际情况看，工资外收入比工资性收入大得多，由此形成较大的不合理收入差距。例如，有些部门和地方凭借行业、部门、商品、服务的垄断，取得高于官方定价的额外收入；有些地方和部门通过对某类商品发放生产和销售许可证、进口配额和进口许可证，取得高于收费成本的额外收入；还有些部门和地方凭借特权，以政府行为，通过收费、摊派、集资等手段，取得高于规定标准的额外收入；等等。目前，对礼金、红包、出场费、好处费及各种名目的"福利"等形式的"灰色收入"，监管存在不少漏洞。应该加大规范力度，加快建立收入信息的监测系统，清理和规范国有企业和机关事业单位工资外收入、非货币性福利等。这些不合理的收入已存在多年，已经引起了广大群众的强烈不满。因此，必须予以整顿，取消不合理收入。

（4）取缔非法收入。我国目前的收入差距中，存在着许多不合法的因素，特别是高收入阶层中有一部分人的收入来源于非法所得，他们对社会危害极大，人民群众对此深恶痛绝。非法收入种类繁多，其中主要包括：一是"权力经济"。由贪污受贿、权钱交易而带来的收入。二是非法经营。如违法经营、假冒伪劣、坑蒙拐骗、走私贩私、制毒贩毒、制黄贩黄、拐卖人口、偷税逃税等。三是过度投机。为了牟取暴利，在股市上聚众操市，过度投机，炒作股票而"一夜暴富"。在市场上欺行霸市，强买强卖，囤积居奇、哄抬物价，从中牟取暴利等。此外，要坚决堵住国企改制、土地出让、矿山开发等领域的漏洞，深入治理商业贿赂。严打侵吞资产、贪污贿赂等行为，查处走私贩私、操纵股市、制假、骗贷骗汇等非法活动。

思考题：

1. 国民收入分配是通过哪些途径进行的？

2. 怎样理解按劳分配是社会主义的分配原则？

3. 社会主义市场经济下的按劳分配具有哪些特点？

4. 在我国现阶段为什么要坚持以按劳分配为主体、多种分配方式并存的制度？

5. 按劳分配作为主体形式体现在哪些方面？为什么要以按劳分配为主体？

6. 在坚持按劳分配为主体、多种分配方式并存的同时，为什么还要把按劳分配与按生产要素分配结合起来？

7. 我国现阶段个人收入分配中存在的主要问题是什么？原因何在？

8. 如何合理调整我国收入分配关系？

第八章　社会主义市场经济下的
劳动就业和社会保障制度

　　劳动就业和社会保障是民生的重要支柱，是落实科学发展观和构建社会主义和谐社会的重要内容和重要基础。胡锦涛同志在党的十七大报告中提出，要加快推进以改善民生为重点的社会建设，并对此作了明确部署：必须在经济发展的基础上，更加注重社会建设，着力保障和改善民生，推进社会体制改革，扩大公共服务，完善社会管理，促进社会公平正义。本章首先主要阐明了社会主义市场经济条件下劳动就业的涵义、基本特征及建立健全劳动就业体制、促进劳动就业的必要性和重要意义；总结了我国劳动就业体制改革所取得的成就，指出了当前所面临的主要问题，并分析了其产生的原因，提出了进一步完善的政策和措施。其次概述了社会保障制度的内容与作用，分析了建立社会保障制度的客观必然性。最后就当前我国社会保障制度中面临的主要问题作了分析，提出了进一步完善的措施。

第一节　劳动就业与建立劳动就业制度的必要性

　　就业是人们生存的前提和全面发展的基础，是实现人们基本权利的根本保证。每个劳动者只有依靠就业才能取得经济收入，维持生存，实现价值，获得尊重，谋求发展。促进就业是安国之策。解决好就业问题，才能使人们安居乐业，社会稳定，劳动力资源得到有效利用，国家健康发展。因此，千方百计扩大就业，不仅是民生之本，也是实施扩大内需战略和推动经济发展方式转变的重大举措。

一、劳动就业与就业结构

　　要了解劳动就业制度，首先有必要弄清劳动就业的涵义、就业结构及其变化规律。

1. 就业的涵义及其基本特征

就业，是指达到法定劳动年龄并具有劳动能力的人在一定的社会工作岗位从事合法社会劳动，创造一定的经济价值和社会价值，并获得相应劳动报酬或经营收入，以满足自己和家庭成员生活需要的经济活动。

按照世界各国通常惯例，对总人口中能够就业的人员一般都有法定年龄界限的规定。如意大利规定劳动人口的起始年龄为 14 岁，加拿大、英国为 15 岁，美国为 16 岁，中国规定 16~60 岁的男性公民人口、16~55 岁的女性公民人口为劳动适龄人口。根据第十三届国际劳工统计大会通过的决议，凡在规定年龄之上或以下情况者都属于就业人员：正在工作的人；有职业但临时因疾病、休假、劳动争议等暂时不能工作的人，以及单位因某种原因暂时停工的人；雇主和自营人员；已办理离退休、退职手续再就业人员。除以上人员外，我国还把乡镇企业及农业从业人员、现役军人等都纳入了就业人员的范围。部分国家关于就业人员的定义与国际劳工组织的上述标准有一定的差异。例如，在美国，一般认为有劳动能力并且愿意从事劳动的人，从事有报酬或经营收入的工作就是就业。

劳动就业概念是对就业现象的本质概括。通过对就业现象的本质概括，可以看出劳动就业与其他社会现象相比有以下几个基本特征：

（1）就业与生产资料所有制无关。在社会主义国民经济体系中，无论在公有制中的国有企业、集体所有制企业、外资企业、私营企业，还是从事个体劳动都属于就业者的范畴。

（2）就业与一定劳动制度所决定的企业用工形式无关。劳动者不论是固定工，还是合同工，或是其他临时工，都属于就业者。

（3）就业与国民经济部门无关。劳动者不论在何种经济部门从事劳动并取得合法劳动报酬或经营收入，均是参与了就业活动的人。

（4）劳动者从事义务性劳动、社会救济性劳动、家务劳动或从事非法劳动，则不属于就业者。

2. 就业结构及其变动规律

就业结构，是指社会劳动力在国民经济各部门、各行业、各地区的分布、构成状况。就业结构是经济结构一个方面的具体体现。就业结构可以从多方面分析，例如就业人员的产业结构、城乡结构、所有制结构、技术结构、年龄结构、文化程度结构、性别结构以及正规就业与非正规就业的比例等，本书只侧重分析以下三大结构：

（1）就业的产业结构。就业的产业结构是指就业人数在三次产业中的分布及构成状况。就业结构与产业结构的关系十分密切。按照国际惯例，国民经济整体上可以分为三次产业：第一产业为农业，第二产业为工业和建筑业，第三产业为服务业。有的学者形容这三个产业就像一棵大树，第一产业如同树根，第二产业如同树干，第三产业如同茂密的树叶。英国经济学家科林·克拉克在威廉·配第的基础上，深入分析就业人口在三次产业中分布的变动趋势后，得出了关于产业结构与劳动力分布关系的演变规律。他发现随着经济发展和人均国民收入的提高，劳动力首先由第一产业向第二产业转移，当人均国民收入进一步提高时，劳动力再由第二产业向第三产业转移。因而，劳动力在产业间的分布状况是，第一产业减少，第二和第三产业逐步增加。这就是所谓的配第—克拉克定理。世界各国，特别是发达国家，包括中国在内，产业结构与就业结构变动的实践证明了这一定理。表8-1列举了中国就业结构与某些发达国家及发展中国家的比较，从中可以看出，第三产业就业比重跟其他国家相比，美、法发达国家已达到70%以上，一般世界平均水平是45%以上，菲律宾、印度尼西亚这些国家人均GDP与我国差不多，但在第三产业中就业的比重比我国高10~20个百分点，说明我国就业的产业结构虽有进步，但还远远不够，还有很大的潜力。

表8-1　中国与一些国家就业的三次产业构成

单位：%

	中国	OECD	美国	法国	韩国	菲律宾	印度尼西亚	马来西亚	泰国
人均GDP	960	28310	34100	24430	8910	1030	690	3380	2000
农业	50	6.9	2.6	4	10.9	37.4	43.2	18.5	48.8
工业	21.4	27.1	22.9	24.5	28	15.6	17.8	32.2	19
服务业	28.6	66	74.5	71.5	71.5	47	38.9	49.5	32.2

注：中国为2002年数据，菲律宾为2001年数据，印度尼西亚为1999年数据，其余为2000年数据。
资料来源：《中国统计年鉴2003》，OECD网站。

从我国三次产业就业结构看（见图8-1），1978~2009年，第三产业从业人员所占比重稳步增长，由12.2%提高到34.1%，从业人员达到26603万人；第二产业从业人员所占比重由17.3%提高到27.8%，从业人员达到21684万人；第一产业从业人员所占比重明显下降，由70.5%下降到38.1%，从业人员为29708万人。

（2）就业的城乡结构。就业的城乡结构是指劳动力在城市和乡村的分布与构成状况。我国就业的城乡结构变化见表8-2。随着工业化和城市化的推进，劳动力等生产要素在产业层次上不断从第一产业向第二产业、第三产业转移，相应地在空间上则不断由乡村向城镇转移。这也是劳动就业演变的一条规律。

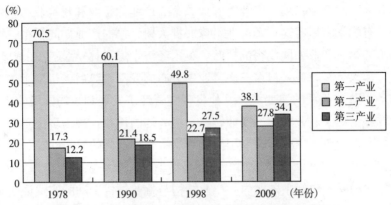

图 8-1　1978~2009 年中国就业人员产业结构变化情况

资料来源:《中国统计年鉴 2010》,中国统计出版社,2010 年 9 月。

表 8-2　1985~2009 年我国就业总量与城乡结构变化情况

年份	就业总人数	城镇		乡村	
	合计(万人)	总数(万人)	所占比例(%)	总数(万人)	所占比例(%)
1985	49873	12808	25.7	37065	74.3
1997	69602	20207	29.0	49395	71.0
1998	69957	20678	29.6	49279	70.4
1999	70586	21014	29.8	49572	70.2
2000	71150	21274	29.9	49876	70.1
2001	73025	23940	32.8	49085	67.2
2002	73740	24780	33.6	49060	66.4
2003	74432	25639	34.4	48793	65.6
2004	75200	26476	35.2	48724	64.8
2005	75825	27331	36.0	48494	64.0
2006	76400	28310	37.1	48090	62.9
2007	76990	29350	37.1	47640	61.9
2008	77480	30210	39.0	47270	61.0
2009	77995	31120	40.0	46875	60.0

资料来源:国家统计局,《中国劳动统计年鉴》,中国统计出版社,2005 年;《中国统计年鉴 2010》,中国统计出版社,2010 年 9 月。

　　(3)就业的所有制结构。就业的所有制结构是指劳动力在不同所有制经济单位的分布与构成状况。以我国就业的所有制结构调整情况为例(见表 8-3)。1995~2002 年,国有单位职工人数减少了 4098 万,从过去的 1.1 亿多减少到七千多万,城镇集体企业就业人数减少了 2025 万。如果说公有制经济单位在我国主要是国有企业和集体企业,那就意味着在公有制经济单位就业的人数在 8 年内减少了六千多万，而同期私营经济、个体经济和其他经济单位就业人员增加到一个多亿。这无疑是劳动力所有制结构的大调整，规模之大在世界劳工史上恐怕是独一无二的。在这样大规模劳动力结构性调整期间，我国还保证了整个社会经济的平衡发展和稳定，没有出现大的社会动荡。劳动力所有制结构调整最艰苦的工作基本上是在这个时期完成的。

表 8-3　1995~2002 年中国就业人员所有制结构变动情况

单位：万人

年份	国有单位	城镇集体	其他单位	私营个体和其他从业人员	乡镇企业
1995	11261	3147	894	3738	12862
2000	8102	1499	2011	11539	12820
2001	7640	1291	2235	12774	13086
2002	7163	1122	2700	13795	13288
1995~2002 年增长	-4098	-2025	1806	10057	426

资料来源：《中国统计年鉴 2003》。

3. 评价社会就业状况的标准

在市场经济条件下，劳动就业是人们发挥自己的才能和获取报酬的基本途径，因此就业状况的好坏是衡量一个国家或地区宏观经济景气程度的一个重要指标。所以，在衡量就业状况好坏时，现在世界许多国家都把"充分就业"作为自己的发展目标之一，也是首要的衡量标准。"充分就业"这一概念始于凯恩斯的代表作《就业、利息和货币通论》，按凯恩斯的定义，充分就业就是在某一工资水平下，所有愿意接受这种工资的人都能得到工作，他把失业分为"自愿性失业"和"非自愿性失业"两类，只要解决了"非自愿性失业"问题，充分就业就实现了。充分就业实质上是指在社会总供给与社会总需求平衡条件下的就业水平或在现行的工资水平下愿意就业的人们都能找到工作的一种状况。但需要指出的是充分就业并不等于完全就业。完全就业是指全社会的每一个劳动力都处于工作的一种状态。在充分就业状态下，并不意味着没有失业，至少还存在着自愿性失业，即劳动力宁可放弃工作机会也不愿意接受现行工资水平下的工作机会。在西方国家，失业率在 4%~6% 时就被认为处于充分就业状态。正因为如此，所以在市场经济体制下，整个社会可以达到社会总供给与社会总需求均衡时的劳动力充分就业状态，但无法达到使每个劳动力都就业的完全就业状态。要实现充分就业，必须以扩大就业规模为前提。在我国现阶段，不断扩大就业规模，不仅意味着城镇职工的就业人数增加、失业现象减少，还意味着能够吸纳越来越多的农村转移劳动力进城就业。具体来说，扩大就业规模与社会充分就业的目标至少体现三个方面的内容：一是劳动力资源得到更加充分的开发和利用，就业岗位与有效劳动力资源大体平衡，绝大部分劳动者可以顺利实现就业；二是就业渠道通畅，劳动者自主择业、自由流动、自主创业的环境良好；三是有就业能力和就业愿望的劳动者都能享有平等的就业机会，社会失业率和平均失业周期控制在社会能承受的范围内。

衡量就业状况好坏的标准，还有很重要的一个方面就是看就业结构是否合理。所谓就业结构合理，就是要求产业结构的变化必须适应就业结构的变化。具体来说，就是随着社会经济的发展，在产业结构中，第一产业的就业人数逐步减少，第二产业的就业人数稳中有降，第三产业的就业人数不断增加；从城乡结构看，就是城镇就业人数不断增加，农村就业人数不断减少。

除以上两个方面以外，就业质量也是衡量就业状况好坏的重要标准之一。随着经济社会的不断发展，在不断扩大就业规模的同时，必须在提高就业质量上下大力气。扩大就业，增加劳动就业岗位，不只是为劳动者找到一份工作，还必须使劳动者职业岗位相对稳定、劳动环境舒适安全、就业保障完善。尽快消除一部分劳动者就业不稳定、工资低下、工作生活环境脏乱差且不安全、缺乏社会保障或者保障不安全的境况。因此，提高就业质量就要求提高劳动者就业的稳定性、重视就业环境的改善、做好就业保障工作。同时注重完善劳动就业的法律法规，促进就业公平，强化企业的社会责任，夯实构建和谐劳动关系的基础。

二、失业的类型及成因

失业是世界各国经济生活中普遍出现的一种现象，也是各国政府极度关注的重要难题。按照传统经济理论观点，失业只是资本主义制度的产物，而在社会主义市场经济条件下，为什么也存在失业，这是探讨我国劳动就业制度时不可回避也必须回答的问题。

1. 失业的涵义与失业程度

失业，是相对于就业而言的。按照国际劳工组织（ILO）的定义，是指一定劳动年龄以上有劳动能力的人，在规定的调查范围内没有职业或工作时间没有达到规定标准，正在寻找有报酬的工作并已在就业机构作过登记的现象。其实质是劳动者不能与生产资料相结合进行社会财富的创造，是一种经济资源的浪费。根据这个定义，失业主体必须具备三个条件：一是有劳动能力；二是愿意就业；三是没有工作。

判断一个国家失业发生的程度，通常采用失业率这个指标。因此，如何界定失业率，以及怎样提高失业率的准确度，具有重要的意义。

　　失业率，是指失业人口占劳动人口的比例。在经济理论界对失业率的不同定义中，这是一种最一般的表达。采用失业率来衡量一个国家或一定时期失业发生的程度，自然会有一个要求，即计算失业率的数据必须是准确的。具体地讲，失业人数和劳动力人数必须是一个国家或一定时期的真实数据。二者比较，劳动力人数相对容易确定，一般用达到劳动年龄的人口和劳动力参与率乘积的方法计算。而失业人数的确定相当困难，为了能够准确地掌握失业人口的数量，各国都建立了不同的组织系统用来统计人数。目前世界上大多数国家（尤其是发达国家）获得失业人数这一数据的方法有两种：一种是集中失业者在劳动行政管理部门申报的数据；另一种是通过定期的抽样调查来估算失业人口。第一种办法覆盖面全面，但有一个缺点，就是可能把那些失去了工作但由于各种原因还不愿意到劳动行政管理部门去申报的人统计进去。第二种办法灵活性强，但也有一个缺陷，即样本可能太少，难以反映整个社会的失业情况。

　　目前，我国政府部门和经济学界对失业率及其计算有多种看法，但其主要的是两种看法：

　　第一种，城镇登记失业率。这是劳动和社会保障部、国家统计局的意见，1994 年，国家统计局第一次将城镇登记待业率改为城镇登记失业率。显然，这是按城市户籍制度计算的。城镇登记失业率，是城镇登记失业人口与城镇劳动力人口的比率。城镇劳动人口等于城镇就业人口与城镇登记失业人口之和。从1994 年开始，每年的统计年报中，都有城镇登记失业率指标。比如，2010 年的城镇登记失业率为 4%。

　　第二种，整体失业率，也就是全国失业率。这是经济学家冯兰瑞的见解。整体失业率是用来测算包括城市和农村在内的失业情况的指标。这一指标中失业率由城镇登记失业人口、未登记失业人口、国有企业富余人员和农业剩余劳动力四部分构成。劳动力人口是指全国劳动力人口，包括城镇劳动力人口和农村劳动力人口。按此计算方法得出 1998 年整体失业率为 27.7%，[①] 而当年城镇登记失业率只有 3.1%。

　　政府部门确立的城镇登记失业率，是同发放失业保险金和低保金联系在一起的，因此，有它自身的实际意义。但是，它是按照城镇户籍制度统计的，而把那些户籍虽然不在城市，而人实际上长期居住在城镇如农村剩余劳动力排斥在统计之外。所以，这种统计有它的不全面之处，需要进一步完善。经济学家冯兰瑞所计算的整体失业率比较全面，但主要问题在于冯兰瑞研究员忽视了我国正处在由

---

① 钟朋荣：《中国解决失业问题研究》，《学术研究》1998 年第 11 期。

农业国向工业国转变这个基本背景，因而把数以亿计的农业剩余劳动力视为失业人口，这就人为地提高了我国的失业率。

2. 失业的主要形式与成因

对于资本主义制度下失业的存在形式与原因，马克思主义经典作家和西方经济学家分别从不同的角度进行了探讨。

马克思在《资本论》中，从资本主义制度出发，把资本主义失业看作是相对过剩人口，并且把相对过剩人口归纳为三种形式：一是流动的失业人口。主要指近代城市和工业中心（工厂、矿山等）临时失业的工人。这些工人时而被解雇，时而被抛弃，经常处于流动状态之中。二是潜在的失业人口。资本主义在农业中的发展，加速了农民的分化和破产，扩大了农村雇佣劳动者的队伍。特别是农业科学技术的发展和农业资本有机构成的提高，对农业雇佣工人的需求也相对甚至绝对减少，这就不可避免形成了大量的失业人口。三是停滞的失业人口，是指现役劳动力中职业极不固定的人们。这些人工作不稳定，经常处于失业和半失业状态。

马克思从资本积累伴随资本有机构成提高的角度，阐明了相对过剩人口形成的原因，并提出相对过剩人口不仅是资本主义制度的产物，也是资本主义生产方式存在和发展的必要条件。

西方经济学家不可能认识资本主义相对过剩人口的客观事实，更不可能承认马克思从资本主义制度本身揭示资本主义失业所产生的真正原因。但是，西方经济学家却根据资本主义失业的具体原因，各自从不同的角度描述了资本主义失业的各种具体形式。20 世纪 70 年代，美国著名劳动经济学家霍夫曼在综合吸收了许多经济学家对失业形式看法的基础上，把失业归纳为以下四个类型：[1]

（1）摩擦性失业。是指由人们在不同地区、职业或生命周期的不同阶段不停地变动而引起的一种失业。如有些因工作异地转移而成为暂时的失业者；有些人达到劳动年龄或从学校毕业后暂时未能找到工作，成为暂时的失业者。摩擦性失业在不同群体呈明显差别。例如在青年群体中，由于缺乏工作经验，他们找工作的难度较大，所以他们中占有很大比重的人往往成为了摩擦性失业者。

（2）结构性失业。是指由于经济结构的变化，劳动力市场的结构与社会对劳动力的需求不相吻合，由此导致的失业称为结构性失业。例如，由于工艺发生重大变化，一部分人可能因缺乏新工艺所要求的训练和技术，他们可能难以被雇佣而走向失业。在经济发展过程中，有的部门发展迅速，有的部门正在收缩，有些地区正在开发，而有些地区经济正在衰落，这也会引起一部人失去工作。

---

① ［美］霍夫曼：《劳动力市场经济学》，上海三联书店 1989 年版，第 368 页。

有些公司对年龄、性别和外来人口的歧视，也会造成结构性失业。结构性失业主要是市场上劳动力供需在技能、训练以及地区分布诸方面不适应的结果，这种"失业与空位"并存，即一方面有活无人干，另一方面有人无活干。

（3）季节性失业。是指因季节性变化而导致对劳动力需求减少所形成的一种失业。在许多经济学家看来，季节性失业也属于摩擦性失业。这里采用霍夫曼的划分方法，是想把季节性失业具有客观性与摩擦性失业具有主观性区别开来。季节性失业在多数情况下是由于行业的生产条件或产品的气候条件等原因引起的。生产的旺季对劳动力需求增加，而在生产淡季对劳动力需求减少，一些工厂或企业要解雇工人，因而有一部分工人成为失业者。

（4）周期性失业，又称需求不足性失业。是指经济周期波动中对劳动力总需求减少时所发生的一种失业。周期性失业与经济周期的波动密切相关。在经济景气时期，投资规模扩大，产出量趋于上升，居民消费势头强劲，企业用工规模趋于扩大，就业机会增多，因而，失业率呈逐步下降的趋势。在经济不景气时，产品市场的需求量减少，产出规模下降，企业相继解雇工人，从而使失业率上升。

在西方经济学家看来，以上四种具体失业形式又分为两种不同情况。结构性失业、摩擦性失业和季节性失业是在劳动力总量平衡条件下出现的失业，已经达到了充分就业。弗里德曼把这种失业称为自愿失业。周期性失业是在劳动力总需求不足条件下出现的失业，打破了充分就业的态势。凯恩斯把这种失业称为非自愿性失业。

除以上四种基本形式外，有的经济学家还从失业的表现形式的角度，把失业划分为显性失业和隐性失业。显性失业，是看得见的失业。隐性失业，是指表面上虽然有工作，但没有作出实质性贡献，换句话说，边际劳动生产率等于或小于零，当就业人员减少而产量没有下降时，就可以认为存在隐性失业。

对于中国失业形式与原因分析，我国经济学界的论著也不少见。著名经济学家董辅礽在《推进再就业五大对策》一文中，论述了国有企业职工下岗现象的五大成因，即发展因素、经济体制因素、经济结构因素、经济周期因素和政策因素。[①]袁志刚博士将中国当前的失业划分为六个类型：类似于刘易斯所描述的二元结构中的失业、经济转轨过程中企业的隐性失业转为公开的失业、经济发展过程中结构性调整所带来的失业、城市中的自愿性失业和农村劳动力转移、在乡镇企业和三资企业等非国有企业连带下所导致的城市工人失业和宏观经济的周期性

---

① 董辅礽：《推进再就业五大对策》，《经济日报》1998年3月4日。

波动所带来的失业。乔榛博士把中国的失业按其形成的具体原因，归纳为四种形式：一是转轨型失业，是指经济体制改革过程中，国有企业转机建制引起的失业；二是结构型失业，主要是指由于产业结构调整所引起的劳动力供求失衡而形成的一种失业；三是发展型失业，主要是指农村剩余劳动力向城镇转移过程中发生的失业；四是周期性失业，主要是指宏观经济中出现周期性波动所发生的一种失业。

三、促进劳动就业的必要性及其重要意义

失业和就业问题是困扰各个国家和政府的重要问题，创造就业已经成为各个国家发展的最大任务之一。在我国社会主义市场经济条件下，扩大就业和做好就业工作，不仅关系到社会主义市场经济体制自身的发展与完善，而且关系到改革发展和国家的长治久安，直接影响人民生活水平的提高。因此，在我国做好这项工作更具有特别重要的意义。

1. 就业是民生之本，是人民群众改善生活的基本前提和基本途径

在我国 13.6 亿人口中，有 7.6 亿人就业，也就是说在 4 亿城乡家庭中，2/3 以上的家庭成员是劳动者，就业收入构成家庭收入的主要部分。如果就业不充分，一些家庭可能陷入贫困状态。我国的贫困问题，经历了从农村整体贫困到农村边缘化贫困的治理过程。目前，贫困问题成为经济转轨中冲击型的贫困，并且从农村转到城市。调查显示，在目前城镇领取最低生活保障的人口中，失业和下岗人员占 40%。显然，解决好就业问题，是我们构建社会主义和谐社会的关键环节之一。因此，做好就业和再就业工作，关系到人民群众的切身利益，关系到改革发展稳定的大局，关系到实现全面建设小康社会的宏伟目标，关系到实现全体人民的共同富裕。

2. 充分就业是保持经济社会稳定的坚实基础

经历了 20 世纪 30 年代初严重经济危机后的发达市场经济国家，逐渐认识到政府在解决就业问题中的作用是不应该忽视的，并逐渐把高度就业作为政府施政的纲领，并形成积极的政府就业促进政策。1944 年贝弗里奇的《自由社会中的充分就业》出版，奠定了政府干预就业的理论基础。1944 年英国政府《就业政策白皮书》公开表明维持"较高的稳定的就业水平"的决心。1946 年美国《就业法案》规定联邦政府必须争取"最大的就业、产出和购买力水平"。随后，承诺将充分就业作为优先目标的国家有澳大利亚、比利时、加拿大、法国、荷兰、新西兰和挪威等。近些年来，世界各国都把调控失业率、实现充分就业作为宏观经济必须处理好的"四大"（价格、失业率、经济增长、国际收支）平衡目标之一。1995 年联合国社会发展问题世界首脑会议宣言提出，将促进充分就业作为经济

和社会政策的一个基本优先目标。2001 年全球就业论坛大会议程明确要求，各国政府要把生产性的就业置于经济和社会政策核心位置，并使充分的、生产性的和自由选择的就业成为宏观经济战略和国家政策的总目标。2009 年美国匹兹堡金融峰会提出："把增加高质量的就业机会作为经济复苏的主要目标。"为应对国际金融危机，特别是在"高增长低就业"、"无就业经济复苏"现象反复出现的情况下，许多国家的政府都实施就业优先的政策。从我国国情看，截至 2010 年底，中国有 13.4 亿人口，约占世界总人口的 1/5，劳动力供给总量约占世界劳动力总量的 1/4。我国面临巨大的人口压力和就业总量与结构调整的压力。就业问题始终是我国面临的重大问题，并且是当前和今后一个时期重大的经济问题和社会问题。实践表明，就业问题事关劳动者及其家庭的切身利益。安居乐业是社会和谐稳定的基本前提。只有人们都有工作干，有稳定的收入来源和生活保障，人心才会思安，才会增强社会归属感和安全感，社会才会稳定发展。充分就业也有利于减少贫困，缩小收入差距，促进社会公平，增进人际关系的和谐。世界其他许多国家发展的事实也说明，失业率过高往往成为引发社会动荡的重要原因。

3. 充分就业是促进经济增长的重要源泉，关乎经济的健康发展

就业是经济发展的基础，也是反映经济运行状况的"晴雨表"。国民经济的不断增长、社会财富的日益增加，归根结底是各行各业的劳动者在不同的就业岗位上创造出来的。在具备劳动年龄人口比重大这一潜在人口优势的条件下，劳动的参与率保持在较高水平上，意味着人口结构产生的充足劳动力资源得到了较大的利用。经济活动人口比例高同时抚养比率低，使得经济活动中的剩余总量、社会储蓄总量、积累率也高。如果大批劳动者处于失业状态，不创造财富却在消耗财富，必然削弱经济增长的活力，造成人力资源的浪费。同时，只有实现充分就业，使人们的收入不断增加，才能刺激消费需求，使经济发展获得持久的动力。

4. 扩大就业和促进再就业是全面建设小康社会的根本要求

在经济增长中实现经济社会和人的全面发展直接的目标就是全面建设小康社会，在这个过程中，人均收入的提高可以有两种途径。一种途径是就业人口的工资水平不断提高，虽然可以达到总体收入水平的提高，但由于另一部分人口没有就业或就业不充分，其收入提高缓慢，经济增长就不是成果分享型的。另一种途径是依靠更广泛的人口参与就业，平均工资可能增长不快，但总体人均收入水平仍然可以快速提高，而且收入分配比较均等。全面建设小康社会要求在保持经济持续、快速、健康发展的同时，尽可能降低失业率，实现充分就业，使绝大多数劳动者有就业或创业的机会，将经济社会的发展建立在人的生存和发展的基础之上，在市场经济条件下，充分就业可以在全社会促进人的素质的提高，以及人民

生活水平的改善。因为充分就业是对未来的"投资"，失业者掌握了新技能，重新实现再就业，参与经济活动，既可以减少失业保险救济支出，又可以促进经济发展。因此，以就业为核心、促进人的发展也是社会发展的目标。

随着科学发展观和以人为本、执政为民理念的贯彻落实，党中央、国务院越来越重视就业工作。2003年初，中央政治局集体学习时明确提出："将就业放在经济社会突出位置"；2005年底，中央经济工作会议强调："坚持把扩大就业摆在经济社会发展更加突出的位置"；党的十七大确定："实施扩大就业的发展战略，并将实现充分就业作为全面建成小康社会的一项目标要求"。为应对国际金融危机对就业的冲击，2008年底至2009年，中央进一步强调就业是民生之本，关系千家万户，国务院提出了26项应对金融危机扩大就业的政策措施。2009年12月，中央经济工作会议提出："扩大就业是保障和改善民生的头等大事。"2010年初，中央提出："把促进就业放在经济社会发展优先位置。"在同年9月召开的第五届亚太经合组织人力资源开发部长级会议上，胡锦涛主席明确提出："把促进就业放在经济社会发展优先位置。"2010年12月，中央经济工作会议强调："把促进充分就业作为经济社会发展的优先目标。""十二五"规划纲要首次提出"实施就业优先战略"，并列专章从实施更加积极的就业政策、加强公共就业服务、构建和谐劳动关系三个方面进行部署，"就业优先"正式上升为国家战略。

第二节　中国劳动就业制度的改革与完善

党中央、国务院高度重视就业和劳动关系工作，改革开放以来，在对我国传统劳动就业体制进行改革的同时，结合经济社会的发展制定实施了一系列政策措施，注重加强制度和法制建设，使劳动就业和劳动关系等工作取得了显著成绩。但进入"十二五"时期，我国面临工业化、信息化、城镇化、市场化、国际化深入发展的历史阶段，风险挑战增多，就业压力依然巨大，因此，我们要按照党的十七届五中全会通过的《中共中央关于制定国民经济和社会发展第十二个五年规划的建议》的要求，把促进就业放在经济社会发展的优先位置，实施更加积极的就业政策、多渠道开发就业岗位、促进充分就业。

一、中国当前的就业状况与面临的主要问题

我国人口众多，劳动力资源丰富，劳动力供大于求的矛盾十分突出，所以，从整体上看，劳动就业形势更加复杂，任务十分繁重，面临很多困难和问题，需要各方协调，统筹解决。

1. 劳动就业制度改革所取得的成效

劳动就业制度，是指国家为维护和组织一个国家正常社会生产劳动而制定和实施的各项劳动就业规章、政策及其运行方式的总称。在劳动就业制度中，除了劳动资料和劳动成果的分配制度之外，还包括一些具体的劳动制度及政策，如劳动生产责任、劳动定额管理、劳动组织、劳动纪律、劳动保护、劳动就业及劳动力培训方面的制度及政策等，并由此构成一个国家在劳动就业方面的基本运行特征。

与劳动就业制度相适应的劳动就业体制是经济体制的重要组成部分之一，经济体制发生了变化，就业体制必然发生相应的变化。新中国成立后，在 20 世纪 50 年代，随着计划经济体制的建立和发展，逐步形成一套统包统配、城乡分割、国家就业工作重点在城镇的就业体制，并实施至 20 世纪 80 年代。这种特定历史条件下形成的劳动就业体制，在一定时期内，对于促进经济建设、加快工业化进程、扩大劳动者的就业以及保障社会安定等方面曾经发挥了重要的作用。但是，随着我国经济的不断发展，经济体制改革的逐步深入，这种体制已越来越不适应经济发展的要求。因此，改革传统的劳动就业体制势在必行。

改革开放以来，中国打破了传统的计划经济体制，进行了具有深远意义的经济体制改革，不断向社会主义市场经济体制迈进，与此相适应，就业制度改革基本上经历了以下几个阶段：首先是突破统包统配就业制度的框架，提出了在国家统筹规划和指导下，实行劳动部门介绍就业、自愿组织起来就业和自谋职业相结合的"三结合"就业方针。随后劳动就业政策改革随着国有企业改革的步伐不断前进。1983~1986 年，改革招工用工制度，使得企业拥有了一定的用工自主权；1986~1992 年，搞活固定用工制度，扩大了劳动合同制的适用范围；1992 年至今，以现代企业制度为契机，实行市场化的就业政策。经过一系列的改革，我国就业工作取得了显著成绩。

第一，就业规模不断扩大，就业结构进一步完善。到 2010 年底，全国城乡就业人员达到 7.9 亿左右，其中城镇就业人员达到 3.2 亿人。三次产业就业人员所占的比重分别是：第一产业为 39%，第二产业为 27%，第三产业为 34%。在非国有经济中就业人员所占比重由 2006 年的 74.6% 增加到 2010 年的 78%，成为

新增就业的主渠道。"十一五"时期全国城镇新增就业 5000 万人，农村剩余劳动力向非农产业转移就业近 4500 万人，城镇登记失业率控制在 4.3% 以内，就业形势保持稳定。2003~2009 年，促进了三千多万国有企业、集体企业下岗失业人员实现了再就业，其中帮助九百九十多万困难群体人员实现再就业，基本解决了国有企业、集体企业改革的历史遗留问题。

第二，市场机制在劳动力资源配置中的基础性作用得到越来越充分的发挥。劳动者自主就业、市场调节就业、政府促进就业的市场导向机制初步形成，就业渠道日趋多元化。目前我国城镇新增劳动力配置的市场化程度已达 80% 以上。

第三，公共就业服务体系基本形成。目前，覆盖城乡的公共就业服务制度和体系基本形成，初步构建了市，区、县，街道（乡镇），社区四级公共就业服务网络。整合人才市场和劳动力市场，建设统一规范、竞争有序的人力资源市场，为实现各类劳动者公平竞争就业、用人单位根据需要自主招人、供求双方通过市场双向选择奠定了基础。

第四，就业人员的素质不断提高。为提高劳动者文化素质和技能水平，我国政府通过多种途径，积极发展各类教育事业，实行学历证书和职业资格证书并重的制度。已初步形成了从就业前培训、在职培训到再就业培训的工作体系。职业资格证书制度在 20 世纪 90 年代初开始建立并得到迅速发展，城镇 80% 以上的新就业人员达到高中水平以上或者经过职业技术培训。2003 年，全国企业在职职工当年接受各种岗位技能培训达 3400 万人次。目前，我国有职业技能鉴定机构八万多个，职业技能鉴定考评人员 18 万人，共有 4500 万人（次）获得职业资格证书。从 2003 年起，我国政府已启动实施"三年培养五十万新技师"计划，2004~2006 年，已在制造业、服务业及技能含量较高的职业中，培养了 50 万技师和高级技师，同时带动培养了几百万其他高级、中级技能人才。

第五，劳动关系调整新格局基本建立。《中华人民共和国就业促进法》通过法律形式将积极的就业政策变成了长期的制度性安排，为解决就业问题提供了法律和制度保证。以《中华人民共和国劳动合同法》、《中华人民共和国劳动争议调解仲裁法》为核心的劳动关系法律体系基本形成，以劳动合同制度、集体合同制度、协调劳动关系三方机制为主要内容的劳动关系协调机制逐步完善，以工时、休息休假、女职工和未成年工特殊劳动保护为主要内容的劳动标准体系建设不断推进，劳动保障监察制度和劳动争议调解仲裁机制进一步健全。

2. 我国就业面临的主要形势

虽然就业工作取得了显著成绩，但就业与失业问题仍将成为 21 世纪我国经济社会发展的最大挑战。今后很长一段时期，就业问题是中国一项很繁重的任务，这主要体现在以下四个方面：

（1）劳动力总量供大于求，就业压力依然巨大。从劳动力供求情况看，根据有关研究部门[①]提供的资料，2010~2020年，我国的劳动力供给将会出现重大转折，劳动力增量在某些时段会逐渐减少，但总量依然十分庞大，因此就业紧张的压力并不会消除。据预测，"十二五"规划时期我国劳动年龄人口将达到历史最高峰，为9.97亿。未来10年，每年新增长的城镇劳动力约一千多万，失业人员约一千万，国有集体企业下岗职工六百多万，城镇每年需要安置就业的人数大约为二千六百万人。从劳动力需求情况来看，按照经济增长年均8%和现有经济增长对就业拉动的能力测算，城镇每年新增就业岗位大约只有八百万个左右，再加上自然减员腾出的岗位，城镇就业岗位也只有一千一百万个左右。如果再考虑到我国三次产业结构的进一步调整和优化，城镇就业岗位将平均每年增加一千二百万个左右，供需缺口将保持在大约一千四百万人左右。相对应地，城镇登记失业率将维持在4%~5%。此外，还有1亿多农村富余劳动力，每年需转移就业800万~900万人，可以说就业压力是长期存在的。

（2）就业的结构性矛盾突出，"三碰头"成为当前就业领域的重点和难点。除了就业总量矛盾依然存在外，就业的结构性矛盾也十分突出。首先，青年就业、农村劳动力转移和下岗失业人员再就业"三碰头"成为了当前就业领域的重点和难点。"十二五"时期，一是以高校毕业生为主体的青年就业问题十分突出。青年大量失业现象是世界许多国家面临的一个共同问题，在许多国家，青年都是失业人群的主体。不仅如此，青年还往往容易成为金融危机的最大受害者。国际劳工组织发表的《全球就业趋势最新情况（2009）》报告预计，2007~2009年，有3900万~5900万人加入失业大军。报告还特别指出，经济危机对于年轻人就业造成巨大影响。2008~2009年，失业青年的人数将新增1100万~1700万。在我国，青年失业问题也十分突出。北京师范大学经济与工商管理学院课题组依据2000年人口普查资料和2005年1%人口抽样调查资料数据研究表明，2000~2005年因各种原因，尽管中国青年失业数量和失业率都出现了下降，但是青年失业率始终都高于城镇登记失业率，2000年，青年失业占全部失业人数的42.6%，到2005年仍占33.3%。特别是大学生就业问题是青年就业问题的核心。其实早在大规模扩招之前，我国大学生的就业形势就已经出现了日益严峻的态势。到2003年，第一批扩招的本科生也开始毕业进入劳动力市场，大学生就业难的问题开始成为社会广泛关注的一个焦点。尤其是在全球金融危机爆发后，我国大学生就业难的

[①] 张平主编：《实施扩大就业战略研究》，人民出版社2010年版。

问题开始上升为就业领域的主要矛盾之一。根据教育部统计资料显示，从 2003 年以来，我国大学生的初次就业率就一直在 70%左右徘徊。但从就业的绝对量来看，数量在不断增长。2003 年，按初次就业率计算的大学生失业人数是 64.6 万人，在 2006 年则首次突破了 100 万人，到 2009 年，大学生迈出校门尚未找到工作的数量已接近二百万之多。估计在"十二五"期间，随着大学生毕业人数的增多，大学生就业压力仍然不会有多大改变。二是随着城镇化加速，农村剩余劳动力转移，就业规模会继续扩大，这也会加大社会就业压力。自 20 世纪 80 年代以来，我国农业生产力得到了很大的提高，数以亿计的农村劳动力也从土地当中解放出来，截至 2009 年底，我国农民工总量为 22978 万人，他们广泛分布在国民经济的各个行业，已成为我国产业工人的重要组成部分，并在诸多的行业如加工制造业、建筑业以及批发、零售、餐饮业的比重已经超过了城镇职工的总量。目前，我国农村还有 1 亿多剩余劳动力。随着农村劳动生产率提高，城镇化加速推进，在整个"十二五"乃至今后相当一段时期，农村剩余劳动力向城镇和其他产业转移仍将不可避免。三是随着我国体制转轨和国有企业改革进一步深化，国有企业、集体企业下岗人员，非公有制企业失业人员，以及社会就业困难对象实现再就业也面临严峻挑战，也会加大社会就业的难度。其次，由于劳动力供给质量与产业结构需求不适应，劳动者职业技能与岗位需求不相符，不同地区就业的结构性矛盾比较突出。一个时期中，农民工招工难与大学生就业难，部分企业"招工难"与"求职难"、"就业难"将同时并存。结构调整中出现新的失业问题和结构性失业问题不断加剧，加大了解决就业问题的复杂性。

（3）宏观经济环境变化，对就业提出了新的挑战。2008 年爆发的国际金融危机已对我国经济发展和就业带来了很大影响。但由于世界经济复苏的基础仍然薄弱，欧美等国又面临新的债务危机，失业率居高不下，使我国扩大贸易出口难度增大，"十二五"期间，我国经济和就业仍摆脱不了国际金融危机的影响。同时，国际贸易保护主义抬头，给我国就业问题带来新的挑战和变数。经济发展方式的转变对就业提出了挑战。淘汰落后生产能力，关闭工艺落后、能耗高、污染重的企业又将产生新的结构性失业。经济发展方式转变要求劳动力在各产业之间实现有序转移，需要大力发展第三产业来吸纳第二产业的减员，消化第一产业的剩余劳动力。战略性新兴产业发展以及产业升级、科技进步和管理创新等，将对劳动者素质提出更高的要求。如果教育、培训等后续服务跟不上，劳动者的职业技能和素质不提高，也会形成结构性失业。

（4）劳动力成本将不断上升，劳动者的利益诉求日益明显和强烈，也会给扩大就业带来一定的影响。从劳动力成本来看，我国劳动力的成本将持续上升，廉价劳动力时代正在逐渐消失。一方面，劳动力的显性工资上涨已成为一种趋势和惯性；另一方面，随着社会保障体制的推进，劳动者的隐性收入也将大幅上升，企业的用工成本必然随之而提高，这必然会对企业的用工需求形成一定的抑制。如何处理好劳动成本上升与扩大就业之间的关系，将成为未来我国就业政策必须面对的难题。与此同时，随着我国经济转型和利益关系进一步调整，利益主体多元化、诉求多样化的态势更加明显，劳动者就业不仅要求提高工资待遇，而且要求改善劳动条件，减轻劳动强度，实现体面劳动等，特别是新生代农民工群体还有尽快融入城市、与居民享受同等待遇的强烈愿望。这些都会给企业用工需求形成一定压力，也给扩大就业带来了一定的难度。

3. 导致我国就业形势严峻的原因

导致我国就业形势严峻的原因是多方面的，许多学者都从不同的层面展开了比较深入的研究和分析，归纳起来主要有以下几个方面的原因：

（1）我国人口众多，劳动者充分就业的需求与劳动力总量过大，这是导致我国劳动者就业和再就业形势严峻的根本原因。中国人口总量大，是世界上劳动力资源最丰富的国家，占世界劳动力总量的 1/4 以上。根据世界银行数据，1980 年中国劳动力为 5.39 亿人，约占世界劳动力总量的 26.4%，相当于中等收入国家劳动力总量的 1.05 倍，相当于高收入国家劳动力总量的 1.46 倍。到 1999 年，中国劳动年龄人口占世界比重的 22.4%，比印度高 6 个百分点，相当于日本的 10 倍以上，俄罗斯的 8 倍以上，美国的 5 倍左右。[1] 未来 30 年中国劳动年龄人口规模将持续增长，形成持续的就业压力。据国家统计局预测，中国 16~64 岁人口，1995 年为 80727 万人，2000 年为 85841 万人，2010 年为 96799 万人，2016 年将达到高峰 10.1 亿人，比发达国家劳动年龄人口的总和还要多。比 1995 年增加 2亿人，约增长 23.5%。[2] 这表明由于总人口规模过大，而且还在不断增长，导致中国劳动力供给量太大，且长期持续增长，就业供给量大大超过就业需求量。世界上没有任何一个国家面临中国这样的就业挑战，即中国人口占世界人口的 21%，劳动力资源占世界的 26%，但自然资源只占世界的 9.6%、资本资源只占 9.4%、知识技术资源只占 1.8%、国际资源只占 1.83%，而要为占世界 26% 的劳动力人口创造就业机会。而美国则用占有世界上 16.02% 的自然资源、31.1% 的资本资源、34.93% 的知识技术资源、24.24% 的国际资源来为世界上不足 5% 的劳动力资源创造就业岗位。可见，我国就业压力非常大，解决就业问题将是我国长期面临

---

[1] World Bank. World Development Indicates 1997.

[2] 国家统计局人口和就业统计司编：《中国人口统计年鉴 1997》，中国统计出版社 1998 年版。

的艰巨任务。

（2）教育和培训对就业的影响。教育和培训是提高劳动者素质和能力的途径。通过教育和培训，可以提高劳动者各方面的素质，从而大大提高就业水平。教育和培训对就业的影响表现在两个方面：一是教育和培训的发展规模，二是教育和培训的结构。扩大教育和培训的规模，增加对教育和培训的投入，在全国范围内普及全民义务教育，广泛开展经常性、多层次、全方位的职业技能培训，使更多的适龄青年接受职业教育或进入高等学校学习，这既可以提高劳动者的素质，又可以推迟就业年龄，从而降低劳动力的参与率，在一定程度上延缓就业压力。改变教育培训的结构，积极发展职业技术教育，包括职业高中、职业中专以及高等职业技术教育、民办职业教育、非学历的职业技能培训等，这不仅能够优化我国的教育结构，而且还能培养多层次适应企业和经济发展需要的专业技术人才。然而，我国现行的教育和培训体制还存在着许多明显的缺陷：一是重学历教育、轻技能培训的倾向比较突出，这是导致我国企业劳动力素质不高、技术工人缺乏的主要原因。近几年，我国经济高速发展，产业结构不断升级换代，对技术工人和高技能人才需求量大大增加，但技术人才的培养却远远不能满足企业需求。尽管技术人才的短缺早已出现，但教育和培训的发展还难以适应。一些大学的专业及课程设置没有能够以市场需求为导向进行规划，有较大的盲目性，专业趋同现象十分严重，造成供给严重大于需求。如近年教育部布点增长最快的10个专业，其毕业生的就业率从 2002 年起全面下降，其中艺术设计下降了 21.6 个百分点，就业率仅为 59.7%。尽管目前各类职业学校已达两万多所，但以培养后备技能人才为主要目标的只有两百多所高级技工学校和技师学院，而且由于经费不足、规模有限、设备设施老化，毕业生待遇未能得到很好解决，难以在短时期内迅速培养出大批高技能人才。二是作为使用人才的企业或公司，对员工的培训重视和投入不够，只使用不培训的做法比较普遍，这在某些民营企业尤为突出，这也在一定程度上妨碍了劳动者素质的提升，加剧了技术人才的短缺。三是在全社会还没有形成对高技能人才的评价、激励和流动的机制。在技能人才评价方式上，存在年龄、资历和身份界限，没有建立以职业能力为导向、以工作业绩为重点并注重职业道德和职业知识水平的技能人才评价新体系。我国教育和培训体制存在的以上缺陷，是导致目前我国毕业生就业难与技术人才短缺同时并存的重要原因。

（3）经济体制转型使潜在的失业人口显形化。一是农村实行家庭联产承包责任制以后，农业生产率大幅度提高，农业部门就业比重迅速下降，大批农业剩余劳动力从农田中解放出来，需要寻找新的就业岗位，走向乡镇企业或进城务工，与城镇劳动力形成竞争关系，对城镇劳动人口特别是非熟练工人形成一定的就业压力。二是表现为随着经济体制改革的不断深化，国有企业改革、优化、减员增效、下岗分流，排离出了大批富余人员。三是由于政府机构改革、军队裁减人员，使劳动力供给大于需求，出现了富余人员。

（4）经济结构的调整，对就业也产生了较大的影响。一是产业结构升级换代，对劳动力素质提出了更高的要求；有的人员素质跟不上，或年龄结构不适应，从而造成大量结构性失业的出现。二是工业内部结构调整，如重工业和轻工业，重工业中的冶金、汽车、装备制造等，传统工业与新兴工业等，有些要发展、有些要压缩，甚至要关停并转，这也会造成一部分人转岗或下岗，走向失业。三是企业规模结构，即大型、中型、小型企业发展不合理，大型企业受重视程度高和发展较快，而中、小型企业发展不足。而一般中小企业属于劳动密集型产业，是世界各国解决劳动力就业的主渠道，我国对中小企业的重视和扶植力度不够，发展严重滞后，这也在一定程度上为劳动力的分流和就业带来了严重的影响。

二、进一步完善中国就业体制的政策与措施

针对我国当前就业矛盾相当尖锐、就业压力较大的实际情况，在"十二五"期间乃至今后相当长的一段时间内，我国必须以科学发展观为统领，按照"十二五"规划纲要的要求，实施就业优先战略，坚持把促进就业放在经济社会发展的优先位置，健全劳动者自主择业、市场调节就业、政府促进就业相结合的机制，创造平等就业机会，提高就业质量，努力实现充分就业。

1. 贯彻落实就业优先战略，强化政府促进就业责任

就业是民生之本，保障全体劳动者就业权益也是科学发展观的核心内容之一。在我国，党中央和国务院虽然多次将此写进了文件和列入了决定中，但很多地方政府并未将扩大就业作为其首要任务。如果政府不能最大限度地保证居民充分就业，不仅会影响国民福祉，也将延误中国经济结构从投资向消费的转型。因此，要贯彻落实就业优先发展战略，各级政府必须做好以下工作：一是在经济发展模式方面，可以考虑实行经济增长、就业增长、工资增长相兼容的模式，使国民经济进入经济增长带动就业增长——就业增长推动工资增长——工资增长带动消费增长——消费增长拉动经济增长的良性循环中。二是严格按照《中华人民共和国就业促进法》对政府的要求，加强政府在发展经济和调整产业结构、增加就业岗位、制定实施积极的就业政策、规范人力资源市场、完善就业服务、加强职业教育和培训，提供就业援助等方面的职责。三是要将就业、再就业纳入经济社

会发展规划中，建立和完善政府促进就业的目标责任制，纳入干部政绩考核体系，并对其实施考核和监督。要经常分析本地区、本部门的就业形势，研究新情况，制定新对策，解决新问题。切实做到领导到位、责任到位、资金到位。

2. 实现发展经济与扩大就业的良性互动，创造更多就业岗位

扩大就业归根结底要靠经济的发展，通过发展经济来扩大就业，是解决就业的根本途径，这是我们在实践中得出的一条重要经验，也是今后工作中要遵循的基本原则。要以科学发展观统领就业工作，根据我国的基本国情，确立有利于扩大就业的经济发展方式，提高经济发展对就业的拉动作用。

(1) 在积极挖掘国有企业和集体企业及大型企业吸纳就业潜力的同时，要更加注重非公有制企业及中小型企业在创造就业岗位方面的作用。企业是经济活动和吸纳就业的主体。一方面，要继续积极支持和鼓励现有的国有、集体企业及大型企业稳定在岗劳动力，建立失业预警等机制。同时，提供各种优惠政策，鼓励企业设立新的岗位，并根据吸纳劳动力的数量给予相应奖励。另一方面，鉴于目前非公有制企业特别是中小企业承接着我国80%左右的新增就业人口，应充分发挥它们吸纳就业的积极作用。要切实贯彻落实国务院关于支持鼓励和引导非公有制经济，以及促进中小企业发展的若干意见，加大财税、融资、技术进步等方面的扶持力度，努力营造有利于非公有制经济和中小企业的发展环境，解决其吸纳就业不稳定的问题。

(2) 在经济转型升级和结构调整中拓展就业岗位。随着我国经济发展方式的转变，经济结构调整的步伐不断加快，必然带来就业结构的变化。因此，我们应以就业最大化为重要依据，处理好调结构与保就业的关系。制造业改造提升，必须考虑充分就业的要求，尽量减少对就业的负面影响。培育新兴产业，应着力发展吸纳就业能力较强的产业。在投资结构方面，注重轻重工业和三次产业之间的结构调整和优化。

3. 大力推进以创业带动就业的"就业倍增"计划，拓宽就业空间

实践证明，越是经济困难、就业形势严峻的时期，实施以创业带动就业的发展战略就显得格外迫切。创业创造岗位，就业源于创业。创业不仅可以实现自身就业，还具有带动他人就业的"倍增效应"。据测算，一个人创业，平均可以带动三个人就业。可见，创业型就业的最大特点，就是突破了传统的"一人一岗"的就业模式，形成了"一人带动一群岗位"的就业模式。创业行为之所以能够在带动就业方面起到巨大作用，主要原因在于创业企业大多数门槛低、创设成本小，而且具有普适性，适合各类群体的劳动者。在当前就业形势日益严峻的时期，对政府而言，大力鼓励、支持劳动者自主创业，既是一项成本较低的就业措

施，又能够达到"事半功倍"的效果。

近年来，国家出台一系列政策措施，扶持自主创业。2008 年，国务院办公厅发布《关于促进以创业带动就业工作的指导意见》，对完善创业扶持政策、强化创业培训、健全创业服务等都作了明确部署。从 2009 年开始，全国 27 个省、自治区的 85 个城市开展创建首批国家级创业城市工作。我国要进一步落实有利于创业的各项政策措施，切实提供服务保障，鼓励和扶持更多劳动者自主创业。

（1）要加大政策扶持。创业是从无到有，白手起家，创业者面临很大的风险和障碍，需要政府予以大力扶持。首先，政府要进一步完善鼓励劳动者创业的财税、金融、工商、场地等政策体系，切实解决影响劳动者创业的税费减免、小额贷款等政策瓶颈问题，为劳动者自主创业创造良好的政策环境。其次，要做好服务保障，推行联合审批、一站式服务、限时办结和承诺服务等，开辟创业"绿色通道"，帮助创业者"轻装上阵"。

（2）强化创业教育，提高创业者的能力。创业难，成功创业更难，我国大学生初次创业成功率仅为 2.4%，与发达国家相比差距甚远。之所以出现这种情况，与创业者缺乏相应的创业能力和素质密切相关。为此，必须认真强化创业培训和创业教育，提升劳动者创业能力。积极开展各类创业培训，广泛采用多种形式创业教育活动，帮助劳动者树立创业观念，掌握、提高与创业相关的各种能力。在大学要开设创业教育、创业案例讲解、创业课程，把创新创业教育面向全体大学生，纳入教学主渠道，使大学生逐步成为创业的引领者和主导者。

（3）营造良好创业氛围。在我国，当前主动选择创业的劳动者为数很少，城镇居民中有意愿创业者人数不到 5%，这说明在整个社会还没有形成一种崇尚创业的良好氛围。因此，应在全社会广泛宣传自主创业的重要意义及相关政策，使更多的劳动者乐于创业、敢于创业。发挥社会各方面支持和推动创业工作的积极作用，普及创业知识，弘扬创业精神，引导劳动者树立正确的创业理念。加强舆论引导，大力宣传创业典型，特别是面对失败不屈不挠成功实现再就业的典型，营造崇尚创业、竞相创业、褒奖成功、宽容失败的和谐创业环境和良好舆论氛围。

4. 加强职业培训和择业观念教育，提高劳动者就业素质

职业教育培训对促进就业具有重要作用。无论是实现就业还是创业，都要求劳动者具有一定的知识水平和劳动技能，随着经济社会发展，对劳动者知识水平和劳动技能的要求也会越来越高。必须把加强人力资源能力建设，增强劳动者就业和创业能力作为一项战略任务来部署、来落实。近年来，我国不断加大劳动者职业培训力度，"十一五"期间，全国共培训劳动者达 8600 万人次。但总的来

看，我国劳动力总体素质偏低，还难以适应经济发展和结构调整的需要。党的十七届五中全会通过的《中共中央关于制定国民经济和社会发展第十二个五年规划的建议》明确提出要加强职业培训和择业观念教育，提高劳动者就业能力。2010年10月，国务院印发《关于加强职业培训　促进就业的意见》，对建立职工培训工作新机制、健全面向全体劳动者的职业培训制度做了具体部署和安排。在"十二五"期间，我们必须加大力度，采取各种措施加强对企业职工的岗位培训、下岗失业人员的再就业培训、农民工的技能培训和农村初高中毕业生的劳动预备制培训，促进劳动者实现素质就业，加快培养各类技能人才。加强劳动者择业观念教育，鼓励大学毕业生增强信心，切实提高就业能力，转变观念，树立"先就业、后择业"、"重事业、轻地域"等正确的择业观，自觉把自己的知识、技能和国家、社会的需要结合起来。引导广大青年劳动者从普通职业和岗位做起，逐步积累经验，不断提高自身的就业能力和素质。

5. 提供公共就业服务，畅通就业通道

按照人本服务要求，提供公共就业服务，是政府的重要职责。在"十二五"期间，要继续完善城乡公共就业和人才服务体系，为劳动者提供优质高效的就业服务。一是加快建立统一、规范、灵活的人力资源市场，逐步打破人力资源市场中存在的城乡分割、身份分割和地区分割，推进人力资源市场管理体制与政策制度的统一，彻底消除流动障碍，促进市场机制在人力资源配置中基础性作用的发挥。二是加快整合公共就业和人才交流服务机构，建设覆盖城乡的公共服务体系，全面推进就业服务的制度化、专业化和信息化。三是全面落实对劳动者的免费就业服务，认真组织开展各项就业服务专项行动，帮助更多劳动者实现就业。四是加大对就业的资金投入，加强对就业专项资金的使用和管理，提高资金的使用效益。

6. 健全劳动关系协调机制，切实维护劳动者合法权益

一是加强协调劳动关系三方机制建设，有效发挥政府、工会和企业作用。全面实施劳动合同制度，进一步提高劳动合同签订率和履行质量，使劳动者和企业双方合法权益都得到有效保障。大力推进集体协商和集体合同制度建设，通过平等协商妥善处理好增加劳动者工资、改善劳动条件与促进企业发展的关系，实现劳动关系双方互利共赢。做好劳动用工备案工作，依法规范企业用工以及劳务派遣行为，纠正损害劳动者合法权益的问题。二是加强劳动人事争议调解仲裁工作，注重基础建设，建立重大劳动人事争议应急调解机制。三是加强劳动保障监察执法工作，加大对拖欠工资、不签订劳动合同、不缴纳社会保险费、违法超时加班等突出违法行为的打击力度，加强农民工权益维护工作，使劳动者的合法权益得到有效保障。

第三节　建立社会保障制度

社会保障制度作为劳动就业制度的配套制度，对一个国家或地区劳动就业和社会经济的发展都会产生重大影响。在社会主义市场经济条件下，加快推进社会保障体系建设，建立和健全社会保障制度，不仅是进一步完善社会主义市场经济体制的重要任务，而且是构建和谐社会的坚实基础。

一、社会保障制度的产生与发展

社会保障制度，是指以国家为主体，为保障社会成员的基本生活权利，依据法律和规定，通过国民收入的分配和再分配而向社会成员所提供的救助、社会保障和各种经济福利制度的总称。实行社会保障制度的国家，社会成员在遇到年老、疾病、伤残和丧失劳动能力的时候，或由于失业、自然灾害和事故等原因，生活出现暂时困难的时候，国家有义务对其提供物质帮助。

社会保障就个别的或局部的措施或制度而言，在古代、中世纪和资本主义初期就在一些国家出现了。但在漫长的历史中，其主要形式是家庭或个别社会组织提供的保障，真正现代意义的社会保障法律制度，产生于 19 世纪 80 年代，它是伴随近代大工业和近现代市场经济发展才成长起来的，也是资本主义社会阶级矛盾发展的结果。具体地讲，西方国家社会保障制度从产生到形成体系大体经历了以下发展阶段：

1. 形成阶段（19 世纪 80 年代至 20 世纪 20 年代）

19 世纪 70 年代，由于德国工业化进程加速，大批农村人口急速进入工厂，带来了诸如医疗、失业、养老等一系列社会问题，劳动人民生活水平不断下降，工人运动愈演愈烈，社会主义运动高涨，在马克思和恩格斯的指导下，社会主义思想在德国获得广泛传播，在 1877 年的选举中，德国的工人阶级政党社会民主党获得重大胜利。工人阶级开始参与政治斗争，严重威胁着资产阶级和地主阶级的政治利益。在这种社会历史背景下，俾斯麦代表德国地主阶级和资产阶级的利益，一方面，在议会通过了镇压社会民主党的法令，妄图把社会主义运动镇压下去，但未能奏效。另一方面，他又以工人利益保护者的身份出现，采用安抚政策，提倡通过国家立法兴办社会保障，以缓和阶级矛盾，麻痹工人。在他的积极推动下，德国在 1883 年制定了世界上第一部《疾病保险法》，随后在 1884 年又颁布了《工伤保险法》，1889 年又实行了《养老、残疾、死亡保险法》，三部立法，形成了由工人和企业主缴纳保险金、政府给予少量补贴、社会进行管理的社会保障制度的基本框架。最初，这些制度只涉及部分产业工人，保险的项目也较单一。后来保险范围逐步扩大到所有社会成员，保险项目也不断增加。到了 20 世纪 20 年代，德国较完善的现代保障制度基本建成。

2. 扩展阶段（20 世纪 20 年代末至第二次世界大战）

在此期间，由于爆发了 1929~1933 年世界经济大危机，给资本主义社会经济生活带来了极大的震荡，社会矛盾异常尖锐。为了缓和阶级矛盾，在 20 世纪 30 年代，各市场经济国家纷纷模仿德国建立社会保障制度，其中，影响最大的是美国 1935 年 3 月 14 日通过的《社会保障法》，这是第一个由联邦政府承担义务、全国性的社会保障法，是配合当时罗斯福新政的，其主要内容是解决失业和老年问题。在美国的影响下，到 1940 年，已有六十多个国家相继建立了社会保障制度。第二次世界大战期间，为了与纳粹德国提出的"福利国家"相抗衡，调动公众参与反法西斯战争的积极性，1942 年底，英国公布了《社会保险及有关服务》，即著名的《贝弗里奇报告》。这个报告突破了社会保障制度只为社会成员提供基本保险的范围，带有明显的福利性特点，为第二次世界大战后许多西方国家建立"福利国家"提供了基本框架。

3. 普遍推行阶段（第二次世界大战后至 20 世纪 70 年代）

从现代社会保障制度发展的轨迹来看，第二次世界大战后近二十年的进程占有极其重要的位置。第二次世界大战结束后，由于社会主义国家的不断产生和建设的巨大成就，以及反法西斯战争的胜利，各国在恢复经济的同时，都把重建社会保障体系作为缓和阶级矛盾、消除危机的政策措施。走在前头的是在欧洲各国中社会保障水平较低的英国。战后不久英国首相艾德礼采纳了贝弗里奇的主张，1945~1948 年，出台了《家庭津贴法》、《国民保障法》、《国民扶助法》、《儿童津贴法》一系列有关社会保障的法规，从而建立起比较完善的社会保障制度，其特点是把全体国民作为对象，将国民保险、国民保健和国民救济融为一体。1948 年，工党政府宣布英国已建成为福利国家。

英国的所谓"福利国家"，不仅引起了有关理论的更新，而且在推动西方国家特别是欧洲各国积极发展社会保障事业方面起到了重要作用，例如，第二次世界大战后，美国政府特别是肯尼迪政府的社会保障政策，与奉行凯恩斯主义相联系，着眼于扩大社会总需求，以引导经济走出衰退，促进经济复苏。到 20 世纪 60 年代，已形成了一套比较完善的社会保障体系，各种保障项目有二百多种。美国联邦政府用于社会保障的开支不断增加，覆盖的范围逐步扩大到整个社会。

西欧国家在发展经济的同时，也积极开拓与发展社会保障事业。西欧六国（英国、法国、联邦德国、意大利、荷兰和比利时）的社会福利开支占国民生产总值的比重，在 70 年代平均约为 20%，而到 80 年代初，已提高到近 30%；福利开支占政府财政支出的比重，1957 年平均为 55% 多，而 80 年代中期有的国家已达90% 左右。为此，在这个时期发达市场经济国家先后建立起了"福利国家"，许多国家的社会保障制度被称为"从摇篮到坟墓"的社会福利制度。

　　社会保障制度演变为"福利国家"的主要原因：从经济上看，第二次世界大战以后，发达国家经济的高速增长，为建立和扩大社会福利范围提供了物质保障；从理论上看，第二次世界大战后由于凯恩斯主义盛行，许多国家都把增加社会福利作为扩大有效需求、防范危机、刺激经济发展的重要工具；从政治和社会发展的需求来看，第二次世界大战后，由于社会主义国家的相继诞生及其优越性的充分展示，在一定程度上推动了发达市场经济国家民主制度的发展，为了缓和社会矛盾，同社会主义国家公共福利和公共消费开展竞争，在政治民主制度下的公共选择机制使"公平与效率"的天平向公平倾斜。

　　4. 改革和完善阶段（20 世纪 80 年代至今）

　　第二次世界大战后西方发达国家社会保障制度的普遍推行，对于促进经济发展、缓和社会矛盾、维持社会稳定的确发挥了积极作用，但是，社会福利的过多过滥也日益暴露出了许多弊端：一是抑制了个人进取精神和破坏了市场经济的自我责任原则，削弱了经济社会进步的动力；二是"从摇篮到坟墓"的社会福利也减弱了个人储蓄和商业保险的意识，使消费基金在社会资金中的比例大大提高，降低了资本形成率，在某种程度上又妨碍了经济发展；三是过多的社会福利开支，使国家财政不堪重负，造成财政赤字增加，增大了通货膨胀的压力等。到了20 世纪 70 年代，西方发达国家不同程度地出现的"福利病"，在很大程度上是造成当时经济增长乏力、失业增加与通货膨胀并存的"滞胀"局面的重要原因。

　　为了消除上述弊端，在 20 世纪 80 年代后，西方发达国家在自由主义思潮的影响下，纷纷开始改革社会福利制度，压缩社会福利开支。主要采取减少福利项目、降低补贴标准、提高享受条件、严格发放范围等政策措施，把一部分原来由国家、社会管理的福利事业转交给私人部门经营，采用市场方式来提高福利的支出效果。由于这项改革直接牵涉到每个社会成员的切身利益，改革的阻力很大，各国改革的成效也有很大差异。从改革的结果来看，自由主义占有很大优势的英、美等国效果比较明显，改革基本上消除了"福利病"的症状。而在自由主义势力受到抑制的欧洲大陆国家，如德国、法国和北欧诸国成效不大，只是在一定程度上抑制了社会福利费用的急剧膨胀，至今这些国家的社会福利改革仍是一项十分艰巨的任务。不过，发达市场经济国家战后所患"福利病"以及改革的经验和教训，为后来的新兴工业国和发展中国家提供了重要启示，使它们在建立和完善社会保障制度时，不要重蹈发达国家的覆辙。

社会保障作为现代国家政府的一项重要社会经济政策，它是伴随工业过程而产生的，至今已经历了一百二十多年的历史发展过程，目前在全球已有172个国家和地区至少实行了一种社会保障制度。

二、社会保障制度的内容及其实施的必要性

社会保障制度，是指一国（地区）政府为保障社会成员的基本生活和福利而提供物质帮助的各项政策、规章制度和措施的总称。社会保障制度不仅是社会主义市场经济体制的重要内容，而且是社会主义市场经济运行的重要保障。

1. 社会保障制度的内容

由于各国社会经济发展水平不同，因而社会保障制度包括的内容也有差别。国际劳工组织将社会保障的内容划定为9个项目：养老金、伤残津贴、遗属津贴、失业津贴、医疗照顾、疾病津贴、工伤津贴、生育津贴及家庭补贴。但一般将其划分为三大类别，其主要包括以下几方面内容：

（1）社会保险。社会保险是以法律为保证的一种基本权利。在劳动者遇到年老、疾病、生育、负伤、残废，丧失劳动能力，收入暂时或永久性减少的时候，国家和社会给予的必要的物质帮助，以维持其个人及家庭的基本生活。社会保险由养老保险、失业保险、医疗保险、工伤保险与生育保险组成。

（2）社会救助，也称社会救济。它是指国家和社会对无劳动能力和生活来源的社会成员以及因自然灾害或其他经济社会等原因导致生活困难者，提供临时或长期物质或资金帮助的一种社会保障制度。社会救助是社会保障的最低层次，也是最后一道防线。社会救助的对象主要是那些陷入生活困境的社会成员。主要包括救济、救灾和扶贫。救济是对社会贫困者给予必要的物质和经济帮助，以保障他们的基本生活需要。享受救济的主体在我国主要是无依、无靠、无生活来源的"三无"人员，其共同特点是无劳动能力。主要包括孤儿（尚未有劳动能力），残疾人，长期患病、未参加社会保险且无子女和配偶的老人。救灾是指国家或社会对因灾害造成生存危机的社会成员进行救助与援助，以维持其最低生活水平的一项社会救助工作。扶贫是指从政策、资金、物质、技术、信息、劳务、就业等方面对贫困户给予扶持，使他们通过发展生产、开展经营和服务脱贫致富的工作。扶贫是社会救助工作的延伸和发展，变单纯的生活救济为生活救济和扶持生产相结合。

在我国的社会保障制度中，还建立了城市和农村居民最低生活保障制度，这是指政府对城乡中的贫困居民按照最低生活保障标准实行基本生活保障的制度。最低生活保障是社会救助的基础和核心，是一项生命线工程，它能保障贫困家庭的起码生活，维持宪法赋予每个人的生存权利，保持稳定的社会生活秩序。

（3）社会福利。社会福利是指国家或社会通过有关政策或立法，提供给社会成员共同享有的一定的福利待遇。包括公共福利事业、福利生产、社会福利院和福利团体等。社会福利是继社会保障和社会救助制度普遍建立之后，面向全体社会成员，为提高其生活水平和质量而建立的一项现代保障制度，是社会保障体系中一个高层次的组成部分，也是评价一个国家或地区社会文明进步程度的重要指标。

社会福利的具体内容主要包括三个部分：一是社会补贴。这是政府在出台某项政策措施时，为确保人们生活水平不因实施这一政策或措施而下降，对相关社会成员提供一定的资金补助或物质帮助。如物价补贴、副食品补贴、交通补贴、住房补贴等。在社会补贴中，教育福利占有很大的比重，如义务教育津贴，高等学校助、奖、贷学金，对农村子女上学免除学杂费等。二是职业福利。这是以血缘关系为基础，为同系统、同行业、同单位职工及其家属设立的福利设施及发放的福利津贴。如职工食堂、浴室、理发室、体育娱乐场、阅览室等。除了提供这些福利设施外，职工工资单上还包括各种福利津贴，如书报费、交通补贴费、特种行业补贴等。三是社会服务。这是国家和社会通过社区组织和福利机构为解决弱势人群的实际困难，有针对性地提供设施与服务的福利项目。

社会保障制度的构成如图 8-2 所示。

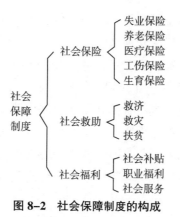

图 8-2　社会保障制度的构成

社会保障制度是一个有机整体，社会保险、社会救助和社会福利是相互联系的。但在现代社会保障制度中，社会保险是主要形式，社会救助和社会福利是辅助形式。社会保险与社会救助和社会福利相比，具有三个不同的特点：一是权利义务的双向性，既强调国家和社会对个人的责任，又强调个人参与。而社会救助和社会福利是单向型的，一般只强调国家和社会对个人及其家庭的责任。二是资金来源具有多样性，强调个人、社区或单位、国家三个方面合理负担。而社会救助和社会福利都是单向型的，完全由国家和社会向个人及其家庭提供救助和福利。三是保障手段具有预防性，它强调预先筹集和积累，未雨绸缪，防患于未然。而社会救助和社会福利都是被动型的，一般是在出现了贫困现象和社会问题时才采取应急措施。

在我国，社会保障制度的主要内容除了以上三个方面外，还包括社会优抚。社会优抚是指国家和社会对为国家和人民的利益牺牲生命或作过特殊贡献的人士及家属给予的优惠待遇和抚恤。社会优抚是对优抚对象的褒奖，包括政治上的荣誉、精神上的抚慰和经济上、物质上的照顾。我国的优抚对象包括革命烈属、因公牺牲军人家属、病故军人家属、现役军人家属、现役军人、革命伤残军人、复员退伍军人等。

与社会保障制度相联系的，通常被运用的还有社会保障体系这一概念。社会保障体系是一国各个方面、各个层次相互联系的社会保障制度和组织形式的整体构成。它与社会保障制度是两个既有联系又有区别的概念。社会保障制度强调的是社会保障体制。社会保障体系强调的是社会保障项目的构成及其运行系统。

2. 社会保障制度的特征与功能

社会保障制度具有以下基本特征：一是强制性。这种强制性体现为社会保障制度各环节都必须遵循一定的法律制度来实施，不论愿意与否，都要按照国家的有关法律参加各种保险，缴纳社会保险金。有了强制性特点，才能确保社会保险基金有稳定可靠的经济来源，才能切实保障被保险人依法获得经济补偿的权利。二是普遍性。普遍性是指凡是符合条件的社会成员都有缴纳社会保障基金的义务和享受社会保障的权利。社会保障的对象是社会全体成员，既包括丧失劳动能力的公民，也包括虽有劳动能力，但由于失业或者经济条件差、生活贫困的公民。其目的是为社会成员建立以社会化为标志的生活安全网，保持社会生活秩序的稳定。三是非营利性。非营利性是指社会保障的管理部门和营运机构都是公益性单位，不以获取利益为目的。社会保障不仅不能盈利，而且还要政府补贴，因此，它与商业保险有着本质的区别。四是经济互助性。在市场经济中，众多的社会成员需要经济帮助，慈善机构和捐赠者的力量是有限的，只有依靠国家力量把分散的经济力量组合起来，才能实现社会成员之间的互助互济。人类本身就是群体动物，群体具有相互依赖性，人类社会的发展只能是整体的共同发展，人与人之间存在着互助性，互助性是人类社会在发展中长期形成的公共道德标准。在人类社会的经济发展中，每一个社会成员在其自身所有的需要层次上，都拥有相同的权利和机会。社会保障制度的资金筹集和分配使用，恰恰体现了社会成员之间在满足基本需要方面的互助互爱关系。

社会保障制度具有以下三大功能：一是劳动者及其家庭的"安全网"。劳动者是家庭收入和社会财富的创造者，国家通过立法建立社会保障基金，对劳动者因年老、失业、疾病、工伤、生育而退出劳动领域或减少劳动收入时，给予经济补偿，降低劳动风险，为劳动者及其家庭编织了一张社会安全网。二是收入分配的"调节器"。社会保障属于国民收入的第二次分配，更注重公平原则，以缩小社会收入分配差距。这对快速发展变革的社会尤为重要，是实现社会主义本质中"消除两极分化，最终实现共同富裕"的重要举措。三是经济社会运行的"减震器"。特别是经济增长出现大的波动时，它通过保障低收入群体的基本生活来防止出现大规模的对前途失望的群体，提振他们的信心，从而减少可能引发的社会震荡。

3. 建立和完善社会保障制度的必要性

从国际范围看，社会保障制度是维护社会安定、促进经济发展、关系全体社会成员切身利益的一项基本的社会政策。

就我国国情而言，无论是经济的持续、快速、健康发展，还是国家的长治久安，都离不开健全完善的社会保障制度的有力支撑。在当前我国发展进入新的阶段，全国推进小康社会建设、促进社会和谐、进一步完善社会主义市场经济体制的过程中，建立和完善社会保障制度尤其必要，具有重要的现实意义。主要体现在以下几个方面：

（1）建立和完善社会保障制度，是加速我国经济发展和社会进步的基本保证。社会保障制度是社会的"安全网"，有了健全完善的社会保险制度，才能实现老有所养、病有所医、伤有所保、失业有救济、残疾有安置、贫困有支援。社会保障制度就是通过保障人民的基本生活，解除了社会成员的后顾之忧，有效地化解可能发生的各种社会矛盾，实现国家的安定和社会稳定，为经济的发展创造稳定的社会环境，这本身就是对经济发展最有力的支持和促进。不仅如此，社会保障制度还直接成为经济发展的"助推器"和"稳定器"。就宏观经济而言，雄厚的社会保障基金能够有力地支撑经济发展，并将对经济发展的格局发挥宏观调控的重要作用；就微观经济而言，通过社会保障体系的建立，还可以规范和均衡企业的社会负担，有助于社会主义市场经济微观基础的形成和完善，促进经济稳定增长。社会保障制度作为一种再分配手段，还是社会不同群体收入分配的"调节器"，通过保障人们的基本生活需要，实现社会公平，最终达到共同富裕的目的。

（2）健全和完善的社会保障制度，是社会主义市场经济体制的重要支柱。我国经济体制改革的目标是建立中国特色的社会主义市场经济体制。健康运行的社会主义市场经济体制，是一个以市场机制为基础配置社会资源的经济体制，这一经济体制不但需要自主经营、自负盈亏的市场主体，统一开放的市场体系和以间接手段为主的宏观调控机制，相对完备的法律体系，同时也需要有一个健全和完善的社会保障体系作为支撑。这几个客观条件缺一不可，构成相辅相成的有机整体。这在党的十四届三中全会通过的《中共中央关于建立社会主义市场经济体制若干问题的决定》中已经作了科学的阐述。只有建立健全社会保障体系，社会主义市场经济体制才能获得有效的支撑，才能有效地预防和克服市场失效方面的各种消极现象，才能避免经济社会秩序的混乱。从这个意义上说，健全的社会保障制度是市场经济必不可少的维护机制。因此，较为完善的、具有中国特色的社会保障制度，是社会主义市场经济体制的基本内容和重要支柱，直接关系到我国能否建成社会主义市场经济体制的大局。①

（3）建立和完善社会保障制度，是转换国有企业经营机制、建立现代企业制度的必要条件。长期以来，企业办社会的状况十分严重，职工一旦进入企业，生老病死等一切社会保障费用全由企业来承担，这样，企业实际上充当了社会保障制度的主体。这既加重了国有企业的负担，影响了劳动生产率的提高；又造成了新老企业的负担不均，老企业由于退休职工多，相应退休费用支出多，因而负担重，新建企业一般没有这方面的问题，这必然会影响企业之间的公平竞争，成为制约国有企业转换经营机制的重要因素。在国有企业改革和进行经济结构战略性调整的过程中，由于企业的破产、兼并、资本重组等，劳动力的合理流动和下岗、失业的增加是不可避免的，这就迫切需要建立多层次的社会保障体系，把养老、医疗、失业、工伤、住房等保障职能从企业中分离出去，使国有企业"轻装上阵"，真正成为市场竞争的主体，在同一条起跑线上平等地参与竞争，成为充满生机和活力的社会主义市场机制运行的微观基础。

（4）建立和完善社会保障制度，是改变我国二元经济结构、发展农村经济、

---

① 徐晓春等：《论政府在改革和完善社会保障制度中的作用》，《湖南科技学院学报》2008 年第 9 期。

控制农村人口增长的体制保障。我国农村原有的社会保障主要采取以"人民公社"制度为依托的"集体保障"。随着农村经济体制改革的发展，家庭联产承包责任制的普遍实行，原有的集体保障功能已趋瓦解，家庭小型化使家庭的保障功能削弱。随着农村经济的发展和农业劳动生产率的提高，农村大量剩余劳动力从农业中转移出来，从而使农民的收入差距和社会风险增大。因此，在农村建立和完善以养老保险为主的农村社会保障体系，是促进农村经济发展的客观需要，有利于打破农民"养儿防老"的观念，减少实行计划生育的阻力，控制农村人口增长，提高农民的素质；有利于调节国家与农民的关系，缩小城乡差距，巩固工农联盟。

（5）建立和完善社会保障制度，也是调节社会经济运行的重要手段。社会保障有利于调节投资，平衡社会供求关系。社会保障资金直接来自保险税费和资产运营收入，具有较高的稳定性。经过较长时期的积累，社会保障基金可以在国家财政上发挥较大的作用。社会保障基金的运营主观上是为了保值增值，但客观上却能调节投资、调整产业结构，是国家实行宏观调控的有力手段。同时，社会保障作为政府和社会支出的一部分，能起到调节社会经济关系的作用。当经济增长时，劳动者收入增加、失业减少，社会保障支出随之减少，有利于缓解需求压力，抑制经济过热。反之，当经济不景气时，社会保障支出增加，会刺激社会有效需求相应增加，推动经济增长。

三、社会保障制度的主要模式

迄今为止，世界上已有一百多个国家和地区建立了社会保障制度。但由于各国的社会制度、经济实力和文化背景等不同，推行社会保障制度的时间不一样。因此，各国社会保障制度在政策取向、制度设计、项目多寡、具体标准及实施办法等方面既有共同点，也有差异之处。从社会保障制度的主要方面进行分析和综合，可将世界各国社会保障制度模式归纳为以下四种：

1. 救助型社会保障制度模式

救助型社会保障制度模式，是指国家通过建立健全社会保障的有关规章制度，保证每个社会成员在遇到各种不测事故时，能得到救助而不至于陷入贫困。对于已经处于困境的社会成员，则发给社会保障津贴，以维持其基本生活。这种模式的特征是：首先，政府通过相应立法作为实施救助的依据。公民申请和享受社会救助是其依法应享受的权利，不附带屈辱和其他条件。其次，社会救助的费用列入政府的财政支出，其资金来源于国家税收，个人不缴纳保险费。再次，救助的对象为因失业或天灾人祸而陷入贫困的公民、弃婴、孤儿、残疾人、老年人。最后，救助的标准水平低，以维持基本生存为限。

救助型社会保障制度模式，是工业化开始前后所实行的单项或多项救助制度。依据社会保障的标准来衡量，只能说它处于起步阶段，是社会保障制度中的一种初级的、不成熟的、不完备的形式。这种模式目前主要在一些经济不发达的非洲国家比较盛行。

2. 保险型社会保障制度模式

保险型社会保障制度模式是在工业化取得一定成效、有雄厚经济基础的情况下实行的。这种模式的目标是国家为公民提供一系列的基本生活保障，使公民在失业、年老、伤残以及婚姻关系、生育或死亡而需要特别支出的情况下，得到经济补偿和保障。它起源于19世纪末期的德国，随后为美国、日本和西欧一些国家所仿效。

保险型社会保障制度模式的主要特征：首先，政府有关社会保障的立法，是作为实施社会保障的依据。其次，社会保障费用由企业、个人、政府三方负担，企业和个人缴费是社会保险基金的主要来源；以保障基本生活水平为原则，待遇给付标准与劳动者个人收入和缴费相联系。对公民来说，体现了权利与义务的统一。再次，保障的覆盖面大，几乎包含了社会全体成员。最后，强调公平与效率兼顾的原则，既要保证每个公民都能够享有一定的社会保障待遇，又不能过分影响市场竞争力。这种模式虽然起源于德国，但后来德国由于受福利型社会保障模式的影响较大，其特点反不如美国和日本突出。

3. 福利型社会保障制度模式

福利型社会保障制度模式是在经济比较发达、整个社会物质生活水平提高的情况下实行的一种比较全面的保障模式。其目标是：对于每个公民由生到死的一切生活及危险，诸如疾病、灾害、生育、老年、死亡以及鳏、寡、孤、独、残疾人都给予安全保障。这项制度来源于福利国家的福利政策。它由英国初创，以瑞典为代表，多见于北欧国家，西欧发达国家也或多或少具有这种模式的特征。

福利型社会保障制度模式的主要特征：首先，社会保障范围广泛，由生到死，几乎无所不包。其次，社会保障资金主要来源于国家一般性税收，个人不缴纳或低标准缴纳社会保障费，社会保障事业由政府统一进行管理，各项保障待遇都以法律形式固定下来。再次，强调社会保障的平等性和普遍性，除实行养老、医疗、失业、贫困线等基本保障外，还有各种优厚的津贴制度，津贴与个人收入和缴费缺乏联系，带有明显的福利性质。最后，保障的目的已不完全是预防贫困和消灭贫困，而在于维持社会成员一定标准的生活质量，加强个人安全感。不仅要满足人们社会保障需求，而且开始注意满足人们的社会福利需求。由于这种模式在公平与效率的天平上更加注重公平，存在忽视效率的问题，在福利国家的改革中，其特点有逐渐弱化的趋势。

4. 自助型社会保障制度模式

自助型社会保障制度模式，也称个人储蓄型模式。它是在汲取了福利国家的经验、教训后，由新兴工业国和其他后发展国家创造的一种社会保障模式，主要在智利、新加坡、马来西亚、印度尼西亚等国实行，并在新加坡和智利取得了显著成效。

自助型社会保障制度模式的主要特征：首先，政府通过立法强制建立个人社会保障储蓄账户，政府不提供资助，除公共福利与文化设施外，费用由企业和个人缴纳，并全部记入个人账户。其次，个人账户资金投入资本市场运营，以实现保值增值。最后，每个人的社会保障待遇，完全取决于个人账户的积累额，依据基金管理运营方式的不同，可以将自助型社会保障制度模式具体分为两种类型：一种是以新加坡为代表，其核心是政府集中管理和运营基金；另一种是智利模式，其核心是由私营基金管理公司竞争运营基金。我国香港经过十多年的辩论，从 2000 年开始推行的"强制性的公积金"，采用的也是智利模式。

从世界各国社会保障发展过程看，由于各国基本社会制度和国情的不同，社会保障机制和保障水平存在着明显差别，因而对储蓄和消费也产生了完全不同的影响。各国一般使用社会保障支出在国民生产总值中所占比重作为衡量社会保障支出规模的显示指标。按照这个指标，日本的社会保障给付规模最低，其次是美国，而英国、法国、德国、瑞典的给付规模都比较高。按照社会保障给付规模以及对经济发展的不同作用，可将主要发达国家分为两大类：一类是以美国、日本为代表的低保障国家；另一类是以英国、瑞典为代表的高保障、高福利国家。

同欧洲一些发达国家相比，尽管美国和日本都属于低保障国家，但就其消费水平和储蓄率来看两国却截然不同。从国际比较看，美国在世界上是典型的低储蓄率国家，日本是典型的具有东方色彩的高储蓄率国家。据有关资料显示，1970~1994 年，美国和日本个人储蓄占可支配收入的比重，日本比美国高 15~20 个百分点；个人消费占 GDP 的比重，美国比日本高 10 个百分点左右，比世界平均水平还高约 5 个百分点。一般认为，日本之所以实行高储蓄率的主要原因是：首先，日本人民具有东方民族勤俭、储蓄的传统；其次，日本经济持续快速地发展，使居民工资收入增长较快；再次，日本国民非常重视教育，为教育进行储蓄的动机非常强烈；最后，社会保障水平较低，有些居民为了防老，也会增加其储蓄的动机。从某种意义上讲，日本的高储蓄率与社会保障似乎有一定的正相关性，但并不明显。美国在储蓄率很低的情况下，之所以会出现个人消费比日本等国家高，其主要原因是：首先，美国政府长期以来存在巨额的财政赤字；其次，消费信贷在美国非常发达；最后，进入 20 世纪 80 年代以来，美国证券市场发展迅速，财富效应使得居民消费需求明显上升，导致储蓄下降。可见，与日本不同，美国的高消费与社会保障的相关性不大。

四、社会保障基金的筹集与运营

社会保障基金是社会积累基金的重要部分，它是保障社会成员利益的公共基金，因而它的筹集和运营必须规范有序。

1. 社会保障基金的筹集

社会保障基金是指为兴办和发展社会保障事业而储备的资金和专门拨款。主要包括四大部分：社会保险基金、社会救助基金、社会福利基金、社会优抚基金。其中，社会保险基金由政府、企业、个人三者共同负担。其他三项基金主要由国家财政拨款，并辅之以社会、集体和个人捐赠、有奖募捐等形式。

综观世界上绝大多数国家的做法，社会保障基金的筹集大体采取以下三种模式：

（1）现收现付制。即根据一定时期（通常为一年）横向收支平衡的原则筹集社会保障基金的模式。所谓横向收支平衡，是指当期征收的社会保障基金用于当期的社会保障基金支出，以支定收，需要多少资金就征收多少。通常是按照各项社会保障资金的支出情况确定相应的社会保障税额度和一般财政支出补贴水平，以求得收支平衡，不为以后时期的支付储备资金。第二次世界大战后，西方发达国家尤其是西欧国家在建设"福利国家"时，多数采取了这种筹资模式。

（2）个人积累账户制。是指职工从参加工作起，根据规定按工资的一定比例由雇主和雇员缴纳保险费，记入个人账户，作为长期储存积累增值的基金，其所有权归个人。职工到法定退休年龄，按个人账户积累总额以养老金形式逐月发放给个人。这种模式将个人保障融入社会保险，与每个人的利益密切相关，能激励个人缴费的积极性，也有利于加强个人对本企业或单位缴费的监督和管理，具有以效率为主导的特征。该模式使社会度过老龄化退休高峰期能有足够的资金，不存在支付危机。因此，这种筹资模式在智利实行后，许多国家纷纷仿效，有些国家甚至把它作为法定的保险制度，如新加坡、马来西亚、印度等国家实行的中央公积金制度，而在西方发达国家把它作为第二次的企业养老金和私人年金计划。

（3）部分积累型。这是一种把现收现付与个人积累账户结合起来的筹资模式。在社会保障基金的形式上，一部分采取现收现付的形式，保证当前开支的需要；另一部分采取个人账户积累形式，满足将来支付的需求。这种方式兼容了现收现付式和个人积累账户式二者的长处，弥补了它们的缺陷，所以被世界上许多国家采用。

我国社会保障基金的筹集摒弃了传统的现收现付制，采取个人积累账户制，并从我国实际出发，在党的十四届三中全会通过的《中共中央关于建立社会主义市场经济体制若干问题的决定》中明确提出，城镇职工养老和医疗保险金由单位和个人共同负担，实行社会统筹和个人账户相结合的制度（简称统账结合）。党的十六届三中全会通过的《中共中央关于完善社会主义市场经济体制若干问题的决定》继续坚持这个改革方向，并且要求扩大覆盖范围，把城镇从业人员纳入基本养老保险，然后再逐步扩大到农村。统账结合在维持社会统筹现收现付制度框架基础上引进个人账户，并依法强制实行，用人单位和个人都必须参加，养老保险费用一般由国家、用人单位和个人三方负担，实行广泛的社会统筹互济，并由专门机构实行社会化管理。实行这种筹资模式，有利于形成有效的激励机制和约束机制，明确各自的权利和责任。一方面，由于积累基金建立在个人账户的基础上，个人账户已缴纳储存了多少养老保险基金，将来就可以享受多少养老保险待遇，权益和义务十分清晰，透明度高，它能树立人们的自我保障意识，明确个人在筹集基金中的责任，激励个人缴费的积极性。另一方面，个人在乐于缴费的同时，从自身利益出发，也会积极监督用人单位为其及时足额缴费，这也有利于建立部分积累制，能够减轻代际之间的转嫁负担和人口老龄化带来的支付压力。在统账结合的模式中，政府的责任也十分明确，即强化统筹管理，根据经济社会发展，逐步扩大统筹范围，提高统筹管理层次，为个人账户的储存额承担保值增值的责任。

经过改革实践的反复论证，我国实行的社会统筹与个人账户相结合的筹资模式，既体现了社会互济，共担风险，又有激励勤奋劳动的机制；既在社会保险这个再分配中讲究公平，调节社会成员收入分配关系，又注重效率，调动劳动者积极性。因此，它是一种符合我国基本国情、能维护各方利益的较好的筹资模式。

2. 社会保障基金的运营

社会保障基金的运营主要包括两方面的内容，一是如何运营筹集到的社会保障基金；二是如何对社会保障基金及其运营实施有效的监管。

社会保障基金的运营主要是社会保险基金的运营，即通过什么方式和途径使社会保险基金做到保值和增值。投资是实现社会保险基金保值和增值的最主要途径。社会保险基金的投资必须遵循以下原则：一是安全性原则。社会保险关系到劳动者及其家庭的基本生活保障，必须考虑安全性，保值是首要目标，投资的本金必须能够及时足额地回收。因此，投资项目的选择要在严格遵守国家有关政策法规的前提下进行，把风险锁定在最小的范围内。二是收益性原则。社会保险基金投资的最终目标是增值，只有增值，才能消除通货膨胀的影响，满足到期支付的需要，增强给付能力。三是多样组合原则。为了使社会保险基金做到保值和增值，很多国家都对社会保险基金内部各个构成部分分别进行了不同期限的投资组合，并对投资组合中的投资品种及其比例给出了明确的限制。例如，我国《全国社会保障基金投资管理暂行办法》明确规定：全国社会保障基金的投资范围限于银行存款、国债、企业债、金融债、证券投资基金、股票。其中证券投资基金、股票的投资比例不高于40%，企业债、金融的投资比例不高于10%，银行存款和国债不低于50%。之所以要对基金划定投资范围并对投资品种作出明确的限制，其主要目的是在安全性和收益性之间寻求最佳组合，通过投资约束达到控制风险的目的。四是流动变现原则。即指投入运营的基金能及时流回变成现金。之所以要强调变现，是因为社会保险基金有特殊的用途，它必须保证劳动者在遇到各种风险时能获得及时的给付。如果投资冻结在某个项目的固定用途而无法脱手变现，不能应付需要的话，那么社会保险就有名无实了。

根据上述原则，社会保险基金的投资可以采取多种投资模式或方式。一般来说，对风险较小的投资采取直接投资模式，对风险较大的投资运用委托投资模式，是国际养老金管理运作的成功经验之一，它既有利于分散风险，又有利于发挥专门投资机构的专业优势。在借鉴国际经验的基础上，结合中国国情，按照《全国社会保障基金投资管理暂行办法》的要求，全国社会保障基金理事会对银行存款和一级市场国债承销直接运作，对股票、企业债、金融债等委托专业投资管理机构进行投资。

2002年，全国社会保障基金理事会通过严格的评审程序，确定了6家基金管理公司作为投资管理人，2家商业银行作为托管银行（理事会通过公平招标的形式，经专家委员会评审，确定南方、博时、华夏、鹏华、长盛、嘉实6家基金公司为投资管理人，中国银行和中国农业银行为基金托管人）。全国社会保障基金于2003年6月正式入市。2003年6月，选定第一批6家基金管理公司负责管理包括股票、债券和回购在内的19个组合；2004年10月，选定了3家基金管理公司和1家证券公司作为第二批管理人。2004年2月，国务院批准社会保障基金开展海外投资业务，并组织有关部门制定海外投资管理办法。2004年6月，国务院批准参股交通银行，为社会保障基金第一笔股权投资业务；2004年5月，国务院有关部门批准参股投资中国—比利时直接股权投资基金。截至2004年6月底，全国社会保障基金委托投资占基金总资产的比例是24.4%。理事会直接投资以国债投资和存放银行为主，近几年投资所占比例都在50%以上。

3. 社会保障基金的监管

社会保障基金的运营要受政府的监管。从国际上看，对社会保障基金的监管主要有以下两种模式：

（1）严格的限量监管模式。采用限量监管模式的国家有欧洲大陆国家及智利、秘鲁等拉美国家。这种监管模式的主要特点：一是监管机构独立性强，权力较大。如智利、波兰、匈牙利等国都建立了独立的养老保险监管机构，代表国家对养老金进行统一监管。二是对基金投资比例有限制性规定，监管机构依据这些规定，通过现场和非现场监管方式密切监控基金的日常运营。德国规定，在一个养老金的资产组合中，证券、房地产和外国资产的比例分别不能超过20%、5%和4%；法国则规定，补充性养老基金资产中必须有50%投资于政府债券。三是有严格的信息披露制度，信息披露的内容包括资产估价的原则、资产估价的频率以及其他财务数据等，监管机构通常采取各种方法直接审查披露的信息是否真实。四是实行最低收益原则，即要求基金投资要达到一定的水平。例如，智利规定养老基金的投资收益率必须高于全部基金平均收益的50%；瑞士养老金的名义投资收益率必须高于4%；乌拉圭养老金实行投资收益率必须高于2%。当养老金收益达不到上述最低要求时，先由各基金管理公司的储备金进行弥补，当储备不足时，再由国家财政预算予以支持。

（2）审慎性监管模式。这种监管模式比较适合于市场经济比较发达，金融体制比较健全，资本市场和中间机构比较完善，基金管理机构有一定程度的发展，相关法律比较齐全的国家。采用审慎性监管模式的有英国、美国、加拿大等发达国家。这种监管模式的主要特点是：首先，强调基金管理者对基金持有人的诚信义务和基金管理的透明度，打击欺诈行为，保护持有人的利益；其次，要求资产投资多样化，避免风险过于集中；再次，限制基金管理者进行自营业务；最后，鼓励竞争，防止基金管理者操控市场和避免投资组合趋同。实行这种监管模式，监管机构很少干预基金的日常活动，只是在当事人提出要求或在基金出现问题时才介入。在很大程度上，监管机构主要依靠审计师、精算师、资产评估机构等中介组织对基金运营实施监管。

我国对社会保障基金的监督，借鉴国际经验，结合中国基本国情，主要采取限量监管模式，同时也借助审计师、会计师、资产评估机构等中介组织的作用，对社会保障基金进行监督。

第四节　中国社会保障制度的改革与完善

我国在经济改革的同时，也对社会保障制度进行了改革，这项改革大致起始于 20 世纪 80 年代中期。三十多年社会保障制度改革既取得了很大成绩，初步建立了与社会主义市场经济体制相适应的社会保障体系，也积累和面临不少问题，因而还需要进一步完善。

一、中国社会保障制度的现状与存在的主要问题

我国的社会保障制度是从 1951 年开始建立的。传统的社会保障制度是以计划经济为基础的，其内容主要由国家保障、单位保障和农村集体保障三大板块所组成，各个保障项目分别按三大板块来设置，形成了相互独立、互不交叉、不成体系的"三张安全网"。国家保障是以中央和地方政府为责任主体，面向全体社会成员，无偿提供有关物质援助，包括救济、福利、补贴、优抚和赈灾等。单位保障是以单位为责任主体，以本企业职工及其家属为对象，包揽了就业、养老、工伤、医疗、生育、困难补助和福利等。农村集体保障是以农村集体组织为责任主体，以农民为对象，进行合作医疗和对五保户等特困人员提供最基本的生活保障。

这种以计划经济为基础的统收统支的社会保障制度，在一定历史条件下，对于保证人民生活、稳定社会、促进经济发展都起到了不可磨灭的重要作用。但是，随着计划经济向市场经济的转变，这种体制存在着社会化程度低、覆盖面窄、享受社会保障的机会不均等；层次单一、不成体系；保障水平低，不能适应人口老龄化的要求；社会保障管理不健全等弊端。为了适应经济发展和促进社会稳定，逐步提高广大人民群众的生活水平和社会保障待遇。从党的十一届三中全会以后，我国开始对计划经济体制以及与之相适应的社会保障制度进行了渐进式改革。

1. 社会保障制度改革的成效

改革开放三十多年来，我国社会保障制度的改革和发展大致经历了四个阶段：第一阶段是 1978~1991 年的恢复性改革阶段。1978 年以前，我国社会保障制度的典型特征是"企业保险"，而 1978~1991 年这一阶段主要是维持、巩固和完善这种制度模式，因此，这一阶段的主要目的还是为了解决历史遗留问题和恢

复被"文化大革命"破坏的养老制度。①与此同时，这一阶段的一些改革措施也积极促进了"企业保险"向"社会保险"的转变。第二阶段是1991~2000年的探索性改革阶段，也是中国社会保障制度框架形成的重要时期。第三阶段是2000~2006年的"做实"试点阶段。在"社会统筹和个人账户相结合"的制度模式下，使原来因各种原因造成的个人账户长期"空转"，而采取改革试点将其全部"做实"。第四阶段是2006年至今的"全覆盖"改革阶段。2006年中共十六届六中全会从构建社会主义和谐社会的战略高度，明确提出到2020年建立覆盖全民的社会保障体系。2007年党的十七大报告再次提出"加快建立覆盖城乡居民的社会保障体系"。以此为标志，我国社会保障制度改革与发展进入统筹城乡、全面覆盖、综合配套、统一管理阶段。

经过三十多年的改革，我国社会保障事业得到了突飞猛进的发展，初步建立起与社会主义市场经济体制相适应的社会保障体制框架。主要体现在以下方面：

（1）城乡养老保险、医疗保险建设取得了突破性进展，失业、工伤和生育保险基本形成，各项社会保险覆盖人数迅速增加。党的十四届三中全会把建立社会保障制度，作为社会主义市场经济体制基本框架的五个组成部分之一，明确了我国社会保障体系的基本内容。党的十七大报告提出："要以社会保险、社会救助、社会福利为基础，以慈善事业、商业保险为补充，加快完善社会保障体系。"经过多年改革探索和努力，我国初步形成了社会保障制度框架。特别是"十一五"时期，《中华人民共和国社会保险法》的颁布与实施，基本养老制度和医疗保险制度不仅覆盖到了城乡，而且发展迅速。

截至2011年底，全国城镇基本养老保险参保人数达到28392万人，比2002年增加了1亿多人。全国列入国家新型农村社会养老保险试点地区参保人数32643万人。全国城镇基本医疗保险参保人数达到47291万人。截至9月底，全国2646个县（市、区）开展了新型农村合作医疗工作，新型农村合作医疗参合率达97.5%。截至2010年底，新型农村合作医疗基金支出总额为832亿元，累计受益7亿人次。城乡基本医疗保险覆盖人数达到12.5亿多人，为2002年的10倍。全国失业保险参保人数达到13376万人，比2009年增加660万人。全国工伤保险参保人数达到16173万人，其中有六千多万进城农民工参保，比2009年增加1278万人。全国生育保险参保人数达到12306万人，比2008年增加1430

---

① 郑功成：《中国社会保障制度变迁与评估》，中国人民大学出版社2002年版，第7页。

万人。[1]

（2）社会保障水平不断提高，资金规模进一步扩大。随着我国经济的不断增长，财力的不断增强，在社会保障覆盖人数迅速增加的同时，社会保障水平也在逐步提高。一是财政在社会保障中的支出不断增加。财政用于各项社保基金补助、行政事业单位离退休、企业关闭破产、低保、救济、抚恤、灾害补助、医疗和住房等保障性支出，2009 年达到 9586.34 亿元，较 2005 年增加 6048.39 亿元，占当年财政总支出的比重达到 12.57%，较 2005 年增长 10.43%，年均增加 0.5 个百分点。全国社会保障基金规模不断扩大。截至 2009 年底，全国社会保障基金总规模达到 7765 亿元，较 2001 年增加 38 倍。二是社会保障标准待遇大幅提升。国家从 2005 年起连续 6 年提高企业退休人员的基本养老金，其标准从 2005 年每人每月 714 元提高到 2010 年的 1320 元，增长近 1 倍。城镇企业职工基本养老金，经过连续 6 年调整，水平翻了一番。2009 年全国有 484 万人领取失业保险金，人均每月领取 446 元。2010 年有 2311.1 万城镇居民得到政府最低生活保障。城市最低生活保障平均标准从 2005 年的每人每月 156 元提高到 2009 年的 227.8 元，人均月补助金额由 72.3 元提高到 2009 年的 165 元。2010 年有 5228.4 万农村居民得到政府最低生活保障，554.9 万农村居民得到政府五保救济。农村最低生活保障平均标准从 2005 年每人每月 76 元提高到 2009 年的 100.8 元，人均月补助金额由 38 元提高到 64 元。城镇职工医疗、城镇居民医疗、新型农村合作医疗（以下简称新农合）费用报销比例分别达到 75%、50% 和 40%，全国平均每年医疗费用报销最高封顶线分别达到城乡年人均税后收入的 6 倍。三是各项社会保险基金规模不断扩大。截至 2009 年底，城镇五项保险基金累计结存 15975.2 亿元。截至 2008 年底，全国有 3.3 万户企业建立了企业年金，年底企业年金基金累计结存 1911 亿元。截至 2009 年底，新、旧农村社会养老保险基金分别累计结存 200 亿元和 499 亿元。被征地农民社会保障制度结存资金一千多亿元。此外，为了解决城镇居民"住房难"，改善其居住条件，国家近些年来也加大了保障性住房投入和建设力度，使中低收入家庭住房得到更大保障。

（3）企业补充保险和个人储蓄保险等补充性社会保障制度基本建成，成为了我国多层次社会保障制度的重要组成部分，是社会保障制度最主要的补充形式。这类保险一般遵循自愿原则，国家给予一定的政策优惠。按照国际经验，此类保险项目主要委托商业保险公司经办，具有营利性。另外，非营利性的社会互助保

---

[1] 中华人民共和国国家统计局：《中华人民共和国 2010 年国民经济和社会发展统计公报》，《人民日报》，2011 年 3 月 1 日；郑京平：《2011 年我国经济社会发展取得新的重大成就》，十一届全国人大五次会议《政府工作报告辅导读本》，人民出版社、中国言实出版社 2012 年版。

险等补充形式也得到一定程度的发展。

社会保障管理服务体系基本建立，形成了以各级社会保险经办机构为主干、以银行及各类定点服务组织体系和服务网络，并逐步向乡镇、行政村延伸。2011年底社会保障卡已发行1.99亿张，全面实现了企业离退休人员基本养老金的社会化发放。

2. 我国社会保障制度存在的主要问题

改革开放以来，我国社会保障制度的改革虽然取得了很大成效，但是与社会主义市场经济发展的要求相比，仍然存在许多不完善之处，存在许多亟待解决的问题，突出地表现在以下几个方面：

（1）社会保障的覆盖面仍然较窄，离全民覆盖的目标还存在很大差距。从社会保障的对象看，社会保障应该是包括城镇居民和农村居民在内的面向全体国民的保障体系。"全民"既包括城镇和农村中有缴费能力的居民，也包括暂无缴费能力的居民。这就意味着，社会保障应当是一种普惠制的公共政策。但从目前情况看，我国社会保障的发展水平距离全民覆盖的目标还有很大差距。如上所述，虽然经过努力，我国基本医疗保险覆盖了90%以上的城乡居民，但作为保障大多数劳动者晚年基本生活的基本养老保险，城镇就业人员的参保率仅达到64%左右，还有近1亿的城镇就业人员没有被覆盖进来。尤其是农民、农民工、被征地农民、城市无业人员和城乡残疾人等群体的社会保障问题比较突出。

（2）社会保障制度发展不平衡，缺乏一定的公平性。社会保障制度是社会公平的平衡器，对于保障社会成员的起点公平和结果公平具有重要意义，特别是对缩小不同群体之间的收入差距具有重要的调节作用。但是，就目前我国社会保障制度而言，在这方面的作用还未充分发挥，不仅如此，某种程度上还引起了新的不公平，存在逆向调节问题。主要表现在：一是城乡社会保障制度发展不平衡。与我国长期存在的城乡二元经济结构相适应，城乡社会保障也呈现典型二元性特征。城镇社会保障相对比较完善，而农村社会保障落后。从资金投入方面看，国家社会保障资金的供给主要向城市倾斜，而向农村的投入相对较少，城乡之间社会保障资源分配失衡，城镇居民的社会保障水平远远高于农村居民，这种城乡二元社会保障制度，不仅没有发挥社会保障再分配功能，反而进一步扩大了城乡居民之间的收入差距，加剧了农村地区的消费不足，不利于国家扩大内需战略目标的实现。二是行业群体之间社会保障待遇差距过大。目前，不同行业、不同所有制单位之间社会保障发展不平衡，待遇存在较大差别。效益好的企业或单位，一般比较正规，风险相对较小，职工收入较高，参加社会保障的项目多，保障也全面。如城镇社会保障，覆盖的主要是政府机关、事业单位和企业单位，大部分私营、个体等没有参加进来。已参保的单位，也主要覆盖的是正式职工，大多数临时聘用人员、灵活就业人员没有参加进来。这些人群和很多农民工成为社会保障制度的边缘群体，他们的养老、医疗等问题尚未得到妥善处理。而在企业与机关事业单位之间，包括不同地区之间，由于养老制度分割，同类退休人员养老待遇也存在较大差距。

（3）现行社会保障与就业方式的多样性不适应，灵活就业群体和流动人口的社会保障处在悬空状态。随着市场经济的发展，就业方式日益多样化、流动人口的规模日趋扩大，灵活就业群体和流动人口的数量和比例呈明显上升趋势，这部分人员的劳动关系、就业岗位、工作地点、工作时间和工资收入具有明显不确定性特征。而我国现行的社会保障管理是以稳定就业群体为对象，以正规劳动关系的确立为前提的，社会保险的各个项目主要是依据稳定就业的情况而设计的，存在基数高、费率高、转移难的特征，不适应灵活就业和人口流动等多样化的特点和多层次的需要，难以支持灵活就业和流动人口参加社会保障。另外，由于现行社会保障经办服务机构直接面对企业或用人单位，而很少面对参保职工个人，无形中将这部人排斥在了社会保障体系之外。在保险关系转移接续方面，由于某些政策执行尚不到位和政策本身所存在的缺陷，目前，流动人口的保险关系接续仍然存在不少困难，在工作地点或单位发生变动时，退保、断保现象时有发生。"十二五"乃至今后相当长的一个时期，流动人口和灵活就业将成为我国经济社会发展中的一种常态，这对社会保障制度的适应性建设提出了更高的要求。只有确保包括流动人口和灵活就业人员在内的所有人都能覆盖到社会保障制度之中，才能实现全体国民共享经济发展成果的和谐社会目标。

（4）社会保障的管理服务程度低，正常运行难度大。健全的管理服务体系，是社会保障正常运行的必要条件。近年来，我国社会保障进入了快速发展阶段，覆盖面迅速扩大，服务人群不断增加，而且各类群体对社会保障的期望值很高，都希望得到更加优质、高效、便捷的服务。而我国现阶段的情况与此存在严重的不适应性。全国 2859 个县、市、区中，1321 个没有专门的社会保险服务场所；333 个地级市中 84 个没有专门服务场所。即使在经济发达的北京地区，社会保障服务场所小、服务设施差的问题依然普遍存在，中西部地区的社会保障服务设施缺乏的问题则更加突出。此外，国务院决定从 2010 年起，企业职工基本养老保险实现省级统筹，新型农村养老保险也开始启动，涉及数亿农民参保缴费，这些都迫切需要加强社会保障服务场所和服务设施的建设，并配备相应的机构和人员，做好服务工作。而随着异地养老、异地就医的大量出现，公众对社会保障管理服务方式、服务质量也提出了新的要求，因而，改善公共服务，提高社会保障管理水平刻不容缓。

（5）社会保障基金运营存在许多困难、社会保障的可持续发展面临挑战。按照代际公平的要求，社会保障可持续发展要考虑未来一代的社会保障问题，使社会保障资源能够得到合理、有效的配置。然而，当前我国社会保障基金偿付能力低，基金保值增值困难，尤其是人口老龄化给社会保障基金带来巨大支付压力，社会保障基金运行的可持续性面临严峻挑战。

就目前情况而言，我国社会保障基金的保值增值还存在不少困难和问题。一是从投资环境看，社会保障基金保值增值方式比较单一，投资渠道主要局限于银行存款和购买国债，因此，社会保障基金保值增值的效果不理想，而且在通货膨胀的情况下，还存在贬值的风险。二是我国资本市场发展还不完善，投资品种较少，缺少有效规避风险的投资工具，这就使得社会保障基金大规模入市的时机和条件还不成熟。三是社会保障基金还缺乏专业的投资机构和投资管理人才，管理能力不高等也影响了社会保障基金的保值增值运作。[①]

上述问题的存在，阻碍了社会保障体系功能和作用的充分发挥，需要通过进一步改革，采取有力措施，加以解决和完善。

3. 当前我国社会保障制度建设面临的困难与挑战

从现实国情出发，我国社会保障制度建设所面临的困难与挑战，主要表现在以下几个方面。

（1）人口老龄化加速，给社会保障资金造成很大缺口。据统计，2007年中国60岁以上人口有1.49亿，占总人口的11.3%。2009年60岁及以上人口达到1.728多亿，占总人口的14.49%。[②] 2011年已达1.85亿，占总人口的13.7%。2010~2050年将是我国人口老龄化速度最快的时期，65岁及以上人口占总人口的比重在2040年将达到22%、2055年达到25%。按国际通行标准，现阶段我国已进入老龄化社会。同西方工业化国家相比，我国的老龄化规模大、速度快、负担重。西方国家老龄化率从5%上升到10%，一般需要40年时间，而我国仅用了18年时间。所以，西方国家是先实现工业化，后进入老龄化，是"先富后老"。我国工业化还没有完成，是"未富先老"。人口老龄化加速，加上家庭结构的小型化，必然会导致家庭保障功能的急剧弱化，对社会保障服务的需求骤然提升，从而带来社会保障资金缺口的增大。我国在经济还不十分发达的时期，要解决比发达国家面临更为困难的问题，这无疑使我们面临严峻的挑战。如果对人口老龄

---

① 周蕾等：《完善政府作用　促进社会保障可持续发展》，《工业技术经济》2008年第9期。

② 根据《中国统计年鉴2010》提供数据加总得出。

化问题没有恰当应对之策，不仅社会保障制度无法平稳运行，而且将会影响社会经济的可持续发展。

（2）工业化、城镇化的加速发展，对社会保障制度建设构成了重大挑战。加快工业化、推进城镇化进程，是全面建设小康社会的必然要求，也是逐步改变城乡二元经济结构、解决"三农"问题的重要举措。改革开放以来，我国城镇化水平年均提高 0.9 个百分点，1990~2009 年，我国城市化率由 26.4%提高到46.59%，平均每年提高超过 1 个百分点；2011 年我国的城镇化率已超过 50%，这是中国社会结构的一个历史性变化。"十二五"时期是我国城镇化发展的关键时期，城镇化水平将达到并超过 50%，实际增速都会高于往年。城镇化加速发展会带来两个方面的问题：一是转移劳动力的就业和社会保障问题。目前，我国进城务工的农民已达到 1.4 亿多人，被征地农民已超过 0.4 亿人，还有 0.9 亿农民在乡镇企业从事第二、第三产业工作，他们已成为产业大军中的重要力量。预计"十二五"期间，平均每年需要转移到城市就业的农村劳动力为 800 万~900 万人。而我国的就业和社会保障制度是针对城镇人口设计和实施的，如何适应城镇化过程中数亿农村转移劳动者的需求，将是一个不可回避的重大理论和实践课题。二是农村大量青壮年农民转移到城市后，农村老弱人群的基本保障问题会更突出。农村老龄化程度比城市高。留守妇女，特别是留守儿童等所带来的社会问题更加复杂，这进一步增加了社会保障制度建设的艰巨性。

（3）就业方式的多样性，增加了社会保障制度建设的复杂性。如上所述，改革开放以来，随着社会经济发展，我国就业格局发生了明显变化，非公有制经济已成为吸纳劳动力就业的主渠道，大量劳动者以灵活方式就业。传统的以"单位"为本位的社会保障体系不能适应这种分散化、流动性强的就业格局，为数众多的非公有制经济从业人员、灵活就业人员尚未纳入社会保障覆盖范围。如何按照以人为本的要求，把非公有制经济从业人员及灵活就业人员纳入覆盖范围，是社会保障制度建设必须面对和解决的重要问题。

（4）现行社会保障制度自身的不足和以往改革中的缺陷，构成了进一步推进这一制度建设的重大制约因素。例如，各项社会保障制度覆盖面不宽，整个社会保障制度对社会财富的调节力度非常有限，部分保障项目还在放大着收入分配差距，职工基本养老保险仍处于地区分割状态，医疗保障体系被人为分割，社会救助领域存在失范、各项福利事业发展滞后，部分社会保险制度功能残缺，各项制度安排的融资机制远未合理定型等。这些现象表明深化现行社会保障制度改革，加快体系建设步伐的任务异常繁重。

二、完善社会保障制度

完善社会保障制度，首先要明确目标和任务；其次要按照原则要求实施；最后要有政策措施做保证。

1. 完善社会保障制度的目标和任务

建立健全的社会保障制度，既是新时期十分必要的社会投资、经济投资、政治投资与安全投资，也是走上健康、持续的现代化强国之路不可或缺的维系机制与促进机制。党和政府高度重视社会保障体系建设。党的十七大提出，要加快建立覆盖城乡居民的社会保障体系。党的十七届五中全会通过的《中共中央关于制定国民经济和社会发展第十二个五年规划的建议》和《中华人民共和国国民经济和社会发展第十二个五年规划纲要》明确提出了"坚持广覆盖、保基本、多层次、可持续方针，加快推进覆盖城乡居民的社会保障体系建设"的目标要求，并作了专题部署。"广覆盖"，就是要尽快健全社会保障制度并迅速普及城乡，把人人享有基本社会保障作为社会保障制度建设的优先目标；"保基本"，就是要从我国社会主义初级阶段的基本国情出发，充分考虑各方面承受能力，确定与经济社会发展相适应的基本保障水平；"多层次"，就是要以政府主导的社会保险、社会救助、社会福利为基础，以城乡基本养老、基本医疗、最低生活保障制度为重点，以慈善事业、商业保险为补充，构建多层次体系，满足人民群众多样化的保障需求；"可持续"，就是在着力解决现实突出问题和历史遗留问题的同时，着眼长远，统筹协调，探索建立长效机制，保持社会保障制度长期、稳定、可持续发展。

按照上述基本方针，《中共中央关于制定国民经济和社会发展第十二个五年规划的建议》提出，"十二五"时期我国社会保障制度建设，应重点在增强公平性、适应流动性、保证可持续性方面加以完善，再经过5年努力，即到2020年，使我国社会保障制度基本完备，突出的历史遗留问题总体上得到解决；覆盖范围进一步扩大；保障水平稳步提高，并逐步缩小相关群体之间的保障水平差距；保障体系比较健全，资金基础更加雄厚，可持续发展能力增强；管理服务更加高效便捷。

2. 完善社会保障制度的原则

为了实现以上目标，必须坚持以下原则：

（1）社会保障的水平必须与我国生产力发展水平和各方面的承受能力相适应。第二次世界大战后，西方一些发达国家曾出现近二十年经济迅速发展的黄金时代，各国执行的是"经济高增长、职工高福利，互为因果，互相促进，并作为一种模式推而广之"。后来经济发展停滞，高福利政策却持续下来，给各国财政带来巨大压力，难以承受。如法国的医疗保险开支已占整个税收的 18%；意大利仅养老保险造成财政赤字就占国民生产总值的 4%。我国应借鉴和汲取国外的经验和教训，合理确定社会保障基金的计提比例和待遇支付标准。标准太低，难以维持基本生活；标准太高，各方面承受不起，也会影响国家经济发展和竞争力。要根据实际支出规模，充分考虑国家、企业、个人的承受能力，按照以支定收、略有节余、留有部分积累的原则，认真核定。而对于高层次的社会保障需求，应通过补充保险和商业保险来解决。

（2）社会保障体系必须真正独立于企业、事业单位之外。改变传统的社会保障观念，变传统的国家保障和单位企业为真正意义的保障，按照社会主义市场经济的要求建立起国家、单位、个人合理分担、共同承担风险的社会保障机制，企业、事业单位只依法缴纳社会保险费，不再承担发放基本社会保障金和管理社会保障对象的日常工作。

（3）权利和义务相统一。目前，我国社会保障费用由国家和企业承担过多，个人支付很少，长此下去，国家和企业会不堪重负，也会导致个人缺乏自我保障的意识和责任。因此，建立新型的社会保障制度，应坚持社会统筹和个人账户相结合，减少国家替个人承担风险和支出，使个人享受社会保障的权利与个人的缴费直接挂钩，即劳动者应在先依法缴纳社会保障费用的前提下，才能去享受社会保障的权利，做到义务和权利的统一。

（4）行政管理职能与基金收缴营运相分离。政府行政管理职能与保障基金的营运管理要分开，执行机构和监督机构应当分设。行政管理部门主要管政策、管制度，不应当直接管理和营运社会保障基金。社会保障基金的管理和营运应由社会机构依法经办，同时接受政府和社会监督。这实际上是政事分开原则在社会保障事业方面的体现。为了避免社会保障基金的挪用和浪费，要将社会基金纳入财政预算并加以管理，社会保障经办机构的管理经费由财政部门逐年核定。同时，要充分发挥审计、监察部门的作用，加强行政监督检查。在社会监督方面，应由人大、政协、工会、主管部门有关负责人和公众代表组成的监事会，定期听取汇报，并向社会公布资金收支、运营和管理情况。

3. 完善社会保障制度的主要措施

（1）进一步完善社会保障制度。重点加快推进以下四个方面的工作：一是新型农村社会养老保险制度要全覆盖。长期以来，我国养老保险制度局限于城镇单位职工，农村只有少数"五保户"享受低水平的生活保障。改革开放以来，也是首先改革城镇企业职工的基本养老保险制度，农村居民主要还是依靠家庭和土地养老。随着城镇化和人口老龄化的发展，这种状况已难以为继。2008年，党的十七届三中全会提出："按照个人缴费、集体补助、政府补贴相结合的要求，建立新型农村养老保险制度。"2009年正式启动新型农村社会养老保险（以下简称新农保）试点，首批试点覆盖面达11.8%，2010年试点范围扩大到23%左右。新农保制度实行普惠与激励相结合，年满60岁的农村老年居民都可以领取由政府支付的基础养老金，农民个人缴纳的养老保险费全部记入个人账户，政府还给予补贴。这一制度的建立，是中央继免除农业税、实行农业补贴和新型农村合作医疗之后又一重大惠农政策，是建立覆盖城乡居民的社会保障体系的又一重大突破。"十二五"规划纲要要求在"十二五"期间，要进一步扩大新农保试点面，到2020年末实现在全国全面实施。要完善各项政策，做好相关制度的衔接和政策配套，还要结合新农保制度推进的情况，适时制定实施城镇非就业居民养老保险制度，并逐步实现城乡居民养老保险制度的统一。二是推进机关、事业单位养老保险制度改革。现行机关、事业单位的退休养老制度，基本上是在20世纪50年代与企业劳动保险制度同时建立的。改革开放后，企业养老保险率先进行了改革，逐步确立了社会统筹与个人账户相结合的基本制度模式，而机关、事业单位仍实行退休待遇由政府或单位包下来的办法。党的十六届三中全会提出"积极探索机关和事业单位社会保障制度改革"，党的十七大要求促进企业、机关、事业单位基本养老保险制度改革。2008年，国务院制定《事业单位工作人员养老保险改革试点方案》，决定在5个省（市）先期开展试点，与事业单位分类改革试点配套推进。"十二五"期间，要继续推进机关、事业单位养老保险制度改革，重点是实行统账结合的基本制度，适应人员流动的需要；基金养老金待遇与缴费长短和多少更紧密地联系，增强激励机制，建立适合机关、事业单位特点的补充养老办法，实现多层次的保障；要确保国家规定的原有待遇水平不降低，实现新老制度的合理衔接和平稳过渡。三是实现基础养老金全国统筹。到2009年底，我国已全面实现了基本养老保险基金的省级统筹。《中共中央关于制定国民经济和社会发展第十二个五年规划的建议》提出，"十二五"期间要"实现基础养老金全国统筹"，也就是在城乡各项养老保险制度中，除了个人账户之外，基础养老金由中央政府在全国范围内统一筹集、调剂和发放。这将是养老保险制度的一个重大突破，不仅有利于在大范围分散风险，提高资金使用效率，厘清中央与地方政府的责任，实现养老保险制度的进一步统一、规范，而且还有利于实现养老保险关系在全国范围内跨地区合理流动。四是进一步做实养老保险个人账户，积极稳妥推进养老基金投资运营。21世纪初，中央决定做实养老保险个人账户的试点，这是应对人口老龄化、实现养老保险可持续发展的重大战略决策。到2009年，已有 13 个省份开展"做实"试点，累计做实 1600 亿元。截至 2010 年，全国企业职工养老保险结余积累资金 1.3 万多亿元，个人账户的大部分还只是权益记录，没有做实。同时，随着制度的健全和普及，新农保和机关、事业单位养老保险制度中的个人账户基金也将迅速积累，做实和投资运营的需求愈益突出。"十二五"期间，我国 60 岁以上老年人口比重将提高到 15%左右，到 21 世纪 20 年代末将进入人口老龄高峰期，届时我国养老保险基金和财政资金将面临更大压力。对此，我们必须未雨绸缪，乘经济平稳较快发展的有利时机，在确保当期养老金发放的前提下，进一步扩大做实个人账户规模，并推进养老基金投资运营，实现保值增值，为应对老龄化高峰的挑战奠定更加坚实的物质基础。

（2）逐步扩大社会保障覆盖范围。覆盖面大小是反映社会保障制度可及性和有效性的首要指标。我国是世界上人口最多的发展中国家，按照党的十七大确定的老有所养、病有所医、人人享有基本生活保障的目标，必须加快扩大基本社会保障的覆盖面，逐步将各类人员纳入社会保障覆盖范围，实现城乡统筹和应保尽保。党的十六大以来，我国社会保障覆盖面已迅速扩大，取得了很大成绩。"十二五"时期将四个方面作为扩大社会保障覆盖范围的重点：一是对城镇就业群体，重点做好农民工、非公有制经济组织从业人员、灵活就业人员的参保工作。二是继续解决体制转轨的历史遗留问题，全面落实关闭破产企业退休人员纳入城镇职工基本医疗保险的政策，将未参保集体职工和原"家属工"、"五七工"等纳入基本养老保险制度，将企业"老工伤人员"全部纳入工伤保险统筹管理。三是继续将新农保、新农合以及城镇居民基本医疗保险做好、做实，并通过强化政策激励，引导他们积极参保、长期参保。四是完善被征地农民的社会保障政策，实行先保后征，切实保障他们的合法权益。

（3）逐步提高社会保障标准。"十二五"时期，国家将始终坚持"保基本"的方针，根据我国基本国情和经济社会发展实际，积极有为，量力而行，继续加大公共财政对社会保障的投入，逐步提高社会保障待遇水平，使人民群众切实共享发展成果。一是继续提高企业退休人员基本养老金待遇，并研究建立与经济发展、工资增长、物价水平相联系的正常调节机制。二是通过实行门诊统筹，把多发病、常见病的诊疗费用纳入基本医疗保险支付范围，扩大受益面，稳步提高职工医保、居民医保和新农合的报销水平和最高支付限额。三是大幅度提高工亡待遇及相关工伤保险待遇标准。四是扩大失业保险基金支付范围，发挥预防失业、促进就业的作用，并建立预防、补偿、康复三位一体的工伤保险体系，使参保者不是消极地等待风险补偿，而是从积极的社会保险政策中受益。

（4）开征社会保障税，完善社会保障基金的筹集方式。现行社会保障基金的筹集方式，主要是靠用人单位和参保人缴纳社会保险费来实现，由于采取缴费的方式，缺少相应的法律强制力，也没有应有的权威性，导致在实际工作中出现了较大随意性，使得征缴工作出现较大困难，社会保障基金存在使用上和管理上混乱的局面。因此，很多学者赞成采取征收社会保障税的方式来筹集社会保障基金。征税的优势在于：首先，面向全社会统一征税、税基大、税源稳定，可以克服统筹方式比例不一、筹资面窄、管理难度大等缺陷；其次，征税方式使社会保障问题彻底社会化，必将促使原有的管理方式发生转换，机构重叠、分散、效率低下、支付混乱等弊端将得以克服；最后，采用征税方式，政府可根据国民经济发展状况和社会保障事业发展的需要，对征税范围、税率进行调整，实现对社会保障资金事业发展的需要，对征税范围、税率进行调整，实现对社会保障资金的有效调控，以便达到公平与效率兼顾的目的。因此，从长远来说，推进社会保障制度改革，开征社会保障税筹集基金方式是发展的方向。

（5）建立覆盖全国的社会保障服务信息网络，实行现代化管理。完善的社会保障体系必须实行现代化管理。要建立一个功能齐全、覆盖面广、规范透明的社会保障信息网络。社会保障资金的缴纳、记录、核算、支付以及查询服务，都要纳入计算机管理系统，并逐步实现全国联网。"十二五"期间重点是大力推进标准统一、功能兼容的社会保障卡的应用，争取早日实现"人手一卡"和"一卡通"，方便参保者随时随地查询自己的权益记录，对全体参保群众做到"记录一生、服务一生、保障一生"。此外，也要根据社会保障事业发展的实际，加强社会保障基础设施和队伍建设，尤其要加强社会保障工作人员思想作风和专业能力建设，不断提高管理效率和服务质量，保证各项保障政策、方针能更好地贯彻落实。

思考题：

1. 我国现行劳动就业制度具有哪些特征？

2. 促进劳动就业有何重要意义？

3. 当前我国就业面临的主要问题有哪些，原因何在？应该如何进一步完善我国的就业体制？

4. 社会保障制度包括哪些主要内容，具有哪些特征？

5. 在社会主义市场经济体制下建立社会保障制度的客观必然性是什么？

6. 当今世界具有哪几种社会保障模式？中国应该建立什么样的社会保障模式？

7. 我国现行社会保障制度还存在哪些问题？应该怎样进一步完善？

第九章 社会主义市场经济运行的国际化

现代市场经济是开放型经济，当代中国社会主义经济现代化，是在经济全球化背景下展开的。只有实行对外开放和参与经济全球化，积极应对国际经济竞争，充分利用国内、国际两个市场和两种资源，拓展社会主义市场经济运行的国际空间，才能又好又快地促进经济社会平稳健康发展。本章首先分别阐述了经济全球化、区域经济一体化与发展趋势，分析了经济全球化、区域经济一体化对世界经济格局的影响；其次阐述了社会主义市场经济下实行对外开放的必要性、主要形式与原则；最后对中国对外开放的战略格局进行了梳理与分析，概述了对外开放的特点与成效，指出了面临的挑战与问题，并提出了解决的思路与措施。

第一节 社会主义市场经济的国际环境

开放性是社会主义市场经济的特征之一。在立足本国资源和市场的同时，积极参与世界分工体系，充分利用国际资源和市场，是生产社会化向全球扩展的表现和趋势。经济全球化是社会主义市场经济实践的国际背景，也是中国对外开放最基本的经济前提。只有认识和把握经济全球化及其对世界经济格局的影响，才能更好地理解社会主义国家对外开放的必要性，并科学地实施经济国际化战略。

一、经济全球化及其对社会主义国家的影响

要认识经济全球化对社会主义国家的影响，首先有必要弄清经济全球化的涵义及其内在规定性，并全面把握其主要内容。

1. 经济全球化的内涵

经济全球化是当前人们谈论最多的话题之一。"全球化"（Globalization）一词最早于 1961 年收入《韦氏大词典》，1962 年收入《牛津英语词典》。自 20 世纪

80 年代中期开始，它成为包括政治、经济、文化、技术等各个方面的，超越国家和民族界限行为的共同用语。由于这一概念涉及许多不同领域，渗透到社会生活的各个方面，因此，关于全球化的涵义，社会上存在许多不同的观点和争论。有人认为全球化就是西方化，有人认为全球化就是信息化，甚至有人认为全球化就是帝国主义的变种。当然也有人认为全球化是实现资源在全世界范围内配置的过程。然而迄今为止，经济全球化尚没有一个被普遍接受的权威性定义。各国学者从各自不同的立场和角度对这一概念进行诠释。

尽管对经济全球化涵义的理解还存在一定差异，但基本点是一致的，那就是都强调了世界各国之间的经济联系越来越密切这样一个客观事实。基于此，大多数学者认为，经济全球化是指随着社会生产力的发展，商品、劳务和资本、信息、技术等生产要素，突破国家（或独立经济体）的界限，在全世界范围内自由流动和配置的过程或趋势。

经济全球化是世界经济向更高层次发展的一个过程和一种状态，它是一个内涵丰富而深刻的概念。在正确认识它的内涵时，应注意把握以下几个方面：

（1）经济全球化是一个客观历史进程，标志世界社会生产力进入了较高发展阶段。世界经济作为各国和地区经济联系不断扩大和融合不断加深的过程，大体经历了三个阶段：经济国际化、经济全球化和经济一体化。所谓经济国际化，就是指一国生产和交换已经从国内延伸到国外，在国际交往中实现经济循环。而经济全球化，则是指世界大多数国家都发生了经济国际化现象才形成的。它标志着世界社会生产力发展已经进入一个较高的阶段。应当说，从开放式的资本主义方式开始出现，即从 15 世纪开始，少数资本主义国家就已经开始了经济的国际化进程。马克思在《共产党宣言》中做过这样的描述："美洲的发现、绕过非洲的航行，给新兴的资产阶级开辟了新的活动场所"。[①] "资产阶级，由于开拓了世界市场，使一切国家的生产和消费都成为世界性的了。不管反动派怎样惋惜，资产阶级还是挖掉了工业脚下的民族基础。古老的民族工业被消灭了，而且每天还在被消灭。他们被新的工业排挤掉了，新工业的建立已经成为一切文明民族的生命攸关的问题；这些工业所加工的已经不是本地的原料，而是来自极其遥远的地区的原料；他们的产品不仅供本国消费，而且同时供世界各地消费。旧的、靠本地产品来满足的需要，被新的、要靠极其遥远的国家和地带的产品来满足需要所替代了。过去那种地方和民族自给自足的闭关自守状态，被各民族的各方面的互相往

来和各方面的互相依赖所代替了"。①马克思和恩格斯虽然没有直接使用经济全球化这一术语，但却给我们描述了资本主义发展到19世纪已经出现的国际化生产与消费的社会图景。真正意义的经济全球化，是在第二次世界大战以后经济国际化的基础上逐步形成的。一是随着旧殖民主义被推翻，各殖民地国家纷纷走向独立，力图摆脱原来的依附型（殖民控制与压迫型）经济状态，越来越多的国家努力发展民族经济，并积极发展对外经济往来。二是随着社会生产力的提高，商品经济的迅速发展，世界各国经济间的相互联系、相互作用、相互渗透的程度日益深化，经济活动与经济发展过程的全球性不断加强。国际贸易自由化迅速发展是经济全球化的基础和第一大推动因素。三是国际资本自由流动是经济全球化的第二大推动因素。全球投资领域管制的解除或放松，为外国直接投资消除了制度障碍。国际直接投资不断增长，将世界各国的经济越来越密切地联系在一起。国际金融市场的扩大，也促进了各国之间的投资、筹资和融资。四是新的科学技术革命成为经济全球化的技术支撑。原子能、电子技术、光纤通信等现代科技在生产中的应用，大大改进了国际经贸往来的信息传输、货物运输和人员往来的条件和方式，加速了国际分工的发展，促进了国际交往，使世界各国经济上的联系和合作不断加强。由此可见，经济全球化是世界范围内社会生产力与生产关系相互作用、趋向前进的客观过程。

（2）经济全球化具有生产力和社会生产关系两重属性。一方面，经济全球化是人类社会生产力发展的客观要求，是商品生产跨越国界发展的结果。如上所述，它既是生产力发展到新阶段的产物，又进一步推动和促进了生产力的发展。另一方面，经济全球化又是同全球社会生产关系相联系的，作为社会化生产过程及其交往范围的拓展，是在国际性的社会生产关系或经济秩序中进行的，是在发达资本主义国家主导下的国际经济秩序中展开的，这是当代经济全球化的另一重性质。早在一百五十多年前，马克思、恩格斯在《共产党宣言》中就做过精辟的论述："不断扩大产品销路的需要，驱使资产阶级奔走于全球各地，它必须到处落户，到处创业，到处建立联系。""资产阶级，由于一切生产工具的迅速改进，由于交通的极其便利，把一切民族甚至最野蛮的民族都卷到文明中来了。……一句话，它按照自己的面貌为自己创造出一个世界"。②到了帝国主义时代，"资本已经变成国际和垄断的资本"。③"金融资本的密网可以说确实是布满了全世界"，"它布满全国，集中所有的资本和货币收入，把成千上万分散的经济变成了一个

---

①②《马克思恩格斯全集》第1卷，人民出版社1995年版，第276页。
③《列宁全集》第2版第26卷，人民出版社1988年版，第163页。

统一的全国性的资本主义经济，并进而变成世界性的资本主义经济"。① 当前国际上存在着"反全球化"运动，在很大程度上正是由发达资本主义导致的不公正、不合理的经济秩序引发的。可见，经济全球化具有明显两重属性。

（3）发达资本主义国家是经济全球化的主导者。当代世界经济发展中，经济全球化实际上是发达资本主义国家为主导，特别是美国独霸世界，在一定程度上主宰世界经济的命脉和方向。首先，发达资本主义国家在世界经济中占据优势和主导地位。从世界国内生产总值（GDP）份额构成看，发达资本主义国家大约占60%，其中美国占25%左右，欧盟占18%左右，日本占8%左右，其他资本主义国家不到10%。在金融（美元为世界资本）、技术、军事等方面，美国都占据优势地位。如果说资本主义大国在19世纪之前以商品输出为主，19世纪以后以资本输出为主，那么20世纪中叶之后则以金融垄断与技术垄断相结合为主要特征。大体上说，现正处在金融垄断与技术垄断一体化与社会主义制度并存的阶段。目前世界上70%以上的高新技术控制在发达资本主义国家手中，如所谓数字鸿沟，由美国控制域名权，使得信息不能共享，并以此来控制、压制发展中国家。其次，制定全球化规则的三大支柱性国际经贸组织，即国际货币基金组织（IMF）、世界贸易组织（WTO）和世界银行（World Bank）被发达资本主义国家所控制。在国际货币基金组织中，投标权是由各国认缴基金的份额决定的，缴纳基金多，享受权益就大，投票权也多。美国在该组织中掌握了18%的投票权，而通过决议必须达到85%的票数，这就意味着美国掌握着一国否决的权力。在世界贸易组织，尽管该组织对发展中国家给予了"特别关注"，但在它的贸易自由体制内，经济落后、市场机制不成熟的发展中国家仍然要受制于发达国家。世界贸易组织实际上沿袭的是"原则中有例外，例外中有原则"的灵活特点，这就为发达国家主宰世界贸易格局提供了便利。很显然，正因为上述国际经贸组织，被少数发达资本主义国家所主宰、所掌控，经济全球化的规则只适应富国而不适应穷国，在某种程度上只是富国国内规则在世界上的延伸。所以，在全球化浪潮中，许多发展中国家抱怨说，国际性的经济组织只是发达国家的御用工具，是美国等发达国家推行其价值观念、经济模式乃至政治模式的"代理人"。

（4）经济全球化是一个与时空相联系的概念。"地球村"就是对经济全球化最形象的概括和描述。首先，经济全球化使世界经济的地缘扩展空间接近完成，贸易和投资范围已扩大到全球，使资源能在更广阔的空间中配置。其次，经济运行的"地域空间"正在为"流动空间"所取代，经济活动的地域正在为全球网络

----

① 《列宁全集》第27卷，人民出版社1987年版，第380、349页。

所覆盖。各种利益主体，包括公司、国家、区域板块的经济交往和竞争从来没有像今天这样在时空压缩的世界经济中交叉渗透，短兵相接。正因为世界各国经济关联度的提高和互动性的加强，世界经济的发展日益呈现出立体性、整体性和全球性。

2. 经济全球化的内容

经济全球化本质上是资源配置的国际化，其内容主要包括以下四个方面：

（1）生产全球化。生产全球化是指生产分工体系从一个国家内部为主扩大到全球范围，即随着新科技、新工艺、新产品的发展，使世界各国和地区在生产领域出现了紧密合作的趋势。生产全球化，一方面促使生产分工更加精细，体现在某个国家的某个企业只是生产产品的某一个部件，或者某一道工序；另一方面促使协作的范围更加广泛，协作的空间可跨越许多国家，最终产品也成为世界性的产品。生产全球化有三种表现形式：一是直接组成国际生产线，例如，美国波音747 客机，由六百多万个零件组成，它们是由美国及另外七十多个国家和地区（包括中国）的 1100 家大型企业和 15000 家中小企业分别生产的。二是局部技术方面的合作。三是落后国家或不发达国家对发达国家的信赖，与其在生产与工艺等方面分工合作。生产全球化的迅速发展始于 20 世纪 60 年代，并在 20 世纪 90年代开始呈现加速趋势。它是以跨国公司为主要载体迅速推进的，跨国公司的发展，使大量的国外投资、技术、知识、人员和管理模式等也随之大规模跨国转移，推动着更多领域的全球化进程。

（2）贸易全球化。贸易全球化是指各国间通过贸易谈判达成协议，取消或降低关税，以及消除贸易壁垒等各种歧视性贸易政策，使各国市场逐渐融为一体，极大地促进全球贸易发展的一种趋势。贸易全球化的形成与发展，有力地促进了国际市场容量进一步扩大和深化。20 世纪初，国际商品贸易总额为 200 亿美元左右，而 2008 年，全球进出口贸易额超过 32 万亿美元。20 世纪 80 年代全球商品和劳务贸易的年均增长率为 5.6%，20 世纪 90 年代增长为 6.8%。1998 年，全世界的商品出口总额为 54148 亿美元，按现价计算，比 1950 年增加了 100 倍。此外，在 1950 年还可忽略不计的服务贸易，到 1998 年已增至 13263 亿美元。1998 年的商品贸易和服务贸易占该年世界 GDP 总额 288622 亿美元的 23.4%，这意味着世界各国每年平均有近 1/4 的 GDP 不经过国际贸易就无法实现。近五十年来世界贸易的年均增长速度比世界 GDP 年均增长速度高 1 倍以上，这一趋势在21 世纪还将继续延续。可见，各国经济的相互依赖，从来没有像今天这么紧密。

（3）资本全球化。资本全球化是指世界各国进一步开放资本市场，放松对资本国际流动的限制，使资本在全球各国、各地区自由流动的一种趋势。资本全球化包含投资全球化和金融全球化两个方面。从资本主义发展的历史进程来看，资本的全球化是资本输出的必然结果。在资本主义自由竞争阶段，资本输出就已经出现，但当时仅存在于少数国家，而且数量不多。当资本主义进入垄断阶段以后，资本输出就成为金融资本对外扩张的一种主要手段，大量的"过剩资本"输出到国外。最近20年来，国际直接投资迅速发展，极大地促进了生产资本的国际化，加快了跨国公司全球一体化生产体系的建立以及全球要素分工的深化。近年来，随着全球投资自由化趋势的增强，越来越多的国家对外资的进入，跨国公司的经营活动采取了优惠和宽松的政策，外商直接投资（FDI）下降将导致各国吸引外资的竞争更加激烈。国际借贷规模和以股票投资为代表的国际性证券投资规模也在不断扩大，进一步加深了资本的全球化。以股票市场的规模为例，1994年全球股票市场的资本总额为151240亿美元，到1998年跃升到274621亿美元，增加了81.6%。1998年外国人购买的美国长期证券净额高达2220亿美元，外国人拥有的美国金融资产总额已经达到66000亿美元。今后，伴随发展中国家证券市场的日益成熟和有步骤地对外开放，证券市场吸收的外资，将最终超过利用的海外私人直接投资。

资本全球化的另一个表现是金融资本大发展。由于各国资本市场的进一步开放和对资本国际流动限制的放松，金融资本在全球范围内的扩张十分迅速。尤其是跨国并购、融资证券和资产虚拟化普遍推行，全球金融市场规模迅猛扩大，金融业在全球经济生活中的作用也越来越大。

（4）科技全球化。科技全球化是指技术和技术创新能力大规模地跨国界转移，科技发展的相关要素在全球范围内进行优化配置，科技能力愈来愈多的部分跨国界成为全球化的系统。第二次世界大战后，以信息技术为核心的新科技革命的迅速发展，国际互联网的建成和普及，一方面极大地改变了人类的生产和生活方式，大大缩短了世界各市场之间的距离，不断提高企业、贸易、金融等经营的效率和质量；另一方面国际间的信息网络也成为加强世界各国科学技术联系的新纽带，从而进一步推动了科技全球化进程。科技全球化是20世纪90年代以来全球化进程加快的重要标志，对发展中国家引进先进技术有重要影响。

3. 全球化对社会主义国家的影响

全球化潮流是任何民族、任何国家、任何一种制度都无法回避的事实。我们要建立和完善社会主义市场经济体制，扩大对外开放，就必须放眼到全球化这个大背景，充分考虑全球化对我国社会主义的影响，并针对这些影响采取有效的应对措施。

全球化是一把"双刃剑"，对少数发达国家来说，肯定是利大于弊，而对世界不同类型的发展中国家来说，带给它们各自的利益是不均等的，利弊具有不确定性，关键取决于原有基础和现行政策。它对社会主义国家的影响是双重的，既有有利的一面，也有不利的一面。面对全球化，我们既要很好地把握它带来的机遇，又要趋利避害，规避它带来的风险。

（1）全球化对社会主义国家的积极影响。全球化对社会主义国家的积极影响主要体现在以下几个方面：

1）在经济方面的积极影响。经济全球化是 21 世纪世界经济发展的最重要趋势。不可否认，全球化对社会主义经济发展已经或即将产生一些积极作用。

第一，全球化有助于社会主义经济体制的创新。经济全球化以市场经济向全球的扩展为特征，以此来实现生产要素在全球范围的优化配置。20 世纪的实践证明，市场经济是配置经济资源的最有效手段，它也是人类可以共享的经济运行机制。经济全球化促使社会主义国家从计划经济转向市场经济。20 世纪 70 年代末以来的中国改革开放、建立社会主义市场经济体制的实践已证明了这一点。当然，在社会主义市场经济建设过程中，面对全球化环境，社会主义不是被动地"一体化"到资本主义的体系中去，而是利用全球化所提供的市场力量来实现社会主义目标，获得最终超越市场的物质基础。

第二，全球化给社会主义国家的经济发展带来了巨大的机遇。在全球化进程中，社会主义国家有可能通过对外开放，加强与其他国家的经济合作，扩大对外贸易，大力引进外资和国外先进技术，学习别国先进的管理经验，从而加快社会主义现代化进程。改革开放三十多年来，社会主义中国借全球化契机，成为经济全球化的主要受益者之一。用一位世界银行专家的话来说："中国只用一代人的时间，取得了其他国家用了几个世纪才能取得的成就。"

第三，全球化为社会主义国家融入世界经济体系创造了有利条件。全球化使市场经济在全球普及，并迅速形成全球统一的大市场，实现了"两个平行市场"的归一，达到全球"市场经济化"。民族国家的经济界限被打破，发展中社会主义国家与发达资本主义国家一道参与国际分工，都是商品价值链条上的一个环节，共同制定国际规则、全球运作规程并参与形成国际惯例。可以说，全球化在一定程度上缓和或减少了社会主义与资本主义的矛盾和冲突。

2）在政治方面的积极影响。经济全球化给全球政治也带来了一些新变化。它一方面使各国的政治交往不断地扩大；另一方面使各国政治生活的相关性空前加强，政治生活与政治现象的某种共同性、规律性日趋明显，以至于开始显露某种被称为"全球政治"的新现象。全球化加强了各国政治生活中的对话与合作，加强了各国政治生活的相关性，所有这些对社会主义政治领域必然会产生一些积极影响。

　　第一，全球化将大大加快发展中社会主义国家政治生活的民主化进程。政治生活民主化是政治发展的一个必然趋势。全球化无疑将大大加快世界各国政治生活民主化的进程。因为世界经济发展过程中出现的"市场化"和"自由化"趋势，为各国政治生活民主化奠定了坚实的基础。以往，社会主义国家普遍实行权力高度集中的政治体制，而20世纪90年代以来，社会主义国家的政治民主化进程明显加快。

　　第二，全球化给不同社会制度的国家和平共处带来更大的宽容度。经济全球化使社会主义国家与资本主义国家的关系出现新特点，从以往"共存—对抗"模式向"共处—竞争"模式演化是两种社会制度国家关系的基本趋向。20世纪90年代中期以来，中国作为社会主义大国，与资本主义大国之间所建立起来的种种不同性质的战略伙伴关系，表明大国之间正在试图达成一种不使用武力解决分歧的战略默契。[①]

　　3) 在文化方面的积极影响。经济全球化的一个直接后果就是使文化在更大范围、更多领域里传播与交流。伴随着全球化而日渐生成的新的全球文化观念，对社会主义思想文化领域也将产生深远的影响。积极方面的影响主要有以下两个方面：

　　第一，全球化有利于社会主义文化的发展和扩散。全球化促使各国、各民族思想文化的交流空前频繁，其中不可避免地会有冲突与融合，这就是人们通常所说的"文化整合"过程。通过文化整合，不同文化相互交流、多元互补，在"和而不同"的关系中，共存共荣，共同发展。一方面，社会主义国家可以利用全球化，学习借鉴世界各国包括发达资本主义国家的先进文化；另一方面，社会主义国家也可以利用各种现代传媒手段，把自己的文化传向世界。

　　第二，全球化有助于社会主义国家民众全球价值观的形成。全球化使世界在空间上和时间上被压缩，人们将在更真实意义上成为"地球人"，共同的利害关系把人们紧密地联系在一起，狭隘的地域观念将被逐步打破，取而代之的是全球观念。全球化可能使全球不同信仰、不同思想相互融合，形成一种新的价值体系。这是一种和现代市场经济相适应的价值体系，也是一种兼容了人类所有精神财富的价值体系。它既不是亚洲价值，也不是欧洲价值，而是全球价值。正是这种价值体系制约着人们的行为方式，维系着世界的稳定与和谐。

　　(2) 全球化对社会主义国家的消极影响。在对社会主义国家产生积极影响的

---

　　① 于立军：《全球化对社会主义政治的影响》，《辽东学院学报》（社会科学版）2008年第2期。

同时，全球化也对社会主义国家的经济、政治、文化等各方面带来了消极影响。

1）在经济方面的消极影响。全球化在经济方面对社会主义国家有消极影响。

第一，全球化对社会主义公有制为主体的基本经济制度提出了严峻的挑战。由于全球化是在发达资本主义国家主导下进行的，资本主义国家凭借其强大的经济科技和军事实力，总想按照自己的面貌把社会主义国家纳入资本主义体系，通过全球化最终达到消灭社会主义的目的。另外，由于世界上还没有一个把公有制与市场经济结合得非常成熟的先例，可以预言，全球化对社会主义公有制为主体的基本经济制度将提出十分严峻的挑战。

第二，全球化将使社会主义国家的经济主权受到冲击。全球化的开放性和渗透性与社会主义国家经济主权的独立性发生矛盾，社会主义国家经济政策的制定、经济体制的实施越来越受到外部的影响。目前，世界银行、国际货币基金组织、世界贸易组织等对经济主权的影响越来越大，已成为对社会主义国家进行强有力经济干预的机构。

第三，在不合理的国际经济秩序中，社会主义国家的利益在全球化过程中难免受损失。现行的国际经济秩序是由发达资本主义国家建立的，它反映着资本主义国家的利益，发展中的社会主义国家基本上处于被剥削、被支配的地位。因此，现行的国际经济秩序存在着严重的不公平、不平等和不合理性。另外，全球化往往使各种问题和危机也可能全球化，这对刚刚和正在融入世界市场经济的社会主义国家来说是极为不利的。

2）在政治方面的消极影响。全球化对社会主义政治领域产生一些积极影响的同时，也不可避免会产生一些消极影响。

第一，全球化使社会主义国家的政治主权受到不同程度的削弱。全球化对社会主义国家最为严峻的挑战是在政治方面。西方资本主义国家借全球化趋势和拥有的强势地位，将自由、民主、人权、法治等政治问题与经济问题挂钩，借助与社会主义国家发展经济关系之机，向社会主义国家施加压力，干涉社会主义国家内政，试图迫使社会主义国家在政治上作出让步。近些年来，在西方国家流行"第三条道路"的基础上，出现了严重影响国际政治进程的"新干涉主义"。

第二，全球化导致社会主义国家中部分民众淡化政治倾向，还可能引发政治信仰危机。全球化使各个国家、地区之间在政治、经济、文化、科技等领域的联系更加紧密。由于各国都在致力于经济社会发展，所以国际交往中意识形态淡化趋势日渐明显。市场经济是以利益为中心的，广大民众不关心政治，只关心切身利益的现象十分突出。信息全球化更是冲垮了意识形态樊篱。互联网网罗了全球的一切信息，网罗了各种不同看法、不同信仰，大家共享这些信息。因此，全球化很可能引发社会主义国家部分民众对社会主义和马克思主义的信仰危机。

第三，西方资本主义国家借全球化之机，加紧实施"和平演变"战略。近年来，西方敌对势力对社会主义国家进行"西化"的图谋，主要是以"和平演变"战略为核心内容的。美国等西方国家"和平演变"战略的基本思想是：通过利用社会主义国家的开放政策，促使东西方国家在发展市场经济的过程中融为一体，最终把社会主义国家"和平演变"到西方资本主义体系中。

3）在文化方面的消极影响。全球化对社会主义文化领域也会产生或即将产生一些消极影响。

第一，全球化过程中，社会主义国家会受到"西方中心主义"文化思想的冲击。全球化加剧世界各种思想文化的流传和冲撞，人们接触种种不良思想与价值观的机会增加，容易造成一部分人迷失自我和思想混乱。由于全球化是在发达资本主义国家主导下进行的，这种状况导致"西方中心主义"的膨胀，它表现在文化领域里，就是要求世界都遵循西方资本主义的意识形态、价值观和生活方式，西方国家所推行的这种文化霸权，将给社会主义思想文化领域带来巨大的挑战。

第二，全球化给社会主义国家的文化市场带来了极大的冲击。在经济全球化的过程中，各国的文化市场日益开放，以往施加于图书、报刊、音像制品、电影、电视节目、游戏软件的严格审查和管制迅速松弛或消除，这些文化产品日益成为跨国流动的重要产品。美国等西方资本主义国家凭借着它们的经济优势和科技优势，以工业方式大批量地生产和复制文化产品，迅速地占领和垄断了全球的文化市场。① 比如，当前美国就控制了全球 75% 的电视节目的生产和制作。

从上面的论述可以看出，全球化是一把"双刃剑"。我们不能简单地认为全球化对社会主义不是"馅饼"，就是"陷阱"，而应该正视其影响的双重性，并采取相应措施来应对。

二、经济全球化中的区域经济一体化

区域经济一体化是第二次世界大战后伴随着经济全球化的发展而出现的新现象，也是对 20 世纪后半期的世界经济产生重大影响并且在 21 世纪仍将产生重大影响的经济现象。如今，区域经济一体化和经济全球化一起构成了当代世界经济发展的基本趋势。

1. 区域经济一体化的涵义与成因

区域经济一体化，是指两个或两个以上的国家（或地区），具有共同的经济、

① 侯德芳：《全球化影响论》，《西南大学学报》（社会科学版）2005 年第 5 期。

政治、军事等利益，由政府出面，通过签署协议或制定共同经济政策，为促使商品和生产要素在一定区域内的自由流动和有效配置而建立的跨国性经济区域集团。

区域经济一体化组织的职能：一是制定区域内各成员国发展战略和一些主要目标，统一各国干预经济生活的各种法律条例和行政命令，建立统一各国经济政策的协调程序。二是协调成员国的生产，促进区域内国际分工的深化，在生产和技术协作的基础上，实现区域内生产的规模效益，增强区域经济实力。协调成员国之间的汇率，共同对区域内金融市场实行干预，乃至建立统一的货币政策和货币体系。三是实行地区性贸易保护政策，保护区域内各国经济发展，防止和减少区域内经济利益和矛盾的冲突。在流通领域促进市场一体化，消除各种障碍，使商品、劳务、资本和技能等在区域内能够自由流动。四是当成员国之间在经济活动中发生矛盾和纠纷时，要求成员国要相互理解和让步，必要时甚至让出一部分国家主权。

区域经济一体化与经济全球化既相联系，又相区别。从它们的联系看，区域经济一体化是经济全球化在发展过程中的区域性现象，它是经济全球化的构成部分；经济全球化进程中地区间的矛盾催生了区域经济一体化，区域经济一体化的发展使其内部经济资源流动自由度加大，在一定程度上又会促进经济全球化。从它们的区别看，首先，地理范围不同。经济全球化是在全球范围内生产要素的配置过程，区域经济一体化则只是区域范围内加强经济联系的过程。其次，经济全球化是一个自然的、市场化的发展过程，区域经济一体化则是区域范围内的有关国家参与的制度建设过程。最后，市场自由化程度不同。区域经济一体化组织内部实现的市场自由化程度，一般比经济全球化的多边贸易体制所达到的自由化程度要高。经济全球化的多边贸易体制，如最主要的世界贸易组织规则，它只是在一定程度上实现了关税的大幅度削减和对某些非关税壁垒进行了限制，相比于区域经济一体化的贸易自由是处在低水平上的。

区域经济一体化起源于经济最发达和市场机制发展最充分的西欧。作为一种新生事物，以欧洲经济共同体（以下简称欧共体）为典型的全球经济一体化组织始建于20世纪50年代后期，其初期发展阶段进展顺利，从而产生了巨大的辐射效应，使20世纪60年代新独立的大批亚、非、拉美的国家纷纷效仿，先后出现了一些以关税同盟、共同市场和共同体命名的区域经济一体化组织。然而，在其后的20年左右时间里，除欧共体外，绝大多数区域经济一体化组织或进展缓慢，或陷于停滞瘫痪状态，个别的甚至解散。出现这种状况的根本原因在于这些地区的市场经济还很不发达，成员国之间缺乏进行贸易合作的物质基础。一方面，各国的经济发展水平均比较低，经济结构相类似，因而难以形成产业间贸易；另一方面，各国经济发展水平不高也决定了彼此之间没有进行产业内贸易的基础，加上内部政治纷争和外部环境的干扰，致使不少一体化协议竟成一纸空文，连初级的经济合作和协调也难以奏效。

区域经济一体化出现于20世纪50年代，到20世纪80年代逐渐形成了一种不可抗拒的潮流。其主要原因是：世界各国之间的经济联系日益密切、相互依赖加深；科技革命推动生产力极大的提高，客观上需要跨越国界、走向经济联合；国际市场竞争激烈，贸易保护主义加剧。因此，从某种意义上说，世界经济全球化过程直接催生了区域经济一体化，没有经济全球化，也就没有区域经济一体化。随着经济全球化的发展，区域经济一体化协议和经济联合组织在数量上猛增、规模上不断扩大，而且在体制、机制等方面出现多样化和跃进的变革创新，从而出现了一系列十分突出的、能给人以启示的重要发展趋势和崭新特点。①

2. 区域经济一体化形式

各种形式的区域经济一体化组织遍及全球。区域经济合作形式也包括共同开发、利用自然资源或论坛性质的经济组织。按照成员国经济联合的程度或共同调节、干预的深度，区域经济一体化的形式可分为自由贸易区、关税同盟、共同市场、经济同盟、完全经济一体化等。

（1）自由贸易区（Free Trade Area）。自由贸易区是一体化水平比较低的组织形式，它是指在成员国间废除关税和数量限制，实现商品的自由流动。在自由贸易区内，各成员国相互取消关税和其他贸易限制，但仍然维持本国对非成员国的关税及贸易限制。它是区域经济一体化的初级阶段。

（2）关税同盟（Customs Union）。关税同盟不仅要求成员国间取消彼此的关税及其他贸易壁垒，实施自由贸易，而且还对非成员国实行统一的关税和贸易政策。比起自由贸易区，关税同盟又沿着一体化方向登上一个新台阶。

（3）共同市场（Common Market）。共同市场是比关税同盟高一层次的一体化国家集团。共同市场要求在关税同盟的基础上，成员国之间实行资本和劳动力等生产要素的自由流动，各成员国也采取统一的对外关税税率。

（4）经济同盟（Economic Union）。经济同盟是指成员国间不但商品和生产要素可以完全自由流通，建立对外共同关税，而且要求成员国制定、执行某些共同经济政策和社会政策，逐步废除政策方面的差异，使一体化的程度从商品交换扩

---

① 杨宏玲：《论区域经济一体化的新趋势和新特点》，《河北大学学报》（哲学社会科学版）2004年第4期。

展到生产、分配乃至整个国民经济，形成一个庞大的经济实体。

（5）完全经济一体化（Complete Economic Integration）。它是经济一体化的最高阶段，既要求成员国在经济上实行统一的经济政策，还要求成员国在政治上有共同的权力机构，拥有各国政策授予全权的中央议会及其执行机构。

在区域经济一体化的历史发展过程中，形成了几种有代表性的区域经济一体化组织形式。它们是：

（1）欧洲联盟。欧洲联盟是第二次世界大战后第一个成立的区域经济一体化组织，其前身是欧洲经济共同体、煤钢共同体和原子能共同体的统称。1957年3月，德国、法国、意大利、荷兰、比利时、卢森堡六国在意大利罗马签订了《欧洲经济共同体条约》，于1958年1月正式生效。欧共体成立后不断扩大，英国、爱尔兰、希腊、西班牙、葡萄牙、芬兰、瑞典和奥地利等国先后成为其成员国。1993年11月，《欧洲联盟条约》又称《马斯特里赫特条约》生效，欧共体演化为欧洲联盟（以下简称欧盟）。欧盟的主要机构有理事会、欧盟委员会、欧洲议会。此外还有欧洲法院仲裁机构、欧洲审计院等机构。

欧盟是成立最早、运行时间最长、一体化程度最高的区域经济一体化组织，也是迄今影响最大、最有活力的区域经济合作组织。它以德、法两国为核心推动力，以制度化合作演进为基本特点。经过几十年的建设，欧盟已建立了关税同盟，实行共同外贸、农业和渔业政策，创立了欧洲货币体系，建立了总预算制度。1993年1月1日统一大市场正式启动，基本实现了货物、人员、劳务和资本的自由流通。1990年，欧共体达成《申根协定》，允许成员国之间公民自由流动，使欧共体的一体化水平大大提高。

欧盟一直把建立欧洲货币体系作为发展的一个目标，通过创建欧洲货币单位，最终实现统一货币，以促进经济政策的协调和内部贸易的增长。1999年1月1日，欧元诞生。2002年1月1日，欧元纸币和硬币正式流通。欧元的出现是世界经济的一件大事，单一货币降低了贸易和金融成本，消除了欧元区国家的汇率风险，有利于欧洲的政治繁荣和经济繁荣，也为世界货币体系走向多极化奠定了基础。2004年5月1日，波兰、匈牙利、捷克、斯洛伐克、斯洛文尼亚、塞浦路斯、马耳他、爱沙尼亚、拉脱维亚和立陶宛10个国家正式加入欧盟，从而完成欧盟成立以来的第五次也是最大的一次扩容。此次欧盟东扩不仅大大增强了政治实力，也明显地扩大了其市场容量，并通过区域内投资环境、政治法律以及文化、语言等方面的有效整合，为其经济增长注入新的活力。欧盟第五次东扩后，成员国由15个增加到25个。2007年1月1日，罗马尼亚和保加利亚正式成为欧盟成员国。这是欧盟历史上第六次扩大。欧盟目前已拥有27个成员国，总人口已从 3.79 亿增加到 4.8 亿，面积达到 450 万平方公里。GDP 总额从 91706 亿欧元增加到 95000 亿欧元，占世界经济总量的 27%，贸易总额增加到 18461 亿欧元。

（2）北美自由贸易区。北美自由贸易区，由美国、加拿大和墨西哥三国组成，是在美国、加拿大 1989 年正式成立的自由贸易区基础上的扩大和延伸。美、加、墨三国于 1992 年 12 月 17 日宣布成立自由贸易区，并于 1994 年 1 月 1 日起施行。此协议促使三国组成一个庞大的市场，年出口总值达 6134 亿美元，进口总值达 7728 亿美元。这是世界第一个由最富有的发达国家和发展中国家组成的区域经济一体化组织。

《北美自由贸易协定》的签订，对北美各国乃至世界经济都产生了重大影响。它取消了关税和大量非关税壁垒，使区域内贸易获得了迅速的发展。1993~1998 年，三国的贸易总额由 3010 亿美元猛增至 5280 亿美元，五年增长了 75%。投资和金融自由化规定的实施刺激了区域内投资增长和资金流动。如墨西哥从协定生效以来，从 1989 年的 37 亿美元增加至 1988 年的 114 亿美元。贸易的增长为三国创造了可观的就业机会。据统计，协定生效以来，1994~1998 年，美国就业增长了 7%，加拿大增长了 10.1%，墨西哥增长了 22%。协定的签订还提高了北美地区在全球经济中的地位。总体上看，北美自由贸易区所带来的一体化优势，极大地促进了成员国的经济发展。

但是，区域一体化并不能完全消除成员国之间的矛盾。从长期看，由于美国、加拿大和墨西哥的经济规模相差悬殊，缺乏共同的政治基础和发展意向，北美自由贸易区的一体化程度远远低于欧洲联盟。加拿大和墨西哥的经济规模比较小，难以推动自由贸易区的进步，而美国只是把自由贸易区作为未来建立包括拉丁美洲在内的泛美经济区的过渡形式。

（3）亚太经济合作组织。是亚洲和太平洋区域的地区性合作组织，成立于 1989 年 11 月。当时，由澳大利亚总理霍克（Hawke）提议，在澳大利亚堪培拉召开了亚太地区第一届部长级会议。会议参加国有东盟六国（马来西亚、泰国、新加坡、菲律宾、印度尼西亚、文莱）、韩国、日本、美国、加拿大、澳大利亚和新西兰。1991 年中国以主权国家身份，中国香港、台湾地区以经济体名义加入该组织。后来又有墨西哥、巴布亚新几内亚、智利、俄罗斯、越南、秘鲁等国参加。该组织有 21 个成员，人口约占世界人口的 42%，GDP 约占世界总量的 57%，贸易额占世界的 48%，是世界上最大的区域一体化组织。

亚太经济合作组织的成立，开创了亚太地区政府间合作的先河，它的宗旨是实现区域内的贸易和投资自由化，加强成员间的经济技术合作，推动亚太地区的经济发展。该组织与欧盟、北美自由贸易区一起成为当今世界并立的三大区域经济合作组织。与其他区域性组织相比，亚太经济合作组织成员间经济发展水平不一，经济结构互补性较强。亚太地区幅员辽阔，资源丰富，各国、各地区生产要素的差异很大，地区内各成员优势明显又各不相同，这些都为各成员国和地区的合作创造了条件。

亚太经济合作组织自1995年大阪会议起，就进入了贸易投资自由化的计划制定和实施，以及推进经济技术合作的时期。这一组织从一开始就被规定为一个非正式的、松散的高级协调机构。它既不同于一体化程度很高的欧盟，也不同于自由贸易区为特征的北美区域经济合作。在协议一致的共同目标下，亚太经济合作组织各成员可根据各自不同情况，采取既有利于区域合作又可承受的自愿单边自由化行动。这种自愿与协调相结合的方式是符合亚太地区特点的一种经济合作方式。亚太经济合作组织的领导人非正式会议，是其最高级别的会议。首次领导人非正式会议于1993年11月在美国西雅图举行。此后，每年召开一次，在各成员国与地区间轮流举行。2001年10月，中国上海成功举办了亚太经济合作组织第十三届部长级会议和第九次领导人非正式会议。这是亚太地区经济合作组织领导人在21世纪的首次聚会，发表了题为"迎接新世纪的新挑战"的领导人宣言。

当然，亚太经济合作组织的发展也面临着种种挑战，它作为一个富有成效和特色的地区性组织，仍然在努力地、实质性地推动着地区发展和繁荣的进程。亚太经济合作组织已决定成立一个专门的研究小组，研究未来发展方向的问题。

（4）中国—东盟自由贸易区。中国—东盟自由贸易区是在原东南亚国家联盟的基础上建立的。东南亚国家联盟，简称"东盟"，是1967年8月根据马来西亚、菲律宾、新加坡、泰国和印度尼西亚五国在曼谷签署的《东南亚国家联盟成立宣言》而成立的，总部设在印度尼西亚的雅加达。1984年1月，文莱成为其成员国。1995年7月越南正式加入。1999年柬埔寨、老挝和缅甸3国也加入其中，一共有10个国家。2000年11月，在中国与东盟的10+1领导人会议（即第四次中国—东盟领导人会议）上，中国领导人首次提出建立中国—东盟自由贸易区的宏伟构想。2001年11月，中国和东盟领导人在文莱举行的第五次中国—东盟领导人会议上，宣布在10年内建成中国—东盟自由贸易区。中国和东盟双方确定了包括农业在内的21世纪中国东盟重点合作领域。2002年11月，在中国—东盟第六次领导人会议上，双方在柬埔寨金边签署了《中国东盟全面经济合作框架协议》和《农业合作谅解备忘录》，这标志着中国—东盟自由贸易区进程正式启动，也意味着中国和东盟的农业合作走上了制度化轨道。经过10年努力，中国—东盟自由贸易区已于2010年1月1日全面建成。这一自由贸易区涵盖了19

亿人口、6 万亿美元国民生产总值、45 亿美元贸易额，是仅次于欧盟和北美贸易区之后全球第三大市场。

中国—东盟自由贸易区是中国对外商谈的第一个自由贸易区，也是东盟作为整体对外商谈的第一个自由贸易区，作为发展中国家建立的世界上最大的自由贸易区，将对 21 世纪上叶的世界经济和政治产生深远影响。

《中国—东盟全面经济合作框架协议》主要由四个部分构成，共有 16 个条款和 4 个附件，具体内容有序言、目标、措施、货物与服务贸易、投资、早期收获、其他经济合作领域、时间框架、最惠国待遇、争端解决机制、谈判的机构安排等。4 个附件包括"早期收获"计划中的例外产品、特定产品、进行关税削减和取消的产品类别与实施时间框架以及要求加快实施的经济合作项目。这些是构成建立中国—东盟自由贸易区的法律基础，确定了中国—东盟自由贸易区的基本架构。货物贸易自由化是中国—东盟自由贸易区的核心内容，服务贸易自由化、投资自由化与便利化及其他经济合作，在基本架构中都占有极其重要的位置。

中国—东盟自由贸易区启动后，中国对东盟的平均关税将从之前的 9.8% 降至 0.1%，而东盟 6 个旧成员文莱、印度尼西亚、马来西亚、菲律宾、新加坡、泰国，对中国的平均关税将从 12.8% 降低到 0.6%，4 个新成员越南、老挝、柬埔寨和缅甸，将于 2015 年实现 90% 进出口商品"零关税"的目标。

中国—东盟自由贸易区建成后，区域经济一体化程度将达到前所未有的水平，企业将迎来难得的发展机遇，普通消费者也将从中受惠。

此外，自由贸易区的成效还有待各方的务实推进。虽然中国与东盟国家已签订了《货物贸易协议》、《服务贸易协议》和《投资协议》，但这些协议具体落实的实际效果还有待观察和考验。

3. 区域经济一体化对世界经济格局的影响

冷战结束后，世界经济格局在世界政治经济发展不平衡规律的作用下，继续在不断地进行分化组合。经济全球化与区域经济一体化并行，这使世界经济在趋于融合的同时，又不断地以一些地区为核心进行聚合。在可预见的未来，经济全球化以及与之并行的区域经济一体化对世界经济格局的影响，大体表现为以下几个方面：

第一，区域经济一体化组织将成为未来世界经济格局多极化的主体。当前的北美、欧盟、亚太三大区域经济组织之间的竞争和亚欧会议、跨大西洋自由贸易区等松散的一体化、自由化组织对话的加强，将进一步推进当代世界经济格局多极化主体由主权国家向政府间的区域经济一体化组织过渡，这种过渡在经济实力和规模上将经历一个此消彼长的分化组合过程，尤其是现存的北美、欧盟和亚太三大区域经济组织间的竞争将会更加激烈持久。现代生产力的发展和经济生活的国际化是当代世界经济发展和人类生活进步的表现，区域经济一体化反映和顺应这种发展与进步，并且起着积极的推动作用。在当代世界经济格局中，各行为主体要想巩固和发展自己的主体地位，除了加速自身经济发展以外，最有效的方法就是利益一致的行为主体结盟，以实现区域内资源合理配置，优化资源组合，实现规模经济，提高经济效率，促进经济增长。区域经济一体化组织在当代世界经济格局中的主体化倾向，为世界经济的发展提供了更多的挑战和机遇，如何使其走向全球经济一体化，建立公正、合理的新的经济格局，以实现各国经济的共同发展，是世界经济面临的重大课题。

第二，南北经济关系将进一步表现为区域经济一体化的特征。随着区域经济一体化蓬勃兴起，在以欧盟为代表的发达国家区域经济一体化取得令人瞩目进展的同时，越来越多的发展中国家意识到，在世界经济区域化不断加深的形势下，为了增强经济实力，改善自己在与发达国家经济竞争中的地位，只有依靠区域集团的联合才能加强同发达国家斗争和对话的力量，争取自身在国际经济中的合法权利。为此，由发展中国家组成的区域化集团纷纷涌现，例如，南美洲、非洲的经济合作，南亚的经济合作；一些基础较好的区域化集团在向高层次演进，如中国—东盟自由贸易区。

由于国际经济秩序最终取决于经济实力的对比，发展中国家虽然在资源、市场和产业结构等方面与发达国家存在互补因素，但双方在贸易、科技和资金等方面的差距正在逐步扩大，以对话代替对抗的空间有渐趋缩小之势。1997 年，28 个发达国家和地区的国民生产总值之和占世界总产值的 56.6%。1998 年，127 个发展中国家的国内生产总值之和仅占世界总产值的 39.2%。可以说，发展中国家的经济区域化和全球化任重而道远。

第三，全球将形成多种层次的经济合作、相互配合的格局。随着生产活动的全球化（一体化）、贸易的自由化（世界统一大市场逐步形成）和金融市场活动更广泛、更密切和更深入交织融合，全球化趋势迅速发展。全球化使各国和各种类型经济相互渗透，相互依存度加深，今后世界经济的发展将在更大程度上依赖于各国和各种类型经济的共同发展。但是，由于各国政治、经济、文化、历史等的差异以及竞争实力等因素的影响，全球一体化不可能在短期内实现，其在现阶段的主要表现形式是区域集团化。在可预见的将来，全球将形成在西欧、北美、东亚三大经济板块鼎立的大格局下，大小经济板块关联、融汇、合作、竞争的空间态势，即小区域（增长三角）、次区域与大区域多层次的经济合作相互融合的格局。[①]

第二节 社会主义市场经济与对外开放

社会主义市场经济在本质上是开放型经济，实行对外开放是社会主义国家经济取得快速发展的必要条件，而且能够给社会主义经济带来多方面的经济利益。中国要谋求经济的进一步发展，必须实行开放型经济。

一、社会主义市场经济是开放型经济

在社会主义市场经济条件下，实行开放型经济，不仅具有理论依据，而且具有客观必然性。

1. 社会主义市场经济开放性的理论依据

（1）国际分工和国际贸易理论。市场经济是开放型经济，对外开放是其发展的重要组成部分。市场经济的开放性是随着国际分工和国际贸易的发展而展开的。

国际分工，是指社会分工超越国家界限而形成的国与国之间的一种劳动分工。国际分工的产生与发展，是社会生产力发展的必然结果，决定了各国在国际分工中的地位和作用。此外，资源禀赋状况、人口规模、对外贸易政策等因素，也对国际分工的发展产生重要影响。国际分工是国际贸易的基础。国际贸易，是在世界范围内各国（地区）之间进行的商品交换活动。它既包括有形商品（如冰箱、彩电等）贸易，也包括无形商品（如技术、商标、劳务等）贸易。国际分工和国际贸易是相互促进的关系，一方面，国际分工的发展促进着国际贸易的扩大，国际分工对国际贸易的地区分布、商品结构和地理方向也有决定性的影响。另一方面，国际贸易是经济增长的"发动机"，在推动经济增长的同时，又可以促进国际分工的深化。

国际分工和国际贸易对世界各国与地区经济的发展具有重大影响，推动着市场经济的开放度及国际化的进程。一方面，国际分工使各国的国际联系与协作日益密切。各国在正常情况下，通过参加国际分工和国际贸易，不仅能充分利用本国资源发挥本国优势，还能利用外国资源和力量，取长补短，达到发展本国经济

---

① 孙平等：《经济全球化与中国中西部地区开发》，《世界地理研究》2001 年第 4 期。

的目的，从而也可促进各国市场对外开放，加入国际化的进程。另一方面，通过国际贸易在世界市场中的"传递"渠道作用，可以影响各国市场经济的运行和发展。

确认实行国际分工及国际间进行自由贸易的必要性，并为其奠定理论基础的是英国古典经济学家亚当·斯密。他首先提出进行对外贸易和实行国际分工是各国经济发展必然结果的观点。他认为，由于各国资源禀赋不同，劳动生产率有差别，生产同种产品的成本和所得利润有高有低。如果都能扬长避短，只生产成本低、利润高的产品，然后相互交换，各国就能获得更多的产品，从而增进国民福利。因此，从绝对利益考虑，实行国际分工对参与分工的各方都是有利的。亚当·斯密的国际分工理论是以各国各种产品生产存在可以互补的绝对优势为前提的，如果一国各种商品的生产与他国相比都处于优势或都处于劣势，按他的理论，则相互间就没有进行贸易与分工的必要。

在亚当·斯密之后，英国的大卫·李嘉图从比较利益原则出发，认为决定国际分工与国际贸易的一般基础不是绝对利益，而是比较利益。在他看来，即使一国与另一国相比，在商品生产成本上都处于绝对劣势，但只要本国集中生产那些成本劣势较小的商品，就能获得利益；而另一个在所有商品生产成本上都处于绝对优势的国家，则集中生产那些成本优势最大的商品。即按照"有权取重，不利择轻"的原则，进行国际分工与国际贸易，使交易双方都能获得利益。

古典经济学家的国际分工理论，在后来西方经济学中得到了进一步发展。奥地利经济学家戈特弗里德·哈伯勒把大卫·李嘉图的比较利益理论具体化为机会成本理论。他认为只要一个国家生产某种产品的机会成本低于另一个国家，就有比较优势，实行国际分工，就可以使生产这种产品的国家在国际交换中获利。瑞典经济学家赫克歇尔和俄林提出了要素禀赋理论，认为各国生产要素（土地、资本、劳动力）禀赋的不同，或者说生产要素的供给不同，是国际分工或国际贸易产生的基本原因，从而某一要素相对丰富的国家可以多发展此要素密集型的产业。

以上理论为国际分工与国际贸易的发展提供了理论依据，同时也成为市场经济开放性的基本理论基础。

（2）价值规律是市场经济开放性的根源。马克思在他所处的时代，虽然没有论及过社会主义国家的对外开放问题，更没有可能谈到社会主义市场经济的开放性问题，但他创立的科学的劳动价值论及其价值规律理论，揭示了市场经济开放性的根源。

市场经济的基本规律是价值规律，价值是无差别的一般人类劳动的凝结。价值规律的内容和基本要求是商品的价值量由社会必要劳动时间决定，商品必须按照价值实行等价交换。价值的无差别性，决定了各种商品的同质性和可比性，并且要通过等价交换才能得到体现，因此它从本质上说是天生具有平等的、开放的流动的特征。这就说明了价值决定和资源配置方式的市场经济，天生就具有开放性、平等性和流动性。所以，从本质上讲市场是无国界的。市场经济在全球范围的扩展，是市场经济规律在全球范围内扩展、延伸其作用的必然结果。

价值规律使市场经济的开放性与国际化成为可能，即当代高新科技的发展，又为市场经济的世界性或国际化趋势提供了现实的物质技术条件。三次产业革命的推动，尤其是第三次产业革命中所出现的电子计算机技术、通信技术、网络技术等，极大地提高了物质条件和促进了社会生产力的发展，为金融市场及贸易的全球化扩张提供了极大的便利。它对于世界各国的商品流通体系，乃至整个经济、政治生活带来了深刻的影响，使当代的市场经济真正实现了跨国界的全球化发展。

可见，市场经济开放性和全球化，是价值规律在世界市场发生作用的必然结果，是科学技术发展的必然趋势。

（3）列宁是社会主义国家实行对外开放政策理论的倡导者。在马克思主义经典作家中，社会主义国家对外经济政策的理论，首先是列宁提出来的。马克思、恩格斯在创立科学社会主义学说时，资本主义商品经济尚不发达，当时他们预测的是社会主义可以在欧洲同时取得胜利，因而不可能论述社会主义国家同资本主义国家的关系问题。他们所论证的是资本主义世界贸易的理论，可以作为社会主义国家的借鉴，但还不是社会主义国家的对外开放理论。当资本主义发展到帝国主义阶段，特别是第一次世界大战爆发以后，列宁科学地发现了帝国主义经济、政治发展不平衡的规律，创造性地提出了社会主义可以首先在一国胜利的理论，并且领导俄国十月革命取得了胜利。列宁的"帝国主义论"和"一国胜利论"，是他关于社会主义国家对外政策一系列论述的理论前提。从实践上看，正是首先胜利后才出现了两种制度、两类国家并存的世界，也才产生了两类国家的政治、经济、文化诸多方面的关系问题。

自1917年苏联建立第一个社会主义国家起，世界先后建立了15个社会主义国家，遍布欧洲、亚洲和拉丁美洲。这标志着由马克思创立的科学社会主义理论首先在一国、接着在数国取得了胜利。这一胜利从根本上改变了世界政治、经济、意识形态等格局，也在全世界范围内形成了社会主义国家与资本主义国家的关系。这种关系成为整个20世纪世界关系的主体，并将长期存在。早在苏联建国初期列宁就多次论述了社会主义国家经济交往和技术交往的客观必然性，批驳了闭关自守的狭隘的"爱国主义情绪",强调社会主义国家应当善于利用这些交往和联系。任何一个国家都不可能依靠自己的资源和技术,孤立地发展自身的经济。只有通过国际间的交流与合作,才能加快本国经济的发展,闭关锁国是没有出路的。

列宁关于社会主义国家对外经济政策的理论,对指导社会主义国家对外开放的实践仍具有深刻的现实意义。在当今国际竞争日趋激烈的条件下,经济实力成为国家与国家之间,特别是社会主义与资本主义两种制度之间"较量"的关键。加速经济发展成为世界性"共识"。在发展经济方面,由于社会主义首先是在经济、文化比较落后的国家取得胜利的,而资本主义,尤其是发达资本主义国家拥有丰富的经验,社会主义国家应该向资本主义国家学习。正因为如此,学习、利用、借鉴资本主义发展经济的先进经验成为一定时期内社会主义与资本主义相互关系的一个重要方面。

2. 中国对外开放政策的形成与发展

中国共产党在民主革命时期就有了对外开放的设想。1936年,毛泽东在同美国记者斯诺的谈话中提出:"要抗日成功,中国也必须得到其他国家的援助。"这是中国共产党提出对外开放设想的最早表述。随着中国抗日战争的发展,战争胜负走向已很明显。1944年,美军观察组到达延安,毛泽东代表党中央在同观察组成员谈话中,就提出了同美国进行合作的设想。令人遗憾的是,美国当局在抗战胜利后,在中国采取扶蒋反共的政策。毛泽东提出的与美国进行合作的设想没有能够实现,但是这些设想的提出表明中国共产党对外开放思想已经有了萌芽。在这一时期,散见于中国共产党主要领导人的著作、谈话中的对外开放设想主要有以下几点:要利用外资和引进技术来发展中国的经济,并希望外国资本到解放区投资;引进外资和利用外援发展生产必须建立在独立自主、自力更生原则基础上;把美国确定为对外合作的主要国家,以军事合作为基础,同时进行政治、经济方面的合作;把实行对外经济交往同提高人民生活水平结合起来。

新中国成立后,由于国际形势的变化,特别是以美国为首的资本主义国家对我国实行经济封锁和政治孤立,但对外交往仍成为新中国建设的一项重要内容。正如邓小平所说:"我们建国以后,第一个五年计划也是对外开放,只不过是对苏联东欧的开放。"总体说来,党的对外开放思想在这一时期基本上有了雏形,并且在实践中开始起步。其主要表现是:首先,在平等互利的基础上,愿意同一切国家进行贸易往来。对外贸易是国家关系的一项重要内容。其次,具有了全面开放的思想,提出所有国家的政治、科学、技术、文艺等方面的一切好东西都要学习。新中国成立初期,我国学习的主要是社会主义国家的建设经验。同时毛泽东在《论十大关系》等著作中又指出，除苏联、东欧经验之外，其他国家好的经验都值得我国学习，不管是社会主义国家的还是资本主义国家的。最后，明确了在学习其他国家先进经验的同时，我国所应采取的科学态度，要将学习外国的经验与中国的实际情况相结合，要有自己的创新，反对盲目照搬；在学习外国先进经验的同时，要坚决抵制和批判西方资产阶级的腐朽思想。从对外开放的实践看，这一时期，我国的对外经济文化交流发展迅速，毛泽东两次出访苏联，并同苏联签订了贸易协定、贷款协议及合资创办石油公司、造船公司等经济合作协定，从苏联获得了 14 亿美元的巨额贷款。虽然以美国为首的西方国家对我国实行经济封锁，但由于我国采取了灵活多样的方式，有效地打破了美国等国的封锁和禁运。对外贸易，其中包括同资本主义国家之间的民间贸易，在这一时期也有了很大发展，对外贸易额有了大幅度增长。1950 年我国进出口总额为 11 亿美元，1956 年达到 32 亿美元。

20 世纪 60 年代初至改革开放前，由于国际、国内形势的影响，尤其是"文化大革命"期间，受"左"的指导思想的影响，夸大阶级斗争的作用，中国共产党在对外开放方面的认识有了很大的变化，出现了很大的曲折。我国基本走上了一条自我封闭式发展的道路。与世界经济联系基本断绝，即使有些联系，也只限于欧亚的社会主义国家。1978 年，党的十一届三中全会在确定工作重心转移的同时，做出了实行改革开放的重大决策。

1982 年，党的十二大确立了以经济建设为中心，坚持四项基本原则、坚持改革开放的新时期基本路线，即"一个中心，两个基本点"，对外开放成为党的基本路线的重要内容之一。1984 年《中共中央关于经济体制改革的决定》明确提出"把对外开放作为长期的基本国策"。并要求"必须继续放宽政策，按照既要调动各方面的积极性，又要实行统一对外开放原则改革外贸体制，积极扩大对外经济技术交流和合作的规模，努力办好经济特区，进一步开放沿海港口城市"。"充分利用国内和国外两种资源，开拓国内与国外两个市场。"1987 年党的十三大又明确提出："进一步扩大对外开放的广度和深度，不断发展对外经济技术交流与合作。"1992 年春天邓小平南方谈话后，我国对外开放进入了一个新的历史发展时期。在党的十四大报告中进一步提出了扩大对外开放的三大目标和任务：一是扩大对外开放的地域，形成多层次、多渠道、全方位的对外开放格局；二是进一步拓宽利用外资的领域，采用更加灵活的方式，继续完善投资环境，为外商投资经营提供更方便的条件和更充分的法律保障；三是积极开拓国际市场，促进对外贸易多元化，发展外向型经济，积极扩大我国企业的对外投资和跨国经营。党的十四届三中全会通过的《中共中央关于建立社会主义市场经济体制若干问题的决定》，提出"发展开放型经济"的对外开放新思路，这是党在中央文件上第一次提出发展"开放型经济"的观点。党的十五大继续坚持把对外开放作为"一项长期的基本国策"。提出了"努力提高对外开放水平"的重要任务，并要求"完善全方位、多层次、宽领域的对外开放格局，发展开放型经济"。1998 年 2 月，在党的十五届二中全会上，江泽民同志第一次提出"走出去"的开放战略。党的十六大报告进一步明确提出：必要始终坚持"引进来"和"走出去"相结合，积极参与国际经济技术合作和竞争，不断提高对外开放水平。这是我国对外开放理论和政策的一个重要升华。在党的十七大报告中，胡锦涛同志不仅强调要把"引进来"和"走出去"更好地结合起来，优化开放结构战略，而且还强调了加快内地开放，提升沿边开放，实现对内对外开放相互促进的战略，这就大大丰富了我国对外开放理论和政策的内容。党的十七届五中全会通过的《中共中央关于制定国民经济和社会发展第十二个五年规划的建议》提出："必须实行更加积极主动的开放战略，不断拓展新的开放领域和空间，扩大和深化同各方利益的汇合点，完善更加适应发展开放型经济要求的体制机制，有效防范风险，以开放促发展、促改革、促创新。"[①] 这是党中央面对国际金融危机冲击、全球政治经济格局大变革大调整的新形势和我国经济社会发展的新要求，对新的历史条件下我国对外开放所作出的重大战略部署。

二、实行对外开放的必要性

要说明社会主义市场经济是不是开放经济，首先需要明确开放经济的涵义。所谓开放经济，是指外国生产要素和产品能够自由地进入本国市场，本国生产要素和产品能够自由输出，一国国内经济作为世界经济的一个有机组成部分，国内市场作为国际市场的有机组成部分，广泛地参与国际分工和国际经济活动的经济形态。社会主义市场经济之所以是开放经济，主要由以下原因所决定：

第一，实行对外开放，是生产社会化和经济全球化的必然趋势。随着国际分工和国际市场的形成和发展，经济全球化的趋势日益加强，世界各国经济之间相互影响、相互渗透越来越广泛，国与国之间的经济联系，从商品交换发展到生产协作、资金融通、信息技术交流乃至劳务合作等诸多领域，整个世界经济形成一个有机整体。在此国际背景下，任何国家发展本国经济都必须立足本国力量的基础上，实行自力更生，但是，这并不排斥发展对外经济关系。因为从生产力发展水平看，世界各国生产力发展状况和科学技术水平存在很大差异，各国自然资源

---

① 《中共中央关于制定国民经济和社会发展第十二个五年规划的建议》，人民出版社 2010 年版。

禀赋不同、建设资金数量多少不等，这就决定了世界上任何一个国家都不可能具备发展本国经济所需要的一切物质和技术条件。同时，每一个国家在经济上都有自己的优势和劣势，在这种情况下，只有通过发展对外经济关系，通过国际经济合作与交流，互通有无、调剂余缺、取长补短，才能补充发展本国经济所缺少的物质、技术条件，从而较快地发展本国经济。当今世界主要国家经济发展都是在现代化大生产基础上，通过与世界其他国家经济广泛的交往与联系中进行的。中国作为当今世界人口最多的发展中国家，要加速经济发展，毫无例外，也必须发展对外经济关系。

第二，实行对外开放，是社会主义市场经济的内在要求。市场经济本质上是一种开放型经济。商品生产的发展是通过市场交换进行的，商品市场交换则把处在社会分工体系中不同的生产者有机地联系成为一个整体。商品经济越发达，越要求广泛拓展商品市场，打破地区、国界分割，不断开拓新的销售市场。市场经济是市场对资源配置起基础性作用的经济，市场要实现资源的优化配置和效益最大化，就不可能局限于国内市场上的资源，必然要扩展到世界市场，取长补短，充分利用比较优势和竞争优势，从国际分工和交换中获取利益。因此，发展市场经济不可能闭关锁国，脱离与其他国家和地区的经济联系；否则，市场配置资源的效率和作用必然受到影响。

我国社会主义市场经济正处在建立与完善过程之中，还缺乏搞市场经济的经验，因此，只有通过对外开放，在同世界各国特别是发达市场经济国家的交往与联系中，才能学到成熟经验，为我所用。也只有实行对外开放，才能在更大范围内实现生产要素的合理流动和优化配置，在符合本国相对优势的同时，节约社会劳动时间，取得比较利益，弥补本国在资源和市场方面的不足。

第三，实行对外开放，是加速社会主义现代化进程的必由之路。世界一些国家发展的历史表明，在世界科技革命蓬勃发展的背景下，一个经济落后的国家要在较短的时间内，在经济和技术上赶超先进国家，必须大力推行对外开放政策，广泛地吸收和利用世界上一切文明成果。第二次世界大战后，日本经济高速增长，在不太长的时间内一跃成为世界第二经济大国。正是由于大力推行对外开放政策的结果。日本通过鼓励引进外国技术、引进外资、利用国外资源和市场等对外开放政策，促进了日本经济跨越式发展。在发展中国家和地区，最引人注目的是20世纪60年代后迅速崛起的"亚洲四小龙"，即韩国、新加坡、中国香港和中国台湾，它们除了大量吸引外资，还利用发达国家传统工业向海外转移的机会，积极发展出口加工业，参与国际分工与交换，促使国民经济迅速发展，一跃成为新兴工业化国家和地区。此外，拉丁美洲的巴西和智利等国，也都发展外向型经济，推进国内经济建设并取得明显成效。

在我国，新中国成立六十多年来，已取得了举世瞩目的成就，但是与发达国家相比，仍然存在很大差距。我国是一个人口众多、人均资源相对不足的国家，要赶上发达国家，尽快实现工业化和经济的社会化、市场化、现代化，为此，必须在发挥自身力量的同时，进一步扩大对外开放，及时了解和掌握世界各国的经济发展动态，广泛吸收世界文明成果，引进发达国家的先进技术和管理经验，利用各种资源，开拓各类市场，发挥后发优势，在比较高的水平上起步，赢得时间，缩短与发达国家的差距，以加快我国社会主义现代化建设的进程。

三、对外开放的基本形式

对外开放是一个国家在国际贸易、国际资本流动等对外活动中实行开放性的政策。它涉及对外经济、政治、文化等诸多领域，但对外开放的基本点是发展对外经济关系。因此，本章阐述的对外开放的基本形式，只侧重于对外经济关系方面。

1. 对外贸易

对外贸易，是指一个国家或地区同其他国家或地区进行的商品和劳务交换的活动。包括进口和出口两个方面，所以，又称"进出口贸易"。

（1）对外贸易的内容与形式。对外贸易的内容，一般分为有形贸易和无形贸易两大类。有形贸易指的是实物商品的贸易。1974 年，联合国秘书处制定的"联合国国际贸易标准分类"，把对外贸易商品（有形）共分为 10 大类、63 章、233 组、786 个分组和 1924 个基本项目。这 10 大类商品分别为：食品及主要供食用的活动物；饮料及烟类；燃料以外的非食用粗原料；矿物燃料、润滑油及有关原料；动植物油及油脂；未列名化学品及有关产品；主要按原料分类的制成品；机械及运输设备；杂项制品；没有分类的其他商品。在国际贸易统计中，一般把前 5 类商品称为初级品，把后 5 类商品称为制成品。

非实物商品的贸易即无形贸易，主要包括：伴随有形商品和人员的国际流动而发生的各种交易活动，如销售、运输、通信、建筑及有关工程承包、旅游、教育、医疗、文化娱乐等；由于资本的国际流动而产生的交易性活动，如银行及其他金融服务、所有保险及与保险有关的活动等；与贸易有关的知识产权的交易活动，如专利、专有技术、商标贸易等。

从历史上看，对外贸易的内容经历了一个由低级向高级发展的过程。在 20世纪 50 年代以前，原材料或浅加工的初级产品在对外贸易中占有较大比重；50

年代以后，附加值高、深加工的制成品超过初级品成为对外贸易的主要品种。20世纪80年代后，服务贸易开始异军突起，增长速度超过了有形贸易，在对外贸易中的比重不断上升，1980年服务贸易占国际贸易的比重为15%，到了1993年，这一比重增加到22%。20世纪90年代后，由于知识经济的迅速兴起，与之相适应的知识产权贸易也获得了较快发展，各国又对与知识产权相关的贸易引起了高度重视。

从总体上看，中国对外贸易内容构成的变化比世界进程相对滞后，直到20世纪80年代后，中国对外贸易结构中制成品比重才超过初级品；到了90年代，中国的服务贸易才开始起步；至于知识产权贸易，迄今为止，正处在萌芽时期，与发达市场经济国家有相当大的差距。

对外贸易的具体形式很多，划分的标准不一，但主要的形式有易货贸易、补偿贸易等。

易货贸易，是指一国将商品或劳务输出到另一个国家，同时输入等值的商品和劳务，其特点是以货换货，彼此间不涉及外汇结算。这种贸易形式的优点是有利于缓解或克服外汇不足所造成的贸易障碍。缺点在于这种不同商品的直接交换，难以满足贸易国之间多种需要形式。为了避免通货膨胀的影响，易货贸易期限一般较短，通常在一年内完成。这种贸易形式一般是在信用关系欠发达或外汇不足的条件下开展的。

补偿贸易，一般是指出口方向进口方提供机器设备或技术，进口方直接用出口方提供的机器设备或技术进行生产，待一定时期后，进口方用自己生产的产品，或者用其他厂商的产品，或者用产品销售收入偿还对方提供的机器设备或技术款项的贸易方式。补偿贸易对贸易双方都十分有利。对进口方来说，可以在外汇资金不足的情况下获得必需的机器设备或技术，也有利于吸收国外比较先进的生产技术和管理经验，建立销售渠道，扩大产品出口。对出口方来说，有利于推销产品、扩大市场。缺点是进口设备的价格往往比较高（因为出口方将利息和其他费用都加到机器设备上），同时进口的机器设备和技术有可能不是最先进的。此外，补偿贸易涉及的问题比一般的商品贸易形式多、时间长、风险比较大。对出口方来说，更存在这样的问题。

此外，改革开放以来，我国还采用了"三来"的对外贸易形式，即来料加工、来件装备、来样承做等形式。这种对外贸易形式在中国改革开放的初期发挥了重要作用，属于劳动密集型的出口加工制造，无品牌优势，科技含量低，竞争力不强，将会逐渐被高附加值产品和服务所替代。

（2）对外贸易的作用。对外贸易是对外经济关系中最古老、最基本的形式，是全部对外经济关系的基础。在社会主义市场经济条件下，发展对外贸易，对促进国民经济发展具有十分重要的作用：一是可以互通有无，调剂余缺，加强国内外物资交流。出口本国的优势产品，进口工农业生产急需的重要物资，弥补某些资源短缺。这就可以调整生产发展和技术进步引起的不平衡，协调各方面的比例关系，使经济结构合理化，保证社会主义再生产的顺利进行。二是通过对外贸易，引进国外的先进技术和设备，可以加速国民经济技术改造，提高本国的科学技术水平，加快社会主义现代化建设进程。三是可以充分利用国际分工，节约社会劳动。四是可以增加外汇收入，扩大国内就业机会。五是通过对外贸易往来，可以丰富人民的生活，促进同各国人民之间的相互了解，增进友谊，和平发展。

（3）对外贸易中的争端及处理原则。对外贸易既是国家之间对外经济关系的基本形式，也是一种利益再分配的手段。为了各自的利益，在开展对外贸易过程中，各个国家都会千方百计地发挥自己的优势，争取市场份额，展开国际竞争，这样就会不可避免地带来贸易摩擦，甚至引起贸易争端，特别是 20 世纪 80 年代以来，对外贸易争端在不断加剧的同时，还出现了一些新的特点。从争端的缘由看，各国、各个地区和各个利益集团经济发展水平的不平衡、国内政策的差异、国内法与国际法的差异等都成为争端的直接导火索；从争端的领域看，已从有形商品领域扩展到服务贸易、知识产权和投资等多个领域；从争端的内容看，争端的焦点已从关税壁垒的削减转移到了非关税壁垒的拆除；从争端发生的主体看，过去绝大多数为发达国家，近年来，涉案的发展中国家数量大量增加。

通常而言，凡是对外贸易涉及的领域都会发生贸易争端。但是，有专家通过世界贸易组织专家小组和上诉机构审结的案例分析发现，近年来，"国民待遇条款"、"倾销与反倾销措施协定"、"补贴与反补贴措施协定"、"动植物卫生检疫措施协定"、"与贸易有关的知识产权协定"等所协调的领域发生争端较多。这些也是中国目前与国外发生贸易争端较多的几个领域。

对外贸易争端的频繁发生，必然会严重影响对外贸易的正常进行，使争端双方利益都受到损害。为了谋求贸易"共赢"，必须合理调解对外贸易争端问题。如何解决贸易争端，迄今为止，在国际社会创设的解决国家间贸易争端的方法中，世界贸易组织争端解决机制可以说是最有效的，并发挥着日益重要的作用。世界贸易组织争端解决机制的原则，正在成为世界许多国家对外贸易争端处理中普适性的原则。

世界贸易组织争端解决机制主要包括四项原则：一是多边主义原则。世界贸易组织不仅促进使用多边争端解决制度取代解决贸易冲突的单边主义，而且对自愿协商、友好调解或仲裁这些传统上主要属于争端当事方的双边事务进行多边控制。二是排他适用原则。即世界贸易组织的各项争端解决规则排他适用于与世界贸易组织有关的各项争端。世界贸易组织的各项争端解决规定包括一套国际公认的规则。世界贸易组织成员只能按照这套规则，对世界贸易组织其他成员违反世界贸易组织协定的义务或其他剥夺或损害其根据世界贸易组织协定所享有的各种利益的行为，或阻碍实现世界贸易组织协定任何目标的措施，寻求救济，包括遵守并执行世界贸易组织有关争端解决机关所作出的建议和裁定。三是统一适用原则。即除了某些条件和例外情况，争端解决机制统一适用于与世界贸易组织协定有关的所有争端。四是发展中成员的特殊与差别待遇原则。给予发展中成员方特殊与差别待遇，是世界贸易组织多边贸易体制的一项基本原则，在世界贸易组织争端解决机制方面已作出了相应的规定和安排。

2. 利用外资和对外投资

利用外资，是指一个国家的政府、企业、银行和其他组织，通过国际借款、吸收外商直接投资、商业信贷和战略投资 QFII 等形式，筹集国外资金，推进经济发展。

利用外资目前主要有以下几种具体形式：一是国际金融组织贷款。主要由国际货币基金组织、世界银行，以及所属的国际开发协会、国际金融公司等，对其会员国或其他国家的低息贷款、无息贷款。中国也是上述国际金融组织贷款的主要国家之一。二是外国政府贷款。主要是发达国家向发展中国家提供的长期优惠贷款，具有政府间开放援助性质，赠与成分占35%以上，贷款额度大，使用期限长。1979~2000 年，日本、德国等二十多个国家都向中国提供过政府贷款，数额达几百亿美元。到 2000 年之后，由于中国经济快速发展，外汇储备迅速增长，已由受援国变为援助国，至此发达国家和国际金融机构对中国贷款和资金援助逐步减少。三是国际商业贷款。是以借款等方式通过国际金融市场筹集各种资金。主要有外国商业银行或其他金融机构提供的贷款、本国商业银行向本国出口商或外国进口商提供的较低利率的贷款、发行境外债券等。四是吸收外商直接投资，主要是指外国或地区投资者以货币形式或者实物形式直接投资于本国企业，包括合资经营、合作经营、独资经营、合作开发、补偿贸易、加工装配等形式。其中"三资"企业是外商在中国直接投资的基本形式。五是国际租赁，是金融与贸易结合，由出租人、承租人、供货人及金融机构共同参与的一种新型信贷活动，包括融资性租赁和经营性租赁。融资性租赁，是指国内企业需要设备投资时，通过租赁公司购买所需要的设备，并以租赁方式租给国内企业，是以融物代替融资的一种融资手段。经营性租赁，是指出租人既提供融资的便利，又负责提供租赁物品维修保养的一种融资方式。中国已从 20 世纪 80 年代初开始从事国际租赁业务。六是国际战略投资 QFII，是境外合格战略投资者被引进国内资本市场的一种投资形式，如投资股票、基金、债券等投资形式，可提高国内资本市场的投资理念，改善国内资本市场的投资结构、股权结构、债权结构，促进国内资本市场开放，健全和完善国内资本市场。

利用外资是国际资金融通的重要形式，社会主义国家在独立自主、自力更生的基础上利用外资，对加快社会主义现代化建设具有积极作用。首先，有利于解决国内经济建设资金的不足，争取时间加快能源、交通、电信、农业、科技和教育的建设，促进产业结构和经济结构的调整和优化。其次，有利于引进先进技术和设备，促进原有设备的技术改造和新兴产业部门的建立与发展，提高国内企业的科技水平，加快产品的更新换代，增强我国产品在世界市场上的竞争力。再次，有利于促进外向型经济的发展，扩大出口贸易，改善出口商品结构，增加创汇能力和进口替代能力。最后，有利于促进国内资源开发，增强自力更生的能力。总之，利用外资可以保证本国经济顺利发展，提高综合国力。

利用国外贷款和吸收外商直接投资，这两种方式各有利弊。社会主义国家在利用外资时，必须坚持以下原则：一是必须维护国家主权和民族利益，拒绝一切不平等的条件。资本主义国家对外投资是输出资本，其目的是为了获取利润，所以，我国利用外资是要付出代价的。但是权衡得失，利用外资有利于加快我国社会主义建设步伐。尽管如此，我国在利用外资时，绝不接受西方国家附带的任何政治上和经济上的不平等条件。二是要从我国经济发展的需要和偿还能力等实际情况出发，量力而行。利用外资规模要与本国国民经济发展的要求、本国的偿还能力和消化能力相适应。三是要注意规避风险。向国外贷款容易受债权国财政与货币政策变化的制约，受国际金融市场动荡的影响，所承受的利率和汇率的风险很大，因此，在利用外资，特别是在选择贷款时，要正确把握借、还款的币种、形式和种类，尽可能减少不利因素所带来的影响。四是要坚持重质量、重效益的原则。在利用外资时，要正确地确定外资的投向和重点，要根据本国经济建设的战略目标和产业政策，慎重地加以选择和引导，保持适当的规模和合理的结构，提高外资使用的综合经济效益。

除了利用外资以外，近些年来，对外投资也成为社会主义国家对外开放的一种重要形式。

对外投资，是指社会主义国家向国外进行贷款或直接投资。目前，我国的对外投资与跨国经营主要有以下三种形式：一是向发达资本主义国家和地区投资，包括提供贷款、购买债券、股票、跨国并购、经营等，其目的是为了更有效地获得国外的先进技术和管理经验，以更好地发挥我国在某些方面经营、管理的优势和技术特长，参与国际市场竞争，扩大市场营销，提高我国企业在国际市场上的份额和经济效益。二是向资源丰富的国家和地区进行投资，包括独资、合资、合营等，开发矿产资源或其他资源。其目的是为了充分利用国外资源，弥补国内资源的不足。三是向发展中国家提供资金援助。其目的是为了帮助这些国家发展经济，使它们能真正地独立和发展。

3. 对外技术交流

对外技术交流，是指国家之间对先进技术的引进和输出，也是对外开放的重要形式。技术引进，是指通过技术贸易或者经济技术合作等途径，从国外获得技术。技术输出，是指通过技术贸易或者经济技术合作等途径，向国外出口技术。

引进先进技术的方式可分为技术贸易方式和非技术贸易方式两类，其中技术贸易是主要的方式。技术贸易是商业性的技术转让，它是各国政府和企业间通过买卖方式所实现的一种技术转让形式，主要采取购买专有技术，例如，购买产品设计方案、图纸、表格、制造工艺、测试方法、材料配方等；购买先进的机器设备，包括进口成套设备和关键设备；培训技术人员；引进管理知识或管理理念，委托国外公司、企业提供技术服务等。在技术贸易中，购买许可证贸易是一种重要形式。即向卖方支付一定费用，获得制造某种产品的许可权。它包括购买专利使用权、专有技术使用权、商标使用权等。例如，我国上海磁悬浮列车技术就是购买德国的磁悬浮专有技术的使用权。非技术贸易，主要是指技术交流与技术合作。一般采取合作研究和合作生产的方式。合作研究，是指双方共同合作研制新产品、新工艺、新材料等，分享研究成果。合作生产，是指双方签订协议，由双方提供技术和设备，合作生产某种商品。

科学技术是人类在长期生产实践活动中创造的共同财富。引进先进技术实质上就是引进先进的生产力，它是经济落后国家实现现代化的必经途径和普遍经验。特别是对科学技术比较落后、生产力水平比较低的我国来说，引进先进技术就显得更为重要，对加速国民经济发展具有重大作用和意义。一是可以避免漫长的摸索过程，节省时间，加速技术发展的进程。据统计，一项技术发明，从研究、试验、设计到投产，一般需要 10~15 年，而引进先进技术，从引进到投产，平均需要 5 年，有的只需 2~3 年。二是可以节约研制的费用，节省资金。例如，第二次世界大战后，日本共有 6 次引进技术的高潮，总共花费了 101 亿美元，引进技术 33800 项。据日本人自己估计，战后的 15 年，日本工业产值增长的 32%

是以引进技术创造的，这部分产值相当于技术引进费用的 10 倍。三是可以学习和吸收更多先进技术和现代管理经验，培养和壮大科技队伍，提高科研和管理水平。四是有利于加强我国技术改造和设备更新，加快生产技术的发展，迅速提高生产能力和国际上的竞争力。

引进先进技术，必须从我国基本国情出发，根据需要与可能，综合平衡，量力而行。具体而言，必须坚持以下原则：一是要有计划、有选择地引进适用于我国需要的先进技术，避免盲目引进和重复引进。二是要以优化产业结构为中心，以提高国内经济效益和综合效益为重点。引进适用技术，改造传统产业和充实基础产业；引进先进技术，发展新兴产业；引进高新技术，发展高科技产业。三是要把引进先进技术同国内消化、吸收、利用、创新结合起来，走引进—消化—开发—创新的路子。四是引进机器设备等硬件同引进生产工艺、制造技术等软件相结合，以引进软件为主，不断提高我国自主创新的能力。

根据我国的实际情况，在今后的对外开放中，开展对外技术交流，不能只讲技术引进，不讲技术输出，或引进的多而输出的很少，而要实行引进与输出并举，鼓励在有条件的情况下逐步扩大先进技术的出口。从 20 世纪 80 年代起，我国已结束了技术贸易中只引进不输出的单向流动局面，以技术许可、技术服务和出口成套设备等方式，向国外或境外进行了技术贸易输出。今后，还应随着我国综合国力的增强和科技水平的提高，而不断增大其比例。

4. 对外承包工程和国际劳务合作

对外承包工程，是指一国具有法人地位的从事国际建筑工程项目的公司或企业，在国际市场上通过投标或接受委托等交易方式与国外业主签订合同，并且依照合同要求承担某项工程的建设任务，从而获得一定报酬的劳务活动。其内容主要包括在国外架桥、修路、建房、开矿、采伐树木、安装管道、美化城市等。

国际劳务合作，是指向国外派出人员提供劳务，以取得工资或其他收入的一种经济合作形式。其内容包括派遣专家、工程技术人员、管理人员、工人到国外服务，派遣海员到外轮上担负海员的服务工作等。这种劳务合作形式，具有投资少、创汇快、风险小的特点。

对外承包工程和国际劳务合作，是国与国之间通过输出和输入劳动力或者技术劳务而进行的贸易，是国际无形贸易的一种重要形式，目前已越来越受到世界各国的重视。我国是一个以输出劳务为主的国家，输出劳务对于我国经济与社会发展具有积极作用：一是可以扩大我国劳动力的就业范围，有利于充分利用我国的劳动力资源，缓解国内劳动力就业压力，维护社会稳定；二是可以增加外汇收入，有利于国际收支的平衡；三是可以学习外国的先进技术和管理经验，开阔劳动者的视野，提高其素质和技能；四是可以带动国内产品出口，从而促进国内相关企业的发展。据统计，改革开放以来，我国对外承包工程和国际劳务合作发展迅速，业务遍布世界近二百个国家和地区，营业额在 2004 年就已超过千亿美元。

5. 发展国际旅游业

国际旅游业，是世界各国或地区通过建立旅游设施和提供各种旅游服务，吸引外国旅游者到本国旅游，从而获取旅游外汇收入的一种劳务合作形式。它主要包括旅馆业、饮食业、交通客运业、旅行社与游览娱乐业以及旅游商品业等。旅游业是新兴产业，是服务业的重要组成部分，具有投资少、见效快、创汇多、利润大的特点，素有"无烟工业"之称。第二次世界大战后，随着世界经济的发展和国与国之间经济技术交流的扩大，国际旅游业迅速发展起来，自 20 世纪 60 年代以来，国际旅游业的年增长率超过其他经济部门的发展，成为各国经济发展中的重要行业。

发展旅游业是对外开放的一个重要方面，对于我国经济发展具有重要作用。一是可以增加外汇收入。二是可以带动商品出口和相关产业的发展。在国际旅游中，外国游客在支付服务费用后，还要购买旅游商品，这就增加了商品出口，带动了相关企业的发展。三是可以扩大就业。旅游人数的增加，必然需要大量服务和管理人员，增加了就业机会。四是可以扩大我国在国际上的影响，让世界更多地了解中国，推动与各国经济、文化等各方面的交往。目前，我国已同 220 多个国家和地区建立了旅游业务关系。

我国具有得天独厚的旅游资源，广阔的国土上有无数奇特秀丽的山川风光，五千年文明留下了极为丰富的文物古迹，景色优美的自然风光到处可见，更有令人向往的饮食文化，这一切使我国成为世界上旅游资源最丰富的国家之一。我们要充分利用这一优势，积极发展国际旅游业，为我国经济和社会发展服务。

第三节　全球化条件下中国对外开放的战略格局

随着我国社会主义市场经济的不断发展，与之相适应的对外开放格局已基本形成，我国对外开放也取得了巨大成效。但面对当前世界经济复杂多变的形势，我国对外开放仍然面临不少困难和挑战，如何应对挑战乘势而上，实行更加积极主动的开放战略是"十二五"时期对外开放的重点任务。

一、中国对外开放的基本格局

改革开放以来，中国根据自己的国情和世界多极化、经济全球化和一体化的实际，对外开放的实践过程经历了三个大的阶段：1978~1991 年是探索阶段，其重要标志是创办经济特区和对上海浦东的开发和开放；1992~2001 年是对外开放高速发展阶段，其标志性事件是邓小平同志南方谈话；2001 年 11 月以后，中国对外开放进入新阶段，其标志性事件是加入世界贸易组织。在对外开放过程中，逐步形成了一个全方位、多层次、宽领域的对外开放格局。

1. 创办经济特区

经济特区，是指一个主权国家或地区为了吸引外商、外资兴办企业，引进先进技术、扩展对外贸易或者其他事业而设置的特定区域。在其区域内采取比较灵活的特殊政策，实行特殊的经济体制和各种优惠的办法，鼓励和吸引外商直接投资等，以促进本国或本地区经济的发展。

经济特区是世界经济飞速发展和国际经济交流日益扩展的必然产物，在世界经济发展史上已经存在了四百多年。第二次世界大战后，由于国际经济环境的变化，经济特区在世界许多国家得到很大的发展，特别是进入 20 世纪 70 年代以后发展更为迅速，已成为各国扩大出口、利用外资的重要形式。目前全世界的经济特区已经超过了五百个，其中发达国家占 20%，发展中国家占 80%，而且最大的综合性经济特区都集中在发展中国家。

经济特区从形式上划分，主要有自由港、自由贸易区、出口加工区、科技工业园区、综合性经济特区；从经济类型上划分，主要有贸易型经济特区、工业—贸易型经济特区、科技型经济特区、综合经济型经济特区等。

创办经济特区，是中国实行改革开放、推进社会主义现代化建设战略部署的重要组成部分。1979 年 7 月 15 日，中共中央、国务院批转了广东和福建两省分别提出的《关于对外经济活动实行特殊政策和灵活措施的两个报告》，批准在深圳、珠海、汕头、厦门四市各划出一定区域试办出口特区。1980 年 8 月 26 日，第五届全国人民代表大会常务委员会第十五次会议审议批准建立深圳、珠海、汕头、厦门 4 个经济特区，并批准公布了国务院提请审议的《广东省经济特区条例》。至此，中国经济特区正式通过了国家立法程序，宣告诞生。1988 年 4 月 13 日，第七届全国人民代表大会第一次会议做出《关于设立海南省的决定》和《关于建立海南经济特区的决议》。中国面积最大的经济特区——海南经济特区正式诞生。到目前为止，我国共建 5 个经济特区，总面积达 34713 平方公里。

我国的经济特区，是对外开放的重大试验区。它不是政治特区，也不是恢复、行使主权后实行"一国两制"的香港、澳门那样的特别行政区。它不同于资本主义国家中各种名目的经济特区，也不同于旧中国的帝国主义租界，不是"国中之国"。我国的经济特区是中华人民共和国完整行使主权的、实行特殊经济政策和特殊经济体制的社会主义性质的地区。我国现有的经济特区，按照经济类型划分，均属于综合经济型。经济特区与国内其他地区相比，主要有以下特点：一是特区经济发展的资金来源以引进外资为主，所有制结构以"三资"企业为主；二是特区生产的产品，以出口外销为主；三是特区的经济活动主要面向国际市场，经济运行主要靠市场调节，各种资源主要靠市场配置，是一种高度发展的市场经济；四是在产业结构上，特区以引进技术密集型项目和知识密集型项目为主，建立以先进工业为主、技工贸相结合的综合经济区，以适应国际市场发展变化的需要；五是对前来特区投资的外商，在税收、土地使用费和出入境管理等方面，都给予特别的优惠和方便；六是特区在建设项目审批、财政和外汇使用等方面比内地都有较大自主权。

从1980年至今，中国经济特区经过艰苦创业、大胆探索、开拓发展和"第二次创业"等阶段，已经初步形成了较为完整的、具有中国特色的经济特区形式，并且为中国经济发展作出了历史性贡献。首先，在中国从传统的计划经济向社会主义市场经济体制转轨过程中，发挥了"试验场"和"排头兵"的作用。经济特区为经济、政治、科技、教育及其他体制的改革，提供了综合性的试验基地。如果试验不成功，因范围小，损失不大；如果试验成功，向内地推广，全国受益。我国社会主义市场经济体制，正是在总结和吸收经济特区的许多成功经验，并在内地经过检验行之有效的基础上建立和不断完善起来的。其次，在实行对外开放的历史进程中发挥了重要的窗口和基地作用。邓小平曾指出："特区是个窗口，是技术的窗口、管理的窗口、知识的窗口，也是对外政策的窗口。"[①] 经济特区在吸收、消化和传播人类文明成果，宣传中国改革开放政策和成就等方面发挥了重要作用，成为中国了解世界和让世界了解中国的"窗口"。通过这些"窗口"，可以了解并学习国外的先进技术、先进管理方法、最新科学知识和各种对我国有用的信息，又可以让外商了解我国的对外政策，以吸引外商与我国发生更多的经济交往和联系。再次，在我国区域经济协调发展中发挥了重要的示范、辐射和带动作用。经济特区不仅在吸引和利用外资、扩大出口、开展国际经济技术合作和交流方面进行了有益的探索，积累了经验，而且，对全国各地区开展对外经济往来、进入国际市场等，起到了借鉴和推动作用。最后，经济特区不仅为

---

① 《邓小平文选》第3卷，人民出版社1993年版，第52~53页。

中国经济建设提供了大量的资金、技术、人才、观念等方面的支持，而且在中国与国际市场全面接轨中发挥了重要作用，为探索中国社会主义市场经济与世界经济一体化途径作出了重要的贡献。

2. 开放沿海城市

沿海开放城市，也称沿海港口城市，是中国由北向南的沿渤海、黄海、东海、南海海岸线的开放区域。在建立经济特区的基础上，1984 年 4 月，党中央决定开放大连、秦皇岛、天津、烟台、青岛、连云港、南通、上海、宁波、温州、福州、广州、湛江、北海 14 个沿海港口城市。

开放沿海城市的内容主要包括两个方面：一是扩大这些城市对外经济活动的权限。包括放宽利用外资建设项目的审批权；增加外汇使用额度和外汇贷款；采取免征关税、进口工商统一税、调整企业生产计划和利税上缴任务等措施，吸引外商投资，改造老企业等。二是对前来投资的外商提供优惠待遇，包括降低技术、知识密集型高新技术产业的外资投资项目的所得税率，"三资"企业生产的出口产品，除国家限制的产品外，免征工商统一税；对土地使用费和土地税的收取标准也具有一定的灵活性；允许外商所得合法利润自由汇出境外等。这些举措无论是对沿海地区外向型经济的发展，还是对带动内地经济以及整个国民经济的增长和繁荣，都具有重大作用。

在开放 14 个沿海城市后，又先后在这些城市兴办了经济技术开发区。截至 1992 年 3 月，经国务院批准的经济开发区共有 16 个，除北海外，每个城市办一个，上海开办了 3 个。在经济技术开发区内，大体执行经济特区规定的外商投资企业所享受的优惠待遇，但它与经济特区又有明显的区别。一是行政区划不同，经济特区是由国务院或省直接管辖的一个区域。二是运营的范围不同，经济特区实行综合经营，经济技术开发区主要开发高新技术、发展工业生产。三是享受优惠政策的对象不同，经济特区对所有利用外资的企业给予税收优惠，在经济技术开发区内，只有生产企业才享有税收优惠。四是免征关税的范围不同，在经济特区对进口的生产资料和消费资料都免征关税，而在经济技术开发区中，只对进口的生产资料免征关税。自 2010 年 12 月 1 日起，国务院决定，实行统一的内外资企业城市维护建设税和教育费附加制度，对外商投资企业、外国企业及外籍个人征收城市维护建设税和教育费附加。至此，内外资企业税制实现了全面统一，外资企业在税收政策上享受的"超国民待遇"被彻底终结。

沿海开放城市是中国经济、教育、科学、文化以及交通通信比较发达的地区，构成对外开放战略格局中内外广泛联系、协作的区域，其天然的地理条件和较发达的经济发展水平，在对外开放格局中发挥着重要的作用。开放沿海城市，一方面可以广泛地拓展对外开放的层面、水平；另一方面可以积极推动国内企业参与国际分工和国际市场竞争。

继创办经济特区、开放沿海城市后，1985 年 2 月，国务院决定把以上海为中心的长江三角洲，以广州为中心的珠江三角洲，以厦门为中心的漳（州）、泉（州）即闽南三角地带，作为中国的对外经济开发区。1987 年，国务院先后决定将辽东半岛和胶东半岛作为沿海经济开放区。1988 年 3 月，国务院决定又将河北、江苏、浙江、广东、广西壮族自治区等诸多沿海市（县）列入沿海经济开发区。至此沿海经济开发区共包括 14 个省辖市、218 个市（县），由辽东半岛到珠江三角洲，与 5 个经济特区和 14 个沿海开放城市共同构成近万里的大片狭长的对外开放前沿地带。

沿海经济开发区享受许多与沿海开放城市相同的优惠政策，对外商在开发区投资经营加工业，投资经营农、林、牧、渔等产业，给予系列优惠。沿海经济开发区以外向型经济为主，外向型经济占工业增长的 43%，约 1/4 是由出口实现的。建立沿海经济开发区，是我国发展外向型经济、加速沿海经济发展、带动内地经济开发的重要战略部署。我国沿海地区因原材料和能源比较短缺，产业结构主要以加工工业为主。率先创办经济开发区，发展"两头在外"、"大进大出"的外向型经济，可以大大缓解沿海地区与内地争夺原材料和市场的矛盾，这有利于促进内地经济的发展。与此同时，沿海经济开发区把国外的先进技术、设备引进来，加以吸引、消化、创新后，向内地转移，也会进一步推动内地的科技进步。此外，通过引进、筛选、移植国外符合社会化大生产要求的经营和管理经验，又会为国内经济体制改革提供借鉴。

3. 扩大内地开放

1992 年邓小平南方谈话确立了社会主义市场经济体制的改革方向，中国的对外开放也进入了全面加速推进的时期，开始由沿海迅速向内地扩展。1990 年 6 月，国务院批准设立上海浦东新区；1992 年 6 月，党中央、国务院决定开放长江沿岸的芜湖、九江、岳阳、武汉和重庆 5 个城市。沿江开放对于带动整个长江流域地区经济的迅速发展，对于我国全方位的对外新格局的形成起了巨大的推动作用。不久，党中央、国务院又批准了合肥、南昌、长沙、成都、郑州、太原、西安、兰州、银川、西宁、乌鲁木齐、贵阳、昆明、南宁、哈尔滨、长春、呼和浩特共 17 个省会为内陆开放城市。由此形成了以省会城市为中心的内陆开放区和以上海浦东新区为龙头的长江流域开放带，成为中国对外开放的第三个层次。内陆开放区实行与沿海开放城市同样的优惠政策，凡是经国家批准建立的高新技术产业开发区，符合产业政策的重大项目和高新技术项目，都享受优惠政策，并允许拓宽利用外资的形式、灵活地吸引外资。内陆对外开放，既加强了内地与沿海地区的经济交流与联系，也突破了内陆各省、区之间以往的封闭局面，发挥了典型的引导、示范效应，对于内陆各省区深化改革、扩大开放、招商引资、吸收先进技术和管理经验、实施技术改造和产业结构优化、加快基础设施建设、建立和完善社会主义市场经济体制，起到了重要的推动作用。

4. 推进沿边对外开放

我国有两万多公里的陆地边界线。继内陆对外开放后，党中央、国务院又先后决定对沿边城市和地区对外开放。1992 年在首批开放满洲里、黑河、绥芬河、珲春四个沿边城市后，又相继开放了广西的凭祥市、东兴镇，云南的河口县、畹町、瑞丽县，新疆的伊宁市、塔城市、博乐市，内蒙古的二连浩特等城市。目前，一个以沿边开放城市为窗口，边境市县为前沿，省会中心城市为依托，面向东北亚、中亚和东南亚地区的多层次沿边对外开放格局基本形成，构成了三大对外开放区：一是以俄罗斯、蒙古、东欧诸国为对象的北部开放区；二是以巴基斯坦、西亚诸国为对象的西部开放区；三是以印度、尼泊尔、缅甸、老挝、越南及孟加拉国为对象的南部开放区。在这些地区内设立了 32 个国家重点口岸和约二百个地方口岸，边民互市市场二百九十多个。沿边开放城市和地区享有与沿海开放城市一样的优惠政策，国家赋予其更大的边贸自主权，并创造了良好的投资环境。

我国根据邻国边境人民与我国边境人民的贸易传统及友好往来的需要，以开展边境贸易为契机，逐步推进和扩大对沿边城市和地区的对外开放区域，极大地促进了边贸的快速发展，繁荣了沿边民族地区的经济、社会、文化，市场化程度逐步提高，对于建立和完善社会主义市场经济体制、提高沿边各族人民的生活水平、增强各民族大团结、缩小东西部地区之间发展的差距，发挥了重要作用。

5. 加入世界贸易组织及其他国际组织

2011 年 11 月，中国政府在多哈正式签署了文件，顺利地加入了世界贸易组织，这是我国发展对外经济关系的新选择。世界贸易组织是当今世界上最大的国际贸易组织，它与世界银行和国际货币基金组织一起，构成当今世界经济体系的三大支柱，成为对世界经济发展起重要作用的"经济联合国"。

加入世界贸易组织，标志着中国的对外开放进入了一个全新阶段，即经济国际化阶段。在这一阶段，中国对外开放出现了三个主要转变：一是中国由有限范围和有限领域内的开放，转变为全方位的开放；二是由以试点为特征的政策主导下的开放，转变为法律框架下可预见的开放；三是由单方面为主的自我开放，转变为与世界贸易组织成员之间的相互开放。至此，中国经济全面而深入地融入了国际分工体系。

在没有加入世界贸易组织以前，中国的对外开放总体上表现为自主控制下的局部性开放，开放的领域主要集中在生产性投资领域。加入世界贸易组织之后，中国开始由局部性的对外开放转变为全方位的对外开放，服务业成为这一阶段中对外开放的重点领域，包括电信和金融保险等领域的对外开放力度都在不断扩大。在银行、保险、证券、电信、建筑、分销、法律、旅游、交通等众多服务部门，修改和新制定了一系列进一步对外开放的法规和规章，服务贸易领域的承诺得到了切实的落实。在世界贸易组织分类的 160 多个服务贸易部门中，中国已经开放了 100 个，占 62.2%，接近发达成员的平均水平（最不发达成员开放 24 个，发展中成员开放 54 个，发达成员开放 108 个）。在加入世界贸易组织后，我国努力与世界贸易组织规则接轨，形成了完整的对外贸易管理的法律体系。按照世界贸易组织的规则来衡量，我国已经基本实现了贸易自由化的要求。中国加入世界贸易组织 10 年来，除上述所谈到的进一步开放了服务贸易领域外，对世界经济增长的贡献也日益增大。10 年来，中国平均关税水平从 15.3% 降至 9.8%，达到并超过了世界贸易组织对发展中国家的要求。10 年来，中国总计从海外进口达 8.5 万亿美元，为各国发展提供了广阔市场。特别是国际金融危机发生以来，一方面，中国积极应对内外各种挑战，努力保证自身经济强劲增长，为地区和世界经济复苏增添动力；另一方面，中国对国际金融机构大幅增资，向发展中国家伸出援手，从发达国家增购债券，为促进有关国家经济社会发展、稳定国际经济金融形势作出了贡献。今后 5 年中国进口总规模有望超过 8 万亿美元，这将是中国对世界经济的重大贡献。

除加入世界贸易组织外，中国还积极参与多种形式的国际组织，特别是对中国对外开放有较大影响的国际经济组织。国际经济组织形式很多，如世界性的经济组织有世界银行、国际货币基金组织等；地区性的经济组织有亚洲开发银行、亚太经济合作组织、北美自由贸易区、欧洲联盟等。这些国际经济组织对其参与国和地区的行为具有一定的约束力，能够在不同领域、不同层次上协调参与国家或地区的利益争端，并为它们参与国际经济活动提供尽可能公平的竞争环境。目前中国几乎参与了所有的世界性的国际经济组织以及与中国相关的区域性的经济组织，并在其中发挥着越来越重要的作用，这也在一定程度上加速了中国经济的国际化进程。

6. 实施"走出去"战略

实施"走出去"战略，是党中央在深刻分析国际国内政治、经济形势的基础上作出的重大决策，是关系中国发展全局和前途的重大战略。1998 年 2 月，在党的十五届二中全会上，江泽民同志第一次提出"走出去"的开放战略，提出："在积极扩大出口的同时，要有领导有步骤地组织和支持一批有实力有优势的国有企业走出去，到国外主要是到非洲、中亚、中东、中欧、南美等地投资办厂。既要'引进来'，又要'走出去'，这是我们对外开放相互联系、相互促进的两个方面，缺一不可。"① 进入 21 世纪，江泽民同志进一步把"走出去"概括为我国现代化建设的一项重要发展战略，明确指出：有计划、有步骤地走出去投资办厂，与各国特别是发展中国家搞经济技术合作，这同西部大开发一样，也是关系我国发展全局和前途的重大战略之举。在党的十六大报告中，他再次强调指出，必须始终坚持"引进来"和"走出去"相结合，积极参与国际经济技术合作和竞争，不断提高对外开放水平。胡锦涛同志在党的十七大报告中进一步明确指出："坚持对外开放的基本国策，把'引进来'和'走出去'更好地结合起来，扩大开放领域，优化开放结构，提高开放质量，完善内外联动、互利共赢、安全高效的开放型经济体系，形成经济全球化条件下参与国际经济合作和竞争新优势。深化沿海开放，加快内地开放，提升沿边开放，实现对内对外开放相互促进。"② 胡锦涛同志在这里不仅强调要把"引进来"和"走出去"更好地结合起来，优化开放结构的战略，也强调了加快内地开放、提升沿边开放、实现对内对外开放相互促进的战略，这就大大丰富了我国对外开放战略的内涵。

随着我国改革开放不断深入，社会主义市场经济体制不断完善，经济发展水平和综合国力不断提升，目前，国内市场已经成为国际市场的有机组成部分，对外直接投资已经成为扩大国际市场份额的有效途径。企业"走出去"，经营从一国范围扩大到国际范围，通过并购投资、技术转让等方式全方位地开展跨国经营活动，对于加快实现国内经济与国际经济的对接互补将发挥重要作用。积极实施"走出去"战略，对于中国经济长期、稳定、可持续发展具有重大的战略意义。

第一，实施"走出去"战略，是世界多极化和经济全球化对我国经济发展的客观要求。如上所述，当今世界，国际局势正在发生深刻变化。世界多极化和经济全球化的趋势在曲折中发展，科技进步日新月异，综合国力竞争日趋激烈。形势逼人，不进则退。只有"走出去"，到国际市场的大海中去游泳、去拼搏，才能锻炼自己、发展自己、提高自己。

第二，实施"走出去"战略，是中国企业发展壮大、实施国际化战略的必然选择。"走出去"符合中国企业扩张的内在要求。中国经济总量、对外贸易、吸

---

① 中共中央文献研究室：《十五大以来重要文献选编》（上卷），人民出版社 2002 年版。

② 胡锦涛：《高举中国特色社会主义伟大旗帜 为夺取全面建设小康社会新胜利而奋斗——在中国共产党第十七次全国代表大会上的报告》，人民出版社 2007 年版。

引外资和外汇储备均居世界前列，在国内外市场竞争中形成了一些具有明显比较优势的产业和产品，掌握了一批先进适用技术和部分世界领先技术，对外投资能力逐步增强。许多企业企盼在更大空间中加快自身发展，"走出去"的愿望日益迫切。随着国有企业改革的不断深化，民营企业发展的不断壮大，现代企业制度的逐步建立与完善，海外经营管理经验的积累与成熟，企业开展跨国经营的内在条件已经逐渐成熟，"走出去"在更高层次上参与世界国际分工与合作，将是企业实施国际化战略的必然选择，也是中国对外开放水平提高到一个新水平的重要标志。

第三，实施"走出去"战略，也是新世纪、新阶段改革开放和经济发展的需要。以加入世界贸易组织为标志，我国的对外开放进入了新的发展阶段。实现新世纪、新阶段的发展目标和任务，开放要有新局面，必须进一步提高对外开放水平，要以扩大内需为我国发展的战略基点，也要充分利用国外市场，拓展发展空间，要保持出口稳定增长，积极扩大进口，促进贸易平衡。以开放促改革、促发展。实施"走出去"战略为我国全面提升开放型经济水平，加快经济发展，实现小康社会目标抓住了机遇，创造了条件。

第四，实施"走出去"战略，是我国未来发展和中华民族伟大复兴的长远大计。实施"走出去"战略，不仅具有重大的现实意义，也必将对我国未来发展和中华民族的长远利益产生重大影响。21世纪头20年，是全面建设小康社会的关键阶段，经过这个阶段的建设，再继续奋斗几十年，到21世纪中叶基本实现现代化，把我国建成富强、民主、文明的社会主义国家。能否抓住经济全球化加速发展的机遇，积极应对其面临的挑战，以更加积极的姿态走向世界，关系到我国在21世纪的发展空间，也关系到中华民族的长远利益。中国是一个正处在发展中的大国，石油、天然气以及许多重要矿产资源、森林资源等蕴藏量不足，即使国内拥有一定的资源，但人均占有量较低。中国经济要实现可持续发展，必须借鉴其他国家的经验和做法，在国际市场上配置资源，加强境外资源的开发合作与综合利用，为中国获取重要资源提供相对稳定的来源，以确保国民经济长远发展的需要。与此同时，影响和制约中国经济发展很重要的一个因素是经济结构不合理，调整经济结构是"十二五"时期乃至今后很长时间的一项重要任务。要调整经济结构，如果仅限于国内，空间相对较小，只有实施"走出去"战略，充分利用国际国内两种资源、两个市场，才能获得更大的发展空间。

中国企业实施"走出去"战略历经时间不长，但已实现了较大跨越。据不完全统计，截至2009年，我国经批准的赴海外投资额企业已达6000多家，中方投资额为400亿美元。截至2009年底，我国企业已在境外投资形成了1.7亿件服装、

2000万台家电、100万辆机动车的生产能力。2009年对外直接投资全球排名由2005年的第18位上升到第5位，海外工程承包和劳务合作规模不断扩大。但是，从总体上看，我国企业"走出去"还处在起步阶段，对外投资存量仅居全球第15位。无论从经济总量、人均水平看，还是从对外贸易、利用外资和外汇储备规模看，我国对外投资合作都已具备了加快发展的条件，具有巨大的发展潜力。

综上所述，经过三十多年的改革开放实践，不断总结经验和完善政策，我国的对外开放由南到北、由东到西层层推进，基本上形成了"经济特区——沿海开放城市——沿海开发区——沿江和内地开放城市——沿边开放城市"这样一个宽领域、多层次、有重点、点线面结合的全方位对外开放的战略格局。

二、实行更加积极主动的开放战略

三十多年来，我国实行对外经济开放，从总体上看有得也有失，既取得了举世瞩目的成就，也积累了不少问题。

1. 对外开放的特点与成效

综观对外开放的基本格局，中国实行对外开放的主要特点是：在开放目标方面，一是解决大多数发展中国家存在的储蓄和"外汇"缺口，以解决国内经济发展资源"瓶颈"问题；二是逐步推进市场经济的国际化，充分利用国内和国外"两个市场"、"两种资源"，实现资源在更大空间的配置，从而促进我国经济的健康快速发展。在开放战略推进方面，改革开放之初采取递度推进战略，随着改革开放的深入，最后实施全方位开放战略。以开放区域为例，先是以特区、保税区等"点"状开放为主，后来逐步向沿海、内陆区域、沿边推进，基本定位于建立中国和世界相联系的"通道"。在开放政策上，推进进口替代和鼓励出口并重的贸易政策。在出口政策方面，在改革开放之初，主要通过奖售、本币低估等措施来扩大出口，以解决国内经济发展外汇紧缺的问题，同时改革外汇资源配置制度，实行汇率双轨制，并引入出口退税制度，对加工贸易实行特殊优惠政策。近年来，随着我国外汇储备的增加，现在已对有关政策作了进一步调整。在进口政策方面，鼓励引进适用技术，采取各种保护贸易的政策和措施，保护国内市场，推动本国工业化进程，实现一般劳动密集型消费品的进口替代。在外资政策方面，逐步下放外资投资项目审批权，为外资企业提供税收减免等优惠，改善投资和生产经营环境，并对产品出口型、技术先进型外资企业给予更优惠的待遇。在中国加入世界贸易组织之后，对有些优惠政策已经进行了调整，将外资企业和内资企业实行同一"国民待遇"。

改革开放三十多年来，我国抓住经济全球化深入发展的机遇，坚持对外开放基本国策不动摇，从总体上已经形成了全方位、多层次、宽领域的对外开放格局和具有中国特色的开放型经济体系，对外开放各领域在规模、结构、质量、效益等方面，都取得了长足发展，其主要表现在以下几个方面：

（1）对外贸易总量迅速增加，结构不断优化。1978年，我国货物进出口贸易总额206亿美元，占全球贸易额的0.78%，在世界排名第32位；2007年，外贸总额增长到2.17万亿美元，占全球货物贸易总额的8%，30年增长了104倍。2009年虽受全球金融危机的影响，但我国全年货物进出口总额仍然保持了正常增长态势，达到22075亿美元，占世界货物贸易总额的8.8%，跃居世界第二位。2010年，货物进出口总额29728亿美元，比2009年增长34.7%。其中，货物出口总额15779亿美元，增长31.3%；货物进口总额13948亿美元，增长38.7%。2011年，货物进出口总额达3.64万亿美元，比2010年增长22.5%。其中，出口总额1.9万亿美元，增长20.3%；进口总额1.74万亿美元，增长24.9%。值得一提的是"十五"末期我国外贸额首次突破1万亿美元大关，2007年迅速增加到两万亿美元以上，外贸额翻了一番多，仅用4年时间。而德国、美国贸易额从1万亿提高到2万亿美元，都用了8个年头。贸易结构不断优化，经营主体均衡发展。2005年，机电产品出口所占比重为56%，高新技术产品28.6%，2009年机电产品出口比重达59.3%，高新技术产品31.4%，分别提高3.3个、2.8个百分点。2005年，国有企业、外商投资企业、民营企业在进出口总额中的比例为25.7∶58.5∶15.8，截至2010年9月底调整为21.4∶53.8∶24.8。从对外贸易的地区分布看，2005年我国对德、日、美进出口额占外贸总额的32.3%，2010年9月底降低至27.7%，市场多元化战略继续推进。在服务贸易方面，1982年我国服务贸易进出口总额只有43.5亿美元，2006年就达到了1870亿美元，增长了43倍，占世界服务贸易比重从0.6%上升到3.51%，由世界排名第34位上升到第7位。近几年服务贸易还在不断增长，其地位也在逐步提升，2011年，服务贸易总额已突破4000亿美元。这说明，今日的中国不仅是世界商品和服务的重要生产者和提供者，而且也是世界商品和服务的重要市场。

（2）利用外资规模不断扩大，质量和水平明显提高。1998年以后，我国利用外资一直保持稳定增长的态势。然而受国际金融危机的影响，2008年10月起利用外资出现负增长并持续下降。对此，各地和有关部门积极采取应对措施，改善利用外资环境，创新利用外资方式，优化利用外资结构，主动做好增信释疑工作，增强外商投资信心等，自2009年8月起利用外资持续下滑局面得到扭转，2010年实现恢复性增长，并超过危机前利用外资的规模。2011年我国实际利用外资1160亿美元，比2010年增长9.7%，再创历史新高。"十一五"时期累计使用外资 4200 亿美元，约为"十五"时期的 1.5 倍，连续 20 年居发展中国家首位，从 2009 年起，首次超过法国和英国跃居世界第二位。在利用外资规模扩大的同时，利用外资结构也在不断优化。"十一五"期间，我国利用外资政策的最大特点是逐步加强对外商投资的产业与区域投入的引导。在产业投向上，2007年实施新的《外商投资产业指导目录》，重点鼓励外资投向现代农业、现代服务业、高新技术产业、高端制造业、基础设施和节能环保等领域。特别是抓住世界产业重心由制造业向服务业演进的机遇，及时确立北京、天津、上海、大连、深圳、苏州等一批服务外包示范城市，在财税、人才培训和金融等方面出台了一系列措施，积极推动标准制定、平台载体建设、市场主体培育和国际市场开拓，力争使我国成为新的国际服务外包中心。在区域投向上，修订了《中西部地区外商投资优势产业目录》，鼓励外商到中西部地区投资和参与国有企业改组改造；创办了中部贸易投资博览会等会展平台，2006~2010 年共吸引境外客商近三万人，引入合同外资 426 亿美元；对中西部地区国家级开发区基础设施建设予以贷款贴息支持，还加快建立产业转移促进中心和承接产业转移示范园区，完善东部、中部、西部产业转移对口合作机制。同"十五"末期相比，我国利用外资质量明显提高。一是服务业吸收外资比重由 2005 年的 16.1% 上升到 2010 年的 44.8%；二是中西部地区吸收外资比重由 11.2% 上升到 15%，江西、湖南、四川、重庆、河南、吉林等一批内陆开放高地正在形成；三是服务外包企业突破一万家，从业人员超过二百万人，离岸服务外包合同执行额年均增速超过 100%，我国已成为第二大离岸服务外包目的地市场；四是外资企业在华设立研发中心累计超过一千四百家，比 2005 年增长近一倍。

此外，为了更加有效地利用外资，近年来，国家还在基础设施建设、人力培训等方面加大了对国家级、省级开发区的支持力度，并适时开展了开发区扩区提档升级工作，支持符合条件的省级开发区升级和原有国家级开发区调整区位。组织开展国家生态工业示范园区创建工作，推动开展节能环保国际合作，集约、节约利用土地等资源；推动东部地区以多种方式与中西部地区共建，加大对西藏、新疆产业集聚区建设支持力度。2006~2010 年，原有 56 个国家级开发区的地区生产总值占国内生产总值的 7%，工业增加值占全国工业增加值的 12%，出口额占全国的 16%，税收收入占全国的 6%。一批新的省级开发区成功升级，国家级开发区由 56 个上升为 116 个，其中有 34 个中西部省级开发区升级为国家级经济技术开发区。目前，开发区日益成为我国经济发展最快、吸收外资最多、投资环境最优、技术水平最高的现代产业集聚园区，成为我国经济重要的增长极。

（3）外汇储备持续增加，抗风险能力显著提高。2005 年我国外汇储备为

8188.72 亿美元，2006 年突破 1 万亿美元大关即达到 10663 亿美元，随后逐年持续增加，截至 2010 年底已高达 28473 亿美元，比 2009 年末增加 4481 亿美元，稳居世界第一位（外汇储备增长情况见图 9-1）。根据国际货币基金组织统计，2009 年全球外汇储备额为 80870 亿美元，我国外汇储备为 23992 亿美元，占全球外汇储备总额的 29.7%。2011 年，我国外汇储备接近国内生产总值的一半，远远高于世界其他国家和地区。

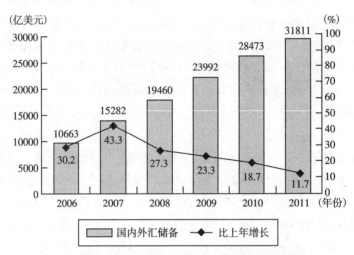

图 9-1　2006~2011 年年末国家外汇储备及其增长速度

（4）对外投资增速加快，企业"走出去"取得了跨越发展。自党中央提出"走出去"战略以来，特别是在"十一五"时期，我国加快实施这一战略，创新对外投资和合作方式，努力促进"引进来"和"走出去"协调发展，更好地利用"两个市场"、"两种资源"，拓展国民经济发展空间。一是充分利用国际金融危机爆发后许多国家放松外资注入管制与我国合作意愿上升的机遇，"走出去"的规模逐步扩大。2005 年，我国非金融类对外直接投资只有 69 亿美元，2006~2010年，5 年累计达到 1911 亿美元，年均增长 36.9%，在全球的排名由第 20 位跃升到 2009 年的第 5 位，在发展中国家居于首位，迈入对外投资大国行列。二是"走出去"的层次明显提升。在对外投资合作方面，已由单个项目建设逐步向区域化、集聚式模式发展。生产加工型企业从单一生产销售逐步向设计研发、市场营销和售后服务拓展，建立制造基地、配送中心和研发中心，积极抢占产业价值链条高端。资源开发类企业不断向上下游业务延伸，努力开展多元化经营。在对外承包工程方面，已从数量规模型向质量效益型转变，不少企业成功推广资源、信贷、工程一揽子合作模式，上亿美元对外承包工程项目成倍增加（最大项目合作额达 75 亿美元)。在外派劳务人员方面，也在不断向海员、空乘、医护、教师、工程师等高级技术劳务扩展。现在已有越来越多的企业十分注重通过并购等方式到境外获取技术、品牌和营销网络，2006~2009 年，非金融企业跨国并购投资年均增长 35.7%。三是"走出去"秩序更加规范。近年来，中央及有关部门加强了对企业"走出去"的规范和宏观指导，有针对性地解决少数企业在境外恶性竞争等问题。出台了一系列的政策法规条例，引导企业在中资企业相对集中的国家和地区组建境外中资企业商会，提高行业自律水平。并建立了对外投资合作境外安全风险预警和信息沟通制度，切实保障境外人员和财产安全。经过治理整顿及引导，境外企业经营秩序正在趋向好转，越来越多的企业在国外赢得了良好声誉。

　　实施"走出去"战略，有效带动了对外贸易发展，推动了产业结构调整和技术升级，缓解了国内资源、就业、国际收支不平衡等多重压力。据统计，在"十一五"期间，我国对外直接投资企业累计实现销售收入近两万亿美元，累计实现进出口额超过七千亿美元。对外承包工程累计带动出口额 452 亿美元，绝大部分为大型成套机电产品。截至 2010 年底，对外投资合作各类从业人数达 85 万人，每年我国在外劳务人员汇回的外汇收入超过四十亿美元。中国企业国际化经营能力和国际竞争力大幅提升，2009 年有 34 家企业入选世界 500 强，2010 年 7 月发布的《财富》世界企业 500 强中，我国入围企业上升到 54 家，企业总数列第三位，仅次于美国 (139 席)、日本 (71 席)，其中有三家企业进入前十名，如中石化以营业收入 1875 亿美元，名列全球第七位，这是中国企业在世界 500 强排名榜上的最好名次。

　　(5) 在世界经贸体系中的地位和贡献显著增强。面对全球政治经济格局的大调整、大变革，我国首先立足于办好自己的事情，同时积极参与国际经贸体系建设和多边经贸合作，展现了负责任大国的风采，维护了国家的根本利益。一是积极参加全球经济治理。随着我国综合国力的逐步增强，国际社会对中国的需求和期望与日俱增，我国时常被推向讨论和解决全球性重大问题的前台。中国作为负责任的大国，积极参与联合国、20 国集团、世界贸易组织等多边机制建设，与其他国家一起，共同应对国际金融危机、气候变化、国际金融体系改革等全球性问题，中国的主张得到越来越多成员的认同和支持。我国深入参与和积极推动多哈回合谈判，顺利完成世界贸易组织对中国的三次贸易政策审议，认真回答了世界贸易组织成员提出的 3500 多个问题，并对其他成员的贸易救济政策和措施提出评论和质疑，在各种场合旗帜鲜明地反对各种形式的贸易保护主义，成为推动全球贸易自由化、便利化的坚定维护者，使国际经贸体系调整和变革总体上向有利于我国和发展中国家的方向发展。二是引导和推进区域合作进程。近年来，我国充分利用亚太经济合作组织、上海合作组织、东亚峰会、中非合作论坛、"金砖国家"、"大湄公河次区域"经济合作机制、大图们倡议等平台，广泛开展区域和次区域经济合作，有力地促进了区域经济融合和经贸关系发展，提升了我国在多边舞台上的话语权和影响力。三是加快自由贸易区建设步伐。加入世界贸易组织之后，自由贸易区成为中国对外开放的新形式、新起点。中国目前正在和全球31个国家与地区建设14个自由贸易区，涵盖我国对外贸易总额的1/4。经过坚持不懈的努力，中国—东盟自由贸易区全面建成，这是迄今为止发展中国家之间建立的最大的自由贸易区。该自由贸易区建成后，中国与东盟双边贸易额迅速增长，仅在2009年就达到2130亿美元，提前3年完成2000亿美元的目标，目前，东盟已成为我国第四大贸易伙伴。随后，我国分别与巴基斯坦、新西兰、新加坡、秘鲁、哥斯达黎加五国签署相关自由贸易协定。目前，我国正在与海湾合作委员会、澳大利亚、瑞士、挪威、冰岛商建五个自由贸易区，并启动了中、日、韩自由贸易区官产学联合研究，完成了中韩自由贸易区联合召开中印区域贸易安排联合研究。签署并实施内地与香港、澳门更紧密经贸关系安排及补充协议，有力地促进了港澳特色优势产业发展。

此外，针对近年来贸易摩擦多发的严峻形势，我国也采取了标本兼治、综合施策的办法加以应对，与各种贸易保护主义行为开展有理、有据、有利、有节的斗争。经过多方面的努力，不少大案、要案得到及时化解，矛盾没有被激化，对我国对外贸易发展的影响也控制在可承受的范围内。

上述对外开放各领域中的显著变化，不仅反映出我国制成品生产、出口取得了飞速发展，而且体现了我国综合竞争力的快速上升，中国对全球特别是世界贸易增长的贡献率逐步提高，"中国因素"、"话语权"地位也在不断上升。

2. 对外开放面临的挑战与存在的问题

对外开放虽然给中国经济的发展带来了生机和活力，取得了举世瞩目的成就，但在"十一五"后期，受国际金融危机的严重冲击，我国外贸不仅在总量上大幅度缩减，而且在结构方面也出现了不利变化，贸易政策更是发生了逆转和回调。当前对外开放仍然面临不少挑战和问题，其主要表现在以下几个方面：

（1）世界经济复苏的不稳定性、不确定性因素仍然较多。当前，世界政治经济环境复杂多变，一些主要经济体经济增速下滑，一些国家主权债务问题突出，国际金融市场动荡不已，新兴市场国家通胀压力仍然较大，各种形式的保护主义愈演愈烈，西亚、北非局势持续动荡，极端气候和自然灾害频发也给世界经济带来负面影响，世界经济复苏的不稳定性、不确定性突出，风险挑战增多。同时，随着我国综合国力增强和国际地位提升，国际社会要求我国承担更多的国际责任，外部的压力和复杂性不断增加。

（2）传统优势逐步弱化，外贸经济增长难度加大。过去三十多年的对外开放，我们主要依靠劳动力、土地、能源资源、环境等生产要素的低成本比较优势，以及相对优惠的外贸外资政策参与国际竞争，并逐步成为世界制造大国、贸易大国。但随着劳动力成本不断上升，土地供应日趋紧张且地价大幅上升，能源资源和生态环境约束强化，传统优势正在逐步削弱，促进外贸经济增长的难度进一步增大，亟须培育新优势。

（3）困扰我国对外贸易发展的老问题依然存在。主要表现在两个方面：一是货物出口市场过于集中。就单一经济体而言，美国仍然是最为重要的出口市场。虽然我国工业制成品出口占出口总额比重已超过了90%，但由于加工贸易所占比例较大，实际获益很小。近年来，由于我国出口开放度一直大于进口开放度，使得我国经济受外部经济波动的影响不断加大，累积的风险也越来越高。二是国际收支双顺差的格局没有根本改变。在货物贸易保持顺差的同时，服务贸易仍然为长期逆差，其中运输、保险、专有权利使用费和特许费是构成逆差的主要来源（见表9-1）。国际收支双顺差使我国外汇储备不断增加。巨额外汇储备虽然为人民币国际化提供了良好的基础条件之一，但也给我国的汇率政策、货币政策带来巨大压力，增加了宏观调控的难度。

表 9-1 2004~2009 年上半年国际收支双顺差结构

单位：亿美元

项目	2004 年	2005 年	2006 年	2007 年	2008 年	2009 年上半年
国际收支总顺差	17984	2238	2599	4453	4451	1955
经常项目差额	687	1608	2532	3719	4261	1345
占总顺差比例（%）	38	72	97	83	96	69
资本和金融项目差额	1107	630	67	735	190	610
占总顺差比例（%）	62	28	3	17	4	31

（4）利用外资效益不高，有待进一步加强。近些年来，我国服务业吸收外资虽然增长较快，但整体水平不高，多集中于房地产等领域，对国内产业结构调整的作用未能充分发挥。外资项目技术外溢不足，内外企业之间技术合作和交流不够，外资企业对技术创新的推动作用不强。中西部地区利用外资的规模和质量都有待提高，外商投资对区域协调发展的作用还需进一步加强。

（5）"走出去"的主体实力不足，需要进一步提升。近些年来，在国家"走出去"战略的推动下，"走出去"的企业数量虽然与日俱增，但企业规模相对较小，实力较弱，国际化专业人才匮乏，跨国经营经验和企业文化融合能力不足。同时，国内企业由于缺乏清晰的对外投资合作长远规划，无序竞争乃至恶意竞争现象时有发生，竞争秩序亟待规范。此外，由于中介服务体系的不成熟，国内本土的投资银行、财务、法律及管理咨询等机构的经验和实力还难以满足国内企业"走出去"的迫切需要。

（6）规范外向型经济发展的法规制度有待进一步完善。改革开放以来，为了促进外向型经济的发展，提高我国对外开放水平，尽管国家在促进外资、利用外资和境外投资等方面，相继出台了一系列政策和法规，但随着经济的发展和世界经济政治形势的变化，有些需要健全，有些亟待改进和完善；特别是由于境外投资立法相对滞后，财税、金融、保险等相关支持政策尚需完善，国外协调配合机制、贸易摩擦预警机制等有待加强。外资并购安全审查措施亟待完善。同时，随着人民币区域化、国际化进程推进，资本项目外汇管制逐步放开，投融资方式不断创新，也增加了对涉外投资项目管理和外债监测调控的难度。

3. 实施对外开放战略的思路与措施

党的十七届五中全会通过的《中共中央关于制定国民经济和社会发展第十二个五年规划的建议》指出："适应我国对外开放由出口和吸收外资为主转向进口和出口、吸收外资和对外投资并重的新形势，必须实行更加积极主动的开放战略，不断拓展新的开放领域和空间，扩大和深化同各方利益的汇合点，完善更加适应发展开放型经济要求的体制机制，有效防范风险，以开放促发展、促改革、促创新。"① 这是贯彻落实科学发展观，加快转变经济增长方式的具体体现，也是"十二五"时期对外开放的基本方针和重点任务。

综观我国对外开放面临的新形势，对外开放战略的思路和目标也必须进行相应调整。在改革开放的前期，中国对外开放主要采取出口导向型战略，而伴随全球政治经济格局大变革和大调整，尤其是 2008 年以来，受国际金融危机的冲击和影响，世界经济增长开始放缓，一些主要经济体进入了一个漫长曲折的实现复苏的过程，短期内迅速复苏的可能性不大。因此，中国开放战略的实施，首先，应适时推动出口导向为主向内需立国为主转移。要实现这种转换，就要求出口应从"量"到"质"，加工贸易从"特殊"到"一般"，进口从"限"到"放"，经济发展从出口导向到内需立国的转变。这个转换，是以在战略上从外向型向开放

---

① 《中共中央关于制定国民经济和社会发展第十二个五年规划的建议》（2010 年 10 月 18 日共产党第十七届中央委员会第五次全体会议通过），人民出版社，2010 年 10 月。

型，在激励导向上从优惠出口和招商引资到公平竞争和开放竞争，在体制上进一步与国际接轨并扶持内生性增长为基本方向。其次，在对外开放理念上，要向多维开放理念进行战略转变。在经济全球化日新月异的当今世界，我们必须将多维开放理念自觉付诸实际。多维开放理念是指在国际经贸中应更多利用多边规划，以处理好国际政治与经济关系，正确认识贸易摩擦，积极应对贸易保护主义。

与上述战略转移相适应，在"十一五"时期我国提出的是实施互利共赢的开放战略，而从"十二五"时期开始，应实施和谐多赢的开放战略。"和谐"与我国经济开放度结构均衡化的内在要求是一致的，与协调内需、外需对经济增长拉动作用的内在要求是相吻合的；"多赢"体现了多维开放的理念，也体现了中国作为一个负责任大国的国际形象。"十二五"时期乃至今后一段相当长的时间内，除了保持"十一五"期间相关政策的一致性、连续性以外，还须做好以下几个方面的工作：

（1）进一步完善区域开放格局。一是深化沿海开放。发挥长三角、珠三角、环渤海地区对外开放门户的重要作用，加快沿海地区外向型经济转型升级。发挥沿海地区在人才、信息、市场、区位等方面的优势，率先推进服务业开放先行先试，尤其是推进现代服务业在地区经济发展中的作用。进一步深化经济特区、上海浦东新区、天津滨海新区开放，加快上海国际金融、航运、贸易中心建设。二是扩大内陆开放。充分发挥中部地区经济开发和工业化承载能力较强的优势，以中心城市和城市群为依托，以开发区和产业聚集区为平台，加快发展内陆开放型经济。开展承接产业转移示范基地建设，鼓励东部地区与内陆地区共建开发区，在"两横两纵"（"两横"指陇海铁路、长江水道，"两纵"指京广铁路、京九铁路）沿线，形成若干国际加工制造基地和外向型产业集群。加强物流基础设施建设，提升中部地区对外开放的物流支撑。加快重庆、成都、西安等内陆开放型经济战略高地建设，支持中原经济区、武汉城市圈、环长株潭城市群等经济区开放型经济发展。三是加快沿边开放。积极拓展沿边省区与周边国家经贸合作领域和空间，构筑特色鲜明、定位清晰的陆路开放经济带。发挥西部地区土地、资源、劳动力等比较优势，发展面向东南亚、南亚、中亚、东欧、俄罗斯等市场的外向型特色产业。加快建立联结周边的国际大通道，实现电、路、管、网等基础设施与周边国家的互联互通，把新疆建设成向西开放的重要门户，把广西、云南打造成向东南亚开放的重要桥头堡，把东北地区建设成为向东北亚开放的重要阵地。

（2）进一步调整和优化对外贸易结构。一是优化出口商品结构，培育出口商品竞争力。立足以质取胜和科技强贸，推动出口向技术、品牌、质量、服务等新的竞争优势转化，实现由"中国制造"向"中国创造"跨越。鼓励企业联合制定具有自主知识产权的技术标准、行业标准、积极参与国际各类技术标准的制定。大力培育出口自主品牌。提升劳动密集型出口产品的质量和档次，扩大机电和高新产品出口。促进加工贸易从组装加工向研发、设计、核心元器件制造、物流等环节拓展，延长国内增值链条。支持企业并购境外流通企业或营销网络，延伸贸易链条，掌握营销主动权。二是提升进口综合效应。要更加重视进口对缓解国内资源环境瓶颈约束、调节宏观经济运行、促进经济发展、满足居民消费需求等方面的独特效应。充分发挥我国国内市场大的优势，增加先进技术、重要设备、关键零部件、资源能源、环保、低碳产品进口，适当扩大带动国内消费结构升级的生活类产品进口。三是大力发展服务贸易。鼓励知识密集型、技术密集型服务贸易的发展，降低服务贸易成本，增加服务贸易的便利性，提高政策的透明度。四是完善对外贸易政策。建立健全符合我国国情和世界贸易组织规则的外贸促进政策体系，充分发挥财政资金对外贸结构调整的推动作用，强化信贷保险等金融政策对外贸发展的支撑功能。加强对外贸易社会化服务体系建设，完善和强化行业协会、进出口商会的作用。简化行政审批程序，提高贸易便利化水平。推进"大通关"建设，强化和完善电子口岸建设。建立健全中央政府、地方政府、行业和企业"四位一体"的贸易摩擦应对机制，提高贸易摩擦应对能力。积极参与国际规则制定，遏制贸易保护主义泛滥、抬头。

（3）进一步提高利用外资水平。一是促进产业升级和结构调整。要抓住新一轮全球产业结构调整和生产要素重组的机遇，加强外资政策与产业政策的协调，促进现代产业体系的发展。鼓励外资更多地投向现代农业、节能环保、新一代信息技术、高端装备制造、新能源和新材料、现代服务业等领域，积极推进战略性新兴产业的国际合作，严格限制高耗能、高污染的外资项目。搞好国家级经济技术开发区生态示范园区建设试点，带动节能环保项目合作。引导外资向中西部地区转移和增加投资，促进区域协调发展。二是丰富利用外资方式。鼓励外资以参股、并购等方式参与国内企业兼并重组，促进外资股权投资和创业投资发展。引导符合条件的外商投资企业在我国境内上市，继续支持有实力的国内企业在境外上市。允许有实力的符合条件的企业采取发行债券（包括可转换债券）方式到国际金融市场融资。继续推动境内金融机构赴香港发行人民币债券。完善风险投资退出机制，鼓励国外风险投资资本来华投资。三是规范利用外资管理。健全法制、加强知识产权保护，按照法制统一、非歧视和公开透明的原则，建立和完善既符合世界贸易组织规则又符合我国国情的涉外经济法规体系，不断优化外商投资的软环境，使我国吸收外资由主要依靠要素成本和政策优势向主要依靠市场和软环境优势转变，从法律的角度对外资进行选择和监管。加强投资促进工作，针对重点国家和地区、重点行业,加大引资推介力度。同时,要依法实施反垄断审查,加快建立外资并购安全审查制度,维护公平竞争和国家经济安全。

（4）加快实施"走出去"战略。首先,放宽对外投资审批政策,简化审批程序,增加审批透明度。按照合法和效能原则合理调整有关部门的职能,简化程序,缩减审批内容,减少审批环节,强化管理,完善服务。其次,加强宏观指导,明确企业"走出去"的重点领域和布局。根据目前我国企业和经济发展的需要,今后我国企业"走出去"的重点领域主要是:一是能源资源领域。这是弥补我国能源资源缺口、保证能源资源进口安全的重要手段。该类型投资应主要布局在资源丰富的发展中国家。二是技术研发领域。国内企业可以采取在发达国家设立技术研发中心,并购实验室或有先进技术的企业等方式,充分利用国外科技人才和成果,以迅速提高我国自身的自主创新能力。三是农业和先进制造业领域。支持国内有实力的企业到农业资源丰富的国家,稳步开展农、林、牧、渔等领域的投资。鼓励有优势的企业到一些较发达国家投资先进制造业项目,以此促进我国产业结构的优化和升级。再次,采取更加灵活的方式。考虑到国外对能源、资源等"战略性产业"外资并购的普遍限制,在继续发挥国有企业作用的同时,应采取更加灵活的方式。一是在积极促进民营企业自身对外投资的同时,采取对民营企业注资但不控股的办法,适当淡化"国有"和"主权"色彩。二是在对外投资中不应过分追求控股,可根据具体情况分步实施,逐步增加股权比例。三是鼓励国有企业与外国企业合资合作,共同实施对外投资。最后,扩大对外工程承包和劳务合作。进一步拓展对外工程承包方式和领域,鼓励有条件企业承揽附加值高、影响力大的交通、能源、水利、电力、通信等基础设施项目。规范市场秩序,提高工程承包的质量和效益,培育"中国建设"国际品牌。扩大优势领域劳务合作规模,大力发展高端劳务国际合作,打造"中国劳务"品牌。

（5）积极参与全球经济治理和区域合作。中国作为世界上最大的发展中国家,要积极参与全球经济治理和国际合作,促进国际经济秩序向着更加公正合理的方向发展,以维护我国和广大发展中国家的利益。一是积极推动区域经济合作。以周边自由贸易区建设为重点,以次区域合作为辅助,推进与周边国家的利益融合。二是统筹发展双边经贸关系。逐步扩大与美、欧、日等发达国家的利益汇合点,减少矛盾和冲突点。以"金砖国家"（中国、俄罗斯、印度、巴西、南非）、"发展中五国"（中国、印度、巴西、南非、墨西哥）、中俄印三边合作等机制为依托,与新兴大国加强贸易、投资、能源、科技等多领域的合作,在重大国际问题上协调立场。深化与发展中国家的务实合作,实现双方共赢、共同发展。三是积极参与全球经济治理。支持20国集团发挥全球经济治理主要平台的作用,稳定提高我国在国际货币基金组织和世界银行的份额和影响力，积极参与国际规则制定，促进国际经济新秩序向更加公正合理的方向发展。坚持全面性、均衡性、渐进性、实效性原则，积极推进国际货币金融体系改革，加强国际金融监管合作，推动建立公平、公正、包容、有序的国际金融新秩序。完善均衡、普惠、共赢的多边自由贸易体制，推动多哈回合谈判达到全面、平衡成果。加强与主要经济体的协调与合作，以对话协商形式妥善处理贸易摩擦，坚决反对各种形式的保护主义。积极参与涉及我国重要利益的全球性问题的国际合作，在气候变化、能源资源安全、粮食安全、技术标准等重大战略问题上，争取更多的制度利益安排。

思考题：

1. 怎样正确把握经济全球化的内涵，它包括哪些主要内容？

2. 经济全球化对社会主义国家的影响有哪些？

3. 区域经济一体化对世界经济格局产生了哪些影响？

4. 怎样理解社会主义市场经济也是一种开放型经济？

5. 中国对外开放采取了哪些基本形式，各自具有哪些作用？

6. 全球化条件下中国对外开放的战略格局是怎样形成的，基本内容是什么？

7. 中国对外开放具有哪些特点，取得了哪些成效？

8. 中国对外开放面临哪些挑战和问题，应采取怎样的政策和措施？

第十章 社会主义市场经济的宏观调控

在社会主义市场经济中，市场机制在资源配置中起基础性作用，但由于市场机制本身存在局限性，因而需要国家的宏观经济调控，调节、引导市场经济有序运行，保证社会主义经济健康发展。本章从宏观经济总量指标和宏观经济均衡入手，阐述了国民生产总值、国内生产总值、社会总供给、社会总需求的概念和测算方法，宏观经济均衡的含义；接着分析了宏观调控的必要性、目标及内容；阐明了宏观调控的政策和手段，并提出了进一步完善我国宏观调控体系的对策和思路。

第一节 宏观经济总量指标与宏观经济均衡

宏观经济调控是以国民经济活动整体为分析对象，宏观经济调控的总体目标是保持经济总量的均衡和结构的优化，要对国民经济整体活动进行宏观调控，首先就涉及对宏观经济总量的测算、宏观经济均衡等问题，了解这些问题是我们分析宏观经济调控的前提。

一、宏观经济总量指标的涵义与测算

宏观经济运行状况是从一些重要的指标中反映出来的，弄清楚宏观经济总量指标的涵义，是加强宏观调控的基础。反映宏观经济总量的指标很多，最基本和最常用的有以下四个：

1. 国民生产总值和国内生产总值

国民生产总值，通称 GNP，是英文 Gross National Product 的缩写。指一个国家以当年的价格或不变价格计算，在一定时期（通常为一年）内国民经济各部门生产的全部社会最终产品和劳务的价值总和。国民生产总值是以国民原则，即以本国常住居民为主体来计算产值的，包括居住在本国领土内的居民、暂居外国的

本国居民、长期居住本国而未加入本国国籍的外国居民的活动成果。国民生产总值有名义和实际之分。实际国民生产总值是以不变价格或基期价格计算的，名义国民生产总值是以当年价格或现期市场价格计算的。由于价格的变化所引起的国民生产总值的变动往往带有很大的虚假性，只有消除价格变动的影响才能真实地反映某一时期国民生产总值的实际状况，因此，实际国民生产总值才能真实地反映和评价整个经济系统的运行状况。

国内生产总值，通称 GDP，是英文 Gross Domestic Product 的缩写，它是指一个国家在一定时期（通常为一年）内，在领土范围内全部生产单位所生产的社会最终产品和劳务价值的总和。国内生产总值是根据国土原则统计的，只要是在本国领土内生产的产品和劳务都要计算产值，至于由什么人生产，归谁所有，并不加以考虑。所以，它既包括本国国民在本国领土内生产活动的产值，也包括外国居民在本国领土内生产活动的产值，但不包括本国居民在国外生产活动的产值。

国民生产总值是与国内生产总值相关的总量指标。二者的区别主要是：国民生产总值是一个收入指标，[①] 它按国民原则进行核算；国内生产总值是一个生产指标，它是按国土原则或地域原则进行核算。所以，国民生产总值侧重反映的是一国或地区居民的富裕程度，而国内生产总值侧重反映的是一国或地区的生产能力、经济实力。从量上看，在通常情况下，一个国家或地区这两个指标的绝对数差别不会太大，但也有例外。二者的换算公式为：

国民生产总值 = 国内生产总值 + 本国居民来自国外的财产和劳务收入 − 支付给外国居民的财产和劳务收入

或：

国民生产总值 = 国内生产总值 + 国外净要素收入

国内生产总值 = 国民生产总值 − 国外净要素收入

国民生产总值核算主要采取以下三种方法：

（1）支出法。支出法也称产品流动法、最终产品法，它是按社会最终使用的产品来计算的国民生产总值。即将一年内购买各项最终产品的支出加总起来，计算出该年内生产出来的产品的市场价值。计算项目通常包括：个人购买的物品和服务；政府购买的物品和服务；国内总投资（包括储蓄和增加额）；商品进出口差额；国外要素（国外投资）的收入与支出的差额。如以 Q_1, Q_2, …, Q_m 表示各种最终产品的数量，用 P_1, P_2, …, P_n 表示各种最终产品的价格，那么，计算

---

① 联合国 1993 年版的国民账户体系中，鉴于国民生产总值是一个收入概念，而不是一个生产概念，故将其改称为"国民总收入"。

国民生产总值的公式为：

$$GNP = Q_1 \cdot P_1 + Q_2 \cdot P_2 + \cdots + Q_n \cdot P_n$$

（2）收入法。收入法也称要素收入法或要素支付法。这种方法是从收入角度出发，把生产产品和提供服务过程中所发生的"要素"报酬（工资、利润、利息、租金）加上税金、固定资产折旧后所求得的国民生产总值。计算的项目通常包括：雇佣人员的报酬（包括工资和业主为雇员缴纳的各项保险）；营业金额，即利润、利息、租金等收入的总和；固定资产折旧；间接税；津贴。

（3）生产法。生产法也称部门法，是从生产的角度出发，把每个企业在一定时期内所增加的价值加总起来计算国民生产总值的一种办法。具体计算方法是：从各部门的总产值中扣除掉原材料、燃料等中间消耗的价值后，再将所得的增加值加总。

上述三种国民生产总值的计算方法，在理论上讲应该是一致的，但在实际上是存在计算误差的。一般来说，人们通常以支出法为基础，用其计算出来的结果来调整收入法和生产法计算出来的结果，并使之趋向一致。这三种方法的计算结果互为补充，并各有不同用途。例如，人们使用支出法的结果和中间数据，可以研究国民经济的积累与消费的关系；使用收入法的结果和中间数据，可以研究收入分配问题；使用生产法的结果和中间数据，可以更好地了解生产过程。

国民生产总值是世界多数国家采用的综合反映一国经济发展水平的总量指标。使用这一指标，有利于加快第三产业的发展，促进经济结构合理化，也便于进行国际间的经济比较。为此，我国从1985年开始建立国民生产总值和第三产业的统计指标。不过，我国的国民生产总值与国外尚存在差别，我国第三产业中，党政机关、社会团体、军队、警察这些为社会提供公共服务部门的增加值没有计入这个指标内，而国外则要计入这部分增加值。

2. 社会总供给与社会总需求

社会总供给，是指一定时期（通常指一年）内，社会各部门提供的可供市场购买的全部最终产品和劳务的价值总量。这不仅包括消费品，还包括投资品；不仅包括国内生产提供的部分，还包括国外进口的商品和劳务总值。从价值上看，社会总供给是在排斥了政府、企业、居民之间转移支付后的国民生产总值，也就是社会成果经过全社会各种分配之后所形成的居民收入、政府净收入、企业净收入和固定资产折旧之和。从实物形态上看，社会总供给等于一定时期内消费品总量、投资品总量、商品库存增加量、商品净进口量以及劳务总量之和。社会总供给包括两个方面的内容：一是供给总量；二是供给结构。供给总量是指社会各部门提供给社会的商品和劳务的价值总量；供给结构是指社会各个部门提供的不同商品、劳务的比例。

社会总需求，是指一定时期在一定的支付能力（总货币支付能力或总购买）条件下，社会对各种产品和劳务的有效需求的总和。它不仅包括消费品的支付能力，还包括投资品支付能力；不仅包括国内支付能力，还包括国外支付能力（商品和劳务出口）。从价值形式上看，社会总需求是指在一定社会购买条件下全社会要购买的商品价值总额；从实物形式上看，是指有货币支付能力的全社会所要购买的商品总量。社会总需求也包括总量和结构两个方面。总量需求，是指在一定支付能力条件下，社会各方面对物质和劳务的需求总量。结构需求，是指社会上各类需求之间所形成的比例关系，主要包括消费需求、投资需求之间及其内部各种需求的比例关系。

那么，一定时期社会总供给和社会总需求是如何测算和衡量的呢？即它们各自包括哪些内容？撇开时间等因素的影响，由于总供给和总需求衡量的范围和层次不同，因而它们所包含的具体内容也不同。社会总供给和社会总需求可以从社会总产值、社会最终产值、国民收入、国民生产总值等多角度进行测算和衡量，但为了方便起见，下面我们仅从国内生产总值的角度，分别说明总供给与总需求的具体含义及其测量或衡量过程。

（1）从国内生产总值角度衡量社会总供给。从国内生产总值角度来衡量，社会总供给就是在一定时期内国民经济各部门生产出来的可供最终消费和使用的货物和服务总量。

从使用价值上看，社会总供给按产品最终用途可分为生产资料和消费资料，在形式上表现为货物和服务两种形态。货物，是指满足购买者某种需求且能确定所有权的有形实体，其特性为：一是满足一定需求的有形实体；二是在交易中可以转移所有权；三是生产和交换是两个独立活动；四是可被储存；五是生产过程和消费过程是分离的。

服务，是指满足购买者某种需求的无形产品的总称。它主要是第三产业提供的技术、信息、劳务和精神产品等。

与货物产品相比，其特点为：首先，它虽有附着体，但它的使用价值是无形的，它可能是一个公式、一个图表，也可能是一种声音、一幅图画，或是一个过程；其次，这类产品中有的生产过程和消费过程在时间上直接结合在一起，如劳务产品；最后，这类产品中有的所有权无法转移、储存，如理发、旅游。服务性产品类型复杂，特点不一，详见市场体系一章关于技术、信息等商品特点的内容。

从价值形态看，国内供给就是国内生产总值减去不可分配的部分。

国内生产总值，从生产角度来说，它是国民经济各部门增加值之和；从分配角度来说，它是这些部门的劳动者个人收入、税金、利润、利息和固定资产折旧等项目之和；从使用的角度来说，它是最终使用于消费、固定资产投资、增加库存及要出口的货物和服务。不可分配的部分，指包括在国内生产总值内的林业和畜牧业自然增长部分。国外供给，是指海关统计的进口总值。由于国内生产总值一般都是以本币为计量单位的，所以对进口值的计量，也应以本币为单位。

综上所述，社会总供给的构成可以用以下公式表示：

社会总供给 = 国内供给 + 国外供给 = 国内生产总值（扣除不可分配部分）+ 进口总值

（2）从国内生产总值角度衡量社会总需求。从国内生产总值角度来衡量，总需求就是从国土原则考虑的，在一定时期内社会对国民经济各部门生产出来的各种消费品和各种投资品的有效需求的总和。

社会总需求由投资需求、消费需求和国外需求三部分构成。

第一，投资需求。投资需求作为一个总量范畴，是指整个社会在一定时期（如一年）内对投资品的需求。对各种投资品的需求，一般通过货币资金的支出表现出来，因此投资需求又称投资支出。从构成上说，社会总投资需求既包括对固定资产的投资需求，又包括对流动资产的投资需求。用公式表示就是：

投资需求（支出）= 固定资产投资需求（支出）+ 流动资产投资需求（支出）

固定资产投资需求表现为全社会固定资产投资总量。它是反映固定资产投资规模、速度、比例关系和使用方向的综合性指标。在我国，全社会固定资产投资包括政府、企业、个人等的投资。

第二，消费需求。消费需求作为一个总量范畴，是指整个社会在一定时期（如一年）内对消费品的需求。这种需求一般是通过货币资金的支付表现的，因此消费需求又称消费支出。从构成上看，消费需求包括公共消费需求和个人消费需求两部分。用公式表示：

消费需求（支出）= 公共消费需求（支出）+ 个人消费需求（支出）

公共消费需求是指市场经济各公共部门或集体对各种消费品的需求。公共消费需求主要包括两部分：一是指物质生产部门，即第一产业、第二产业的公共消费需求（主要指用于集体消费的部分），主要取决于企业的公益金水平；二是指非物质生产部门，即第三产业的公共消费需求，即为提高科学文化水平和居民素质服务的部门（如科学、教育、卫生体育和社会福利事业等）及为社会公共需求服务的部门（如国家机关、政党、社会团体和军队、警察等）对消费品的需求，主要取决于国家对国防、行政事业单位的资金投入水平。这里应该把"公共消费"与"公共品消费"区别开来，前者是就消费主体而言的，后者是就消费客体而言的。这里的公共消费指的是前者，通常又称社会消费。

个人消费需求是指居民个人日常生活中对各种消费品和直接为生活服务的劳务的需求。在个人消费需求中，除小部分是自给性消费，如农民对农产品的自产自用、手工业者将部分产品留归己用等，其他绝大部分为商品性消费。商品性消费需求是反映商品经济发展程度和居民消费水平的一个重要标志。但由于社会总供给中包括农民或手工业者自己生产自己消费的那一部分，相应地在消费需求中，也应包括这一部分自给性消费，从而使社会总需求和社会总供给在范围和口径上相互协调。

第三，国外需求。国外需求是指海关统计的出口总值。从国外需求的内容看，也可区分为投资需求和消费需求，但为了把国内需求与国外需求区别开来，下面的分析仍把国外需求单列。

综上所述，社会总需求的构成可以用以下公式表示：

社会总需求 = 投资需求 + 消费需求 + 国外需求

= 固定资产投资需求 + 流动资产投资需求 + 公共消费需求

+ 个人消费需求 + 出口总值

二、宏观经济均衡及其主要标志

宏观经济均衡是宏观调控所要达到的一种理想状态，什么叫宏观经济均衡，它包括哪些主要内容，宏观经济均衡的主要标志是什么？这些都是需要进一步弄清的问题。

1. 宏观经济均衡的涵义及其内容

宏观经济均衡，就是指在宏观经济运行中国民经济在总量和结构上保持基本平衡的一种状态。这种总量和结构的基本平衡，可以通过多种总量指标体现出来，但在市场经济中，社会经济运行总量特征的指标必须是价值化和动态化的，所以社会总供给和社会总需求就构成了社会经济运行状态的两个基本指标。因此，我们通常所说的宏观经济均衡，主要是指一个国家或地区在一定时期内社会总供给和社会总需求在总量和结构上的协调与大致上的均衡。一般来说，社会总供给与社会总需求的大致均衡是宏观经济运行的一种理想状态。如果社会总需求大于社会总供给太多，则会导致经济短缺、物价上涨、货币贬值，出现通货膨胀；如果社会总供给大于社会总需求太多，则会出现"经济过剩"、市场疲软、物价下跌、失业增加，即产生通货紧缩。总供给与总需求的任何一种失衡，都会破坏再生产的正常比例关系，破坏正常的市场秩序。只有进入市场的商品和有货币支付能力的需求才会对市场的波动产生直接影响。也就是说，社会总供给应该是进入市场或将进入市场的可供购买的商品价值总额或商品总量；社会总需求应该是有货币支付能力的购买力总和。由此可见，国家宏观经济运行的目标，实际上是保持市场总供给与市场总需求总量上的均衡以及供给结构与需求结构的优化。因此，国家在组织宏观经济运行和实施宏观调控时，既要注意国民经济总量平衡，更要注意结构的优化。因为实现国民经济总量平衡比较容易，而实现经济结构平衡则很缓慢。这不仅是因为各项政策的总量效应快于结构效应，更重要的是供给结构的形成总是滞后于需求结构，特别是经济发展处于由低级阶段向高级阶段转换时期，消费早熟拉动需求上涨，而传统产业一时又很难升级换代时，更容易产生结构失衡，而且结构失衡开始时，一般都是隐蔽性的，并一定影响总量均衡。但由于"短边规则"的作用，建立在结构失衡基础上的总量均衡不可能持久。因为如果失衡的短边在需求结构上，就会出现产品过剩，表现为有效需求不足，投资大量减少，经济发展停顿；如果失衡的短边在供给结构上，就会导致某些原材料或消费品短缺，价格上涨，推动物价总水平上升，形成通货膨胀。可见，在国民经济运行过程中，总量均衡的目标必须与结构均衡或优化的目标统一起来，二者不可偏废。长期以来，我们只重视总量平衡，而忽视了结构平衡，在买方市场状态下，结构平衡具有十分重要的意义。结构平衡可以促进总量平衡，只有总量平衡和结构平衡的统一，才是社会总供给与社会总需求的真正平衡。

2. 宏观经济均衡的主要标志

在西方经济学中，考察总量与结构是否平衡，主要是从考察三种市场入手的。这三种市场指的是商品市场、金融市场和劳动力市场。物价上涨率是衡量商品市场的供给与需求是否平衡的标志，利息率和汇率是衡量金融市场的供给与需求是否平衡的标志，失业率是衡量劳动力的供给和需求是否平衡的标志。除以上"四率"之外，宏观经济运行状态的表现还要看经济增长率。物价上涨率、利息率、汇率、失业率和经济增长率，是考察市场经济条件下宏观经济运行是否均衡的一组综合指标，也是衡量现代市场经济运转正常与否的"显示器"。一般认为，物价上涨保持在3%~5%，利息率低于利润率，失业率维持在3%~5%，汇率相对稳定，经济适度增长的状态，就能保证经济增长和宏观经济的稳定。从经济运行的角度看，这五个指标反映了具有发达而完善的市场体系的商品经济的运行状态，本质上仍然是价值规律作用的具体表现。

上述五个指标，对于衡量我国经济总量与结构是否平衡同样具有适用性。但由于我国现阶段的市场经济体制还处在初步建立阶段，市场体系还不完善，一些指标的变动还不能完全反映市场供求状况，因此在分析社会总供给与社会总需求时还要结合当时的具体情况作具体分析。除了上述几个指标外，我国一般还要考察以下几方面的因素：一是货币供给系数，即货币供给增长率/经济增长率，要把物价上涨率与货币供给系数结合起来考察商品市场的供求状况。如果货币供给系数过高，就会引发通货膨胀，进而引发需求膨胀。二是居民货币收入增长率，也就是居民货币收入的增长要与经济增长率相适应。如果居民货币收入增长率长期高于经济增长率，就会导致消费基金膨胀。三是固定资产投资总额的增长率。固定资产投资总额增长率要与经济增长率相适应。如果固定资产投资增长过快、规模过大，同样也会引发总需求膨胀。四是财政、信贷以及外汇的平衡状况，这三者的平衡也是社会总供给与社会总需求是否平衡的重要标志。

总之，在我国市场经济体制初步建立阶段，由于市场体系还不完善，对于宏观经济总量和结构是否均衡的判断不能只是依据个别指标，而要依据经济运行的具体情况，综合采用多种指标进行系统的分析，才能够得到比较准确的判断。

第二节　宏观调控的性质与宏观调控的目标

在社会主义市场经济条件下对国民经济实施宏观调控是政府的一项重要职能。为了更好地理解和把握宏观经济调控，必须明确界定宏观经济调控的性质，弄清宏观调控的目标及宏观调控的客观必然性。

一、宏观经济调控的性质

宏观经济调控是市场经济发展的产物，是与建立在高度发达的社会分工和社会化大生产基础上的现代市场经济紧密联系的经济范畴。国家宏观调控就其本质和基本内容而言，是对市场经济运行过程及其结果的调节和引导，它以市场机制自身的存在并充分发挥其对社会资源配置的调节功能为前提。宏观调控是补充市场的不足，而不是取代市场的功能；离开了市场经济本身，也就无所谓对市场经济的宏观调控，这是宏观调控的基本性质。为了把握住这一基本性质，必须正确认识宏观调控的内在规定性及宏观调控产生和存在的必然性。

所谓宏观经济调控，是指以中央政府为主的国家相关职能部门，为了保证国民经济健康、平稳、可持续发展并取得较好的宏观效益，主要采取财政政策和货币政策工具，对市场经济运行中的经济总量、社会总供给、总需求、总的价格水平等，进行调节、监控和引导。在这一概念中，以中央政府为主的相关职能部门是宏观调控的主体，而市场经济运行的过程及其结果则是宏观调控的对象和客体；保证国民经济健康、平稳、可持续发展并取得较好的宏观效益是宏观调控的目的；采取财政政策、货币政策等工具是实施宏观调控的主要方式。[①]

为了正确认识宏观调控的内在规定性，需要强调指出的是：

第一，国家宏观经济调控，不等于计划和计划调节，它具有比通常所说的计划和计划调节更为广泛的内容。在市场经济条件下，国家计划只是宏观调控的重要手段之一。宏观经济调控是把政策手段、市场手段、计划手段、法律手段和行政手段等有机地结合起来，通过对这些手段的综合灵活运用，来实现对市场经济运行过程的有效监控和方向引导。即使是社会主义市场经济条件下所实行的国家经济计划，也与原有计划经济体制下的计划有很大的不同：这种计划是完全建立在市场经济基础上的客观计划，而不是主观计划；这种计划是指导性、预测性计划，而不是指令性计划；这种计划是与宏观调控的财政、金融手段和需求、供给管理紧密结合在一起的。总之，我们在认识宏观经济调控时，既不要把宏观调控手段等同于计划和计划调节，也不要把社会主义市场经济条件下的国家经济计划调节等同于传统计划经济体制下的指令性计划管理。

第二，国家宏观经济调控，并不只是一种紧缩性的、限制经济发展的政策。宏观调控应该是一个中性概念，它不等同于紧缩，更不是全面紧缩。事实上，宏观调控本身就包含了限制与发展、紧缩与扩张、后退与前进几个方面的内容。宏观调控与发展的关系，体现在宏观调控既有直接刺激促进经济发展的措施，也有间接通过限制一些领域的过度扩张为整个经济发展创造良好发展环境的措施。比如，2003年以来，政府所实施的新一轮宏观调控，在对一些过度投资的部门采取限制性政策，抑制其发展的同时，还对农业、能源、交通等领域和西部地区给予了支持，并促进其发展。而且对受限制发展的行业的品种项目也不是"一刀切"，而是采取了"有保有压"的方针，对有些产品和项目限制其发展，对有些产品和项目支持其发展。所以，宏观调控包括直接促进发展和间接促进（通过消除不健康因素）发展两个方面的含义，它与经济发展不是对立的，宏观调控立足点是为了更好地发展或更长远地发展。

第三，宏观经济调控不是政府的一项权宜之计，更不是一项短期经济政策，而是市场经济条件下政府所具有的一种长期经济职能。宏观调控的目的是熨平经济波动，促进经济平稳、协调发展。市场经济有波动，是永远客观存在的。基于这种波动，宏观调控随时随地进行着，没有停止结束的时候，只是依治理波动情

---

① 赵业豹：《浅谈宏观调控》，《新闻世界》2008年第11期。

况不同而有阶段性之分。宏观调控既有以紧缩为主的时候，也有以扩张为主的时候，依宏观经济形势变化而异。就我国的情况来说，宏观经济形势有三种情况，宏观调控也有三种情况。一是在总需求小于总供给，或实际经济增长率低于潜在经济增长率时，或物价水平一路走低时，宏观调控就要采取扩张性的政策。二是当总需求大于总供给，或实际增长率高于潜在增长率，或发生严重通货膨胀时，宏观调控就要采取收缩性的政策。三是中间状态，当总需求与总供给大体相当，物价总水平在正常区间移动，宏观调控就要采取中性政策。这时经济也会存在不平衡、不稳定因素，多起因于经济结构的不协调，宏观调控就要采取"有保有压"、有紧有松、松紧适度、上下微调的方针，来维持经济的持续协调发展。

第四，宏观经济调控不等于政府干预。宏观调控的确包含政府干预的意思，但并非任何干预都是宏观调控。宏观调控，主要是指政府对社会经济总量进行的调节和管理，而那些单一产品、单个市场的问题，都属于微观问题，政府对这类问题有时进行干预具有一定的合理性，但这是微观干预而不是宏观调控。明确地将二者区分开来是十分必要的。因为微观干预通常是以政府行为来限制或取代市场机制的作用，如限价等管制市场的行为。而宏观调控并不是对市场机制的控制、管制，而是在市场充分发挥作用的基础上进行总量调节以达成某些特定的目标。

二、宏观经济调控的客观必然性

现代市场经济无一例外都是国家宏观调控指导下的市场经济。在社会主义市场经济条件下，政府之所以要对国民经济运行实行宏观经济调控，其主要原因在于：

第一，市场机制作用目标的单一性，是政府介入经济、实施宏观经济调控的深刻原因。在现代市场经济中，经济与社会发展的目标已不是单一的，而是呈现出多重性。除有总体目标外，还有许多阶段性目标、各种具体目标。不仅要保持经济增长，还要保证充分就业、稳定物价、促进收入分配公平、保持国际收支平衡等。第二次世界大战以后，各国政府都普遍将上述内容作为重要的施政目标和责任。这些不同的目标既相互联系，具有统一性，又存在着一定的矛盾，而市场机制主要是为单一的经济效益（经济利益的最大化）服务的，它不可能自动地同时实现这些往往互相矛盾的目标。于是，试图由政府通过宏观调控来争取多重目标的协调实现，就成了一个普遍的选择。因此，宏观调控不是对市场机制作用的限制和取代，而是在市场机制充分发挥作用的基础上，为达到某种特定的均衡

（即加上了一些特殊目标以后的某种均衡）而进行的总量调节，例如，凯恩斯理论所要实现的，就是总供给和总需求在充分就业时的一种均衡。所以，在宏观调控与市场作用关系上，正确的看法不是在宏观调控下发挥市场配置资源的作用，而应当是在市场充分发挥作用的基础上进行宏观调控。

第二，对市场经济的宏观调控，也是由社会主义市场经济自身发展过程中的特点和内在要求所决定的。首先，市场机制要充分发挥对资源配置的基础性作用，是需要一系列基本条件的。这些条件包括：企业要真正成为市场经济的主体，自主经营和自负盈亏；要建立比较完备的市场体系；各种市场信号能够真实、准确地反映市场供求状况；要形成总供给与总需求大致均衡的市场状态；要建立比较完善的社会信用体系和法规体系等。显然，在我国经济体制转换的过程中，仅靠对市场采取自由放任的态度，这些条件是根本不可能建立起来的，而只会导致市场混乱，使社会经济运行走向无序。这就需要由国家的宏观调控来推动这些条件的加快形成。其次，社会主义市场经济是与社会主义基本制度结合在一起的，它要求市场经济的发展有助于实现而不是违背某些基本的社会制度目标，如要消除两极分化、最终实现社会成员的共同富裕等。很明显，单纯的市场调节不可能自发地实现这些基本的社会制度目标。所以，由社会主义国家对市场经济的运行进行宏观调控，就不仅是必要的，而且也是必然的了。

第三，宏观经济调控是生产社会化和经济全球化发展的客观需要。社会主义生产是社会化的生产，社会化大生产使国民经济各部门、各地区、各企业，以及社会再生产各环节之间联系日益紧密，它们协调一致才能保证社会再生产的比例性和平衡性。而这种协调一致的配合仅靠市场无法实现，必须有站在全社会高度和从社会全局的利益出发的政府，进行统一的宏观调控，才能保证社会再生产的顺利进行和国民经济均衡发展。

随着社会化大生产的发展，社会分工逐步超出国界而形成了国际分工，出现了商品生产、贸易和资本全球化的趋势。这种全球化的趋势，使得国际分工更为复杂，资本、技术、劳动力等生产要素在国际间的流动更加频繁。各国政府必须加强对国内外经济的协调，促进本国经济积极参与国际分工，发挥本国优势，取得较好的经济利益。经济全球化并不意味着政府职能的弱化，政府在新的问题和新的挑战面前必须发挥主导作用。

第四，现代市场经济的发展，也为政府实施宏观经济调控提供了可能的条件。在现代市场经济条件下，政府之所以能够进行有效的宏观调控，这主要是因为充分发展的市场所创造的各种组织工具和组织技术为此提供了条件，使政府对经济的管理和调节获得了更多、更有效的手段。首先，市场经济的充分发展不断创造出新的企业组织形式，形成了比较规范的企业组织制度和一系列独立的社会中介组织，如会计师事务所、资产评估所、信用评级机构等。这就从微观基础上保证了政府宏观调控的有效性，使政府的调控变得方便，更易操作。以财政政策为例，政府要向企业收税，显然向规范的公司即上市公司收会更容易。因为它的收入是按依法执行的合同确定的，它的利润是向社会公开的，它的资产充分实现了票据化、证券化，因而具有明确的市场价值。如果没有这些条件，当你面对的都是无规范制度可言的企业时，当政府要实施对这些企业的监管和调控，只能是年年搞财务税收大检查。这种简陋的手段，不仅投入成本巨大，而且还会带来许多弊端，哪里谈得上有效的调控呢？其次，市场经济的充分发展，形成了包括商品市场和要素市场在内的统一、畅通的市场体系，特别是形成了发达的货币市场和资本市场及其有效的运行机制。这就为政府的宏观调控提供了有效的工具和传导中介。如果缺少这样的市场条件，缺少在市场上发展起来的健全的金融机构和各种金融工具，政府也就难以实现有效的货币政策。

综上所述，可以清楚地看出，市场与政府及其宏观调控的关系是：市场发展得越充分、越成熟，它所创造的组织工具和技术就越完备，政府进行调控的手段、条件因此也就越多，调控起来就越有效。换言之，当市场发展到一定程度以后，它就会显著地增强而不是削弱政府的力量。明确这一点，我们就能正确地理解为什么政府的宏观调控会成为现代市场经济的一个重要特征。正因为如此，市场越是受到限制，越是发育不全，市场对政府就越不"友好"，政府的宏观调控就越困难，政府对市场也就越不"友好"，越容易对市场起"盲目的破坏作用"。所以，充分发展的市场才是宏观调控有效性的现实基础。①

三、宏观经济调控的目标

宏观经济调控的目标就是宏观经济调控所要达到的目的，它是实施和评价宏观调控工作的主要依据，决定着宏观调控的内容和重点。宏观经济调控的目标是多元的，是由诸多目标构成的目标体系。在成熟的市场经济国家或地区，政府调控的基本目标是相同的，只是不同国家在不同时期的侧重点有所不同。市场经济不成熟的社会主义国家，由于政府的调控范围比发达市场经济国家大，加之市场经济体制还不完善，因此，宏观调控的目标也比它们多一些。宏观经济调控目标体系可分为总目标和具体目标，其具体内容如下：

宏观经济调控的总目标，就是保持社会总供给和社会总需求的平衡。这一总

---

① 周为民：《宏观调控的五大误区》，《社会观察》2011 年第 7 期。

目标主要包括经济总量目标和经济结构目标两个方面的内容。总量目标是在供需平衡基础上的经济增长目标。总供给与总需求的平衡是保证国民经济稳定增长的前提。无论总供给大于总需求，还是总需求大于总供给，都会引起宏观经济的波动。因此，必须从全局出发，制订符合实际的总量增长计划，避免经济过冷或过热，保持国民经济健康、平稳、可持续的发展。结构目标是在总量增长的前提下优化经济结构的目标。经济结构包括产业结构和地区结构等。调整产业结构就要调整三大产业之间的比例关系，特别是要加快第三产业的发展，使其更好地为第一产业、第二产业服务。在调整产业结构的同时，还要进一步调整地区结构，克服地区间条块分割所造成的盲目投资、重复建设和产业结构趋同的状况，按照不同地区的经济特点和资源优势，根据经济发展的内在要求形成互补的地区结构，以促进国民经济的协调发展。

宏观经济调控的总目标，即社会总供给与社会总需求的总量和结构上的基本平衡，是通过具体目标体现出来或得以实现的。有关我国现阶段宏观调控具体目标的主要内容，在党的十六大报告中作了明确规定，至今还一直沿用，包括"促进经济增长，增加就业，稳定物价，保持国际收支平衡"四个方面。

第一，促进经济增长。经济增长是经济全面发展的主要指标，是一个宽泛、综合的概念。它既体现经济总量的增加，也体现人均收入的增长和生活质量的改善；同时，总量上的增长是建立在比例协调、结构优化和效率提升基础之上的。国内生产总值的年增长率是衡量经济增长的主要指标。经济增长速度是否适度，在不同国家有不同的判断标准。

第二，增加就业。扩大就业不但能更加充分地利用劳动力要素，而且能促使居民收入普遍增长。经济中总供给大于总需求会造成失业，同时经济发展中的经济结构变化和技术进步也会带来失业。失业会增加社会福利支出，加重财政负担，失业率过高还会引起社会的不安定。在我国，存在着劳动者充分就业的需求与劳动力总量过大但素质不相适应的矛盾，这将是一个长期存在的问题。因此，要慎重掌握宏观经济的总量平衡并通过促进投资、促进中小企业发展、开发落后地区、加大基础设施建设等手段，来增加就业。

第三，稳定物价。实现总供给与总需求的总量平衡与结构平衡，保持物价总水平的大体稳定是经济健康、平衡发展的保证。企业和个人可以在较为稳定的价格预期下安排生产和消费，促使经济平衡增长，避免大幅波动。而无论是通货膨胀还是通货紧缩，都会带来对价格预期的紊乱，影响各类经济行为主体的判断和信心，扭曲资源配置，对社会稳定和经济发展产生负面影响。因此，应特别注意通过货币政策调节货币供应量，使之与经济增长速度相匹配。另外，长期的财政预算不平衡和国际收支逆差也会导致币值不稳，应注意综合、协调、平衡采用各项宏观经济政策来保持物价和币值稳定。

第四，保持国际收支平衡。国际收支是在一定时间内一个国家或地区与其他国家或地区之间进行的全部经济交易的系统记录。国际收支在经常项目和资本项目中出现顺差和逆差都需引起高度重视和警觉。长期的经常项目逆差会影响币值稳定，增加通货膨胀压力，同时会大量消耗国际储备并降低国内、国际对本国经济的信心，导致资本外逃，投资环境恶化，削弱国家抵抗经济风险的能力，甚至可能会出现经济危机。因此，政府必须采取有效的汇率政策和资本流动管理手段，保持国际收支的健康和平衡。

经济增长率、通货膨胀率、就业率、国际收支这四个经济总量指标往往相互联系而又此消彼长。例如，在经济萧条阶段，经济增长速度放慢、停滞甚至负增长，同时伴随着物价下降、失业率上升；而在经济繁荣阶段，经济增长速度加快，通货膨胀率上升，失业率逐步下降。由于各国经济情况千差万别，四个经济总量指标之间的关系远比以上两种情况复杂。总的来讲，这四个经济总量指标可能走向一致也有可能互相背离，往往呈现周期性波动。因此，宏观经济调控可以运用财政、货币政策等多种手段进行"反周期调节"，恰当处理这四个方面的关系，寻求一个平衡点。党的十六大报告中提出的宏观调控目标，就是要求保持几个经济总量指标之间的平衡，在物价稳定、国际收支平衡的情况下，促进经济增长和扩大就业，保持国民经济的健康、平衡、可持续发展。

第三节　宏观经济调控的手段和政策

政府实施宏观经济调控，是通过一定的宏观调控手段和政策具体实现的。宏观调控手段是指各类手段的综合与有机的统一。宏观调控政策，是为保证宏观调控目标的实现而制定的组织、调节、控制经济活动的行为规范和标准。宏观调控手段和政策都是国家调控经济运行的重要工具。

一、宏观经济调控的手段

政府对经济运行进行宏观调控是运用多种手段进行的，主要有计划手段、经济手段、行政手段、法律手段和伦理道德手段。

1. 计划手段

计划手段，是指政府根据国内外经济环境，在对经济社会发展趋势进行多方论证预测的基础上，对未来国民经济发展所作出的一种规划或具有指导意义的安排。从计划的范围上看，政府计划可以分为总体计划和单项计划。总体计划是用于指导整个国民经济和社会发展的安排，单项计划只是对某一领域发展所作出的指导性安排，如能源计划、农业或农村发展计划、劳动就业计划等。从计划期限来看，有短期计划、中期计划、长期计划和发展战略几种。短期计划是指计划期在 1 年以内（含 1 年），用以调节和规划本年度的经济运行和社会发展。中期计划通常是指计划期在 3~7 年的安排，在我国一般是 5 年。长期计划一般为 10 年或 10 年以上的计划，适用于中长期的总量平衡，尤其是结构调整。发展战略实质上是一种时间更长的长期计划，但有时指计划期更长的经济社会发展的预测和安排，例如，在 20 世纪 80 年代初我国制定了一直延续到 21 世纪中叶的经济社会发展战略。从计划管理形式上看，有指令性计划和指导性计划。指令性计划是由国家行政部门直接下达给企业或有关单位必须执行的有约束力的计划，它主要通过行政手段直接干预经济主体的决策、行为来实现。指导性计划不具有强制性，它主要通过经济手段调整市场参数，间接影响市场主体利益，从而使它们从自身利益出发，主动调整决策和行为来实现。

在社会主义市场经济条件下，用市场经济代替计划经济，不断扩大市场调节的范围，不等于否定计划机制及其调节作用。我们要改革的是与市场经济相对立的计划经济体制，但绝不否定计划手段和计划工作。计划仍然是国家宏观经济调控的重要手段。事实上，不仅社会主义国家，而且发达的资本主义国家也越来越重视计划指导的积极作用。第二次世界大战以后，西方发达国家开始运用计划手段，以 1948 年欧洲各国建立的"经济复兴计划"为起点，成为一种普遍而经常性的调节手段。其中，日本、法国最有代表性，它们制定经济计划并不是直接确定私人企业的生产经营活动，而是通过国民经济长期发展计划、指导性指标和政府经济政策，给企业发展提供预测性经济情报。

计划手段的作用在于，通过国家计划，可以确立战略目标，协调宏观经济发展，维持总量平衡，调整产业结构和生产力布局，集中必要的财力、物力进行重点建设，为市场机制作用的充分发挥创造良好的条件，使社会资源得到更加合理的配置。

2. 经济手段

经济手段，是国家或经济组织通过运用各种经济杠杆和经济政策，调整不同经济主体的物质利益关系，引导和调节经济运行的一种手段。经济杠杆是对社会经济活动进行宏观调控的价值形式和价值工具，主要包括价格、信贷、税收、财政、利率、汇率、工资等。

运用经济手段进行宏观调控，关键是综合运用和正确发挥各种经济杠杆的作用。利用税收、财政、价格和工资杠杆，可以调节社会经济生活中各种经济利益关系。通过税种、税率的调整，可以调节社会各层次的收入，从而调节市场供求和市场价格；通过调整财政预算支出的流向和规模，可以调节积累与消费的比例关系，调节社会性投资规模，调节产业结构、产品结构及生产力布局，调节商品流通等。价格是市场机制的核心，价格高低是商品价值实现状况的标度。由于商品价值实现状况直接关系着商品的卖者和买者、生产者与消费者的切身利益，价格的每一变动都会导致经济利益的转移。因而价格能够按照价值规律的要求，通过调节经济利益来调节社会生产、分配、交换、消费，发挥着经济杠杆作用。通过选择不同的工资形式和确定合理的工资等级差距来调节社会劳动的分配，以调动劳动者的积极性等。信贷、利率、汇率是国家调节经济运行的重要杠杆。国家可以通过中央银行制定货币政策，运用调整准备金率、再贷款利率和公开市场业务等来调节各专业银行的信贷规模和存款利率，从而调整资金市场，调控企业的固定资产投资和流动资金的规模及流向，影响企业的经营决策和经济行为，使之符合国家计划和政策的要求；国家通过调节汇率，可以影响进出口贸易和国际收支的变化。

3. 行政手段

行政手段，是国家凭借行政权力，采取行政命令、指标、规定、行政干预和奖惩等经济以外的强制手段，直接干预和调节经济活动。行政手段具有权威性、直接性、强制性和速效性、无偿性等特点。必要的行政手段可以保证计划手段、经济手段、法律手段的正确实施，在一定时期内有它存在的必要性。当其他手段难以奏效时，行政手段就显得非常必要。当然，运用行政手段，要注意克服过去忽视经济规律、片面突出行政命令的错误倾向，做到从实际出发，以客观经济规律为依据，保证重大决策的程序化和科学化。

4. 法律手段

法律手段，是政府运用法律规范来调整和处理经济活动中各经济主体之间经济关系的一种手段。法律手段主要有经济立法、经济司法和经济仲裁三个方面的内容。经济立法是国家立法机关按照经济规律的要求，制定调整经济关系的法律，确定国家机关、企业、事业单位及公民在经济活动中的经济关系的法律规范，解决有法可依的问题。经济司法是国家各级司法机关依据经济法律法规，审理经济案件的制度和活动，解决有法必依、违法必究的问题。经济仲裁是当经济组织之间发生经济纠纷，经过协商仍不能解决时，由仲裁机关根据法律作出具有约束力裁决的活动。法律手段与其他宏观调控手段相比，具有全局性、平等性、政策性和强制性等特点。

5. 伦理道德手段

伦理道德手段，是指通过社会舆论、宣传教育等方式，使人们从内心形成正当与不正当、公正与偏私等观念，从而约束自我的行为。

为了保障社会主义市场经济的正常运行，除了依靠计划手段、经济手段和必要的行政手段、法律手段调节经济活动之外，还要注重运用伦理道德手段对经济实施调节。这无论是从我国目前的国情来看，还是从伦理道德手段的优点来看，都是非常必要的。这是因为：首先，经济活动的主体是具有思想意识的人，如果没有良好的道德，人们从事经济活动就不会有正确的动机和行为，就可能不顾国家和群众利益而追求私利，就会违背社会主义方向。在这种情况下，仅靠计划手段、经济手段和行政与法律调节手段是难以保证经济的正常运行的。从我国目前的状况来看，由于种种原因，我们的经济手段、行政手段和法律手段都还很不健全，由于以上手段本身特点的限制，即使是健全了，也不可能无所不包。与上述调节手段相比，伦理道德调节手段的作用范围则宽泛很多，它不但能调节经济手段、行政手段和法律手段所能涉及的经济活动和经济关系，而且还可以调节这些手段不能涉及或暂时没有涉及的经济活动和经济关系。其次，从经济控制论的角度来看，运用伦理道德手段也是非常重要的。一般来说，社会经济活动的控制可分为外在控制和内在控制（或自我控制）。经济手段、行政手段和法律手段都属于外在控制，它们都是以利益制约性和国家权威为后盾的强制性控制力量，经济活动主体主观上无论是赞同还是不赞同它们所规定的规范，都必须要按照它们所规定的规范去活动，否则就会受到制裁。这些手段虽然对于保证经济活动的有序运行是非常必要的，但是应该看到，经济手段、行政手段和法律手段作为外在调节手段是不可能完全担负起经济活动的调节作用的，特别是这在这些手段不十分健全的条件下，情况更是如此。伦理道德调节手段则不同，它诉诸经济主体的自觉性和能动性，是一种内在的自我调节。它是通过社会舆论、宣传教育等方式，使各个经济主体在形成了一系列道德准则和行为规范的基础上，自觉地按照一定的道德原则和规范正确地处理现实生活中的各种经济关系。从某种意义上讲，伦理道德调节手段有着行政、法律等外在调节手段所不可比拟的优越性。

综上所述，社会主义经济良性循环和协调发展，一方面需要有健全的计划手段、经济手段、法律和行政手段，另一方面也需要有健全的经济道德原则和规范，以及在此基础上形成的强大的社会舆论和牢固的信念。只有将外在调节手段和内在调节手段结合起来，将诉诸强力的调节手段和诉诸自觉性的调节手段有机结合起来，才能确保社会主义经济健康、平稳、可持续发展。

二、宏观经济调控的政策

要实现政府的上述调控目标，除有经济手段外，还必须有相应的经济政策。经济政策包括的内容很多，其中最主要的是财政、货币、汇率、产业和收入分配五大政策。

1. 财政政策

财政政策，是政府通过财政收支总量和结构的变化，对国民收入的分配和使用进行调节，使政府的经济目标得以实现的经济政策。财政政策由财政收入政策和财政支出政策组成。

财政收入的主要来源是税收，而税种的多少、税率的高低直接影响财政收入多少，因此财政收入政策主要是围绕着这方面展开的。财政支出政策是反映财政收入的使用情况，它包括政府的拨款、转移支付、公共支出等。

财政政策作为维系总供求大致平衡的重要手段，可以针对不断变化的经济形势而灵活地变动支出和税收，这在西方经济学理论中被称为"相机抉择"的财政政策。

财政政策要实现调节社会总供求的目标，必须借助于各种具体的财政政策工具才能实现。财政政策工具，也称财政政策手段，主要有以下五种：

（1）国家预算。国家预算是经法定程序审查批准的国家对集中性资金进行统筹分配的年度财政收支计划。它主要通过年度预先制定和实施过程中的收支变动实现其调节国民经济的功能。一方面，通过国家预算收支的规模来调节社会总需求的规模及其与总供给的关系；另一方面，通过国家预算收支结构的变动来调节供需结构的平衡和国民经济发展中的一些比例关系。

（2）国家税收。国家税收，是指国家为了实现其职能，凭借政治权力按照法律规定的标准，无偿取得收入的一种方式。税收的总量调节作用是双重的，既可改变需求，也可改变供给。减税可以刺激经济增长，增税可以抑制通货膨胀；对不同地区实行不同的税收政策，可以引导资金流向；对不同行业实行不同税率，可以调节产业结构；对所得税实行累进税率，可以调节收入分配。

（3）财政支出，主要是指政府财政投资。它是国家直接增加或减少社会总需求的手段。市场经济发展中还存在许多"市场失灵"的领域，政府财政投资有利于弥补市场功能的不足和缺陷。如基础产业、基础设施、公益性投资等必须由政府来承担。投资的短期效应是增加社会需求，远期效应是增加生产能力。在社会总需求不足，特别是投资需求不足的时候，政府增加投资既可扩张需求从而拉动当前生产，又能增加以后的生产能力，实现经济增长。而在社会总需求膨胀尤其是投资需求膨胀的时候，不仅中央银行要紧缩贷款规模，政府也要紧缩支出，包括紧缩投资支出，以此抑制通货膨胀的发生或蔓延。

（4）国家信用。国家信用是指国家按照有借有还的信用原则筹集和供应财政资金的一种分配形式，其主要形式是发行国家债券。国家债券一般具有有偿性、非强制性等特点。国家发行国债，通过调整国债发行和偿还的数量、发售对象和国债利率等，来调节社会总供给与社会总需求的总量和结构。例如，在总需求不足时，国家发行国债将导致流通中货币的增加，刺激需求的扩张。在总需求过度时，国家发行国债，形成预算盈余，就可压缩需求。如果国家向个人发行国债，所筹资金用于重点建设投资，就会导致消费需求减少和投资需求增加。如果国债由企业购买，筹资用于社会公共消费支出，则会引起投资需求减少和消费需求增加。

（5）财政补贴。财政补贴是国家为某种特定需要而将一部分财政收入无偿转移给特定的经济组织和居民的一种分配形式。它包括价格补贴、投资补贴、利息补贴、职工生活补贴等形式。财政补贴可以使那些微利行业得以存在和发展，而这些行业一般又是社会需要的行业；可以扶植某些重点行业和重点产品的发展；实行产业结构和产品结构的调整；也可以在一定程度上调整收入分配不公的问题等。

此外，转移性支出制度也是一种比较重要的财政政策工具。转移支出制度，主要是中央政府对地方政府拨付各项补助、政府对企业补贴以及政府对个人提供社会保障资金等。

财政政策的作用主要体现在三个方面：首先，通过财政政策工具配置资源，满足社会公共需求。现代产业结构一般包含两类产业与项目，一是营利性、竞争性的产业与项目，这是市场经济中最活跃、最积极的领域。在这个领域，人们的生产和生活方面的需要主要是通过市场竞争来调节，不需要政府财政干预，市场机制作用的绝大部分产业和项目都属于该领域。二是非营利性、非竞争性的产业和项目。例如教育、基础科学研究、公共工程、环境治理与保护等，这些行业和领域，投资量很大、周期长、资金回收慢、盈利少，有的甚至无利可图，单个企业尤其是私营企业不愿意投资，但它又是经济社会发展所必需的，于是，对于这类产业和项目，只能由政府投资和经营，以满足社会公共需要。其次，按照公平与效率的原则，调节收入分配。在市场经济条件下，国民收入分配主要分两个层次进行，一是由市场按照效率原则进行初次分配；二是通过政府按照公平原则进行再分配。通过市场分配促进效率的最大化，通过财政手段调节收入分配公平，避免收入差距的扩大。最后，调节供求平衡，调整产业结构。政府可以通过财政预算规模和结构的变动，影响总供给与总需求的水平及其内部结构，以此达到保持经济均衡、调整产业结构的目的。通过财政政策调节供求平衡，有利于减少经济超常波动，保证经济稳定、协调、持续发展。

财政政策的主要任务是调节社会总供给和社会总需求，根据财政政策对宏观经济运行施加的不同影响，可以把财政政策分为扩张性财政政策、紧缩性财政政策和中性财政政策三种类型。在不同时期，根据社会经济发展情况，政府应选择不同的财政政策。在经济萧条时期，社会总需求不足，政府应当采取扩张性的财政政策，如增加政府支出、增加公共工程建设、增加转移支付等。这样，一方面可以直接增加或刺激总需求；另一方面又可以刺激私人消费和投资，间接地增加总需求；还可以通过减少税收进一步扩大总需求，因为减少个人所得税能够使个人有更多的可支配收入，从而增加消费；减少公司所得税，会刺激公司增加投资等。在经济过度繁荣，出现经济过热，存在着过度需求，通货膨胀压力增大时，政府应采取紧缩性的财政政策，典型的做法是压缩政府开支，增加税收，从而抑制总需求，控制物价过度上涨。在总供给与总需求大致相等的情况下，一般适宜于采取中性财政政策，也称平衡性财政政策。实施这种政策，要求财政安排支出必须以收定支，量力而行，既不允许财政有大量节余，也不允许有大量赤字。中性财政政策虽然较为平稳，不易使经济发生过大的变动，但在现实的经济社会中，不可能存在绝对的中性财政政策。相反，或松或紧、松紧搭配的财政政策更能适应经济的变化，根据实际情况进行调节。

2. 货币政策

货币政策，是中央银行为配合政府实现一定的宏观经济目标，通过运用各种货币政策工具来调节货币供应量、利率水平，进而影响宏观经济的方针和措施的总和。货币政策的内容主要体现在两个方面：

第一，货币政策的调控目标。货币政策作为宏观调控的政策之一，从整体上必须要服从于国家的宏观调控目标，即保持经济增长、充分就业、物价稳定、国际收支平衡。但根据货币政策本身的特点，它也有自身具体的侧重点。目前，世界许多国家或地区都以稳定币值、稳定物价、调节货币流通量作为宏观货币政策的主要目标。

第二，货币政策的松紧度。货币政策既可以是扩张性的，即宽松的货币政策，其特点是适度扩大货币供应量和信贷规模、降低利率等，也可以是收缩性的，称为紧缩性货币政策，其特点是减少货币流通量、缩小贷款规模、提高利率等。将宽松的货币政策与紧缩的货币政策有机结合起来，称为松紧适度的货币政策，也称稳健的货币政策。政府根据经济周期的不同阶段，选用相应的货币政策。就一般而言，在经济萧条时，以宽松性货币政策为主；在经济过热时，以紧缩性货币政策为主；在正常情况下，采取松紧适度的货币政策。

货币政策的作用主要表现是：首先，调节总量。总量平衡是经济稳定增长的前提条件，是宏观政策的主要目标，能否实现总量平衡与采取什么样的货币政策密切相关。在现代市场经济条件下，货币供应量的扩大或收缩对整个经济运行具有重要的调节作用。货币供应量过多，会引起社会需求的过度膨胀，使总需求超过总供给。反之，货币供应量过少，会造成需求萎缩，使总需求小于总供给。当经济生活中出现供求总量失衡时，通过调节货币供给量可以对供求总量进行调节，实现或恢复供求平衡。其次，调整结构。产业结构调整和优化是重要的宏观政策目标之一。银行在筹集和再分配资金、提供和创造信用过程中，一方面可以通过货币供应总量影响宏观经济活动，另一方面可以通过对信贷结构及利率的调整，按一定的目的促进产业结构的发展和变化。在市场经济条件下，可以通过市场利率的变动自行调节营利性、竞争性产业的结构。而对于经济社会发展必不可少的某些非营利性、非竞争性产业，也可以实行有差别的货币信贷政策，以扶持和鼓励其发展，保证整个产业结构的合理化。

货币政策要实现调节社会总供求的目标，必须借助各种货币政策工具。通常认为，中央银行实施货币政策的工具有法定存款准备金率、再贴现率、公开市场业务三种工具。

第一，调整法定存款准备金率。在市场经济中，商业银行具有"创造"货币的能力。这是因为：当商业银行在收到一笔存款或从中央银行取得一笔再贷款后，就将它贷放出去，这笔贷款会成为客户在别的银行的存款，叫做"派生存款"。而这笔存款又会成为银行贷款的追加来源。如此循环往复，不断派生，货币存量就越滚越多。如果各个商业银行都实行这样的无限制的"存款挂钩"的制度，就会派生出多倍的存款。为了控制货币存量，各国通常规定商业银行必须将存款的一定部分作为准备金存入中央银行。至于商业银行究竟要缴留多少准备金，要由中央银行决定。法定存款准备金率，是指金融机构依据法律规定，把吸收到的存款存入中央银行的比率。

中央银行在法定范围内提高或降低法定存款准备金率，可以调节信贷规模和货币流通量，当经济出现过热或发生通货膨胀时，中央银行提高存款准备金率，使商业银行缴存的存款准备金增加，从而降低商业银行的贷款能力，紧缩货币供应量；相反，当经济出现衰退或发生通货紧缩时，中央银行降低存款准备金率，使商业银行缴存的存款准备金减少，从而提高商业银行的贷款能力，扩大货币供应量。由于调整存款准备金率是一种力度很大的调节手段，其微小调整会对货币供应量乃至对宏观经济态势产生很大影响，操作不当容易引起经济震荡，再加上其调整后果事前较难准确预测，容易造成调整过度问题。因此，在实践中使用这一调节工具时，中央银行态度十分审慎，一般不宜频繁使用。

第二，调整再贴现率。在通常情况下，企业把自己手中未到期的票据拿到商业银行去，按票据面值扣除利息后得到贷款，叫做"贴现"。同样，商业银行把为企业贴现得到的票据拿到中央银行去得到贷款，叫做"再贴现"。再贴现率，是指商业银行将持有的未到期的票据向中央银行换取可流通货币时支付的利息率。它实际上是中央银行作为银行的银行向商业银行提供贷款的利率，即再贷款利率。

再贴现率的调节功能主要体现在两个方面：一是通过提高或降低再贴现率，调节各商业银行向中央银行的贷款数量，从而起到调节货币供应量的作用。二是再贴现率的变动，是中央银行货币政策松紧程度和运动方向的信号，能起到指导各商业银行行为的作用。

当经济过热时，中央银行提高再贴现率，商业银行融资成本升高。这样，商业银行的贷款利率就会相应提高，增加贷款成本，从而使整个社会的货币供应量减少，抑制总需求的增长。当经济萧条时，中央银行降低再贴现率，降低商业银行的贷款成本。同理，商业银行的贷款利息率也进一步降低，投资者的投资意愿上升，投资规模扩大，放款扩大，最后使全社会的货币供应量增加，社会总需求也会随之增加。

第三，运用公开市场业务调节货币供应量。公开市场业务，是指中央银行在金融市场上购买或出售政府债券，以调节货币流通量的一种政策工具。

公开市场业务的运作机理是，当经济衰退而中央银行认为需要采取扩张性的货币政策时，便可以买进政府债券，把货币投入市场。这样，市场上的货币流通量就会增加，社会总需求也会扩大。反之，当经济过热而中央银行认为需要采取紧缩性货币政策时，便可以卖出政策债券，回笼货币，减少货币流通量，使社会总需求缩小。

在以上三种货币政策工具中，公开市场业务是市场化的间接调节手段。它具有调整力度小的特点，其应用对金融市场的负面影响最小，通常适用于对货币市场供求关系进行微调。由于公开市场业务的这些特点，在发达国家它是中央银行使用最频繁的手段。但它的调节功能的发挥，需要有发达和健全的资本市场和相当规模的政府债券为前提。在我国现阶段，金融市场发育程度低，政府债券在金融资产中比重较小，可供交易的政府债券存量有限，这就大大地限制了公开市场业务这一政策工具发挥作用的空间。

与财政政策类似，货币政策也分为宽松性货币政策、紧缩性货币政策和中性货币政策三种类型。

宽松性货币政策，亦称扩张性货币政策，是指通过降低利率、扩大信贷规模，增加货币供应量以刺激总需求增长的货币政策。一般运用于经济萧条时期，即在总需求小于总供给，也就是在各种生产要素和资源尚未完全充分利用、失业率较高时所采用的货币政策。政府在实施宽松的货币政策时，中央银行一般采取以下措施调节货币供应量：直接增加货币的供给量；通过公开市场业务向市场购买政府债券，增加流通中的货币量；降低存款准备金率扩大商业银行信贷规模；降低再贴现率而降低商业银行向中央银行借贷的利率，实行扩张性再贴现政策；利用各种特殊货币政策引导商业银行扩张其信贷活动。

紧缩性货币政策，也称收缩性货币政策，是指通过提高利率、紧缩信贷规模、减少货币供应量以抑制总需求增长的货币政策。这种政策通常在经济繁荣时期或经济过热和通货膨胀时期使用。目的是通过减少货币供应量抑制总需求。政府在实施这种货币政策时，中央银行通常采用以下措施：直接减少或冻结货币供给；提高存款准备金率；提高再贴现率迫使商业银行限制贷款规模；通过公开市场业务出售政府债券减少流通中的货币量；采用各种特殊货币政策引导、督促商业银行紧缩信用。

中性货币政策，也称松紧适度的货币政策或均衡性货币政策，是指保持货币供应量与经济发展对货币需求量大体相等，以实现总供给和总需求基本平衡的政策。中性货币政策是实行市场经济的国家或地区一般地、普遍地采用的宏观经济政策。

3. 汇率政策

汇率，是指一国货币兑换他国货币的比率，或者是以一国货币表示的另一国货币的价格，亦称"汇价"。汇率有直接标价和间接标价两种标价方法。直接标价法，是指用本国货币表示外国货币的价格，即把一定数量的外国货币作为固定单位（如100美元），以它折合本国货币的数量来表示汇率。这是世界上普遍采用的方法。间接标价法，是指用外国货币表示本国货币的价格，即把一定数量的本国货币作为固定单位（如100元人民币），以它折合外国货币的数量来表示汇率。这种方式只有英国等少数国家使用。汇率政策，是由政府所采取的旨在处理政府与外汇市场的关系，以及干预外汇交易额和汇率高低的政策。汇率政策的取向采取三种形式：实行本币贬值；实行本币升值；实行和宣布本币值长期不变。

在对外开放度较高的情况下，汇率变动会引起进出口贸易、资本流动以及国际收支的变化，进而影响社会总供给与社会总需求的平衡关系。汇率的主要作用表现在以下几个方面：

（1）影响进出口贸易。在其他条件一定的情况下，如果本币贬值，可降低用外币购买本国商品的价格，也会提高用本币购买外国商品的价格，造成出口增加，进口减少；相反，如果本币升值，则会提高外币购买本国商品的价格，也会降低本币购买外国商品的价格，造成出口减少，进口增加。

（2）影响资本的流动。国际间流动的资本，是以谋取利润或逃避风险为目的。如果本币贬值，并在人们预期不再继续贬值的情况下，资本流入增加，资本流出减少；相反，如果本币升值，并在人们预期不再继续升值的情况下，资本流入减少，资本流出增加。此外，对于引进外资的国家来说，其汇率水平的高低将直接影响到外资折算为本币后的实际投资额和投资所占比重，影响外资进行基建、购置设备、原料及发放工资的实际购买力，从而也影响利润汇出时资金的实际获利水平。

（3）影响国内物价水平，从而影响国内经济的协调发展。当汇率下跌时，进口商品的价格上升，并会带动国内同类商品价格上升；同时，由于本币贬值会造成出口增加，进口减少，使原来国内销售的商品转为出口，原来进口满足国内需求的商品减少，这会拉大供不应求缺口，进一步促使价格水平上升。相反，当汇率上升时，进口商品的价格下降，并会带动国内同类商品价格下降；同时，由于本币升值会造成出口减少，进口增加，使原来出口的商品转为国内销售，原来进口满足国内需求的商品增加，扩大供过于求状况，进一步促使物价水平下降。

4. 产业政策

产业政策，是政府根据国民经济发展的内在要求所制定的对一些特定产业进行支持、引导、限制，以实现经济结构、组织合理化的政策措施。它是一项中长期的经济政策。产业政策包含的内容较广泛，但主要有以下三个方面：

（1）产业结构政策。产业结构政策是一种处理不同产业相互关系的政策。它的主要内容是，在正确认识本国国情、经济发展水平和所处的发展阶段的基础上，规划产业结构逐级演进提高的目标和对策，确定各阶段重点发展的战略产业（支柱产业、带头产业），实现资源的重点分配和合理配置，从而引导国民经济不断向广度和深度发展。产业结构政策所要解决的主要问题是：一方面，纠正现有产业结构（包括地区产业结构）的不合理或扭曲状态；另一方面，推进产业结构升级或高级化。具体涉及如何确立重点产业、支柱产业、主导产业、瓶颈产业等，以及如何扶植这些产业的发展。

（2）产业组织政策。产业组织政策是处理各产业部门内部各企业间相互关系的政策。产业组织政策的主要内容是：一方面，规划各产业内部企业的合理规模，使其充分发挥规模经济效益；另一方面，保持产业内部企业的一定数量，使企业间能够开展平等竞争，而不致发生垄断。能否同时兼顾这两个方面，是产业组织政策是否合理的主要标志。产业组织政策一般分为反垄断、反不正当竞争等政策。其作用是防止垄断性市场结构的形成，禁止企业的勾结行为；维护市场的竞争秩序，反对过度竞争和恶性竞争；通过许可证、法律授权等手段对企业的进入和退出进行规制。其主要目的是解决企业在市场上的行为规范问题。

（3）产业布局政策。产业布局政策是指国家从全局出发，针对各个地区的综合条件，结合产业经济技术条件的特点，对产业进行地区或空间布局而制定的政策措施。产业的空间布局是否合理，直接涉及国民经济是否整体协调发展。

5. 收入分配政策

收入分配政策，是指政府为了实现一定的目标，对个人收入总量及结构的变动方向所制定的基本原则和措施的总和。一般来讲，收入分配政策包括政策目标选择和具体实施措施两个部分。

收入政策目标选择，又可分为收入结构政策目标选择和收入总量政策目标选择。在选择收入结构政策目标时，政府主要考虑收入差距的可接受程度，在公平和效率之间作出选择。在市场经济中，公平和效率之间往往产生矛盾，当社会成员之间的收入差距过分悬殊，影响到社会稳定时，政府的收入结构就侧重于缩小收入差距，增进公平；反之，如果收入过于平均，又会影响劳动者的积极性，经济效率低下，政府的收入结构则侧重于提高经济效率。

收入分配政策的具体实施一般有以下几种：一是税收调节。政府通过对个人收入征收累进所得税，以限制一部分人收入过高。此外，还通过征收高额财产税和遗产税等，防止收入过分悬殊，从而体现平等原则。二是以法律形式规定最低工资标准，保障社会成员的最低生活水平，促进社会稳定。三是实施工资和物价管制，这是政府在特定情况下为实现收入分配政策目标而采取的非常措施，如严重通货膨胀时期、战争时期等。四是增加转移支付和其他各种福利措施。转移支付是指政府对某些地区、阶层及个人实行的津贴和补贴等。例如，政府对贫穷地区拨付扶贫款、对科技专家支付政府津贴、对失业者和低收入阶层发放失业补助金和救济金等。

以上宏观经济调控的五大经济政策，其作用虽然各有侧重，但各种经济政策不是彼此孤立的，其作用是交织在一起的。要充分发挥各种经济政策的有效性，一定要根据市场情况和各项政策措施的特点，注意它们的搭配使用，并要掌握好各项政策使用的力度。

第四节　加强和完善宏观调控体系

改革开放以来，特别是 20 世纪 90 年代以来，我国宏观经济调控的成效是很显著的，我国不仅有效治理了几次由于经济过热带来的通货膨胀，而且针对前些年出现通货紧缩（外加 1997 年下半年出现东南亚金融危机和 2001 年世界经济疲软低迷）实行扩大内需的方针和扩张宏观经济政策，从而继续保持了经济的快速发展。2003 年以来，我国经济进入新一轮快速增长周期。某些部门投资过度扩张，引发经济局部过热。为应对这一局面，保持国民经济发展的良好态势，中央实施了新一轮宏观调控的措施，并取得了明显成效，使我国经济在 2004 年保持了较高增长速度的基础上，2005 年又出现了较好的发展势头。2006~2007 年，我国出现了投资增长过快、贸易顺差过大、流动性过剩以及结构性、输入性物价上涨等问题，党中央及时采取了有效的宏观调控政策和措施，有效防止了苗头性问题演变成趋势性问题、局部性问题演变成全局性问题。2008 年下半年以来，面对国际金融危机的冲击，党和政府沉着应对，科学决策，果断实行积极的财政政策和适度宽松的货币政策。把扩大内需作为应对国际金融危机冲击的基本立足点，全面实施应对国际金融危机冲击的一揽子计划和政策措施，有效遏制了经济增长下滑态势，在全球率先实现经济形势总体回升向好。连续三年国民经济继续朝着宏观调控的预期方向发展，保持了经济平稳较快发展的态势。

改革的深化和社会主义市场经济体制的日益完善，要求进一步转变政府职能，继续加强和完善宏观调控体系。按照党的十六届三中全会、党的十七大和十七届五中全会通过的《中共中央关于制定国民经济和社会发展第十二个五年规划的建议》的精神，应着重做好以下几个方面的工作：

一、明确界定宏观经济调控的主体

市场经济中的宏观调控，主要是由国家组织实施的，具体来说，是由代表国家的最高立法机构和政府经济管理调节部门来进行的，国家是市场经济宏观调控体系中实施宏观调控的主体。国家作为宏观调控的主体，要按照市场经济发展规律实施有效的宏观调控，还必须对自身的组织结构及其职能进行相应的明确划分并重新改造。

从我国的情况看，政府部门的构成主要包括行政管理机构、经济调节机构和国有资产管理机构三大类。显然，只有经济调节机构才构成市场经济条件下宏观调控体系的主体。宏观调控中某些必要的行政手段的保留和采用，并不等于整个国家行政机构都是市场调控的主体。同样，政府中的国家资产管理机构也不是市场调控体制中的主体。因为国有资产管理机构的活动虽然也会对市场经济的运行起某种导向作用，但其作为国有资产所有者的代表，主要任务是在市场经济的运行中保证国家资产的保值增值，因此它本身同企业一样也是市场运行的主体，而不是市场运行的调控主体。

市场经济中作为宏观调控主体的政府经济调节机构本身，又是由四种不同类型的调控机构组成的。一是具体组织制定和实施国民经济计划、社会经济发展战略及各项宏观经济政策的最高经济调节机构，如国家发展和改革委员会，其主要任务是确定国民经济活动的总体规模和结构，并协调其他经济调节机构的活动；二是中央银行、财政部等综合性经济调节机构，其主要职能是实施各项宏观经济政策，对以社会总供给和社会总需求为核心的各种宏观经济变量进行调节、控制和引导；三是各个专业部门，其主要任务是确定行业规划，实施行业管理；四是各类经济监督、信息和综合管理部门，如审计、海关、商检、工商行政管理部门等。在以间接调控为主的宏观调控体系中，从总体上讲，各级地方政府及其附属机构不应成为市场调控主体的构成要素。实践证明，地方政府凭借权力对市场进行的各种地方性干预，是导致市场经济秩序混乱、公平竞争难以实现以至宏观经济部分失控的重要原因。因此，必须逐步弱化地方政府对市场运行的种种非正常干预。从长远看，地方政府的功能不在于调节市场，而在于为市场经济的发展和市场主体的活动提供必要的服务，并以此来推进地区经济的发展。此外，为了实现对市场经济的有效调节，往往还需要有大量的介于政府经济调节机构与市场之间的中介性民间组织，如各种类型的行业协会、代表社会中某一阶层或集团利益的经济团体等。这些中介性民间组织，在政府的宏观调控政策、手段与各种市场主体的决策经营行为之间，起着重要的信息传递和引导的功能。经验表明，这种中介性民间组织的存在和广泛地开展活动，能够有效地减少政府宏观调控过程中的各种摩擦和震动，使政府制定的宏观经济政策和所采取的各项调控手段，有可能在尽量不损害市场自身调节机制作用的情况下，得到最有效的贯彻实施。

二、建立健全相互协调的宏观调控机制

加强和完善宏观调控必须改善宏观调控的手段。宏观调控是否有力和灵活有效，在很大程度上取决于宏观调控的手段是否健全完善和能否正确运用。市场经济所要求的是以间接方式为主的宏观调控，其基本特点是以市场为直接对象，主

要运用经济手段和法律手段，辅之以必要的行政手段。宏观调控体制改革的一个重要目标，就是适应市场经济的要求，逐步减少行政手段的运用，更多地运用经济手段和法律手段。就经济手段本身来说，重点是建立计划、金融、财政之间相互配合和制约，能够综合协调宏观经济政策和正确运用经济杠杆的机制。这三者之间既有分工又有联系。国家计划明确宏观调控目标和总体要求，是制定财政政策和金融政策的主要依据。财政政策要在促进经济增长、优化结构和调节收入方面发挥重要功能，要完善财政政策的有效实施方式。金融体系中的货币政策在保持币值稳定和总量平衡方面发挥重要作用，要健全货币政策的传导机制。要更好地发挥计划、财政、金融手段在宏观调控中的作用，还必须促进它们进一步改革，并不断完善其调节功能。

第一，完善计划调节手段。在社会主义市场经济条件下，合理制定经济发展计划是搞好宏观调控的主要依据。国家计划部门必须转变传统计划经济体制下计划的功能，也就是将计划经济体制下的指令性计划转变为市场经济体制下的指导性计划；要按照市场调节的特点，以市场为基础，制定粗线条的、有弹性的指导性计划。计划部门要加强对宏观经济运行的监测、预测，提高制定计划的科学性，恰当把握宏观调控的力度。在确定宏观经济调控目标的同时，提出需要配套实施的经济政策（如产业政策、投资政策等）。计划要从对微观经济的控制中摆脱出来，转为主要抓好社会经济发展的预测，确定国民经济发展方向、重大战略和措施，提出反映经济发展和结构变化的总量指标等，及时为微观经济决策和政府制定政策提供信息。在搞好计划的前提下，宏观调控的任务就主要由财政和金融来承担了。

第二，健全财政调节手段。深化财政体制改革，充分发挥财税对经济的宏观调控作用。当然，宏观调控还包括收入分配政策、价格政策、对外经济政策等诸多方面的内容。但财税与金融两大政策调控手段牵动着一个国家经济的方方面面，影响着经济的运行和发展，具有举足轻重的地位。从一定意义上来说，计划是一个国家经济发展的长远调控目标，在做好计划的前提下充分发挥财税、金融的调控作用，是健全宏观调控体系的关键。

改革开放以来，特别是党的十六大以来，为充分发挥财税的调控作用，国家加大了财税改革的力度。经过改革，财政体制发生了很大变化。一是初步建立了适应社会主义市场经济体制要求的财政体制框架，为新体制下财政实施宏观调控奠定了制度基础；二是围绕建立公共财政体系，积极推进财政体制改革，财政转移支付制度和财政管理体制不断完善，预算管理制度进一步健全；三是着力推进税收制度改革，政府与企业、个人之间的分配关系逐步规范。总体来看，财政体制改革成效明显，保障了财政宏观调控职能作用的发挥，较好地服务了改革发展稳定大局。但是，按照社会主义市场经济的发展要求，现行财政体制仍然存在一些问题，突出表现在：政府间事权和支出责任划分不够清晰，省以下财政体制尚需完善；预算完整性和透明度有待提高，财政管理需进一步加强；财政支出刚性矛盾较大，转移支付仍存在不少问题；税制结构不尽合理、地方税体系建设相对滞后；同一行业税负不均、不同行业税负不合理的现象依然存在等。这些问题的存在，在一定程度弱化了财政调控功能的发挥。因此，必须按照党的十七届五中全会通过的《中共中央关于制定国民经济和社会发展第十二个五年规划的建议》精神，进一步深化财政体制改革。"十二五"时期加快财政体制改革的主要目标是：一是完善财政体制。在合理界定事权基础上，按照财力与事权相匹配的要求，进一步理顺各级政府间财政分配关系。增加一般性转移支付规模和比例，加强县级政府提供基本公共服务的财力保障。二是提高预算完整性和透明度。建立并不断完善科学完整、结构优化、有机衔接、公开透明的政府预算体系，全面反映政府收支总量、结构和管理活动。完善预算编制和执行管理制度，增强预算编制的科学性和准确性、强化预算管理。三是健全税收制度。完善以流转税和所得税为主体税种，财产税、环境资源税及其他特定目的税相协调，多税种、多环节、多层次调节的复合税制体系，充分发挥税收筹集国家财政收入的主渠道作用和调控经济、调节收入分配的职能作用，促进经济结构调整和经济发展方式转变。

第三，强化金融调节手段。金融是现代经济的核心，金融调节手段是市场经济条件下国家宏观调控经济的一个有力手段。改革开放以来，在推进国民经济市场化的进程中，我国金融体制改革也迈出了不小的步伐，金融宏观调控的能力逐渐增强。特别是"十一五"期间，我国金融改革取得了不少成绩。国有商业银行和政策性金融机构改革继续深化；2010年7月，中国农业银行分别在上海和香港成功上市，至此，国有大型商业银行股份制改造全面完成。国家开发银行商业化转型不断推进，进出口银行改革方案基本完成。农村信用社改革迈出关键性步伐，农村商业银行实现首家上市突破。小企业和农村金融组织制度创新步伐加快；截至2010年12月底，共有109家银行设立了小企业金融服务专营机构，全年的小企业贷款增速高于各项贷款平均增速。加大了小企业金融服务创新力度，建设和完善小企业信用担保体系。全面推进农村金融机构产品和服务方式创新，截至2010年底，全国已有395家新型农村金融机构（村镇银行、贷款公司、农村资金互助社）开业，汇丰等外资银行组建的新型农村金融机构达到17家，其中16家已开业经营。中国农业银行积极创新服务"三农"的体制和机制。这些都有力地支持和促进了小型、微型企业与农村经济的发展。资本市场改革稳步推进，保险业重点服务领域不断拓展。从总体上看，我国银行、证券、保险业市场化程度不断提高，服务经济和宏观调控能力不断增强，尤其是在应对国际金融危机冲击中发挥了重要作用。

与此同时，我们也不得不正视我国金融体制存在的问题。总体上看，金融业还不适应经济社会发展的需要。金融体系不健全，资本、保险市场发展滞后，直接融资比重低；金融发展方式粗放，对"三农"和小企业金融服务薄弱；金融调控机制不完善，国际收支不平衡；利率市场化尚未到位，各种存贷款利率机制还不尽合理等，这些都弱化了金融服务实体经济和调控经济运行的能力。因此，必须按照党的十七届五中全会通过的《中共中央关于制定国民经济和社会发展第十二个五年规划的建议》所提出的要求，深化金融体制改革。着重做好以下工作：一是进一步推进国有商业银行和政策性金融机构改革，加快建立现代金融企业制度。二是逐步构建逆周期的金融宏观审慎管理制度框架，保持金融体系稳健运行。三是有计划、有步骤地推进利率市场化改革，密切关注国际主要货币汇率变化、继续按照主动性、可控性、渐进性的原则，进一步推进人民币汇率形成机制改革，发挥市场供求在汇率形成中的作用，增强人民币汇率弹性，保持人民币汇率在合理均衡水平上的基本稳定。四是加快小企业和农村金融服务创新。引导银行业金融机构继续加大对小企业融资投放，满足不同类型、不同成长阶段的小企业融资需求。继续推进农村金融产品和服务创新，着力提高金融服务空白和薄弱乡镇的服务覆盖面和满足度。五是积极发挥保险保障和融资功能，研究建立农业巨灾风险分散机制和城乡居民住房地震保险制度。加强风险监管，对长寿风险、利率风险和巨灾风险三种宏观风险要加以重视。六是加强金融监管协调，建立健全系统性金融风险防范预警体系和处理机制。通过上述改革，进一步健全中央银行的职能，加快商业银行的企业化改革和利率市场化改革的进程，不断增强金融宏观调控能力。

三、转变政府职能是完善宏观调控体系的关键

转变政府职能，深化政府行政体制改革和规范行政行为，是加强和完善宏观经济调控的关键环节。

转变政府职能，首先必须明确政府的职能定位，即从总体上明确在市场经济条件下政府应该做什么，不应该做什么，也就是要明确政府的主要任务和宗旨。一般来说，在市场经济条件下，政府的主要任务是宏观调控；主要宗旨是服务；主要信条是凡是市场能做到做好的事就尽量让市场去做，政府主要做市场做不到

和做不好的事。

从国家产生以来，政府就有三种职能：一是政治职能，即实行阶级专政和阶级统治；二是社会职能，即维护社会秩序，促进社会发展；三是经济职能，即对经济实行直接或间接的管理和干预。不过我们这里讨论的不是政府的所有职能，而只是政府的经济职能。政府的经济职能不是一成不变的，而是一个动态的范畴。随着生产力和生产关系的发展，它会发生相应的变化。在不同的时期，由于社会经济形势不同，政府经济职能所包含的内容也有差别。

改革开放以来，随着经济体制改革的不断深入，我国政府经济职能也不断转变。特别是从党的十四大以后，就开始考虑社会主义市场经济条件下政府职能的转变问题。十四大报告指出：加快政府职能的转变，是上层建筑适应经济基础和促进经济发展的大问题。不在这方面取得实质性进展，改革难以深化，社会主义市场经济体制难以建立。随后，党的十四届三中全会作出的《中共中央关于建立社会主义市场经济体制若干问题的决定》又进一步指出：转变政府职能，改革政府机构，是建立社会主义市场经济体制的迫切要求。政府管理经济的职能，主要是制定和执行宏观调控政策，搞好基础建设，创造良好的经济发展环境。同时，要培育市场体系，监督市场运行和维护平等竞争，调节社会分配和组织社会保障，控制人口增长，保护自然资源和生态环境，管理国有资产和监督国有资产经营，实现国家经济和社会发展目标。党的十五大以后，国家政府职能转变迈出了新的步伐。1998年3月10日，九届人大一次会议正式通过了国务院机构改革方案，这一改革方案的一个重要内容就是强调要按照发展社会主义市场经济的要求转变政府职能，要把政府职能切实转变到宏观调控、社会管理和公共服务方面来，把生产经营权真正交给企业。在总结十多年我国建立社会主义市场经济体制经验的基础上，2003年10月14日十六届三中全会通过的《中共中央关于完善社会主义市场经济体制若干问题的决定》，又进一步强调了政府职能转变的重要性，明确提出要"切实把政府经济管理职能转到主要为市场主体服务和创造良好环境上来"。

与上述政府职能转变相适应，我国为完善行政管理体制，先后于1982年、1988年、1993年、1998年、2003年进行了5次机构改革，使政府职能转变取得重要进展，机构设置和人员编制管理逐步规范，体制机制创新取得积极成效，行政效能显著提高，改革了高度集中的政府管理模式，促进了简政放权，扩大了地方和企业的自主权，增强了企业的活力，调动了地方各级政府的积极性。但受主客观环境的影响和制约，政府机构和政府职能仍然存在诸多不适应、不符合的问题，机构改革的任务还没有完成，政府职能转变任重而道远。因此进一步转变政府职能，继续推进政府行政体制改革，仍然是建立和完善宏观调控体系的关键。

党的十六大以来，以胡锦涛同志为总书记的党中央，提出科学发展观、构建社会主义和谐社会等重大战略思想，对政府职能和政府工作提出了新的更高要求，特别是要增强政府提供基本公共服务的能力，着力建设服务型政府。党的十七大报告明确指出，"行政管理体制改革是深化改革的重要环节"，同时对"加强行政管理体制改革，建设服务型政府"作出了新的部署，提出了新的要求。党的十七届二中全会通过的《关于深化行政管理体制改革的意见》，提出了到 2020 年建立起比较完善的中国特色社会主义行政管理体制的奋斗目标。通过改革，实现政府职能向创造良好发展环境、提供优质公共服务、维护社会公平正义的根本转变，实现政府组织机构及人员编制向科学化、规范化、法制化的根本转变，实现行政运行机制和政府管理方式向规范有序、公开透明、便民高效的根本转变。党的十七届五中全会通过的《中共中央关于制定国民经济和社会发展第十二个五年规划的建议》提出了"十二五"时期我国经济社会发展的指导思想、奋斗目标和主要任务，并对推进行政体制改革作出了重要部署。围绕推进行政体制改革，明确提出了以下改革任务：

第一，进一步转变政府职能、加快推进政企分开。经过多年改革，政府职能转变虽然取得了很大进展，但这个问题仍然没有得到根本解决。目前，政府职能缺位、越位、错位现象依然存在，有些地方还相当突出。主要表现为：政府仍然管了不少不该管也管不好的事，行政审批事项仍然过多；一些地方政府仍然没有把属于企业的权力交给企业，没有把该由市场管的事交给市场，直接干预微观经济运行和市场行为；政府的市场监管、社会管理和公共服务等职能还比较薄弱。因此，今后一个时期仍然要把转变政府职能作为推进行政体制改革的核心，加快建设服务型政府。要深化行政审批制度改革，下放和规范审批权力，减少政府对微观经济活动的干预，加快建设法治政府和服务型政府。

第二，强化政府结构、行政层级、职能责任，进一步理顺行政关系。首先，要继续优化政府结构。合理界定政府部门职能，明确部门责任，确保权责一致。对职能相近、管理分散的机构进行合并，坚定推进大部门制改革。对职责交叉重复、相互扯皮、长期难以协调解决的机构进行合并、调整，以利于权责统一、提高整体效能。对职能范围过宽、权力过分集中的机构进行适当分设，以改变部门结构失衡和运行中顾此失彼的现象。其次，要逐步减少行政层级，在有条件的地方继续探索省直接管理县（市）的体制。还要认真研究和正确处理中央和省级政府一些部门垂直管理体制的做法，及时解决存在的问题。此外，要妥善处理中央政府和地方政府的权限、职能与责任。要合理界定省以下地方不同层级政府职能与权责关系，充分发挥地方各级政府的积极性。

第三，健全科学决策、民主决策、依法决策机制，推进政务公开，增强公共政策制定透明度和公众参与度。

第四，加快建设法治政府，用法律法规调整政府、市场、企业的关系，依法管理经济和社会事务，推进政府工作制度化、规范化、程序化。

第五，要加强行政问责制，改进行政复议和行政诉讼，完善政府绩效评估制度，提高政府公信力。[①]

思考题：

1. 国民生产总值和国内生产总值各由哪些部分所构成，二者有什么联系和区别？

2. 社会总供给与社会总需求各由哪些部分构成？

3. 什么叫宏观经济均衡，它包括哪些内容，其主要标志是什么？

4. 什么叫宏观经济调控？怎样认识宏观经济调控的性质？

5. 为什么说在市场经济条件下宏观经济调控有其客观必然性？

6. 宏观调控的目标是什么？目标各部分之间的关系如何？

7. 宏观经济调控有哪些主要手段？

8. 宏观经济调控有哪些经济政策，各自包括哪些具体内容，有哪些特点？

9. 社会主义市场经济条件下政府具有哪些经济职能？

---

① 张坤等：《关于建设中国特色行政管理体制的几点思考》，《现代营销》2011 年第 7 期。

第十一章 社会主义市场经济运行的经济环境

社会主义市场经济的有效运行不仅要有良好的秩序，而且要有良好的经济发展环境。既包括经济发展的硬环境，也需要重视和改善软环境。为此，在对社会主义市场经济体制的主要内容分别作了介绍和分析之后，本章集中讨论经济发展环境对社会主义市场经济发展的作用和影响。首先，对经济发展环境的涵义与类型、特征与基本功能进行了概述；其次，对我国经济发展环境的现状和存在的主要问题作了分析；最后，提出了进一步建设我国经济发展环境的思路与对策。

第一节 经济环境是社会主义市场经济发展的重要基础

当今世界，不论是发达国家和地区，还是发展中国家和地区，要保持经济稳定、协调、可持续发展，必须营造良好的经济环境。良好的经济环境不仅是保障市场经济有序运行的必要条件，也是提升国际竞争力的主要因素。

一、经济发展环境的涵义与类型

经济发展环境，也称经济环境，是指围绕经济活动主体（主要是企业），并直接或间接影响其存在和发展变化，甚至足以影响经济活动及其结果的各种要素或外部条件的总和。它包括与一定经济活动相关的体制、机制、政策、法规、人文、社会、生态、区域基础设施等方面的因素，是诸多因素相互交织、相互作用、相互影响、相互制约而形成的有机整体。

经济发展环境结构具有多维性，涉及的内容很多，涵盖范围较宽泛，根据不同标准，可以划分若干类别，但就主要方面而言，通常有以下几种类型：

第一，根据经济发展环境的性质划分，可将经济发展环境分为自然环境、经济环境和社会环境。自然环境，主要指影响经济发展的自然因素，包括地理、气候、水、动植物、自然资源、森林、各类矿产资源等。社会环境，主要是一个社会的意识形态，包括社会体制和机制、法律法规、教育科技、社会政治、人文环境等。经济环境，主要指影响经济发展的内部环境和外部环境等。内部环境是指经济有机体之间的相互关系，包括企业聚集程度、相关程度、发展水平等。外部环境是指经济有机体外部因素之间的关系，如经济体之间的相互交流与协作、市场竞争环境、生产服务体系的构建与完善等。

第二，根据经济发展环境的功能划分，可将经济发展环境分为投资环境、创业环境和创新环境。投资环境是以吸引投资项目为目的，针对的对象主要是外部投资者。政策的稳定性和连续性、政府的办事效率、水电交通等基础设施的完备程度等是潜在投资者关注投资环境的焦点。创业环境是指可供创业企业家创办企业并使之得到成长的环境。创新环境是一种为企业通过创新网络实现持续技术进步提供便利的经济发展环境。创新环境的主要特点包括互利互信的商业文化、集体学习的支撑条件、高速研发的互动空间。

第三，根据经济发展环境的层次划分，可将经济发展环境分为宏观经济环境和微观经济环境。宏观经济环境，是指影响整个社会经济运动的宏观社会制度变量和历史文化现实。它所包括的内容牵涉全国或大区域范围内的政治、经济制度变革、经济体制的变迁、经济政策的调整、文化传统习俗的嬗变，以及国家之间、地区之间的地缘关系等。宏观经济环境对经济的影响一般具有趋势性、方向性、全局性和整体性的特点。微观经济环境，是指影响企业和其他经济主体经营活动的各种条件因素的总和。宏观经济环境间接影响企业等经济主体，对经济主体的行为和经营绩效影响最直接的是微观经济环境。

第四，根据经济发展环境涉及的范围划分，可将经济环境分为区域经济环境和产业经济环境。区域经济环境，是从地区的角度讨论不同区域的经济环境对本地经济发展的作用，解决的是具体的经济项目如何布局，放在什么地区才能发挥最大效益等问题。我国地域辽阔、地区差异大，区域类型复杂多样；又由于经济布局与发展不平衡规律的作用，在全国、各省和各地区范围内，往往存在着几种处于不同发展阶段的地区。这些处于不同发展阶段的地区在经济环境上的差异性主要体现在政策环境、社会环境、人文环境、生态环境、设施环境等方面。产业经济环境是从产业和行业的角度研究经济发展所需要的特殊经济环境。产业经济环境的内容一般侧重于研究各个产业部门生长和发展的条件问题。产业经济学的大量研究成果表明，产业的出现、发展直至成熟、衰落，具有一定规律可循，各个产业之间的关系也并非是偶然发生的。因此，某个产业的发展必然会受到各种因素的影响和制约。这些因素的总和便称为产业经济环境。一般来讲，产业政策、产业组织、产业结构等因素对产业发展会产生重要影响。

第五，根据经济发展环境要素的特征分类，可将经济环境分为硬环境和软环境。所谓硬环境，是指适应经济发展的项目建设和运行所必需的基础设施和条件，它包括自然环境和基础设施等。自然环境包括地理位置、气候条件、自然资源等方面。基础设施包括交通运输、邮电通信、水电气及暖供应，以及学校、医院、娱乐、人均绿化面积等生活设施条件。所谓软环境，是指除了硬环境以外对人类的经济活动产生影响，对项目的经营效果产生影响的一切因素。它是经济发展所需要的一系列制度、体制机制以及人文社会环境的总和，具有较强的精神性，涵盖范围较为广阔，包括政务环境、政策环境、市场环境、法制环境、人才环境、人文诚信环境等方面。从理论上说，硬环境的建设为经济活动的正常开展搭建了理想的功能平台，它的发展完善与否，将直接影响经济发展的成效。但是，经济发展却不完全是靠硬环境支撑起来的，它蕴涵着诸多人文社会等软环境的因素。特别是在当今世界经济一体化、全球化的时代背景下，推动经济发展的软环境因素所占的比重越来越大。因此，我们既要重视硬环境建设，更要重视软环境建设。

以上是从不同角度对经济发展环境进行的分类。从研究和改善经济环境出发，有必要对经济环境进行综合划分。一般而言，经济环境可以综合划分为八个方面：一是生态环境。处理好人与自然、经济发展与生态文明的关系，是当今世界经济可持续发展所面临的共同课题。只有合理开发和利用自然资源，保持良好生态环境，才能实现经济稳定、健康、可持续资源。二是设施环境。这是指能源、交通、通信等基础设施以及金融、信息、生活等方面的服务设施。对企业和其他经济主体而言，基础设施和服务设施属于共享设施，是所有经营活动必不可少的，因而统称为经济发展的硬环境。三是体制环境。这是指影响经济活动的经济体制因素，如政府或市场对经济活动的干预程度、对资源的配置方式等。四是法治环境，这是指影响经济活动的法治因素。包括法律制度、执法状况以及公民的法制意识等，对经济活动都会产生重要影响。五是政治环境，是指国家机关按照精简、统一、效能的原则和行政决策、执行、监督三者既相对分离制约又协调高效运转的要求，合理配置政府各部门的职责权力而建立的现代组织结构和运行机制。它主要包括政策环境、政务环境、监督环境等方面的内容。政治环境对经济活动的影响，往往带有方向性、全局性和直接的行政干预性。六是社会环境，是指影响经济活动的各种社会因素的总和。和谐的社会氛围、稳定的社会秩序、完善的社会保障，都是经济发展的必要前提。七是人文环境，是指社会文化、道德、人才、公民素质所构成的经济发展条件。经济是人的基本活动，人的价值观念、科技文化水平等，对经济活动都有巨大影响。八是国际环境，这是指影响国内经济活动的各种国际因素的总和。在经济全球化的今天，特别是我国经济活动在开放战略格局下，已与世界的经济活动融为一体，国际环境对我国国内经济影响骤增，因此，必须高度重视国际环境。

二、经济环境的特征与功能

正如以上所述，经济环境是一个多维复杂的概念，涵盖范围较广，涉及的内容较多，因而它的特征和功能具有多样性，但从总体上概括分为以下几个方面。

1. 经济环境的基本特征

经济环境实质上是对区域经济现实的一种反映，其本身也是一个复杂的有机体，因而具有以下特征：

（1）具有复合性。经济环境是由许多影响经济运行的政治、文化、社会、自然等因素交织而成的矛盾综合体。在这些众多的因素中，有的从宏观的层面对经济流量、经济效益起着决定作用；有的从某一个侧面对经济运行起着直接或间接的作用；有的甚至通过人的心理状态的变化影响一个经济项目的成功与否……所有这些作用汇总在一起，就形成了一个影响经济发展的"合力"。因此，我们在对某个地区的经济环境进行评价时，至关重要的就是这个"合力"。这就需要我们在评价区域经济环境时，一定要分清主次，对不同的因素赋予不同的权利，只有这样，才能得出一个比较客观真实的评价结果。

（2）具有动态性。任何事物都不是一成不变的，而是处在不断的发展变化中。经济环境也一样，它也会随着各种影响因素的变化而不断地变化，如国内政局、体制、机制、政策以及自然界本身的变化，人为的干预和破坏，管理水平和科技水平的变化等，都会使经济环境得到改善或恶化。因此，这就要求各经济主体在作出决策之前，一定要注意发现和寻找各种因素变化的动向和规律，根据经济环境动态性的特点，因势利导，合理地确定经济项目的流向和规模。

（3）具有主导性。影响事物发展的矛盾有主次之分。在不同发展阶段，区域社会经济各要素中总有一个或几个要素居于主导地位，影响和决定了这一时期区域经济的性质和特征。在经济环境诸要素中，某一时期、某一地区同样也只有一个或几个主导要素，它们在对经济运行的影响中居于决定和支配地位，通常是某个经济要素，当然也不排除一时一地社会文化、政治法律等要素也可能决定经济环境的性质和特征。比如我们在解决地区经济差距过大的问题时，通常认为政策的倾斜处于主导地位，而行政、法律、人文的因素相对来说处于次要地位。又如在处理知识产权纠纷时，往往认为法律和人文的因素居于主导地位，而生态环境和区域基础设施等因素起的作用则很小，甚至可以忽略不计。

（4）具有系统性。经济环境各个组成部分并不是孤立存在的，而是由多因素、多层次、相互作用、相互联系而形成的统一整体，因而具有系统性的特征。经济环境的这种系统性特征是与其层次性紧密相连的，经济环境是一个大系统，在其之下的每个组成部分又可以自成一个小系统。这些小系统之间既相互联系，同时又各自保持相对的独立性。用系统论的观点考察经济环境，可以使我们从全局的角度把握经济环境的发展和变化，正确处理系统内部各部分之间的相互联系和作用。在考察一个地区的经济环境时，必须统筹兼顾，综合分析各部分的作用。

（5）具有稳定性。这是和动态性相对而言的。从长期来看，经济环境是动态的、变化的。而从短期来看，经济环境则具有稳定性的特征，在特定的时间、区间内，甚至可以认为它是不变的。因此，作为区域经济现实反映的经济环境一旦形成，就会在较长的时间内保持相对稳定。从其构成要素来看，经济体制、经济政策、法律制度具有一定的阶段性和连续性；生态环境、基础设施建设受政策的影响较大，因而也具有阶段性和连续性的特征；社会文化传统更是千百年历史积淀的结果，短期内的变化可以说是微乎其微。当然，这种稳定性是相对的，由于内部矛盾的不平衡发展，使得经济环境迟早会发生变化。另外，经济现实的改变也会反作用于经济环境，使经济环境作出相应的调整，但这并不能影响经济环境的相对稳定性特征。

（6）具有地区差异性。这是经济环境最为显著的特征。经济环境本质上是一个空间概念，由于地区之间的自然、地理、社会、经济发展的差异性以及生产力发展的层次性和空间布局的区域性，决定了不同地区之间经济环境具有较大的差别。这种差别包含两方面的含义：一是垂直差异，即区域的级差梯度所决定的那一方面；二是水平差异，即区域社会劳动水平分工所决定的那一方面。正确认识经济环境的区域差异性，有助于发挥区域比较优势，减少盲目投资所造成的不必要损失。同一项目在此地不适用，而彼地则很可能发展得很好。比如，同样是技术密集型产业，在上海投资就比在拉萨投资好。[①]

2. 经济环境的基本功能

由上述分析可知，经济环境是一个非常复杂的概念，从基础设施、区位条件等"硬件"到经济体制、法律制度、社会文化等更为宏观和无形的因素，虽然不能说是无所不包，但其所涉及的范围却不可谓不广。如此之多的因素构成的经

---

① 贺同新等：《经济发展环境论》，中南大学出版社 2002 年版。

济环境，其功能也必然是庞大的、多种多样的。就主要方面而言，具有以下基本功能：

（1）具有保障功能。良好的经济环境是经济稳定、健康和可持续发展的强有力的保障。例如，生态环境为人类生活、生产提供最基本的物质资料，如果对自然资源过度开发，造成生态失衡，人类的生活环境恶化，必然会影响生产和生活的正常运行；高效的行政环境能够保证政令畅通，针对经济发展过程中出现的问题作出及时的对策并保证其不折不扣地被执行；完善的通信设施有助于信息传递，减少不同市场信息不对称的现象，是市场经济的"润滑剂"。良好的人文社会环境，可以使人们和睦相处，合作共赢，和谐发展，推进社会文明进步。

（2）具有协调功能。经济环境的协调功能主要体现在对经济发展过程中某些失衡状态的制约和调节上。它可以协调地区之间、行业之间、部门之间、阶层之间的利益关系，使经济活动在不断的协调中达到资源的最优配置，在同样的资源耗费条件下，争取尽可能多的产出。经济环境之所以具有协调功能，首先，是由其本质属性决定的。它对经济发展施加影响的同时，也是不断地进行自我完善的过程。例如，在政策环境中，转移支付政策是为了协调个人之间的收入差距，以达到公平收入的目的。其次，是经济环境的全面性与配套性为其协调功能的实现提供了可能。经济体制、法律制度、经济政策、行政体制等各自通过不同的途径协调人们的物质利益关系，只要配合得好，就能发挥经济环境的整体效应。

（3）具有引导功能。区域基础设施建设状况、市场的完善和开放程度、生态系统的优劣、人文社会环境的氛围，都会直接或间接地影响着资本的流入和流出。一个良好的经济环境，能够对投资者以及创业者形成强烈的吸引力，具有资本导入的功能。反观我国改革开放以来的经济发展历程可以发现，凡是经济环境较好的地区，就会受到投资者的青睐，而经济环境较差的地区，则会在无形之中对资本的流入形成障碍。因此，经济环境的优劣，就成为投资者和受资者共同关心的问题。这就需要我们在对经济环境深入认识的基础上，以地域为单位、政府为主体，结合区域社会经济发展战略和规划，针对当地经济环境的缺陷和特点，进行区域经济环境策划，并不断改善和优化经济环境。

（4）具有约束功能。经济环境如一柄"双刃剑"，它对经济发展的作用既可以是正面的推动作用，也可以是负面的制约作用。正如前文所述，良好的经济环境是经济活动顺利进行的必要条件，是经济发展的"润滑剂"；反之，发育不良的经济环境却只能是国民经济向前继续发展的"绊脚石"。经济环境的这种制约作用体现在各种形式的"瓶颈"现象上。交通、电力、通信、水利作为国民经济的基础设施和基础产业，是经济发展的命脉。实践证明，硬环境建设发展高潮期，也是国民经济发展最快、经济联系最密切、商贸最繁荣的时期。同样地，软环境的建设对经济发展的作用也不容低估。很难理解，在一个人口素质低下、法律观念淡薄、职业意识欠缺、创新能力不足、家族势力庞大、官本位思想浓厚的环境中，经济能够得到飞快的发展。从某种程度上讲，中国经济建设过程中出现的许多问题，其根源不在经济问题本身，而是与此相关的众多非经济因素的制约，影响了经济建设的过程。

三、社会主义市场经济的运行需要良好的经济环境

在社会主义市场经济条件，之所以要营造良好的经济发展环境，主要是由以下原因决定的：

第一，经济环境是世界各国经济发展的重要基础。环境与经济有着天然的必然联系，环境是经济发展的基础，经济的发展状况对环境产生重要作用。纵观人类发展历史，在工业革命之前，人们靠"天"吃饭，这里的"天"就是自然条件，因此，在那时，自然条件对经济的影响是决定性的。气候、土壤、河流等对于一个国家的经济有着重要影响，自然条件好，人们的生活就有保障，而自然灾害频发，经济就会陷入危机。工业革命中，人类发明的蒸汽机、电灯、汽车及煤炭、石油、天然气、有色金属等资源成为经济发展的动力，英国、法国、美国等国家开始殖民扩张，大肆侵占和掠夺其他国家的资源，经济取得了飞速发展。中东一些国家凭借优越的自然环境，拥有丰富的石油资源，经济也实现了快速发展。随着经济的发展，以美国为首的发达资本主义国家在基础设施和生活环境上都得到很大的提高和完善，构建了优于其他国家的经济环境，吸引了全世界各类人才的大量聚集，使其科学技术始终处于世界的前沿，从而促进了美国经济的迅猛发展。

从新中国成立以来的经济发展过程看，改革开放之前，东北地区由于拥有丰富的自然资源和良好的基础设施，成为我国经济实力最强的地区。党的十一届三中全会以后，我国实行改革开放政策，沿海地区率先实行开放，国家给予很多优惠政策，使其经济后来居上，迅速成为我国经济发展最快的地区。近年来，随着科学技术的发展，高科技企业所带来的财富效应日益凸显，使人才成为经济发展的主要力量，我国提出了科教兴国、人才强国的战略。而随着人们生活水平的提高、企业的壮大，良好的社会和人文环境将成为推动创业与创新、促进中国经济发展的主要因素。由此可见，在当今世界，不论是发达国家和地区，还是发展中国家和地区，要取得经济平稳快速的发展，都必须建立良好的经济环境。

第二，经济环境是健全和完善社会主义市场经济体制的必要条件。党的十四

大将我国经济体制改革目标确定为建立社会主义市场经济体制，经过多年的改革，我国现阶段尽管初步建立了社会主义市场经济体制，但还存在许多不完善之处。要完善社会主义市场经济体制，除进一步深化改革、不断推进其发展外，很重要的一项任务就是要着力改善和优化经济环境。例如，现代市场经济的发展和完善，要求培育和发展多元市场主体，参与市场的主体越多，竞争越充分，资源配置的效率也越高。根据我国劳动力资源丰富的实际，要培育更多的市场主体，一方面各级政府要营造良好的政策环境和投资环境，稳定现有的投资者和经营者；另一方面也必须在全社会营造良好的创业、创新的人文社会环境和必要的政策环境，鼓励更多的劳动者尤其是大学毕业生投资创业。这既可以为市场输入新的主体，又可以扩大就业，缓解我国当前就业的矛盾和压力。现代市场经济是开放和公平竞争的经济，只有开放，公开、公平竞争，优胜劣汰，才能使要素自由流动、优化配置，保证产品质量和提高经济运行效率。当前妨碍我国市场开放和公平竞争的两大突出问题为：一是在经济活动中，假冒伪劣产品充斥市场，破坏了正常的市场秩序，压抑了投资、创业和创新的能力；二是地方保护、行业垄断妨碍了国内统一市场的形成，不利于资源在更大空间范围内自由流动、合理配置。要解决上述问题，除继续加大政府部门对市场的监管和执法力度、始终对破坏市场秩序的不法行为和犯罪分子保持惩治的高压态势外，各地、各级政府必须改善和优化经济环境，既要建设硬环境，更要改善当地的行政服务环境、人文社会环境等软环境，以良好的经济环境留住人、吸引人，从而提高资源在更大空间范围内的配置效率，并进一步推进统一、开放、竞争、有序的市场体系的建立和完善。现代市场经济是层次少、效率高、充满生机活力的经济，要适应这种经济形态的发展，必须冲破人为阻隔，使资本、劳动力、土地、技术、管理、信息等要素自由流动，真正做到物尽其用、人尽其才。为此，一方面要继续深化城乡户籍制度、土地制度、社会保障制度等改革，不断完善体制和机制；另一方面也要改善和优化政府的行政服务环境，促进政府部门依法行政、文明服务、减少程序、提高办事效率。同时，也要引导全社会营造诚实守信的信用环境，"亲商、安商、重商和富商"。

第三，经济环境是发挥区域比较优势的基本要素。古典经济学家大卫·李嘉图提出的比较优势理论，是关于区域之间商品、资源和要素流动的基本理论，并被用于解释区域经济在结构方面、竞争力方面和增长速度方面的差异。决定区域间比较优势的传统因素主要是自然资源禀赋、劳动力数量和素质、资本和技术状况、空间区位等。在当代经济中，经济环境是影响区域间比较优势的重要因素。改善体制、法制、政策、行政、社会、人文、生态等方面环境因素，可以为区域在产业局部乃至经济整体上创造比较优势。

在当代经济中，经济环境之所以成为影响区域比较优势的重要因素，究其原因：一是经济活动日趋高度市场化。在高度市场化的经济中，市场在资源配置中具有决定性的基础作用。经济环境好的区域，比其他区域更具有吸引资源、转化资源的能力，从而获得更多的投入和更强的增长动力。例如，浙江省是我国资源较贫乏的省份之一，改革开放前，浙江省是一个农业大省，改革开放以来，浙江省立足省情，一方面各级政府不断解放思想、更新观念、转变职能，切实为企业和人民群众提供高效、优质的服务环境；另一方面在全社会营造一种"亲商、重商、富商"的人文社会环境，在此基础上创立了以"创业、创新"为核心的浙江精神，走出了一条独具特色的发展之路，经济社会快速健康发展，尤其是民营经济、专业市场、外向型经济发展水平在全国处于领先地位。截至 2011 年底，全省个体工商户达到 230 万户，私营企业总量达到 72 万户；民营经济产值占全省生产总值的 70% 以上，约有六百万浙商在全国各地投资创业，150 多万浙商在世界各地经商。目前浙江注册资本超过 1000 万元的民营大企业有 2500 多家，在全国名列前茅；2011 年中国民营企业 500 强中浙江占了 174 席，占 34.8%，居全国第一。目前，浙江已成为全国投资经商环境最好的地区之一。二是经济活动日趋高度复杂化。现代商品经济活动是一个高度复杂的社会化行为。任何一个企业的经济活动，都会牵涉到一系列相关主体。任何一个企业的成功与发展，都需要得到居民、企业、政府部门和社会人文条件的配合。没有良好的经济环境，企业经营活动和其他经济活动都难以顺利进行。

第四，经济环境能创造"洼地效应"，促使要素聚集，推动地区经济迅速发展。在市场经济条件下，各类生产要素始终处于流动状态中。随着国内统一、开放市场的形成，经济全球化趋势的发展，资金、技术、人才、商品、信息等要素将在全国乃至全球范围内大规模流动。各种要素的流动一般遵循价值规律和市场竞争规则。经济环境质量高、投资和人文社会环境好的区域，对于要素的吸引力强，有助于要素聚集和流入；经济环境质量差、投资环境和人文社会环境不好的区域，对要素的吸引力弱，不利于要素流入，甚至还会排斥要素，导致要素的流出。当今各个区域之间的竞争，除了经济实力的竞争以外，越来越多地表现为经济环境的竞争。哪个区域或地区更善于营造良好的经济环境，哪个区域或地区就更具有竞争力；哪个区域或地区不善于营造好的经济环境，哪个区域或地区就缺乏竞争力。因此，区域或地区经济发展要赢得较强的竞争力，就必须营造良好的经济环境。

优化经济环境，创造"洼地效应"，是加快区域或地区经济发展的关键之一。

所谓"洼地效应"，是指本区域与其他区域相比，经济环境质量更优、更好，对某些资源、要素、产业具有更强的吸引力，形成优于其他区域的区位优势，能将更多的资源、要素、产业吸引到本区域，产生聚集效应，从而使本区域具有更强的竞争力，可以更快地发展。因此，我国各地区发展经济都要高度重视营造良好的经济环境。各地区争相改善经济环境，不仅可以提高各地区的经济环境质量，而且可以促进全国经济环境的改善和优化，最终使我国的经济环境优胜于其他国家和地区，从而在我国形成全球范围的"洼地效应"，使各类资源、要素迅速往这里聚集，进一步推进我国经济快速发展和市场国际化进程。

第五，经济环境是提高国际市场竞争力的重要因素。正如以上有关章节的内容所述，我国社会主义市场经济所面临的国际环境就是经济全球化以及区域经济一体化。

经济全球化对各国都是一把"双刃剑"，机遇与挑战并存。特别是对于发展中国家，经济全球化不仅可以提供重大机遇，而且也带来严峻挑战。在经济全球化的大背景下，国与国之间、区域与区域之间竞争的一个主要因素就是经济环境。良好的经济环境是取得强大的国际竞争力的前提。现行世界经济贸易体系，即经济全球化的游戏规则，是以发达的市场经济国家为中心构造的。相比之下，发展中国家在经济上与全球化接轨要面临更多困难。发展中国家如何改善经济环境，实现与全球经济的顺利接轨，是加快本国经济发展的关键之一。

面对经济全球化的影响，一方面，我国需要学会适应在全球经济环境中调控和发展本国经济；另一方面，更需要积极主动地改善国内经济环境，创造比其他国家，特别是比其他发展中国家和周边国家更好的经济环境，以利于吸引世界各国资金、技术、人才，使我国经济获得更强的发展势头。尤其是在当前世界经济复苏进程艰难曲折，国际金融危机还在发展，一些国家主权债务危机短期内难以缓解的国际形势下，我国更应该抓紧营造良好的经济环境，乘势而上，在国际上树立起良好的大国形象。

第二节　中国经济环境发展现状与存在的问题

改革开放以来，我国的经济实力和综合国力不断增强，国际地位日益提高，成为国际上最具活力和竞争力的国家。随着我国经济的发展，一方面，我国的经济环境得到极大改善，尤其是在硬环境建设方面成绩显著，为投资者带来了极大的方便，吸引了大量资金和技术。但是，另一方面，我国经济环境建设也积累了不少问题，尤其是软环境建设严重滞后，为我国经济的发展带来了不利影响，需要进一步完善。

一、经济环境的发展与成效

改革开放三十多年来，伴随着我国体制的不断创新，市场化程度的不断提高，我国经济环境也不断得到改善，并逐步发展和提升。其主要表现在以下方面：

第一，基础设施建设成效显著，城市化建设步伐明显加快。在现代经济发展进程中，基础设施硬环境与社会、政治、法制、文化、人才等软环境的总和，共同构成了经济发展的外部环境。搞好基础设施建设，在现代经济发展进程中具有十分重要的意义和作用。良好的基础设施环境，是现代经济发展的基础，是保障企业和其他经济主体充满活力运转、促进国民经济健康发展的必要条件，或者说是加快各地经济发展的重要先决条件。基础设施落后，交通不畅，水、电、气不通，投资建厂、生产经营无从着手，无法进行。新中国成立以来，特别是改革开放三十多年来，我国取得了一个巨大的成就，就是基础设施建设取得了显著进步。虽然中国广大的农村还比较落后，城市居民收入也不够均衡，但我国相当一部分基础设施建设却已达到发达国家水平。这主要指的是铁路、公路、高速公路和民航等的建设。中国的基础设施建设取得显著成效体现了社会主义国家政府能够集中力量办大事的优势。这些基础设施建设都是超前的。以高速铁路为例，美国是在人均 GDP 达 2 万美元后才开始建设的，而我国人均 GDP 不到四千美元就开始了。现在搞基础设施建设的优势之一，就是可以以相对较低的代价征地和支付民工工资，如果等到人均 GDP 达到 2 万美元时再建设，费用要高很多。此外，1995~2010 年，我国用了 15 年时间建造了约 15 万座桥，平均每年约建造 1 万座，其数量和长度均居世界前列。中国工程院曾召开过一次国际桥梁工程大会，邀请了世界各国桥梁专家，在看了我国的成就以后，他们都瞠目结舌，觉得十分惊奇。比如，在四川宜宾以东 2687 公里的长江干流上，已建设大型桥梁超过 67 座。同时我国还相继建有几座跨海大桥，包括上海的东海大桥、杭州湾跨海大桥、舟山跨海大桥，以及现在正在建设的港珠澳跨海大桥。这些世界级的工程不断刷新着我国桥梁建设的新纪录。

我国基础设施建设的成就还表现在：首先，基础设施和基础产业投入快速增加。改革开放三十多年来，不仅中央财政每年不断加大资金投入，而且地方各级政府也高度重视基础设施建设，千方百计筹措资金，加大建设力度。仅就"十一五"时期而言，国家用于基础设施投资累计达到 22.1 万亿元，年均增长 21.8%。

其中，铁路运输累计投资 22688 亿元，年均增长 46.0%；城市公共交通业累计投资 7543 亿元，年均增长 37.1%；水利、环境和公共设施管理业累计投资 6.9 万亿元，年均增长 28.7%。农业和能源等基础产业投资也保持较快增长。其中，农、林、牧、渔业累计投资 12151 亿元，年均增长 37.7%；煤炭开采及洗选业累计投资 12490 亿元，年均增长 26.7%。其次，能源生产能力稳步提高。为满足经济增长对能源供应的需求，党中央、国务院高度重视提高能源的生产能力并取得明显效果。2010 年，我国能源生产总量达到 29.9 亿吨标准煤，比 2005 年增长 38.3%，年均增长 6.7%；在主要能源中，原煤产量 32.4 亿吨，比 2005 年增长 37.9%，年均增长 6.6%；原油产量 2.03 亿吨，比 2005 年增长 11.9%，年均增长 2.3%；天然气产量 967.6 亿立方米，比 2005 年增长 96.2%，年均增长 14.4%；发电量 42065 亿千瓦小时，比 2005 年增长 68.2%，年均增长 11.0%。煤、油、电、气等能源的快速增长是对经济平衡较快增长的有力支撑。再次，交通运输能力持续增强。"十一五"时期，全国铁路营业里程由 2005 年的 7.5 万公里增加至 2010 年的 9.1 万公里，年均增加 0.32 万公里；公路里程由 2005 年的 335 万公里增加至 2010 年的 398 万公里，年均增加 12.8 万公里，其中，高速公路里程由 2005 年的 4.1 万公里增加至 2010 年的 7.4 万公里，年均增加 0.66 万公里，以高速公路为骨架的干线公路网初步形成。旅客周转量由 2005 年的 17467 亿人公里增加至 2010 年的 27779 亿人公里，年均增长 9.7%；货物周转量由 2005 年的 80258 亿吨公里增加至 2010 年的 137329 亿吨公里，年均增长 11.3%；规模以上港口货物吞吐量由 2005 年的 29.3 亿吨增加至 2010 年的 54.3 亿吨，年均增长 13.1%。最后，邮电通信业快速发展。"十一五"时期，全国邮电业务总量年均增长 21.7%。其中，邮政业务总量年均增长 16.9%，电信业务总量年均增长 22.0%。移动交换机容量由 2005 年的 48282 万户增加至 2010 年的 150518 万户，年均增长 25.5%；光缆线路长度由 2005 年的 407 万公里增加至 2010 年的 995 万公里，年均增长 19.6%。2010 年，全国固定及移动电话用户总数达到 115339 万户，比 2005 年增长 55.1%；移动电话用户数达到 85900 万户，比 2005 年增长 1.2 倍，其中 3G 移动电话用户达到 4705 万户；互联网上网人数 4.57 亿人，其中宽带上网人数 4.5 亿人，互联网普及率达到 34.3%。[①]

在基础设施建设和基础产业发展取得显著成效的同时，中国城市化建设步伐明显加快，这被诺贝尔经济学奖获得者斯蒂格利茨称为 21 世纪初期影响世界的

---

① 王文波：《我国"十一五"时期经济社会发展取得巨大成就》；《十一届全国人大四次会议〈政府工作报告〉辅导读本》，人民出版社、中国言实出版社 2011 年版，第 25~26 页。

两件大事之一。中国的城市化发展进程在世界上是独一无二的，新中国成立时，只有12%的人口居住在城市，88%的人口居住在农村，是典型的农业国。到1957年，城市人口达到20%，这样的发展速度是很快的。但是，20世纪60年代中期至改革开放前，城市化发展进程受阻，几乎停滞。从1978年开始，知识青年回城后这一进程又得到发展。20世纪80年代城市化进程发展平稳。1992年邓小平南方谈话之后，城市化进程加速发展，每年以1%~1.5%的速度增长。到2008年，城市人口占到总人口的45.7%，2009年，我国城镇人口占总人口的比重为46.6%，2011年底，我国城镇总人口为69079万人，占总人口的比重达到51.3%，首次超过50%。基础设施建设与城市化发展二者并不是彼此独立的，而是相互促进的。一方面，基础设施建设和基础产业的发展，为农村人口的迁徙和发展拓展了空间，为城市的发展奠定了基础；另一方面，城市化的推进和加速发展，又会进一步加大投资尤其是基础设施和基础产业的投资，随着投资的增加，基础设施和基础产业的规模会不断扩大，条件也会得到进一步改善。

第二，节能减排取得明显效果，环境质量持续改善。为了加快转变经济发展方式，建设资源节约型、环境友好型社会，在加强基础设施、基础产业建设的同时，近些年来，党中央、国务院对环境保护和节能减排高度重视，采取一系列政策措施，确保目标和任务的落实，并取得了积极进展。首先，节能降耗工作进展顺利。"十一五"时期，随着国家和各地区节能降耗工作力度的不断加大，各项政策措施逐步深入落实，节能降耗取得明显成效。2006~2010年，我国单位国内生产总值能耗累计下降19.06%，基本完成"十一五"节能降耗目标。"十一五"时期，主要耗能产品的单位能耗明显下降，单位铜冶炼综合能耗下降35.9%，单位烧碱生产综合能耗下降34.8%，吨水泥综合能耗下降28.6%，电厂火力发电标准煤耗下降16.1%，吨钢综合能耗下降12.1%，单位电解铝综合能耗下降12.0%，单位乙烯生产综合能耗下降11.5%。其次，污染排放总量逐步得到控制。据初步测算，2010年全国化学需氧量排放量比2005年下降12.45%，二氧化硫下降14.2%，双双超额完成减排任务。"十一五"时期，淘汰高排放的落后产能成绩突出，全国累计淘汰炼铁落后产能约11172万吨，炼钢落后产能约6683万吨，焦炭落后产能约10538万吨，铁合金落后产能约663万吨。最后，环境质量持续改善。节能减排的直接结果是环境质量明显改善。2010年，七大水系的408个水质监测断面中，Ⅰ~Ⅲ类水质断面比例占59.6%，比2005年上升18.6个百分点。在监测城市中空气质量达到二级以上（含二级）标准的城市占监测城市数的82.7%，比2005年上升22.4个百分点。2010年底，城市污水处理厂日处理能力达10262万立方米，比2005年末增长79.2%；城市污水处理率达到76.9%，比

2005 年末提高 24.9 个百分点。

第三，体制环境不断优化，市场在资源配置中的基础性作用得到了充分发挥。体制环境对经济发展具有重要影响，不同的经济体制对经济发展的促进作用各不相同。体制环境的优劣，决定着经济发展的速度和经济质量的高低。任何社会，经济的发展都需要有与其相适应的经济体制环境。

改革开放以来，我国摒弃了传统的计划经济体制的束缚，逐步建立了社会主义市场经济体制，特别是在党的十四大和十五大描绘了社会主义市场经济体制基本框架之后，我国进一步加快了改革和构建的步伐，在市场经济体制的建设方面取得了举世瞩目的成就。首先，所有制结构进一步调整和完善。在党的十七大提出的"毫不动摇地巩固和发展公有制经济，毫不动摇地鼓励、支持、引导非公有制经济发展，坚持平等保护物权，形成各种所有制经济平等竞争、相互促进新格局"精神的统领下，公有制经济在调整和改革中发展壮大，探索公有制多种实现形式取得明显成效。国有经济布局进一步优化。围绕做强做大主业，中央企业从169 家重组整合至 122 家，国有资本进一步向关系国家安全和国有经济命脉的重要行业和关键领域集中。目前，中央企业 95%以上的投资集中在主业。国有大型企业改革加快推进。中央企业及其所属子企业的公司制股份制改制面从 2005 年的 40%提高到 2010 年的 70%。目前，母公司为股份制的中央企业有 8 家，实现主营业务整体上市的中央企业有 24 家，中央企业控股境内上市公司 312 家、境外上市公司 88 家；中央企业资产总额的 48%、营业收入的 54%、利润的 74%集中在上市公司。建立规范董事会试点的中央企业达到 32 家。垄断行业改革继续深化。目前，大部分垄断行业的企业都已经实现了政企分开。在电信、发电、民航等行业，经过企业重组，形成了竞争性市场格局。一批特大型国有垄断企业初步实现了投资主体多元化。城乡集体所有制经济在改革中不断创新经营形式和发展模式，呈现出良好发展势头。非公有制经济发展的体制环境继续改善。主要体现在两个方面：一是鼓励、支持的政策体系进一步完善。国务院继 2005 年发布《关于鼓励支持和引导个体私营等非公有制经济发展的若干意见》（国发［2005］3 号）后，2009 年发布《关于进一步促进中小企业发展的若干意见》（国发［2009］36 号），2010 年发布《关于鼓励和引导民间投资健康发展的若干意见》（国发［2010］13 号）。有关部门在放宽市场准入、加大财税金融支持、改善政府服务和监管、营造舆论环境等方面出台了一系列配套文件。全国 31 个省（市、自治区）累计出台促进非公有制经济发展的法规、政策文件二百多件，极大改善了非公有制经济和中小企业的发展环境。二是非公有制经济市场准入范围进一步扩大。有关部门有序促进非公有制经济进入国防科技工业、电信、新闻出版等领

域。目前，取得武器装备科研生产许可的非公有制单位已有 400 多家。我国增值
电信业务向民间资本开放已不存在政策障碍，截至 2010 年 10 月，跨地区增值电
信业务经营者为 2059 家，其中民营控股企业 2013 家，占 93.3%。在全国 35.7 万
家新闻出版企业中，非公有制单位超过 32.4 万家，占机构总数的 90.8%。其次，
现代市场体系建设全面展开。市场体系建设是现代市场经济的核心问题，是市场
机制运行和配置各类资源的重要载体。改革开放以来，特别是党的十六大以来，
我国社会主义市场体系建设取得了明显成效。其主要表现是：商品市场体系基本
建成，在现代市场经济体系中发挥重要基础性作用；劳动力、资本、产权、房地
产、技术等要素市场，培育建设力度加大，流动性大大提高，配置资源的效果明
显改善，已经成为社会主义市场经济体系中最重要的组成部分；一般商品和要素
的价格由市场决定的机制已经形成，资源产品价格改革正在推进；市场秩序持续
整顿并逐步规范。市场环境不断改善，市场在资源配置中的基础性作用得到了充
分发挥。最后，金融、财税、投融资体制改革迈开了新的步伐，与社会主义市场
经济发展相适应的金融体系逐步形成。逐步完善金融调控方式，改革了中国人民
银行管理体制，建立了全国集中统一的银行、证券、保险监管体制。国有商业银
行股份制改革基本完成，政策性银行改革正在推进，为满足中小企业发展对信贷
的需求，中小商业银行改革的力度进一步加大，其组织结构不断优化。农村金融
改革逐步深入，农村信用社产权改革取得实质性突破，管理体制基本理顺，历史
风险得到有效化解，补充资本，提高资产质量已取得阶段性成果，支农主力军地
位进一步巩固，新型农村金融机构建设规划正在有序推进。人民币汇率形成机制
改革不断深化。适应社会主义市场经济要求的公共财政体制框架初步建立，财税
体制改革迈出新步伐。政府间财政关系进一步理顺，有利于科学发展的税收制度
进一步健全，政府预算体系进一步健全。投融资体制改革逐步深化，投资渠道进
一步拓宽，投融资方式实现多样化，基本上建立了项目法人责任制、招标投标
制、合同制、工程监理制。以上体制改革的不断深入，体制环境的不断改善，
不仅为经济发展提供了财力和资金上的有力支撑，而且也进一步完善了我国的
宏观调控体系。

　　第四，市场经济法律体系基本形成，法治环境明显改善。依法治国是社会主
义民主政治建设的核心内容。现代市场经济从本质上讲就是法治经济。它必须依
靠完善的法律体系来规范市场主体行为，维护市场竞争秩序，加强国家宏观调
控，防止和消除国家机构中的官僚主义、权力过分集中和腐败现象的滋生。法制
作为上层建筑，对社会主义市场经济体制的建立和完善具有规范、引导、调控、
保障、服务等多种功能。市场经济要健康、有序地运行，必须加强法治建设，营

造良好的法治环境。

依法治国，建设社会主义法治国家，是一个长久的历史性过程。新中国成立后，由于各种复杂的原因，我国的民主与法制建设，曾走过一条很曲折的道路，既取得了一定的成就，也有过重大挫折，特别是经历了"文革"的浩劫。邓小平同志总结了国内与国际的历史经验，提出了发展社会主义民主与健全社会主义法制的方针。党的十五大报告从建设有中国特色社会主义政治、继续推进政治体制改革的高度，第一次把依法治国、建设社会主义法治国家作为党领导人民治理国家的基本方略在党的代表大会上郑重地提了出来。党的十六届三中全会通过的《中共中央关于完善社会主义市场经济体制若干问题的决定》，将"全面推进经济法制建设，加强执法和监督"作为完善社会主义市场经济体制的重要任务。党的十七大报告以科学发展观为指导，做出了"全面落实依法治国基本方略，加快建设社会主义法治国家"的战略部署。在邓小平理论和党中央一系列文件精神指引下，我国的法制建设已经取得了举世瞩目的成就。首先，与社会主义市场经济体制相适应的法律体系基本形成。按照市场经济运行的基本环节划分，市场经济法律体系主要由五个方面构成。一是规范市场主体的法律，如公司法、合伙企业法、私营企业法、中外合资经营企业法、企业破产法等。二是规范市场行为和秩序的法律，主要有经济合同法、反不正当竞争法、反垄断法、消费者权益保护法、产品质量法、广告法、拍卖法、招标投标法、证券法、期货交易法等。三是规范宏观调控的法律，这方面的法律规范主要有：预算法、计划法、投资法、银行法、税法、物价法、审计法、产业政策法、国有资产管理法等。四是规范社会保障的法律，当前我国有关的法律法规主要有：劳动法、失业保险法、养老保险法、医疗保险法等。五是规范涉外经济的法律，主要包括：对外贸易法、反倾销法、反补贴法等。其次，依法治国基本方略深入落实，法治政府建设取得新成效。最后，对广大干部和全体公民进行法制教育已成为各级政府一项基本的职能，全社会法制观念、法制意识进一步增强。

第五，行政环境发生深刻变化，政府的效能和效率有了很大提高。行政环境是保证经济正常运行的又一关键性因素。它包括政府职能、机构设置、公务员队伍素质、行政效率、行政法制等诸多围绕经济管理和经济服务的行政境况，对促进社会进步、保持经济发展与社会发展过程的协调有着举足轻重的作用。

改革开放以来，随着我国市场经济体制的逐步建立，各级政府及其工作部门认真贯彻中央的部署，不断加强政府改革和自身建设，为经济社会健康发展提供良好的政务环境，各方面工作取得了比较明显的成效。一是政府机构改革不断推进，综合服务效能不断提高。改革开放以来，我国先后几次对政府机构进行了调整和改革，从 2008 年起，按照党的十七届二中全会通过的《关于深化行政管理体制改革的意见》、《国务院机构改革方案》，进行了第六次国务院和地方政府机构改革，社会各界形象地将这次改革称为"大部门体制改革"。这次改革涉及调整变动的机构近二十个，包括议事协调机构单设的办事机构在内，增减相抵，国务院正部级机构减少了 6 个。改革后，除国务院办公厅外，国务院组成部门设置27 个。到 2008 年底，国务院多数部门的"三定"规定印发并实施，标志着国务院机构改革基本完成。自 2008 年 9 月起，按照中央的总体部署，省级政府机构改革在全国逐步展开。到 2009 年上半年，省级政府机构改革基本完成，各省（市、自治区）政府厅局级机构得到不同程度的精简，全国共减少厅局级机构八十多个，探索职能有机统一的大部门体制迈出坚实步伐。到 2010 年底，市县政府机构改革也陆续到位。与此同时，从 2004 年起，还启动改革开放以来第四轮乡镇机构改革，这次改革是配合农村税费改革和农村综合改革，加快推进城乡经济社会一体化进程进行的，计划到 2012 年基本完成改革任务。截至 2010 年底，全国已有 70%的乡镇进行了机构改革。总的来看，改革进展平稳，成效明显，有力推动了乡镇政府职能转变，有效遏制了乡镇机构和人员编制膨胀的势头，进一步加强了基层政权建设，为农村改革发展稳定提供了坚强的组织保障。二是行政审批制度改革稳步推进，调整或者取消了部分行政审批项目，简化了审批程序。自 2001 年推行行政审批制度改革以来，国务院已分五批共取消和调整行政审批项目 2183 项，占原有项目总数的 60.6%；地方各级政府取消和调整 7.7 万多项，也占到原有项目总数的一半以上。三是加强了与人民群众生产生活和安全健康密切相关的市场秩序、安全生产、食品药品安全等方面的政府职能。2009 年以来，结合家电、汽车、农机下乡等工作，打击假冒伪劣商品，进一步整顿规范市场秩序。2010 年 2 月设立国务院食品安全委员会，加强食品安全工作。四是建设法治政府的步伐不断加快。政府立法工作不断改进和完善，自 2007 年 6 月起，除涉及国家秘密、国家安全的以外，我国行政法规草案原则上都在网上公开，向社会征求意见。不断加强和改进行政执法，加大对法规、规章和规范性文件的监督力度，加强备案审查，维护法制统一；不断强化行政复议工作，依法化解行政纠纷的功能进一步发挥。各级政府及其工作人员特别是广大干部依法行政的意识明显增强，依法行政的能力和水平有了很大提高。五是政务公开制度进一步深化，尤其是政务公开的载体更加丰富，公开方式不断创新。大力推进电子政务建设，政府网站在多数地区开通；普遍建立行政服务中心，截至 2010 年底，全国已经建立了 2.8 万个综合性行政服务中心，采取"一个窗口对外"、"一站式办公"等方式，简化办事程序，方便人民群众；政府新闻发布和发言人制度基本建立，31

个省级政府和 74 个中央国家机关部门和单位，设立了新闻发布和新闻发言人的制度；各地区各部门广泛开展民主评议政风、行风活动，全国 31 个省区市和 85%以上的市（地）开通了政风、行风热线。目前，政务公开的理念已深入人心，政务公开已经成为各级政府施政的一项基本制度。六是加强公务员队伍建设和政风建设。我国第一部带有干部人事管理总章程性质的重要法律《中华人民共和国公务员法》，于 2006 年 1 月 1 日正式实施，这标志着公务员管理进入了法制化、规范化、科学化的新阶段。在政风建设方面，近几年来重点抓了以下几个方面的工作：加强行政督查，确保政令畅通，严格执行行政纪律，提高政府执行力和公信力；狠刹违规建设办公楼等楼堂馆所的不良风气，曝光并纠正了一批典型案件；大力压缩行政开支，推行节约型机关建设。此外，还大力推行行政问责制度和政府绩效管理。通过采取上述措施，取得了比较积极的成效，促进了机关作风的明显好转。

　　第六，社会建设全面展开，社会环境进一步优化。改革开放以来，党和政府始终坚持经济与社会发展相协调，围绕改善民生谋发展，推动各项社会事业长足进步。加强社会管理，注重社会建设，营造良好社会环境。一是各级各类教育蓬勃发展，农村免费义务教育全面实现，教育公平迈出重大步伐。"十一五"时期，优先发展教育的方针得到进一步落实，国家财政性教育经费占 GDP 的比例逐年提高，2010 年达到 3.6%以上，2012 年已确定要达到 4%的目标。二是科技创新能力持续提升。近些年来，党中央、国务院把科技放在优先发展的战略位置，重点加强基础研究和前沿技术研究。实施国家科技重大专项，突破一些关键核心技术，填补了多项重大产品和装备的空白。天宫一号目标飞行器与神舟八号飞船和神舟九号飞船先后成功发射并顺利交会对接，成为我国载人航天发展史上新的里程碑。载人航天、量子通信、铁基超导、载人深潜器、超级杂交水稻以及诱导多功能干细胞等领域取得突破性进展，提升了我国在世界科技领域的地位。目前我国研发投入居世界第三位，科学引文索引（SCI）论文总量跃居世界第二位，国际科学论文被引用数由 2005 年世界第 13 位升到 2009 年第 9 位；发明专利授权量居世界第三。科技的支撑引领作用日益凸显，有力地服务了经济社会发展。三是公共医药卫生事业稳步推进。基本医疗保险覆盖范围继续扩大，目前，13 亿城乡居民参保，全民医保体系初步建成。政策范围内住院费报销比例提高，重大疾病医疗保障病种范围进一步扩大。国家基本药物制度在政府办的基层医疗卫生机构实现全覆盖，基本药物安全性提高、价格下降。公立医院改革试点有序推进。基层医疗卫生服务体系基本建成。基本公共卫生服务均等化取得新进展。四是文化事业进一步加强。"十一五"期间，全面贯彻落实《中共中央国务院关于深化文化体制改革的若干意见》，加快发展文化事业和文化产业，推动文化改革发展取得新的成就，开创了文化建设的新局面。文化体制改革不断推进，重点文化惠民工程建设得到加强，覆盖城乡的公共文化服务体系框架基本建立。对文化产业结构进行了战略性调整，文化产业整体规模和实力快速提升。扎实推进文化精品工程，越来越多的优秀文化产品实现了社会效益和经济效益的有机统一。与此同时，还大力推动文化出口，中华文化"走出去"步伐明显加快，全民健身事业蓬勃发展，我国竞技体育综合实力和国际竞争力都有了很大提高。五是社会管理不断加强，并在实践中不断创新。社会管理主要是以保障公民正当权益为宗旨、以维护社会公平正义为核心、以维系社会秩序和激发社会活动为主线，通过党政主导、多方参与，运用多种资源和手段，对社会系统的各个组成部分、社会生活的各个领域和社会发展的各个环节进行组织、协调、服务、监督和控制的活动。新中国成立以来，党和政府始终高度重视社会管理，为形成和发展适应我国国情的社会管理制度和相应的工作体系进行了长期探索和实践，取得了重大成效，积累了宝贵经验。改革开放以来，特别是党的十六大以来，中央提出了构建社会主义和谐社会的重大战略任务，把中国特色社会主义事业总体布局由三位一体拓展为四位一体。党的十六届六中全会作出《中共中央关于构建社会主义和谐社会若干重大问题的决定》，社会主义和谐社会建设摆在更加突出的位置。党的十七大以来，在科学发展观的指导下，我国社会管理体制改革受到了党和政府以及社会各界的广泛关注和重视，出台了一系列政策法规文件，各地结合当地实际积极探索新型社会管理体制，取得了明显成效，主要表现在弱势群体的社会权利受到重视、人民群众切身利益得到保障、就业规模不断扩大、社会保障体系逐步完善、收入分配关系正在不断调整、保障性安居工程建设力度进一步加大。基层社会建设有序推进，社会组织有所发展，社会安全体制建设得到加强，服务型政府建设进入快车道。坚持以人为本，服务为先，加强和创新社会管理，着力排查化解各类社会矛盾，依法打击违法犯罪活动，社会大局稳定，人民安居乐业。

第七，社会道德、文化建设开创新局面，人文环境有了明显的改善和净化。社会道德、文化科技、人才状况，构成了影响经济发展的人文环境。人文环境对经济和社会发展具有潜移默化的作用和影响。中国共产党历来高度重视社会道德、文化建设、全民族文明素质问题。改革开放以来，围绕人文环境建设采取了一系列政策措施，取得了明显成效。一是坚持以马克思列宁主义、毛泽东思想、邓小平理论、"三个代表"重要思想为指导，贯彻和落实科学发展观，继承和发扬民族优秀文化传统，博采各国文化之长，创建了中国特色的社会主义文化，以此凝聚各族人民的意志和力量，为改革开放和现代化建设提供了强大的精神动力。二是深入推进社会公德、职业道德、家庭美德、个人品德建设，不断拓展群众性精神文明创建活动，广泛开展志愿服务，使广大干部和群众在参与中启迪思想，陶冶了情操、净化了心灵。三是弘扬科学精神，加强人文关怀，注重心理疏导，培育奋发进取、理性平和、开放包容的社会心态。社会心态是社会成员对社会生活现状的心理感受和情绪反应，直接影响着人们的言行。在经济社会深刻变化的新形势下，培育健康向上的社会心态，显得尤为重要和迫切。近年来，我国发生了多起针对儿童、女性或其他无辜群众的暴力伤害事件，突出暴露出某些社会成员心态失衡的问题。针对这一问题，党和政府一方面弘扬科学精神，坚持以科学的态度和方法认识问题、解决问题，自觉抵制各种非科学、伪科学；另一方面不断加强人文关怀，注重心理疏导，坚持尊重人、理解人、关心人，促进人的心理和人际关系和谐。四是在全社会大力倡导修身律己、尊老爱幼、勤勉做事、平实做人，推动形成我为人人、人人为我的良好氛围。五是净化社会文化环境，保护青少年身心健康。大力净化社会文化环境，为青少年营造健康成长的空间，不仅关系到亿万家庭的希望和切身利益，而且关系到中国特色社会主义事业的持续发展。改革开放以来，中国共产党坚持两手抓：一手抓繁荣，创造出更多青少年喜闻乐见、益智益德的文化力作，加强青少年活动阵地建设，广泛开展面向青少年的各类文化活动，做到潜移默化、寓教于乐；一手抓管理，切实加强文化市场监管，大力净化网络、荧屏、声频、出版物市场、网吧和校园周边环境，有效地遏制了淫秽色情等违法有害信息的传播，为青少年成长营造了蓝天净土。

二、经济环境存在的主要问题

经济环境虽然取得了上述成效，但与经济社会协调发展的要求相比，还面临许多挑战，存在很多问题，其主要表现在以下几个方面：

第一，基础设施环境体系尚未完全建立，还难以满足经济和社会发展的需要。改革开放三十多年来，我国在基础设施建设上虽然取得了较大的成就，为经济社会发展创造了良好的基础设施环境，但仍然存在不少制约因素和问题，特别是地区与结构不平衡的问题比较突出。

从省区市发展情况看，经济发达的省投资能力强，基础设施发展速度快，投资环境较好，少数沿海省市的变化尤为明显。比如早在"八五"末期，上海、北京、天津、辽宁、吉林等省市基础设施建设就走在全国的前列，其中北京的交通运输、邮电通信、学校教育和卫生保健居全国第一位；上海的能源供应（主要指能源、电力消耗指标）和环保设施及投资居第一位。经济欠发达的省区，投资能力弱、力度小，基础设施发展速度慢，投资环境的改善有限。

从地区的分布情况看，东部沿海地区交通、通信基本建设不仅投资所占比例高，而且发展速度也较快。而中部和西部地区基础设施建设投资及发展相对滞后，尽管在"九五"时期和"十五"时期国家也采取了许多倾斜政策，中、西部基础设施建设投入大幅度增加，环境得到了很大改善，但从总体上看，与东部沿海地区的差距仍然十分明显。

城乡之间基础设施环境差距更大。首先从交通通信来看，全国城市之间、城市与城镇之间基本形成网络体系，相互之间的差距较小。而在广大农村尽管交通、通信条件已经有了较大的改善，但在很多边远山区和贫困地区，道路不便，信息不通，肩扛背驮的状况仍然比较突出。其次从生活基础设施来看，城镇居民公共基础设施比较完善，基本上满足了其生活的需要。在农村整体而言，学校教育、医疗卫生、水、电、气等基础设施建设远远落后于城镇。很多农村小孩上学远，看病难、用水难、饮水不安全等问题，在西部地区农村及欠发达地区农村，仍然较为普遍。再从广大农村的生产基础设施建设看，水利建设投入不大，病险水库增多，基础设施薄弱，成为我国农业农村发展的重大制约因素。近年来我国干旱、洪涝灾害频繁发生，给经济社会发展带来巨大损失。土地整治、改造的力度不大，中低产田所占比重较大，高标准农田所占比例较小，直接影响农业增产、农民增收。农业机械化程度较低，农机社会化服务体系不健全，农业科技投入不足，推广应用程度不高，这种状况不改变，最终会影响农业的可持续发展。

从基础设施的整体结构来看，首先，就交通运输和网络设施而言，尽管这些年来国家不断加大投资力度，发展较快，但由于我国人口众多，经济正处于持续快速发展阶段，人流物流空前活跃，交通运输设施仍难以满足国民经济和社会发展的需要。突出表现在：基本完善和综合交通运输网络尚未完成，通道的瓶颈制约仍未消除；综合交通枢纽发展严重滞后，各种运输方式衔接配合不畅；特别是城市公共交通发展滞后，城市交通拥堵问题严重；网络建设和运营面临日益增大的资源和环境压力；网络应对自然灾害和社会突发事件的能力相对薄弱等。其次，就其结构而言，用于交通通信等方面建设投资增长较快，用于能源、环保、生态建设等方面的投资建设相对较少，而用于改善民生等方面的基础设施投资，尽管这些年党和政府高度重视，投资在不断增加，但从总体上看相对滞后。这不仅影响了结构调整和优化，制约经济和社会协调发展，而且还直接影响了居民的消费。这种状况不改变，不利于扩大内需，更不利于从根本上转变经济发展方式。

第二，资源环境、生态环境日趋严峻，对经济可持续发展的瓶颈制约进一步加深。资源、环境是经济社会可持续发展的两大基础性要件，实现经济社会可持续发展需要有充裕的资源做后盾和良好的环境做保证。正如本书有关章节所述，改革开放以来，特别是进入21世纪以来，我国经济持续快速增长，国内生产总值已位居全球第二。然而，我国经济社会的发展也付出了大量消耗有限自然资源和破坏生态环境的沉重代价，资源短缺与环境恶化对可持续发展的约束日益凸显。突出表现为土地、水、能源、矿产等资源供应和生态环境承载能力不足，与经济社会可持续发展的矛盾加剧。

土地资源相对贫乏，一是耕地面积不断减少；二是土地资源质量下降，这不仅使我国土地规模经营受到限制，农业劳动生产率难以提高，给国家粮食安全带来严重隐患，制约农民增收和农村经济社会发展，而且会在"一要吃饭、二要建设"的双重需求下，导致土地供给压力越来越大，影响工业化和城市化进程，成为制约城市经济社会发展和人民生活水平提高的主要因素之一。

水资源严重稀缺。水是生命之源，是人类生存与发展的基础，是经济社会可持续发展至关重要的基础资源。虽然我国江河纵横、水网如织，2006年水资源总量达25500亿立方米，居世界第6位，但人均水资源占有量仅1945立方米，不到世界平均水平的1/4，只是美国的1/5、俄罗斯的1/7、加拿大的1/50，居世界第121位，是联合国列出的13个严重贫水的国家之一。每年因缺水受旱耕地面积近二千六百万公顷，给农业造成的损失500亿元，影响工业产值2000亿元，全国660多个城市有60%缺水，110个严重缺水。2006年全国有3578万人、2.936万头大牲畜发生临时性饮水困难，3亿人饮水不安全。根据计算，到2020年我国可供水资源量仍将小于需求量。即使南水北调中线、东线工程全部竣工，华北地区遇到干旱仍然缺水。①可见，水资源短缺已对我国工农业生产、城乡居民生活乃至整个经济社会可持续发展的约束越来越明显。

能源约束正在不断强化。从能源资源供给方面看，我国目前石油自给率不到一半，国内目前还没有发现具有良好开发前景的大油田，如果石油消耗继续增加，依赖增加进口或开发海外石油资源满足国内需要，一方面随着国际油价居高不下代价过大；另一方面继续扩大进口和海外石油资源开发也面临不少困难。我国铁矿石、铝土矿、铜矿等需求的一半以上靠进口，近年来价格大幅攀升，国外矿主发了横财，我国钢铁和铝、铜生产企业利润不断被挤压。在我国经济持续快速发展的大背景下，素有"工业粮食"之称的矿产资源供需面临十分严峻的形势，成为制约我国经济社会发展的一个重要因素。

环境承载压力加大。如上所述，改革开放以来，我国经济发展确实取得了举

---

① 冷淑莲、冷崇总：《资源环境约束与可持续发展研究》，《价格月刊》（南昌）2007年第11期。

世瞩目的成就，但是，经济的增长主要是依靠资源的高消耗、高排放支撑的，其结果必然导致环境的污染和恶化。如果再不转变经济发展方式，"两高一资"行业总量继续扩张，不仅造成我国能源供应难以为继，而且加剧了环境承载压力，重金属污染事件屡次发生，给居民人身和生命安全造成严重威胁。我国已连续几年是全球二氧化碳排放总量最大的国家，在应对国际气候变化中面临较大压力，日益逼近的碳标签、碳税增收也将成为制约我国经济发展的新挑战。

　　第三，制约经济和社会发展的体制机制障碍依然较多，体制环境有待于进一步完善。目前，制约我国经济社会发展的体制机制障碍依然较多，但重要的是以下几个方面：一是各种所有制公平竞争，共同发展的体制环境尚未真正形成。党的十七大提出："平等保护物权，形成各种所有制经济平等竞争、相互促进新格局。""十一五"时期，我国推出了一系列促进非公有制经济发展的法律法规和政策措施，使我国非公有制经济发展取得了重要进展。但是目前民营企业在平等使用生产要素、平等竞争、平等受到法律保护方面，仍然存在一些体制障碍，在一些领域的市场准入上，民营资本进入还存在"玻璃门"、"弹簧门"现象。二是市场封锁和分割的局面没有彻底消除。经过三十多年的改革，"诸侯经济"现象虽然有了改变，但是，计划经济时期遗留下来的行政干预经济的习惯还尚未完全克服，对于利税高的产品，各级政府和各个部门从自身利益出发，不惜用行政手段进行干预，实行地区封锁、部门分割，甚至帮助所属企业进行垄断经营，人为地造成市场堵塞、商品流通不畅，妨碍统一市场的形成。三是现行财税体制和干部任用机制需要改革和完善。在分灶吃饭的财税体制下，只有多上重化工业项目、建设大项目、扩大经济规模，才能快速增加地方财政收入，一些地方必然忽视经济发展质量的提高。同时，由于现行的干部任用考核制度的不完善，一些地方实际上主要看任期内地区经济发展规模、财政收入增长等情况，忽视对干部的全面合理评价，所谓数字出干部，造成了 GDP 崇拜，事实上引导地方重视经济数量的扩张，忽视经济发展质量的提高，忽视社会事业发展。四是资源价格形成机制亟须改革，企业生产成本不完全。由于我国资源价格形成机制改革进展缓慢，市场机制在价格决定中的作用被抑制，资源价格一直没有理顺，水价、电价、油价都偏低，劳动力成本长期被压低，环境成本也没有计入，企业生产成本不完全。这种情况必然导致地方和企业更多地依靠投入能源和劳动力实现地方经济和企业的发展，忽视技术进步和管理创新的作用。

　　第四，法制环境与社会主义市场经济体制还存在许多不适应性，有待进一步改善和优化。法律是经济发展的制度保障，是软环境建设的重要内容。具有自主、平等、诚信、竞争等属性的市场经济形态，除了依赖经济规律来运作，同时又主要依赖法律手段来维系，它必然从客观上要求法律的规范、引导、制约、保障和服务。正如以上所述，改革开放以来，我国社会主义市场经济的法制体系已初步建立，法制环境也有很大改善，但仍有许多不完善之处。主要表现在：一是法律制度不健全，有的法律已经不适应形势发展的需要。法律作为政府调节经济的手段之一，是维护市场公平、保障合法者权益、促进经济协调发展的工具。随着经济和社会的发展，社会分工越来越细，新的经济方式不断出现，由于我国法律制度跟不上，在许多方面尚未有法律的规范，所以造成侵权行为的产生，市场缺乏公平竞争的环境，经济纠纷不断出现，合法者权益得不到保护。二是行政机关有法不依、执法不严、违法不究的现象仍然存在，一些行政违法或者不当行政行为还不能得到及时纠正，有的行政机关工作人员法治观念淡薄、缺乏群众感情和服务意识。这个问题不解决，不仅在很大程度上会抵消立法成就，削弱人民对国家法律的信任，损害法律的尊严和权威，影响人们法制观念的养成，也是造成一些地方经济环境不佳、治安秩序不好、社会局面不稳定的重要原因。三是法律监督机制还不健全，功能还不完备，程序也有待规范。执法监督部门开展工作还缺乏足够的高素质人才、经费、装备等保障。违法不惩、正义不张、法律监督的弱化，必然导致社会道德的失落，必然会使违法犯罪者感到宽松而肆意妄为，正像老百姓说的，"有法不依比无法可依更坏事，执法不严比有法不依更糟糕"。

第五，政府改革和自身建设面临新挑战，行政管理体制改革滞后问题更加凸显，风清气正的政务环境还未形成，任重而道远。随着我国社会主义市场经济体制的逐步建立与完善，我国政治体制改革逐步推进，特别是政府机构改革和自身建设不断加强，取得了明显的成效，但目前仍然面临许多新的挑战和问题，主要表现在：一是政府职能转变仍不到位。时至今日，政企不分、政资不分、政事不分等问题在一些领域依然没有得到根本解决，如铁道、烟草专卖、盐业等属于典型政企不分的政府部门。政府及其关联的公共事业机构、国有企业（特别是中央企业）所控制的公共权力、社会资源比较集中，一些行业的垄断性有所加剧，民营企业的生存空间受到一定挤压。二是依法行政体制机制还不健全，一些地方和部门不依法行政、不严格依法办事的问题还比较突出，政府的执行力和公信力与人民群众的要求还存在很大差距。三是行政运行成本日益膨胀。我国行政成本总体上远高于国外平均水平，且透明度不高，一些行政机关奢侈浪费现象比较严重。主要原因是机构编制膨胀、公务消费缺乏有效约束、政府支出不公开透明、财政体制改革滞后、对预算执行的监督不到位等。四是社会各领域的行政化倾向有所加剧。现在非但党政军、人大、政协、公检法、工青妇等系统都按行政组织规则来管理，就连国企、社会团体、学校、医院、科研机构等都套用相应的行政级别。如果一个社会很大程度上依靠权力占有、分配和使用为纽带而构建和运行，广泛腐败和效率低下问题就难以避免。五是廉政建设和反腐败的任务越来越艰巨。现在，一些领域腐败现象易发、多发。腐败的涉案金额越来越大、干部级别越来越高，范围从党政机关蔓延到司法机关、国有企业以及医院、学校等公共事业机构。六是政风建设亟待加强。一些政府工作人员甚至是领导干部脱离群众、脱离实际，好高骛远，好大喜功，形式主义、官僚主义严重。一些政府机关办事拖拉推诿，行政效率不高。

第六，社会矛盾日益凸显，社会环境面临许多新问题，亟待解决。改革开放三十多年来，我国社会主义建设虽然取得长足进步，社会总体上呈现出和谐稳定的状态和趋势，但是，在深化改革开放和加快转变经济发展方式进入攻坚阶段后，一些潜在的社会矛盾和问题逐渐凸显出来，对社会和谐稳定产生影响。突出表现在：一是人民内部矛盾多样多发。矛盾触点增多、燃点降低、涉及面广、关注性增强，有的还比较激烈，因违法征地拆迁、企业重组和破产、司法不公、劳动争议、医患纠纷、环境污染、非法集资、食品药品安全问题引发的矛盾明显增多。全国信访和群体性事件数量近几年虽有所下降，但仍在高位运行。二是流动人口和特殊人群的管理和服务问题突出。大批农民特别是 2.4 亿农民工进入城镇，需要提供相应的社会管理和公共服务；城市内部和城市之间的人员流动加剧、人口分离现象增加，给城市基层社会管理和服务带来新问题。越来越多的少数民族人口向沿海地区、大中城市转移，越来越多的汉族和其他民族务工经商人员进入少数民族聚集地区，民族分布格局和交往状况发生变化，民族、宗教事务管理遇到许多新的复杂因素、面临不少新课题。数以千万计的农村留守儿童、留守妇女、留守老人需要照顾。老年人口接近 1.7 亿并将继续快速增长，相应的社会服务严重滞后。随着我国对外开放程度的不断加深，在我国境内活动的境外非政府组织已达四千个，境外来华人员迅速增多，近年来每年入出境外国人达五千万人次，常住的外国人近五十万人，这既促进了经济社会发展，也给社会管理和服务增加了难度。三是刑事犯罪居高不下。当前，我国社会治安总体趋稳，但是，刑事犯罪仍呈高发态势并出现许多新特点。全国刑事案件立案数从 1978 年的五十万起上升到 2010 年的近六百万起。孤残流浪儿童、闲散和有不良行为的青少年增多，容易引发违法犯罪。民族分裂势力、境内外反华势力渗透破坏活动加剧，活动方式更加隐蔽，对我国的国家安全和社会稳定构成一定威胁。四是公共安全事故时有发生。长期存在的粗放型发展方式使安全生产、环境保护、产品质量特别是食品药品安全方面存在诸多隐患并引发不少社会问题，引起群众不满；重大自然灾害频发，给人民群众生命财产造成严重损失。社会监测预警机制、应急体系还不完善，给应对社会突发事件和自然灾害提出了严峻挑战。五是一些非公有制经济组织没有很好地承担起管理和服务员工的社会责任，有的企业对员工的合法权益、精神健康重视不够，人文关怀缺失，劳资之间纠纷和矛盾时有发生，成为社会不稳定、不和谐的一个重要因素。

第七，人文环境的培育比较滞后，思想文化领域出现一些新情况、新问题，对经济和社会发展产生了负面影响。首先，在我国改革开放跨入新的阶段，特别是随着各种思想文化交流、交融、交锋，思想文化空前活跃的主流下，也出现了一些不健康因素。一些人理想信念出问题，价值观、世界观、人生观出现扭曲。一些腐朽落后思想文化沉渣泛起，向社会主义先进文化发起严峻挑战。其次，部分社会成员心理失衡，道德失范，特别缺乏一种"天职"观念和诚信责任，职业道德意识比较差，爱岗敬业精神严重不足，在一定程度上使行业不正之风无阻碍地蔓延，助长了病态利益的产生，令广大人民群众深恶痛绝。最后，信息网络文化建设和管理面临新的挑战。截至 2010 年，我国已有 4.57 亿网民、8.59 亿手机用户，博客用户超过 2.94 亿，互联网普及率达到 34.3%，超过世界平均水平。境内网站 191 万个，比 1997 年增长 1273 倍，这是社会的进步，同时，网络虚拟社会对现实社会的影响越来越大，网上违法犯罪、恶意炒作、信息安全和短信诈骗、不良信息传播等问题凸显出来，已对人文和社会环境产生了不良影响，特别是对青少年的身心健康负面影响较大，也向社会监管提出了严峻挑战。

以上种种矛盾和问题，是我国经济社会发展水平和阶段性特征的集中反映，我们必须引起高度重视，通过改革和创新社会管理来推动化解，从各个方面营造经济发展环境，这既是促进经济持续、稳定、健康发展的需要，也是维护社会和谐稳定的需要，更是巩固党的执政地位和保证国家长治久安的需要。

第三节　营造良好的经济发展环境

随着我国改革开放的全方位推进和世界经济全球化的进一步发展，特别是在世界经济复苏进程艰难曲折、国际金融危机还在发展、一些国家主权债务危机短期内难以缓解的国际形势下，迫切需要我们用新的战略眼光来审视和重视经济环境建设，增强环境的吸引力和竞争力。因此，我们必须采取各种措施，加快经济环境建设。

一、营造经济环境的战略目标与思路

经济环境是一个多维系统，优化经济环境是一项涉及全局的系统工程。我们应从战略上、全局上把握，明确战略目标，厘清战略思路。

1. 明确战略目标

营造和优化经济环境的目的，就是要为经济社会发展创造良好的外部条件。经济环境从层次上划分，既包括整个国家的发展环境，也包括各区域及地区乃至企业或单位的发展环境，它应包括多层次发展环境的构建与优化。在多层次的发展环境中，作为各地方的区域发展环境处在中观层次，承上启下。区域发展环境是否优化，对上会影响国家的宏观发展环境，对下会直接影响到企业或单位的微观发展环境。优化区域经济环境的战略目标应当是：创造"洼地效应"，形成适应市场经济运行、有利于资源和要素向本区域聚集的良好经济环境，提高区域竞争力，促进区域经济稳定、协调、持续发展。这一战略目标的核心就是创造本区域"洼地效应"，也就是通过在整体上或在某些产业领域形成优于其他区域的良好经济环境，成为在地域内具有较强的资源要素凝聚力和向心力的区域，从而产生"磁场效应"，使资本、技术、人才和投资者像水流入洼地那样，从四面八方汇聚到本区域，这样既可以促进资源要素自由流动、优化组合，提高企业的经营效益，又能增加区域经济的投入，促进区域经济发展。

从国家层面上看，我国整体上要努力创造优于周边国家和世界其他国家或地区的良好经济环境。我国之所以能够连续多年成为仅次于美国、在发展中国家居首位的利用外资大国，就是因为改革开放以来，我国营造了良好的外商投资环境，对外资吸引力不断增强。为了进一步完善社会主义市场经济体制，促进我国经济社会发展，各省、市、区以及各市、县都要积极改善和优化经济环境。在各地区综合改善、优化经济环境的基础上，最终达到全国经济环境的优化。

2. 厘清战略思路

营造和改善经济环境，是一个涉及面广，需要各方面相互配合、协同努力才能完成的系统工程。因此，营造良好经济环境的战略思路应当是：政府与企业和个人携手，规划与协调并重，硬件与软件齐抓，全局与重点并重，实行多维度、多层次、全方位的综合治理，塑造好区域或企业、单位的形象。

（1）以政府为主导，协调部门、地方、民间联动。经济发展环境的主体是政府、企业和个人。政府在社会经济中居于主导地位，政府是经济环境的创造者和保护者，在多数情况下经济环境都直接或间接涉及政府行为。在市场经济条件下，政府一项重要的职能就是创建和维护良好的经济环境，包括硬环境和软环境。因此，政府必须在营造经济环境中发挥主导作用，充分行使环境的创造者和保护者职能。但是，光有政府发挥积极性和作用是不够的。每个部门、企业、个人都是经济发展环境的参与者、受益者或受害者。因此，必须调动和发挥部门、企业和个人的积极性。首先，要加强对公民的教育和引导，使全体公民都要树立适应市场经济的思想观念和行为方式，人人参与和自觉维护经济环境。不利于经济环境的话不说，不利于经济环境的事不做。其次，要调动企业的积极性，引导好企业在保护生态环境、建设基础设施和服务设施，创建重合同、守信用的法制氛围等方面充分发挥作用，在政府创建的环境下创造利润、实现价值，从而促进经济的发展。

（2）统筹全局，加强协调。营造和优化经济环境是一项复杂的社会系统工程，它涉及方方面面，因此，必须制定长期、全面规划与各个子系统的综合治理规划。治理经济环境一定要有全局意识，不能顾此失彼，否则就会形成"瓶颈"，影响经济发展，在规划实施过程中，要标本兼治，并协调好体制、法制、政策、行政、社会、人文、生态、设施、国际等各个经济环境子系统的同步改善，以及协调好政府各部门之间，政府与企业、个人之间的行为。经济环境各子系统的发展情况不同，对社会经济的影响和约束的程度也有差异，因此，在治理经济环境的过程中，一方面要抓面上，即对区域和行业环境进行全面营造；另一方面也要突出重点，搞好重点区域、重点行业、重点部位的治理。在重点选择上，要结合本地的优势、问题等实际情况来确定。当前要着重把开发区、经济增长重心区、城乡接合部、事关百姓切身利益的部门或领域、政府部门、环境问题突出的地方和部门治理好，并以此推动整体经济环境的优化。

（3）在抓好硬环境建设的同时，把重点逐步转移到软环境治理上来。自然条件、基础设施等硬环境是经济活动的物质基础和功能平台，但经济环境中涉及更广、对经济活动影响更深的是体制、法律、政治、行政、文化、观念、社会等软环境。硬环境建设的关键是一个投入问题，它是一个快变量，其解决相对较为容易。软环境是制约和影响社会经济活动的各种无形因素的集合，它是一个慢变量，其关系错综复杂。在经济活动对物质条件直接依赖不断弱化的情况下，治理和优化经济环境的重点和难点应放在软环境建设上。因此，我们必须改变重硬轻软的传统观念，在抓好硬件建设的同时，要把软件建设作为治理的重点和主要任务。

（4）实行多维度、多层次、全方位综合治理。优化经济环境，要多维度切入，同时必须运用行政手段、法律手段、经济手段、舆论手段和教育手段。优化经济环境要多层次展开，政府高层要抓，各级各部门也要抓，社会各层次都要关心和参与。优化经济环境要全方位进行，同时改善和优化体制环境、法治环境、行政环境、社会环境、人文环境、生态环境、设施环境、国际环境。

二、营造经济发展环境的基本构想

营造良好经济环境，涉及的内容众多，范围很宽，但就其主要内容而言，必须从以下几个方面采取综合举措。

1. 营造良好的生态和自然环境

处理好经济发展与人口、资源、环境及生态的关系，是人类发展面临的重大课题，也是保证我国经济持续、稳定、快速增长所必须处理好的问题。中国作为一个发展中大国，虽然资源储量不少，但人均资源紧缺，环境承载能力较弱，这是我国的基本国情。面向未来，中国将走科学发展的道路，努力促进经济社会与资源环境相协调。坚持建设生态文明，加快形成有利于节能环保的产业结构、生产方式和消费模式。为此，必须立足中国国情，把节能减排、保护环境、加强生态建设放到重要的战略地位。

（1）认真做好节能工作。一要突出抓好工业、建筑、交通运输、公共机构等重点领域的节能。推进节约型机关、学校、科技场馆、文化场馆、医院、体育场馆等建设。开展大型公共建筑能耗统计、审计和公示工作。二要继续实施重点节能工程建设，加大各类资金对节能减排的支持力度。三要大力开展工业节能，推广节能技术，运用节能设备，提高能源利用效率。四要大力发展绿色建设和智能建筑。加大既有建筑节能改造投入，政府机关和大型公共建筑应率先实施节能改造。开展居民住宅等普通建筑的节能改造试点，并适时加以全面推广。对新的建筑积极推行绿色标准，严格执行节能标准，同时加大绿色建筑标准的认证和推广力度。全面推进节水、节地、节材，从整体上提升建筑的资源节约水平。加强对绿色节能技术、设备、建材的研究开发，广泛运用建筑智能技术，改善生产、生活和公共活动场所的环境质量、降低建筑能耗。五要大力发展循环经济，按照"减量化、再使用、再循环"的原则，节约使用资源，减少废弃物排放，循环利用资源，尽可能提高资源生产率。

（2）加强环境保护工作。针对我国环境承载能力较弱的实际，"十二五"规划纲要对减排约束性指标作出明确具体的规定，并对环保工作提出新的更高要求。一要抓紧构建"十二五"环保规划体系。在编制"十二五"环保规划的基础上，要编制好主要污染物总量控制规划、重点流域水污染防治规划、核安全与放射性污染防治规划等各专项规划。将解决影响可持续发展和损害群众健康的环保问题作为重点，加大重金属、持久性有机污染物、土壤、放射性等污染防治工作力度。二要狠抓污染减排。各级政府、各企业都要认真实行目标责任制，具体落实减排目标和任务。三要积极开展规划环评。督促各地各部门在编制"十二五"规划过程中依法开展规划环评工作。四要加强风险管理，集中开展沿江沿河沿湖化工企业综合整治，全力遏制化工行业环境事件高发势头。突出环境应急预案建设和管理，妥善处置各类突发环境事件。五要进一步加强重点流域区域海域污染防治，强化核辐射安全监管，并继续加强环境监测、监察、应急、信息等基础能力建设。

（3）继续抓好生态建设。历史和现实告诉我们，生态兴则文明兴，生态衰则文明衰。维护生态安全，贵在实践，重在落实。我们要认真贯彻中央关于生态建设的指导方针，全面执行生态建设规划。一要继续推进造林绿化，建造秀美山川。二要加强森林资源保护和湿地保护体系建设，促进湿地公园健康发展。同时，还要加强生物多样性保护，推进自然保护区示范省和示范自然保护区建设。三要扎实开展农村环境连片整治、开展环境成效评价。严格控制农业面源污染，加大工矿企业污染治理力度，防止污染向农村转移。

2. 营造良好的基础设施环境

建设良好的基础设施环境，是增强区域吸引力、形成"洼地效应"、保障现代经济发展的物质基础条件。基础设施是为其他产业和部门提供普遍的基础性服务的设施部门，基础设施具有建设周期长的特点，因此，必须按照适度超前、协调发展、科学规划、合理布局、集中投入、突出重点的原则不断发展和完善。否则将严重制约其他产业和部门乃至整个经济的发展。搞好基础设施建设，包括两个方面的内容。一方面是建筑好经济性基础设施，包括水利基础设施、交通基础设施、邮电通信基础设施、能源基础设施、城市基础设施。另一方面，要建设好社会性基础设施，包括环境保护设施、卫生保健设施、学校教育设施、社会福利设施、文化基础设施等。还要重视社会服务设施的建设，全面改善社会服务环境。要搞好社区建设，营造舒适、文明的生活环境。要搞好酒店旅游服务设施、商品配送服务系统、生活服务和文化娱乐设施的配套建设，加强信息服务和专业咨询服务业建设。当前在基础设施环境建设方面，突出抓好三个薄弱环节：

（1）加强以水利为重点的农业农村基础设施建设。一是突出加强农田水利等薄弱环节建设。抓好中小河流治理、小型水库除险加固和小型水源工程建设；加快推进大中型灌区和小型农田水利建筑；大力发展节水灌溉。二是大力加强农业生产性基础设施建设，大力推进农村土地开发整理，大规模建设旱涝保收高标准农田；加快推进全国新增千亿斤粮食生产能力建设。三是统筹加强农村水、电、路、气、房建设。继续推进农村饮水安全建设；实施新一轮农村电网改造升级工程；加大农村公路建设投资力度；扎实推进农村沼气建设；扩大农村危房改造规模。从而为农业、农村营造良好的生产和生活环境。

（2）加大中西部地区尤其是少数民族地区基础设施建设力度。比较而言，我国东部基础设施较完善，中西部地区尤其是大部分少数民族地区基础设施较差。因此，要继续把支持中西部地区特别是少数民族地区基础设施建设作为重点，加大投资力度。加快建设一批对经济社会发展起支撑作用的铁路、公路、民航、能源、水利、供电、供水等大型项目，力争早见成效。优先建设一批与群众生产生活密切相关的中小型项目，切实改善群众的生产和生活条件。

（3）加快建立多元化投资体制，积极引导各种资金投向教育、卫生、科技、社会保障、文化娱乐等公共设施基础建设，为城乡居民提供良好的公共服务环境。

3. 营造良好的体制环境

我国多年经济的快速发展，根本因素在于经济体制的创新。"十二五"时期，我国经济要保持可持续发展，必须以制度创新为中心，以建立完善的社会主义市场经济体制为目标，改善和优化体制环境。

（1）坚持公有制为主体，多种所有制经济共同发展的基本经济制度，营造各种所有制经济依法、平等使用生产要素、公平参与市场竞争、同等受到法律保护的体制环境。

（2）加快现代市场体系建设。深化资源性产品价格和要素市场改革。理顺煤、电、油、气、水、矿产等资源类产品价格关系，完善重要商品、服务、要素价格形成机制。加快建设多层次的资本市场，提高直接融资比重。积极发展债券市场，进一步健全土地、资本、劳动力、技术、信息等要素市场。加快社会信用体系建设，完善市场法规和监管体制，规范市场秩序。

（3）加强和改善宏观调控。要继续加强和改善宏观调控，保持价格总水平基本稳定，把短期调控政策和长期发展政策结合起来，坚持实施扩大内需战略，充分挖掘我国内需的巨大潜力，加快形成消费、投资、出口协调拉动经济增长的新局面。要保持宏观经济政策的连续性和稳定性，增强针对性和灵活性，提高宏观调控的科学性和预见性，防范各类潜在风险，避免经济大的起落。

（4）合理调整收入分配关系。坚持和完善按劳分配为主体、多种分配方式并存的分配制度。初次分配和再分配都要处理好效率和公平的关系。努力提高居民收入在国民收入分配中的比重，提高劳动报酬在初次分配中的比重。创造条件增加居民财产性收入。健全扩大就业增加劳动收入的发展环境和制度条件，促进机会公平。规范分配秩序，加强税收对收入分配的调节作用，努力扭转城乡、区域、行业和社会成员之间收入差距扩大的趋势。完善公务员工资制度，深化事业单位收入分配制度改革。

（5）健全社会保障制度。要在中央统一部署下，坚持广覆盖、保基本、多层次、可持续方针，加快推进覆盖城乡居民的社会保障体系建设，为社会主义市场经济的运行提供有力的体制保障。

4. 营造良好的法治环境

依法治国是社会主义民主政治建设的核心内容。现代市场经济从某种意义上讲也是法治经济。社会主义市场经济的发展需要良好的法治环境，用法律确定"游戏规则"。因此，必须按照党的十七届五中全会通过的《中共中央关于制定国民经济和社会发展第十二个五年规划的建议》提出的，全面落实依法治国基本方略，加强法治，建设社会主义法治国家。首先，加强立法工作，完善中国特色社会主义法律体系。及时修改与经济社会发展不相适应的法律，加强社会领域立法，更加注重可持续发展方面的立法。其次，推进依法行政、建设法治政府。严格依法行使职权，履行职责，做到组织法定、行为合法、程序正当、高效便捷、诚实守信。再次，推进公正廉洁执法，建设公正高效权威的社会主义司法制度。规范司法行为，做到严格、公正、文明执法。最后，维护法制权威，形成人人学法守法的良好社会氛围。加强普法教育，培养公民正确的权利义务观念，引导社会成员合法、理性地表达诉求；增强国家工作人员法治意识，树立社会主义法治理念，不断提高依法办事能力。

5. 营造良好的行政环境

当今社会任何经济活动，都是在国家行政管理的社会大背景下展开的。政府职能、机构设置、公务员队伍素质、行政效率、行政法制等诸多要素所构成的行政环境，对促进社会进步、保持经济与社会协调发展有着举足轻重的作用。要建立完善的社会主义市场经济体制，必须改革行政管理体制，着力解决行政管理体制与经济社会发展不相适应的突出问题，在"十二五"时期基本建成法治政府和服务型政府，初步形成中国特色社会主义行政管理体制的基本框架。为此，应重点抓好以下方面：

（1）进一步转变政府职能。这始终是深化行政管理体制改革的核心与关键。推进政企分开、政资分开、政事分开、政府与中介组织分开，又是转变政府职能的关键。"十二五"期间行政管理体制的改革主要围绕上述方面而展开，政企分开、政资分开的重点，是推进铁路、电力、石油石化、烟草、盐业等垄断行业改革。政事分开的重点，是全面推进事业单位改革，切断行政机关与事业单位的直接行政隶属关系和利益连带关系，建立现代事业单位制度，健全法人治理结构。

政府与市场中介组织分开的重点，是割断政府部门与中介组织的权力联结，确立严格的中介组织准入、退出机制，并依法对其监管，最大限度地培育中介组织的独立性、公平性。

（2）进一步理顺行政执法体制，规范行政执法行为，切实解决粗暴执法、与民争利等问题，更加注重依法保护人民群众的权益。

（3）建立健全决策、执行、监督既相互协调又适度分离的运行机制。

（4）进一步深化政务公开。各级政府及其部门要深入推进政务公开，认真执行政府信息公开条例，扩大行政决策和管理事务公开的范围和领域，提高政府工作透明度，创造条件让人民群众有更多的知情权、参与权、表达权和监督权。当前除继续加强各级各类政务中心建设外，应重点加强电子政务建设。大力推行和规范网上办公和网上审批，把行政办理的一系列事项、程序、方法、时限等在网上公布，网上公开申报、受理、咨询和办复，为群众办事提供更多便利。

（5）提高行政效率，降低行政成本。这是现代政府的重要特征，也是建设人民满意政府的必然要求。为此，一方面要切实优化政府组织机构、减少行政层次、理顺权责关系、改进政府管理方式、优化政府工作流程、创新公共服务提供模式；另一方面要切实降低行政成本，重点是控制楼堂馆所建设，推进公务接待、公车使用、公款出国三项制度改革。加快实行财政预算公开尤其是行政支出经费公开。

6. 营造良好的社会环境

社会环境的优劣，对经济发展影响十分巨大，是经济发展最重要的环境之一。加强和创新社会管理，为经济社会发展营造良好的社会环境，是党的十七届五中全会通过的《中共中央关于制定国民经济和社会发展第十二个五年规划的建议》所提出的重要任务。

（1）创建发展经济的思想舆论氛围。加强思想政治工作，充分发挥舆论导向作用，是中国共产党的优良传统和特有优势。坚持正确的舆论导向，就是要像江泽民同志所指出的，要以科学的理论武装人，以正确的舆论引导人，以高尚的精神塑造人，以优秀的作品鼓舞人。对于一个团体、一个国家、一个民族来说，尤其需要用共同的理想信念来指引方向，协调行动。邓小平强调："最重要的是人的团结，要团结就要有共同的理想和坚定的信念。"[1]在当代中国，发展中国特色社会主义是我们全社会的共同理想，应该用中国特色社会主义共同理想来统一思想、鼓舞人心、凝聚力量。中国特色社会主义这个共同理想，把党在社会主义初

①《邓小平文选》第3卷，人民出版社1993年版，第190页。

级阶段的目标、国家的发展、民族的振兴与个人的幸福紧密联系在一起，把各个阶层、各个群体的共同愿望有机结合在一起，经过实践的检验，有着广泛的社会共识，具有令人信服的必然性、广泛性和包容性，具有强大的感召力、亲和力和凝聚力。不论哪个社会阶层、哪个利益群体的人们，都能够也应该认同和接受这个共同理想，并且为这个理想而共同奋斗。

（2）加强和创新社会管理，维护社会和谐稳定。改革开放以来，我国之所以能取得巨大成就，很重要的一个原因就是正确处理了改革、发展、稳定三者的关系，为经济发展创造了一个稳定的社会环境。目前，我国经济社会发展呈现新的阶段性特征，既是"黄金发展期"，又是"矛盾凸显期"。特别是发展中不平衡、不协调、不可持续问题依然突出，地区之间、城乡之间的发展差距以及部分社会成员之间的收入差距不断拉大，由此引发了大量的社会矛盾。而对易发、高发的社会矛盾，如果不重视社会建设、加强和创新社会管理，经济发展将难以为继。因此，我们必须按照党的十七届五中全会通过的《中共中央关于制定国民经济和社会发展第十二个五年规划的建议》提出的要求，把加强社会建设和创新社会管理置于更加突出的位置，加强社会管理能力建设，为经济社会协调发展营造良好环境。一是强化政府社会管理职能，完善多方参与的社会管理格局。进一步整合基层社会管理服务资源和力量，增强社会管理服务的合力和效率。二是加快建立行政决策风险评估和决策纠错机制，从源头上预防社会矛盾和风险。三是拓宽社情民意表达渠道，健全社会矛盾纠纷调处化解机制。四是加强和完善公共安全体系，提高安全生产和食品药品安全保障水平。

（3）加强社会治安综合治理，为经济发展创造安全稳定的社会治安环境。一要做好流动人口服务管理，加强特殊人群帮教管理和服务工作。二要构建立体化社会治安防控体系，提高全社会危机管理和抗风险能力。

（4）努力建设良好的社会人口环境。要继续做好计划生育工作，提倡优生优育，加强国民素质教育，全面提高劳动者的科技文化素质，为经济社会发展提供良好的人口环境。

7. 营造良好的人文环境

社会道德、文化、科技、人才状况等，构成社会的人文环境。人文环境状况的好坏，对一个国家或地区经济社会发展具有重要影响。要实现经济稳定、协调、可持续发展，必须高度重视人文环境建设。

（1）推进文化创新，坚持社会主义文化前进方向。文化是一个民族的精神和灵魂，是国家发展和民族振兴的强大力量。当代中国的文化大发展是在中国特色社会主义的沃土上进行的，我们必须始终坚持社会主义文化的基本性质，始终代表中国先进文化的前进方向，充分发挥文化引导社会、教育人民、推动发展的功能，建设中华民族共有精神家园，增强民族凝聚力和创造力。

（2）加强道德建设。按照十七届五中全会要求，要深入推进社会公德、职业道德、家庭美德、个人品德建设，不断拓展群众性精神文明创建活动。要教育引导人民群众辩证地看待为自己与为他人、为物与为精神、为权利与为自由等人生目标之间的关系，自觉把人生价值与时代、国家和人民的命运联系在一起，自觉遵循一些肯定性和禁止性的人生规范。

（3）营造健康社会氛围。党的十七届五中全会提出，提倡修身律己、尊老爱幼、勤勉做事、平实做人，推动形成我为人人、人人为我的社会氛围。为此，一方面要在全社会掀起最广泛的群众性精神文明创建活动，全面推进文明城市、文明村镇、文明社区、文明行业、文明单位的建设，使城乡环境面貌有较大的改观、社会服务水平有显著改善、公民文明素质和社会现代文明程度有明显提高。另一方面要引导人们正确认识个人与他人、个人与社会之间的关系。明辨我为人人与人人为我是统一的，我为人人是前提，人人为我是自然而然的结果。社会主义市场经济条件下全社会的价值导向，是一种把国家和人民利益放在首位而充分尊重公民个人合法利益的新型义利观。

（4）净化社会文化环境。针对我国某些地区各种恶俗之风弥漫，已对社会风气构成严重威胁的状况，各级政府必须高度重视，各方协同，认真落实责任制，始终保持高压态势，加强对各种文化娱乐场所的管理，开展各种专项整治活动，打击各种违法犯罪分子，彻底铲除各种低劣文化产生和扩张的土壤。加强日常引导和教育，使健康正面的产品更多地占领文化创意舞台，力求形成一种主动的社会纠错机制，使整个社会都能自觉监督不良文化倾向的滋生蔓延。

（5）树立良好的社会风气。树立良好的社会风气是人民群众的强烈愿望，也是经济社会发展的基础条件。我们一定要按照党的十七届五中全会的要求，综合运用教育、法律、行政、舆论手段，引导人们知荣辱、讲正气、尽义务，形成扶正祛邪、惩恶扬善的社会风气。

（6）加强人才环境建设。没有人才的充分使用，经济就不可能充分发展。埋没人才是最大的浪费。要让人才在经济发展中发挥作用，首要条件是要为人才的成长和脱颖而出创造良好社会环境。要适应市场经济发展，建立健全人才流动机制，特别是进一步完善专业人才市场，建立人才与用人单位沟通的桥梁。要在全社会倡导尊重知识、尊重人才的氛围。

8. 争取良好的国际环境

任何一个国家要发展经济，要实现现代化，单靠自己的力量是远远不够的。

没有一个国家能够拥有自己发展所需要的一切资源、一切技术以及一切条件。因而必须实行互利共赢的开放战略，提高对外开放水平，充分利用"两个市场"、"两种资源"，促进本国经济发展和国际竞争力的不断提升。中国作为世界上最大的发展中国家，要从根本上缩小同发达国家之间的差距，进一步促进本国经济快速协调发展，推动社会全面进步，为世界作出更大贡献，必须实行更加积极主动的对外开放战略，努力创建良好的国际环境，在当今世界形势复杂多变的情况下，尤显十分必要。

（1）坚持独立自主的和平外交政策，为经济发展创造良好的国际政治环境。当今世界和平与发展仍然是时代的主题。然而，美国当政者坚持其单极世界立场，插手世界各国事务，特别是近年来将其战略重点逐步转向亚太地区，对世界和平构成严重威胁。因此，反对霸权主义，促进世界的多极化，维护世界和平，发展同周边国家以及世界各国的睦邻友好和正常交往的外交关系，为经济建设争取和平稳定的国际环境，是我国外交工作的重心。

（2）积极参与全球经济治理和区域合作，为经济建设和发展争取良好的国际经济环境。中国的发展、地方的发展，都离不开世界，离不开开放。关起门来搞建设是不行的。改革开放三十多年来，对外经济贸易已成为我国各地经济发展的重要支撑点。在当前世界经济复苏进程艰难曲折、国际金融危机还在发展的新形势下，必须适应新的形势，创新对外经济工作思路，转变对外经济发展方式，提升开放型经济水平，形成开放型经济新格局。我们在强调扩大内需的同时，绝不能忽视外需对我国经济发展的重要作用。除继续保持对外贸易稳定发展，提高利用外资质量，实施"走出去"战略外，一定要积极参与全球经济治理和区域合作。努力保持与发达国家经济贸易关系稳定发展，全面深化与发展中国家的互利合作。继续推进自由贸易区和区域经济一体化进程。积极参与二十国集团等全球经济治理机制建设，加强与主要经济体宏观经济政策协调，反对各种形式的保护主义，继续在多哈回合谈判、国际金融体系改革中发挥建设性作用。

思考题：

1. 什么叫经济发展环境，它包括哪些主要内容？
2. 经济发展环境具有哪些特征和功能？
3. 经济发展环境与构建社会主义市场经济体制有何关系？
4. 我国经济发展环境建设取得了哪些成效，面临哪些主要问题？
5. 如何营造良好的经济发展环境？

第十二章 科学发展观与社会主义经济发展

社会主义市场经济，不仅要在社会主义基本经济制度基础上培育市场主体，构建市场要素，形成市场机制，完善市场制度，而且要充分发挥市场机制的作用，优化资源配置，不断提高经济运行质量，促进经济增长和经济发展，只有这样，人们才能最终实现自己的经济利益。因此，以科学发展观为统领的经济社会发展，是建立和完善社会主义市场经济的基本目标取向。本章首先阐述了经济增长与经济发展的涵义及其联系和区别；其次着重阐述了科学发展是发展的主题，分析了科学发展观的形成过程、理论依据及来源、科学涵义和精神实质以及基本要求；最后对转变经济发展方式是推动发展的主线作了阐述，并对转变经济发展方式的客观必然性及其转变的途径、措施分别展开了分析。

第一节 经济增长与经济发展

在日常生活中，甚至在一些专业文献中，经济增长与经济发展经常被当做同义词来用。其实，这两个概念是既相联系也有区别的，从本质上看经济发展的涵义比经济增长要宽泛得多，而且内容更全面。因此，在探讨社会主义经济科学发展之前，厘清经济增长与经济发展的相互关系很有必要。

一、经济增长及其影响因素

要全面理解经济增长，应着重把握经济增长的涵义与衡量指标、影响经济增长的主要因素及经济增长方式。

1. 经济增长的涵义与衡量指标

经济增长，是指一个国家或地区在一定时期内，由于生产要素投入的增加或效率提高等因素，所导致的产品和劳务总量的增加。简单地说，一般指更多的产出。

一般来说，经济增长包括两层涵义：一是产品和劳务总量的增加；二是人均占有国内生产总值的增加。

经济增长如何衡量？依据国际经济通例，世界各国通常采用国民生产总值（GNP）、国内生产总值（GDP）、国内生产净值（NDP）或人均产量等指标来衡量。我国衡量经济增长的指标体系，随着我国经济体制的发展和演变以及国民经济核算体系的变化，也经历了一个逐步演变并趋于完善的过程。

国民经济核算（即国民核算，National Accounting），是指对国民经济运行过程的系统描述。世界上曾存在着两种国民经济核算方式，一是物质产品平衡体系（The System of Material Product Balances，MPS 体系），是原社会主义国家采用的核算体系，其总量指标有社会总产值（TPS）、国民收入（NI）等。二是国民账户体系（The System of National Accounts，SNA 体系），是市场经济国家普遍采用的核算体系，其总量指标有国民生产总值（GNP）、国内生产总值（GDP）、国民生产净值（NNP）、国民收入（NI）等。SNA 体系的理论基础是西方经济理论，其基本思想是：一是要素价值论，即承认生产中的各种稀缺性要素（土地、劳动、资本）均可以创造价值和国民收入，并且按照各自贡献率参与分配；二是劳务价值论，即不仅承认有形的物质产品具有使用价值和价值，而且全部无形的劳务也具有使用价值和价值，甚至政府官员的活动、军队警察的活动、宗教的活动也创造价值。MPS 体系的理论基础是马克思的劳动价值论和社会再生产理论。它将整个国民经济分成物质生产部门和非物质生产部门。只有生产性劳动者的劳动才能创造使用价值、价值和国民收入。非生产性劳动者的劳动不创造使用价值、价值和国民收入，他们的收入是生产性的劳动者创造和转让的，属于国民收入再分配过程。

我国从 20 世纪 50 年代起一直采用 MPS 核算体系，它是与高度集中的计划管理体制相适应的，在过去的经济管理中发挥了积极作用。但是随着计划经济体制向市场经济体制的转变，这一核算体系的不适应性日益突出，主要表现在：只侧重于反映物质生产，不能反映非物质生产部门发展的情况，同国家加快教育、科技事业，加快发展第三产业，提高人民物质和文化生活水平的要求不相适应，既不利于反映综合国力，也不利于全面掌握产业结构；只侧重于反映实物流量，不能系统反映社会资金运转情况，同国家转变经济管理的职能不相适应，不利于国家通过财政、金融、物价、税收等经济杠杆对宏观经济进行控制；只侧重于生产核算，分配、消费、积累等方面的核算比较薄弱，不能反映国民经济循环全貌及各环节之间的衔接情况，同国家掌握整个经济运行和进行总体平衡的要求不相适应。随着我国经济体制改革的深化，对 MPS 体系进行改革显得非常必要和紧迫。自 1984 年以来，在国务院领导下，我国开展了建立新的国民经济核算体系的各项工作：1981 年，建立国际收支核算；1985 年，开展了国内生产总值核算；1987 年，开展了既包括物质产品生产，也包括非物质的服务生产的投入产出核算等；1992 年确定了《中国国民经济核算体系（试行方案）》；1993 年，我国国民经济核算体系正式与联合国 SNA 体系接轨。在与联合国 SNA 体系接轨后，最初我国采用 GNP 作为衡量经济增长的核心指标，党的十六大提出全面建设小康社会的目标后，GNP 指标被 GDP 指标所取代。

目前，在我国衡量经济增长的指标是 GDP，采用的是国际标准定义。这个国际标准就是联合国、世界银行、国际货币基金组织等 5 个国际组织共同制定的《国民账户体系》，简称 SNA。其最新版本是 2008 年颁布的，简称 2008 年 SNA，前一个版本是 1993 年颁布的，简称 1993 年 SNA。这个国际标准被世界上绝大多数国家所采用，目前多数国家采用的仍是 1993 年 SNA，一些发达国家正在向 2008 年 SNA 过渡。

SNA 对于 GDP 的定义是：指一个国家所有常住单位在一定时期内生产活动的最终成果。这一定义包含以下四层涵义。

（1）常住单位。指的是一个国家的 GDP 是由什么样的单位创造的。在国际标准定义中所称的常住单位，是指在一国经济领土上具有经济利益中心的经济单位。所谓的经济领土，简单地说，就是一国中央政府可以控制的地理领土。具体来说，一个国家的经济领土包括该国的领陆、领水和领空。因为生产活动不仅发生在陆地，而且还发生在海洋和空中，为了使 GDP 更全面地反映生产活动成果，领陆、领水和领空都需要划入经济领土范围。一个国家的经济领土除了以上范围外，还包括位于国际水域、该国具有捕捞和海底开采管辖权的大陆架和专属经济区，以及该国在国外的领土飞地，比如驻外使馆、领馆用地。一个国家的经济领土不包括该国地理范围内的飞地，如外国驻本国的使馆、领馆用地，国际组织在本国的办事机构用地等。什么是经济利益中心？一个经济单位在一个国家的经济领土范围内，具有一定的场所，从事一定规模的经济活动，并超过一定时期（一般以一年为最低标准），就认为这个单位在这个国家具有经济利益中心。所以，创造一个国家 GDP 的经济活动主体就是在这个国家的经济领土范围内具有经济利益中心的单位。这类单位从事的一定范围的生产活动，不论它在什么地方从事这种生产活动，都在为这个国家创造 GDP。国际标准着眼于创造 GDP 的经济活动主体，即常住单位，不像普通经济学教科书那样，着眼于经济活动空间，即国土范围。如一个国家的常住单位可以通过轮船、飞机等交通工具在超越国土范围从事生产活动，它照样可以为它所属的国家创造 GDP。[①]

（2）生产活动。生产就是在机构单位的控制和负责下利用劳动、资本、货物和服务投入，创造货物和服务产出的活动。就是一定要有生产要素的投入和产品（包括货物和服务）的产出，这样的活动才属于生产活动。有些活动对于人民生活来说很重要，但不一定创造 GDP，只有生产活动才创造 GDP。

（3）一定时期。这里的一定时期，可以是任何一个时间段。从国际惯例来看，都是以一年或一个季度为一个核算期，也有极少数国家按月计算 GDP。

（4）最终成果。把 GDP 的计算界定为生产活动的最终成果，其目的就是要剔除中间产品的重复计算。否则，就会导致 GDP 的虚估。

GDP 指标在国民经济统计中处于核心地位。作为衡量经济增长的尺度，其优点在于能够把国民经济的全部活动量化为简明精练的统计数字，一个国家经济增长率、经济规模、价格总水平的变化等都可从 GDP 指标得到反映，因而它成了表明各国经济增长的、公认的、最好的指标。但是用这个指标衡量一国的经济增长和实际经济绩效，还存在许多缺陷。其主要表现是：首先，GDP 的国际比较难以做到真实可靠。尽管一个国家的 GDP 是反映其经济发展规模的核心指标，但由于 GDP 一般是以各国货币按照汇率用美元计算的，加之各国官方对汇率高估、统计资料不全、物价结构及水平差异、货币购买力的不同等多种原因，GDP 在各国之间的比较就很难做到可比性和真实性。其次，GDP 不能反映经济发展的质量差异。经济发展质量是一个国家经济实力的重要表现。不同国家的产品质量和技术含量差异很大；不同国家的劳动生产率、资本生产率、资源产出率差异很大；不同国家的排放强度差异很大。这些指标都是反映经济发展质量的重要指标。而不同的国家之间，尤其是发达国家与发展中国家之间，经济发展的质量具有明显差异。而 GDP 基本上不能反映这些经济发展质量上的差异。再次，GDP 不能全面反映人民生活水平的提高和生活质量的改善。社会公共服务、就业状况、收入分配状况、社会福利状况的改善等方面的社会进步，能够有效地提高人民的生活水平，改善人民的生活质量。由于 GDP 不能全面地反映社会进步，所以它也不能充分地反映社会进步对人民生活水平的提高和生活质量改善的影响。最后，GDP 不能计量经济增长过程中由于自然资源耗费、环境污染对社会福利的损害。片面追求 GDP 往往以破坏自然资源和生态环境为代价，危及人类的健康和社会经济的可持续发展。

正因为 GDP 还存在以上缺陷，现在许多国家正在研究核算绿色 GDP、低碳

① 许宪春：《如何全面准确理解和客观评价 GDP》，《新华文摘》2011 年第 18 期。

GDP 等。绿色 GDP，是从 GDP 中扣除自然资源耗费价值和环境污染造成损失的价值后的余额（联合国 SNA 中这项指标是对 NDP 的修正，称为 EDP），以弥补 NDP 指标的不足。改革开放以来，我国经济获得了快速发展，但资源和环境问题也变得越来越突出。我国经济增长方式仍然过于粗放，还存在着比较严重的高消耗、低效率的问题。绿色 GDP 可以客观反映经济增长在环境、资源、生态方面付出的代价，从而可以更加真实地反映经济增长的质量。

2. 经济增长的影响因素

在短期内，一国的经济增长主要受总需求的制约，并随总需求水平的变动而变动。如果总需求水平下降，经济增长率将会下降。相反，总需求水平的提高将会推动经济增长率的上升。在长期内，总需求水平的提高必然受到潜在生产能力的制约。但需求增长达到现有潜在生产能力时，需求的扩张只会导致名义 GDP 的增长，而实际 GDP 则不变。因此，经济增长从根本上看只能是潜在生产能力增长的结果。导致潜在生产能力增加的因素有两大类：一类是生产要素投入量的增加；另一类是生产要素使用率的提高。

（1）生产要素投入量的增加与经济增长。生产要素包括劳动力、资本、自然资源。劳动力是生产要素中能动性的要素，是经济增长的直接推动者。从各国经济发展史可以看到，劳动力对经济增长的作用正逐渐从数量推动转向质量推动。特别在第二次世界大战以后，随着科学技术的进步所引起的劳动生产率的提高和技术密集型产业逐渐替代劳动密集型产业，经济增长对劳动力数量的需求不断下降，而对劳动力质量的需求上升。因而，为提高劳动力质量而进行的人力资本投资构成经济增长的重要源泉。

资本是经济增长的物质条件。这里的资本是指物质资本，即在一定时间内用来生产其他产品的耐用品，它以厂房、机器设备等形式存在。在发展中国家经济发展的初期，资本是经济增长最稀缺的因素，但它往往需要通过投资于新设备才能实现，而许多技术革新的实现也必须以充分的物质资本的积累为前提。因此，对于发展中国家来说，加快资本形成是促进经济增长的重要任务。资本通过投资而形成，投资则来源于储蓄。

自然资源是存在于自然界中，能够为人们发现经济用途并加以利用的自然要素和条件。按照自然资源的天然特点，大致可分为四类：一是生态资源，如阳光、风力等；二是生物资源，如植物、动物、微生物等；三是土地资源；四是矿产资源，如石油、煤炭等。按照自然资源耗竭和更新的特点，又可分为可再生资源（太阳光能、风力等）和不可再生资源（石油、煤炭等）两大类。一个国家的自然资源状况对经济增长具有重要的促进或制约作用，丰富的自然资源会有利于一个国家经济的持续增长，而缺乏所需的自然资源则会对经济活动造成限制，在一国经济发展的初期更是如此。不过，随着一国经济发展水平的提高和技术进步，自然资源条件对经济增长的制约作用会下降。首先，随着技术进步，不少资源是可以替代的，如许多金属构件就可由塑料或陶瓷替代，甚至随着技术进步，人们不仅会发现资源的新用途，还会发明出许多新材料。其次，随着技术进步、生产率的提高，人们对原材料等自然资源的依赖性下降，特别是新技术革命下产生的许多新产业，所耗费的资源极少。最后，由于运输业和运输技术的发展，运输费用降低，可以通过进口来弥补本国资源的不足。

（2）生产要素使用效率的提高与经济增长。同样的要素投入，由于使用效率不同将产生极不相同的经济增长率。随着人类社会所面临的人口、资源、环境问题的加剧，通过提高生产要素的使用效率来促进经济增长具有更重要的意义。影响生产要素使用效率的因素主要有技术进步、结构变动、经济体制等。

技术进步是提高生产要素使用效率的最直接因素。技术进步有狭义和广义两种。狭义的技术进步主要是指生产和生活领域内使用的工具和工艺水平的提高，也就是在硬件技术应用方面取得的进步。广义的技术进步是指经济增长中扣除劳动力和资本的增加对经济增长的贡献之外，其他引致经济增长的因素。它不仅包括生产设备的更新、生产工艺和方法的完善、劳动者素质的提高等，而且还包括管理制度的改善和管理水平的提高，采取新的组织与管理方法，改善资源的配置方式等。这里所指的技术进步是指广义的技术进步。

在经济增长中，技术进步是作为一种渗透性要素作用到劳动、资本、自然资源等要素上，通过提高生产要素的组合过程从而提高生产要素的使用效率，促进经济增长。首先，技术进步促进了生产设备技术水平的提高和生产工艺水平的改善，从而提高了投入产出率。其次，技术进步促进了劳动者素质的提高，这不仅使劳动者能与先进的设备、先进的工艺相互配合，并充分发挥作用，而且促进劳动者生活方式的改善和观念的现代化。再次，技术进步促进了宏观和微观管理的改善和提高。最后，技术进步使经济结构发生巨大变革，促进产业结构合理化，从而使宏观结构效益和资源配置效率得到提高。各国经济增长的事实也证明技术进步对经济增长的作用越来越大。美国经济学家库兹涅茨认为，发达国家的人均收入增加有 50%~70% 来自于技术进步而产生的生产率的提高。随着 20 世纪 90 年代知识经济的兴起，科学研究与创新在国民经济持续增长中的支持作用日益增长，从而形成了以高新技术产业为主体的知识经济下的经济增长。

产业结构变动是影响经济增长的重要因素。产业结构是指国民经济中各产业之间的比例关系和结合状况。由于生产要素在产业间配置的不均衡及不完全的市场对产业间要素流动的制约，宏观经济运行往往呈现出非均衡性。劳动力和资本等要素在不同产业的生产率和收益是有差别的。因此，推进产业结构调整和优化，促进要素从生产率较低的产业向生产率较高的产业转移，能够提高产出水平、加速经济增长。随着人均收入水平的提高，人们的需求结构将会发生变化。如果产业结构不能随着需求结构的变化而调整，将会导致供求结构的失衡，大量资源滞留在供过于求的衰退行业中，必然引起经济增长率下降；反之，如果能适时调整产业结构，推动资源从衰退的产业向兴旺的产业转移，就能促进资源配置效率的提高，推动经济增长。第二次世界大战后迅速崛起的日本、韩国等国家和地区的经济增长过程表明，加快产业结构转换是推动经济增长的重要因素。

经济体制是影响经济增长的核心因素。经济运行总是在一定体制背景下进行的。经济体制不仅为经济增长提供制度框架平台，而且是经济增长的重要动力来源和保障基础。马克思主义认为，经济制度是人类社会发展到一定阶段生产关系的总和。一种社会形态经济制度的核心，是该社会的财产制度，以及由此决定的社会分配制度和交换制度。经济体制则是经济制度的具体实现形式，它是经济活动中各经济行为规则、政府的经济法规、经济的组织制度和监控制度的总和。根据生产关系一定要适合生产力规律，经济体制状况对经济增长有促进和阻碍作用。当经济体制和生产力发展相适应时，就能促进经济增长；当经济体制和生产发展水平不适应时，就会阻碍经济增长。20世纪70年代之后，以美国经济学家科斯、诺斯等为代表的新制度经济学深入研究了制度和经济增长的关系。他们认为，制度和资本、技术等要素一样，是经济增长的一个内生性变量。诺斯还从历史的角度阐明，即使技术条件基本不变，只要经济制度发生变化（包括组织形式的革新、市场制度的变化、经营管理方式的革新、产权制度的变革等），生产率也能提高，经济也能增长。

3. 经济增长方式

经济增长方式，是指企业或社会（地区）的当事人在一定时期促进经济增长的方法、手段和途径。

马克思在《资本论》中把规模扩大的再生产从不同的角度区分为不同的类型。从再生产效率提高的角度，他把扩大再生产区分为外延扩大和内涵扩大两种类型："如果生产场所扩大了，就是外延上扩大；如果生产资料效率提高了，就是在内涵上扩大。"[①] 从规模扩大再生产起因的角度，他把扩大再生产区分为由积累或扩大投资引起的扩大再生产和不由积累或扩大投资引起的扩大再生产，"一定

---

① 马克思：《资本论》第2卷，人民出版社1975年版，第192页。

量的资本，没有积累，还是能够在一定界限之内扩大它的生产规模"。① 从个别资本和社会总资本的角度，他把扩大再生产区分为个别资本的扩大再生产和社会总资本的扩大再生产。两者又都有从再生产效率角度来看的内涵、外延之分，从起因角度来看有由积累引起和不由积累引起之分。他在谈到社会投资引起的社会扩大再生产时，还把社会再生产分为用货币投资"来扩充他们的正在执行职能的资本"（即企业不变，但企业内资本增大了）和用货币资本"来创立新的工业企业"这两种形式。② 马克思关于扩大再生产的这些论述，是对经济增长一般规律的揭示，对今天探索科学的经济增长方式仍有重要的指导意义。

中国理论界以马克思主义经济学为指导，对经济增长方式进行了较多的探讨，对经济增长方式的类型，大体形成了以下三种划分：

（1）按照影响经济增长效率的因素，把经济增长方式分为粗放型和集约型。由于影响经济增长的因素可以分为要素投入量的增加和要素使用效率的提高两个方面。根据这两大类因素在经济增长中所起的作用大小，可以把经济增长方式划分为两种。一种为粗放型经济增长方式。在这种增长方式中，经济增长主要依靠在原有技术水平基础上生产要素投入数量的增加而实现。另一种为集约型经济增长方式，在这种方式下，经济增长主要靠生产要素使用效率的提高来实现。

（2）按照经济增长的目标或结果的实现方式不同，把经济增长方式分为数量型和质量型。数量型经济增长方式偏重于投入和产出的增长，而质量型经济增长方式偏重于效率的提高和效益的增加。

（3）按照经济增长的均衡状况，把经济增长方式分为速度型和结构型。速度型经济增长方式偏重于追求经济增长速度，而结构型经济增长方式注重调整产业结构，通过合理的投入与产出结构使产业结构向高度化发展。

由于后两种划分也可以分别归于前一种，所以，中国理论界主要按粗放型和集约型来划分经济增长方式。

一个国家或地区在一定时期内采取什么样的经济增长方式，不是人们主观意志的产物，而是该国资源禀赋状况、经济发展阶段、经济体制等因素综合作用的结果。

二、经济发展及其影响因素

经济发展是比经济增长内容更广的范畴。要全面把握这一概念，首先，要弄

---

① 马克思：《资本论》第 2 卷，人民出版社 1975 年版，第 565 页。这是因为在生产领域有许多不是来自投资的因素、潜力可以利用。这个原理是值得我们高度重视的。

② 马克思：《资本论》第 2 卷，人民出版社 1975 年版，第 555 页。

清经济发展的含义与衡量指标；其次，要明确影响经济发展的主要因素；最后，要重点把握经济发展方式及其转变的内涵。

1. 经济发展的含义与衡量指标

经济发展指不发达国家经济摆脱贫困和落后，实现现代化的过程。经济发展从广义上看，是一国伴随着经济增长而出现的经济、社会和政治结构，以及观念习俗的变化过程。具体地说，经济发展的内涵包括三个方面：一是经济数量的增长，即一个国家或地区产品和劳务通过增加投入或提高效率获得更多的产出，构成经济发展的物质基础；二是经济结构的优化，即一个国家或地区投入结构、产出结构、分配结构、消费结构以及人口结构等各种结构的协调和优化，这是经济发展的必然环节；三是经济质量的提高，即一个国家或地区经济效益水平、社会和个人福利水平、居民实际生活质量、经济稳定程度、自然生态环境改善程度以及政治、文化和人的现代化，这是经济发展的最终标志。美国经济学家库兹涅茨曾对经济发展作出了一个经典的说明。他认为，经济发展首先表现为一个国家满足本国人民日益增长的各种需要的能力持续提高；而这种提高是建立在应用各种先进的现代化技术基础之上；而要保证先进技术的不断开发和充分发挥作用，则必须有相应的制度和意识形态的调整。

在评价一国发展水平时，目前通常采用的仍然是 GNP 或 GDP 这样的总量指标。如前所述，GNP 或 GDP 只是衡量一个国家或地区经济增长的综合指标，而经济发展是一个国家或地区基于经济增长的经济社会全面改善的过程，因此，GNP 或 GDP 这样的单一性指标并不足以反映经济发展这样一个整体化、多方面、综合性演变过程的结果。实际上，没有任何一个单一的指标能完整地衡量经济发展。衡量经济发展需要设计综合性指标。从 20 世纪 70 年代初开始，国外学者纷纷对此单一指标的不足之处进行校正，此后，陆续提出了种种综合性指标体系。这些指标体系基本上分为两类：一类采取经济、政治、社会因素及其相互作用的标准来衡量；另一类采取生活质量标准来衡量。

（1）发展指数。美国经济学家阿德尔曼和莫里斯根据社会、经济和政治因素之间的相互关系而提出的衡量经济发展水平的指标。这一指标采用的变量主要有：传统农业部门的大小、二元结构的程度、城市化的程度、基本社会组织的性质、本地中产阶级的地位、社会流动性的大小、识字率、大众传播媒介水平、自然人口生育率、观念现代化程度、国家一体化的程度和民族团结意识、政府机关的效率、领导层对经济发展的支持、政治稳定程度、人均国民生产总值、人均实际国民生产总值增长率、自然资源蕴藏量大小、总投资率、工业现代化水平、工业化的变化程度、农业组织的性质、农业技术现代化水平、农业劳动生产率的改善程度、有形的经常资本充足程度、有形的经常资本的改善程度、税收制度的有效性、税收制度的改善程度、财政制度的有效性、人力资源的改善程度、对外贸易的结构等。发展指数从社会、经济、政治、文化、法律等方面用四十多个参数来反映发展水平，具有全面、可靠的特点，但是，由于使用参数太多，编制过于困难，很不利于使用。

（2）物质生活质量指数。鉴于发展指数存在的参数过多从而不易使用的缺点，莫里斯博士对其进行了修正，用物质生活质量反映发展水平。因为发展的最终目的是实现人的发展，其中作为基础的是物质生活质量的提高。莫里斯编制的物质生活质量指数包括三个变量：一是识字率，可以反映生活水平及教育普及程度。二是预期寿命，用来反映营养状况、居住条件及保健水平。三是婴儿死亡率。每项指标用百分制反映一国发展水平。例：预期寿命上限 77 岁（瑞典，1973年），100 分，下限 28 岁（几内亚比绍，1950 年），1 分；如一国预期寿命 52 岁则该项得分 50 分。婴儿死亡率上限 0.9%（瑞典，1973 年）100 分，下限 22.9%（加蓬，1950 年），1 分；如一国为 10.9%，得分为 45 分。识字率按百分比直接计分。如 80% 则为 80 分。物质生活质量指数等于上述三项的算术平均。研究发现，人均 GNP 与物质生活质量指数有正相关性，但相关度较低。物质生活质量指数可以在一定程度上反映发展水平。但该指数在参数选择上过于狭隘：三项变量中的两项婴儿死亡率和预期寿命反映的内容相似，反映面太窄，这影响了该指数的代表性。

（3）综合发展指数。由于上述原因，发展经济学家力图建立一套更具有综合性的指标体系，以图能够更准确地反映经济发展状况。在这方面，联合国社会发展研究所提出的综合发展指数最具有代表性。该指数用 16 个变量来综合反映一个国家或地区的发展水平。其内容是：出生时的预期寿命；2 万人以上地区人口占总人口的百分比；人均每日消费的动物蛋白质；中、小学注册人数总和；职业教育入学比例；每间住室平均居住人数；每千人中读报人数；从事经济活动人口中使用电、水、煤等的百分比；每个男性农业工人的农业产量；农业中成年劳动力的百分比；人均消费电力的千瓦数；人均消费钢的公斤数；能源消费（折合人均消费标准煤的公斤数）；制造业在国内生产总值中的百分比；人均对外贸易额；工薪收入者在整个从事经济活动人口中的百分比。

其中，前 7 项属于社会指标，后 9 项属于经济指标。同发展指数相比，综合发展指数相对简洁而适用，而同物质生活质量指数相比，综合发展指数更为全面而具有代表性。

多年来，我国经济理论界和管理部门借鉴国际经验，结合我国实际对经济发展的指标体系进行了有益探索。1995 年开始，国家统计局会同国家发展和改革委员会等部门，先后制定了《全国人民小康生活水平的基本标准》、《全国农村小康生活水平的基本标准》和《全国城镇小康生活水平的基本标准》三套标准，此后一直作为衡量全国人民小康生活水平实现程度的尺度，这套指标体系也被称为总体小康指标体系。其中，《全国人民小康生活水平的基本标准》包括五类共 16 项指标。第一类为经济发展水平，由人均国内生产总值 1 项指标组成；第二类为物质生活水平，由城镇人均可支配收入、农民人均纯收入、城镇人均居住使用面积、农村居民人均钢筋砖木结构住房面积、人均蛋白质摄入量、城市居民每万人拥有铺装道路面积、农村通公路的行政村比重、恩格尔系数 8 项指标组成；第三类为人口素质，由成人识字率、人均预期寿命和婴儿死亡率 3 项指标组成；第四类为精神生活，由教育娱乐支出比重和电视机普及率 2 项指标组成；第五类为生活环境，由森林覆盖率和农村初级卫生保健基本合格以上县百分比 2 项指标组成。上述指标体系是我国现阶段衡量经济发展的一个比较系统的评价体系，但总体而言，这个指标包含的内容过窄，只是偏重于物质消费方面，而民主法制、文化、生态环境等方面的指标涉及较小。随着我国经济社会的发展，社会主义市场经济的日益完善，这一指标体系还需不断充实和完善。

2. 经济发展的影响因素

影响经济增长的因素都是影响经济发展的因素。但是，由于经济发展的内涵比经济增长的内涵宽泛得多，因而影响经济发展的因素也就要比影响经济增长的因素多而复杂。主要因素有：人口、科学技术、文化教育、自然资源与环境；一国奉行的经济制度、经济体制和机制；一国政府的执政理念、经济发展的指导思想和经济发展战略；一国实行的经济增长方式和经济发展方式；一国所采取的经济政策，如产业政策、投资政策、宏观调控政策等；一国或地区经济融入国际经济全球化的程度。还有政治、文化、社会等其他因素，都会影响经济发展。

3. 经济发展方式及其转变

经济发展方式，是指经济实践的当事人，包括国家和地方各级政府、企业的负责人，推进实现经济发展的方法、手段和途径。由于经济发展的内涵比经济增长的内涵更广泛。因而，经济发展方式的内涵更加丰富。它不仅包含推进经济增长的方式，还包括推进要素结构、产业结构、供求结构、城乡结构、区域结构等调整，改进经济运行质量，提高经济效益，改善收入分配关系，保护生态环境和自然资源等诸多方面的经济行为方式。

经济发展方式可因目标的不同而分为不同的类型，最基本的就是以下两类：

（1）片面的、不科学的发展方式。这是一种采取各种手段和方式，单纯地追求国民经济增长速度和总量扩张，以单纯追求经济产出的增长为目的的经济发展方式。这种发展方式没有确立"以人为本"的核心目标，不能给大多数人带来物质利益的增进、生活水平和生活质量的提高，也不利于人类社会可持续发展。

（2）科学的发展方式。这就是指符合科学发展观要求的经济发展方式。这种经济发展方式坚持"以人为本"的核心目标，坚持"发展依靠人民，发展为了人民，发展的成果由人民共享"的基本方针，在推动国民经济发展的过程中，认真遵循经济社会发展的客观规律，发挥人的主观能动性，努力促进经济社会实现全面、协调和可持续发展。这是一种能给最大多数人增进物质利益、提高生活水平和生活质量，促进人类社会可持续发展的经济发展方式。

党的十七大报告明确指出："实现未来经济发展目标，关键在加快转变发展方式、完善社会主义市场经济体制方面取得重大进展。"明确要求转变经济发展方式，努力实现科学发展。党的十七届五中全会通过的《中共中央关于制定国民经济和社会发展第十二个五年规划的建议》，又进一步将加快转变经济发展方式作为推动科学发展的主线。什么叫经济发展方式的转变？从广义上讲，经济发展方式转变的内容很多，但其主要体现在以下五个方面：一是在经济增长方式的选择方面，由过去的粗放型方式向集约型方式转变。二是在产业结构选择方面，由过去重工业、重招商引资，尤其是优先发展加工业、装备制造业，向依靠第一产业、第二产业、第三产业协同带动转变。三是在内需与外需关系的处理方面，由过去主要依靠投资、出口拉动而忽视消费，向依靠消费、投资、出口协调拉动转变。四是在经济发展与资源环境关系的处理方面，由过去的高消耗、高排放、高污染、牺牲环境、不可持续，向低消耗、低排放、资源节约型、环境友好型社会转变。五是在经济发展与社会发展关系的处理方面，由过去过多地注重经济发展，向经济与社会协调发展转变。

三、经济发展与经济增长的关系

发展是一个古老而又永恒的主题。从古典经济学到 20 世纪 50 年代，增长与发展并没有严格的区分，发展即等于增长。发展与增长的歧义是 20 世纪中叶以来才开始出现的。近些年来，尽管"新增长理论"仍然坚持用增长一词泛指发展过程，对发展和增长不加区分，但多数学者认为经济发展与经济增长是既相联系，又有区别的概念。

经济发展与经济增长的联系是：经济增长不仅包含在经济发展之中，而且还是促进经济发展的基本动力和物质保障。一般而言，经济增长是手段，经济发展是经济增长的特定目的；经济增长是经济发展的基础或前提，经济发展是经济增长的结果。没有经济增长，没有产出的增加，就不可能有经济发展。同样，没有经济发展的经济增长是无效的增长，或是"有增长无发展"的现象。因此，经济增长必须关注经济发展。强调经济发展与经济增长的相互联系性和内在的统一性，一方面，要求我们在谋求经济增长时，必须注重经济发展的质量、效益，防止盲目增长、低效增长；另一方面，在推动经济发展时，必须关注经济增长的速度、水平，防止无效发展、滞后发展。

经济发展与经济增长的区别是：经济增长是以国内生产总值表示的量或人均产量的增加，是一种潜在的生产能力的提高，而经济发展既包括财富总量的增长，又体现社会财富质量的提高和经济社会结构的变化，具有广泛的经济与社会进步的内涵；经济增长可能是要素投入的结果，也可能是生产效率提高的结果，而经济发展不仅具有这些内涵，而且还包括产品构成的变化以及过程中各种要素投入量贡献的相对变化；经济增长是可计量的客观的量，它表示资本、劳动力、贸易和消费等总量的扩大，而经济发展则描述生产技术、社会观念、经济体制、经济政策等经济发展基本因素的改善和提高，以及贫困、不平等和失业的减少或根除、社会结构的变迁、大众心态和国家制度（体制）和意识形态的改变，增长主要是指发达国家如何实现经济长期均衡增长的问题，而发展则主要是发展中国家从传统经济方式向现代经济方式转变的过程；经济增长的重点是探索影响经济总量变化、增加因素、生产要素如何有效配置、利用，经济效益增长的幅度和水平，以促进经济协调发展，而经济发展重点主要是根据一国国情、选择正确的发展道路，确立科学的发展战略，明确既定发展目标，加快科技、教育、文化发展，优化经济结构、发展循环经济、注重环境保护，实现经济社会的可持续发展。有关经济发展与经济增长的区别，正如美国经济学家金德尔伯格和赫里科曾作过一个形象的比喻：正如人类身上一样，强调增长着眼于身高和体重（或者说国民生产总值）；而强调发展则注重于肌体上——素质协调的改变，例如学习能力（或者说经济上的适应能力）。如果一个国家的产品和服务增加，不论这种增加是如何实现的，都可以说这是经济增长。而经济发展却意味着更多的东西。缪尔达尔认为"发展是整个社会制度的向上运动，换言之，这不仅涉及生产、产品的分配和生产方式，也涉及生活水平、制度、观念和政策"[①]。

① 缪尔达尔：《反潮流：经济学批判论文集》，陈羽纶、许约翰译，商务印书馆 1992 年版。

第二节　科学发展是经济发展的主题

党的十七届五中全会通过的《中共中央关于制定国民经济和社会发展第十二个五年规划的建议》明确提出，以科学发展为主题，是时代的要求，关系改革开放和现代化建设全局。这一主题是发展的指南，也是"十二五"规划的灵魂，具有纲举目张的作用。把握好科学发展这一主题，是深入贯彻落实科学发展观，推进我国经济又好又快发展的关键。

一、科学发展观的形成及其依据

发展观是一个国家在发展过程中对发展的本质、目的、内涵和要求的总体看法和根本观点，说到底是要回答什么叫发展、为什么和为谁发展、如何发展这个发展的根本问题。有什么样的发展观，就会有什么样的发展道路、发展模式和发展战略，就会对发展的实践产生根本性、全局性的重大影响。所谓科学发展观，就是用科学的世界观和方法论来看待和解决为什么发展、发展什么、为谁发展、靠谁发展和怎样发展的问题。

1. 科学发展观概念提出的过程

科学发展观，是以胡锦涛同志为总书记的党中央，适应新世纪新阶段的新情况提出来的。2003 年 4 月，在考察广东时，胡锦涛同志针对"非典"肆虐带来的严重损失，提出了"全面的发展观"的概念，要求做到集约发展、协调发展、全面发展、系统发展、可持续发展。他还使用过"正确的发展观"概念。同年 8~9 月在江西考察时，胡锦涛同志开始使用"科学发展观"的概念，要求"牢固树立协调发展、全面发展、可持续发展的科学发展观"。

科学发展观作为一个科学概念，将它确定为我国经济社会发展的重大战略思想和指导方针，第一次见诸党的全会文献，是在党的十六届三中全会通过的《中共中央关于完善社会主义市场经济体制若干问题的决定》中，指出："坚持以人为本，树立全面、协调、可持续的发展观，促进经济社会和人的全面发展。"①

科学发展观提出以后，在国内外引起了强烈反响。但对科学发展观的内涵见仁见智。2004 年 3 月 10 日，胡锦涛同志在中央人口资源环境工作座谈会上发表

---

①《中共中央关于完善社会主义市场经济体制若干问题的决定》，人民出版社 2003 年版。

了重要讲话，进一步阐述了科学发展观。他指出："当前，我国改革发展正处于关键时期。要实现全面建设小康社会的奋斗目标，开创中国特色社会主义事业新局面，必须坚持贯彻'三个代表'重要思想和十六大精神，牢固树立和认真落实以人为本，全面、协调、可持续的发展观，切实抓好发展这个党执政兴国的第一要务。"在这里，"牢固树立和认真落实以人为本，全面、协调、可持续的发展观"的表述，与前面相比，其概念更加完整，它的科学内涵也更加明确。

2004年9月，党的十六届四中全会通过的《中共中央关于加强党的执政能力建设的决定》指出："坚持以人为本、全面协调可持续的科学发展观，更好地推动经济社会发展。"显然四中全会《中共中央关于加强党的执政能力建设的决定》中对科学发展观概念的表述比三中全会通过的《中共中央关于完善社会主义市场经济体制若干问题的决定》的表述更加简洁、明确。

2007年10月，胡锦涛同志在党的十七大所作的《高举中国特色社会主义伟大旗帜　为夺取全面建设小康社会新胜利而奋斗》报告中，全面科学地阐明了科学发展观的时代背景、科学内涵和精神实质以及基本要求，并把它确立为发展中国特色社会主义必须坚持和贯彻的重大战略思想，是我国经济社会发展的重要指导方针，中国特色社会主义理论体系的重要组成部分。2010年10月，党的十七届五中全会通过的《中共中央关于制定国民经济和社会发展第十二个五年规划的建议》，在制定"十二五"规划的指导思想中，进一步将科学发展作为发展主题，以加快转变经济发展作为主线。至此，科学发展观作为一个完整的理论体系正式形成。

2. 科学发展观的理论基础与来源

（1）科学发展观，是马克思主义关于发展观和方法论的集中体现，是对党的三代中央领导集体关于发展的重要思想的继承和发展，这是理论基础和来源。胡锦涛同志在党的十七大报告中指出：科学发展观"是同马克思列宁主义、毛泽东思想、邓小平理论和'三个代表'重要思想既一脉相承又与时俱进的科学理论"。科学发展观理论的形成，反映了中国共产党对发展思想的继承和发展问题的新认识，也是中国共产党对社会主义现代化建设指导思想的新发展。

发展是马克思主义最基本的范畴之一。马克思、恩格斯从哲学、政治经济学、科学社会主义等不同领域和层面，深刻论述过人类社会发展问题，形成了关于发展问题系统而丰富的思想。马克思、恩格斯认为，人类社会发展是自然历史过程；生产力的发展，是人类社会发展的最终决定力量；生产力和生产关系、经济基础和上层建筑的矛盾运动，是社会发展的根本动力；生产发展必须正确处理人与人、人与社会、人与自然的关系；人类社会发展要逐步消灭阶级之间、城乡之间、体力和脑力劳动之间的对立和差别，使物质财富极大丰富、人民精神境界极大提高，实现每个人自由而全面的发展。马克思、恩格斯的上述思想，尽管是在社会主义革命还没有取得胜利之前所提出的，但对指导当今社会主义经济社会发展仍具有重要的现实意义，也为科学发展观的形成提供了理论基础。

马克思主义政党在执政后，如何领导国家发展经济问题，列宁根据社会主义首先在经济文化比较落后的国家诞生这一历史事实，提出了无产阶级取得国家政权以后，它的最主要、最根本的需要就是增加产品数量，大大提高社会生产力；社会主义能够创造新的高得多的劳动生产率。列宁领导了经济领域的改革尝试，比如实施新经济政策，并认为这是实现社会协调发展的动力。他还提出开展文化建设提高人们素质是促进人的全面自由发展的紧迫任务等发展思想。

新中国成立后，以毛泽东、邓小平、江泽民同志为核心的党的三代领导集体，在不同的历史时期，面对不同的历史任务，深入阐述了中国社会主义经济、政治、文化、社会建设的规律，形成了一系列关于发展的重要思想，为中国社会主义建设和发展作出了卓越的理论贡献。

以毛泽东同志为代表的第一代中央领导集体，探索了我国社会主义建设的规律，提出要根据本国情况走自己的道路，着眼于最大限度地调动一切积极因素，正确处理各方面的矛盾和问题，兼顾各个方面的发展需要。毛泽东同志在1956年发表了著名的《论十大关系》，总结了苏联和我国在经济建设方面的经验教训，着眼于调动一切积极因素，提出了如果不发展，不改变落后状态，挨打是不可避免的论断，初步探索了符合我国情况的发展道路。毛泽东同志提出建设社会主义现代化强国的目标和战略设想，并强调如何以苏联经验为鉴，探索适合中国国情的社会主义建设道路的重大问题。在发展力量源泉上，提出必须全心全意依靠人民群众；在发展方针上，提出坚持自力更生为主，争取外援为辅；在发展规律认识上，提出中国社会主义发展是从必然王国走向自由王国的过程等。在党的八大会议上全面分析了国内外形势，指出我国社会的主要矛盾是人民对于经济文化迅速发展的需要同当前经济文化不能满足人民需要的状况之间的矛盾，强调要集中力量发展社会生产力，实现国家工业化。这些重大判断和指导思想是正确的，对实践的发展起到了积极作用。但由于种种复杂的原因，我国在发展问题上走了很大的弯路。

党的十一届三中全会以后，以邓小平同志为代表的第二代中央领导集体，科学分析社会主义本质和中国的基本国情，制定了"一个中心，两个基本点"的基本路线，通过改革开放建设和发展中国特色社会主义，制定了分"三步走"基本实现社会主义现代化的发展战略，成功地开辟了一条中国特色的发展新道路，提出了发展阶段、发展战略、发展动力、发展条件等如何发展中国的比较系统的正确的发展理论和"发展才是硬道理"的著名论断。邓小平同志强调，社会主义的根本任务是发展生产力，发展是为了满足人民群众日益增长的物质文化需要；强调一部分人先富起来，最终达到共同富裕；强调沿海地区先发展起来以后内地也要发展；强调发展自己，关键是发展经济，而要发展经济就必须突破传统计划经济体制的束缚；强调以经济建设为中心，但不是单纯讲经济建设，更不是把经济建设仅仅看成是经济增长，在讲以经济建设为中心的同时，还讲两个文明，讲两手抓，两手都要硬；在政治保障上，要以"三个有利于"为判断的根本标准来解决发展中的重大问题，保证发展不偏离正确的方向等。邓小平关于发展的一系列重要思想，使党的发展观发生了一次重大的飞跃，推动了改革开放和现代化建设事业的迅速发展。

党的十三届四中全会以后，以江泽民同志为代表的第三代中央领导集体，创立了"三个代表"重要思想，提出了把发展作为党执政兴国的第一要务，坚持用发展的办法解决前进中的问题，提出了包括全面建设小康社会目标在内的"新三步走"的发展战略目标。建立社会主义市场经济体制，实施依法治国、科教兴国、可持续发展、西部大开发等重大战略，不断推进社会主义物质文明、政治文明和精神文明建设，促进人的全面发展，使党的发展观得到了进一步丰富和发展。

党的十六大以来，以胡锦涛同志为总书记的党中央在全面建设小康社会、加快推进社会主义现代化建设的过程中，充分考虑到 21 世纪我国所面临的各种巨大挑战，以及当今世界人类面临的各种共同性问题和人类文明发展的趋势，准确把握时代特征和中国国情，把党的三代领导集体的发展思想加以进一步集中、概括和升华，认真研究和回答我国社会主义经济建设、政治建设、文化建设、社会建设、生态文明建设和党的建设面临的一系列重大问题，不断总结经验，不断扩展理论视野，不断作出理论概括，形成了以人为本、全面协调和可持续的科学发展观，赋予发展观以新的时代内涵和实践要求。科学发展观的提出，充分体现了马克思主义理论与时俱进的品质，反映出党对共产党执政规律的认识达到了新的高度。

从以上简要回顾可以看出，马克思、恩格斯、列宁关于发展问题的丰富思想，中国共产党的三代中央领导集体关于发展问题的思想，是科学发展观形成的理论基础，它们之间是一脉相承而又与时俱进的关系。

（2）科学发展观，是立足中国社会主义初级阶段基本国情，总结我国发展实践，借鉴国外发展经验，适应新的发展要求提出来的。这里讲到的一个立足点，中国基本国情；两个实践，国内发展实践和国外发展经验，这是科学发展观形成的时代背景和实践来源。

第一，科学发展观是在立足我国基本国情，深入分析我国发展阶段性特征的基础上提出来的，这是它形成的时代背景。任何科学理论都是时代的产物。科学发展观产生于党的十六大以后，绝不是偶然的。这主要因为，进入新世纪新阶段，我国经济社会发展出现了一系列阶段性特征，需要我们去正确认识和科学应对。

关于21世纪，我国经济社会发展所呈现的阶段性特征，胡锦涛同志在党的十七大报告中作了精辟深刻的分析，概括为以下几个方面：经济实力显著增强，同时生产力水平总体上还不高，自主创新能力还不强，长期形成的结构性矛盾和粗放型增长方式尚未根本转变；社会主义市场经济体制初步建立，同时影响发展的体制和机制障碍依然存在，改革攻坚面临深层次矛盾和问题；人民生活总体上达到小康水平，同时收入分配差距拉大趋势还未根本扭转，城乡贫困人口和低收入人口还有相当数量，统筹兼顾各方面利益难度加大；协调发展取得显著成绩，同时农业基础薄弱、农村发展滞后的局面尚未改变，缩小城乡、区域发展差距和促进经济社会协调发展任务艰巨；社会主义民主政治不断发展、依法治国基本方略扎实贯彻，同时民主法制建设与扩大人民民主和经济社会发展的要求还不完全适应，政治体制改革需要继续深化；社会主义文化更加繁荣，同时人民精神文化需求日趋旺盛，人们思想活动的独立性、选择性、多变性、差异性明显增强，对发展社会主义先进文化提出更高要求；社会活力显著增强，同时社会结构、社会组织形式、社会利益格局发生深刻变化，社会建设和管理面临的国际竞争日趋激烈，发达国家在经济科技上占优势的压力长期存在，可以预见和难以预见的风险增多，统筹国内发展和对外开放要求更高。以上所概述的我国发展的阶段性特征，是社会主义初级阶段基本国情在新世纪新阶段的具体表现。

适应这些阶段性特征，实现全面建设小康社会的历史任务，我们必须始终保持清醒头脑，立足社会主义初级阶段这个最大的实际，科学分析我国全面参与经济全球化的新机遇新挑战，全面认识工业化、信息化、城镇化、市场化、国际化深入发展的新形势新任务，深刻把握我国发展面临的新课题新矛盾，改变传统的发展思路和发展模式，更加自觉地走科学发展道路，推进经济社会又好又快发展。可见，科学发展观是在科学把握我国经济社会发展阶段性特征基础上产生的，从根本上说是中国特色社会主义发展阶段性的产物。

第二，科学发展观是在总结我国发展实践经验的基础上提出来的。实践是认识的基础，认识来源于实践又指导实践，同时接受实践的检验。中国共产党对社会主义建设和发展规律的认识，是随着实践的发展而不断深化的。我国的社会主义建设已经进行了六十多年，改革开放进行了三十多年。新中国成立以来特别是改革开放以来我国发展的实践，为科学发展观的形成提供了重要经验。这些经验主要体现在：一是发展必须把经济建设放在首位，始终坚持以经济建设为中心。二是发展必须坚持以满足人民的需要为目的，把维护和实现人民的根本利益落实到经济社会发展的各个方面。三是发展必须坚持改革开放，使经济社会发展充满生机和活力。四是发展必须正确认识和处理好各种关系，努力实现经济社会健康、协调、可持续发展。除有上述经验外，在我国发展过程中也有其教训。如社会主义建设初期的"大跃进"、"超英赶美"、"全民炼钢"、"跑步进入共产主义"，违反经济规律，不是科学发展。20世纪60年代，直到改革开放前，靠"长官意志"决策，"瞎指挥"，鼓吹"人有多大胆，地有多高产"，不是科学发展。改革开放后曾有一段时期，片面追求高速度，GDP挂帅，粗放式经营，也不是科学发展。科学发展观的提出，既蕴涵着对过去经验发展经验教训的总结，也体现着适应当代科技进步，适应现代化发展时代潮流的前瞻性认识。

第三，科学发展观，是在借鉴国外发展经验，吸收人类社会共同文明成果的基础上提出来的。科学发展观反映了当代最新发展理念，顺应了当今世界的发展潮流，是对人类社会发展经验的深刻总结和高度概括。第二次世界大战后，发展问题开始受到国际社会的普遍关注。由于全球经济受到严重破坏，战后重建、发展经济成为许多国家的首要任务，加快经济增长成为普遍共识，各国纷纷致力于战后重建，人类社会创造了前所未有的奇迹。但是，由于单纯追求经济增长，不重视社会发展和社会公平，忽视能源、资源节约和生态环境保护，一些国家的发展遇到这样或那样的问题，引起了人们对发展问题、发展思路的思考。伴随发展实践的不断进行，人们对发展的认识不断深化，发展观也经历了不断演变的过程。

在20世纪50~60年代，大多数国家特别是广大发展中国家，更多地关注GDP的增长，经济增长与经济发展不分，然而在实践中出现了一个极端的现象，"丰裕中的贫困"。片面追求增长出现了一系列负面效应，比如"两极分化、贫困失业、社会问题丛生"。在计划经济国家，出现了产业结构失衡、资源配置效率低下等问题。针对这种情况，20世纪60年代，出现了一股重新解释发展定义和界定发展目标的新思潮，发展定义和目的在于提高人民生活水平，发展目标应该是多维的，除了收入增加之外，还包括就业增加、贫困减轻、分配公平和乡村发展。但这种定位，也有片面性，即人、经济、社会与环境仍处于脱节状态，人们需要一种新的发展观来整合。1972年，罗巴俱乐部发表了《增长的极限》报告，提出人类赖以生存的空间和资源是有限的，地球消化吸纳污染的能力也是有限的，经济增长必须与资源环境和社会发展相协调。这个报告对世界发展的走向和新的发展理论的形成，产生了深刻的影响。1980 年 3 月，联合国大会第一次使用了"可持续发展"的概念。联合国环境与发展委员会经过长期研究，于 1987 年发表了长篇报告《我们的共同未来》，清晰地表达了可持续发展观，即"可持续发展是既满足当代的需求，又不对后代满足需求能力构成危害的发展"。可持续发展在 1992 年联合国环境与发展大会上得到与会者的承认，从此在全世界得到普遍认同。

世界各国发展的实践表明，发展绝不仅仅是经济增长，而应该是经济、政治、文化、社会全面协调发展，也是人与自然相和谐的可持续发展。我国作为世界上的发展中的社会主义大国，要完成工业化和信息化的双重任务，担负着增加社会财富和人民共享发展成果、实现兼顾效率与社会公平的双重使命，面临着促进经济发展和节约资源、保护环境的双重压力，这就决定了我国不能重复其他国家走过的老路，而必须走出一条中国特色的发展道路。科学发展观就是在借鉴世界各国发展的经验、汲取国外发展理论有益成果的基础上形成的。

二、科学发展观的科学内涵和根本要求

要加深对科学发展观的理解，必须把握科学发展观的科学涵义，明确科学发展观科学性的体现和根本要求。

1. 科学发展观的科学内涵

科学发展观包含丰富的内容。胡锦涛同志在党的十七大报告中指出："科学发展观，第一要义是发展，核心是以人为本，基本要求是全面协调可持续，根本方法是统筹兼顾。"[①] 这一精辟概括，深刻揭示了科学发展观的科学内涵和精神实质。

科学发展观实质上回答了四个问题：一是发展的重要性，即在整个国家各方面发展中的地位，是党执政兴国的第一要务。二是为谁发展，发展的主体是谁，即人民是社会发展的主体，发展必须依靠人民，发展的成果必须由广大人民共享。三是发展所包括的内容以及基本要求是什么，即发展的内容具有全面性，就是以经济建设为中心，全面推进经济、政治、文化、社会建设，实现经济发展与社会全面进步。发展要注意协调性，即上述的各个方面、各个环节要相互协调，相互促进，共同发展。发展不能目光短浅，要考虑可持续性，就是要坚持生产发

---

① 胡锦涛：《高举中国特色社会主义伟大旗帜　为夺取全面建设小康社会新胜利而奋斗——在中国共产党第十七次全国代表大会上的报告》，人民出版社 2007 年版。

展、生活富裕、生态良好的文明发展道路，建设资源节约型、环境友好型社会，促进人与自然的和谐，使人民在良好生态环境中生产生活，实现经济社会永续发展。四是如何发展，即采取什么方法发展。根本方法就是坚持统筹兼顾。即要正确认识和妥善处理中国特色社会主义事业中的重大关系，统筹城乡发展、区域发展、经济社会发展、人与自然和谐发展、国内发展和对外开放。

2. 科学发展观中科学性的主要体现

科学发展观，是当代最新的发展理念，是对经济社会发展一般规律认识的深化，是马克思主义关于发展的世界观和方法论的集中体现。之所以称之为科学发展观，就因为它与以往的发展观相比，更具有科学性。这种科学性主要体现在以下几个方面：

（1）科学发展观的形成除了理论依据以外，基本源于实践，具有很强的实践性，既立足于我国的基本国情，来源于我国发展实践，也借鉴了国外发展经验。不是无源之水，无本之木。不仅来源实践，而且高于实践，指导实践，是我党治国理政、促进经济社会发展的重要指导方针，是发展中国特色社会主义必须坚持和贯彻的重大战略思想。

（2）科学发展观把发展生产力作为首要任务，把发展作为党执政兴国第一要务，核心是以人为本，强调人民群众是发展的主体，发展为了人民，发展依靠人民，发展的成果由人民共享，体现了历史唯物主义关于生产力是人类社会发展的基础，人民群众是历史发展的主体和人的全面发展的观点。

（3）科学发展观的内容具有全面性，并且强调相互协调性和发展的可持续性。既遵循了经济和社会发展规律，强调了人与自然的和谐，也遵循自然发展的规律，同时还强调了事物之间的联系、矛盾的统一性，体现了唯物辩证法关于事物之间普遍联系、辩证统一和辩证唯物主义关于人与自然关系的思想。它把社会主义物质文明、政治文明、精神文明、和谐社会建设和人的全面发展看成相互联系的整体，进一步丰富和深化了马克思主义对发展问题的认识，把科学发展的理论境界提到了一个新高度。

（4）科学发展观对各行各业、各部门、各地区的工作都具有很强的指导性和可操作性。科学发展观是在新的历史条件下，马克思主义关于发展观和方法论在中国的集中体现，它不仅是中国经济发展的指导方针，同时也是统领中国经济、政治、文化、社会各个方面的重要战略思想，因此，它是一种科学的发展观。

3. 贯彻落实科学发展观的根本要求

如何深入贯彻落实科学发展观，胡锦涛同志在十七大报告中提出四点要求：

（1）深化贯彻落实科学发展观，推动科学发展，要求我们始终坚持"一个中心，两个基本点"的基本路线。党的基本路线是在深刻认识社会主义初级阶段基本国情的基础上制定的，集中体现了我国各族人民的根本利益和愿望要求，反映了我国社会主义现代化建设的规律，是党和国家的生命线。坚持党的基本路线不动摇，是实现科学发展观的政治保证。以经济建设为中心是兴国之要，是党和国家兴旺发达、长治久安的根本要求；四项基本原则是立国之本，是党和国家生存发展的政治基石；改革开放是强国之路，是党和国家发展进步的活力源泉。坚持把以经济建设为中心同四项基本原则、改革开放这两个基本点统一于发展中国特色社会主义的伟大实践。坚持以科学发展观的实际行动贯彻党的基本路线，以坚持党的基本路线来促进科学发展。

（2）深入贯彻落实科学发展观，推动科学发展，要求我们积极构建社会主义和谐社会。社会和谐是中国特色社会主义的本质属性。构建社会主义和谐社会，是中国共产党从中国特色社会主义事业总体布局和全面建设小康社会全局出发提出来的重大战略任务。科学发展和社会和谐具有内在统一性，彼此之间紧密联系、不可分割。没有科学发展就没有社会和谐，没有社会和谐也难以实现科学发展。社会和谐的最根本基础是发展。发展不仅需要和谐社会环境和条件，而且发展的目的、要求本身就包括社会和谐，进而包括更广阔领域内人与人、人与社会、人与自然的整体和谐。所以，一定要把贯彻落实科学发展观同构建社会主义和谐社会有机结合起来，通过发展增加社会物质财富，不断改善人民生活，通过发展保障社会公平正义，不断促进和谐。

（3）深入贯彻落实科学发展观，推动科学发展，要求我们深化改革开放。改革开放是新时期最鲜明的特点，是建设富强、民主、文明、和谐的社会主义现代化强国的必由之路。改革的力度、开放的程度，决定着发展的进程和质量。所以，要把科学发展观落到实处，就要通过改革开放进一步改进和完善各方面体制。为此，一定要把改革创新精神贯彻到治国理政各个环节，凝聚改革共识，坚定改革决心，坚持改革方向，坚持用科学发展和深化改革的办法解决前进中的问题。要完善社会主义市场经济体制，推进各方面体制改革创新，加快重要领域和关键环节改革步伐，全面提高开放水平，着力构建有利于科学发展的体制机制，为发展中国特色社会主义提供强大动力和体制保障。

（4）深入贯彻落实科学发展观，推动科学发展，要求我们切实加强和改进党的建设。党是中国特色社会主义事业的领导核心。科学的发展道路是党领导开辟的，伟大的发展事业要靠党来领导实施。贯彻落实科学发展观，必须用改革的精神推进党的建设伟大工程，提高党领导和驾驭发展全局的水平和能力。要围绕建设中国特色社会主义的历史使命，加强党的执政能力建设和先进性建设。要从中国特色社会主义事业全局的高度，深刻认识科学发展观的重大意义，提高贯彻落实的自觉性和坚定性，进一步转变发展理念，改进执政方式，自觉地用科学发展观指导治国理政的各项工作。把提高党的执政能力、保持和发展党的先进性，体现到领导科学发展、促进社会和谐上来，落实到引领中国发展进步、更好地代表和实现最广大人民的根本利益上来，在党的思想、组织、作风、制度等建设中全面贯彻科学发展观的要求，为深入贯彻落实科学发展观提供可靠的政治和组织保障。

三、坚持以科学发展为主题

"十二五"时期是我国全面建设小康社会的关键时期，是改革开放，加快转变经济发展方式的攻坚时期。党的十七届五中全会通过的《中共中央关于制定国民经济和社会发展第十二个五年规划的建议》强调，做好"十二五"时期经济社会发展工作，必须以科学发展为主题。

第一，以科学发展为主题，是时代的要求，关系改革开放和现代化建设全局。改革开放以来，我国发展取得了举世瞩目的伟大成就，中国社会的面貌发生了翻天覆地的变化。但必须看到，我国仍处于并将长期处于社会主义初级阶段这个基本国情没有改变，人民日益增长的物质文化需要同落后的社会生产之间的矛盾这一社会主要矛盾没有变，我国仍然是世界上最大的发展中国家。人口多、底子薄、发展不平衡的基本国情，是我们考虑问题的重要出发点。资源相对不足、环境容量有限，成为我国基本国情的新特征。我们已经取得的发展成果与广大人民群众的要求相比还有较大差距，达到全面建设小康社会目标、基本实现现代化还需继续奋斗七八年、几十年，发展经济和改善民生的任务仍然繁重而艰巨。发展是党执政兴国的第一要务，是解决中国所有问题的关键、基础和"总钥匙"。实现全面建设小康社会的奋斗目标要靠发展，基本实现现代化要靠发展，坚持和发展中国特色社会主义也要靠发展。离开了发展，坚持党的先进性、发挥社会主义制度优势性、实现民富国强都无从谈起。只有坚持以发展为主题，紧紧抓住发展这个第一要务，才能从根本上把握最广大人民的愿望，把握社会主义现代化建设的本质，进一步推进经济和社会协调发展。

第二，深刻领会和准确把握科学发展这个主题，就要坚持以科学发展观为指导，努力推进经济社会科学发展。坚持科学发展观，需要更加注重以人为本，更加注重全面协调可持续发展，更加注重统筹兼顾，更加注重保障和改善民生，促进社会公平正义。要着力把握发展趋势，创新发展理念，转变发展模式，完善发展机制，破解发展难题，调整和优化经济结构，促进资源节约和环境保护，实现又好又快发展。要认识规律，遵循规律，按经济、社会、自然等客观规律办事，把发展的途径和方式与发展的成效和结果有机统一起来，真正实现科学发展。[①]

第三节　转变经济发展方式是推动发展的主线

一、以转变经济发展方式为主线的必要性

党的十七大报告提出："实现未来经济发展目标，关键要在加快转变经济发展方式、完善社会主义市场经济体制方面取得重大进展。"党的十七届五中全会通过的《中共中央关于制定国民经济和社会发展第十二个五年规划的建议》，深刻分析了我国基本国情和发展阶段性新特征，明确指出："以加快转变经济发展方式为主线，是推动科学发展的必由之路。"加快转变发展方式，是深入贯彻落实科学发展观的重要目标和战略举措，是我国经济社会领域的一场深刻变革，事关改革开放和现代化建设全局。

第一，以加快转变经济发展方式为主线，是完善我国社会主义市场经济体制的客观要求。中央历来十分重视转变经济增长方式问题。早在"九五"时期，就明确提出，实行经济增长方式从粗放型向集约型的根本性转变。为什么提出转变这么多年，尽管有变化，但没有从根本上转变？一是由于我国现有的体制和机制还不完善，没有形成转变的动力和压力。首先，从市场经济的微观主体国有企业来看，经过三十多年的改革，国有企业改革取得了很大成效，但是改革的任务还没有完成，很多企业还没有真正成为自主经营、自负盈亏的市场主体，因而没有转变经济发展方式的压力，更没有自主创新的动力。其次，由于市场机制不健全，也会阻碍经济发展方式的转变。比如，我国目前资源性产品价格市场化程度不高，除少部分产品价格实行市场化外，大多数产品价格仍然由国家集中管制。产品价格水平总体偏低，不能真实地反映市场供求关系和资源稀缺程度。因而人们不会珍惜资源，更不会过多地考虑节约资源。我国现阶段环保收费水平低，机制不健全，监管体制不到位，不能起到遏制污染排放的目的。再次，由于收入分配制度的不完善，收入差距的扩大，劳动收入占国民收入比重下降、过低，加上

---

① 尹国胜：《关于"十二五"时期我国加快转变经济发展方式的思考》，《经济问题探索》2011 年第 5 期。

社会保障制度的不健全，覆盖范围窄，保障水平不高，这种情况不改变，既影响城乡居民的现期消费，也会影响人们的消费预期。消费及内需拉不动，必然会导致经济发展过多地依靠高积累、高投入和扩大外需的方式来拉动。最后，由于现行行政体制、政治体制改革的不完善，与经济体制不适应，中央与地方财权已经分开，但事权尚未完全分离，条块分割仍很严重。加上干部人事制度考核指标体系不完善、不科学，使得某些地方干部只有有限的权力，而要承担无限的责任。既没有创造转变经济发展方式的条件，更没有转变的动力和压力。二是在技术上我国缺乏自主创新的能力，想转变但无能为力。比如，有些技术密集型的产业和产品，我国虽然有市场、有资金、有劳动力，但核心技术掌握在外国人手上，我们没有自主创新能力，效益好的项目我们干不了，只能长期依赖进口。想转变发展方式，但是转不了。三是经济发展方式的转变，也要受到一个国家或地区发展条件、所处的发展阶段以及人们发展理念的制约，条件不具备、发展理念及人文环境不改变，经济发展方式的转变也会受到阻碍。正因为存在上述体制机制上的障碍，阻碍了我国经济发展方式的转变。因而，只有通过进一步转变经济发展方式，推进体制机制的改革和创新，使企业真正成为独立的市场主体、健全价格形成机制、理顺收入分配关系、完善社会保障制度、处理好中央和地方、政府与市场的关系等，才能促进社会主义市场经济体制的不断完善。

第二，以加快转变经济发展方式为主线，是解决我国经济和社会面临的挑战和主要矛盾的重大举措。温家宝总理在十一届全国人大五次会议上所作的《政府工作报告》，既客观总结了 2011 年我国经济社会发展取得的显著成绩，也深刻分析了当前我国经济社会发展面临的困难和挑战。就国内而言，大体可归纳为八个方面。但就其主要方面来看，今后我国经济发展将面临四大约束。一是能源资源约束；二是环境约束；三是土地约束；四是责任约束。这种现实情况决定了我国必须加快转变经济发展方式。

高能耗迫使我们必须加快转变经济发展方式。改革开放以来，我国经济虽然取得了长足发展，但这种发展在很大程度上是以不断扩大投资以及消耗资源、破坏生态环境为代价的。据有关资料统计，2009 年，我国 GDP 总量达到 340902.8 亿元，占全球 GDP 总量的 8% 以上，但消耗了全球能源总量的 43%；消耗的铁矿石达到 8.7 亿吨，约占世界消耗总量的 54%；消耗的氧化铝达到 2600 万吨，约占世界总量的 34%；消耗的水泥达到 16 亿吨，约占世界总量的 53%；消耗的锌占世界的 30%，消耗的铜占世界的 23%。单位国内生产总值能耗是世界平均水平的 2.3 倍，是美国的 2.9 倍，欧盟的 4.3 倍。2011 年我国 GDP 总量达到 47.2 万亿元，经济总量占全球比重不到 10%，但消费能源总量却占 20%，其中粗钢产量占世界的 45.5%，水泥产量占 60%。"两高一资"行业总量继续扩张，使能源和环境承载压力加大。为了满足国内经济发展需要，能源资源进口越来越多。2011年我国进口原油 2.54 亿吨，花费 1966.6 亿美元，进口铁矿石 6.86 亿吨，平均到岸价格每吨 163.8 美元，同比增长 28.1%，进口额 1124.1 亿美元，同比增长40.9%，因铁矿石涨价多支出约 250 亿美元，原油和铁矿石两种重要产品对外依存度都超过 55%，面临着巨大的产业安全风险。随着我国经济不断发展和国内外环境的变化，我国经济增长的资源约束正在日益强化，如果不加快转变经济发展方式，我国经济的发展将难以为继。

高能耗、高排放所带来的环境及生态破坏，也迫使我们必须加快转变经济发展方式。以往粗放式的增长方式，高消耗资源，导致高排放的结果，除了会加大我国资源的严重短缺，使资源供需矛盾突出以外，最直接的后果就是造成环境污染、生态破坏。据世界银行统计，2005 年我国二氧化碳排放量为 55.5 亿吨，约占全球二氧化碳排放量的 18%，仅次于美国，居世界第二位。2007 年，我国已经成为全球第一大碳排放国，排放量占全世界的 21.7%，这一年在全球新增碳排放中占比高达 83%。造成上述局面的主要原因在于我国经济发展过程中"高碳"特征非常明显，因为我国是以煤为主的能源消耗结构。据统计，在 2009 年我国能源生产总量中，煤炭所占比重为 77.2%，原油所占比重为 9.9%，天然气所占比重为 4.1%，水电、核电和风电所占比重为 8.8%。据统计，每燃烧一吨煤炭产生的二氧化碳气体比石油和天然气每吨分别多 30% 和 70%，因此煤炭消费比重大，二氧化碳排放强度就较高。二氧化碳排放量过大，由此会带来两个不良后果：一是造成巨大的大气污染。除了二氧化碳之外，造成大气污染的主要来源还有二氧化硫、颗粒物和二氧化氮。这三种污染物的污染浓度太高，除了对大气环境造成破坏和影响之外，还会形成大量酸雨，对水资源造成污染。二是引起气候的异常变化。二氧化碳大量排放，必然导致气候变暖。由此导致冰川消融，如果消融过快，会引起一些区域淡水缺乏，甚至引发水资源争端的冲突；导致海面升高，大量的陆地被淹；甚至出现恶劣气候，炎热、干旱等，使动植物面临灭顶之灾。

耕地面积减少，这一根红线已经危及我国粮食安全，迫使我们必须加快转变经济发展方式。在过去粗放式增长方式下，不仅造成了资源环境的严重破坏，而且导致了我国耕地面积日趋减少。随着今后我国工业化和城市化进程的加快，土地供需矛盾还会日益突出。我国人口占世界的 21%，耕地面积只占全世界的 9%。我国人均耕地面积由 1953 年的 2.82 亩，下降到目前的 1.3 亩，只有世界人均水平的 1/3，是美国的 1/9，加拿大的 1/20，澳大利亚的 1/30。在全国 2800 多个县·市中，人均耕地面积低于联合国粮农组织确定的 0.8 亩警戒线的有 666 个，人均耕地面积低于 0.5 亩的有 463 个。不仅人均土地面积在减少，而且土地质量也日益下降。据有关部门调查，目前全国受污染耕地约占耕地总面积的 1/10 以上。从 1998 年以来，我国耕地面积净减少 1 亿亩。从"十二五"规划开始，到 2020 年，如果每年我国各种土地数量控制在 500 万亩以下，考虑占补因素，中国的土地数量还将减少 5000 万亩。根据国家统计局的数据显示，在 2009 年底，全国耕地面积为 18.258 亿亩。根据全国土地利用总体规划纲要，到 2020 年全国耕地面积保有量要保持在 18.05 亿亩。但如果不转变经济发展方式，再继续扩大全社会固定资产投资，各地城市化、工业化再不加限制地控制用地规模，很可能提前突破 18.05 亿亩耕地保有量的红线。这根红线如果突破了，我国将无法应对粮食安全问题的挑战。

向全世界发出的减排承诺，也迫使我们必须加快转变经济发展方式。通过 2009 年哥本哈根联合国气候大会，中国人深深感受到世界对我国的压力和期望。在这次大会上，我国政府承诺到 2020 年单位国内生产总值二氧化碳排放比 2005 年下降 40%~45%，这个举动得到国际社会的赞赏。2005 年在瑞士达沃斯正式发布的评估世界各国（地区）环境质量的"环境可持续指数"（ESI）结果显示，在全球 144 个国家和地区中，中国位居第 132 位，全球倒数 12 位。减排承诺曾在 6 年前的"两会"期间得到代表们的热烈响应，随后，我国政府也采取了一系列政策措施，并向各地、各行业下达了多项减排指标，但据环保部部长在今年"两会"发言所知，2011 年节能减排指标尚未完成，氮氧化物控制没有完成任务。如果再不改变经济发展方式，向全世界所发出的承诺就会落空，到时就会失信于全世界人民，这无疑将影响中国的大国形象。

第三，以加快经济发展方式为主线，是促进我国经济长期平稳较快发展的根本途径。发展是第一要务。21 世纪头 20 年是我国发展的重要战略机遇期，机遇和挑战前所未有。在过去的 10 年中，我国经济社会发展取得了巨大成就，人均国内生产总值从 2000 年的九百多美元，增加到 2010 年的四千美元以上。从"十二五"时期国内外各方面的情况看，保持经济平衡较快发展仍然具备较多的有利条件，但同时也存在诸多挑战。一是城市与农村、沿海与内地的差距扩大以及经济与社会、三次产业发展不协调等一些长期积累的矛盾和问题尚未得到根本解决，成为影响经济平衡健康发展的重要制约因素。二是伴随着工业化、信息化、城镇化、市场化、国际化的深入发展，人们的思想观念和消费行为、社会利益格局和大众诉求也在发生深刻变化，这些都对现有的增长模式提出重大挑战。三是从国际上看，能够达到中等收入的国家不少，但能跨入高收入国家行列的却不多，根源在于不平衡、不协调的粗放型增长方式不可持续，在于发展的模式没有根据世情、国情和发展阶段变化而转变，最终落入所谓的"中等收入陷阱"。我们要在这一重要时期实现经济平衡协调较快发展，就必须未雨绸缪，切实以加快经济发展方式转变为主线，抓住机遇、趋利避害、化解矛盾，这样才能不断加速我国现代化进程，确保全面建设小康社会战略目标的实现。

第四，以加快转变经济发展方式为主线，是适应国际经济政治环境新变化的迫切要求。温家宝总理在十一届人大五次会议所作的《政府工作报告》，对后国际金融危机时期我们所面临的国际经济政治形势作了深刻的分析。他指出："从国际看，世界经济复苏进程艰难曲折，国际金融危机还在发展，一些国家主权债务危机短期内难以缓解。主要发达经济体失业率居高难下，增长动力不足，新兴经济体面临通货膨胀和经济增速回落的双重压力。主要货币汇率剧烈波动，大宗商品价格大幅度震荡。国际贸易投资保护主义强化。"①后危机时代世界经济形势的复杂变化，必然会对我国发展产生重大影响。其主要表现是：一是全球经济增长乏力，需求增长不足，必然使我国发展的外部空间受到制约。世界经济复苏曲折艰难，欧洲一些国家主权债务危机短期内难以缓解，欧美失业率居高不下，全球需求持续疲软，2012年2月5日，波罗的海干散货指数（BDI）下跌到647点，创下21世纪以来的新低。消费者信心不足。近期，国际货币基金组织将2012年全球和中国经济增速分别调至3.3%和8.2%，世界银行也将两者分别下调至2.5%和8.4%。全球经济减速和需求下降必然会影响我国出口，使我国经济增长下行压力加大。二是全球科技和产业变革，国际贸易投资保护主义强化，将使我国未来发展面临的国际产业、技术竞争、贸易摩擦更加激烈。三是应对气候变化的博弈和能源资源的获取、粮食供求形势和国际货币体系的调整，也将影响我国经济安全。从当前来看，各国在积极应对国际金融危机冲击的同时，都在抓紧进行经济结构调整，为未来更高水平的发展做准备。面对这一新的形势，如果我们不乘势而上，尽快适应世情变化，改变传统发展模式，就很难更好地抵御各种风险冲击，就很难改变在国际产业链中处于低端位置的状况，就很难保障能源资源安全。只有加快转变经济发展方式，把经济增长更多地建立在扩大内需、优化结构、科学创新的基础上，才能应对新的挑战，在未来的国际经济竞争中掌握主动权，进一步扩大我国经济社会发展的空间。

---

① 温家宝：《政府工作报告》（2012年3月5日在第十一届全国人民代表大会第五次会议上），人民出版社，2012年3月。

二、转变发展方式推动经济发展

党的十七届五中全会的《中共中央关于制定国民经济和社会发展第十二个五年规划的建议》明确指出："以加快转变经济发展方式为主线，是推动科学发展的必由之路，符合我国基本国情和发展阶段性新特征。加快转变经济发展方式是我国经济社会领域的一场深刻变革，必须贯穿经济社会发展全过程和各个领域，提高发展的全面性、协调性、可持续性。坚持在发展中促转变，在转变中谋发展，实现经济社会又好又快发展。"《中共中央关于制定国民经济和社会发展第十二个五年规划的建议》还明确提出了"五个坚持"的基本要求，阐明了加快转变经济发展方式的努力方向和工作重点。

1. 调整和优化经济结构

经济结构不合理，是我国经济发展方式存在诸多问题的主要症结所在，调整经济结构是加快转变经济发展方式的主攻方向。

（1）进一步调整和优化需求结构，坚持把扩大内需作为经济社会发展的战略基点和工作重点。改革开放三十多年来，我国经济社会发展取得举世瞩目的巨大成就，综合国力显著增强。2011年经济总量位居世界第二，粮、棉、油、煤炭、水电等产品产量位居世界前列。同时应当看到，在经济高速增长中，也付出了很大的资源、环境和要素的代价，发展中不平衡、不协调、不可持续的问题凸显。一个突出的表现就是，经济增长除了长期依赖外需以外，最主要是过于依赖投资拉动，消费的贡献率持续下降，投资与消费的比例关系严重失调，这种情况直到现在还没有根本改变。2011年，全社会固定资产投资完成额相当于国内生产总值比重的64%，石油消耗超过四亿吨，煤炭消费约三十六亿吨，高消耗支撑经济增长的方式不改变，经济的可持续发展将难以为继。因此，必须把促进经济增长由主要依靠投资、出口拉动向依靠消费、投资、出口协调拉动转变。在"十二五"期间乃至今后相当长的一个时期，调整需求结构，中央提出坚持扩大内需战略，建立扩大内需的长效机制。首先，要把扩大消费需求作为扩大内需的战略重点。在国民经济中，消费是最终需求，消费一头连着生产，一头连着民生。扩大消费特别是居民消费需求，对于促进经济增长、调结构和惠民生，都具有重要意义。如何扩大内需，特别是消费需求？"十二五"规划提出了四个着力点：一是积极稳妥推进城镇化，着力拓展内需增长新空间；二是合理调整收入分配格局，增强居民消费能力；三是完善基本公共服务体系，形成良好的居民消费预期；四是改善居民消费环境，积极促进消费结构升级。其次，进一步优化投资结构。我国仍处在工业化、城镇化快速发展阶段，投资需求仍然是扩大内需的重要内容，仍有很大空间，但投资不能过度增长。我们既要保护投资合理增长，又要不断优化投资结构，提高投资质量和效益，有效拉动经济增长。如何优化投资结构，《中共中央关于制定国民经济和社会发展第十二个五年规划的建议》提出了以下几点措施：

第一，加强政府投资对结构调整的引领作用。用足、用好政府投资，全力保障重大项目建设；进一步优化产业投资结构，引导投资进一步向民生、社会事业、农业、农村、科技创新、生态、环保、现代服务业、资源节约领域倾斜，更多投向中西部地区。

第二，鼓励引导民间投资。2005年，国务院印发了《关于鼓励支持和引导个体私营等非公有制经济发展的若干意见》，2010年，国务院又专门制定出台了《国务院关于鼓励和引导民间投资健康发展的若干意见》，对促进非公有制经济和民间投资发展起到了积极作用。但是，由于种种原因，意见中的一些政策尚未真正落实到位。要按照国务院制定出台的意见，抓紧出台相关配套政策和实施细则，切实把有关规定落到实处。要进一步拓宽民间投资的领域和范围。民间投资融资问题是全球性难题，要切实解决中小企业融资难题，并把它作为当前一项重点工作抓紧抓好。

第三，提高全社会投资质量和效益。要提高投资质量和效益，首先，要把好准入和审核关。即严把准入关、严把土地和信贷关、严把环保关、严把质量关等。其次，要加强重大项目特别是政府和国有企业投资项目的监管和督查。使政府投资必须用在最关键的地方，用在经济社会发展的薄弱环节，绝不能搞劳民伤财的形象工程和政绩工程。再次，要继续深化投资体制改革。最后，要继续加强地方政府性债务管理。

（2）调整和优化产业结构，实质上是调整供给结构。促进经济增长由主要依靠第二产业带动向依靠第一产业、第二产业、第三产业协同带动转变。在中国，第一产业保稳定，第二产业保速度，第三产业保就业。这些年来，我国第一产业、第二产业、第三产业都有很大发展，但从总体上看，仍存在农业基础不稳、工业核心竞争力不强、服务业发展不快的问题。对此，必须采取有效措施加以解决。推进产业结构优化升级，坚持走中国特色新型工业化道路，促进信息化与工业化融合，巩固第一产业，做大第三产业，提升第二产业。

第一，推进农业现代化，加快社会主义新农村建设。党的十七届五中全会通过的《中共中央关于制定国民经济和社会发展第十二个五年规划的建议》提出：在工业化、城镇化深入发展中同步推进农业现代化，是"十二五"时期的一项重大任务，必须坚持把解决好农业、农村、农民问题作为全党工作的重中之重，统筹城乡发展，坚持工业反哺农业，城市支持农村和多予少取放活方针，加大强农惠农力度，夯实农业农村发展基础，提高农业现代化水平和农民生活水平，建设农民幸福生活的美好家园。为此，提出了四点举措：一是加快发展现代农业。坚持走中国特色农业现代化道路，把保障国家粮食安全作为首要目标，要从转变农业发展方式入手，实施全国新增千亿斤粮食生产能力规划，加大粮食生产区投入和利益补偿，严格保护耕地，推进农业科技创新，完善现代农业产业体系，推进现代农业示范区建设等方面努力，确保目标实现。二是加强农村基础设施建设和公共服务。按照推进城乡经济社会发展一体化的要求，搞好社会主义新农村建设规划，加快改善农村生产生活条件。三是通过提高农民职业技能，鼓励农民优化种养结构，发展非农产业等多条途径和渠道，促进农民转移产业和行业，增加收入。四是进一步完善农村发展的体制和机制，为现代农业发展提供制度保障。

第二，发展现代产业体系，提高产业核心竞争力。其主要措施是：首先，改造提升制造业。我国制造业规模已经很大，在制造业三十多个大类中，已有一半以上行业生产规模居世界第一，但总体水平还比较低，产业结构调整的要求十分迫切，提升的空间很大。其次，培育发展战略性新兴产业。十七届五中全会通过的《中共中央关于制定国民经济和社会发展第十二个五年规划的建议》强调，要突破重点领域，积极有序发展新一代信息技术、节能环保、新能源、生物、高端装备制造、新材料、新能源汽车等战略性新兴产业。要强化自主创新，掌握产业发展主动权。加强政策支持和规划引导，强化核心技术关键技术研发，加快将其形成先导性、支柱性产业。再次，加快发展服务业。十七届五中全会通过的《中共中央关于制定国民经济和社会发展第十二个五年规划的建议》提出，要把推进服务业大发展作为产业结构优化升级的战略重点，营造有利于服务业发展的政策和体制环境。并对加快服务业发展的主要任务和发展重点作出了全面部署。其主要内容包括：大力发展生产性服务业和生活性服务业；拓展服务业新领域，发展新业态，培育新热点，推进规模化，品牌化、网络化经营；推动特大城市形成以服务经济为主的产业结构。最后，加强现代能源产业和综合运输体系建设，构建安全、稳定、经济、清洁的现代能源产业体系和便捷、安全、高效的综合运输体系。

第三，调整区域结构和城乡结构。十七届五中全会通过的《中共中央关于制定国民经济和社会发展第十二个五年规划的建议》提出：促进区域协调发展，积极稳妥推进城镇化，这是全面建设小康社会、加快推进现代化建设的重大战略任务。并从四个方面进行了全面部署。一是实施区域发展总体战略。进一步实施这一总体战略，重在发挥各地比较优势，有针对性地解决各地发展中存在的突出矛盾和问题；扭转区域经济社会发展差距扩大的趋势，增强发展的协调性；加快完善公共财政体系，促进基本公共服务均等化。要深入推进西部大开发，全面振兴东北地区等老工业基地，大力促进中部地区崛起，积极支持东部地区率先发展，推动形成东中西互动、优势互补、相互促进、共同发展的格局。二是实施主体功能区战略。实施主体功能区战略，是尊重自然、因地制宜谋发展的必然要求。要实施好这一战略，关键要抓紧制定相关法律法规政策体系，完善绩效考核办法和利益补偿机制，引导各地区严格按照主体功能定位推进发展。三是完善城市化布局和形态，积极稳妥地推进城镇化。城镇化是我国经济社会发展的必然趋势，也是调整城乡结构的重要途径。但必须按照统筹规划、合理布局、完善功能、以大带小的原则，遵循城市发展客观规律，以大城市为依托，以中小城市为重点，逐步形成辐射作用大的城市群，促进大中小城市和小城镇协调发展。重点解决城镇化中存在的一些突出问题，特别是一些大城市中心功能区过于集中、人口增长过快、土地占用过多、交通拥挤、环境恶化等问题。四是加强城镇化管理。把符合落户条件的农业转移人口逐步转为城镇居民。大城市要加强和改进人口管理，中小城市和小城镇要根据实际放宽外来人口落户条件。要注重从制度上解决好农民工权益保护问题。要进一步完善符合国情的住房体制机制和政策体系。强化各级政府职责，加大保障性安居工程建设力度，增加中低收入居民住房供给。合理引导住房需求，抑制投机需求，促进房地产业平稳健康发展。

2. 提高自主创新能力，建设创新型国家

胡锦涛同志在党的十七大报告中指出："提高自主创新能力、建设创新型国家，这是国家发展战略的核心，是提高综合国力的关键。"党的十七届五中全会通过的《中共中央关于制定国民经济和社会发展第十二个五年规划的建议》提出："坚持把科技进步和创新作为加快转变经济发展方式的重要支撑。"要坚持走中国特色自主创新道路，必须提高对自主创新重要性的认识，把自主创新能力贯彻到现代化建设的各个方面。

自主创新，从广义上讲，一般指自主、独立地进行科技和社会经济领域的各种创新活动，包括科技创新、产品创新、管理创新、制度创新等内容。自主创新能力，主要包括三种类型：原始创新能力、集成创新能力、引进消化吸收再创新。在我国之所以要提高自主创新能力，建设创新型国家，有以下两点原因。

（1）这是国家发展战略的核心，也是提高我国综合国力的关键。21世纪仍然是科学技术迅猛发展的时代，随着经济全球化深入发展，科技进步日新月异，国际竞争日趋激烈，发达国家在经济科技上占优势的压力将长期存在。2006年2月，美国发布"美国竞争力计划"，大幅增加对研发、教育与创新的投入，促进知识增长，提供开发新技术所需要的工具，以保障美国在各科技领域继续保持世界领先地位，保障美国的强大与安全。欧盟启动第七框架计划（2007~2013年），投入规模比第六框架计划几乎翻番，通过集成优化研发领域、整合欧洲研发机构、强化研发基础设施，优先发展健康、生物、信息、纳米、能源、环境和气候、交通、社会经济科学、空间和安全等主题，应对全球竞争。日本从2006年4月开始，组织实施"第三期科学技术五年计划"，突出"创造人类的智慧"、"创造国力的源泉"、"保护健康和安全"等理念，重点投资基础研究、生命科学、信息通信、环境、纳米和材料、能源、制造技术、社会基础技术、尖端技术等9个领域。当今世界，各国都把提升科技创新能力作为提升国际竞争力、保障国家安全和未来发展的核心要素和战略基点。中国作为一个发展中的大国，如何在国际竞争中提高和发展自己，后来居上，提高自己的综合实力，关键是提高自主创新能力，争取早日成为创新型国家。

（2）从中国的基本国情来看，也决定了我国必须走创新型国家的道路。综观世界各国发展之路，主要有三种发展道路：第一种是主要依靠自身丰富的自然资源增加国民财富，如中东一些产油国家，属于资源型国家；第二种是依附型国家，主要依附于发达国家的资本、市场和技术，如一些拉美国家；第三种是创新型国家，把科技创新作为基本战略，大幅度提高自主创新能力，形成日益强大的竞争优势，如美国、日本、芬兰、韩国等。第三种国家的特征是：创新综合指数明显高于其他国家，科技进步贡献率在70%以上，研发经费占GDP的比例大都在2%以上，对外技术依存度指标在30%以下。值得一提的是，芬兰、韩国等国家在10~15年的时间内，实现了经济增长方式的转变。

改革开放以来，特别是进入"十一五"时期后，全国认真贯彻落实国家中长期科技规划纲要，把增强自主创新能力作为科技发展的战略基点，着力提升科技整体实力和产业技术水平，加强科技与经济，社会的紧密结合，取得了可喜的成绩：一是科技投入步入世界前列。"十一五"期间，全社会研究与开发（R&D）经费投入年均增长23.5%，2010年达到6980亿元，2011年达到8610亿元，由"十一五"末的世界第6位上升到第4位；R&D人员全时当量达到252万人年，是2005年的1.85倍，居世界第2位。2009年财政科技支出达到3225亿元，是2005年的2.42倍，年均增长24.7%，高出"十一五"年均增速约5个百分点。科技投入的快速增长，有力地支持了科技事业的发展。二是国家重大科技专项稳步推进。16个国家重大科技专项全面启动，总体工作进展顺利。出台了《重大专项实施方案编制和论证的有关要求》、《关于进一步加强科技重大专项概（预）算编制工作的若干意见》等一系列指导性文件，建立和完善了科技专项实施的保障制度。三是科技实力快速提升。新建和改造完成上海光源、北京正负电子对撞机等一批国家重大科技基础设施，国家重点实验室、国家工程（技术）研究中心、国家工程实验室等技术创新平台建设，总数累计达到 770 家，科技发展的物质条件进一步改善。SCI 论文总量跃居世界第二位，国际科学论文被引用数由 2005年世界第 13 位上升到第 9 位；2010 年国内发明专利授权数和国内专利合作条约（PCT）专利申请量达到 25077 件和 12016 件，分别是 2005 年的近 2.5 倍和 3.2倍，年均分别增长 33% 和 32%。科技产出数量和质量明显提高。技术对外依存度逐年降低，由 2005 年的 50% 以上降至 2010 年的 30% 以下，涌现出联想、华为等一大批具有较强创新活力的企业。四是重点科技领域实现了新突破。国家科技支撑计划、863 计划、973 计划、国家自然科学基金、高技术发展项目计划等各类科技计划和行动顺利推进，重点科技领域呈现加快创新和跨越发展态势。五是科技创新的宏观环境有了明显改善。激励科技创新的法规和政策体系基本确立，国家自主创新示范区建设顺利推进，技术创新工程和知识创新工程深入实施，区域创新体系不断完善，军民结合的国防科技创新体系建设稳步推进，科技中介服务能力不断增强，国家创新体系进一步完善。全民科技素质不断提升，全社会关注创新、支持创新、参与创新的氛围正在形成。科技的发展，创新能力的增强，对我国经济社会发展起了重要的支撑引领作用。

我国科技发展虽然取得了巨大成就，但从总体上看，还尚未成为对世界有重要影响的科技大国，科技发展仍存在一些深层次矛盾和问题，主要表现在：科技资源配置亟待优化、重复分散现象尚未得到根本改变；企业创新能力依然薄弱、缺乏核心技术，缺乏世界知名品牌，影响了我国产业整体竞争力的提高；产学研结合机制有待深化，科技与经济的结合需进一步加强；科技投入强度相对较低，尽管总量增长较快，但在 2011 年只占 GDP 总量的 1.83%，尚未达到创新型国家所确定的 2% 这个最基本的指标；高层次创新型人才严重缺乏；目前我国缺乏跻身世界一流行列的科学大师和世界级领军人物，难以在激烈的国际科技竞争中把握重大发展方向，作出具有世界水平的重大贡献。科技管理体制和评价机制亟须改革和创新。从科技创新综合能力评价指标看，与发达国家相比还存在很大差距。所以，从我国来看，无论是特定的国情和需求、全国建设小康社会的目标，还是人口众多和资源环境瓶颈制约，以及保障国防安全和经济安全，都决定了我国只能依靠提高自主创新能力，走创新型国家的发展道路。

如何提高自主创新能力，建设创新型国家，党的十七大报告提出了五个方面的要求和措施：一是加快建设国家创新体系，支持基础研究、前沿技术研究、社会公益性技术研究。二是加快建立以企业为主体、市场为导向、产学研相结合的技术创新体系，引导和支持新要素向企业集聚，促进科技成果向现代生产力转化。三是深化科技管理体制改革，优化科技资源配置，完善鼓励技术创新和科技成果产业化的法制保障、政策体系、激励机制、市场环境。四是实施知识产权战略。充分利用国际科技资源。五是进一步营造鼓励创新的环境，努力造就世界一流科学家和科技领导人才，注重培养一线的创新人才，使全社会创新智慧竞相迸发，各方面创新人才大量涌现。根据党的十七届五中全会通过的《中共中央关于制定国民经济和社会发展第十二个五年规划的建议》精神，国家编制了《中华人民共和国国民经济和社会发展第十二个五年规划纲要》（2011~2015 年），突出强调要大力增强科技创新能力，为我国"十二五"时期科技发展指明了方向，明确了任务和重点。"十二五"纲要明确提出："十二五"时期我国科技发展要坚持自主创新、重点跨越、支撑发展、引领未来的方针，加快建设国家创新体系，着力提高企业创新能力，促进科技成果向现代生产力转化，推动经济发展更多依靠科技创新驱动。确立了八个方面的工作重点：加强基础科学和前沿技术研究前瞻部署；加大实施国家重大科技专项；增强产业持续创新发展能力；大力提升科技惠民能力；加强科技基础设施建设；全面推进国家创新体系建设；深入实施知识产权战略；营造更加良好的创新环境。为了保证上述任务的完成，"十二五"纲要提出了四个方面的政策措施：建立长效的科技投入机制；造就宏大的科技创新人才队伍；建立健全创新创业的政策支撑体系；继续扩大国际科技交流合作。

　　3. 建设资源节约型、环境友好型社会

　　能源资源消耗高，废物、废气排量大，环境污染重，是传统经济发展方式的主要弊端。正如以上所述，我国经济总量在世界上的份额与我国资源消耗总量在世界上的份额不相适应，单位 GDP 能耗明显高于发达国家水平和世界平均水平。我国水、大气、土壤等污染严重，生态总体恶化趋势尚未根本扭转，一些地方生态环境承载能力已接近极限。我国是个自然灾害多发的国家，违背自然规律的过度开发更加剧了灾害的发生。从国际上看，全球气候变化问题日益受到高度关注，我国面临的压力和要承担的责任也越来越大。十七届五中全会通过的《中共中央关于制定国民经济和社会发展第十二个五年规划的建议》提出，把建设资源节约型、环境友好型社会作为重要着力点，抓住了加快转变经济发展方式的要害。"十一五"期间，我们把节能减排作为硬约束，对转变经济发展方式起到了重要作用，"十二五"时期还要进一步加大这方面的工作力度。为此，《中共中央关于制定国民经济和社会发展第十二个五年规划的建议》对贯彻节约资源和保护环境的基本国策，建设资源节约型、环境友好型社会，提高生态文明水平等重大战略思想和方针政策作了深刻论述，并提出了具体的目标和要求。

第一，积极应对全球气候变化。气候变化是环境问题，也是发展问题。我国政府提出，到 2020 年单位国内生产总值二氧化碳排放量比 2005 年下降 40%~45%。《中共中央关于制定国民经济和社会发展第十二个五年规划的建议》规定，"把大幅降低能源消耗强度和二氧化碳排放强度作为约束性指标，有效控制温室气体排放。应对气候变化，主要应从减缓、适应和增加能力建设三方面入手。在减缓气候变化方面，要坚定不移地推行有利于节约能源资源、保护环境的产业结构、生产方式、消费模式；大力节约能源，提高能源利用效率；调整能源消费结构，增加非化石能源比重；继续推进植树造林，提高森林覆盖率，增加蓄积量，提高固碳能力。在增强适应气候变化能力方面，加强对各类极端天气和气候事件的预警监测与应对；建立完善温室气体排放和节能减排统计监测制度；加强气候变化和科学研究，加快低碳技术研发和应用，逐步建立碳排放交易市场。在应对气候变化国际合作方面，坚持共同但有区别的责任原则，承担与我国发展水平相适应的减排责任和义务。

第二，大力发展循环经济。以提高资源产出率为目标，加强规划指导、财税金融等政策支持，完善法律法规，实行生产者责任延伸制度，推进生产、流通、消费各环节循环经济发展；加快资源循环利用产业发展，加强矿产资源综合利用，鼓励产业废物循环利用，完善资源回收体系和垃圾分类回收制度，推进资源再生利用产业化；开发应用源头减量、循环利用、再制造、零排放和产业链接技术，推广循环经济典型模式。

第三，继续深化节能减排。节能减排是资源节约和环境保护的硬抓手，既要打攻坚战，也要打持久战。"十二五"规划纲要强调"落实节约优先战略，全面实行资源利用总量控制、供需双向调节、差别化管理，大幅度提高能源利用效率，提升各类资源保障制度"。提出了四点政策措施：一是大力节约能源；二是加强水资源节约；三是强化节约集约利用土地；四是加强矿产资源勘查、保护和合理开发。

第四，加大环境保护力度。十七届五中全会通过的《中共中央关于制定国民经济和社会发展第十二个五年规划的建议》提出："以解决饮用水不安全和空气、土壤污染等损害群众健康的突出环境问题为重点，加强综合治理，明显改善环境质量"。并提出三项重要任务：一是强化污染物减排和治理。二是加强重点领域环境风险防范，维护环境安全。三是加强环保监管。健全环境保护法律法规、政策及标准体系，加强环境监测、预警和应急能力建设。严格落实环境保护目标责任制和健全重大环境事件和污染事故责任追究制度。为实现以上三个方面的重点任务，"十二五"规划纲要提出了"十二五"期间要实施的环境治理重点工程：一是城镇生活污水、垃圾处理设施建设工程；二是重点流域水环境整治工程；三是脱硫脱硝工程；四是重金属污染防治工程。并提出了环境保护的政策措施，"完善环境保护科技和经济政策，建立健全污染者付费制度，建立多元环保投融资机制，大力发展环保产业"。

第五，促进生态保护和修复。生态保护和建设是构建生态文明战略的重要组成部分，也是提高环境承载能力的前提，良好的生态环境能使全民族乃至全人类一代又一代持续发展。十七届五中全会通过的《中共中央关于制定国民经济和社会发展第十二个五年规划的建议》强调要坚持保护优先和自然恢复为主，从源头上扭转生态环境恶化趋势。提出了"十二五"时期生态保护和建设的主要任务：一是继续增加林草植被，保护重点生态系统；森林是"地球之肺"，湿地是"地球之肾"，生物多样性是"地球免疫系统"，各项生态系统在维持地球生态平衡中发挥着重要的作用，要按照不同生态系统的属性，切实加强保护和恢复。二是统筹推进青藏高原生态建设，构建重要生态屏障。三是加强综合治理，推进重点区域生态建设。四是推进产业体系建设，做好生态建设的产业支撑。五是做好支撑保障性工程建设，巩固生态建设成果。为了保证上述任务的完成，必须采取以下主要政策措施：一是建立健全生态建设的投入保障制度；二是深化产权制度和经营管理体制改革；三是建立生态补偿机制；四是建立税收、金融、保障等方面的支撑制度。

4. 协调推动经济发展和社会建设

社会建设是一举托两头的大事，既有利于改善民生，又有利于发展经济。社会事业的繁荣进步，是建设现代化国家的要求。改革开放以来，我国经济迅速发展，但社会发展相对滞后，社会事业这块"短板"如不尽快补上，就会拖经济发展的后腿。现在，我们既需要也有条件加强社会事业建设。要把推进社会领域发展改革作为加快转变经济发展方式的重要着力点和公共财政支出的优先方向，促进社会和谐稳定与全面进步，增强经济社会全面发展能力，不断提高人民生活水平和质量。

（1）加强社会建设，必须大力加强公共服务，促进基本公共服务逐步均等化。做好这方面工作，首先应当把"基本"和"非基本"两类性质的服务区分开来，并分别采取措施予以落实。基本的部分属于公共产品，保基本是政府义不容辞的责任。保基本应保到广覆盖、可持续、使保障范围逐步覆盖城乡全体居民，在保障标准上，既尽力而为，又量力而行，刚开始可以低一些，以后再随着发展而逐步提高，增强政策的可持续性，使基本公共服务制度长期运行下去。非基本的部分，应当交给市场和社会，充分发挥市场机制，通过发展相关行业，满足多层次、个性化的需求。这样做的结果，既可以为社会资本开辟更大的投资空间，促进社会建设，又可以使政府更好地集中财力，履行保基本职责。即使是政府提供的基本部分，也应注重利用市场手段，通过购买服务等多种方式，提高服务的质量和效率。

（2）加强社会建设，重点是进一步保障和改善民生。应当从解决关系人民群众切身利益的问题入手，推进就业、教育、医疗、住房等方面重点民生工程，着力构建社会保障的安全网。2009年3月，我国部署实施的新一轮深化医药卫生体制改革，到2011年底，城镇职工基本医保、城镇居民基本医保的新农合参保人数已扩大到13亿，参保率达到95%。中央和地方各级政府高度重视保障性安居工程，力度逐年加大，已经取得初步成果，仍需深入推进。要按照保基本、强基层、建机制的要求，深化医药卫生体制改革，按照中央的统一部署和要求，逐步把基本医疗卫生制度作为公共产品向全民提供。要强化各级政府职责，加大保障性安居工程建设力度，继续推进廉租住房建设，加快棚户区改造，大力发展公共租赁住房，增加中低收入居民住房供给。千方百计扩大就业，加快完善社会保障体系。

（3）加强和创新社会管理。社会管理是中国特色社会主义事业总体布局中社会建设的重要组成部分。加强和创新社会管理，事关巩固党的执政地位，事关国家长治久安，事关人民安居乐业，对推动经济发展和社会和谐具有重大战略意义。为此，一要加强政府社会管理和公共服务职能；二要提高基层群众性自治组织管理服务水平；三要进一步发挥社会组织的积极作用；四要加强和创新流动人口和特殊人群服务管理；五要全面推进社会信用体系建设；六要加强和改进互联网的利用和管理；七要切实加强公共体系建设；八要有效预防和化解社会矛盾。

思考题：

1. 什么是经济增长，它是怎样衡量的？影响经济增长有哪些因素？

2. 什么是经济发展？经济增长与经济发展有何联系和区别？

3. 科学发展观是怎样形成的，为什么要把科学发展作为发展的主题？

4. 怎样全面准确把握科学发展观的科学内涵和精神实质？科学发展观的科学性体现在哪些方面？

5. 怎样以科学发展为主题？

6. 经济发展方式转变体现在哪些方面？为什么要以转变经济发展方式作为推动发展的主线？

7. 为什么要把调整经济结构作为转变经济发展方式的主攻方向？

8. 如何转变经济发展方式？

参考文献

1.《邓小平文选》第 3 卷，人民出版社 1993 年版。

2.《江泽民文选》第 1~3 卷，人民出版社 2006 年版。

3.《科学发展观学习读本》专题讲座，红旗出版社 2006 年版。

4.《列宁选集》第 1~4 卷，人民出版社 1995 年版。

5.《马克思恩格斯全集》第 23~25 卷，人民出版社 1972 年版。

6.《马克思恩格斯选集》第 1~4 卷，人民出版社 1995 年版。

7.《毛泽东文集》第 6~8 卷，人民出版社 1999 年版。

8.《十六大报告辅导读本》，人民出版社 2002 年版。

9.《十六大以来重要文献选编》（上），中央文献出版社 2005 年版。

10.《十六大以来重要文献选编》（中），中央文献出版社 2006 年版。

11.《十七大报告辅导读本》，人民出版社 2007 年版。

12.《中共中央关于建立社会主义市场经济体制若干问题的决定》，《人民日报》1993 年 11 月 16 日。

13.《中共中央关于深化文化体制改革推动社会主义文化大发展大繁荣若干重大问题的决定》，人民出版社 2011 年版。

14.《〈中共中央关于完善社会主义市场经济体制若干问题的决定〉辅导读本》，人民出版社 2003 年版。

15.《〈中共中央关于制定国民经济和社会发展第十二个五年规划的建议〉辅导读本》，人民出版社 2010 年版。

16.《〈中共中央关于制定国民经济和社会发展第十一个五年规划的建议〉辅导读本》，人民出版社 2005 年版。

17. D.盖尔·约翰逊：《经济发展中的农业、农村、农民问题》，商务印书馆 2004 年版。

18. 白永秀、任保平：《中国市场经济理论与实践》，高等教育出版社 2007 年版。

19. 蔡继明：《微观经济学》，人民出版社 2002 年版。

20. 常修泽：《由计划经济向市场经济转型问题的探讨》，《经济纵横》1993 年第 11 期。

21. 陈洁：《浅析市场体系在市场经济中的地位和作用》，《江苏市场经济》2002 年第 4 期。

22. 张智侠：《论中国政府信用建设及其对政治文明发展的影响》，首都师范大学硕士学位论文，2006 年。

23. 陈学法、王铮：《现代企业理论与实践》，西南财经大学出版社 2005 年版。

24. 程传兴等：《农村经济发展中存在的突出问题与改革思路》，《学习论坛》2005 年第 2 期。

25. 丁冰：《资本主义国家市场经济研究》，山东人民出版社 2000 年版。

26. 杜润生：《中国农村改革决策纪事》，中央文献出版社 1999 年版。

27. 杜吟棠：《合作社：农业中的现代企业制度》，江西人民出版社 2002 年版。

28. 冯特君：《当代世界经济与政治》（第四版），经济管理出版社 2010 年版。

29. 付雨：《我国经济体制改革的路径分析及选择建议》，西北工业大学硕士学位论文，2004 年。

30. 高鸿业：《西方经济学（宏观部分）》，中国经济出版社 1996 年版。

31. 弓孟谦：《资本运行论——资本论与市场经济研究》，北京大学出版社 2004 年版。

32. 国家发展和改革委员会编写，张平主编：《〈中华人民共和国国民经济和社会发展第十二个五年规划纲要〉辅导读本》，人民出版社 2011 年版。

33. 国务院研究室编写组：《十一届全国人大五次会议〈政府工作报告〉辅导读本》，人民出版社、中国言实出版社 2012 年版。

34. 国务院研究室编写组：《十一届全国人大四次会议〈政府工作报告〉辅导读本》，人民出版社、中国言实出版社 2011 年版。

35. 何干强：《当代中国社会主义经济》（第二版），中国经济出版社 2009 年 2 月第 2 版。

36. 何炼成、李忠民：《中国特色社会主义发展经济学》，中国社会科学出版社 2009 年版。

37. 贺同新等：《经济发展环境论》，中南大学出版社 2002 年版。

38. 侯德芳：《全球化影响论》，《西南大学学报》（社会科学版）2005 年第 5 期。

39. 胡代光、周安军：《当代国外学者论市场经济》，商务印书馆 1996 年版。

40. 胡锦涛：《在 2010 年全国劳动模范和先进工作者表彰大会上的讲话》，《人民日报》2010 年 4 月 28 日。

41. 胡晓义:《中国社会保障制度析论》,《新华文摘》2010 年第 2 期。

42. 黄范章:《外国市场经济的理论分析与实践》,商务印书馆 1998 年版。

43. 黄宗智:《长江三角洲小农家庭与乡村发展》,中华书局 2002 年版。

44. 江金权:《论科学发展观的理论体系》,人民出版社 2007 年版。

45. 江泽民:《高举邓小平理论伟大旗帜,把建设有中国特色社会主义事业全面推向二十一世纪》,第四、五部分,《十五大报告辅导读本》,人民出版社 1997 年版。

46. 江泽民:《论社会主义市场经济》,人民出版社 2006 年版。

47. 江泽民:《庆祝中国共产党成立八十周年大会上的讲话》,人民出版社 2001 年版。

48. 蒋一苇:《论社会主义企业模式》,广东经济出版社 1998 年版。

49. 凯恩斯:《就业、利息和货币通论》,陕西人民出版社 2006 年版。

50. 李丰才:《社会主义市场经济理论》,中国人民大学出版社 2010 年版。

51. 李薇辉:《社会主义市场经济学》,华东理工大学出版社 2011 年版。

52. 厉以宁:《非均衡的中国经济》,经济日报出版社 1991 年版。

53. 林毅夫:《制度、技术与中国农业发展》,格致出版社、上海三联书店、上海人民出版社 1992 年版。

54. 刘开云:《马克思、恩格斯反对经济学"数学化"吗——与尹世杰同志商榷》,《统计与决策》2008 年第 3 期。

55. 刘易斯:《经济增长理论》,上海三联书店 1993 年版。

56. 马克思:《哥达纲领批判》第一节,《马克思恩格斯选集》第 3 卷,人民出版社 1972 年版。

57. 马克思:《致路·库格曼 (1868 年 7 月 11 日)》,《马克思恩格斯选集》第 4 卷,人民出版社 1972 年版。

58. 马晓河:《当前我国经济发展面临的问题与挑战》,《经济界》2008 年第 1 期。

59. 梅德平:《中国农村微观经济组织变迁研究》,中国社会科学出版社 2004 年版。

60. 牛国良:《现代企业制度》,北京大学出版社 2002 年版。

61. 潘维:《农民与市场:中国基层政权与乡镇企业》,商务印书馆 2003 年版。

62. 庞柏林:《社会主义市场经济概论》,科学出版社 2011 年版。

63. 恰亚诺夫:《农民经济组织》,中央编译出版社 1996 年版。

64. 任理轩:《理性看待当前的社会公正问题》,《人民日报》2011 年 2 月 16 日。

65. 任兴洲:《建立市场体系:30 年市场化改革进程》,中国发展出版社 2008

年版。

66. 萨缪尔森:《经济学》(第十七版),人民邮电出版社 2004 年版。

67. 邵宁:《国有企业与国有资产管理体制改革》,《中国发展观察》2010 年第 1 期。

68. 沈越编:《政治经济学社会主义经济研究》,经济日报出版社 2007 年版。

69. 沈志渔、罗仲伟等:《21 世纪初国有企业发展和改革》,经济管理出版社 2005 年版。

70. 斯蒂格利茨:《经济学》,中国人民大学出版社 1997 年版。

71. 宋贤卓:《中国经济发展软环境理论研究》,中国社会科学出版社 2006 年版。

72. 孙富和:《论市场经济中的社会保障制度》,《商业研究》2011 年第 4 期。

73. 孙咏梅:《"要素所有权"与"要素贡献"——论"按要素分配"问题的实质与衡量标准》,《经济学家》2003 年第 3 期。

74. 田亚东:《论国有经济布局的战略性调整中国有企业的退出机制》,《经济体制改革》2001 年第 1 期。

75. 王冰:《现代市场理论——关于市场的经济学》,湖北人民出版社 2003 年版。

76. 王冰等:《中国市场经济地位问题经济理论分析》,《求索》2006 年第 5 期。

77. 王延中:《中国的劳动与社会保障问题》,经济管理出版社 2004 年版。

78. 王勇:《做强做优中央企业培育具有国际竞争力的世界一流企业》,《国有资产管理》2011 年第 1 期。

79. 卫兴华:《关于社会主义市场经济问题探讨》,《新疆财经》1993 年第 5 期。

80. 温铁军:《中国农村基本经济制度研究——"三农"问题的世纪反思》,中国经济出版社 2000 年版。

81. 吴敬琏:《现代公司与企业改革》,天津人民出版社 1994 年版。

82. 西奥多·W.舒尔茨:《改造传统农业》,商务印书馆 1999 年版。

83. 肖文海、彭新万:《中国社会主义市场经济理论》,经济管理出版社 2011 年版。

84. 谢旭之:《关于现阶段我国分配方式的思考》,《科技情报开发与经济》2007 年第 22 期。

85. 辛鸣:《十七届五中全会后党政干部关注的重大理论与现实问题解读》,中共中央党校出版社 2010 年版。

86. 徐匡迪:《转变发展方式建设低碳经济》,《新华文摘》2010 年第 20 期。

87. 徐茂魁：《现代公司制度概论》（第二版），中国人民大学出版社 2006 年版。

88. 徐晓春等：《论政府在改革和完善社会保障制度中的作用》，《湖南科技学院学报》2008 年第 9 期。

89. 许宪春：《如何全面准确理解和客观评价 GDP》，《新华文摘》2011 年第 18 期。

90. 晏智杰：《西方市场经济理论史》，商务印书馆 1999 年版。

91. 杨承训：《中国特色社会主义经济学》，人民出版社 2009 年版。

92. 杨海东：《陕西省有色金属公司经营机制改革研究》，西北大学硕士学位论文，2006 年。

93. 杨宏玲：《论区域经济一体化的新趋势和新特点》，《河北大学学报》（哲学社会科学版）2004 年第 4 期。

94. 杨永华：《市场经济学原理》，广东经济出版社 2003 年版。

95. 于金富：《构建与完善中国市场化经济运行综合体系》，复旦大学硕士学位论文，2003 年。

96. 于立军：《全球化对社会主义政治的影响》，《辽东学院学报》（社会科学版）2008 年第 2 期。

97. 于同申：《发展经济学——新世纪经济发展的理论与政策》（第二版），中国人民大学出版社 2009 年版。

98. 张朝尊：《市场经济与微观基础重构》，《经济理论与经济管理》1992 年第 6 期。

99. 张雷声、顾钰民：《社会主义经济理论与实践》，中国人民大学出版社 2007 年版。

100. 张绍焱：《社会主义经济理论》，中国经济出版社 2006 年版。

101. 张秀生、曾国安：《社会主义经济理论》，武汉大学出版社 2004 年版。

102. 章兴华：《"超饱和就业"与国有企业资本结构优化》，厦门大学硕士学位论文，2008 年。

103. 郑功成：《中国社会保障改革与未来发展》，《新华文摘》2011 年第 2 期。

104. 中共中央宣传部理论局：《从怎么看到怎么办?》，学习出版社、人民出版社 2011 年版。

105. 周德怀：《建立健全社会信用体系若干问题探索》，《湖北财经高等专科学校学报》2004 年第 3 期。

106. 周蕾等：《完善政府作用　促进社会保障可持续发展》，《工业技术经济》2008 年第 9 期。

107. 周为民：《宏观调控的五大误区》，《社会观察》2011 年第 7 期。

108. 朱启才：《论中国完成与未完成的改革》，《云南财贸学院学报》2005 年第 4 期。

109. 邹东涛、欧阳日辉：《新中国经济发展 60 年》（1949~2009），人民出版社 2009 年版。

110. 邹东涛：《社会主义市场经济学》，人民出版社 2004 年版。